中国社会科学院创新工程学术出版资助项目

中国社会科学院文库·哲学宗教研究系列
The Selected Works of CASS·Philosophy and Religion

世界佛教通史

A GENERAL HISTORY OF THE WORLD BUDDHISM

第十三卷 亚洲之外佛教（从佛教传入至公元20世纪）

魏道儒 主编

本卷 杨健 著

中国社会科学出版社

图书在版编目（CIP）数据

世界佛教通史.第13卷，亚洲之外佛教：从佛教传入至公元20世纪／
杨健著.—北京：中国社会科学出版社，2015.12
ISBN 978-7-5161-7030-4

Ⅰ.①世…　Ⅱ.①杨…　Ⅲ.①佛教史—世界　Ⅳ.①B949.1

中国版本图书馆 CIP 数据核字（2015）第 267537 号

出 版 人　赵剑英
责任编辑　黄燕生　孙　萍
责任校对　季　静
责任印制　戴　宽

出　　　版　中国社会科学出版社
社　　　址　北京鼓楼西大街甲 158 号
邮　　　编　100720
网　　　址　http://www.csspw.cn
发 行 部　010-84083685
门 市 部　010-84029450
经　　　销　新华书店及其他书店

印刷装订　北京君升印刷有限公司
版　　　次　2015 年 12 月第 1 版
印　　　次　2015 年 12 月第 1 次印刷

开　　　本　710×1000　1/16
印　　　张　30.75
插　　　页　2
字　　　数　544 千字
定　　　价　112.00 元

《中国社会科学院文库》出版说明

　　《中国社会科学院文库》（全称为《中国社会科学院重点研究课题成果文库》）是中国社会科学院组织出版的系列学术丛书。组织出版《中国社会科学院文库》，是我院进一步加强课题成果管理和学术成果出版的规范化、制度化建设的重要举措。

　　建院以来，我院广大科研人员坚持以马克思主义为指导，在中国特色社会主义理论和实践的双重探索中做出了重要贡献，在推进马克思主义理论创新、为建设中国特色社会主义提供智力支持和各学科基础建设方面，推出了大量的研究成果，其中每年完成的专著类成果就有三四百种之多。从现在起，我们经过一定的鉴定、结项、评审程序，逐年从中选出一批通过各类别课题研究工作而完成的具有较高学术水平和一定代表性的著作，编入《中国社会科学院文库》集中出版。我们希望这能够从一个侧面展示我院整体科研状况和学术成就，同时为优秀学术成果的面世创造更好的条件。

　　《中国社会科学院文库》分设马克思主义研究、文学语言研究、历史考古研究、哲学宗教研究、经济研究、法学社会学研究、国际问题研究七个系列，选收范围包括专著、研究报告集、学术资料、古籍整理、译著、工具书等。

中国社会科学院科研局

2006 年 11 月

总　序

魏道儒

　　2006年底，在制订世界宗教研究所佛教研究室科研项目规划的时候，我想到国内外学术界还没有编写出一部佛教的世界通史类著作，就与几位同事商量，确定申报中国社会科学院重大课题——《世界佛教通史》。该课题于2007年8月正式立项，2012年12月结项，其后又列选为中国社会科学院创新工程项目进行修改完善。呈现在读者朋友面前的这部书，就是当年同名课题的最终成果。

　　在申报《世界佛教通史》课题的时候，我们按照要求规划设计了相关研究范围、指导思想、撰写原则、主要问题、研究思路、预期目标等。八年多来，我们就是按照这些既定方案开展研究工作的。

　　"佛教"最早被定义为释迦牟尼佛的"说教"，其内容包括被认为是属于释迦牟尼的所有理论和实践。这个古老的、来自佛教信仰群体内部的定义尽管有很大的局限性，但由于强调了佛教起源于古代印度的史实，突出了释迦牟尼作为创教者的权威地位，符合了广大信众的崇拜需求，不仅长期获得公认，而且影响到现代人们对佛教的认识和理解。我们认为，"佛教"是起源于古代印度，在不同国家和地区流行了2500多年的一种世界性宗教，包含着不同国家和地区信教群众共同创造的精神产品和物质产品。我们这样理解"佛教"既与古老的定义不矛盾，又更符合这种宗教的历史发展事实，同时，也自然确定了我们这部《世界佛教通史》的研究范围和对象。

　　我们的《世界佛教通史》是一部佛教的世界通史，主要论述佛教从起源到20世纪在世界范围内的兴衰演变的主要过程。我们希望以辩证唯物主义和历史唯物主义为指导，坚持历史与逻辑相统一的原则，以史学和哲学方法为主，同时借鉴考古学、文献学、宗教社会学、宗教人类学、宗教心理学、宗教比较学、文化传播学等相关学科的理论和方法，在收集、整理、辨析第一手资料（个别部分除外）的基础上，全方位、多角度对世界范围内的佛教历史进行深入研究。

在考虑具体撰写原则时，我们本着"原始察终，见盛观衰"的史学原则，对每一研究对象既进行梳理脉络的纵向贯通，又进行考察制约该对象变化的多种因素的横向贯通。我们在论述不同国家和地区的佛教时，希望始终联系制约佛教兴衰变化的政治、经济、民族、科学技术和思想文化等因素，始终将宏观把握和微观探索结合起来，系统阐述众多的佛教思潮、派系、典籍、人物、事件、制度等，并且兼及礼俗、典故、圣地、建筑、文学、艺术等。我们强调重视学术的继承和规范，并且力争在思想创新、观点创新和内容创新三方面都取得成果。我们以"叙述史实，说明原因，解决问题"为研究导向和撰写原则，对纷繁复杂的研究对象进行实事求是、客观公正的阐述和评价。

我们在确定本课题的主要研究问题时已经注意到，在不同的国家和地区，在不同的历史阶段，同是佛教，甚至同是佛教中的某一个宗派，往往具有截然不同的内在精神和外在风貌。佛教在不同国家和地区中的政治地位、经济地位、法律地位，在当地思想文化体系中的位置和发挥的作用，在社会民众心目中的形象和价值，都是千差万别的。当我们综观世界范围内的佛教时，看到的不是色调单一而是绚丽多彩，不是停滞僵化而是变动不居。我们在研究不同的国家、地区和民族中的佛教时，一定会遇到特殊的情况、独有的内容和需要侧重解决的问题。对于各卷作者在研究中捕捉到的特殊问题，建议他们独立制订解决方案，提出解决办法。从本部书各卷必定要涉及的一些共同研究内容方面考虑，我们当时要求相关各卷侧重研究如下四个方面的问题。

第一，佛教的和平传播问题。

佛教从地方宗教发展成为亚洲宗教，再发展成为世界宗教，始终以和平的方式传播，始终与政治干预、经济掠夺和文化殖民没有直接联系，始终没有因为传教引发战争。我们可以看到，无论在古代还是在近代，无论在中国还是在外国，成功的、有影响的佛教传教者都不是以武力胁迫人们信教，都是以其道德高尚、佛学精湛、善于劝导和感化人而赢得信众。佛教的和平传播在世界宗教史上是独一无二的，可以说，这为当今世界各种文明之间建立联系提供了可资学习、借鉴的样板。关于佛教的和平传播问题，学术界虽然已经涉及，但是还没有推出结合佛教在不同国家和地区的具体情况进行集中论述的论著。我们希望本部书的相关各卷结合佛教在不同国家和地区的具体情况，比较全面系统地研究佛教和平传播的方式、过程，研究佛教传播与社会、政治、经济、文化等因素以及与自身教义之间的关联，探索佛教和平传播的内在规律。我们当时设想，如果能够对佛教和平传播问题进行更全面、更系统的考察、分析和评论，就会为学术界以后专门探讨佛教在不同文化中传播的方式、途径、过程、特点和规律建立更广泛的参照系，提供更多的史实依据，确定更多的观察视角，列举更多的分析标本。我们认为，本部书有关各卷加强这方面的研究，对于加深认识今天全球范围内的宗教传播和文化传播具有重要现实意义。毫无疑问，这种研究也将会丰富文化传播学的内容。

第二，佛教的本土化问题。

佛教本土化是指佛教为适应所传地区的社会、民族、政治、经济和文化而发生的一切变化，既包括信仰、教义方面的变化，也包括组织、制度方面的变化。在有佛教流传的国家和地区，佛教本土化过程涉及社会的各个方面，从经济基础到上层建筑都会受到影响。从帝王到庶民的社会各阶层，包括信仰者和非信仰者、支持者和反对者、同情者和厌恶者都会不同程度地参与进来，对佛教本土化进程的深度、广度以及前进方向施加影响、发挥作用。正因为佛教本土化的出现，才使佛教在流传地有可能扎根、生长，才使当今世界各地区的佛教有了鲜明的民族特色。无论在任何国家和地区，佛教本土化的过程都是曲折反复、波谲云诡。如果只有温柔的相拥，没有无情的格斗；如果只有食洋不化的照搬照抄，没有别开生面的推陈出新，佛教要想在任何社会、民族和文化中扎根、生长都是不可想象的。学术界对佛教本土化问题虽有涉及，但研究还不够全面和深入，并且有许多研究空白。例如，对于 19 世纪到 20 世纪东方佛教的西方转型问题，就基本没有涉及。我们要求相关各卷把研究佛教的本土化问题作为一个重点，不同程度地探索各个国家和地区佛教形成本土特色的原因，描述佛教与当地社会、政治、经济和文化相互冲突、相互协调、相互适应的过程，分析导致佛教在特定区域、特定历史阶段或扎根生长、或蓬勃兴旺、或衰败落寞、或灭绝断根的诸多因素，以便准确描述佛教在世界各地呈现出的多种多样的姿态、色彩。我们相信，本书加强这方面的研究，一定会填补诸多学术空白，加深对各个国家和地区佛教的认识。

第三，佛教教义体系、礼仪制度和文化艺术的关系问题。

在世界各大宗教中，佛教以典籍最丰富、文化色彩最浓重、思想教义最庞杂著称。在以佛教典籍为载体的庞大佛教教义体系中，不胜枚举的各类系统的信仰学说、哲学思想、修行理论等，都是内容极为丰富、特点极为突出、理论极为精致、影响极为深远的。仅就佛教对生命现象的考察之系统全面，对人的精神活动分析之细致周密，为消除人生苦难设计的方案之数量众多，就是其他宗教望尘莫及的。无论在古代还是在近现代，诸如此类的佛教基本理论对不同阶层信仰者都有强大吸引力和持久影响力。各国家和地区的历代信仰者往往从佛教的教义体系中寻找到了人生智慧，汲取了精神营养，感受了心灵慰藉。相对来说，佛教的教义体系历来成为学术界关注的重点，研究得比较充分。但是，佛教是以共同信仰为纽带、遵守相同道德规范和生活制度的社会组织，所具有的并不仅仅是教义思想。除了教义体系之外，佛教赖以发挥宗教作用和社会影响的还有礼仪制度和文化艺术。相对来说，对于佛教的教义体系、礼仪制度、文化艺术三者之间的有机联系，各自具有的宗教功能和社会功能，三者在决定佛教兴衰变化中所起的不同作用等问题，学术界就涉及比较少了。我们希望本部书的相关各卷把研究佛教教义体系、礼仪制度和文化艺术三者有机结合起来，不仅重视研究三者各自具有的独特内容，而且重视研究三者之间错综复杂的相互关系，考察三者在决定佛教兴衰变化中所起的不同作用。这样一来，我们就有可能纠正只重视某一个方面而忽略其他方面的偏颇，有可能避免把丰富多彩的通史撰写成色调单一的专门史，从而使本部书对佛教的观察角度更多样，整体考察更全面，基本分析更客观。

第四，中国佛教在世界佛教中的地位问题。

中国人对佛教文化的贡献是长期的、巨大的和不可替代的。归纳起来，主要体现在三个方面。其一，中国人保存了佛教资料。从汉代到北宋末年，中国的佛经翻译事业持续了将近一千年，其间参与人数之多、延续时间之长、译出典籍之丰富、产生影响之巨大，在整个人类文化交流史上都是空前的、独一无二的。汉文译籍和中国人写的各类佛教著作保存了大量佛教历史信息。如果没有这些汗牛充栋的汉文资料，从公元前后大乘佛教兴起到公元 13 世纪古印度佛教湮灭的历史就根本无法复原，就会留下很多空白。其二，中国人弘扬了佛教。佛教起源于古印度，而传遍亚洲，走向世界，其策源地则是中国。中国人弘扬佛教的工作包括求法取经和弘法传经两个方面。所谓"求法取经"，指的是中国人把域外佛教文化传到中国。从三国的朱士行到明朝的官僧，中国人的求法取经历史延续了一千多年。历代西行者出于求取真经、解决佛学疑难问题、促进本国佛教健康发展、瞻仰圣地等不同目的，或者自发结伴，或者受官方派遣，怀着虔诚的宗教感情，勇敢踏上九死一生的险途，把域外佛教传播到中国。所谓"弘法传经"，指的是中国人把具有中国特色的佛教文化传到其他国家。从隋唐到明清的千余年间，中国人持续把佛教从中国传播到了日本、韩国、东南亚等地；近代以来，中国人又把佛教弘扬到亚洲之外的各大洲许多国家。中国人向国外弘法传经延续时间之长、参与人数之多、事迹之感人、成效之巨大，几乎可以与西行求法运动相提并论。中国人的弘法传经与求法取经一样，是整个世界佛教文化交流史上光辉灿烂的阶段，可以作为人类文明交流互鉴取得伟大成就的一个典范。其三，中国人直接参与佛教文化的丰富和发展进程。在2000多年的历史中，中国历代信众直接参与佛教思想文化建设，包括提出新思想、倡导新教义、撰写新典籍、建立新宗派、创造新艺术。可以说，没有中国固有文化对佛教文化的熏陶、滋养和丰富，当今世界佛教就不具备现在这样的风貌和精神。本部书旨在加强研究促成中国在唐宋时期成为世界佛教中心的历史背景、社会阶层、科技状况、国际局势等方面的问题，加强研究中国在促成佛教成为一种世界宗教过程中的作用和地位，加强研究中国在保存、丰富和发展佛教文化方面不可替代的作用。我们应该用世界的眼光审视中国佛教，从中国的立场考察世界佛教，对中国佛教在世界佛教中的地位、作用、价值有更全面、更深刻的认识。我们认为，加强这方面的研究，有利于为中国新文化走向世界提供重要的历史借鉴和思路，有利于我们树立对本民族文化的自觉、自信和自尊，有利于深刻认识佛教在当前中国对内构建和谐社会，对外构建和谐世界方面的重要性。

在收集、筛选、整理、辨析和运用史料方面，我们当时计划整部书切实做到把资料的权威性、可靠性和多样性结合起来，统一起来，从而为叙述、说明、分析和评论提供坚实的资料基础；计划整部书的所有叙述、所有议论以及所有观点都建立在经过考证、辨析可靠资料的基础上。对于能够运用什么样的第一手资料，我们根据当时课题组成员的研究方向、专业特长和发展潜力，确定本部书所采用的资料文本主要来自汉文、梵文、巴利文、藏文、西夏文、傣文、日文、英文、法文、越南文等语种，同时，也希望有些分卷在运用田野调查资料、实物资料方面做比较多的工作。

关于《世界佛教通史》的章节卷册结构，开始考虑并不成熟，仓促确定了一些基本原则。随着研究工作的深入，中间经过几次变动，最后确定本部书由十四卷十五册构成。第一卷和第二卷叙述佛教在印度的起源、发展、兴盛、衰亡乃至在近现代复兴的全过程。第三卷到第八卷是对中国汉传、藏传和南传佛教的全面论述，其中，作为中国佛教主体部分的汉传佛教分为四卷，藏传佛教为一卷两册，南传佛教独立成卷。第九卷到第十一卷依次是日本、朝鲜和越南的佛教通史。第十二卷是对斯里兰卡和东南亚佛教分国别阐述。第十三卷是对亚洲之外佛教，包括欧洲、北美洲、南美洲、大洋洲、非洲等五大洲主要国家佛教的全景式描述。第十四卷是世界佛教大事年表。对于各卷册的字数规模、所能达到的质量标准等，预先并没有具体规定，只是根据学术界的研究状况和我们课题组成员的具体情况确定了大致原则。当时我们清醒地认识到：本部书涉及范围广、时间跨度大，一方面，国内外学术界在研究不同时段、不同国家和地区佛教方面投入的力量、所取得的成果有很大差异，极不平衡。在这种情况下，有些部分的撰写者由于凭靠的学术研究基础比较薄弱，他们的最终成果难免受到这样或那样的制约和影响。另一方面，课题组主要成员对所负责部分的研究程度不同，有些成员已经在所负责方面出版多部专著，称得上是行家里手；有些成员则对所负责部分刚刚接触，可以说是初来乍到者。对于属于前者的作者，我们当然希望他们致力于捕捉新问题、提出新观点，得出新结论，拿出百尺竿头更进一步的著作；对于属于后者的年轻同事，自然希望他们经过刻苦努力，能够在某些方面有闪光突破，获得具有后来居上性质的成果。鉴于我们的研究工作是在继承、吸收、借鉴以往重要的、高质量的、有代表性的成果的基础上展开的，所以我们既要重视填补学术空白，重视充实薄弱环节，也要强调在重要的内容、问题方面有新发现和新突破。因此，我们要求各卷撰写者在不违背通史体例的情况下，对自己研究深入的内容适当多写一些，对自己研究不够、但作为史书又不能空缺的内容适当少写一些。总之，我们根据学术界的研究状况和课题组成员的能力，尽量争取做到整个《世界佛教通史》的各部分内容比例大体协调、详略基本得当。这里需要说明一下，本书各卷的定名并非完全意义上的现代国家概念，而是根据学术界的惯例来处理的。

当初在考虑《世界佛教通史》的学术价值、理论意义与现实意义方面，我们关注了社会需要、时代需要、理论发展需要、学科发展需要、培养人才需要等方面的问题，并且逐一按要求进行了论证。除此之外，我们也要求各位撰写者叙述尽量客观通俗，注意在可读性方面下些功夫，务使本部书让信教的和不信教的、专业的和非专业的绝大多数读者朋友都能接受，都能获益。

八年多来，课题组每一位成员都认真刻苦工作，为达到预期目标而不懈努力。可以说，每一位撰写者都尽了心、出了力、流了汗、吃了苦。但是，由于我们水平所限，时间所限，《世界佛教通史》不可避免地存在一些缺点、不足和错误，敬请读者朋友批评指正。我们将认真倾听、收集各方面的善意批评和纠错高见，争取本部书再版本错谬减少一些，质量提高一些。

目　　录

绪　言

　　佛教传播到亚洲之外地区的最早时间可追溯到公元前4世纪。亚历山大大帝东征印度使欧洲人首次与佛教有了接触。亚历山大大帝很快撤军，但他攻下的印度河流域等地的城镇与希腊本土的联系被切断。据说，一些没有来得及撤回欧洲的希腊人皈依了佛教。大约几十年后，统一印度北部及西北部地区的阿育王信仰佛教，他决定以和平方式治国，并且向各地派出使者弘扬佛法。有使者远赴今天的马其顿和希腊，可惜由于时间久远以及史料阙如，相关情况我们已无从知晓。

　　公元前2世纪上半叶，佛教传入希腊人统治的大夏，希腊文化与佛教文化在这里交汇。《弥兰陀王问经》等资料记载了当时大夏境内希腊和马其顿移民信仰佛教的一些内容。希腊文化对佛教的影响还体现在盛极一时的犍陀罗艺术上。

　　伴随亚洲和欧洲历史条件的变迁，这两大洲之间的联系时断时续。欧洲早期个别传教士和航海家来到东方，对佛教有所了解。13世纪，方济各会修士卢布鲁克奉法国国王路易九世之命出使蒙古，回国后，他在向国王的出使报告中提到了当时蒙古帝国的佛教信仰状况。不久，意大利著名旅行家马可·波罗来到中国和东南亚一些国家，他在游记中对他所见到的佛教徒及他们的佛教信仰有所记载。

　　随着殖民主义兴起，大批欧洲探险者、传教士来到东方。欧洲殖民主义各国为了加强对亚洲殖民地的统治，逐步重视当地政治、经济、文化等内容，具有典型东方色彩的佛教自然成为他们关注、研究的对象。这样一来，佛教在欧洲的传播以其被作为学术研究对象的形式而出现。

　　18世纪，英国学者威廉·琼斯开始有意识地研究亚洲的历史和文化。他组建孟加拉亚细亚学会，出版刊物《亚细亚研究》。琼斯本人的研究重点是印度的法律和宗教。由于主客观条件的限制，琼斯对佛教了解不多，他的一些观点也并不正确。但是，他的努力为今后欧洲学者的佛教研究开启了大门。

19 世纪，佛教研究在欧洲各国受到高度重视，诸多学者从不同的角度，采用多种方法进行相关研究，取得了累累硕果。英国学者中，哈迪曾在锡兰（今斯里兰卡）生活 20 多年，精通巴利语和梵语，著有《东方的寺院制度》、《佛教手册》等。柴尔德斯出版《小诵》的英译本及两册巴利语辞典。里斯·戴维斯成立巴利文经典学会。经过百年来诸多学者的不断努力，巴利文佛教经典已基本整理、出版完成。该学会还出版了大量藏外佛教文献，编辑巴利语词典、巴利语文法、巴利语三藏索引等诸多学术成果。麦克斯·缪勒主持出版了 50 册《佛教圣书集》。爱德华·孔兹在大乘佛教研究方面做出了卓越贡献。埃德温·阿诺德的《亚洲之光》使西方人能够从学术研究之外的另一个全新角度来了解佛教。

在法国，布诺夫将《法华经》、《天䑓》等从梵语翻译成法语，出版了《印度佛教史导论》。他开创了科学研究佛教的先河，被誉为“欧洲佛教研究之父”。诸多学者沿着布诺夫的足迹，将法国的佛教研究推向前进。塞纳尔、列维、沙畹、富歇、伯希和、马伯乐、克鲁塞、戴密微、谢和耐、巴科、石泰安、拉露等都在各自的研究领域做出了成绩。探险家古伯察、大卫—尼尔的著作也帮助欧洲人从更加直观、感性的角度来认识佛教。

在德国，莱布尼茨、康德、谢林、黑格尔等哲学家与佛教有所接触，受佛教思想影响最大的是叔本华和尼采。该国从事佛教研究的著名学者有奥登伯格、格利姆、盖格尔等人。

除了英、法、德，欧洲其他国家也涌现了一些著名的佛教研究学者，他们在各自领域取得了有目共睹的成就，促进了欧洲佛教研究的发展。在此仅列举一些有代表性的人物，例如荷兰的科恩、沃格尔、狄雍，比利时的普辛、拉莫特，奥地利的纽曼，匈牙利的乔玛，丹麦的弗斯波尔，意大利的图齐等。他们的贡献使欧洲的佛教研究在 19、20 世纪呈现蔚为大观的气象。总的来说，在整个 19 世纪以及 20 世纪上半叶，佛教的学术研究成为佛教在欧洲传播的主要方式。

20 世纪初，佛教徒建立的团体在欧洲已经出现，它们的名称往往是佛教会、佛教学会。团体的主要事务是发展会员、创办刊物、宣传佛教思想、举行活动等，有些团体也开展佛教修行，如坐禅、庆祝佛教节日等。总的来说，20 世纪上半叶出现的佛教团体秉承了欧洲佛教学术性特征明显的特点，不具备宗派性特色。

20 世纪下半叶，各种佛教系统或宗派在欧洲各国纷纷成立组织，建立道场，招徒传法，使佛教在欧洲的发展呈现新的面貌。日本佛教中的禅宗、创价学会，藏传佛教各派发展势头迅猛。90 年代起，佛光山在主要欧洲国家的重要城市纷纷建立组织和道场。佛教在欧洲的传播同样与时代条件和背景密切相关，例如，六七十年代东南亚各国的政治动荡使许多人背井离乡前往欧洲，促进了欧洲上座部佛教的发展。

佛教在美洲的初传隐藏在历史迷雾中。1761 年，法国汉学家德吉涅指出，458 年慧深等五名中国僧人来到今天的阿拉斯加、北美西海岸和墨西哥，因而最早将佛教传播到美洲。该观点导致两百多年来中外诸多学者分成正反两方一直争辩。还有一种观点认为法显最早将佛教传播到美洲。通过对相关史料的考证和辨析，我们发现这两种观点都站不住脚。

得益于欧洲佛教研究的成果，美国早期知识分子中，爱默生、梭罗和惠特曼都程度不同地受到佛教思想的影响。但是，他们并非专门的佛教研究者，不懂亚洲语言，导致他们对佛教存在程度不同的误读。

最早将佛教传入美国的是华工。1848 年，加州发现金矿，淘金热迅速出现，来自中国珠江三角洲的华工纷纷来到美国，他们组建会馆，建立寺庙，举行宗教活动。华工的宗教信仰体现出明显的三教合一的特点。由于美国排华政策的影响，大量华工回国，加上其佛教信仰没有国内佛教团体的支持等原因，汉传佛教在美国的发展长期停滞，甚至一度萎缩。1965年，美国国会颁布《外来移民与国籍法修正案》，从 19 世纪末以来针对亚洲移民的种种歧视性政策从法律上被废除。相应的，汉传佛教在美国的传播进入一个全新的阶段。

尽管生存环境险恶，但是汉传佛教在美国的传播一直没有停止。僧侣、居士克服重重困难，通过不懈的努力，积极在美国弘扬佛法，他们成立组织，修建寺院，举办活动，扩大影响。例如，在 20 世纪 70 年代，宣化法师建立了金山寺、金轮寺、万佛城等道场；法鼓山建立了东初禅寺、象冈道场等寺庙。80、90 年代，佛光山在美国各州成立了 20 多个协会，道场也达到 20 多个，为汉传佛教的传播做出了巨大贡献。到 20 世纪末，慈济功德会在美国的分支机构也超过 17 个。

19 世纪 60 年代末，日本劳工来到美国，日本国内佛教各宗派的本山逐步派僧人为日裔移民服务，他们成立团体，兴建寺庙，创立学校，举行各种佛事活动，净土真宗、净土宗和日莲宗等遂传入美国。1893 年，世界宗教大会在芝加哥召开，日本派出的僧人代表最多，涉及禅宗、净土真宗、日莲宗、天台宗、真言宗等宗派。会议结束后，临济宗在美国的传播保持了强劲的势头。铃木大拙用英语写了很多书介绍禅宗，释宗演、千崎如幻、释宗活、曹溪庵等人积极弘传临济禅法；其他各宗派也有所发展。太平洋战争爆发后，日本佛教在美国遭遇较大的挫折。

第二次世界大战后，日本佛教在美国的传播再次兴盛，尤其以禅宗和净土真宗最明显。铃木大拙来到美国多所大学任教，传播临济禅法。千崎如幻、岛野荣道、中川宋渊、佐佐木承周、安谷白云、前角博雄、铃木俊隆、片桐大忍、松冈操雄等日本禅师纷纷建立道场，弘扬禅宗。

1959 年，一些藏上层人士逃亡印度。随后，他们部分人来到美国，使藏传佛教在美国进入快速传播的轨道。喇嘛纷纷建立道场，成立组织，弘扬佛法。宁玛派的塔尚活佛、萨迦派的萨迦崔津法王、噶举派的丘扬创巴及第十六世噶玛巴、格鲁派的旺加格西是其中的代表性人物。

上座部佛教在美国的迅速传播与 60、70 年代印度支那战争、越南入侵柬埔寨、越南战争导致的社会动荡关系密切。大批东南亚难民乘船逃离故土，前往美国，这使上座部佛教在美国的发展进入一个新的阶段。

可以说，从佛教传入美国之初，佛教的美国化就已经开始。随着时间的推移，这一进程的速度逐渐加快，体现得也越来越明显。信仰佛教的美国本土白人逐步增加，他们在佛教美国化进程中所起的作用也日益凸显。艾特肯、卡普勒等禅师在禅宗美国化方面进行了有益的尝试。20 世纪 50 年代的"垮掉的一代"以及 60 年代的嬉皮士运动都从佛教尤其是禅宗中吸取精神资源。戈德斯坦、科恩菲尔德、萨尔兹伯格在美国弘扬上座部佛教内观禅法约 40 年，他们将内观修行与普通美国人的日常生活、心理治疗等相结合，为美国民众提供精神指导。

在北美洲的加拿大，南美洲的巴西、阿根廷，大洋洲的澳大利亚，非洲的南非等国，佛教的发展同样经历了一个较为漫长的历史时期。到 20 世纪下半叶，佛教在这些国家的发展同样呈现加速度的态势。

到目前为止，佛教已经传播到亚洲和南极洲之外五大洲的近 80 个国家。不过，佛教在各大洲以及各个国家的发展状况很不平衡。这种不平衡包括两个方面，首先是时间的悬殊，在有些欧洲国家，佛教的历史已经超过两百年，而在一些非洲小国，佛教刚刚出现。其次是发展不平衡。有些国家的佛教经过多年发展，信徒众多，组织多样，寺庙辉煌，佛教的社会影响已经比较大；而在有些国家，佛教尚处于萌芽状态。

亚洲之外佛教的信徒可以分为两类人：一类是"族群型佛教徒"（Ethnic Buddhists）。这类佛教徒中，亚洲移民及其后裔占了绝大部分。另一类是"改宗型佛教徒"（Converted Buddhists）。这类佛教徒中西方白人是主体。相应的，上述两类信徒所信仰的佛教也被划分为两类："族群型佛教"（Ethnic Buddhism）和"改宗型佛教"（Converted Buddhism）。

"族群"是一个社会学词语，一般指由共同语言、宗教、信仰、习俗、世系、种族、历史和地域等一种或数种因素构成的文化复合体。在族群型佛教徒这一概念中，宗教显然是最重要的因素。族群型佛教徒来自亚洲不同国家，他们在语言、习俗、历史、地域等方面存在差异，但是佛教信仰成为他们的共性。对亚洲移民及其后裔而言，佛教是他们固有的文化传统和信仰。他们往往出生、成长在佛教历史漫长、佛教文化传统深厚的国度，深受家庭中祖辈、父辈佛教信仰的熏陶。他们熟悉、了解佛教，对佛教的认同感强。这类佛教徒在西方国家成立团体，建立道场，举行佛教活动，重视经典、仪式和佛教节庆，加强亚裔群体的凝聚力和向心力，努力保持、维护自身的传统文化，以便在文化环境迥异的西方国家中生存和发展。

改宗型佛教徒是指原本信仰其他宗教而后来改信佛教的人。这类佛教徒中，西方白人是主体，但显然也包括其他类型的人。例如，出生在亚洲基督宗教文化环境中（例如菲律宾等国）的人来到西方国家后改信了佛教。这样的亚洲移民显然就属于改宗型佛教徒，而不是族群型佛教徒。对以基督宗教为文化传统的人来说，佛教显然属于异质文化的内容。他们对佛教的认同感显然无法与族群型佛教徒相比，他们往往对佛教采取一种拿来主义的态度，选择其中自己喜欢、契合心灵的内容为我所用。在戒、定、慧三学中，改宗型佛教徒往往对戒学没有兴趣，而对定学寄予高度关注，结果，各种修习禅定的方法在西方广受欢迎，甚至与心理治疗、精神分析等相结合。

上述划分与佛教在亚洲之外国家传播的历史进程以及当今亚洲之外佛教的发展现状是契合的，具有重要的学术意义和价值。这两类信徒对佛教接受与理解的程度，对佛教诸多内容的取舍，信仰佛教的动机、目的、方式等方面存在的显著差异较早就引起了学术界的广泛关注和研究。

不过，有些西方学术成果将族群型佛教称为"移民佛教"（Immigrant Buddhism），将改宗型佛教称为"白人佛教"（White Buddhism）。这两种称谓显然不严谨。"移民"与"白人"属于不同概念范畴的用词。移民是相对于本土居民而言的，亚洲之外佛教徒的主体至今仍是亚洲移民及其后裔，这没有疑问，但出生在西方国家的亚裔并非移民，而是地地道道的本土居民，将亚裔的佛教信仰笼统称为"移民佛教"不精确。亚洲移民后代的佛教信仰当然更不属于白人佛教。"白人"属于人种概念，与之相对应的概念是"有色人种"。与"白人佛教"相对应的概念应该是"有色人种佛教"，但学术界显然没有人使用这种称谓。

还有西方学者将亚洲之外佛教徒及其佛教分成更多类型，所用的概念涉及人种、国籍、国别、信仰等诸多层面。由于没有严格指明分类的标准，分类时往往标准多样，结果使类型之间的逻辑关系混乱，出现诸如有些信徒不能归入任何一类，有些信徒却又能归入两类或者某一类能够包含另一类等现象。

在西方国家，族群型佛教徒出现的时间显然比改宗型佛教徒早。迄今为止，前者也依然是亚洲之外佛教徒的主体。但自从改宗型佛教徒出现后，两类佛教徒就一直双向互动。诸多亚洲佛教徒来到西方国家，其中有些人建立道场，积极主动地向西方人传播佛法，招收弟子，承继衣钵。有些西方人也前往亚洲各国，入驻寺院，拜师学艺。他们回国后再招收弟子，努力使佛教在西方国家生根、发芽，甚至开花、结果。

虽然佛教在亚洲之外国家和地区传播、产生影响并引起关注的时间并不太长，但在以基督宗教为中心的西方文化氛围中，亚洲之外佛教已经出现了与在诞生地有别的新面貌和新特点，同样也面临着不同以往的新任务。这主要体现在以下几点。

首先，亚洲之外佛教的本土化任务比佛教在亚洲国家的本土化任务更加繁重和艰巨。尽管东亚、东南亚各国存在诸多差异，但是人们在思维方式、文化心理等方面有共同性，这些国家的文化同属东方文化的范畴；而佛教传播到亚洲之外的地区，面临的是与东方文化完全不同的西方文化体系。东西方文化之间的巨大差异对佛教在亚洲之外国家的传播和发展提出的挑战是佛教自诞生以来从未面临的，这也决定了亚洲之外佛教的本土化进程绝不可能是一条坦途。

一些在西方各国弘扬佛教的亚洲僧人以及本土人士自觉意识到了佛教在西方面临的本土化问题，并进行了有益的探索和尝试，其中既有成功的经验，也有失败的教训，但无论如何，这些经验和教训都能为我们提供有益的启迪。在笔者看来，亚洲之外佛教的本土化任务最终还是要由有基督宗教文化背景的西方人来完成。

其次，亚洲之外佛教的世俗色彩更加强烈。尽管居士在亚洲某些国家的一定历史阶段中对佛教的发展产生巨大的影响，甚至超过僧团（例如中国清末居士佛教的兴盛），但总的来说，在亚洲佛教发展进程中起决定性作用的还是僧侣。而在亚洲之外佛教中，对佛教发展起主要作用的却是世俗信徒。亚洲之外佛教徒中很少有人完全出家为僧，大部分人甚至都没有受菩萨戒，西方人尤其如此。他们不止一次尝试依照亚洲佛教的标准来建立僧团，严格遵循戒律而生活，但结果均很快以失败而告终。这说明佛教在亚洲之外国家的发展不可能照搬照抄亚洲佛教的模式，因为文化环境已经迥异，时代条件也已大相径庭。这决定了亚洲之外佛教必然要走出一条属于自己的发展道路。

最后，亚洲之外佛教面临团结、协同的历史使命。这显然是亚洲各国佛教从未遇到的任务和挑战。尽管佛教在亚洲不同国家的传播过程中受当地社会、政治、经济、文化等影响而深刻打上了所在国文化的烙印，但是，无论怎样，在同一个亚洲国家里，在某个区域内，即使佛教类型、宗派和传播语言众多，但总是有主有次。例如，上座部佛教主要流行于除越南以外的东南亚各国；大乘佛教盛行于中国、朝鲜、日本和越南。但佛教传播到亚洲之外各国后，情况就大不相同了，不要说在一个国家里佛教的类型和宗派众多，即使同一座重要城市甚至同一条街道上，也可能出现多种佛教宗派，出现来自不同亚洲国家的移民建立的道场。可能在同一座寺庙中，不同宗派的不同修行方法都允许存在，既有上座部佛教的内观，又有藏传佛教的道次第，甚至还有禅宗的公案，这种情形是亚洲佛教很少出现的，这显然对亚洲之外佛教的各国组织在协同、整合、团结方面提出了新课题和新任务。欧洲的佛教组织比较早就认识到该问题的重要性，并在这方面进行了尝试和努力，并取得了初步的成效。

本卷对亚洲之外佛教的历史进行了总体性的勾勒，涉及教义、宗派、代表人物、团体组织、重要寺院、主要事件等诸多方面，对亚洲之外佛教的本土化、佛教在不同大洲传播方式的差异、时代条件和历史环境对亚洲之外佛教传播的影响等问题进行了初步探讨。亚洲之外佛教涉及的国家众多，内容庞杂，对有些问题的探讨有待进一步深入。

第一章　佛教在欧洲、美洲的初传

第一节　佛教在欧洲的初传

亚欧两洲的先民在历史上很早就发生了交往，佛教在欧洲的历史比我们已知文献所记载的更为久远。尽管我们通常将佛教正式传播到欧洲的时间界定为发端于 18 世纪的学术研究，但在之前两千多年的漫长岁月中，欧洲人与佛教一直发生着时断时续的联系。据文献记载，欧洲人与佛教的接触最早可以追溯到亚历山大时期。

一　亚历山大大帝东征与欧洲人最早接触佛教

马其顿国王亚历山大大帝（Alexandros，前 356—前 323）在公元前 336 年即位后大举远征东方。公元前 326 年，亚历山大大军南下印度，抵达希发西斯河（今比亚斯河 [Beas]）。在这里，他的前进受阻。公元前 325 年，亚历山大将部队分水、陆两路撤退。次年，他回到巴比伦（Babylon），在东起印度河（Indus River）、西至尼罗河与巴尔干半岛的领域内建立了亚历山大帝国。

亚历山大大帝撤走后，旁遮普地区（Punjab）局势动荡。出身刹帝利（Ksatriya）（一说首陀罗 [Sudra]）种姓的旃陀罗笈多（Chandragupta）利用人民起义的力量，肃清希腊残余的留守部队，自立为王。约公元前 321 年（一说前 324 年），旃陀罗笈多推翻摩揭陀（Magadha）的难陀王朝（The Nanda Dynasty），建立孔雀王朝（The Mauryan Dynasty），并定都华氏城（Pataliputra）（今比哈尔邦 [Bihar State] 首府巴特那 [Patna]）。

公元前 323 年，亚历山大大帝病逝，他的帝国迅速瓦解。亚历山大大帝的东征对被征服地区造成了很大的破坏，不过客观上也促进了欧亚两大洲的经济、文化交流。欧洲人最早接触佛教就有赖于此。

亚历山大大帝的东征大军中有科学家、艺术家和历史学家。相传，哲学家、怀疑论的创始人皮浪（Pyrrhon，约前 365—约前 275）也在其中，而且他与印度婆罗门有交往。德国哲学家尼采曾多次提到皮浪是希腊佛教徒。例如，他说："皮浪……一个希腊佛教徒……他见过亚历山大大帝，也见过印度的忏悔者……"① 这些上层知识分子跟随亚历山大大帝撤兵，可能将佛教附带地传到了欧洲。

亚历山大大帝撤退后，他攻下的一些城镇与希腊本土的联系被切断，其中一些城镇后来成了希腊文化与佛教文化的交汇点，许多没有来得及撤回欧洲的希腊人皈依了佛教。

公元前 305 年，旃陀罗笈多击败了试图重建亚历山大帝国的塞琉古一世（Seleucus Ⅰ Nicator，前 358 或前 354—前 201 至前 208 或前 209）。约前 304 年，旃陀罗笈多与塞琉古一世媾和，以 500 头战象换取印度河以西之地。塞琉古王国派麦加斯梯尼（Megasthenes，前 4 世纪末—前 3 世纪初）作为使节，来到孔雀王朝。麦加斯梯尼写了四卷本《印度记》②（*History of India*）。该书是研究古印度历史的重要资料，通过它，希腊人首次对印度有了较为系统的了解。该书对印度的宗教着墨不多，但提到了婆罗门（Brahmin）和沙门（Sramana）。有观点认为，沙门就是指佛教徒。但另有学者指出，麦加斯梯尼用该词来指耆那教徒（Jain）、佛教徒和森林中的修行者。不过，《印度记》对佛教的记载很少。

二　阿育王时期佛教的西传

与亚历山大大帝不同，旃陀罗笈多的孙子阿育王（Asoka，？—前232）是主动、有明确目的地向欧洲传播佛教。阿育王原本非常残暴，在一次惨烈的战争后，他幡然悔悟，放下屠刀，成为一名佛教徒。阿育王制定的治国方略有明显的佛教色彩：宗教宽容、和平主义和非暴力。它为日后佛教在印度以外国家的传播定下了基调。

在竖立于摩搓国（Matsya）的一座碑刻中，阿育王用书信形式向僧团致意并提出了修行方面的要求："摩揭陀仁颜大王致意僧伽，恭维安居无

---

① ［德］尼采：《权力意志》（下卷），孙周兴译，商务印书馆 2010 年版，第 334—335 页。
② 《印度记》又译为《印度志》。

恚（这纯粹是客套话，犹如'您好!'）①。各位长老! 你们知道我是多么尊敬信仰佛法僧三宝（换句话说，我是佛教居士）②。无论我佛世尊曾经讲过什么，一切都讲得很好。各位长老! 在我觉得，为了妙法（saddharma）流传久远，我应当推荐几部说法的经典：Vinayasamu-Kkasse，Aliyavasānī，Anāgatabhayāni，Munigāthā，Moneyasūtte，Upatissapasine，以及论妄语的 Lāghulovāde，这都是佛说的——我希望比丘和比丘尼，还有优婆塞和优婆夷经常听诵这些经典，从中探求佛法。我将此事写下来，使他们知道我的意愿。"③ 根据碑刻的内容，阿育王皈信佛教应无可置疑。此外，"阿育王还希望传播一切教派，鼓励传道工作。我们将会看到这样作是为了佛教：我们不知道他是否也打算传播婆罗门教，正命论和耆那教……"④阿育王表示，他不会再诉诸武力，而是以"达磨"服人。他要在"自己的领土之内以及远达六百由旬的一切邻邦之中，实行此事，甚至远及希腊王安泰奥卡斯所住之地，而且超过安泰奥卡斯之地，到达托勒密、安提峨那、马加斯和亚历山大四个国王的所在地……"⑤ 安提峨那王所住之处，指马其顿国；亚历山大王所住之处，指伊庇鲁斯国（今希腊西北）。⑥ 不过，阿育王派出的使者是否到了希腊我们已经无从知晓。

三　佛教在大夏、《那先比丘经》及犍陀罗艺术

公元前 2 世纪上半叶，佛教传入希腊人统治的大夏。大夏即巴克特里亚（Bactria），当时是一个势力强盛的国家，领土北起阿姆河（Amu-Darya）上游，南达印度河流域。该国有许多希腊化的城市，很多居民是希腊和马其顿移民。巴利文《弥兰陀王问经》（汉译《那先比丘经》）反映了佛教在这里的城市国家舍竭（今巴基斯坦锡亚尔科特）初传的情况。舍竭国国王弥兰陀是希腊人，他向来自罽宾的那先比丘询问佛教的教义，他们讨论了沙门的性质、人生的本质、善恶果报、生死轮回、佛陀等一系

---

① 括号里的内容为原书所有。

② 括号里的内容为原书所有。

③ ［英］渥德尔：《印度佛教史》，王世安译，商务印书馆 1987 年版，第 233—234 页。

④ 同上书，第 237 页。

⑤ ［英］查尔斯·埃利奥特：《印度教与佛教史纲》第一卷，李荣熙译，商务印书馆 1982 年版，第 373 页。

⑥ 杜继文主编：《佛教史》，江苏人民出版社 2006 年版，第 43 页。

列问题。弥兰陀王非常认可那先比丘的看法，决定日供八百沙门，凡是那先所需要的东西，都可以从弥兰陀王那里获得。弥兰陀王说："得师如那先，作弟子如我，可得道疾。"① 弥兰陀王信仰佛教是历史事实，学者们通过考古已经发现弥兰陀王施舍的舍利壶。此外，一些碑文还记载了大夏国的希腊居民信仰佛教的情况，如他们供养佛舍利、向寺院布施等。有学者认为，弥兰陀王就是大夏国国王麦曼特尔。

《弥兰陀王问经》是研究佛教在大夏国的希腊移民中传播情况的重要史料。这部经有几点值得注意：第一，在形式上，它没有借用佛说的名义，也没有采用阿毗昙式的论议，而是采用了记述、辩论的形式。这种形式在佛经中极为罕见。第二，在内容上，这部经突出了"智慧"在解脱中的首要作用，抬高"智者"的地位。这与一般经、律强调戒律和禅定是有区别的。第三，这部经指出，"气"为"喘息"，是"命"，是"那先"（指人的统一体，神）。在经中，那先力主人及万物皆当"过去"。这些观点很容易使人联想到古希腊哲学。②

希腊文化对佛教的另外一大影响体现在艺术，尤其是雕塑上。这一艺术的中心在犍陀罗（Gandhara），故称"犍陀罗艺术"。从 1—5 世纪，犍陀罗艺术达到鼎盛。当时，罗马帝国离贵霜王国（Kushan）的边境不到 1000 公里，贵霜王国从小亚细亚（Asia Minor）雇用希腊和罗马雕刻师。犍陀罗艺术出现前，印度人对佛陀的崇拜体现在神迹上，如佛使用过的垫子或佛的脚印等，而希腊人和罗马人习惯于将他们崇拜的神描绘成人形。很可能是来自欧洲的雕刻师首先将佛刻画成了人形。

四　西方早期传教士与佛教

随着航海技术的进步，亚洲与欧洲之间的贸易往来变得更加便捷，两大洲之间的文化交往更加频繁。相应的，西方人尤其是传教士对佛教的了解越来越多。

古代基督教学者潘代努（Pantaenus，? —约 190）是一名到过印度的早期传教士。他的学生亚历山大城的克雷芒（Clemens Alexandrinus，150—215）指出："印度人遵从佛陀的训导，将佛陀奉为神。他们崇拜一

---

① 《那先比丘经》卷下，《大正藏》第 32 册，第 703 页中。

② 杜继文主编：《佛教史》，江苏人民出版社 2006 年版，第 44 页。

种金字塔，想象它的下面埋葬着一位神人的骸骨。"①

新柏拉图主义者（neo-Platonist）巴尔德撒纳斯（Bardesanes，154—约222）为新柏拉图主义与佛教之间的联系提供了确证。他将婆罗门教徒和沙门进行了区分，指出前者在山中独自修行，后者住在由国王供养的寺院中。沙门可能来自任何种姓。当沙门穿上僧袍，由村里的长官登记后，他们会处置自己的物品，将妻子送回娘家，将孩子委托给国家抚养。巴尔德撒纳斯说："婆罗门教徒和佛教徒都备受尊敬。当出现紧急情况时，国王会亲自前往，请他们祈祷并商议对策。"②

有观点认为，大乘佛教思想受到了基督宗教的影响，或者基督宗教受了大乘佛教的影响。这两大宗教中的一些相似性被视为它们相互汇通的证据，如都使用念珠，都有遗迹崇拜的传统，信仰转生（早期基督宗教并不将它看作异教的观念）等。不过，迄今为止我们还无法证明上述相似的情况就是两类宗教互相作用的结果。

有人还利用巴拉姆（Barlaam）和约萨法（Josaphat）的传说作为佛教影响了基督宗教的论据。这个传说是8世纪大马士革的约翰（Joannes Damascenus，约675—约749）讲述的。内容是：印度国王生了一个儿子约萨法。根据天启，这名王子会离家，投入真正宗教的怀抱。约萨法的父亲像释迦牟尼的父亲一样想阻止这种情况发生。但基督宗教的隐士巴拉姆向约萨法揭示了世界的真相。约萨法跟随巴拉姆到了沙漠，他们主宰了基督宗教隐士们的生命。

这个传说从梵文译成巴拉维语、希腊语和拉丁语，然后又被译成法语、德语和瑞典语。Josaphat一词源于菩萨（Bodhisattva），阿拉伯人将Bodhisattva读作Bodasaph，希腊人读作Ioasaph，欧洲人读作Josaphat，但他们都忘记了该词的词源——Bodhisattva。这个传说导致的结果是：1585年，教会追认佛陀为一名圣徒。枢机主教巴罗尼乌斯（Caesar Baronius，1538—1607）说："印度与波斯接壤。大马士革的圣·约翰描述了圣徒巴拉姆和约萨法令人惊叹的行为……"③ 显然，这个传说根本不足以证明佛

---

① Fields, Rick, *How the Swans Came to the Lake: A Narrative History of Buddhism in America.* 2nd revised and updated ed., Boston: Shambhala Publications, Inc., 1986, p. 17.

② Ibid., p. 18.

③ Fields, Rick, *How the Swans Came to the Lake: A Narrative History of Buddhism in America.* 2nd revised and updated ed., Boston: Shambhala Publications, Inc., 1986, p. 19.

教影响了基督宗教。

五 卢布鲁克、马可·波罗与佛教

410 年，哥特人（Goth）攻陷罗马，罗马帝国覆灭。一百年后，白匈奴人（White Huns）彻底毁灭犍陀罗的寺院，欧亚两洲的交往一度中断。但几百年后，欧洲人又踏上前往东方的漫漫长路。

1253 年，法国国王路易九世（Louis Ⅸ，1214—1270）派遣方济各会修士卢布鲁克（William Rubruck or Willem van Ruysbroeck，约 1210—约1295）前往蒙古帝国传教，试图拉拢蒙古汗支持教皇发动的十字军东侵。卢布鲁克从地中海东岸出发一直往东，1254 年 1 月，他见到蒙古汗蒙哥（Monke Khan，1209—1259）。1255 年，卢布鲁克回到地中海东岸。1256年，他用拉丁文写下出使蒙古帝国的报告——《卢布鲁克东行记》（*Itinerarium fratris Willielmi de Rubruquis de ordine fratrum Minorum*，*Galli*，*Anno gratia XT ad partes Orientales*），并呈给路易九世。在这份报告中，卢布鲁克记载了自己遇到的景教徒、佛教徒以及穆斯林。他听到蒙古人中的佛教徒一直念诵着"嗡嘛呢吧咪吽"，便将它直译成拉丁语，不过，他显然不理解佛教的教义。后来，该报告由彼德·杰克逊（Peter Jackson）翻译成英语出版，书名改成《卢布鲁克的使团》（*The Mission of Friar William of Rubruck*[①]）。

在卢布鲁克出发前往蒙古帝国近 20 年后，又一名欧洲人动身前往东方，他就是意大利著名旅行家马可·波罗（Marco Polo，约 1254—1324）。1271 年 11 月，17 岁的马可·波罗跟随父亲尼科洛（Nicholo）和叔叔玛菲（Maffeo）从家乡威尼斯启程。他们在地中海东岸的阿迦城登陆后，沿着丝绸之路往东，经两河流域、伊朗，越过帕米尔高原，于 1275 年 5 月抵达中国的上都（今内蒙古多伦县境内），后来又到达大都（今北京）。马可·波罗得到元世祖忽必烈的信任，担任了元朝的官职，从此在中国留居达 17 年之久。在这段时间，他曾经奉命出使云南、江南等地，在大半个中国留下了自己的足迹。1291 年初，马可·波罗从泉州离开中国，于1295 年回到威尼斯。1296 年，马可·波罗在一次战争中被俘。在狱中，

---

① Ruysbroeck，Willem van，*The Mission of Friar William of Rubruck*. Translated by Peter Jackson. London：Hakluyt Society，1990.

他口述了自己在中国及东方各国的见闻，由一名狱友笔录成书，这就是举世闻名的《马可波罗行纪》，又称《马可·波罗游记》、《东方闻见录》。

《马可波罗行纪》以纪实的手法叙述了马可·波罗在中国的旅行见闻，兼及途经西亚、中亚和东南亚一些国家和地区的情况。该书对上述各国及地区佛教的情况也有程度不同的涉及。作为一名基督徒，马可·波罗自然是从基督宗教的角度来看待佛教的。他将信仰唯一神的基督宗教、伊斯兰教与其他宗教做了区分，将崇拜偶像的宗教统称为"偶像教"。马可·波罗用这个词来描绘他在各国所见到的佛教、道教、中国民间信仰、印度婆罗门教等宗教。相应的，他将信奉偶像教的信徒称为"偶像教徒"。例如，在描述唐古忒州时，他说："居民多是偶像教徒，然亦稍有聂思脱里派之基督教徒若干，并有回教徒。"①

尽管"偶像教"是一个统称，但我们发现，在《马可波罗行纪》中，该词在大多数情况下指的就是佛教。马可·波罗记载了克什米尔、西域、元朝北方及江南、锡兰（Ceylon）等地区或城市的佛教情况，涉及藏传佛教、汉传佛教和南传佛教。

马可·波罗认为："此地（指克什米尔）乃是偶像教发生之源。"②克什米尔地区是佛教北传过程中的必经之地，其重要性不言而喻。马可·波罗对甘州寺院中的佛像有如下记载："偶像教徒依俗有庙宇甚多，内奉偶像不少，最大者高有十步，余像较小，有木雕者，有泥塑者，有石刻者，制作皆佳，外傅以金，诸像周围有数像极大，其势似向诸像作礼。"③他还注意到僧人的生活方式："其遵守偶像教徒之僧人，生活较之他人正直。彼等禁止淫佚……彼等有一教会日历，与我辈同。每月有五日谨守斋戒，不杀生，不食肉，节食甚于他日。"④ 这里所谓的"教会日历"自然就是指佛历。

马可·波罗描述了元朝上都城的藏传佛教寺院及喇嘛："此辈亦有广

① ［意］马可·波罗：《马可波罗行纪·唐古忒州》第一卷，冯承钧译，上海书店出版社2006年版，第108页。

② ［意］马可·波罗：《马可波罗行纪·客失迷儿州》第一卷，冯承钧译，上海书店出版社2006年版，第72页。

③ ［意］马可·波罗：《马可波罗行纪·甘州城》第一卷，冯承钧译，上海书店出版社2006年版，第120页。

④ 同上。

大寺院，其大如一小城。每寺之中有僧二千余人，衣服较常人为简。须发皆剃。其中有娶妻而有多子者。"① 在元朝，藏传佛教萨迦派、宁玛派等并不禁止娶妻。马可·波罗对江南汉传佛教的描述较为简略，谈及一座城市时往往只说"居民是偶像教徒"②。不过，它对江南的火葬习俗介绍得比较详细：

> 尚有别一风习，富贵人死，一切亲属男女，皆衣粗服，随遗体赴焚尸之所。行时作乐，高声祷告偶像，及至，掷不少纸绘之仆婢、马驼、金银、布帛于火焚之。彼等自信以为用此方法，死者在彼世可获人畜、金银、绸绢。焚尸既毕，复作乐，诸人皆唱言，死者灵魂将受偶像接待，重生彼世。③

火葬的习俗显然是因为受到佛教的影响。这里的偶像，很容易就让人联想到佛教中的阿弥陀佛。

马可·波罗游历到锡兰时听说了佛陀的生平事迹。他在游记中指出，锡兰岛中有一座高山，佛教徒"断言是为世界第一偶像教徒葬身之所，其名曰释迦牟尼不儿罕（Sagamoni Borcam），据称是一大圣人"④。当然，锡兰佛教徒的观点有误。释迦牟尼圆寂的地方是印度末罗国的都城拘尸那迦。《马可波罗行纪》对释迦牟尼生平的记载基本上准确：

> 据说其人是一富强国王之子，不染世俗浮华风习，不欲袭位为王。其父闻其不愿为王，不爱荣华，忧甚，曾以重大许诺饵之。然其子一无所欲，其父别无他子承袭王位，尤深忧痛。由是国王建一大宫以居其子，多置美丽侍女侍之。命诸美女日夜与其子游乐，歌舞以

---

① ［意］马可·波罗：《马可波罗行纪·上都城》第一卷，冯承钧译，上海书店出版社 2006 年版，第 167 页。

② ［意］马可·波罗：《马可波罗行纪·邠州城》第二卷，冯承钧译，上海书店出版社 2006 年版，第 304 页。

③ ［意］马可·波罗：《马可波罗行纪·补述行在》第二卷，冯承钧译，上海书店出版社 2006 年版，第 339 页。

④ ［意］马可·波罗：《马可波罗行纪·锡兰岛》第三卷，冯承钧译，上海书店出版社 2006 年版，第 389 页。

娱，俾之得染世俗浮华之习，然悉皆无效……缘其既见此世之中老少皆死，遂于某夜秘密离宫，往大山中。在其地节欲习苦，俨若基督教徒。盖若其为基督教徒，则将共吾主耶稣成为大圣矣。①

马可·波罗在此将释迦牟尼的苦修比作基督宗教一些教派的苦行，他还将佛陀与耶稣相提并论，这说明，他对佛教相关内容的记载秉承的是客观、纪实的风格，并没有一神教信徒常常具有的偏执与狭隘。这的确难能可贵。

《马可波罗行纪》中，忽必烈对佛教、基督宗教等各种宗教的看法及措施也值得注意。马可·波罗记载：

……彼（按：指忽必烈）对于基督教徒主要节庆，若复活节、诞生节等节，常遵例为之。对于回教徒、犹太教徒、偶像教徒之主要节庆，执礼亦同。脱有人询其故，则答之曰："全世界所崇奉之预言人有四，基督教徒谓其天主是耶稣基督，回教徒谓是摩诃末，犹太教徒谓是摩西（Mosïe），偶像教徒谓其第一神是释迦牟尼（Cakya Mouni）。我对于兹四人，皆致敬礼，由是其中在天居高位而最真实者受我崇奉，求其默佑。"②

蒙古族骑兵的铁蹄曾经在欧亚大陆纵横驰骋，成吉思汗建立了疆域空前辽阔的帝国。蒙古帝国中存在各种类型的宗教。蒙古族统治者采取了保护一切宗教的措施，减少了统治过程中的矛盾与敌对情形。忽必烈也遵循传统的宗教政策，平等地善待一切宗教。

马可·波罗接下来说："然大汗有时露其承认基督教为最真最良之教之意。"冯承钧先生在注释中对这种看法提出质疑。笔者认为，这种质疑有道理，这从该书记载的忽必烈所述自己不愿意做基督徒的理由就能看出。马可·波罗先是站在读者的角度发问：既然忽必烈认为基督宗教最

---

①　［意］马可·波罗：《马可波罗行纪·锡兰岛》第三卷，冯承钧译，上海书店出版社2006年版，第390页。

②　［意］马可·波罗：《马可波罗行纪·大汗对于基督教徒犹太教徒回教徒佛教徒节庆付与之荣誉及其不为基督教徒之理由》第二卷，冯承钧译，上海书店出版社2006年版，第183页。

好，那他为什么不皈依基督宗教？接着便自己给出了答案，他的父亲和叔叔曾经多次向忽必烈讲述基督宗教的思想，忽必烈派他们为使者去回复教皇：

> 　　汝辈欲我为基督教徒，特未解我心。此国之基督教徒蠢无所知，庸碌无用。至若偶像教徒则能为所欲为。我坐于席前时，置于中庭之盏满盛酒浆者，不经人手接触，可以自来就我饮。天时不正时，此辈可以使之正。所为灵异甚多，汝辈谅已知之。其偶像能言，预告彼等所询之事。脱我皈依基督之教，而成为基督教徒，则不识此教之臣民语我曰，汗因何理由受洗而信奉基督教，汗曾见有何种灵异何种效能欤？汝等应知此处之偶像教徒断言其能为灵异，乃由其偶像之神圣与威权而能为之。脱以此语见询，我将无以作答。此种偶像教徒既藉其咒语、学识能为种种灵异，我若铸此大错，此辈不难将我处死。汝等奉命往谒教皇时，可求其遣派汝教中有学识者百人来此，俾其能面责此种教徒行为之非。并告之曰，彼等亦能为之，特不欲为者，盖因此为魔术耳。脱能如是驳击偶像教徒，使此辈法术不能在彼等之前施行，复经吾人身亲目击，吾人行将禁止其教，放逐其人，而受洗礼。我受洗以后，我之一切高官大臣暨一切服从彼等之人必将效法，由是此国之基督教徒将较汝辈国中为多矣。①

忽必烈的这段话主要表明了几层意思：第一，他不皈依基督宗教的原因在于，其所在国度的基督徒愚蠢、无用，而佛教徒却有种种神通，会扭转不正的天时。第二，普通百姓信仰佛教也是因为佛教徒有神通。如果他信了没有体现出神通的基督宗教，就无法向臣民解释原因。第三，既然佛教徒会神通，如果他改信了基督宗教，佛教徒不难将他处死。第四，让两位使者请教皇派遣 100 名有能力的信徒来与佛教徒斗法。如果他亲眼看到基督徒同样有神通，或者使佛教徒的神通失灵，他就会皈依基督宗教。可见，忽必烈及其臣民支持佛教的一个重要原因就是佛教徒有神通，能够为帝国

---

① ［意］马可·波罗：《马可波罗行纪·大汗对于基督教徒犹太教徒回教徒佛教徒节庆付与之荣誉及其不为基督教徒之理由》第二卷，冯承钧译，上海书店出版社 2006 年版，第 183—184 页。

的统治等服务。当然，忽必烈体现了一个英明君主的博大胸襟，让教皇派能人来与佛教徒公开竞争。

既然忽必烈认为基督徒"蠢无所知，庸碌无用"，那么马可·波罗说忽必烈认为基督宗教是最真、最好的宗教的看法自然就很荒谬了。马可·波罗在记载了忽必烈的上述言论后接着说："教皇若曾派遣可能宣传吾辈宗教之人，大汗必已为基督教徒，盖其颇有此意，此事之无可疑者也。"①我们从忽必烈的上述讲话中绝对得不出这样的结论。这只是马可·波罗的一厢情愿罢了。

马可·波罗作为东西方文化交流的使者将佛教介绍到西方，只是当时的欧洲人对他的记载基本不相信，而把它们视为马可·波罗依据道听途说加上自己的幻想而写成的神话。不过，《马可波罗行纪》在欧洲造成了不小的影响，著名航海家哥伦就读过它。如果我们说，哥伦试图找到前往东方的新航线的探险与《马可波罗行纪》不无关系应当并非妄诞之言。

六　早期殖民主义者与佛教

1497 年，达·伽马到达印度，随后，殖民化开始。1501 年，葡萄牙殖民者入侵锡兰，他们除了杀人放火、无恶不作外，还忠实履行葡萄牙国王下达的摧毁所有偶像的命令。结果，佛经被焚，公开或私下庆祝佛教节日的人遭到严惩，寺院化作废墟，石头被用来修建教堂。

锡兰北部的康提（Kandy）王国竭尽全力使僧伽罗佛教免于灭顶之灾。该国国王与荷兰的加尔文教徒（Calvinist）结盟，荷兰人很快成为锡兰的主人。起初，荷兰人更关注摧毁罗马天主教，而不是佛教，但是他们很快就步葡萄牙人的后尘。他们对僧伽罗人信仰佛教制定种种限制措施，例如佛教徒必须将财产的三分之一上交政府。不过，在国王的努力和僧伽罗人的反抗下，荷兰人最终允许了佛教的存在。

从 16 世纪起，罗马教廷向东方大规模传播天主教。一些传教士将更多与佛教有关的内容带回欧洲，耶稣会会士（Jesuit）对此最热衷，不过，他们对佛教的看法只有轻蔑。德·吕巴克神父（Father de Lubac）的说法可以让我们知道 18 世纪的欧洲人加在佛教之上的种种恶名。该神父说，

---

① ［意］马可·波罗：《马可波罗行纪·大汗对于基督教徒犹太教徒回教徒佛教徒节庆付与之荣誉及其不为基督教徒之理由》第二卷，冯承钧译，上海书店出版社 2006 年版，第 184 页。

佛教显然是"一种荒谬的宗教,一个可恶的教派,一场瘟疫,一种坏疽",由"一个非常邪恶的人"①创立。

即使极个别传教士对佛教的教义略有了解,最多也不过将佛教视为虚无主义。法国历史学家和神学家诺埃尔·亚历山大 (Noel Alexandre, 1639—1724) 在他 1700 年写成的《中国多明我会传教士的辩护》(*Apology of the Dominican Missionaries of China*) 中说:"佛弟子们的神秘教义是真正的无神论。他们认为,空是一切事物的本质。它绝对地完美和平静,无始无终,静止不动,无知无欲。"他的结论是:佛教教义"将一切事物减少成一个混乱的'空',事物的始终只是一个简单的无,而且……认为圆满由绝对的冷淡、冷漠和没有干扰的寂静组成"②。

七　利玛窦与佛教

在这些传教士中,与佛教接触最多的可能是利玛窦。利玛窦 (Matteo Ricci, 1552—1610),字西泰,1552 年 10 月生于意大利的马塞拉塔城 (Macerata)。1561 年,他进入本城的耶稣会学校学习。1568 年,利玛窦到罗马学习法律。1571 年,他在罗马加入耶稣会,并继续学习哲学和神学。后来,他自愿到远东地区传教。1577 年,利玛窦参加耶稣会派往印度的传教团,在葡萄牙等船期间,他曾在耶稣会训练东方传教团的学术中心——柯因布拉大学 (Coimbra) 学习。1578 年 3 月,利玛窦从里斯本出发,同年 9 月抵达葡萄牙在东方殖民活动的重要据点印度的果阿。1582 年 4 月,他从果阿启程,8 月抵达澳门。起初,他在广东肇庆传教,后来,他到了韶州、南昌和南京。明万历二十九年 (1601),担任在华耶稣会会长的利玛窦来到北京,进呈自鸣钟和《坤舆万国全图》,并与士大夫交往。1610 年 5 月,利玛窦在北京去世,葬于阜城门外二里沟。

晚年的利玛窦将自己在中国传教的经历写下来。在他去世时,这份记录已经完成。它就是著名的历史文献《利玛窦札记》(中译者将其译为《利玛窦中国札记》)。利玛窦撰写这部作品是为了让欧洲人了解中国的情况以及自己在中国传教的经历,以便后来的传教士能从中有所受益。《利

---

① Fields, Rick, *How the Swans Came to the Lake: A Narrative History of Buddhism in America.* 2nd revised and updated ed. , Boston: Shambhala Publications, Inc. , 1986, p. 21.

② Ibid. .

玛窦中国札记》的史料价值之高毋庸置疑，它是利玛窦对亲身经历的记载，对研究耶稣会在华传教史、明代中西交通史等具有重要的价值。

利玛窦在中国传教，采用了相当灵活的方法。他到中国不久就穿上儒生的服装，一面传播天主教，一面学习汉语、研读四书五经，研究中国的宗教和风俗，将天主教思想与儒家思想进行比附。利玛窦采取的基本策略就是联合儒家，极力反对佛教和道教。《利玛窦中国札记》记录了利玛窦对佛教的认识，以及当时明代佛教的基本内容。

《利玛窦中国札记》记载佛教的有些内容比较准确。例如，它指出："现存的文字记载说，中国的皇帝梦中受到启示而派遣使节到这个国家（指天竺——引者）。使者们带回了经卷以及译者，把经卷译为中文。这一教派的创立者，在其教义传入中国以前就已死去了。根据这一点，显而易见的是中国人把这种教义传入日本的。"① 这里提到的就是所谓汉明帝夜梦金人的故事。学术界一般认为，汉哀帝元寿元年（公元前 2 年）大月氏王使臣伊存口授《浮屠经》，标志着佛教开始传入汉地。利玛窦认为中国人将佛教传入日本的看法与历史事实相符，他还批驳了日本一些信徒的错误观点，即日本佛教源自暹罗。确切地说，日本佛教源自中国，但就传播路线而言经由朝鲜传入。

利玛窦还观察到僧人的生活方式、修行行为等："这种教派的祭司叫做和尚（Osciami）。他们的头和脸都剃光，和这个国家的风俗完全相反。有些人不断到各处朝圣，有的则在深山古洞中过着十分艰苦的生活。他们为数估计约二三百万人，大部分住在庙里的许多修道室中。"② 利玛窦估计中国明末僧人的数量大约有二三百万人，这个数字显然过大。"他们（指僧人——引者）十分强调独身，以致他们似乎完全摒绝婚姻。他们经常的习惯是出家朝圣和乞求布施。"③ "有时候他们也被他们的同教人士花很少的一点钱请去做别的法事，同时要把动物、鸟兽和鱼放生……"④

《利玛窦中国札记》还记载了女性出家者的情况："这些宗教中心并不排斥妇女居住，但她们与男的分开住，而且也剃光头，不结婚。中国人

---

① ［意］利玛窦、金尼阁：《利玛窦中国札记》，何高济、王遵仲、李申译，何兆武校，中华书局 1983 年版，第 105 页。

② 同上书，第 108 页。

③ 同上书，第 106 页。

④ 同上书，第 109 页。

叫她们尼姑（Nicu），人数不如男的那么多。"① 这种观点准确。

利玛窦注意到，在中国存在着数量众多的佛教寺院。"今天这一教派有大量往往是装修得非常华美的寺庙，显然说明这一教派由来已久。"②

浩如烟海的佛教典籍自然不会被利玛窦忽略。他说："这一教派的书籍无论是由西方传入的或更可能是在中国编撰的，都一直在增多，成为维持它广泛流行的热情之火的燃料；看来它似乎是不大可能消灭的。由于这类著作的种类和数目繁多，结果是在它里面学说和荒谬无稽是那么混杂在一起，即使是号称信教的人也不能解释清楚。"③

作为耶稣会传教士，利玛窦在观察、了解佛教时也有意无意将它与天主教进行类比，发现了它们在仪式方面的相似点。"他们的一些非宗教的礼节在某些方面，和我们教会的仪式很近似，例如说他们唱经就和我们格里高里式的唱经没有什么差别。他们的庙宇里也有塑像，他们献祭时所穿的袍服也和我们的差不多。"④

《利玛窦中国札记》对佛教的记载有些也并不准确。它指出："中国人当中的第二种重要教派是释迦（Sciequia）或阿弥陀佛（Omitose）。"⑤释迦即释迦牟尼是佛教的创始人。阿弥陀佛是佛教中"西方极乐世界"的教主，是净土宗的主要信仰对象。他们是佛教人物或佛的名称，而不是教派的名称。

对佛教从印度传入中国的情况，利玛窦认为，当时天主教信徒已经在印度传教，"中国人听说过基督福音书中所包含的真理，受到感动而发生兴趣，想要接触它并向西方学习它；这并不是超出可能范围以外的事。然而，或是由于他们使臣方面的错误，或是因为他们所到国家的人民对福音的敌意，结果中国人接收了错误的输入品，而不是他们所要追求的真理"⑥。这当然是利玛窦想当然的猜测，与历史事实全然不符。公元初年，基督宗教刚诞生，哪里来的传教士去印度传教？认为中国人接受的佛教是

---

① ［意］利玛窦、金尼阁：《利玛窦中国札记》，何高济、王遵仲、李申译，何兆武校，中华书局 1983 年版，第 109 页。

② 同上书，第 108 页。

③ 同上书，第 107—108 页。

④ 同上书，第 106 页。

⑤ 同上书，第 105 页。

⑥ 同上书，第 106 页。

错误的输入品，而基督宗教才是真理的看法，正反映了利玛窦作为传教士的偏见。

不可否认，佛教与基督宗教中的一些观念有相似性。学者们至今难以厘清究竟是谁影响了谁，抑或是由于人类思维方式、思维能力等方面的共性，使得两种不同的宗教在有些方面显示了趋同性。《利玛窦中国札记》简单地臆测，佛教的一些观念借用了西方哲学的思想。"看起来，这第二种教派的教义的创始人有些概念是从我们西方哲学家那里得来的……他们关于灵魂轮回的学说，听起来很像毕达哥拉斯（Pythagoras）的学说，只是他们加进了很多解说，产生了一些更糊涂、更费解的东西……这第二种教派的学说中也提到过某种三位一体，把三个不同的神融为一个神……"① 轮回的思想并非佛教的首创，在佛陀生活的时代，该思想在印度似乎已经普遍流行。当然，佛教的轮回思想与婆罗门教的轮回观存在重大区别。佛陀大约生活在公元前 565—486 年，毕达哥拉斯出生在约公元前 580 年至前 570 年，约公元前 500 年去世。我们根本无法判断毕达哥拉斯的思想与佛教的轮回思想有何关系。利玛窦在这里所说的佛教将三个不同的神融为一个神的观点应该是佛教的三身说。基督宗教的三位一体说与佛教的三身说在形式上有相似之处，但二者的本质区别是显而易见的。

利玛窦站在天主教传教士的立场上对佛教的思想观念进行无端的指责："然而，不管他们的教义中可以有怎样的真理之光，但不幸却都被有害的谎言所混淆了。他们对天和地的观念以及说天地是惩恶奖善的地方等等，都是十分混乱的；他们无论在天上或地上，都从不寻求死者灵魂的永生。"②

此外，利玛窦还对僧人及其徒弟进行了诋毁："……他们（指僧人的徒弟——引者）里面决没有一个人是心甘情愿为了过圣洁的生活而选择了参加这一修道士的卑贱阶层的。他们也和师父一样既无知识又无经验，而且又不愿学习知识和良好的风范，所以他们天生向恶的倾向就随着时间的推移而每况愈下。"③

---

① ［意］利玛窦、金尼阁：《利玛窦中国札记》，何高济、王遵仲、李申译，何兆武校，中华书局 1983 年版，第 106 页。

② 同上书，第 107 页。

③ 同上书，第 108 页。

这一方面固然是由于利玛窦对佛教的了解有限，但更主要的原因是，利玛窦站在天主教的立场上对佛教采取了敌对的态度。

从 18 世纪到 19 世纪，西方派出了大约 30 批传教士到东方。其中经印度来到尼泊尔和我国西藏地区的意大利传教士就有 71 人。例如，意大利嘉布遣小兄弟会（Capuchin Friars Minor）的弗朗西斯科·德拉·潘纳（Francesco della Penna，1680—1745）在 1716—1732 年生活在拉萨，他学会了藏文，还编写了一部词典，该词典在 1826 年被译为英语。潘纳神父还翻译了《十诵律比丘戒本》和宗喀巴的《菩提道次第广论》。① 20 世纪 50 年代，L. 佩特克教授将这百年中的游记和书信整理、编辑并加以注释，汇集成书，陆续出版，书名是《新纳慕希奥②——西藏和尼泊尔的传教士》。

八　接触佛教的使者和商人

在殖民时期，接触佛教的西方人自然不只有传教士，使者和商人也包括其中。1687 年，法国国王路易十四（Louis ⅩⅣ，1638—1715）派遣西蒙·德拉·卢贝尔（Simon de la Loubere，1642—1729）前往暹罗③（Siam）。同年，卢贝尔驾驶战船抵达曼谷，见到暹罗国王。1688 年，卢贝尔回到法国。在回国途中，卢贝尔依照先前路易十四的要求，写下了他的出使报告，这就是《暹罗王国》（Du royaume de Siam）。该书于 1691 年出版，卢贝尔也因此于 1693 年当选为法兰西学术院（Academie Francaise）院士。他可能是第一个提到巴利语或使用"涅槃"一词的欧洲人。卢贝尔在书中写道："涅槃不是一个地方，而是一种存在方式……他们说，涅槃是这个灵魂已经消失了，它不会再回到任何世界。葡萄牙人将'涅槃'译成：被消灭了或者变成上帝了。但是，在暹罗人看来，涅槃既不是真正的消灭，也不是任何神性的获得。"④

① Fields, Rick, *How the Swans Came to the Lake: A Narrative History of Buddhism in America.* 2ⁿᵈ revised and updated ed., Boston: Shambhala Publications, Inc., 1986, pp. 47 – 48.

② 纳慕希奥：意大利 16 世纪游记作家。

③ 今泰国。1939 年前称暹罗国，1939 年改称泰王国，1945 年恢复为暹罗，1949 年再改为泰王国。

④ Fields, Rick, *How the Swans Came to the Lake: A Narrative History of Buddhism in America.* 2ⁿᵈ revised and updated ed., Boston: Shambhala Publications, Inc., 1986, p. 24.

1727 年，恩格尔伯特·凯普费尔（Engelbert Kampfer，1651—1716）的《日本志》（*History of Japan Together with a Description of the Kingdom of Siam*）在伦敦出版，它成为第一本介绍禅宗的英语书。凯普费尔是荷兰贸易商团中的医生，他通过努力对日本佛教有了一些了解。

在 19 世纪前长达 2000 多年的历史中，欧洲人以不同的身份，通过各种渠道对佛教有所接触和了解，但总的来说，由于受诸多主、客观条件的限制，他们对佛教的认识往往是片面、零散的，而且错误不少。19 世纪，欧洲人开始以客观、理性的态度来看待佛教，对佛教的学术研究由此开始，标志着佛教在欧洲的传播进入一个全新的阶段。

第二节　佛教传入美洲的传说

我们可能永远无法确切地知道，最早是在什么时候由什么人将佛教传播到了今天的北美大陆——如同佛教从印度传播到中国一样。这在文化传播的过程中是非常正常的，但学者们更愿意追本溯源，试图找出最早将佛教传播到北美的人。在该问题上主要出现了两种观点，第一种观点依据《梁书》的记载，推断慧深和尚最早抵达北美大陆；第二种观点依据《法显传》的记载，推定法显大师最先抵达北美洲。

一　慧深说

慧深和尚最早抵达北美并传播佛教的说法是中国僧人最早发现美洲说中最具代表性的观点。该问题自提出 200 多年来虽然经过中外许多学者的反复争论和探讨，但迄今为止依然没有达成一致意见。

（一）问题的提出和正反两方的基本观点

1761 年，法国汉学家 M. 德·吉涅（M. De Guignes）在研究报告《中国人沿美洲海岸航行及居住亚洲极东部的几个民族的研究》（*Recherches sur les Navigations des Chinois du Côle de l'Amerique，Et sur quelques Peuples situés à l'extrémité orientale de l'Asia*）中指出，中国的慧深（Hui Shan）和尚和其他 5 名比丘在 458 年到了一个名叫扶桑（Fu-sang）的国家。德·吉涅认为，慧深提到的扶桑就是墨西哥。中国人沿着阿留申群岛（The Aleutian Islands）先来到阿拉斯加（Alaska），然后南下到了北美西海岸。他的观点震惊了学术界，并得到一些汉学家和美国学家的认同。①

1831 年，普鲁士汉学家朱利叶斯·海因里希·克拉普罗特（Julius Heinrich Klaproth，1783—1835）对这种说法提出疑问，认为扶桑国应该在日本或萨哈林（库页岛）。

此后，支持和反对德·吉涅的学者分成两派，反复论辩。1875 年，美国民俗学家查尔斯·戈德弗雷·勒兰德（Charles Godfrey Leland，1824—1903）出版《扶桑或五世纪中国僧人发现美洲》（*Fu-sang*, *or*, *The Discovery of America by Chinese Buddhist Priests in the Fifth Century*②），支持德·吉涅的观点。1885 年，美国学者爱德华·佩森·文宁（Edward Payson Vining，1847—1920）出版长达 800 页的巨著《无名的哥伦；或慧深与来自阿富汗的僧团在五世纪发现美洲的证据》（*An Inglorious Columbus*；*or*，*Evidence that Hwui Shan and A Party of Buddhist Monks from Afghanistan Discovered America in the Fifth Century A. D.*）。后来，美国学者亨利埃塔·默茨（Henrietta Mertz，1898—1985）出版《淡墨：中国人在美洲探险的两份古代记录》（*Pale Ink*：*Two Ancient Records of Chinese Exploration in America*③），也同意慧深说。反对者方面，最有力的论证是荷兰东方学家古斯塔夫·希勒格（Gustaaf Schlegel，1804—1903）的《扶桑国考证》④一文，他认为扶桑国在库页岛。反对德·吉涅观点的西方学者还有美国汉学家贝特霍尔德·劳费尔（Berthold Laufer，1874—1934）、法国东方学家亨利·科迪埃赫（Henri Cordier，1849—1925）和李约瑟（Joseph Needham，1900—1995）等人。

西方学者对该问题的争论引起了中国学者的注意。有些学者同意德·吉涅和文宁等人的观点，而且将中国人发现美洲的时间提前。1940 年，

---

　　① 罗荣渠：《中国人发现美洲之谜：中国人与美洲历史联系论集》，重庆出版社 1988 年版，第 1 页。

　　② Leland，Charles Godfrey，*Fu-sang or the Discovery of America by Chinese Buddhist Priests in the Fifth Century*，New York：J. W. Bouton，1875.

　　③ Mertz，Henrietta，*Pale Ink*：*Two Ancient Records of Chinese Exploration in America*，Second Revised Edition. Chicago：The Swallow Press Incorporated，1972.

　　④ ［荷兰］希勒格：《中国史乘中未详诸国考证·扶桑国考证》，冯承钧译，台湾商务印书馆 1962 年版。

《中国人最先移殖美洲说》① 将殷人东迁等事与美洲的发现扯在一起。1941 年，朱谦之出版《扶桑国考证》单行本，该成果又名《哥仑布前一千年中国僧人发现美洲说》。朱谦之依据中外史籍进行了新的考证。他的结论是中国僧人发现美洲 "决②无可疑"③。1961 年 9 月，马南邨在《北京晚报》上发表《谁最早发现美洲》、《"扶桑"小考》、《由慧深的国籍说起》三篇文章。④ 1962 年，朱谦之在《北京大学学报》上发表《哥仑布前一千年中国僧人发现美洲考》一文，再次强调自己的观点。

国内学者对中国人发现美洲说也不乏反对者。1962 年，罗荣渠在《北京大学学报》上发表《论所谓中国人发现美洲的问题》一文；1983 年，他在《历史研究》上发表《扶桑国猜想与美洲的发现》一文；1988 年，罗荣渠出版《中国人发现美洲之谜》论集，全面探讨该问题。此外，张虎生等人也著文质疑中国人发现美洲说。

虽然经过长期争论，但学术界对该问题的看法一直莫衷一是。就扶桑国的位置而言，有人认为在美国境内，有人认为在墨西哥。勒兰德甚至将南美印加文化的某些遗迹与扶桑国或中国文化相联系。反对扶桑国在美洲的观点中，有人认为扶桑在库页岛，有人认为在日本附近。对最早到美洲的亚洲人的国籍，多数人说是中国人，也有人认为是印度人、日本人。还有的人不论其国籍而称其为 "佛教徒"。

对扶桑国问题的争论为时很长、意见分歧很大的主要原因，一是文献不足征；二是有的学者缺乏科学、严谨的学术态度，主观臆断，穿凿附会，对史料缺乏甄别和考辨。

（二）　对有关扶桑国原始资料的分析

中国正史关于扶桑国的记载，最早见于《梁书·诸夷传》，以后正史中的记载均本于该书。其他野史的记载荒诞不经，不足为据。历来认为慧深最早抵达墨西哥或反对这种观点的人都依据该书中的这段史料作为考证的依据：

---

① 陈志良：《中国人最先移殖美洲说》，载说文月刊社编《说文月刊》第一卷（下），（香港）明石文化国际出版有限公司 2004 年版。

② 原文如此。"决"当作"绝"。

③ 朱谦之：《哥仑布前一千年中国僧人发现美洲说》，载《朱谦之文集》第七卷，福建教育出版社 2002 年版，第 440 页。

④ 这三篇文章均载于马南邨《燕山夜话》二集，北京出版社 1979 年版。

扶桑国，在昔未闻也。普通中，有道人称自彼而至，其言元本尤悉，故并录焉。①

……

扶桑国者，齐永元元年，其国有沙门慧深来至荆州，说云："扶桑在大汉国东二万余里，地在中国之东，其土多扶桑木，故以为名。扶桑叶似桐，而初生如笋，国人食之，实如梨而赤，绩其皮为布以为衣，亦以为绵。作板屋。无城郭。有文字，以扶桑皮为纸。无兵甲，不攻战。其国法，有南北狱。若犯轻者入南狱，重罪者入北狱。有赦则赦南狱，不赦北狱。在北狱者，男女相配，生男八岁为奴，生女九岁为婢。犯罪之身，至死不出。贵人有罪，国乃大会，坐罪人于坑，对之宴饮，分诀若死别焉。以灰绕之，其一重则一身屏退，二重则及子孙，三重则及七世。名国王为乙祁；贵人第一者为大对卢，第二者为小对卢，第三者为纳咄沙。国王行有鼓角导从。其衣色随年改易，甲乙年青，丙丁年赤，戊己年黄，庚辛年白，壬癸年黑。有牛角甚长，以角载物，至胜二十斛。车有马车、牛车、鹿车。国人养鹿，如中国畜牛。以乳为酪。有桑梨，经年不坏。多蒲桃。其地无铁有铜，不贵金银。市无租估。其婚姻，壻往女家门外作屋，晨夕洒扫，经年而女不悦，即驱之，相悦乃成婚。婚礼大抵与中国同。亲丧，七日不食；祖父母丧，五日不食；兄弟伯叔姑姊妹，三日不食。设灵为神像，朝夕拜奠，不制缞绖。嗣王立，三年不视国事。其俗旧无佛法，宋大明二年，罽宾国尝有比丘五人游行至其国，流通佛法、经像，教令出家，风俗遂改。"②

笔者对该资料的分析主要包括两个方面，其一是与佛教有关的内容，包括慧深的身份等，这是考证扶桑国的关键问题之一；其二是扶桑国的物产等内容。

首先来看慧深的身份。希勒格在《扶桑国考证》中认为，扶桑国并

---

① （唐）姚思廉：《梁书·列传·诸夷·东夷》卷五十四，第三册，中华书局1973年版，第801页。

② 同上书，第808页。

不在美洲，而在库页岛。但是由于他的探讨回避了佛教方面的内容，所以轻易就被论敌驳倒了。① 从上述史料可知：第一，慧深是扶桑国的僧人。他在南朝齐永元元年（499）来到中国荆州。第二，扶桑国原本无佛教。南朝宋大明二年（458），罽宾国有五名比丘到扶桑国传播佛教，于是该国佛教盛行。第三，南朝梁普通年间（520—526），有"道人"从扶桑国来到中国。

这一点在书中很明确，罽宾僧人最早到了扶桑，扶桑国人两次到了中国，没有谈到中国人到扶桑。正是因为南朝齐永元元年（499）慧深到了中国荆州，《梁书》完全照录他的描述，将扶桑国这个"在昔未闻"的国家记载于史册，因此，慧深到中国来无可置疑，他的国籍也可信。而至于他对扶桑国的描述是否可信则是另一回事了。

在没有证据的情况下，慧深的扶桑国国籍无法否认。但文宁等人为了证明扶桑即是墨西哥，却说慧深不是扶桑国人，而是458年从罽宾到扶桑去的五比丘之一；40年后，慧深又从扶桑回到中国，中国人误以为他是扶桑人。这种观点纯属臆测。中国有些学者更离谱，在没有任何证据的情况下就认为慧深是中国人，以证明所谓的中国僧人发现美洲说。马南邨在《由慧深的国籍说起》中"考证"出慧深即《高僧传》所载宋文帝时高僧慧基的著名弟子慧深。② 为了让《梁书》上"其国有沙门慧深"说得过去，马南邨同样做出了大胆的猜想：慧深在美洲逗留数十年，回到荆州时"刘宋的天下已经变成萧齐的天下了。人们都说他来自扶桑，这是很自然的，并没有什么不可理解之处"③。朱谦之不仅完全同意这一观点，还从《魏书·释老志》上查到另一个惠深。"世宗以来至武定末，沙门知名者，有惠猛、惠辨、惠深……并见重于当世。"④ 朱谦之所以扯出第三个慧深是因为《魏书》上提到："京师沙门师贤，本罽宾国王种人……其同辈五人。帝乃亲为下发。师贤仍为道人统。"⑤ 朱谦之于是毫无根据

---

① 罗荣渠：《中国人发现美洲之谜：中国人与美洲历史联系论集》，重庆出版社1988年版，第18页。

② 马南邨：《燕山夜话》二集，北京出版社1979年版，第108—110页。

③ 马南邨：《燕山夜话》二集，北京出版社1979年版，第109—110页。

④ （北齐）魏收：《魏书·释老志》卷一百一十四，第八册，中华书局1974年版，第3047页。

⑤ 同上书，第3036页。

地推断："案此以师贤为首之罽宾僧'同辈五人'，当即《梁书东夷传》中所云罽宾国之比丘五人。"① 他这样做的目的是让人相信其假定，罽宾国五比丘既然能从罽宾来到中国，自然他们也能到美洲了。朱谦之指出："疑此罽宾国比丘五人之远游美洲，慧深实与之同往……且当为其向导……"②罽宾国五比丘到扶桑国传播佛教是慧深说的，但慧深并未说自己与此事有什么关系。朱谦之为了说明慧深到了美洲，妄自揣测："此疑慧深自述，而意有所顾忌，故归功于罽宾之五比丘，若无干己事然者。"③这样的推测牵强到了什么程度！文宁等人得出慧深是从罽宾去扶桑国的五比丘之一的错误结论，可能与他们不懂中文、翻译者的译文有误等客观原因有关，但某些中国学者为什么竟得出相同的错误观点？以上述的凭空想象为基础，朱谦之将三个不同国籍、地区的同名僧人捏合在一起，编成了所谓的《慧深年谱》。④ 这样，慧深就不仅成了中国人，还成了"历史上的人物"。对于这份假年谱，汤用彤先生作了详细的分析。他的结论是：

> 《高僧传》的慧深是在江东，并于公元 496 年—519 年之间的某些年曾任江东僧正（姑假定为公元 510 年—518 年）；而《梁书》的慧深是在齐永元元年（499 年）在荆州；《释老志》的慧深是北魏的沙门统，于永平二年（509 年）上书立僧尼制。这三个慧深的活动，可以说差不多是同时，而他们所处的地区距离很远，中国人同时同名，在历史上是常见的，僧人更是如此。如果没有明确的根据，很难说同名同时就是一个人。⑤

汤先生的观点显然是依据严谨、科学的学术态度而得出的结论。因此，《梁书》上的慧深，我们迄今知道的就仅有两点：第一，他是扶桑国僧人；第二，他在 499 年到了中国荆州。

---

① 朱谦之：《纪元五世纪中国僧人慧深年谱》，载《朱谦之文集》第七卷，福建教育出版社 2002 年版，第 441 页。

② 同上。

③ 同上。

④ 同上书，第 440—442 页。

⑤ 汤用彤：《关于慧深》，载《汤用彤全集》第七卷，河北人民出版社 2000 年版，第 38 页。

慧深说，在南朝宋大明二年（458），罽宾五比丘将佛教传播到了扶桑国。在458年佛教就被传播到了北美大陆的观点与佛教的传播史实不符。公元3—4世纪，在朝鲜半岛兴起高句丽、百济和新罗三国。据高丽僧一然《三国遗事》卷三记载，高句丽小兽林王二年（372），中国前秦王符坚派使者和僧顺道到高句丽，送来佛像和经书。四年（374），晋僧阿道到高句丽传教。高句丽国王为顺道和阿道修建了寺庙。这是佛教传入朝鲜之始。枕流王元年（384），佛教传入百济。新罗第十九代王讷祇王在位时（417—457），沙门墨胡子从高句丽来到新罗，开始传播佛教。[①]日本学术界一般认为，538年，佛教由百济传入日本。[②]认为佛教在458年时就已经传播到了北美洲的观点无疑是天方夜谭。如果佛教在458年传播到了扶桑国属实，那就说明，扶桑国的位置不可能距离朝鲜、日本很远。

汤用彤先生还指出，所谓罽宾五比丘到扶桑国传播佛教只是一个神话。[③]五比丘之说始于释迦牟尼向憍陈如等五人传法的传说。后世佛教徒在讲述传法故事时多沿用此传说。五比丘的说法，在北魏时期早已流行。汤先生说："本来，一地佛法之初传或复兴，总是由于僧人。但哪能常常是五人，而且与罽宾或北天竺有关系呢？"[④]

接着看墨西哥神话传说中的主神奎扎尔柯特尔（Quetzalcoatl）与佛教的关系。扶桑即墨西哥说的持有者认为，古代墨西哥有过佛教，而且将墨西哥神话中的主神奎扎尔柯特尔视为与佛教有关的东方之神，甚至可能是所谓的罽宾五比丘之一。[⑤]

奎扎尔柯特尔是带羽翼的蛇神，一说风神，也是文明和知识的象征。关于它的传说很多，但找不到它与亚洲民族联系的任何线索。[⑥]

对扶桑国即墨西哥说，罗荣渠先生针对《梁书·诸夷传》的上述记

---

① 杨曾文：《日本佛教史》，人民出版社2008年版，第16—17页。

② 同上书，第19页。

③ 汤用彤：《关于慧深》，载《汤用彤全集》第七卷，河北人民出版社2000年版，第40页。

④ 同上。

⑤ 朱谦之：《哥伦布前一千年中国僧人发现美洲说》，载《朱谦之文集》第七卷，福建教育出版社2002年版，第390、427页。

⑥ 罗荣渠：《中国人发现美洲之谜：中国人与美洲历史联系论集》，重庆出版社1988年版，第17页。

载从地理位置、物产、社会组织和风俗、考古学和人类学的材料等方面进行了驳斥。他认为，书中对扶桑国的描述和亚洲的情况联系密切，而与美洲的情况极少相似。[①] 而且，《梁书》中扶桑国资料的真实性的确值得怀疑，不排除是慧深根据自己的游历经历而编造出来的。慧深在扶桑国之后所说的关于女国的荒诞不经的描述可以作为例证。

总而言之，迄今为止没有任何证据能证明中国或罽宾和尚（包括慧深）将佛教传播到了美洲。

二　法显说

中国人中还有一种观点认为，最早到达美洲的是东晋著名高僧法显。持这种观点的代表人物是章太炎。他依据《法显传》的记载认为，法显在东晋义熙七年（411）八月从斯里兰卡出发归国。中途，遭遇大风，船被风吹，漂流到了耶婆提国。耶婆提国实际上就是今天南美洲的耶科陀尔（厄瓜多尔）。法显在耶婆提国停留五个月后，于义熙八年（412）四月，从厄瓜多尔返回，在今山东崂山登陆。章太炎进一步指出，法显不仅到了美洲，他实际上绕了地球一圈，才回到中国。章太炎根据《法显传》记载的耶婆提国婆罗门兴盛的情况，得出结论：在法显以前，印度人已经将婆罗门教传到该国。[②]

《谁先到达美洲》一书所持的观点与章太炎基本相同，只是将厄瓜多尔改成了北美洲的墨西哥某处。[③]

在此，我们将《法显传》中法显从斯里兰卡到耶婆提国然后返回山东的记载照录如下，以便仔细分析。

> 得此梵本已，即载商人大船，上可有二百余人。后系一小船，海行艰险，以备大船毁坏。得好信风，东下二日，便值大风。船漏水入。商人欲趣小船，小船上人恐人来多，即斫缆断，商人大怖，命在须臾，恐船水漏，即取麤财货掷著水中……如是大风昼夜十三日，到

---

① 罗荣渠：《中国人发现美洲之谜：中国人与美洲历史联系论集》，重庆出版社 1988 年版，第 6—21 页。

② 章太炎：《法显发现西半球说》，载《章太炎全集》第四册，上海人民出版社 1985 年版，第 485—486 页。

③ 连云山：《谁先到达美洲》，中国社会科学出版社 1992 年版。

一岛边。潮退之后，见船漏处，即补塞之。于是复前。

海中多有抄贼，遇辄无全。大海弥漫无边，不识东西，唯望日、月、星宿而进。若阴雨时，为逐风去，亦无准。当夜闇时，但见大浪相搏，晃然火色，黿、鼍水性怪异之属，商人荒遽，不知那向。海深无底，又无下石住处。至天晴已，乃知东西，还复望正而进。若值伏石，则无活路。

如是九十日许，乃到一国，名耶婆提。

其国外道、婆罗门兴盛，佛法不足言。

停此国五月日，复随他商人大船，上亦二百许人，赉五十日粮，以四月十六日发。法显于船上安居。东北行，趣广州。

······

于时天多连阴，海师相望僻误，遂经七十余日。粮食、水浆欲尽，取海咸水作食。分好水，人可得二升，遂便欲尽。商人议言："当行时正可五十日便到广州，尔今已过期多日，将无僻耶？"即便西北行求岸，昼夜十二日，到长广郡界牢山南岸，便得好水、菜。但经涉险难，忧惧积日，忽得至此岸，见藜藿依然，知是汉地。①

仅仅依据《法显传》的上述记载就推断耶婆提国位于今天美洲某地的说法显然没有任何说服力。第一，法显说的论据仅有上文，从文献学的角度来说，是孤证。第二，当时的航海技术有限，罗盘还没有用于航海，航行者只能依靠日月、星星来确定方向。法显一行从斯里兰卡出发，当然是想通过马六甲海峡再往北航行。但他们出发两天后就遭遇了连续 13 天的大风。风将他们的船往什么方向吹、吹到了什么地方，无人能知。法显还指出，船进入深海后，如果遇到阴雨天，他们就根本不知道方向了。第三，当时的船还没有机械动力，航海只能借助信风。第四，连云山认为，法显从斯里兰卡到所谓墨西哥的航线是经过马六甲海峡、南海，再从菲律宾群岛北端往东进入太平洋。这条航线纯属他个人的想象。法显一行遭遇13 天大风后，只在一个无名岛上做过短时间停留、补船，随后的航行中都没有遇到任何岛屿。试想，如果他是在经过马六甲海峡、南海而航行，

① （东晋）沙门释法显撰，章巽校注：《法显传校注·浮海东还》，中华书局 2008 年版，第 142—143、145—146 页。

难道不会遇到众多岛屿？第五，法显周游天竺，对当时古印度各国的情况都有所记载，唯独对耶婆提国仅有十几个字的描述，这的确耐人寻味。如果法显到达的地方的确是风土人情与中国和古印度各国大相径庭的美洲某地，他会对这种差异不置一词？第六，作为著名旅行家的法显，他对航向极为重视。法显从斯里兰卡出发后，船的航向是"东下"，这是准确的记载。法显从耶婆提国出发回国的航向是"东北行，趣广州"，这也是准确的记载。法显说的持有者为了证明自己的观点，一方面肯定"东下"记载的准确；[①] 另一方面却又否定"东北行，趣广州"的记载。[②] 这种自相矛盾的观点完全站不住脚。"东北行，趣广州"根本不是什么航行计划，而是确实的航向。这六个字的前文"法显于船上安居"便是足证。可见，对文献的理解切不可断章取义。以所谓浅海和深海航行的航向等来解释这六个字更是牵强。第七，厄瓜多尔是西班牙殖民者在征服美洲后才有的名字。耶婆提国就是厄瓜多尔的观点早被驳倒。第八，法显绕地球一圈的观点更不靠谱。第九，佛教徒往往将与佛教思想不同的观点称为"外道"、"婆罗门"。耶婆提国婆罗门兴盛的观点，就是指该国佛教之外的思想盛行，并不是特指婆罗门教。有佛教常识的人就不会犯这种望文生义的错误。

　　总之，法显到达美洲说没有足够的证据，学术界轻而易举就否定了这种观点。当然，否定法显到达美洲说丝毫无损于法显大师伟大的历史功绩。

---

① 连云山：《谁先到达美洲》，中国社会科学出版社 1992 年版，第 36 页。

② 同上书，第 44—45 页。

第二章 英国佛教

第一节 早期的佛教学术研究

欧洲各国早期的佛教学术研究与18世纪的社会、文化背景密切相关。启蒙运动、基督宗教的衰落和殖民主义的巩固使欧洲各国的佛教研究提上了日程。

18世纪，启蒙运动席卷欧洲。法国资产阶级革命前，伏尔泰、卢梭、狄德罗等进步思想家怀疑甚至反对教会权威和封建制度，把理性推崇为思想和行动的基础、准则。德国思想家、文艺理论家、剧作家莱辛（Gotthold Ephraim Lessing，1729—1781），文艺理论家赫尔德（Johann Gottfried von Herder，1744—1803）等人主张人道主义、宗教容忍和政治自由。启蒙运动的思想在宗教上的贡献就是强调宗教宽容，既然理性代替了天启，各种信仰就不能被认定存在优劣高低之分，对它们也同样应该从理性的角度加以研究和分析。

18世纪的欧洲在表面上基督宗教的传统依旧，但是，它的势力已经衰退。理性主义者对天主教徒尤其是耶稣会会士充满仇恨。1759—1768年，西班牙和葡萄牙驱逐了耶稣会。紧接着法国也宣布耶稣会非法。1773年，教皇克雷芒十四世（Pope Clement XIV，1705—1774）通过一个法令解散耶稣会，该法令直到1814年依然有效。

18世纪也伴随着史无前例的全球性扩张，英国取代西班牙、葡萄牙和荷兰的地位，成为最重要的殖民国家。为了加强自己的殖民统治，英国决定有计划地研究印度的地理和文化。此后，各国哲学家、考古学家、语言学者、历史学者等也不断从事印度学的研究。1783年，威廉·琼斯（William Jones，1746—1794）到印度任职，他的东方研究奏响了欧洲佛教研究的序曲。

一　威廉·琼斯的东方文化研究

1763 年，英国在七年战争之后，以《巴黎和约》为基础，获得了加拿大、印度、北美等地的殖民统治权。东印度公司（East India Company）最初掌握着对印度的管理权和控制权。"东印度公司的许多职员在印度待上几年，就能积聚大笔钱财，致使许多乡绅子弟都愿去印度工作，寻找发财的捷径。"① 东印度公司的巧取豪夺不仅遭到印度人民的反抗，也引起英国国内人士对其独占印度的不满。1773 年，英国政府通过《调整法》，把总督与理事会的任命收归议会。该法案同时规定在印度建立最高法院，以保障当地人的利益等。1783 年，琼斯被封为爵士，并被派往印度担任最高法院的法官。

琼斯于 1746 年 9 月 28 日生于伦敦，父亲是英国皇家学会（Royal Society）会员。琼斯的语言天赋突出，在哈罗公学（Harrow School）读书期间，他掌握了拉丁语、希腊语、法语、西班牙语以及希伯来语。

在牛津大学，琼斯学会了阿拉伯语，并且专心研究博德利图书馆（Bodleian Library）中的阿拉伯语文献。后来，他又掌握了波斯语等东方语言并翻译相关的典籍。为了谋生，琼斯在 1774 年成为一名律师，后来，他结识了本杰明·富兰克林（Benjamin Franklin，1706—1790），这样，美国人与东方学专家有了密切的联系。琼斯的著作在 18 世纪的美国广受欢迎，美国超验主义（transcendentalism）思想中的东方因素与琼斯作品的影响密不可分。

在前往印度途中，琼斯列出了一个了解东方的百科全书式的研究计划，名为《我在亚洲期间的调查对象》（*Objects of Enquiry during My Residence in Asia*）。该计划包括：印度人和伊斯兰教徒的法律；亚洲的诗歌、修辞学和道德；关于大洪水的传统；东方国家的音乐；统治孟加拉的最佳模式；印度人的医药、化学、外科学和解剖术；《诗经》；对西藏和克什

---

① 钱乘旦、许洁明：《大国通史·英国通史》，上海社会科学院出版社 2007 年版，第 207 页。

米尔的最好记载等。①

抵达印度后，琼斯发现，该计划过于庞大，一个人终其一生也无法完成。1784 年 1 月 15 日，他召集 30 名英国管理者成立孟加拉亚细亚协会（Asiatic Society of Bengal），并出版会刊——《亚细亚研究》（Asiatic Researches）。协会成员全部是业余爱好者，他们中有商人、政府官员、法院工作人员等。

著名建筑师威廉·钱伯斯（William Chambers，1723—1796）在《亚细亚研究》上发表了关于佛教的论文——《马维普兰的雕刻和遗迹》（An Account of the Sculpture and Ruins of Mavilpuram），写的是锡兰佛教。与同时代的人相比，钱伯斯对佛教的认识准确了很多。例如，他说，僧伽罗僧人"并非来自特定的部族，而是从人们中挑选出来的。他们吃肉，但不宰杀动物"。钱伯斯的结论是："这是与吠陀不同的宗教体系，在许多方面与婆罗门的原则和实践完全不一致。"② 不过，钱伯斯将佛陀与希腊神话中的墨丘利（Mercurius）画等号显然不对。

为了研究印度法律，琼斯克服重重困难，学会了梵语。他比较了解印度教，但对佛教知之甚少。之所以如此，原因有二：第一，当时，佛教在印度已经消亡。1784 年，琼斯拜访了菩提伽耶（Bodh Gaya），但当地早已没有佛教的碑刻、寺院和信徒。廷茅斯勋爵（Lord Teignmouth）说，菩提伽耶"作为佛陀的诞生而著名。佛陀创立了一套哲学体系，可惜该体系被冠以无神论的恶名"。不过，菩提伽耶"依然有名。每年，印度各地的朝圣者都来到这座圣城。他们供奉先人，让自己的罪过得到免除"③。琼斯要了解佛教，要么北上去西藏，要么南下前往锡兰、暹罗或缅甸。但是由于条件的限制，琼斯没有亲自接触到佛教。第二，当时，西方的佛教学术研究尚未开始，资料缺乏。第一部巴利语语法——法国学者布诺夫（Eugene Burnouf，1801—1852）的《论巴利语》（Essai sur le Pali）到 1826 年才出版。琼斯去世后，西方人才发现并开始翻译北传佛教的梵文

---

① Fields, Rick, *How the Swans Came to the Lake: A Narrative History of Buddhism in America.* 2nd revised and updated ed. , Boston: Shambhala Publications, Inc. , 1986, p. 40.

② Ibid. , p. 50.

③ Ibid. , p. 47.

经典。英国人布莱恩·休顿·霍奇森①（Brian Houghton Hodgson，1800 或 1801—1894）从尼泊尔将梵文手稿送到加尔各答、伦敦和巴黎，其中有《妙法莲华经》。布诺夫将该经译成法语，并送给了美国的爱默生（Ralph Waldo Emerson，1803—1882）和梭罗（Henry David Thoreau，1817—1862）。

印度是佛教的诞生地。琼斯要么没有认识到，要么没有接受这种正确的观点。尽管他意识到佛教在某些方面与印度教针锋相对，但他受到印度教观念的影响，将佛陀看作是毗湿奴（Visnu）的化身之一。

第一期《亚细亚研究》大获成功。700 册发行到英国，其余的发行到美国，琼斯声名远播。

随着梵语知识的增加，琼斯看出梵语与诸多欧洲语言的一致性，并提出印欧语系同源的观念。这一观念深刻影响了弗里德里希·冯·施莱格尔（Friedrich von Schlegel，1772—1829）。他是德国首位梵语学家，还是作家、语言学家和文学理论家。他的哥哥奥古斯特·威廉·冯·施莱格尔（August Wilhelm von Schlegel，1767—1845）是文学评论家和翻译家。1798—1800 年，施莱格尔兄弟在耶拿（Jena）创办杂志《雅典娜神殿》（Athenaeum），宣扬浪漫主义文艺理论，成为德国耶拿浪漫派理论的倡导者。德国浪漫主义对美国的超验主义者影响很大。

1794 年 4 月 27 日，琼斯在加尔各答去世。琼斯之前的欧洲人对他们在东方的所见所闻有或多或少的记载，但直到琼斯在印度完成他的著作后，对东方文化的科学研究才真正开始，而它又拉开了欧洲佛教研究的序幕。

二　维多利亚时代的佛教

维多利亚时代（Victorian period）指亚历山德丽娜·维多利亚（Alexandrina Victoria，1819—1901）女王在位的时代。维多利亚是英国女王（1837—1901）和印度女皇（1876—1901）。她在位期间，英国工商业快速发展，加紧对全世界各殖民地的掠夺。英国号称"日不落帝国"，几乎

---

① 霍奇森是英国人。他于 1818 年到达印度担任管理工作，业余时间学习、掌握了梵文的他后来定居加德满都，并开始收集梵文和藏文佛学经典。他对佛学研究的贡献不是他的学术成就，而是他为学术界提供了大量佛教经典。

享有对世界贸易和工业的垄断地位。维多利亚时代被西方史学家称为英国历史上的"黄金时代"。为了更有效地统治殖民地，英国相当重视对亚洲殖民地国家宗教和文化的研究。英国的佛教研究在维多利亚时代步入正轨显然并非偶然。

维多利亚时代英国人的佛教观受到两个因素的重要影响：理性主义思潮和基督宗教在英国的衰落。19 世纪前，英国人将佛教视为"异教"，加以鄙视甚至憎恨。随着理性主义思想的兴起，19 世纪的英国人逐渐能够以较为客观、理性的态度来看待佛教，佛教被认为是"理性科学知识的领域"或"浪漫想象的目标"[1]。此外，基督宗教的进一步分裂使英国教堂开始丧失权威性，宗教信仰和修行越来越被看作是个人的私事。哈里斯认为，宗教的多样化和私人化最终导致了一个更加世俗的社会。[2]

1800 年之前，英国人对佛教的个别词语已经有所了解。据《牛津英语词典》（*Oxford English Dictionary*）记载，早在 1681 年，"佛陀"（Buddha）一词就已被收录。"达磨"（Dharma）一词最早出现于 1796 年；1801 年，"佛教"（Buddhism）和"佛教徒"（Buddhist）出现于英语中。19 世纪早期，英国人开始从理性主义的角度来认识包括佛教在内的基督宗教以外的其他宗教。托马斯认为，虽然人们诅咒印度教和佛教中存在偶像崇拜，但二者已经得到知识分子的欣赏。[3]

从 19 世纪 30 年代开始，佛教吸引了更多英国人的注意，被认为是大部分亚洲国家的宗教信仰。这段时期关于佛教的书籍大部分是传教士们写的。这些书绝大多数攻击佛教，对佛教的认识存在相当多的偏见和错误。不过，少数书反而对佛教在英国的传播起了一定的作用，哈迪（Robert Spence Hardy，1803—1868）的著作就是典型的例子。哈迪是英国卫斯理宗（Wesleyans）传教士，他在锡兰生活了 23 年，精通巴利语和梵语，并深入研究佛教。1850 年，哈迪出版《东方的寺院制度》（*Eastern Monachism*），详细叙述僧人的戒行、仪式及寺院生活、制度等，对僧传及佛经也提出了看法。1853 年，他出版了《佛教手册》（*A Manual of Budhism*），

---

① Batchelor, Stephen, *The Awakening of the West: The Encounter of Buddhism and Western Culture*. Berkeley, California: Parallax Press, 1994, p. xii.

② Bluck, Robert. *British Buddhism: Teachings, Practice and Decelopment*. London and New York: Routledge, 2006, p. 4.

③ Ibid. .

该书的学术性更强，并且使佛教在英国被更多的人所了解。

也有一些自由派神学家对佛教持同情态度。莫理斯（John Frederick Denison Maurice，1805—1872）就很典型，他是英国新教神学家、基督教社会主义（Christian Socialism）创始人。莫里斯认为，在佛教中存在着一种深刻的对人类精神的崇敬感，他著有《世界的宗教》、《基督王国》等书。

维多利亚时代，对英国的巴利语研究做出突出贡献的是柴尔德斯（Robert Caesar Childers，1838—1876）。他是一名牧师的儿子，生于锡兰。1860—1864 年，他在民政厅任职。1864 年，柴尔德斯回到英国，专心研究巴利语。1869 年，他将《小诵》译为英语并出版，这是英国首次出版巴利语原典。1872 年，他在印度局图书馆担任助理。1873 年，柴尔德斯在伦敦大学讲授巴利语及佛教文学。1872 年和 1875 年，柴尔德斯出版了两册巴利语词典。柴尔德斯在锡兰生活了 20 多年，他对佛教的了解远比普通英国人详尽和正确。他在 1876 年抱怨说，佛教被描述为"或者是一个贫乏的形而上学体系……或者是纯粹的神秘主义……或者是纯洁而美丽的道德准则……或者是源自世界的一种自私的抽象，对每种冲动和情感的一种系统性的抑制"[1]。

柴尔德斯的观点指出了维多利亚时代英国人对佛教的总体看法。他们常常把佛教与英国盛行的价值观念相比较，赞扬佛教的慈善、忍耐和谦卑，以及良好的道德准则。在他们看来，与印度教相比，佛教中没有淫秽和罪恶。不过，英国人批评佛教中缺乏罪恶感和义务感。当时的英国人对佛教教义的理解杂乱而且不准确。他们认为，"转世"、"无我"等概念不可理解而且讨厌它们。一些人称赞佛教所倡导的忍耐、和平思想，另一些人却将它们视为一种冷漠。虽然人们质疑佛教中"无神论"、"业力"、"转世"等说法，不过佛教道德却得到普遍的认同。在这一点上，佛教被认为是仅次于基督宗教的宗教。[2]

需要指出的是，维多利亚时代的英国人是带着一种居高临下的文化优越感来看待东方文化的。他们更愿意研究古老、理想的文本中的佛教而不

---

① Bluck, Robert, *British Buddhism*：*Teachings*, *Practice and Decelopment*. London and New York：Routledge, 2006, p. 5.

② Ibid. .

是同一时代在亚洲的活生生的佛教。

维多利亚时代的英国人将佛教看作一种古老的传统文化，他们从基督宗教的立场出发，将佛教与基督宗教进行比较。他们的研究主要依靠佛教经典，而并没有与亚洲佛教徒进行接触，因此他们的研究结论中存在诸多偏见和错误就在所难免了。

随着时间的流逝，更多的佛教术语进入英语，例如，"羯磨，Karma"，1827 年；"涅槃，Nirvana"，1836 年；"八正道，Eightfold Path"，1845 年；"比丘，Bhikkhu"，1846 年；"阿罗汉，Arahat"，1850 年；"僧伽，Sangha"，1858 年；"小乘，Hinayana"，1868 年；"大乘，Mahayana"，1868 年；"上座部佛教，Theravada"，1875 年。这体现了英国人对佛教的认识逐步深化和全面的过程。

直到 1830 年，佛陀都被认为是一个神话中的人物。19 世纪 50 年代，他的历史性才被广泛接受。维多利亚时代的英国人赞颂佛陀的诸多优秀个人品质，如纯洁、耐心、自我牺牲精神，以及极高的天资、绅士风度、智慧，更重要的是同情心和怜悯心。用阿蒙德的话说，佛陀是一位理想化的维多利亚时代的绅士。①

尽管在维多利亚时代，英国人已经对佛教产生很大兴趣，但却几乎没有人皈依佛教。学者们的研究摒弃了个人信仰的介入，也没有出现任何佛教组织。当时的英国社会依然保守，一个人如果公开宣布脱离基督宗教而改信佛教，他面临的压力将会相当巨大，因此，维多利亚时代的佛教主要体现在学术研究上。

三 巴利文佛教经典研究

19 世纪，有关佛教渊源的巴利文和梵文的资料开始受到欧洲学者的重视。

以布诺夫为首的欧洲学者着手对巴利文、梵文、加尔姆课文、蒙古文佛典和藏传佛教文献进行研究。"虽然这一时期依然仅有极少数的巴利文文献面世，但出版了一本语法书和一部字典，几个东方学研究中心也收集

---

① Almond, Philip C., *The Britishi Discovery of Buddhism.* Cambridge：Cambridge University Press, 1988, pp. 77 - 79.

了一些抄本，使得下一阶段的深入研究成为可能。"① 在英国，以里斯·戴维斯（Thomas William Rhys Davids，1843—1922）为代表的一批学者致力于翻译、研究巴利文经典。戴维斯还建立巴利文经典学会（The Pali Text Society），整合欧洲其他国家学者的力量，为巴利文佛教经典的研究做出了巨大贡献。

（一）里斯·戴维斯

1843 年 5 月 12 日，里斯·戴维斯出生于英国科尔切斯特（Colchester），父亲是公理会（Congregational Churches）著名牧师。在布赖顿（Brighton）完成学业后，戴维斯放弃司法方面的职业，去布莱斯劳大学（University of Breslau）学习梵文，并获得博士学位。1864 年，他前往当时作为英国殖民地的锡兰工作。戴维斯在业余时间学习并掌握了僧伽罗语（Sinhalese）和泰米尔语（Tamil）。有一次，戴维斯处理涉及一座寺院的案件，卷宗中有用巴利语写的证据，但法院的工作人员没有人懂巴利语，于是，戴维斯开始学习巴利语。

1872 年，戴维斯辞掉在锡兰的工作，回到英国后，他专心研究佛教，并将研究论文寄给"皇家亚洲学会"（The Royal Asiatic Society）。戴维斯参考了早期研究巴利语及僧伽罗语学者的著作，他们包括：乔治·特诺尔（George Turnour，1799—1843）、柴尔德斯、丹麦学者维戈·弗斯波尔（Viggo Fausboll，1821—1908）、德国的赫曼·奥登伯格（Hermann Oldenberg，1854—1920，另译为"奥登堡"）等。戴维斯也积极支持其他学者的研究工作。为了翻译《岛史》，他从锡兰收集了大量资料。一天，奥登伯格向戴维斯请教《岛史》方面的问题，戴维斯就将自己收集的资料全部赠给了他。

1878 年，戴维斯出版《佛教》（Buddhism），这本小书介绍了佛陀的生平、佛教的基本教义等内容。该书到 1914 年为止再版了 22 次。在该书中，戴维斯指出："涅槃，并不是人们通常所认为的灭绝的意思，而是表示在此世及此生可以达到的一种道德的及心灵的状态。而且，涅槃实际上是一种被改变的心灵状态。"② 1916 年，法兰克福特尔（Frankfurter）选

---

① De Jong, J. W. , *A Brief History of Buddhist Studies in Europe and America*. Second , Revised & Enlarged Edition, Delhi: Sri Satguru Publications, 1987, pp. 22 – 23.

② Oliver, Ian P. , *Buddhism in Britain*. London: Rider & Company, 1979, p. 29.

择该书的部分内容加以出版，而且他将涅槃的定义更正为贪、嗔、痴的止息。

1880 年，戴维斯翻译、出版《本生因缘说》，命名为《佛陀本生的故事集》（*Buddhist Birth-Stories* or *Jataka Tales*）。

1881 年，戴维斯开始参与由弗里德里希·麦克斯·缪勒（Friedrich Max Muller，1823—1900）担任主编的《东方圣书集》（*The Sacred Books of the East*①）的编译工作。这套丛书包括从巴利文翻译过来的佛教典籍。1881—1885 年，戴维斯与奥登伯格合作，翻译完成三册《律典》，并收入《东方圣书集》。1890—1894 年，两人合作出版《弥兰陀王问经》。缪勒鼓励戴维斯在《东方圣书集》编辑完成后又开始《佛教圣书集》（*The Sacred Books of the Buddhists*）的编辑。1895 年、1899 年，在暹罗国王的资助下，《佛教圣书集》第一、二卷顺利出版。

1882 年，戴维斯成为伦敦的学院大学（University College，London）巴利语教授。随后，戴维斯成为"皇家亚洲学会"的秘书和图书馆长。他创立"不列颠学院"（British Academy）和"东方研究所"（School of Oriental Studies），后来，东方研究所更名为"东方及非洲研究所"（School of Oriental and African Studies）。

1884 年，戴维斯翻译、出版《摄阿毗达磨义论》。该书由巴利文经典学会出版。1886 年，他与卡彭特（Joseph Estlin Carpenter，1844—1927）合编的《吉祥悦意论》第一册出版。1890 年、1911 年，两人又编辑了《长部》第一册和第二册。②

1894 年，戴维斯与卡罗琳·奥古斯塔·芙丽（Caroline Augusta Foley，1858—1942）结婚。不久，戴维斯前往美国，在康奈尔大学发表一系列佛学演讲，这些演讲后来整理成《佛教的历史与文献》（*Buddhism*：*Its History and Literature*），并于 1896 年在美国纽约出版。

1899 年，他来到印度，访问一些佛教圣地，并将相关内容记载下来，这就是《佛教的印度》（*Buddhist India*③）。这本书探讨了佛教兴起后的印

---

①　Rhys Davids, T. W. and Hermann Oldenberg（trans.），*The Sacred Books of The East*. Delhi：Motilal Banarsidass, 1969.

②　Rhys Davids, T. W. and J. Estlin Carpenter（eds.），*The Digha-nikaya*. London：Pali Text Society, 1890 – 1911.

③　Rhys Davids, T. W.，*Buddhist India*. New Delhi：Motilal Banarsidass, 2005.

度社会与政治，1903 年该书出版，到 1959 年，已再版七次。

从印度回国后，戴维斯计划编辑、出版《印度经典丛书》（*Indian Texts Series*）。但这项计划没有能够实现。

1904 年，戴维斯成为维多利亚大学（University of Victoria）比较宗教学专业的教授。这是英国的大学首次开设比较宗教学的课程。戴维斯一直在该校任教，直到 1915 年退休。

1910 年和 1921 年，戴维斯夫妇合译完成《长部》。戴维斯称之为《佛陀对话录》（*Dialogues of the Buddha*①）。

1910 年，"印度学会"（India Society）成立，戴维斯被选为会长。印度学会后来更名为"皇家印度、巴基斯坦及锡兰学会"（Royal India Pakistan and Ceylon Society）。

鉴于柴尔德斯的《巴利语词典》已经陈旧，戴维斯准备重新编纂一部《巴利语—英语词典》（*Pali—English Dictionary*）。虽然其他学者允诺帮助他，但戴维斯并没有如愿。1915 年，72 岁的戴维斯独自挑起了编辑该部词典的重担。幸运的是，几年后，威廉·斯蒂德（William Stede）成了他的助手。1921 年，第一册《巴利语—英语词典》出版了。该词典后来多次重印，成为最权威的佛学工具书之一。

戴维斯还著有《印度佛教史》（*History of Indian Buddhism*②）等书。

1922 年 12 月 27 日，戴维斯去世。欧美各国的佛教学者对他在佛学研究上的巨大贡献及其优秀品德做出了很高的评价。例如布拉格大学的莫里兹·温特尼兹（Moritz Winternitz，1863—1937）教授说："过去没有一个人能像他那样，对佛教知识及佛学文献作出如此多的贡献。他的名字将永远被记得，他是一位最热心且专注的学者，但对有幸认识他的人而言，他们将会永远珍惜记着他是一位仁慈可爱的人，而且是一位真正的佛教徒。"③

戴维斯并非佛教徒，但他受到了佛教的影响。他曾经说过："我是否为佛教徒并不重要。我曾经审视过世界上伟大的宗教系统中的每一种宗

---

①　Rhys Davids, T. W.（trans.），*Dialogues of the Buddha*. London：Oxford University Press，1910 - 1923.

②　Rhys Davids, T. W.，*History of Indian Buddhism*. New Delhi：Cosmo Publications，2002.

③　[斯里兰卡] 威廉·佩瑞斯：《西洋佛教学者传》，梅廼文译，载蓝吉富主编《世界佛学名著译丛》第 84 册，台北：华宇出版社 1986 年版，第 39 页。

教。我发现，任何其他宗教中都没有在美和广泛性上能够超越佛陀八正道的东西。我乐意依据八正道而生活。"①

（二）里斯·戴维斯夫人

戴维斯教授去世后，戴维斯夫人继续了他的事业。她在巴利文佛教经典的翻译与诠释方面发挥了不可替代的作用。

戴维斯夫人生于 1858 年，她在伦敦学院大学获得文学博士学位，对语言、文学及东方研究有兴趣。后来，她到曼彻斯特大学教印度哲学。

戴维斯夫人是杰出的巴利语学者，且多才多艺，她翻译、编辑了大量巴利文经典。1922 年，戴维斯逝世后，戴维斯夫人负责巴利文经典学会的工作，时间长达 20 年。这 20 年也是她学术生涯辉煌的时期。她出版的主要著作有：

《法聚论》（1900）、《最早的岩迹》（*The Earliest Rock Climb*，1901）、《分别论》（由里斯·戴维斯编辑，1904）、《尼迦耶研究》（*Studies in the Nikayas*，1907—1908）、《长老尼偈》（1909）、《摄阿毗达磨义论》（与 S. Z. Aung 合编，1910）、《长部》（第二册，与里斯·戴维斯合译，1910）、《双论》（第一册，1911；第二册，1913）、《论事》（与 S. Z. Aung 合译，1915）、《相应部》②（第一册，1917；第二册，1921）、《清净道论》（第一册，1920；第二册，1921）、《巴利文经典学会工作中的里程碑》（*A Milestone in Pali Text Society Work*，1923）、《中部》（第四册索引，1925）、《佛教与消极》（*Buddhism and the Negative*，1927）、《法句，小诵》（1931）、《增支部》③（1932—1936）、《长老偈》（第二版，1937）、《乔达摩其人》（*Gotama the Man*）、《释迦或佛教起源》（*Sakya or Buddhist Origins*）、《过客的话》（*Wayfarers Words*）、《印度心理学的起源及其在佛教中的发展》（*The Birth of Indian Psychology and Its Development in Bud-*

---

① Oliver, Ian P., *Buddhism in Britain*. London：Rider & Company, 1979, p. 34.

② Mrs. Rhys Dabvids（trans.），*Samyutta-nikaya*（*The Book of the Kindred Sayings or Grouped Suttas*）. London and New York：Oxford University Press, 1917 – 1927.

③ Mrs. Rhys Dabvids（trans.），*Anguttara-nikaya*（*The Book of the Gradual Sayings*）. London and New York：Oxford University Press, 1932 – 1936.

dhism①）等。②

（三）巴利文经典学会

1881 年，戴维斯在希伯特信托基金会发表六次演讲，在第二次演讲时，戴维斯宣布成立"巴利文经典学会"，它的主要目的是"让学生们能够接触到早期佛教的丰富文献。它们正以各种手稿的形式散落在欧洲的大学和其他公共图书馆里，未被编辑、未被使用"③。世界各国佛教学者一致推举戴维斯为首任主席，成员有弗斯波尔、奥登伯格、法国学者埃米尔·塞纳尔（Emile Senart，1847—1928）、英国语言学家理查德·莫里斯（Richard Morris，1833—1894）等人。学会的经费来自私人或大学等机构的捐助。学者们翻译、编辑巴利文经典没有任何报酬。

戴维斯认识到巴利文文献的重要性。他说："这些文献是我们最佳的权威，使我们去了解这引人兴趣的宗教系统之早期历史，这宗教与我们最新的思想很类似，而且如此有力地且长期地影响如此多的人。今天我们称这种宗教为佛教。"④

从 1881 年成立伊始，巴利文经典学会就努力编辑所有巴利文三藏。学会初建时，出版了 51 卷 24 种典籍，其中很多属于再版。1922 年，戴维斯逝世，戴维斯夫人继任巴利文经典学会会长，直到 1942 年去世。在此期间，学术活动一如既往，出版了举世闻名的《巴利语—英语词典》。

1942—1950 年，威廉·亨利·邓汉姆·劳斯（William Henry Denham Rouse，1863—1950）博士担任第三任会长。当时正值"第二次世界大战"期间，会务工作受到冲击，几乎陷于停顿。

1950—1958 年，威廉·斯迪德担任第四任会长，学会的工作渐渐恢复。1959 年，伊莎琳·布露·荷娜（Isaline Blew Horner，1896—1981）女士担任新会长后，学会重新进入兴盛阶段，联系了许多世界知名的佛教学者，出版了大量佛教英译经、律、论著作，校勘出版罗马安体的巴利文三藏共 172 号（卷、册），其中包括经藏和注疏的全部，律藏全部，论藏

① Mrs. Rhys Davids, *The Birth of Indian Psychology and Its Development in Buddhism.* London: Luzac &Co. , 1936.

② Oliver, Ian P. , *Buddhism in Britain.* London: Rider & Company, 1979, pp. 36 – 37.

③ Ibid. , p. 22.

④ ［斯里兰卡］威廉·佩瑞斯：《西洋佛教学者传》，梅廼文译，载蓝吉富主编《世界佛学名著译丛》第 84 册，台北：华宇出版社 1986 年版，第 33—34 页。

七部中的六部论（除《发趣论》外）以及藏外的重要论、疏和编年史等，还编订了《英语—巴利语词典》、《巴利语固有名词词典》，以及出版巴利语文法、巴利语三藏索引、杂集等。此外，1882—1927 年，学会还发行了 23 期杂志。

近年来，由于巴利文经典基本整理完毕，许多学者逐渐离世，加上佛教在欧美等诸多国家迅速传播，不同佛教教派纷纷崛起，巴利文经典学会的工作明显减少。不过，作为世界上最古老的佛教学术组织，巴利文经典学会在学术界仍然具有重要的影响力。

（四）弗兰克·李·伍德沃德

弗兰克·李·伍德沃德（Frank Lee Woodward，1871—1952）是 19 世纪英国巴利文研究的创始人之一。1871 年 4 月，他出生在诺福克郡（Norfolk），从小接受一流的教育，专攻语言，尤其是德语、法语及希腊语。18 岁时，伍德沃德进入位于剑桥的悉尼苏塞克斯学院（Sidney Sussex College）学习，他获得头等古典语言奖学金和拉丁文的金质奖章。这时，他已经精通欧洲的语言。在大学三年级时，伍德沃德通过古典语言荣誉学位考试。

大学毕业后，他先在拉格比预科学校（Rugby Preparatory School）任教。1897 年，他到皇家语法学校（Royal Grammar School）担任古典语文教师。在这些年里，他开始学习哲学及梵语、巴利语。1902 年，他加入神智学会，迷上佛教。他通过神智学会主席亨利·斯迪尔·奥尔科特（Henry Steel Olcott，1832—1907）的帮助，如愿获得去锡兰工作的机会。1903 年 8 月，伍德沃德来到锡兰南部加里（Galle）的马欣达学院（Mahinda College）任教。[①]

马欣达学院位于加里城内古旧的建筑中，学生只有 60 名。伍德沃德的到来使学院很快有了起色，学生猛增到 300 名。伍德沃德为学院选择新址，而且将自己的 2000 多英镑用在学校的工程上。他从学院支取的费用仅够维持最低生活。伍德沃德严格要求学生，学生们进步很快。在锡兰生活的 16 年中，他一面教书，一面充实自己的精神生活，他素食，独身，生活非常节俭。

1919 年，伍德沃德离开加里到澳大利亚的塔斯马尼亚（Tasmania），

---

① Oliver, Ian P. , *Buddhism in Britain.* London：Rider & Company, 1979, pp. 41－42.

献身于巴利文经典的翻译。1936 年，15 册《长部》、《中部》、《相应部》、《增支部》翻译出版。里斯·戴维斯夫人曾这样夸奖并感谢伍德沃德："大部分的功劳应归于他……他负起主要的责任，十五册书中，他个人翻译了六册，第七册他也曾鼎力支持，直到最后一册完成。除此以外，还加上他最近发行的二本文选翻译，即选自佛教的《优陀那》（*Udāna*）及《如是说》（*Itivuttaka*），以及《相应部》的注释……"① 伍德沃德的作品中，以《佛陀的格言》（*Some Sayings of the Buddha*）一书最脍炙人口，他还著有《一个神秘主义者的手册》（*Manual of A Mystic*）②。

四 麦克斯·缪勒的贡献

1823 年 12 月 6 日，麦克斯·缪勒出生在德国。他的父亲威廉·缪勒（Wilhelm Muller）是著名诗人、古典语言学家、地方图书馆馆长以及西方语言方面的权威。缪勒很早就显露出过人的天赋。不幸的是，他的父亲年仅 33 岁就去世了。缪勒由父亲的密友卡鲁斯博士（Dr. Carus）抚养长大，他将缪勒带到莱比锡（Leipzig），悉心教育和培养。缪勒对音乐有兴趣和天赋，不过作曲家费利克斯·门德尔松（Felix Mendelssohn, 1809—1847）建议他在语言学方面选择职业。

1840 年，缪勒进入莱比锡大学就读，三年之后，他获得语言学博士学位。叔本华的哲学思想对他产生了很大影响。1844 年，他在德国出版了自己的处女作——由梵文译成德文的《希多帕达莎》。

1846 年，缪勒前往巴黎，他遇到了著名的佛教文献翻译者和学者布诺夫，成为布诺夫的忠实学生。布诺夫指导他研究印度吠檀多哲学以及佛教教义，这是缪勒学术生涯的转折点。在布诺夫的影响和鼓励下，缪勒开始编纂印度古典史诗《黎俱吠陀》。

1848 年，缪勒前往英国，以便查阅收藏在伦敦的《黎俱吠陀》梵文手稿，于是，他在英国定居并加入英国国籍。1849 年，缪勒出版《黎俱吠陀》第一卷。他在英国声名鹊起，一些大学纷纷为他提供研究职位。

---

① ［斯里兰卡］威廉·佩瑞斯：《西洋佛教学者传》，梅廼文译，载蓝吉富主编《世界佛学名著译丛》第 84 册，台北：华宇出版社 1986 年版，第 69 页。

② Woodward, F. L., *Manual of A Mystic*. London: Pub. for the Pali Text Society by H. Milford, 1916.

1854 年，他在现代欧洲语言（Modern European Languages）项目中担任教授。1856 年，缪勒被聘为牛津大学博德利图书馆馆长。1858 年，他被聘为全灵学院（All Souls College）的特别会员。1860 年，缪勒被任命为"基督教会"（Christ Church）的语言学教授，他一直在那里工作，直到 1900 年逝世。

通过 25 年艰苦不懈的努力，缪勒翻译、出版了六卷本《黎俱吠陀》。缪勒还编纂了 50 册《东方圣书集》，并与 20 多位学者合作将它翻译成英语。缪勒还主持了巴利文经典学会主办的《佛教圣书集》的编辑工作。作为印度宗教和佛教哲学方面的权威，缪勒是第一个被邀请在威斯敏斯特教堂作宗教演讲的世俗人士。①

早期西方学者中有一种普遍的观点，即佛教是虚无主义。缪勒反对这种观点。他说："从所有的国度，不同的时空，我们从人性的立场来讨论，我们承认我们无法令自己相信，这位完美道德的导师，印度之改革者，年轻的皇子，为了众生之痛苦而放弃王位及一切的人，他会弘扬一些众生不了解的道理，或是说：如果他的教义是虚无主义，认为来生什么都没有的话，他为何还要努力去做一切利益众生的事，他及他的弟子所努力去做的事情，岂不是毫无价值吗？"②

缪勒著有《宗教学导论》③（Introduction to the Science of Religion，1873）、《佛教研究》（Studies in Buddhism，1888）等著作。

缪勒促成了"比较宗教"学科的建立。他是一位语言学家，习惯于依赖经典，认为经典是整个佛教传统的代表。

五 埃德温·阿诺德及其《亚洲之光》

1832 年 7 月 10 日，埃德温·阿诺德（Sir Edwin Arnold，1832—1904）出生于英国肯特郡（Kent）的格雷夫森德（Gravesend）。他在罗彻斯特（Rochester）和伦敦上过学，在牛津大学，阿诺德因诗歌创作获过奖。1853 年，阿诺德出版第一本诗集《叙事与抒情诗》（Poems Narratives

---

① Oliver, Ian P., *Buddhism in Britain*. London：Rider &Company, 1979, p.41.

② ［斯里兰卡］威廉·佩瑞斯：《西洋佛教学者传》，梅廼文译，载蓝吉富主编《世界佛学名著译丛》第 84 册，台北：华宇出版社 1986 年版，第 46—47 页。

③ ［英］麦克斯·缪勒：《宗教学导论》，陈观胜、李培茱译，上海人民出版社 2010 年版。

and Lyrical），它深受济慈（John Keats，1795—1821）诗风的影响。

1854 年，阿诺德从牛津大学毕业，在伯明翰（Birmingham）任教。1857 年，他前往印度，担任位于浦那（Poona）的德干学院（Deccan College）院长，这样一来，阿诺德有了机会来学习东方的宗教和文化。1861 年，他回到伦敦，担任《每日电讯报》（*The Daily Telegraph*）编辑，从 1873 年起，阿诺德担任该报总编辑。1877 年，阿诺德被维多利亚女王封为爵士。1888 年，他被封为印度王国骑士队长。

1889 年，阿诺德告别新闻生涯，开始远东之旅。他前往印度、锡兰和日本等国旅行，将所见所闻写成生动、优美的游记。他也曾两次抵达美国做巡回演讲。1904 年 3 月 24 日，阿诺德在伦敦去世。

阿诺德的作品很多，包括《信仰的珠玑：伊斯兰佳句集》（*Pearls of the Faith*，*or*，*Islam's Rosary*①，1883）、《再访印度》（*India Revisited*②，1888）、《与沙迪在花园中》（*With Sadi in the Garden*，1888）、《世界之光》（*The Light of the World*，1891）、《海洋与陆地》（*Seas and Lands*③，1892）、《蒂法之妻》（*Tiphar's Wife*，1892）、《日本山茶》（*Japonica*，1892）、《薄伽梵歌》（英译，1885）、《印度诗歌》（*Indian Poetry*④，英译，1886）等。

作为一名学识渊博的语言学家，阿诺德通晓 12 种语言，熟知六种宗教，他将一些梵文、波斯文、阿拉伯文典籍翻译成英语。阿诺德还是一名优秀的报刊编辑，曾有 28 年成功的新闻生涯。阿诺德更是一名出色的诗人，1879 年出版的《亚洲之光》（*The Light of Asia*⑤）就是他的代表作。《亚洲之光》以诗歌体的形式，借助一名假想的佛教徒之口，生动描绘了佛陀从出生到成道的过程。

阿诺德的岳父威廉·亨利·钱宁（William Henry Channing，1810—1884）与美国马萨诸塞州（Massachusetts）康科德镇（Concord）的学术圈很熟，这个学术圈中的文化名人有爱默生、梭罗等，阿莫斯·布朗森·

---

① Arnold，Edwin，*Pearls of the Faith*，*or*，*Islam's Rosary*，New York：John B. Alden，1883.

② Arnold，Edwin，*India Revisited*. London：Trubner & Co.，1888.

③ Arnold，Edwin，*Seas and Lands*. New York：Longmans，Green & Co.，1892.

④ Arnold，Edwin（trans.），*Indian Poetry*. London：Routledge，1886.

⑤ Arnold，Edwin，*The Light of Asia*，*or*，*The Great Renunciation*（*Mahabhinishkramana*）. New Delhi：Asian Educational Services，1999.

阿尔科特（Amos Bronson Alcott，1799—1888）也是该学术圈的成员。1878 年，钱宁将《亚洲之光》交给阿尔科特，请他的朋友们写书评。阿尔科特是一名教育家和社会活动家，他力图将自己的素食主义和渐进教育等理论付诸实施，并且像爱默生、梭罗一样对比较宗教研究有兴趣。阿尔科特被《亚洲之光》深深吸引，他预言道："大部分人读到这本书时会大吃一惊，一般地说，基督徒的心中会冒出奇怪的问题。"①

在阿尔科特的帮助下，《亚洲之光》很快在波士顿出版。该书一经面世，好评如潮。作家富兰克林·本杰明·森博恩（Franklin Benjamin Sanborn，1831—1917）在《共和党人》（*Republican*）上发表书评，他说："该书的诗歌价值不可忽视，但它更高的价值体现在：以同情的精神解释了一种真正的理想。这种理想激发了亚洲诸多伟大的博爱的宗教……"②

美国医生、诗人和幽默作家奥利弗·温德尔·霍尔姆斯（Oliver Wendell Holmes，1809—1894）对该书推崇备至。他在《国际评论》（*The International Review*）上发表长达 26 页的书评，称赞《亚洲之光》"极其伟大，没有作品能与之媲美——除了《新约全书》（*New Testament*）"。③

美国出生的英国诗人、剧作家、文学批评家和编辑、诗歌领域现代派运动的领袖艾略特（Thomas Stearns Eliot，1888—1965）称赞《亚洲之光》是一首好诗。他说自己还是个孩子时就多次读过《亚洲之光》，而且后来一直喜爱它。

《亚洲之光》取得了巨大的成功。到 1957 年时，该书已经再版至少 83 次，发行量难以统计。《亚洲之光》不仅被翻译为法语、德语等欧洲语言，而且被译为梵语、印地语和孟加拉语，成为印度和其他亚洲国家的佛教经典作品。《亚洲之光》取得成功的原因可以归纳为以下几点：

第一，在主题上，《亚洲之光》突出佛陀的优秀品德。它将佛陀塑造成一个富有自我牺牲精神、仁爱、具有耐心的人物，颇具西方人所推崇的个人英雄主义色彩。在《亚洲之光》中，佛陀不仅仅是一名宗教改革家和哲学家，更是一位具有浪漫主义色彩的英雄，一个靠自身的不懈努力而

---

① Fields, Rick, *How the Swans Came to the Lake: A Narrative History of Buddhism in America.* 2nd revised and updated ed. , Boston: Shambhala Publications, Inc. , 1986, p. 68.

② Ibid. .

③ Ibid. .

成功的人，他虽然不是耶稣基督却又具有救世主的内涵。

第二，在题材上，阿诺德借助了当时欧洲学者进行佛教研究的资料，但不同的是，《亚洲之光》关注佛陀的生平，充满感情色彩地描绘了佛陀从出生到成道的大致过程，对读者而言，这样的故事显然比单调、深奥的佛教义理更有吸引力也更容易理解。此外，阿诺德将印度人的生活场景融入作品中，对西方读者来说，这种具有异域风情的内容无疑带给了他们耳目一新的感觉。

第三，在体裁上，《亚洲之光》采用诗歌体，符合维多利亚时代读者的阅读口味和审美取向。

同时，阿诺德还概述了当时学者所理解的佛教教义，他用诗歌的形式表达了业、四圣谛、八正道等思想。当他写《亚洲之光》时，缪勒等学者开始质疑当时通行于西方人中的"涅槃即毁灭"的观点。阿诺德同意这种质疑。他说，自己"坚信，三分之一的人类从未陷入一种对完全抽象的信仰中，即'存在'的结局和极致是'无'"[1]。

通过《亚洲之光》，普通西方人第一次了解了佛陀的生平和他的教义。在阿诺德时代，很少有西方人因为阅读该作品而变成佛教徒，不过，该书的广泛流传有助于使普通西方人从学术研究之外的另一个角度来认识和了解佛教。在西方佛教史上，《亚洲之光》占有重要的地位。

阿诺德本人不是佛教徒，但从文化传播的角度来看，他对佛教在西方的传播所起的作用不容忽视。有评论认为，阿诺德即使不能称为维多利亚女王时代的伟人，也至少可以说是当时最杰出的人物之一。

六　爱德华·孔兹的大乘佛教研究

在英国，学者们主要的研究对象是南传佛教，研究大乘佛教的学者较少。爱德华·孔兹（Edward Conze，1904—1979）是研究大乘佛教的代表人物。

1904 年 3 月 18 日，孔兹生于伦敦，父亲是外交官。孔兹在德国受教育，曾在图明根大学（University of Tuebingen）、海德堡大学（University of Heidelberg）、基尔大学（University of Kiel）和科隆大学（University of

---

[1]　Fields, Rick, *How the Swans Came to the Lake: A Narrative History of Buddhism in America.* 2nd revised and updated ed. , Boston: Shambhala Publications, Inc. , 1986, p. 68.

Cologne）求学。1928 年，孔兹在科隆大学毕业，获得博士学位，然后在波恩大学（University of Bonn）及汉堡大学（University of Hamburg）从事研究，研究的课题是印度与欧洲比较哲学。

1933 年，孔兹离开德国来到英国，在伦敦大学及牛津大学任教，教授心理学及比较宗教学，直到 1960 年。欧洲各大图书馆中藏有大量的佛教经典，孔兹于是开始翻译这些梵文及藏传佛教文献。

1951 年，孔兹出版《佛教的本质及发展》①（Buddhism：Its Essence and Development②），这本书深入浅出，条理明晰，深受读者喜爱。1954 年，孔兹与阿瑟·沃利（Arthur Waley，1889—1966）、荷娜女士及藏传佛教专家大卫·勒维林·斯内尔格罗夫（David Llewellyn Snellgrove，1920—　）翻译、编辑、出版了《各个时代的佛教经典》（Buddhist Texts through the Ages）。③

1954 年后，孔兹致力于研究大乘佛教典籍，尤其是般若类经典。1955 年起，他开始出版相关成果。他学识丰富，翻译精确，行文流畅，受到世人的称赞。

1963—1965 年，孔兹到美国威斯康星大学（University of Wisconsin）的印度研究系当客座教授，后来又到牛津的曼彻斯特学院（Manchester College）任教。

1968 年，孔兹到美国西雅图的华盛顿大学（University of Washington）印度研究系当教授，也在英国兰卡斯特大学（University of Lancaster）任教比较宗教学。

1970 年，孔兹任德国波恩的弗里德里希·威廉大学（Friedrich Wilhelm Universitaet）佛学客座教授。1973 年，他担任美国加州大学伯克利分校及圣巴巴拉分校佛学研究方面的客座教授。1979 年冬，孔兹病逝。

孔兹一生写了近百篇论文，100 多篇书评；他的三本回忆录已经出版。他是一位成果丰硕的著名佛学研究者，他在佛教方面的主要学术成果

---

① 孔兹：《佛教的本质及其发展》，胡国坚译，台北：华宇出版社 1986 年版。

② Conze, Edward, *Buddhism：Its Essences and Development*. New York：Philosophical Library, 1951.

③ Conze, Edward, I. B. Horner, D. Snellgrove and A. Waley（trans. &eds.），*Buddhist Texts through the Ages*. New York：Philosophical Library, 1954.

还包括《现观庄严论》（英译，1954）、《佛教禅定》（*Buddhist Meditation*①，1956）、《金刚能断般若波罗蜜多经》（英译，1957）、《佛教简史》（*A Short History of Buddhism*②，1958）、《佛教智慧之书》（*Buddhist Wisdom Books*③，1958）、《佛教经典》（*Buddhist Scriptures*④，1959）、《般若波罗蜜多文学》（*The Prajnaparamita Literature*⑤，1960）、《佛教思想在印度：佛教哲学的三个层面》（*Buddhist Thought in India：Three Phases of Buddhist Philosophy*⑥，1962）、《佛教研究 30 年：文选》（*Thirty Years of Buddhist Studies：Selected Essays*，1967）、《小品般若经》（英译，1974）、《佛教的深入研究》（*Further Buddhist Studies*，1975）等。

第二节　佛教信仰的开端

20 世纪上半叶，英国人对佛教的兴趣不再局限于学术方面，个别人逐渐开始信仰佛教。佛陀越来越被看作可以效仿的榜样，他的教诲也被奉为应当遵循的准则。有些英国人对禅定发生兴趣，有的讨论佛教的仪式，这表明真正的佛教修行在英国开始。一些教派特征不明显的佛教组织出现了。

一　弥勒长老及其传法

进入 20 世纪，英国的知识分子开始面向普通民众宣讲佛教。1905年，英国人杰克逊（R. J. Jackson）出版了宣传佛教的小册子《给西方人一个宗教》。1906 年，杰克逊在海德公园中，站在自制的肥皂箱上公开演讲，宣传佛教。他还经营书店，出售有关佛教的书籍。

虽然英国知识分子早就对佛教有所了解，但他们一直停留在学术研究

---

① Conze, Edward, *Buddhist Meditation*. London：Routledge, 2009.

② Conze, Edward, *A Short History of Buddhism*. London & Boston：Allen and Unwin, 1980.

③ Conze, Edward, *Buddhist Wisdom Books*. London：Allen and Unwin, 1958.

④ Conze, Edward, *Buddhist Scriptures*. Harmondsworth, Middlesex：Penguin Books Ltd., 1959.

⑤ Conze, Edward, *The Prajnaparamita Literature*. The Hague：Mouton, 1960.

⑥ Conze, Edward, *Buddhist Thought in India：Three Phases of Buddhist Philosophy*. London：Allen and Unwin, 1962.

的阶段。他们尽管对佛教感兴趣，甚至接受了它的一些思想观念，但还没有真正皈依，变成真正意义上的佛教徒。将英国佛教从学术对象变成真正的一种信仰体系以及修行方式的是阿难陀·弥勒长老（Ananda Metteyya Thera，1872—1923），他成为第一个英国僧侣。

弥勒长老俗名查尔斯·亨利·爱伦·本尼特（Charles Henry Allan Bennett）。他于 1872 年 12 月 8 日出生于伦敦，父亲是工程师。本尼特早年偶尔得到一本《亚洲之光》，读后很受触动，从此投身佛学研究。1898 年，他到达锡兰，努力研究佛法。1901 年，他首次演讲，核心内容是"四圣谛"。

1901 年，本尼特前往缅甸，并于次年正式出家为沙弥，法名"阿难陀·弥勒"。后来，他将梵文"Maitreya"改成巴利文"Metteyya"。1903 年，弥勒长老在仰光成立"国际佛教会"（Buddhasasana Samagama or the International Buddhist Society），他担任总秘书长，欧内斯特·R. 罗斯特（Ernest R. Rost）博士担任秘书。国际佛教会发行刊物《佛教》（Buddhism）。

1908 年 4 月，弥勒长老回到伦敦，受到"大不列颠及爱尔兰佛教会"（The Buddhist Society of Great Britain and Ireland）的热烈欢迎，并积极开展推广佛法运动。但他在英国逗留的时间只有半年，同年 10 月，弥勒长老与罗斯特回到缅甸。他在仰光编辑、出版《佛教》，同时，他还为大不列颠及爱尔兰佛教会的杂志《佛教评论》（The Buddhist Review）撰写文章。1914 年及 1920 年，他曾两次返回英国，并发表过演说，不过，他并不善于演讲，所以传法的效果并不显著。[1]

1923 年 3 月 9 日弥勒长老圆寂，年仅 50 岁。死前两个月，他见到了其著作《圣者的智慧》（The Wisdom of the Aryas）的出版。

二 大不列颠及爱尔兰佛教会

1907 年 11 月 3 日，里斯·戴维斯、杰克逊、罗斯特、潘恩（J. R. Pain）、弗朗西斯·培恩（Francis Payne）、米尔斯（E. T. Mills）、亚历山大·费舍尔（Alexander Fisher）等大约 25 人在伦敦成立"大不列颠及爱尔兰佛教会"。里斯·戴维斯成为首任会长，米尔斯是主席，J. E.

---

① Oliver, Ian P., *Buddhism in Britain*. London：Rider & Company, 1979, p. 44.

艾伦（J. E. Ellam）是秘书。学会的目标是通过系统的巴利文学习来传播佛教教义，会员大都是教授、作家，还有一些是比较宗教研究方面的学者及知识分子，普通百姓不在其中。

1908 年，大不列颠及爱尔兰佛教会开始出版《佛教评论》。这是西方第一本佛学杂志，艾伦担任编辑。杂志的供稿者包括里斯·戴维斯、铃木大拙（Daisetsu Teitaro Suzuki，1870—1966）、亚历山德娜·大卫—妮尔（Alexandra David-Néel，1868—1969）、西拉卡拉比丘（Silacara，俗名 J. F. 麦克克奇尼，即 J. F. McKechnie，1871—1950）和弥勒长老等。

佛教会的地址经过了多次迁移，但机构的设置较为完备，有佛教图书馆、会议室、佛殿、禅堂和僧房等。学会还在利物浦、爱丁堡、剑桥、牛津和曼彻斯特等城市设立了分会。

第一次世界大战期间，佛教会的各项事务仍在进行，但不太景气，会员逐渐减少。《佛教评论》无法定期出版，也很难获得资金方面的支持。战后，佛教会的成员有所增加。迦叶提拉卡（D. B. Jayatilaka，1868—1944）成为《佛教评论》的新任编辑。锡兰的阿纳伽里卡·达摩波罗（Anagarika Dharmapala，1864—1933）捐献了一大笔资金来帮助恢复英国的佛教。但是，进入 20 世纪 20 年代，佛教会的一些重要人物相继去世，组织元气大伤。1922 年，会长兼《佛教评论》主编米尔斯去世。同年，里斯·戴维斯及 1913 年上任的总秘书弗兰克·波尔斯（Frank Balls）去世。1923 年，弥勒长老去世。但是在培恩的积极推动下，从 1923 年 1 月到 1924 年 5 月，大不列颠及爱尔兰佛教会举行了 12 次关于佛法的公开演讲，这对延缓佛教会的迅速解体起了相当重要的作用，而且同时促进了英国神智学会内部佛教中心的建立。该佛教中心后来成为英国神智学会佛教分会（The Buddhist Lodge）。[①]

三　英国神智学会佛教分会、伦敦佛教分会及佛教协会

英国神智学会佛教分会的创立者是克里斯玛斯·汉弗瑞（Christmas Humphreys，1901—1983）。汉弗瑞是一名居士，17 岁时对佛教产生兴趣，后来，他加入英国神智学会，进一步学习佛教。1924 年 6 月，汉弗瑞在英国神智学会内部建立了一个佛教中心。11 月，他创立"神智学会佛教

---

① Oliver, Ian P., *Buddhism in Britain*. London: Rider & Company, 1979, p. 50.

分会"（Buddhist Lodge of the Theosophical Society），该组织的重要功能之一是为孤立的成员和组织提供联系。1925 年 10 月，佛教分会发行月刊《佛教分会月报》（*The Buddhist Lodge Monthly Bulletin*），1926 年 3 月，该刊物更名为《佛教在英国》（*Buddhism in England*）。同年末，神智学会佛教分会脱离神智学会，成为一个独立的实体，并更名为"伦敦佛教分会"（The Buddhist Lodge，London）。

1928 年，伦敦佛教分会出版《佛教是什么？》（*What is Buddhism?*[①]）一书，获得出人意料的成功。不久，该组织又出版很多著作，例如耐特（G. E. O. Knight）的《对神秘西藏和附近国度的亲密一瞥》（*Intimate Glimpses of Mysterious Tibet and Neighbouring Countries*[②]）。

1934 年，第一届欧洲佛教议会在英国摩诃菩提会召开，会议的议题是佛法如何在同一时代的欧洲社会最好地提高自己。这次会议的召开显然对佛教在英国的传播和发展起到了积极的推动作用。

为了指导信徒打坐，佛教分会出版了方便简洁的《禅定》（*Concentration and Meditation*），这是英国佛教书店里最早出现的禅定书籍之一。在马奇（A. C. March）辞去《佛教在英国》的编辑职务后，佛教分会的新成员艾伦·威尔逊·沃茨（Allan Wilson Watts，1915—1973）接替了他。1938 年，沃茨去了美国，克莱尔·卡梅伦（Clare Cameron）接管了杂志的编辑工作。

1939 年 9 月，"第二次世界大战"爆发，欧洲各佛教团体之间失去了联系，伦敦的公共集会也暂时停止。1943 年，佛教分会的地址从汉弗瑞夫妇位于南伊顿普莱斯（South Eaton Place）的家里转移到分会在格雷罗素街（Great Russel Street）租借的房子。很快，佛教分会更名为"佛教协会"（The Buddhist Society），月刊《佛教在英国》也改为季刊《中道》（*The Middle Way*）。

1945 年，汉弗瑞起草了一份叙述佛教准则的文件，涉及南传佛教和大乘佛教，并保留了各自的独立信条。经过讨论，"佛教的 12 项准则"（Twelve Principles of Buddhism）被编纂出来，现在已经被全世界公认，并

[①]　The Buddhist Lodge, London, *What is Buddhism?* London：The Buddhist Lodge, 1929.

[②]　Knight, G. E. O., *Intimate Glimpses of Mysterious Tibet and Neighbouring Countries*, London：Golden Vista Press, 1930.

有了 16 种语言的版本。

"第二次世界大战"后，佛教协会重新焕发出了生机。它设置新的职位，任命新的负责人，各项事务顺利进行。1949 年，佛教协会举行成立 25 周年庆典，汉弗瑞的《禅宗》（Zen Buddhism）同时出版。1951 年，汉弗瑞的平装本《佛教》（Buddhism）出版，它是一本涵盖佛教基本教义的课本和手册。这一年恰好是他 50 岁生日。

汉弗瑞的著作还有《途经东京》（Via Tokyo①，1948）、《佛教探索》（Exploring Buddhism②，1974）、《禅宗来到西方》（Zen Comes West③，1977）、《圆的两面》（Both Sides of the Circle④，1978）和《佛教的智慧》（The Wisdom of Buddhism⑤，1990）等。

到 1952 年，英国的佛教团体迅速增多，大都附属于曼彻斯特、爱丁堡、牛津、剑桥和布莱顿的佛教协会。

1952 年 6 月，佛教协会在格雷罗素街房子的租期已到，新的地址选在戈登广场 16 号（16 Gordon Square），由伦敦大学的中国委员会提供。同年夏季，罗宾斯夫人（Mrs M. H. Robins）接替本尼特夫人（Mrs A. A. G. Bennett）成为《中道》的编辑。该杂志在当时是最重要的佛教杂志，由于得到泰国的大力资助，杂志得以扩大版面和发行量。

1956 年 10 月，佛教协会的总部迁移到埃克莱斯顿广场 58 号（58 Eccleston Square，SWI），一直至今。新址的迁移恰逢佛陀成道 2500 周年纪念，佛教协会举行了多种形式的隆重纪念活动。

1964 年，佛教协会出版《佛教协会的 100 件珍宝》（100 Treasures of the Buddhist Society），它介绍了佛教协会多年来收集到的各类佛教用品、书籍等珍贵文物。同时，汉弗瑞的《佛教》再版。

1967 年 11 月，佛教协会举行活动，庆祝英国佛教诞生 60 周年。汉弗瑞致辞，要求更多的领导人和作家继续推进佛法在西方的传播。1968 年，第四届佛教大会在佛教协会的总部举行，很多人从英国各地赶来参

---

① Humphreys, Christmas, *Via Tokyo*. London and New York：Hutchinson, 1948.

② Humphreys, Christmas, *Exploring Buddhism*. Oxon：Routledge, 2012.

③ Humphreys, Christmas, *Zen Comes West*. London：Totowa, N. J.：Curzon Press, Rowman and Littlefield, 1977.

④ Humphreys, Christmas, *Both Sides of the Circle*. Abingdon, Oxon：Routledge, 2012.

⑤ Humphreys, Christmas, *The Wisdom of Buddhism*. London：Curzon Press, 1990.

加，汉弗瑞发表了《佛教在英国的 60 年》（*Sixty Years of Buddhism in England*），孔兹发表了《佛教研究 30 年》（*Thirty Years of Buddhist Studies*）。

进入 20 世纪 70 年代，佛教协会的图书销售量明显上升。它还开办函授课程，介绍佛教的基本教义。

1974 年，佛教协会举行成立 50 周年的庆祝活动。汉弗瑞在大会上致辞，回忆了在战争年代佛教协会和国家一起经历的危机。协会同时出版《中道》50 周年纪念刊。

为了加强分散的佛教徒之间的联系，佛教协会建立了一个联络服务系统，设立一名中心联络员，在他下面有很多地方联络员，他们又与许多佛教徒保持联系。通过这个网络，各地佛教徒得以有机联系在一起。

佛教协会对南传佛教、北传佛教各教派采取一视同仁的态度，没有宗派门户之见。

在近 90 年的漫长岁月中，佛教协会的名称两度变更，刊物的名称也发生过改变，这正体现出该组织的发展历程并不平坦。佛教协会为佛教在英国的传播所做出的积极努力和贡献可以说是其他任何一个英国佛教组织无法比拟的。

四　英国摩诃菩提会及伦敦佛教精舍

英国摩诃菩提会（British Maha Bodhi Society）和伦敦佛教精舍（London Buddhist Vihara）的出现与达摩波罗的辛勤努力息息相关。

19 世纪 90 年代后期，达摩波罗应阿诺德的邀请，从锡兰来到英国，调查在英国传播佛教的可能性。两个月后，他返回锡兰。这次英国之行使达摩波罗对佛教在英国的弘传充满信心。1925 年，达摩波罗第二次访问英国，这时，他着手建立组织，以便在英国传播南传佛教。

1926 年，达摩波罗买下一间房子作为传法机构。他将房子命名为"福斯特精舍"（Foster House），英国摩诃菩提会宣告成立。达摩波罗用"福斯特"一名是为了纪念夏威夷的福斯特夫人（Mary Foster），她曾经捐款给达摩波罗，作为传播佛法的基金。

1928 年，达摩波罗买下一处房产，作为摩诃菩提会的所在地。虽然达摩波罗本人一直在锡兰为前往英国弘法做准备，但他派遣了三名高僧驻锡伦敦，他们是金刚智（Ven. P. Vajiranana）、南达沙拉（Ven. H. Nandasara）和潘那沙拉（Ven. D. Panasara）。其中，金刚智的名声最大，1936

年，他从剑桥大学毕业，获得博士学位，这是从剑桥大学获得博士学位的第一名僧人。三名法师到伦敦后，弘法活动随即展开，每逢星期天都有佛法演讲，在佛殿中教授巴利语课程以及坐禅。图书馆里也有巴利文佛教经典，供研究者使用。[①]

1930—1933 年，摩诃菩提会的人事变动较为频繁。1933—1937 年，组织的住持是悉达多法师（Ven. R. Siddhartha）；1938—1940 年，住持是潘那沙拉。

1926—1934 年，摩诃菩提会出版杂志《英国佛教徒》（*The British Buddhist*）；1935—1939 年出版杂志《法轮》（*The Wheel*）。

1933 年，达摩波罗圆寂，这对当时的佛教界是一个不可估量的损失。虽然达摩波罗受具足戒仅仅两年，但他是 700 年来第一位在印度出家的僧人。

1940 年，英国摩诃菩提会停止活动。

1954 年，由五名僧伽罗慈善家的发起，伦敦佛教精舍成立，它的目的是重建僧团，以实现达摩波罗未竟的事业。精舍的住持是那拉达（Ven. Narada）和维尼塔（Ven. Vinita）两名法师。[②]

伦敦佛教精舍的弘法活动比英国摩诃菩提会更加积极，计划得也更加周密。1955—1956 年，该精舍经过了人事变动。1957 年，伦敦佛教精舍由真谛帝须法师（Ven. Hammalava Saddhatissa, 1914—1990）住持。真谛帝须出身于富有的家庭，但他从小就有出家的念头。后来，他在锡兰及缅甸做和尚，然后到位于贝纳拉斯（Banaras）的印度教大学（Hindu University）度过了 18 年的时光，教授巴利语、梵语及佛教。1963 年，真谛帝须毕业于英国爱丁堡大学。他学识渊博，出版了 4 本用僧伽罗语写成的佛教书籍，编辑了巴利文三藏索引，还帮助过印度的“贱民”。1966—1969 年，真谛帝须在加拿大多伦多大学教授佛学。他的英文著作有《佛教伦理学》（*Buddhist Ethics*, 1970）、《佛陀的道路》（*The Buddha's Way*, 1971）、《佛陀的一生》（*The Life of the Buddha*, 1976）等，西方人最熟悉的是《佛陀的一生》。多年来，真谛帝须在伦敦佛教精舍担任住持，培养

---

① Oliver, Ian P. , *Buddhism in Britain*. London: Rider & Company, 1979, pp. 66 – 67.

② Ibid. , pp. 67 – 68.

了很多佛教人才。[①]

1963 年，伦敦佛教精舍搬迁到奇斯维克（Chiswick），成为"锡兰摩诃菩提会"的分支机构。1966 年，真谛帝须重新建立摩诃菩提会伦敦分会，分会开办一些课程，采用通俗易懂的方式向初学者介绍佛教的基本教义，从 1968 年起，分会还出版杂志《佛教季刊》（*Buddhist Quarterly*）等。伦敦佛教精舍有讲堂、图书室等设备，1975 年，精舍后面又建造了禅堂，供坐禅之用。

第三节　南传佛教的新气象

20 世纪 60 年代前，南传佛教系统在英国可以说是一枝独秀，大乘佛教的势力微乎其微。斯里兰卡、缅甸曾经是英国的殖民地，泰国也曾遭到英国的侵略，因此英国人更熟悉的是南传佛教。虽然随着时间的推移，大乘佛教信徒逐渐开始在英国建立道场，传授佛法，但南传佛教在英国一直保持着较为强劲的发展态势。南传佛教僧侣逐渐遵循西方人的习惯，依据他们易于接受的方法传法，吸引了许多英国人。

一　泰国森林僧伽

1956 年，"汉普斯德佛教精舍"（The Hampstead Buddhist Vihara or Dhammapadipa）在伦敦成立。该机构又名"英国僧伽信托"（The English Shanga Trust），它尝试在英国严格按照南传佛教的传统建立僧团。由于缺乏寺庙生活的经验，又没有采取适应西方社会的方法，经过多年的风风雨雨，该僧团一直没有太大的发展。1976 年，汉普斯德佛教精舍的主席遇到阿姜·苏美多（Ajahn Sumedho，1934—　），该僧团的状况有了根本性的改变。

阿姜·苏美多是泰国森林僧伽派僧人。森林僧伽在包括英国在内的西方国家的发展和壮大都离不开该派著名的僧人阿姜·查（Ajahn Chah，1918—1992）的努力和影响。

阿姜·查是近代泰国最著名的法师之一。1918 年 6 月 17 日，他出生在泰国东北部一个小村庄。依据南传佛教传统，阿姜·查儿童时代在寺院

---

① Oliver, Ian P., *Buddhism in Britain*. London: Rider & Company, 1979, pp. 68 – 69.

里生活了一段时间，然后又回到家里帮助父母务农。1938 年，他决定重返寺院，并于 1939 年 4 月受具足戒，成为比丘。在寺院里经过五年的学习和修行后，他得到父亲去世的消息，于是放弃学习，开始在故乡和泰国中心地带的几百公里之间徒步云游并寻访高僧大德。不久，他遇到森林僧伽派的禅师阿姜·曼·布里达陀（Ajahn Mun Buridatto,? —1949）。布里达陀简洁而精炼的教学方法吸引了阿姜·查，使他接受了森林僧伽派的思想。七年里，阿姜·查在热带丛林、坟墓等恶劣的环境中修行、行脚。1954 年，阿姜·查在离家乡不远的一处疟疾肆虐的地方开始向村民传法。尽管生存条件相当险恶，但是他的追随者越来越多，巴蓬寺（Wat Pah Pong）得以建立。从 1981 年起，阿姜·查的健康状况逐渐不佳。虽然他在曼谷接受了手术，但是效果并不理想。1992 年 1 月 16 日，阿姜·查在巴蓬寺圆寂。[①] 阿姜·查最主要的修行方式是头陀行与禅定。他重视研习佛教教义及巴利文经典，著有《森林中的法语》、《无常》[②]、《阿姜·查的内观禅修开示》[③]（*The Insight Meditation of Ajohn Chah*）、《这个世界的真相》[④]（*The Truth of the World*）等。

　　阿姜·苏美多，原名罗伯特·杰克曼（Robert Jackman）。1934 年，他生于美国华盛顿州的西雅图。他作为军官参加过朝鲜战争。在海军服役期间，他接触到日本佛教。想要帮助人们的愿望促使他在美国红十字会做了一年社工。1961 年，他进入加州大学伯克利分校学习。1964—1966 年，他再度参加社会服务工作。1966 年，他到泰国出家为僧，法名"苏美多"。1967 年 5 月，他受具足戒。在一次遇到了阿姜·查的弟子后，他就到巴蓬寺的森林道场寻找这位高僧，不久，阿姜·苏美多成为阿姜·查的弟子，并且在阿姜·查的座下学习了五年。1967—1977 年，阿姜·苏美多到阿姜·查的许多分支道场受训，并于 1973 年底到印度朝圣。这段时间很多西方人来到巴蓬寺，很多是参加过越南战争的老兵。1975 年，阿姜·查在巴蓬寺附近建立一所为西方修行者服务的国际性寺院。阿姜·苏

① Ronce, Philipe, *Guide des Centres Bouddhistes en France*. Éditions Noêsis, juin 1998, pp. 108 - 109.

② ［泰］阿姜·查：《无常》，保罗·布里特（Paul Breiter）英文编译，赖隆彦译，深圳报业集团出版社 2008 年版。

③ ［泰］阿姜·查等：《阿姜·查的内观禅修开示》，果儒译，大千出版社 2008 年版。

④ ［泰］阿姜·查等：《这个世界的真相》，果儒译，南方出版社 2010 年版。

美多指导西方人修行。

1977 年，英国汉普斯德佛教精舍邀请阿姜·查和阿姜·苏美多访问英国。离开英国前，阿姜·查把阿姜·苏美多和三位西方僧人留在汉普斯德佛教精舍。当时的精舍只是位于喧闹大街上的一间小房子，不久，该精舍便计划从伦敦搬迁，新址的环境接近于泰国森林派寺院的氛围。1979年，英国僧伽信托购买奇瑟斯特（Chithurst）庄园，这是位于西萨塞克斯郡（West Sussex）的一座维多利亚式建筑。这次搬迁意味着英国僧伽信托试图建立一个由西方僧侣组成的南传佛教僧伽，这种尝试获得了成功。[①] 1981 年，阿姜·苏美多被授权剃度和尚，于是开始了第一批僧人的剃度。许多人把这一事件看作是"佛教在英国的真正建立"。"地方政府保证寺院的地位，人们可以受戒并作为比丘和比丘尼在英国生活。"[②]

在奇瑟斯特森林道场，还有一个小的女性团体，她们作为近事女在道场居住。她们在接受沙弥尼戒后，穿上棕色僧袍，并逐渐建立自己的规则和生活方式。

奇瑟斯特森林道场开始扩大。小的属寺分别在诺森伯兰德（Northumberland）的哈恩汉姆（Harnham）和德文（Devon）的哈特里奇（Hartridge）建立。到 1983 年，已经有 30 名比丘、比丘尼和近事女，还有更多的人在等待剃度。

僧人的增加和英国人对佛教兴趣的迅速增长给奇瑟斯特森林道场带来了挑战：僧人相对来说缺乏经验，却经常被要求去传法，寺院的食宿供应也很紧张。对于僧团来说，迫切需要一个更大的环境来为俗众提供系统的传法和修行服务。1964 年，奇瑟斯特森林道场购买位于赫特福德郡（Hertfordshire）的一所学校旧址，在那里建立阿玛拉瓦蒂（Amaravati），并把它作为森林僧伽在英国的主要中心。僧、尼们定期去佛教团体和学校演讲，并得到一个世俗团体的支持。

森林僧伽的迅速发展使阿姜·苏美多深受鼓舞。在奇瑟斯特森林道场和阿玛拉瓦蒂都有新人在接受剃度。1989 年，奇瑟斯特森林道场举行 10

---

① Bluck, Robert, *British Buddhism: Teachings, Practice and Development*. London and New York: Routledge, 2006, p. 25.

② Bell, Sandra, "Buddhism in Britain-Development and Adaptation". Unpublished PhD Thesis, University of Durham, 1991, p. 95.

周年庆典，参加者多达 1200 人，道场的僧、尼和近事女达到 50 多名。森林僧伽在学校教育、佛经宣传和唤醒人们的环保意识方面都做出了贡献。①

为了给世人提供精神指导，而且让他们有学佛和禅定的场所，阿姜·苏美多计划在阿玛拉瓦蒂建立一座新寺庙。在泰国支持者和其他人的资助下，寺庙顺利建成。1999 年，寺庙的实体建筑完成并举行开光仪式。这个新寺庙包括一个很大的隐修中心、一个图书馆和给阿姜·苏美多的一间小房子。2500 名俗人和 150 名来自不同国家不同教派的僧人见证了这个典礼。"这个带有传统的英国隐修特点的寺院表明了森林派佛教在外国的土地上生长、开花并生根的过程。"②

此时，在奇瑟斯特森林道场，阿玛拉瓦蒂和位于哈特里奇的寺院都有了比丘尼和近事女，哈特里奇寺院还出现了西方比丘尼的第一个南传佛教团体。一些僧人和比丘尼在 20 世纪 90 年代还俗，但是在 2002 年，仍然有 60 名僧、尼。支持森林僧伽的团体从 1981 年的 4 个增加到 1991 年的 24 个和 2001 年的 36 个。虽然居士的数量没有确切的数字，但《森林僧伽通讯》(Forest Sangha Newsletter) 被发送给 1500 人，这些人应该是森林僧伽的信仰者，他们中的许多人可能单独修行，有的人也许会前往森林僧伽的某座道场去学佛或修行，却不加入固定的团体。另外，森林僧伽的很多支持者来自泰国和斯里兰卡。③

二　佛光寺

1966 年 8 月，泰国籍僧人维奇特 (Phra Mara Vichitt) 将自己的房子改成一座寺院——佛光寺 (The Buddhapadipa Temple or Wat Buddhapadipa)。它位于伦敦东希恩区基督教堂路 99 号 (Christchurch Road, East Sheen, London)。

最初，佛光寺是作为一个坐禅中心建立的，维奇特本人吸引了一大批追随者，后来，泰国的另外两个比丘沃拉塞克 (Phra Mara Vorasak) 和布

---

① Bluck, Robert, *British Buddhism: Teachings, Practice and Development*. London and New York: Routledge, 2006, p. 26.

② Sharp, George, "A Personal View". *Forest Sangha Newsletter*, (1999) 50: 7.

③ Bluck, Robert, *British Buddhism: Teachings, Practice and Development*. London and New York: Routledge, 2006, p. 27.

恩楚埃（Phra Mara Boonchuay）也来到佛光寺。寺院发展壮大，成为英国最重要的南传佛教中心之一。1969 年，附属于佛光寺的另外两个禅定中心分别在比都尔夫（Biddulph）和亨德赫德（Hindhead）建立。同年，沃拉塞克和布恩楚埃离开寺院去上大学，维奇特还俗。尽管如此，佛光寺还是生存了下来。

随着时间的推移，佛光寺吸引了越来越多对佛教感兴趣的人，该寺的房子因此显得狭小了。1975 年，佛光寺购买并搬进新的建筑，名为"巴洛吉尔"（Barrogill）。新的寺庙占地四英亩，环境幽雅，有湖泊、花园等，建有一座主体建筑和数间僧舍。

同年，佛光寺建立三个附属组织："英国佛教传教团分会"（The Sub-Committee for theBuddhist Mission in the UK）、"青年佛教会"（The Young Buddhist Association）及"居士佛教会"（The Lay Buddhist Association）。"英国佛教传教团分会"完全由泰国人组成，主要工作是集会并讨论在英国传法所需要采取的措施。"青年佛教会"的主要成员也是泰国人，与传教团分会携手安排寺院的活动、讲座和课程。"居士佛教会"主要由英国居士组成，在寺院辖区内提供服务，如安排课程等。居士佛教会是在布恩楚埃的提议下建立起来的，布恩楚埃成为首任会长，罗伊·布拉班特—史密斯（Roy Brabant-Smith）是首任主席。

佛光寺出版季刊《友道》（*The Friendly Way*）、《佛光寺手册》（*A Manual of the Buddhapadipa Temple*）及其他有关佛法的小册子。它一直接受泰国皇家驻英大使馆宗教事务部的领导。

值得一提的是，佛光寺不是为居士设立的短期或长期的居住中心，它是泰国上座部佛教僧人的避难处，仅在禅定和讲座期间开门。[①]

三　奢摩他信托

奢摩他信托（The Samatha Trust）也与泰国上座部佛教密切相关。它的创立者是布恩曼·普恩亚瑟尔（Boonman Poonyathir，1932—　　），他又名奈·布恩曼（Nai Boonman），是一个泰国人，曾经为僧 15 年。20 世纪 60 年代，英国首座泰国寺院的建成得到了他的帮助。1963 年，英国僧伽信托邀请他到汉普斯德佛教精舍教学。后来，他又到剑桥大学的佛教协会

①　Oliver, Ian P., *Buddhism in Britain.* London：Rider & Company, 1979, pp. 85 – 87.

任教。

1971 年,他在剑桥指导学生们进行长达一个星期的隐修训练,方法主要是行禅,还有室外的简短谈话、个别指导等。学生们虽然以前有禅修体验,但很少有人经过这样的强化训练。他们体会到禅修并非易事,不过也获益匪浅。作为老师的布恩曼同样收获了不少教学经验。

1973 年,奢摩他信托成立,以支持英国各地此类的禅定训练并建立一个全国性的中心。它是一个完全世俗的组织,不隶属于任何寺院。虽然该组织保留了上座部佛教最传统的要素,不过在很多方面也有意识地进行了变更,以便适应英国的具体情况。

1974 年,布恩曼返回泰国,但他仍然是五个信托人中的一个。活动小组在剑桥、伦敦和曼彻斯特发展起来。在曼彻斯特,奢摩他信托租借前卫理公会的一座教堂,多年来,这里就是组织的中心。1987 年,奢摩他信托购买位于格里尼斯特里特(Greenestreete)一个大约 90 英亩的农场,并将它改造为一个禅定中心。1991 年,中心开放,设置课程,收徒授课。

农场的谷仓被改造成一座很大的神殿,一座小神殿和一个图书馆也建起来了。1996 年,改造工程结束,举行隆重的落成典礼。布恩曼与来自英国、泰国、斯里兰卡、柬埔寨和缅甸的僧人以及 300 名奢摩他成员和朋友参加了为期两天的庆典。此后,布恩曼每年夏季都返回英国,为学生们讲授禅定,指导他们修行。这时,奢摩他信托在英国和威尔士建立了 19 个预备小组。曼彻斯特中心仍然是另外一个重要的活动场所,包括两个神殿,还有会议室和一个图书馆。初学者在这里可以学习正规的佛教课程、进行禅定修行、参加念佛集会等。

随着时间的推移,牛津、曼彻斯特和伦敦的奢摩他信托各组织还密切了与泰国佛教团体的联系,部分成员会去泰国居住长短不一的一段时间,这显然对他们的修行活动有所帮助。①

四　欧肯霍特佛教中心

1971 年 4 月,旅居英国的缅甸商人乌·米亚特·肖(U Myat Saw)买下牛津城附近一座乡村大宅邸,并着手进行改造。同年 12 月,欧肯霍

---

① Bluck, Robert, *British Buddhism: Teachings, Practice and Development*, London and New York: Routledge, 2006, pp. 49 – 50.

特佛教中心（The Buddhist Center，Oaken Holt）落成并对外开放。当时在伦敦佛教精舍担任住持的真谛帝须兼任该佛教中心的主席。欧肯霍特佛教中心最初是一个严格的坐禅中心，功能较为单一，后来，真谛帝须从斯里兰卡请来普拉雅提萨法师（Ven. K. Plyatissa）和斯里达摩法师（Ven. L. Siridhamma），他们不仅指导信徒修习止观法门，而且传授佛理，该佛教中心的活动趋向多样化。①

欧肯霍特佛教中心为途经这里去欧洲其他国家和美国的上座部佛教僧人提供住处。

1976 年 8 月，欧肯霍特佛教中心被选为上座部佛教在英国的传戒中心之一。

五　英国佛教协会

英国佛教协会（The British Buddhist Association）是英国佛教界的一个独特组织，组织中的成员利用业余时间，从学术的角度来学习佛教。它传授的佛教内容以南传佛教为主，但也涉及大乘佛教。

1974 年 5 月，英国佛教协会在伦敦成立，会长由瓦吉拉纳纳（Ven. Dr M. Vajiragnana）担任。这个佛学研究组织在成立后不久就制定了下列目标：

第一，提供佛法方面的系统性的指导（主要依据巴利文资料）；

第二，促进教义、经典及语言研究；

第三，就与佛法相关的事务提出建议，包括修行、研究和文献；

第四，与对促进支持上述目标有兴趣的西方个人和团体保持密切联系。②

英国佛教协会为想当居士或协会支持者的人规划了实现目标的三个阶段：①基础课程学习；②进一步学习和礼佛；③致力于禅定课程的学习。协会的基础课程是一系列涉及佛教各个领域的讲座，分为若干个部分，每个部分有六周的授课时间。各个部分的课程包括：基础佛学、佛教心理学、转世与因缘说、佛教伦理道德、佛陀传、佛教禅定、印度佛教史、佛教派别和佛教艺术等。

---

① Oliver, Ian P., *Buddhism in Britain*, London：Rider & Company, 1979, pp. 75 – 77.

② Ibid. , p. 92.

参加者完全要利用自己的业余时间进行学习，课程结束后没有正式的证书或文凭。英国佛教协会是一个开放的组织，任何人无论信仰如何，只要愿意就可以到协会来学佛。协会开设的课程并不难，而且具有连贯性。协会成立后，吸引了越来越多的学生，其中大部分是佛教徒。很多学生学习完基础佛教课程后还会回来继续深造。

英国佛教协会的主要教师有瓦吉拉纳纳、乔治·罗伯森（George Roberson）、哈维兰德·奈（Haviland-Nye）、埃姆加德博士（Dr Irmgard）、特瑞弗尔·莱格特（Trevor Leggett）、迈克尔·胡克汉姆（Michael Hookham）、杰克·奥斯丁（Jack Austin）等人。还有一些兼职教师来自附近的大学。

英国佛教协会的功能和活动并不局限于教育，它同样是一个宗教组织。协会庆祝佛教的各个节日，尤其是卫塞节。在克隆戴尔路（Crowndale），协会拥有一座寺院，这里也是瓦吉拉纳纳的私人住处。协会的主要办公地点在哈敦花园（Hatton Garden），这里的工人学院（The Working Men's College）给予协会很大的支持，协会的演讲和授课主要在这里进行，有时也在寺院授课。协会的主要经济来源是学生的捐助和支持者的资助。[①]

六　西方佛教僧团之友

"西方佛教僧团之友"（Friends of the Western Buddhist Order or FWBO Centers）是英国佛教团体中最独特的组织。它的特色有两点：第一，机构的主要参与者是居士；第二，它强调组织要有独立的经济能力，这样，组织在经济上实现了自给自足，而且信徒们也能进行佛事活动。该僧团大约有 100 多名受具足戒的法师，其余信徒都是居士。僧团在英国各地成立了社团与中心。

西方佛教僧团之友的创立者是僧护法师或称班迪法师（Ven Sangharakshita or Ven. Bhante, 1925—　）。他是英国人，原名丹尼斯·菲利普·爱德华·林伍德（Dennis Philip Edward Lingwood），少年时代起开始阅读佛经。1942 年，在读了《金刚经》及《六祖坛经》后，他便自认为

---

① Oliver, Ian P., *Buddhism in Britain.* London：Rider & Company，1979，pp. 92 – 94，100 – 101.

是佛教徒。随后，他接触到汉弗瑞及其佛教组织。在印度服兵役期间，他练习打坐，过了两年"自由流浪的苦行者"生活，没有与任何佛教徒发生联系。1949 年，他受沙弥戒，法名"僧护"。一年后，他在鹿野苑（Sarnath）受具足戒。僧护法师在印度教大学短暂学习巴利文经典后，又跟随在德国出生的藏传佛教喇嘛阿纳伽里卡·戈温达（Anagarika Govin-da，1898—1985）学习藏密。戈温达是德国人，原名恩斯特·洛萨·霍夫曼（Ernst Lothar Hoffmann），1928 年起，他云游世界，曾经长期在锡兰为僧。后来，戈温达又到尼泊尔的藏传佛教寺院中学习藏传密法。1947 年，他皈依噶举派。戈温达在德国及其他西方国家佛教界中影响很大，信徒已经遍及欧美各国。

1956 年，僧护从一位西藏喇嘛那里接受绿度母灌顶。僧护认为，这次灌顶带给了他"向往多年的内在指导"①。1957 年，僧护法师在印度北部的噶林堡（Kalimpong）创立"三乘寺"（Triyāna Vihara）。他跟随一些杰出的藏族喇嘛学习、修行，这些喇嘛包括达多仁波切（Dhardo Rinpoche，1917—1990）、嘉木样钦哲仁波切（Jamyang Khyentse Rinpoche）、顶果钦哲仁波切（Dilgo Khyentse Rinpoche，1910—1991）等。不过，僧护法师认为，所有这些人都没有成为"一个真正的精神指导者"，他所依赖的是自己对佛法的理解以及诸佛、菩萨身上体现的更高的精神能量。②

1963 年，英国僧伽信托邀请僧护法师到汉普斯德佛教精舍担任领导。他接受邀请，开设禅定课程和讲座，编辑佛教精舍的杂志，并组成一个"僧伽委员会"来维护僧人的纪律并指导世俗佛教徒。僧护法师的讲座涵盖不同学派的内容。他提倡，俗人和僧人的角色应该实现部分融合，而且应该建立一个独立于亚洲各传统派别之外的"有自己的态度和世界观"的英国佛教。他终止佛教精舍中僧人的内观修行，认为它会引起精神错乱。这种做法打乱了大多数英国僧伽信托成员的活动。③

1966 年，英国僧伽信托解除僧护法师在汉普斯德佛教精舍的职务。

---

① Bluck, Robert, *British Buddhism*: *Teachings*, *Practice and Development*, London and New York: Routledge, 2006, p. 152.

② Ibid., pp. 152 - 153.

③ Ibid., p. 153.

僧护法师决心开始"一场新的佛教运动"。返回英国后，他脱离英国官方佛教。1967 年，西方佛教僧团之友在伦敦建立。1968 年，12 人跟随僧护法师受戒，加入该组织。①

在僧护法师的禅定、讲座和研修班的指导下形成了一个信徒的核心。早期的隐修不仅培育提高的觉悟状态，也有一种"纵情享乐"的持续倾向。僧护法师本人也对 20 世纪 60 年代反主流文化的内容进行了探索，包括摇滚乐、吸食大麻和另一种麻醉药物——麦角酸二乙基酰胺（lysergic acid diethylamide，简写为 LSD）、性试验。这些行为吸引了年轻人，却被英国当时的佛教界所排斥。②

西方佛教僧团之友下属的第一个团体在珀利（Purley）的萨兰室（Sarum House）成立，但是当一个禅宗小组的成员加入时产生了问题。西方佛教僧团之友于是决定最大程度地减少与其他传统佛教派别的接触，以发展自己独特的方法而不被宗派主义和现代佛教所影响。③

不久，西方佛教僧团之友有了 30 名成员，但很多人后来因为不能维持与组织的密切联系而离开。1971 年，西方佛教僧团之友在希格特（Highgate）建立一个中心，尝试建立一个不同的社会。僧团成员待在被遗弃的房子里，尽管还有人在受戒，僧护法师却认为西方佛教僧团之友的成员对佛法不够虔诚，修行也很松弛。1973 年，他休假，部分原因是鼓励其他人承担更多的责任。1976 年，僧护法师搬到帕德玛洛卡（Padmalo-ka），这是一座位于诺特福克郡的大房子，这里后来成为西方佛教僧团之友的大本营，并有一个男性团体和一个隐修中心。1978 年，由一个消防局改造成的伦敦佛教中心建立，开设有禅定、学佛和瑜伽课程。常驻成员有 25 人，从事印刷、建筑、装饰、供应和销售全天然食品等职业。④

1980 年，西方佛教僧团之友已经有七个中心，但仍然与"官方"佛教保持距离。⑤

1985 年，西方佛教僧团之友庆祝僧护法师 60 岁生日，集资 15 万英

---

① Bluck, Robert, *British Buddhism: Teachings, Practice and Development*, London and New York: Routledge, 2006, p. 153.

② Ibid., p. 154.

③ Ibid..

④ Ibid..

⑤ Ibid..

镑购买西班牙南部的一个山谷作为他隐退的精舍。僧护法师成为央掘摩罗（Angulimala）的赞助人之一。央掘摩罗即"佛教监狱僧侣职位组织"（The Buddhist Prison Chaplaincy Organization）。在这里，西方佛教僧团之友的成员与其他佛教徒合作。[1]

到20世纪80年代中期，西方佛教僧团之友已经拥有20个团体、9个城市中心和3个隐修中心。1986年，西方佛教僧团之友有300名成员，其中的一半在团体中居住。[2]

到90年代早期，西方佛教僧团之友在英国有20个中心，并在30个城镇开设课程。1994年，公共教师学院（College of Public Preceptors）成立，负有传戒的责任。[3]

90年代，西方佛教僧团之友的人数增加到大约500人，女性寻求受戒的人数第一次超过男性。1994年，在威尔士开设了一个女性隐修中心。1996年，《佛法生活》（*Dharma Life*）杂志开始发行，以所有佛教派别的信徒为潜在读者。一个巨大的曼彻斯特中心成立，包括一个自然健康中心和瑜伽演播室，还有教育机构。这个中心制作录像，供组织内部使用，并为英国学校制作关于佛教的教学材料。[4]

从1988年起，西方佛教僧团之友在英国的发展遭遇严重挫折。1997年，一个叫邦亭（Bunting）的人在《卫报》（*Guardian*）上发表文章，指责西方佛教僧团之友存在性别控制和领导作威作福的现象（涉及僧护法师），而且该组织有反家庭、提倡同性恋和滥交的特点。库拉难陀（Kulananda）回应说，西方佛教僧团之友建立在传统道德戒律的基础上，不能受个别事件的牵连。维斯瓦帕尼（Vishvapani）也批评邦亭的观点耸人听闻。[5]

1998年，英国一个还俗的和尚在网上匿名发布冗长的《西方佛教僧团之友资料》（*The FWBO Files*），指责西方佛教僧团之友中有同性恋行为和权力滥用现象，并声称该僧团纵容慈善活动中的欺骗行为，给孩子洗

---

① Bluck, Robert, *British Buddhism: Teachings, Practice and Development*. London and New York: Routledge, 2006, p. 155.

② Ibid. .

③ Ibid. .

④ Ibid. .

⑤ Ibid. .

脑，攻击妇女和家庭，鼓励不宽容，旨在成为佛教在西方的唯一形式等。西方佛教僧团之友对每项指责都做了具体回应，认为大部分关于同性恋的指责是流言蜚语，并发觉其他的说法毫无根据，夸大其词或者荒诞不经。《西方佛教僧团之友资料》被驳斥为不宽容，属于"教派攻击"。①

第四节　日本佛教的传播

20 世纪 70 年代起，日本佛教在英国的传播呈现加速度的态势，不同的佛教宗派纷纷建立道场，弘扬佛教。但各宗的发展并不平衡，其中禅宗和创价学会的影响最大。

一　禅宗

20 世纪 70 年代，日本禅宗（尤其是曹洞宗）在英国迅速发展。就道场而言，以英国籍比丘尼慈友·肯妮特禅师（Roshi Jiyu Kennet，1924—1996）的"斯洛塞尔洞修道院"（Throssel Hole Priory）名气最大。该寺院创立于 1972 年 6 月，位于英国诺森伯兰德的一个美丽山谷中，是美国"沙斯塔修道院"（Shasta Abbey）的分支机构，信奉日本曹洞宗。

肯妮特禅师曾经是一名基督徒。早年，她学习音乐并成为教堂的一名风琴师，但是，教堂对女性的态度使她大失所望，她转而学习南传佛教。1954 年，她加入英国佛教协会，学习禅定方面的课程。1960 年，日本曹洞宗禅师孤峰智璨（Keido Chisan Koho Zenji，1879—1967）来到伦敦，肯妮特进行了接待。当孤峰智璨邀请她成为其弟子时，她欣然应允。1961年底，肯妮特离开英国前往日本。途中，她在马来西亚停留，并剃度为中国临济宗的弟子。1962 年，她到达日本，受到孤峰智璨的欢迎，开始在总持寺（Sojiji）和永平寺（Eiheiji）接受严格的禅宗学习和训练。这也是永平寺首次允许女性进入寺院。孤峰智璨不顾其他僧人的反对，坚持把她作为自己的弟子来对待。②

在日本，她在经过半年的刻苦努力后首次开悟。1963 年，孤峰智璨

---

① Bluck, Robert, *British Buddhism*：*Teachings*，*Practice and Development*. London and New York：Routledge，2006，pp. 155 – 156.

② Ibid.，p. 65.

给她传法，正式承认她为曹洞宗的传人。后来，他还授予肯妮特"禅师"称号。1964 年，英国佛教协会请日本派一名禅师到英国教授禅法，孤峰智璨推荐了肯妮特禅师，却遭到了拒绝，对方要求派遣一名男性日本禅师前来。1966 年，肯妮特禅师被授予神学博士的证书。1967 年，随着孤峰智璨的圆寂，肯妮特禅师再也无法得到支持，于是她前往美国，并被日本曹洞宗本山任命为在美国和英国的官方代表。①

肯妮特尽管主要在美国传法，但她也不时到英国参观讲学。她的讲课和禅法在英国有了一定的影响，有 12 人接受菩萨戒，另有 5 人跟随她返回美国受戒。其中一位名叫戴吉·斯特拉瑟恩（Daiji Strathern）的人回到英国，出资购买了诺森伯兰德的一座农场，1972 年，肯妮特禅师来到这里指导隐修，并为斯洛塞尔洞修道院举行落成典礼，承认它是英国的第一所曹洞宗寺院，独立于美国的沙斯塔修道院。这里的条件虽然简陋，却胜过一般的日本寺院，不久，六名僧人驻寺。为了组织管理和弘法活动的需要，肯妮特在美国旧金山建立了"禅宗传教会"（Zen Mission Society）。英国的信徒希望肯妮特禅师留在斯洛塞尔洞修道院，但是由于各种原因，她还是返回了美国。1973 年，她出版《在河边卖水》（Selling Water by the River）一书，详细描述了如何禅修，引起广泛关注。1974 年，伦敦禅修道院建立，但可能因为与斯特拉瑟恩的分歧，她没能如期访问英国。② 肯妮特的作品还有《禅是永恒的生命》（Zen Is Eternal Life③）、《母虎之吼》（Roar of the Tigress④）等。

不久，斯洛塞尔洞修道院提供了一个周末项目和为期一周的隐修，有六个世俗的小组在私人家里聚会。修道院的僧人缺乏经验，食宿条件无法进一步改善，肯妮特禅师的再访遥遥无期。所有这一切使斯洛塞尔洞修道院面临崩溃的境地。⑤

这时，肯妮特禅师的健康状况也不容乐观。1976 年初，她闭关修行，

---

① Bluck, Robert, *British Buddhism*: *Teachings*, *Practice and Development*. London and New York: Routledge, 2006, pp. 65 – 66.

② Ibid., p. 66.

③ Kennett, Jiyu, *Zen Is Eternal Life*. California: Shasta Abbey Press, 1999.

④ Kennett, Jiyu, *Roar of the Tigress*. California: Shasta Abbey Press, 2000.

⑤ Bluck, Robert, *British Buddhism*: *Teachings*, *Practice and Development*. London and New York: Routledge, 2006, pp. 66 – 67.

为死亡做准备。后来,这些经验被她写入自传——《如何种植莲花》(*How to Grow a Lotus Blossom*),而且对她以后的弘法和组织的发展产生了深刻的影响。她的这些体验得到部分僧尼的认同,但遭到另一些人的反对,有些人甚至退出禅宗传教会。在英国,两座道场都遭遇危机,包括斯特拉瑟恩在内的几名有影响力的信徒离开了组织。结果,斯洛塞尔洞修道院陷入风雨飘摇的境地,伦敦禅修道院甚至不得不关闭。[①]

1976 年,"禅宗传教会"更名为"改革的曹洞宗教会"(Reformed Soto Zen Church)。1978 年,教会内部又成立"佛教冥想团"(Order of Buddhist Contemplatives)来统一和控制各个僧团。改革的曹洞宗教会从斯特拉瑟恩手里买下斯洛塞尔洞修道院,将它改成一个慈善信托。1977 年,英国剩下的五名僧人转移到美国的沙斯塔修道院进一步学习,而一些美国人则接连到斯洛塞尔洞修道院担任院长以支持英国的世俗信徒。肯妮特禅师最初并不情愿承担管理英国僧团的责任,但她很快答应为《斯洛塞尔洞修道院杂志》(*Journal of Throssel Hole Priory*)定期撰写文章,并在英国僧团的事务中起了积极的作用。[②]

20 世纪 80 年代初,大进·摩根(Rev. Daishin Morgan,1951—　)在沙斯塔修道院被授予禅师称号。1982 年,摩根和其他留美的英籍僧人返回斯洛塞尔洞修道院,摩根担任院长。僧尼的剃度得以恢复,僧团进一步扩大。1983 年,"Roshi"称号被决定翻译成"Reverend Master",肯妮特禅师变成了"Rev. Master Jiyu"。一个由居士担任传法人的项目被介绍到英国,1984 年,首批传法人得到证书。1988 年,一个新的寺院禅定大厅完工,一个新的修道院在雷丁(Reading)建成。1992 年,斯洛塞尔洞修道院有 30 名僧尼,40 名世俗的传法人,30 个禅修组,修行人数超过1000 人。[③]

1996 年,肯妮特禅师在沙斯塔修道院圆寂。大瑞·马克费拉米法师(Rev. Master Daizui MacPhillamy,1945—2003)当选为该组织的负责人。1997 年,马克费拉米法师访问英国,他确认了斯洛塞尔洞修道院的重要

---

① Bluck, Robert, *British Buddhism: Teachings, Practice and Development*. London and New York: Routledge, 2006, p. 67.

② Ibid. .

③ Ibid. , pp. 67 – 68.

地位，承认它是一座独立的、有资格进行禅修培训的寺院。

斯洛塞尔洞修道院除了给学生们提供禅修训练之外，住持禅师也从事主持婚礼、为孩子起名、葬礼等各种活动或仪式，在佛教的主要节日举行庆典活动。

二　英国创价学会

创价学会在英国的出现是日裔女性远嫁英伦的结果。1961 年，一批日本女子来到英国，她们的丈夫主要是生活在伦敦的商人，创价学会也随之传播到英国。最初，英国本土的皈依者几乎没有。1975 年，当理查德·考斯顿（Richard Causton，1920—1995）成为学会领导的时候，学会成员仅有 200 人。但是，该组织随后不断发展壮大，到 1986 年，成员达到 3000 人，隶属 130 个分支机构。①

1988 年，英国创价学会的成员达到大约 4000 人，而且其影响已经从伦敦地区扩展到其他城镇。学会买下位于伯克郡（Berkshire）的特普洛科特（Taplow Court）作为总部。经过翻新，这座拥有 85 英亩的新伊丽莎白式建筑被用来举办会议、展览以及艺术活动和音乐节。自 1989 年起，这里成为东方哲学研究所欧洲中心，拥有一个很大的图书馆，学者们可以在这里学习、举办讲座和研修班。1990 年，创价学会声称已拥有 5000 名成员，其中三分之二在东南部。部分成员中，有一半人的家在伦敦。②

从 1980 年起，创价学会和日本日莲正宗的关系开始紧张。1991 年，日本日莲正宗将整个创价学会的成员革出教门，创价学会从此走上独立发展的道路。在英国创价学会中，日本籍的成员虽然依然期待由日莲正宗背景的法师来举行丧葬仪式，但英国和其他有"清教徒"文化背景的成员却认为这是一个很好的机会，可以清除英国创价学会中源自日本传统佛教文化的因素。1994 年，英国创价学会举行与日莲正宗分裂后的第一次入会仪式，220 名新成员从副会长里克·贝尼斯（Ricky Baines）手中接过经卷的复制品，成为英国创价学会的正式成员。③

---

① Bluck, Robert, *British Buddhism: Teachings, Practice and Development*. London and New York: Routledge, 2006, p. 90.

② Ibid. .

③ Ibid. .

1995 年，英国创价学会声称已经拥有 6000 名成员，并加入佛教组织网（Network of Buddhist Organizations）。同年，考斯顿去世，贝尼斯接任会长。两名副会长中仍然有一名日本人。英国创价学会可能是该国最大的佛教组织。[①]

三 其他宗派
（一）净土真宗

在杰克·奥斯丁的领导下，"净土真宗"（Jodo Shinshu）在英国设立了一些道场。奥斯丁本人也到英国各地进行演说。1976 年，"大不列颠净土真宗协会"（Shin Buddhist Association of Great Britain）成立，会长是奥斯丁。

该协会出版学报《西方佛教徒》（*Westerrn Buddhist*），还印行一些小册子和书籍，用来介绍西方净土的观念。

（二）真言宗

真言宗也在英国设立一些道场，宣扬密宗的教义。1958—1959 年，"英国真言宗佛教协会"（The British Shingon Buddhist Association）成立，协会出版学报《流星》（*Flowing Star*）。

英国真言宗佛教协会的活动主要包括研读经典、举行曼陀罗仪式、打坐等。该协会除了在伦敦活动，也在其他城市设立了分支机构。

第五节　藏传佛教的迅速发展

英国曾经入侵西藏，因此西藏人对英国并不陌生。1959 年，西藏上层贵族发动叛乱后逃离西藏，来到印度，一些流亡的藏人也前往欧美各国。限于英国移民法规，英国政府只收留了大约 50 名喇嘛到英国定居。在英国的喇嘛大都从事佛教活动，他们人数虽少，但活动积极，这样，藏传佛教在英国迅速传播。

一　噶举桑耶林藏族中心

在藏传佛教各派中，噶举派在欧美各国的传播最迅速，取得的成果也

---

① Bluck, Robert, *British Buddhism: Teachings, Practice and Development*, London and New York: Routledge, 2006, pp. 90 – 91.

最大。在中国历史上，噶举派从未获得像萨迦派或格鲁派那样的政治权威。噶举派上层人物充分认识到在西方世界传播藏传佛教的重要性，并积极付诸实施，噶举派的领袖十六世噶玛巴（Karmapa）就是例证，噶举派在西方国家的发展与他的努力息息相关。

噶玛巴又称大宝法王，是明代册封的三大法王之一。1924 年，十六世噶玛巴让琼利佩多杰（Rangjung Rigpai Dorje，1924—1981）生于西藏一个贵族家庭。十一世大司徒仁波切根据十五世噶玛巴的遗嘱，认定让琼利佩多杰是十五世噶玛巴的转世灵童。1958 年，十六世噶玛巴带领很多喇嘛，携带珍贵的佛教法器、经典逃到印度。1962 年，他在锡金境内建立隆德寺（Rumtek Monastery），作为驻锡之地。随着时间的推移，隆德寺成为国际噶举派的总部。

从 1974 年起，十六世噶玛巴在英国、美国、加拿大、法国等西方各国巡游，弘扬藏传佛教，创立噶举派修行中心，招收弟子，在西方国家造成了相当大的影响。1981 年，十六世噶玛巴在美国圆寂，他的遗体被运回隆德寺安葬。

隆德寺扩建期间，十六世噶玛巴遇到一位西方女性，后来，十六世噶玛巴为她剃度，法名为"丹津葩默"（Tenzin Palmo，1943—　）。丹津葩默创立了一所学校，教育年轻喇嘛，这些人中就有丘扬创巴（Chogyam Trungpa，1939—1987，另译为丘阳创巴、邱阳创巴）和阿贡仁波切（Akong Shetrup Tarap，1940—2013）。

1939 年 2 月，丘扬创巴生于西藏。一岁多时，他被十六世噶玛巴让琼利佩多杰认定为十一世丘扬创巴活佛。八岁时，丘扬创巴受沙弥戒。九岁时，丘扬创巴遇到自己的根本上师二世蒋贡康楚仁波切（Jamgon Kongtrul Rinpoche，1902—1952），并跟随他修行。[①] 经过多年的努力，丘扬创巴对藏传佛教各派的思想有了广泛了解，在坐禅等修行方面也颇有造诣。

1959 年，这两名活佛从西藏来到印度。1963 年，在十六世噶玛巴的帮助下，丘扬创巴和阿贡仁波切获得奖学金，前往英国牛津大学进修。不久，他们就被邀请到英国各地演讲。牛津大学中有一些学生对藏传佛教感

---

① Fields, Rick, *How the Swans Came to the Lake: A Narrative History of Buddhism in America.* 2nd revised and updated ed. , Boston: Shambhala Publications, Inc. , 1986, p. 282.

兴趣。这些志同道合者开始举行固定的集会，以便研究佛法。丘扬创巴成为他们的指导教师，教授他们坐禅，进行修行活动。1967 年，他们在苏格兰购买名为"约翰斯顿室"（Johnstone House）的一处房产，建立了"噶举桑耶林藏族中心"（The Kagyu Samye-Ling Tibetan Centre）。这是欧洲第一个藏传佛教中心，属于噶举派。[①] 桑耶林是 9 世纪莲花生大师所创，故以此命名。这时，丘扬创巴出版了两本书：《生于西藏》（Born in Tibet[②]）和《行禅》（Meditation in Action[③]）。丘扬创巴的主要作品还包括《视觉佛法，西藏的佛教艺术》（Visual Dharma the Buddhist Art of Tibet[④]）、《切断精神唯物主义》（Cutting through Spiritual Materialism[⑤]）、《怛特罗的黎明》（The Dawn of Tantra[⑥]，与赫伯特·V. 根瑟合著）、《自由的神秘及禅定的方法》（The Myth of Freedom and the Way of Meditation[⑦]）、《书法艺术》（The Art of Calligraphy[⑧]）、《丘扬创巴作品精选》（The Essential Chogyam Trungpa[⑨]）、《丘扬创巴作品选》（The Collected Works of Chogyam Trungpa[⑩]）、《手印》（Mudra）、《阿毗达磨一瞥》（A Glimpse of Abhidharma）等。

丘扬创巴是一位出色但备受争议的传法人。他尝试 20 世纪 60 年代西方社会反主流文化的生活方式，使很多传统修行者大为震惊。1969 年，丘扬创巴对自己的上师（guru）身份产生动摇，考虑是否应当做个俗人。一场车祸使他半身不遂，他很快还俗，并于 1970 年与一名英国少女结婚。丘扬创巴的作为使他的弟子们失望至极，噶举桑耶林藏族中心因此有了群

---

① Bluck, Robert, *British Buddhism: Teachings, Practice and Development*. London and New York, Routledge, 2006, p. 110.

② Trungpa, Chogyam, *Born in Tibet*. London: George Allen & Unwin, 1966.

③ Trungpa, Chogyam, *Meditation in Action*. Berkeley: Shambhala, 1970.

④ Trungpa, Chogyam, *Visual Dharma the Buddhist Art of Tibet*. Berkeley: Shambhala, 1975.

⑤ Trungpa, Chogyam, *Cutting through Spiritual Materialism*. Boston: Shambhala, 1987.

⑥ Guenther, Herbert V. and Chogyam Trungpa, *The Dawn of Tantra*. Boston: Shambhala, 1988.

⑦ Trungpa, Chogyam, *The Myth of Freedom and the Way of Meditation*. Boston: Shambhala, 1988.

⑧ Trungpa, Chogyam, *The Art of Calligraphy*. Boston: Shambhala, 1994.

⑨ Trungpa, Chogyam, *The Essential Chogyam Trungpa*. London: Shambhala, 1999.

⑩ Trungpa, Chogyam, *The Collected Works of Chogyam Trungpa*. Boston and London: Shambhala, 2003.

居、性自由和吸毒的恶名。不得已，丘扬创巴远走美国。①

后来，阿贡仁波切接手噶举桑耶林藏族中心的管理，注重静修，弘扬传统的比较严肃的修行方式，这个中心逐渐有了起色。70年代，这里出现了一个进行禅定和佛教学习的固定修行群体。十六世噶玛巴曾两次来这里参观，有10个西方人在这里受戒。②

20世纪80年代，噶举桑耶林藏族中心开始迅速扩大。益西洛萨仁波切（Yeshe Losal Rinpoche，1943— ）在1980年受具足戒。1982年，这个中心增长到50人，有部分人长期隐修。每年有1000名参观者（包括非佛教徒）来这里接受阿贡仁波切的单独指导。据说，与噶举桑耶林藏族中心有直接联系的佛教徒多达4000人。中心这时也着手修建一个大的藏式寺庙。后来，阿贡仁波切离开中心。1985年，益西洛萨仁波切重返噶举桑耶林藏族中心。1988年，他开始作为静修大师负责西方人四年一次的隐修。同时，中心已增长到90人，僧尼也包括一些西方人。每年有6000名来访者。③

1988年8月8日，一座巨大的寺庙在噶举桑耶林藏族中心举行落成典礼，2000名政界和宗教界的代表以及300名来自英国和国外的噶玛噶举派修行者与当地的居民一起举行了庆祝仪式。16人完成了1984—1988年的隐修，又有40名候选人准备参加1988年开始的为期四年的隐修。噶举桑耶林藏族中心还计划建立一所规模齐全的藏传佛教大学。④

90年代初，噶举派内部产生一些纷争。十六世噶玛巴在1981年圆寂，但其转世灵童在1992年才被找到，而且备受争议。据说，阿贡仁波切在灵童的认定和以后的坐床中起了积极的调停作用。⑤

1992年，来噶举桑耶林藏族中心参观的人有3万名，34名男女信徒完成了第二期为期四年的隐修。中心的工作重点扩展到非传统治疗、慈善工作和涉及不同信仰者的活动上。据估计，噶举桑耶林藏族中心是

① 郑金德：《欧美的佛教》，台北：天华出版事业股份有限公司1984年版，第121—122页。

② Bluck, Robert, *British Buddhism: Teachings, Practice and Development.* London and New York: Routledge, 2006, p. 111.

③ Ibid. .

④ Ibid. .

⑤ Ibid. , p. 112.

4000—5000 名英国佛教徒的家庭基地。[①] 1992 年，噶举桑耶林藏族中心购买了一块名为"神圣岛"（Holy Island）的地方，以便为长期隐修者提供食宿条件，还建立一个涉及不同信仰者的活动中心。

1995 年，益西洛萨被任命为噶举桑耶林藏族中心的住持。中心的宗教、治疗和慈善活动都在继续扩大，还修建了新的厨房和食宿设备，一个世俗的社区也扩展到相邻的村庄，一个新的佛塔也落成开光。[②]

1998 年，在兰贝斯（Lambeth），"伦敦噶举桑耶宗"（Kagyu Samye Dzong London）建立。作为一个重要的市区中心，它设有固定的禅定课、佛教和藏族文化课程以及为新信徒和有经验的修行者举办的短期隐修项目。伦敦噶举桑耶宗的主要传法人是桑姆（Zangmo）喇嘛，她是一名经验丰富的西方比丘尼。她说，在伦敦，人们有很大的精神培训的需要，仅在噶举桑耶林藏族中心的邮寄名册上就有大约 2000 多人。此外，在邓迪（Dundee）、格拉斯哥（Glasgow）和都柏林（Dublin）也有一些大的中心，其他地方还有一些小的组织。[③]

噶举桑耶林藏族中心接纳来自各个国家对藏传佛教感兴趣的人，指导他们修习佛法。该中心有佛殿、图书室等。该中心的学习、修行氛围宽松而随意，不像有些坐禅中心较为刻板和拘束。远道而来的客人可以住宿同时修习佛法。

二　康藏之家

1973 年 11 月，在艾塞克斯（Essex）的阿斯登（Ashdon）小村附近，"康藏之家"（Kham Tibetan House）正式成立，锡金王子为它的落成揭幕。该坐禅中心主要作为隐修之所，便于信徒静修，以净化身心。它是继桑耶林藏族中心之后成立的又一个噶举派坐禅中心。康藏之家的出现要归功于奇美仁波切（Chime Rinpoche，1941—　）的努力。

奇美仁波切很早就来到英国，参与了英国早期的一些佛教事件。1966—1967 年，英国产生了"寻求真理"的一代人，这些人向藏族喇嘛、

①　Bluck, Robert, *British Buddhism*: *Teachings*, *Practice and Development*. Routledge, 2006, p. 112.

②　Ibid..

③　Ibid..

日本禅师和英国僧人寻求佛法。奇美仁波切看到英国人的这种热情后，感觉在英国尤其是伦敦附近建立一个藏传佛教中心会很有益处。后来，他去了印度，在印度期间，他与十六世噶玛巴等活佛商议此事，他们都认为奇美仁波切应该返回英国建立一个稳固的基地。①

回到英国后，奇美仁波切和他的少量忠实学生开始寻找建立道场的地方。奇美仁波切的一位朋友向他介绍了位于阿斯登的一处房产，那里原是一个儿童之家，干净、闭塞但离伦敦很近，而且房后有一块菜地可以进一步开发利用。奇美仁波切立刻对这个地方产生了兴趣。②

1972 年，在朋友的捐助下，奇美仁波切买下这处地产。同年，他在英国博物馆找到一份工作，并与一名英国女孩结婚。奇美仁波切没有立即建立道场，他在第一年保持低调，尽量避免与附近的村民发生冲突。1973 年，佛教活动场所开始成形。奇美仁波切的屋里摆着一张小桌子，上面盖着亚麻布，桌上有供佛用的碗和香。十六世噶玛巴的照片被摆在显著位置。整个房子的陈设非常简单，没有任何装饰。后来，桌上才摆放了几张唐卡和一个别人捐赠的铜质度母像。复活节期间，奇美仁波切在这里举办了一次为期一周的讨论会，主题是藏传佛教的教义。11 月，康藏之家举行盛大的成立仪式。参加者包括锡金国王和王子，来自瑞士、丹麦和法国的佛教信徒，附近的居民，甚至还有当地的警察局局长。两名警察担任了执勤的任务。奇美仁波切将出版的 300 本《金刚》(*Vajra*) 杂志创刊号赠送给嘉宾。③

1974 年，康藏之家接待了很多参观者，包括里空寺 (Rikon Monastery) 的住持拉旦格西 (Geshe Rabten，1920—1986)，还有卡鲁仁波切 (Kalu Rinpoche，1905—1989) 和十六世噶玛巴。十六世噶玛巴在英国驻留期间为一些西方人举行了授戒仪式，他还举行了金刚法王仪式和灌顶，六名西方人出家为僧。④

1975 年，康藏之家出现常驻僧人，该道场一度生机勃勃。奇美仁波切鼓励僧人们学习藏语和佛法。不过，这种状况很快就遭遇困境。首先，

① Oliver, Ian P., *Buddhism in Britain*. London：Rider & Company, 1979, pp. 115 – 116.
② Ibid., pp. 116 – 117.
③ Ibid., pp. 117 – 121.
④ Ibid., pp. 121 – 122.

僧人们无法在康藏之家过上一种宁静的寺院生活，前来参观的人络绎不绝。其次，该道场无法为僧人们提供食宿。康藏之家的主要经济来源是参观者的捐赠，但六名僧人占据了本来可以用来出租的床位，康藏之家很快陷入财政危机。奇美仁波切不得已遣散这些僧人，他并不建议僧人们常驻该道场。在他的心目中，康藏之家最初的定位就是一个禅定中心，他也希望一直如此。[1]

1976 年，弗兰克·麦克艾伦（Frank McAllen）就任康藏之家的秘书。参观者不断增加，来自美国和荷兰的人居多。参观者不能把酒和毒品带到这里，所有在这里居住的佛教徒必须遵守戒律，并保持宁静的气氛；对需要集中居住一段时间的人还有起居和坐禅方面的规定。如果有人具备了足够的佛学知识，并要求皈依，可以在禅房单独会见奇美仁波切。奇美仁波切会给他（她）一个藏语名字，并教授一些简单的禅定技巧。总之，康藏之家为那些希望在修行上更进一步的人提供必要的环境和支持。[2]

后来，鉴于到康藏之家修行的英国人（尤其是伦敦地区的）越来越多，奇美仁波切又成立"玛尔巴学院"（Marpa Institute）和伦敦的"噶玛曲林"（Karma Choling）。这两个机构都由康藏之家管辖。

三　文殊师利佛学院

1974 年，曾在尼泊尔教授西方人佛法的格鲁派法师土登益西（Thubten Yeshe，1935—1984）和土登佐巴（Thubten Zopa，1946—　）到欧洲参观访问，之后，土登益西开始在西方各国建立佛教中心，并指定喇嘛进行管理。1975 年，土登益西在加德满都建立"大乘佛教传统保护基金会"（The Foundation for the Preservation of the Mahayana Tradition，缩写为 FPMT）来协调各个佛教中心的活动。同年，两位喇嘛访问英国，得到很多人的支持。1976 年，在信徒的帮助下，两位喇嘛购买了位于坎布里亚（Cumbria）的科尼舍德修道院（Conishead Priory），并建立"文殊师利佛学院"（Manjushri Institute），该佛学院由土登益西担任精神导师。最初参加禅定课程的学生有 70 名，课程结束后，其中的 12 名学生留下来，组

---

[1]　Oliver, Ian P. , *Buddhism in Britain.* London：Rider & Company，1979，pp. 122 – 123.

[2]　Ibid. , pp. 123 – 124.

成了一个新的团体。①

文殊师利佛学院占地 70 英亩，有森林、草地，靠近莫肯比海湾（Morecambe Bay），景色宜人。

1977 年秋，文殊师利佛学院成立"藏传佛教研究院"（The College of Tibetan Buddhist Studies），开设藏传佛教方面的系列课程。主要课程分为短期课程、学期课程、博士课程和文凭课程四类。短期课程的时间为周末或两个星期，特别为忙碌的人士所设计。学期课程针对攻读学位的学生。博士课程的设定依据西藏寺院的传统并兼顾西方学生的需要，目的是深入探究佛教哲学及禅定，学制 5—10 年。文凭课程为期三年，研读一般性的佛教内容。②

对文殊师利佛学院的发展和变故产生了重大影响的是格桑嘉措（Kelsang Gyatso, 1931—　）。他原本是土登益西的同学，土登益西邀请格桑嘉措到文殊师利佛学院担任常驻法师。格桑嘉措在 1955 年离开西藏后隐修了相当长一段时间，1977 年，他到达文殊师利佛学院。在他的指导下，文殊师利佛学院有了更多的僧人和世俗信徒。随着规模的扩大，文殊师利佛学院准备创建一所可以容纳 200 名学生的佛教大学。一个"格西学习"（Geshe Studies）项目随之建立，喇嘛们来这里教学，智慧出版社（Wisdom Publications）也从印度德里（Delhi）搬到文殊师利佛学院。③

不过，文殊师利佛学院在表面的繁荣下却暗流涌动。大乘佛教传统保护基金会远在加德满都，它对文殊师利佛学院的管控鞭长莫及。1979 年，未经大乘佛教传统保护基金会的批准，格桑嘉措在约克郡开设"中观学派中心"（The Madhyamaka Centre）。听到这个消息，土登益西要求格桑嘉措辞职，但是格桑嘉措和他的学生关系很密切，因此他的学生们要求他留下来。一场争夺文殊师利佛学院领导权的斗争随之产生。最终，文殊师利佛学院退出大乘佛教传统保护基金会。④

①　Bluck, Robert, *British Buddhism: Teachings, Practice and Development.* London and New York: Routledge, 2006, p. 129.

②　郑金德：《欧美的佛教》，台北：天华出版事业股份有限公司 1984 年版，第 33 页。

③　Bluck, Robert, *British Buddhism: Teachings, Practice and Development.* London and New York: Routledge, 2006, pp. 129-130.

④　Bluck, Robert, *British Buddhism: Teachings, practice and development.* Routledge, 2006, p. 130.

20 世纪 80 年代初，文殊师利佛学院扩展到接近 80 人，其中包括 16 名受戒的西方人。文殊师利佛学院的主要活动包括：精神培训、佛学院建筑的翻新、募集资金以及佛教方面的课程等。1982 年，6000 名旅游者参观了文殊师利佛学院。[1]

失去文殊师利佛学院的土登益西只好另起炉灶。1980 年，他在伦敦创立"文殊师利中心"（The Manjushri Centre）。最初，格桑嘉措与该道场维持着表面上的联系，但最终他与土登益西分道扬镳。1990 年，文殊师利中心更名为"嘉木样禅定中心"（Jamyang Meditation Centre），土登益西强调它隶属于大乘佛教传统保护基金会，并任命了新的精神导师。格桑嘉措与土登益西明争暗斗的最终结果是新噶当派的创立。

四　新噶当派

1986 年，中观学派中心搬到约克郡以外的一座大楼里。在这里，格桑嘉措的大弟子土登嘉措（Gen Thubten Gyatso）领导一群年轻的忠实信徒研究教学项目，项目规模与文殊师利佛学院相当。1987 年年初，格桑嘉措在苏格兰开始为期三年的隐修。在此期间，他广泛写作并设计了即将成为新噶当派核心的培训项目。中观学派中心依然接待来访的格鲁派法师，但它接待的受戒西方法师与世俗法师逐步增加。1989 年，中观学派中心有了 30 名常驻人员和 11 个分部。[2]

1990 年，格桑嘉措隐修完毕，他回到中观学派中心后实行了相当排外的新措施。他勒令信徒们只能参加他的项目而不得参加"格西学习"项目，他们也只能依止他而不能依止其他法师。格桑嘉措批评对格鲁派的"堕落"予以包容的言论，他还强烈谴责十四世达赖喇嘛阻止他传授"多杰雄登"（Dorje Shugden）信仰。[3]

1991 年，"新噶当派"正式建立。中观学派中心与主流的格鲁派分裂。格桑嘉措强调三个新的学习项目，声称其包含了源自宗喀巴的"纯洁"传统。文殊师利佛学院更名为"文殊师利大乘佛教中心"（Mamjushri

[1] Bluck, Robert, *British Buddhism: Teachings, practice and development.* Routledge, 2006, p. 130.

[2] Ibid..

[3] Ibid..

Mahayana Buddhist Centre)，格桑嘉措还邀请他指导下的中心和分部加入新噶当派，承认他为精神导师。格桑嘉措的倡议尽管遭到一些信徒的抵制，但是大部分信徒感觉这种新的要求给新噶当派运动注入了活力。[①]

新噶当派运动在文殊师利大乘佛教中心、中观学派中心和其他分支机构迅速展开。到 1992 年，新噶当派在英国有了 48 个中心；1993 年，中心和团体的数量达到 103 个。新噶当派的广告声称，参与此项运动的各阶层人士多达 4000 名。1996 年，新噶当派被描述为英国最大的佛教组织，拥有 3000 名成员和 200 个中心，其中 21 个可供住宿的中心就有大约 400 名常驻人员。[②]

1997 年，一个新的寺院在文殊师利大乘佛教中心开放。1998 年，新噶当派加入佛教组织网。新噶当派在英国的发展势头依然强劲。

五 提因利仁钦林

1977 年，噶玛提因利仁波切（Karma Thinley Rinpoche，1931— ）及其英籍法嗣江巴塔叶（Jampa Thaye，1952— ）成立"提因利仁钦林"（Thinley Rinchen Ling）。地点在英国的布里斯托尔（Bristol）。这是萨迦派在英国创立的第一座道场。

1931 年，噶玛提因利出生在西藏东部一个富裕家庭。两岁时，他被认定为一名活佛的转世灵童。后来，噶玛提因利出家为僧，并获得格西学位。他精通藏传佛教四大派的佛法，著有《西藏十六世噶玛巴史》（The History of the Sixteen Karmapas of Tibet，1980），该书受到西方人的推崇。他还著有《萨迦派佛法手册》（Handbook of Sakya Dharma）及其他有关萨迦派历史的著作。

提因利仁钦林注重佛法的理论与实践，此外，它也强调艺术训练，这座道场专门开设"文殊师利艺术和工艺"（Manjushri Arts and Crafts）项目。提因利仁钦林既是一座萨迦派寺院，同时也是一所学院，兼有修行及研究等功用。该中心的出版物有《通讯》（Evam）及《佛学季刊》。[③]

[①] Bluck, Robert . *British Buddhism*： *Teachings*， *Practice and Development*. London and New York：Routledge，2006，pp. 130 – 131.

[②] Ibid. , p. 131.

[③] 郑金德：《欧美的佛教》，台北：天华出版事业股份有限公司 1984 年版，第 34—36 页。

1978 年，萨迦派领袖萨迦崔津（H. H. Sakya Trizin，1945—　）访问提因利仁钦林，举行了为期一周的佛法演说。作为在西方国家影响最大的萨迦派首领，他也常被称为"萨迦崔津法王"。1945 年 9 月，萨迦崔津出生在西藏日喀则（Shigatse）附近孜东乡（Tsedong）的一个贵族家庭。1951 年，他获得萨迦崔津法王的封号，并开始努力学习萨迦派经典。1952—1955 年，萨迦崔津在很多地方接受诸多大喇嘛的教育和灌顶。1959 年，他在萨迦派的密教寺庙接受加冕礼，随后流亡锡金。后来，他到印度和尼泊尔，用三年时间学习大乘佛教基本经典。1964—1967 年，萨迦崔津学习密教经典。1968 年，他在达兰萨拉（Dharamsala）附近建立了一个萨迦派流亡者的接待中心。1969 年，他在新德里北部的拉杰布尔（Rajpur）重建萨迦教权。1970 年，他成为该接待中心的负责人。从 1971 年起，萨迦崔津就生活在拉杰布尔，这里也成为萨迦派的根本道场。1972 年，他建立了一所萨迦派学院，以教育萨迦派喇嘛。1974 年，他结婚后接受西方弟子们的邀请，开始访问西方国家，并传播藏传佛教。①

六　佐钦乌坚曲林

"佐钦乌坚曲林"（Dzogchen Orgyen Cho Ling）是宁玛派在伦敦的坐禅中心，该中心教授的主要课程有坐禅的技术、菩萨道、瑜伽和密宗等。这座道场的住持是索甲仁波切（Sogyal Rinpoche，1947—　）。

索甲仁波切生于西藏，由嘉木样钦哲仁波切养育长大。嘉木样钦哲仁波切圆寂后，他跟随宁玛派首领——迦叶顿珠仁波切（Kyabje Dudjom Rinpoche，1904—1987）以及顶果钦哲仁波切修行。1971 年，索甲仁波切进入英国剑桥大学，就读于比较宗教学专业。1974 年，他开始在西方弘法。索甲仁波切撰写了《大圆满和莲花生》（*Dzogchen and Padmasambhava*）、《佛教的未来》（*The Future of Buddhism*）等书。他的《西藏生死书》②（*The Tibetan Book of Living and Dying*③）在西方社会产生了巨大的影响。索甲仁波切在西方国家生活了 20 多年，熟悉西方文化和西方人的

---

①　Ronce，Philipe，*Guide des centres bouddhistes en France*. Éditions Noêsis，juin 1998，pp. 436 - 437.

②　索甲仁波切：《西藏生死书》，郑振煌译，台北：张老师文化事业股份有限公司 2007 年版。

③　Sogyal，Rinpoche，*The Tibetan Book of Living and Dying*. London：Rider，2002.

心理、习俗等诸多方面。他的英语很流利，在传播佛法时语言简洁、幽默，在西方国家有很多信徒。

派遣索甲仁波切管理佐钦乌坚曲林的是迦叶顿珠仁波切。1904 年，迦叶顿珠仁波切出生于西藏东南部，是著名的学者、诗人和禅师。1958 年，他和家人到达印度，被十四世达赖喇嘛任命为宁玛派首领。

第六节　汉传佛教的传播

汉传佛教在英国出现的时间较晚。1990 年 11 月，台湾佛光山星云法师前往欧洲弘法。他在途经英国时给当时正在英国的依益法师和永有法师两项任务：第一，在伦敦建立道场；第二，在英国成立佛光会。1991 年 9 月，两位法师在伦敦牛津街附近找到一处原本属于基督宗教的房产，并在这里筹建国际佛光会伦敦协会（BLIA，London）。1992 年 4 月，星云法师来到这里，主持协会的成立仪式。1992 年 9 月，伦敦佛光寺宣告建成。

1993 年 7 月，国际佛光会曼彻斯特协会（BLIA，Manchester）在曼彻斯特成立。1994 年，一名信徒将自己的住宅捐赠给该协会，作为僧人修行的场所，它成为佛光山在曼彻斯特的道场。

佛光山在英国的组织及道场经常举办各种多元化的弘法活动，如供僧法会、信徒联谊会、冬令营、各国寺院巡礼、中小学教师研习营等。此外，它们还举行多种形式的慈善活动及中国文化推广活动，如到养老院进行慰问、义务献血等。

佛光山在英国的弘法活动收到了明显的成效，扩大了汉传佛教在英国的影响，同时也对中国文化在英国的传播起到了积极的作用。

经过多年来英国学者的努力、僧人的弘法，佛教在英国已经生根、发芽。到 20 世纪末，英国佛教徒的人数已达到近 20 万人，各种佛教类型及主要派别在英国已经出现。上座部佛教在英国的影响依然很大，上座部佛教的一些组织有的吸收了禅宗的某些成分，有的为了适应英国的社会、文化环境而加入了全新的内容（西方佛教僧团之友就是典型的例证）。藏传佛教、禅宗在英国大有后来者居上之势。汉传佛教的起步最晚，但也在积极、稳步的发展中。

　　佛教组织已经在英国的主要城市出现。牛津、剑桥、曼彻斯特等大学都开设了与佛教有关的课程，选修的学生众多。有些学生也成立禅修中心，进行坐禅等活动。佛教出版物越来越多，信徒的佛学水平也不断提高。

第三章 法国佛教

第一节 学者的学术研究

佛教在法国的出现与传播同该国对东方文化的研究密切相关。18 世纪中叶，巴黎皇家学院（Collège Royal de Paris）的约瑟夫·德吉涅（Joseph de Guignes，1721—1800）已经开始教授亚洲历史的课程。19 世纪初，亚洲语言和文化的教授职位开始在欧洲尤其是法国建立。1814 年，雷慕沙（Jean-Pierre Abel-Rémusat，1788—1832）被授予汉学教授职位，教授中国佛教课程。同年，法兰西学院（Collège de France）的安托万—莱昂纳尔·德谢齐（Antoine-Léonard de Chezy，1773—1832）首次被授予梵学教授的职位。[①] 德谢齐的学生布诺夫后来接替了他的梵学教授职位。

一 布诺夫及其东方研究

法国是首先以系统化的方法来研究佛教的西方国家。学者中首推布诺夫（E. Burnouf，1801—1852）。布诺夫的父亲是一位著名的古典主义者，对布诺夫的梵文学习有所帮助。布诺夫在学校中成绩突出，后来在德谢齐的指导下专攻梵语。1814 年，巴黎的法兰西学院在欧洲学术界首次设立梵语研究专业。德谢齐成为欧洲梵语研究第一人。1826 年，在跟随德谢齐学习两年后，布诺夫和他的同事——德国的克里斯蒂安·拉森（Christian Lassen，1800—1876）出版《论巴利语》。他们自认为这是第一本巴利语研究的学术著作。其实，在 1824 年，卫斯理教派的教士本杰明·克卢（Benjamin Clough）在科伦坡（Colombo）出版过一本《简明巴利语文

---

① OBADIA, Lionel, *BOUDDHISME ET OCCIDENT*: La diffusion du bouddhisme tibétain en France. L'Harmattan, 1999, pp. 26 - 27.

法·附语录》（*A compendious pali grammar with a copious vocabulary in the same language*）。① 1827 年，布诺夫发表《布诺夫与拉森之著作〈论巴利语〉中某些章节文法之考察》。

1832 年，布诺夫从德谢齐手中接过梵语研究的接力棒。布诺夫精通梵语和巴利语，语言天赋极高，这使他成为西方佛学研究的理想人选，而他在这个研究领域所创立的思想模式从此成为欧洲佛学观念的模式。②

1837 年，霍奇森收集的 24 部梵文经典和 64 部手稿被送到巴黎。布诺夫马上意识到这些资料的重要性。他认为，汉、藏、蒙古语的佛经是从霍奇森由印度带回的梵文经典翻译过去的，而用巴利语写的锡兰佛经具有同样的权威性。于是他着手翻译《法华经》。不过，他很快意识到，如果不首先介绍佛教的概况，即使是学者也无法理解这部经典。1844 年，布诺夫出版《印度佛教史导论》（*Introduction à l'histoire du buddhisme indien*③）。该书详细阐述了印度佛教的历史、教义和经典。这是欧洲学者首次对佛教进行的系统性科学研究。

随后，布诺夫计划研究巴利文经典，并对巴利文与梵文经典进行比较研究。但遗憾的是，他没能如愿。1852 年 5 月 28 日，布诺夫逝世，年仅 51 岁。他由梵语翻译成法语的《法华经》于同年 10 月出版。这是第一部从梵语翻译成欧洲语言的佛学经典。④ 他还把《天臂》、《庄严宝王经》、《金刚针论》等梵文译为法文，并为其他尚存的文学作品及《般若波罗蜜多经》、《楞伽经》作注。

布诺夫的最伟大成就是使佛教成为欧洲科学知识的一个目标。⑤ 换言之，他使佛教成为欧洲学术研究的对象他强调，要研究印度佛教，必须以尼泊尔的梵文原典与锡兰的巴利文原典为基础。他认为，通过分析这两类

①　Batchelor, Stephen, *The Awakening of the West*：*The Encounter of Buddhism and Western Culture.* Berkeley, Cleyalifornia：Parallax Press, 1994, p. 239.

②　Ibid. .

③　Burnouf, Eugene, *Introduction à l'histoire du buddhisme indien.* Paris：Imprimerie Royale, 1844.

④　Batchelor, Stephen, *The Awakening of the West*：*The Encounter of Buddhism and Western Culture.* Berkeley, California：Parallax Press, 1994, pp. 240 – 241.

⑤　Ibid. , p. 242.

文献的共同之处，有可能把握原始佛教的基本内容。① 布诺夫非常清楚原典研究在探讨佛教历史方面的至关重要性。《印度佛教史导论》中对佛陀时代的印度的观点、佛陀的教义与发展、佛教与种姓制度的关系等探讨都基于他对原典的精细研读。《印度佛教史导论》中的一些结论在今天看来当然需要修正，不过，该书及《法华经》译本的学术价值不容否定。布诺夫开创了科学研究佛教的先河，因而享有"欧洲佛教研究之父"的美誉。

二　后继学者及其佛教研究

在布诺夫开启了法国佛教研究的大门后，诸多学者沿着他开辟的道路，将法国的佛教研究继续推向前进。

（一）塞纳尔

著名印度学家、佛教学者塞纳尔早年留学德国，专攻印度学，精通梵文、巴利文，校订出版《大事》三卷。1882 年，他出版了修改后的《佛传研究》（*Essai sur la légende du Buddha*）。该书认为，佛陀是来自太阳的英雄、大士及转轮圣王，出生之前，他是最高的神，以光辉的形象从天而降；他的母亲代表了创造力同时又是宇宙中的女神。② 该书后来受到批判。塞纳尔最突出的佛学研究成就是他释读阿育王石刻敕文后于 1881—1886 年发表的系列论著，它们作为对印度早期佛教史料的重要阐释迄今仍有很高的学术参考价值。③

（二）列维

1863 年，西尔万·列维（Sylvain Levi，1863—1935）出生于巴黎。他曾经在巴黎大学读书，后来应聘为巴黎高等研究学院讲师。1889—1894年，他在法兰西学院担任教授，教授梵文。1897 年和 1898 年，列维为了学术研究前往印度和日本。1921—1923 年，他到印度、中南半岛、日本、韩国及苏俄旅游。后来，列维成为高等研究院董事以及许多学术协会的会

---

① De Jong，J. W.，*A Brief History of Buddhist Studies in Europe and America*. Second，Revised & Enlarged Edition，Delhi：Sri Satguru Publications，1987，p. 20.

② Ibid.，p. 26.

③ 黄陵渝：《法国的佛教研究》，《法音》1994 年第 4 期，第 38 页。

员，1935 年列维逝世。①

列维擅长梵文、藏文、汉文佛教文献的比较研究，他继承了法国佛教研究的传统，即以梵文佛典为中心，参校汉文、藏文资料。"他对中文、藏文以及龟兹文都有很深的认识，使他能对若干大乘文献作首次精审版本的准备。"②

1892 年，列维首次出版《佛所行赞》的第一章原典及译文。同年，他发现两种《弥兰王所问经》的中文译本。1905 年，他到尼泊尔搜寻佛典，并写出名著《尼泊尔》。1907 年，他发表研究《天业譬喻经》的著作。1911 年，列维出版库车语佛经残片。1912 年，他出版《法句经》修订本。

1918 年，列维与俄国学者舍尔巴茨基（Fyodor Ippolitovich Shcherbatskoy or Stcherbatsky, 1866—1942）合作，审校出版《俱舍论》第一卷，后又将称友的《俱舍论释》委托荻原云来（Unrai Ogiwara, 1869—1937）在日本刊出。1928 年，他从日本归国，途经尼泊尔等地，搜集到大量佛教原始经典和一批尚无汉译本的梵文、藏文资料，其中最重要的是世亲的《唯识三十颂》梵文写本及安慧的《唯识论》注释。列维校勘、出版的这批经典资料，为大乘佛教研究开拓了新的领域，使人们对瑜伽行派有了更清楚的了解与认识，引起人们对藏文佛典的重视。此后，他长期研究自己在阿富汗、迦湿弥罗等地发现的梵、藏、汉文佛典，校勘《大庄严经论》梵文本，并将其译成法文（1907 年）。列维将安慧的《中边分别论释疏》梵文本交由日本学者山口益校勘、发表。他与日本学者高楠顺次郎（Junjro Takakusu, 1866—1945）合作，编写了佛教百科全书《法宝义林》，这是世界上第一部用法文编写的佛教辞书，自 1929 年出版第一卷开始，迄今已出版到第六卷。该书所收佛教词目以中国佛教典籍（包括汉译佛典）中的词汇为主，这极大地便利了法国及欧美学者研究佛教，尤其是以中国佛教为中心的北传佛教。《法宝义林》同样成为欧美学者研究亚洲文化的重要工具书。列维的佛学研究为欧洲现代佛学的研究奠定了基础，并由此

---

① ［斯里兰卡］威廉·佩瑞斯：《西洋佛教学者传》，梅酒文译，载蓝吉富主编《世界佛学名著译丛》第 84 册，台北：华宇出版社 1986 年版，第 215—216 页。

② 同上书，第 214 页。

派生出欧洲佛学界的现代学派——法国比利时学派。①

（三）沙畹

埃马纽埃尔·爱德华·沙畹（Emmanuel Edouard Chavannes，1865—1918）是东方学者、中国学学者、中亚考古学者和敦煌学者，伯希和与马伯乐都是他的学生。沙畹生于里昂；1889 年，沙畹到北京任公使馆专员；1893 年，他担任法兰西学院教授。沙畹通晓汉语，他的主要著作有义净的《〈大唐西域求法高僧传〉译注》、《悟空行记》（与列维合著）、《宋云行记》、《根据保宁先生带回拓片对十件中亚汉文碑刻的考释》等。

（四）富歇

阿尔弗雷德·富歇（Alfred Foucher，1865—1952）是东方学者、佛教史学者、佛教艺术研究方面的权威。他曾经担任法兰西远东学院院长、巴黎大学印度语言学教授。富歇多次到印度、印度支那半岛和爪哇考察。1918—1926 年，他带领考古团到印度、伊朗、锡兰、阿富汗和中国、日本考察。1922—1925 年，富歇在喀布尔附近考察时，发现古代巴米扬遗址和佛教文化遗迹。1926 年，他回到巴黎，任巴黎大学教授、巴黎亚洲学会学术委员。富歇对尼泊尔和西藏唐卡有深入研究，出版过《尼泊尔及西藏画目录》。关于犍陀罗佛教艺术，他著有《犍陀罗的希腊佛教艺术》（二卷共四册）。关于东南亚美术，他著有《佛教艺术的起源》。富歇晚年著有《佛陀生平》。他的其他著作还有《印度佛教造像研究》（两卷）、《印度—阿富汗边境上》等。

（五）伯希和

保罗·伯希和（Paul Pelliot，1878—1945）是东方学者、语言学者、中国学学者、中亚考古学者和敦煌学者。1878 年，伯希和生于巴黎。他毕业于东方语言学院汉语专业，先后跟随沙畹、列维和科迪埃赫等人学习。1898 年，他到越南西贡（Saigon）从事印度支那古迹调查。1900 年，伯希和成为位于河内（Hanoi）的法国远东学院首批研究员，并很快成为该学院教授。同年，他到北京实习汉语并搜集文物。1906 年，伯希和带领法国中亚考察队到新疆，在库车附近的许多古代遗迹上进行勘测和发掘。1908 年，他在敦煌莫高窟廉价骗购走大量藏经洞文献中的精品和绢画、丝织品等。这些文物中的写本部分入藏法国国家图书馆，绢画等入藏

---

① 黄陵渝：《法国的佛教研究》，《法音》1994 年第 4 期，第 39 页。

吉美国立亚洲艺术博物馆（Musée national des Arts asiatiques Guimet）。

伯希和先后担任过法兰西科学院院士、法国亚洲学会主任、苏联科学院通讯院士、中国"中央研究院"研究员等。他通晓几乎欧洲所有重要语言并熟悉汉语、梵文、蒙古语、藏语、波斯语、回鹘语等多种语言文字。

伯希和一生著述很多，主要涉及汉文古籍、印度支那历史地理、中国宗教史等，如《中国书目札记》《论药师琉璃光如来》《敦煌石窟》（六卷本）《敦煌遗书》（1926 年，第一集，与羽田亨合编）等。他在 1920—1944 年担任东方学杂志《通报》的主编，在该杂志及《亚洲学报》等刊物上发表了百余篇文章。

（六）马伯乐

亨利·马伯乐（Henri Maspéro，1883—1954）是历史学家和汉学家。他的父亲是著名的埃及学学者。马伯乐早年求学于国立东方语言学院，1908 年，他成为法兰西远东学院研究员，主要研究中国文字史、宗教史等。1908—1914 年，马伯乐在《法兰西远东学院学报》上发表几十篇考证性的论文，如《汉明帝感梦遣使求经事考》、《公元 2、3 世纪中国的佛教社团和僧侣》、《评伯希和〈东伊朗语（金光明经）残卷〉》等。其他重要著作还有《中国宗教史遗稿集》等。

（七）克鲁塞

勒内·克鲁塞（Rene Crousset，1885—1952）是著名东方学家。20 世纪 30 年代，他出版了《沿着佛陀的足迹》一书，该书专门论述中国僧人玄奘和义净赴西域取经的过程，是欧洲佛学界中讲述中国僧人在中世纪赴"西域"旅行的代表作，引起西方学者的重视。这部著作后来被反复再版，并译成多种文字，迄今仍畅销不衰。①

（八）戴密微

法国早期学者中，保罗·戴密微（Paul Deméiville，1894—1979）在中国佛教研究方面无人能比。他所写的有关《弥兰陀王问经》的论文是研究该部汉译佛经的重要作品。戴密微同时是《法宝义林》的主编之一。②

1972 年，戴密微出版对临济义玄的研究与语录的翻译——《临济的

---

① 黄陵渝：《法国的佛教研究》，《法音》1994 年第 4 期，第 39 页。

② De, Jong, J. W., *A Brief History of Buddhist Studies in Europe and America*. Second, Revised & Enlarged Edition, Delhi：Sri Satguru Publications, 1987, p. 53.

对话》（*Entretiens de Lin—tsi*）①。1973 年，戴密微出版《佛学研究选集》（*Choix d' études bouddhiques*），其中有戴密微的佛学论文和著作目录。戴密微的其他佛学著作收在《汉学研究选集》（*Choix d'études sinologiques*，1973）中。戴密微还在一篇论文中简洁地描绘了中国佛教发展的主要脉络，同时列举了西方国家最重要的有关中国佛教的出版物目录。②

戴密微也涉猎藏传佛教，他根据敦煌汉文文献《顿悟大乘正理决》等资料，研究了公元 8 世纪末汉族禅僧同印度僧人莲华戒在吐蕃宫廷中的大辩论，写出禅宗在公元 8—9 世纪的西藏引起的法诤，这就是《吐蕃僧诤记》③（也译作《拉萨法诤》）。这部著作学术价值很高，对研究印度、中国、中国西藏的佛教史很重要，在欧美佛学界与藏学界颇具影响。

（九）谢和耐

戴密微的大弟子阿尔及利亚裔学者雅克·谢和耐（Jacques Gernet，1921—　）撰写出版了专著《中国五—十世纪的寺院经济》④（*Les aspects economique du boudhisme dans is societe chinoise du ve au xesiecle*）。这是法国学者研究敦煌经济文书的一部重要著作，它以社会学的观点，根据汉文典籍、印度经文、敦煌和其他西域文书，分析了从南北朝到五代期间的中国寺院经济，对佛祇户、寺户、僧祇户、常住百姓、畏户、梁户、长生库、社邑、斋供、三阶教、无尽藏都作了深入探讨。⑤

谢和耐没有把寺院经济看成一个孤立的现象，而是将其置于广阔的社会、文化背景下加以研究。他将佛教现象视为社会现象的社会学视角，至今仍被研究中国寺院经济的学者所采纳和重视。法国学者将此书与戴密微的《吐蕃僧诤记》并列为两大敦煌学名著。

谢和耐还著有《中国社会史》⑥（*Le Monde Chinois*）、《蒙元入侵前夜的中国日常生活》⑦（*La vie quotidienne en Chine a la veille de l'invasion Mon-*

---

① Deméiville，Paul，*Entretiens de Lin—tsi*. Paris：Fayard，1972.

② De Jong，J. W.，*A Brief History of Buddhist Studies in Europe and America*. Second，Revised & Enlarged Edition，Delhi：Sri Satguru Publications，1987，p. 75.

③ ［法］戴密微：《吐蕃僧诤记》，耿昇译，甘肃人民出版社 1984 年版。

④ ［法］谢和耐：《中国五—十世纪的寺院经济》，耿昇译，甘肃人民出版社 1987 年版。

⑤ 黄陵渝：《法国的佛教研究》，《法音》1994 年第 4 期，第 39 页。

⑥ ［法］谢和耐：《中国社会史》，耿昇译，江苏人民出版社 1995 年版。

⑦ ［法］谢和耐：《蒙元入侵前夜的中国日常生活》，刘东译，北京大学出版社 2008 年版。

gole)、《明清间耶稣会士入华与中西汇通》① （与戴密微合著）等。

（十）巴科、石泰安等

在藏学研究方面，众多法国学者作出了自己的努力。20 世纪初，巴黎大学建起西方第一个西藏教学中心。雅克·巴科（Jacques Bacot,1877—1965）是第一位藏学教授。他曾发表《米拉日巴传》（Le poète tibétain Milarépa, ses crimes, ses épreuves, son Nirvāna, 1925）、《玛尔巴传》（La vie de Marpa, 1937）、《西藏历史导论》（Introduction à l'histoire du Tibet②, 1962）、《藏语文学之语法》（Grammaire du tibétain littéraire）③、《西藏叛乱》（Le Tibet révolté）④、《藏传佛教的发展》⑤ 等重要学术成果。1940—1946 年，他与别人合作，根据英、法两国所藏的敦煌古藏文写本译出《敦煌文书中之吐蕃史料》一书，引起欧美佛学界对吐蕃历史及其佛教的重视。

法兰西学院教授罗尔夫·阿尔弗雷德·石泰安（Rolf Alfred Stein,1911—1999）是西方藏学界公认的藏学家。其有关藏传佛教的著作有《喇嘛教的追傩与灵魂的理论》（1957）、《喇嘛教中的面具》（1959）、《西藏吟游诗人之史诗研究》（Recherches sur l'épopée et le barde au Tibet）⑥、《藏族文明》（La civilisation tibétaine）⑦ 等。

法国学者也重视藏文佛教资料的编目。1931 年，巴黎大学教授、女藏学家马塞乐·拉露（Marcelle Lalou, 1890—1967）出版《国家图书馆藏文大藏经目录》（Catalogue de fonds tibétain de la Bibliothèque nationale）⑧。1939 年、1950 年和 1961 年，她分别出版三卷法国国家图书馆馆

---

① ［法］谢和耐、戴密微等：《明清间耶稣会士入华与中西汇通》，耿昇译，东方出版社 2011 年版。

② Bacot, Jacques, *Introduction à l'histoire du Tibet*. Paris：Société Asiatique, 1962.

③ Bacot, Jacques, *Grammaire du tibétain littéraire*, Paris：Librairie dAmérique et dOrient, 1946 – 1948.

④ Bacot, Jacques, *Le Tibet révolté*. Paris：Editions Raymond Charbaud, 1988.

⑤ ［法］雅克·巴科：《藏传佛教的发展》，耿昇译，西藏人民出版社 1990 年版。

⑥ Stein, Rolf Alfred, *Recherches sur l'épopée et le barde au Tibet*. Paris：Presses Universitaires de France, 1959.

⑦ Stein, Rolf Alfred, *La civilisation tibétaine*. Paris：Dunod, 1962.

⑧ Lalou, Marcelle, *Catalogue de fonds tibétain de la Bibliothèque nationale*. Paris：Bibliothèque nationale, 1931.

藏《敦煌藏文写本目录》（Inventaire des manuscrits tibétains de Touen-houang）。1964 年，她出版《敦煌藏文写卷十万颂大般若经》，此书编纂细致，颇具参考价值。她还创办《佛教书目提要》，该提要每两年修订一次，搜集的资料极为丰富。[1] 作为藏学家，拉露还著有《古藏语基础手册》（Manuel élémentaire de Tebetain classique）[2] 等书。

此外，著名女探险家大卫—妮尔对藏传佛教在法国的传播做出了突出贡献，相关内容有专节详述。

通过这些杰出的东方学家的努力，法国的知识分子逐渐认识、了解了佛教。此外，1919 年，来自东京帝国大学（The Imperial University of Tokyo）的姊崎正治（Masaharu Anesaki, 1873—1949）开始在法兰西学院教授禅宗的课程。这是一位亚洲人第一次在这个理性知识的圣殿教授佛教。[3]

1898 年，法国的东方学者在河内建立法国远东学院，由路易·费诺（Louis Finot, 1864—1935）指导。自 1901 年起，法国远东学院出版著名的《法国远东学院学刊》（Bulletin de l'École française d'Extrême-Orient，缩写为 BEFEO）。

第二节　探险家与藏传佛教、佛教组织出现的背景

法国传教士古伯察和女探险家大卫—妮尔分别于 19 世纪、20 世纪在中国探险。他们撰写游记，将自己在中国的所见所闻介绍给法国人，激发了他们对藏传佛教的兴趣。20 世纪，在深刻的社会历史和文化背景下，佛教组织在法国出现。

一　探险家与藏传佛教

（一）古伯察及其游记

在法国，人们很早就对藏传佛教产生了兴趣。17 世纪初至 18 世纪中

---

① 黄陵渝：《法国的佛教研究》，《法音》1994 年第 4 期，第 40 页。

② Lalou, Marcelle, *Manuel élémentaire de Tebetain classique*. Paris: Imprimerie Nationale, 1950.

③ Batchelor, Stephen, *The Awakening of the West: The Encounter of Buddhism and Western Culture*. Berkeley, California: Parallax Press, 1994, p. 318.

叶，随着欧洲殖民主义势力向东方扩张，很多西方传教士开始进入我国西藏和蒙古地区传教，开始接触藏传佛教。法国遣使会①教士古伯察便是其中的一位，也是最早进入蒙古和西藏的法国人。

古伯察（Régis Evariste Huc，1813—1860）生于塔恩—加龙省（Tarn-et-Garonne）东北的凯吕斯（Caylus），后随父母移居上及龙省（Haute-Garonne）省会图卢兹市（Toulouse）。1836 年，他在巴黎参加遣使会，1839 年受命赴中国传教。1841 年 6 月，他与遣使会会长秦噶哗（Joseph Gabet，1808—1853）从法国在华传教区的所在地——北直隶的西湾子（今河北省崇礼县境内）出发，经过热河、鄂尔多斯、宁夏、甘肃、青海、西康地区，历时 18 个月，于 1846 年 1 月底到达拉萨。他们在拉萨居住近两个月后，驻藏大臣琦善奉清廷之命将其驱逐，解往四川。1846 年 3 月中旬，他们离开拉萨，经过 3 个多月的旅行于当年 6 月初到达四川的打箭炉。然后，他们经过四川、湖北、江西，于当年 9 月末到达广州，最后于 10 月中旬至澳门，从而完成了 1841—1846 年的这次环中国的长途旅行。

古伯察在结束这次旅行后，写了《鞑靼西藏旅行记》②（*Souvenir d'un voyage dans la Tartarie et le Tibet*）一书，详细记述了这次旅行的情况，内容涉及沿途的风土人情和宗教。全书共 10 章近 100 万字，于 1850 年出版，后来在法国多次再版，并被译成多种文字，引起了西方人的广泛兴趣。这部游记的成功显示了西方人对西藏和藏传佛教（古伯察书里称"喇嘛教"）的强烈兴趣。③古伯察还将《四十二章经》译成法文，部分译文附于《鞑靼西藏旅行记》之后。他还撰有《中华帝国》（*L'Empire chinois*④，1926）以及四卷本的《中国中原、鞑靼和西藏的基督教》等著作。

（二）大卫—妮尔的经历和著作

20 世纪上半叶，通过东方学家沃尔特·伊林·埃文斯—温茨（Walter Yeeling Evans-Wentz，1878—1965）首次翻译的《西藏度亡经》⑤（*The Ti-*

---

① 遣使会是天主教的修会之一，旨在向贫穷地区派遣传教士。

② ［法］古伯察：《鞑靼西藏旅行记》，耿昇译，中国藏学出版社 2006 年版。

③ LENOIR，Frédéric，*La rencontre du bouddhisme et de l'Occident.* Fayard，1999，p. 76.

④ Huc，Régis Evariste，*L'Empire chinois.* Paris：Editions Kimé，1992.

⑤ 莲华生：《西藏度亡经》，徐进夫译，宗教文化出版社 2003 年版。

betan Book of the Dead①，1927）以及意大利东方学家吉尔塞佩·图齐（Giuseppe Tucci，1894—1984）的著作，藏学在欧洲发展起来。法国藏学研究的先驱是雅克·巴科。不过，人们通常认为，大卫—妮尔才是最早的真正意义上在法国宣扬藏传佛教的人。②

　　1868 年，大卫—妮尔出生在巴黎郊区的圣曼德，父亲是共和党人，母亲是天主教徒。从幼年时代起，她就幻想去遥远的地方旅游，这种热情又同她对诺斯替教和基督教神秘主义的兴趣交织在一起。1887 年，大卫—妮尔成为无政府主义者。1888 年，她成为女性主义者，拥有自由的思想和斗志昂扬的精神。同年，她抵达伦敦，并被神智学会所吸引。虽然她从未加入神智学会，但却在与通神论者的交往中成长起来。回到巴黎后，她跟随当时著名的印度学和中国学家列维学习，又参加了布诺夫的学生——社会学家菲利普·爱德华·福柯（Philippe Edouard Foucaux，1811—1894）开设的课程，福柯向她介绍了藏传佛教经典。当时，她感兴趣的是中国文化，她最先出版的两本书涉及中国的道德和政治哲学。她经常去吉美国立亚洲艺术博物馆，并在那里得到了充分的艺术享受，这也更加激发了她学习东方文化的热情。③

　　1891 年，她来到锡兰和印度，学习吠檀多哲学。返回欧洲后，她一度成为歌剧演唱者，不过，她的大部分时间都用在对佛教的探索中。在伦敦，她和里斯·戴维斯夫妇成为好友。1907 年，她读到铃木大拙的《大乘佛教概况》（Outlines of Mahayana Buddhism），并开始与铃木大拙书信来往。1909 年，妮尔的第一本关于佛教的书《佛教现代主义与佛陀的佛教》（Le modernisme bouddhiste et le bouddhisme du Bouddha）在巴黎出版。在该书中，妮尔用"佛教现代主义"一词来指代达摩波罗在 1891 年建立的摩诃菩提会，表达了对改革后的南传佛教的拥护，她宣称，佛教现代主义距离社会主义仅一步之遥。1910 年，妮尔到达锡兰，受到摩诃菩提会的特别款待。

---

①　Karma-glin-pa, *The Tibetan Book of the Dead*. Translated by W. Y. Evans-Wentz, Delhi: Pilgrims Book Pvt. Ltd. , 1999.

②　OBADIA, Lionel, *BOUDDHISME ET OCCIDENT*: *La diffusion du bouddhisme tibétain en France*. L'Harmattan, 1999, p. 112.

③　Batchelor, Stephen, *The Awakening of the West*: *The Encounter of Buddhism and Western Culture*. Berkeley, California: Parallax Press, 1994, pp. 308 – 309.

同年 5 月，摩诃菩提会在欧洲的第一个分会在德国莱比锡建立。①

1911 年，妮尔到达印度，计划到曼谷继续学习南传佛教，但后来她改变了主意，打算前往锡金，其原因可能是为了会见当时正在大吉岭（Darjeeling）流亡的十三世达赖喇嘛。1912 年，在噶伦堡，她成为首位与达赖喇嘛会面的欧洲女性。首次见面中，妮尔有点胆怯；第二次会面时，她就应付自如了。她写道："我不喜欢主教，不喜欢他主宰的这种佛教式的天主教。与他有关的一切都那么地做作。他既不诚挚也不善良。"② 妮尔对藏传佛教的矛盾心态在到达锡金后继续存在。一方面，她遇到了一位在山中隐修的宁玛派喇嘛并为之倾倒；另一方面，她又劝说自己的朋友西空朗加（Sidkeong Namgyal，1879—1914）去改变堕落的藏传佛教寺庙，以便恢复纯洁的南传佛教传统。西空朗加是一位在牛津大学受过教育的活佛，1914 年 2 月，西空朗加继位成为锡金王国的十世国王，但是，他却于同年 12 月突然死亡，死因被怀疑是中毒，投毒者可能是害怕他的改革计划的人，也可能是他的继母。妮尔采取了远离这场争斗的态度。此时"第一次世界大战"在欧洲愈演愈烈。1914 年 12 月—1916 年 8 月，妮尔在喜玛拉雅地区隐修，学习和修行藏密。后来，她被英国负责不丹、锡金事务的行政长官查尔斯·贝尔爵士（Sir Charles Bell，1870—1945）驱逐。接着，尼尔和她在锡金收养的孩子永登喇嘛（lama Yongden，1899—1951）到达日本和朝鲜等地。③

1918 年 7 月—1921 年 2 月，她和永登在中国青海的塔尔寺生活。1921 年 2 月，他们离开塔尔寺，徒步前往拉萨。1924 年 2 月，他们到达拉萨，并在那里生活了两个月。

1925 年 5 月，妮尔和永登返回法国。妮尔连续出版了几本书，详细描述她的旅行生活，其中包括著名的《一个巴黎女子的拉萨历险记》（*Voyage d'une Parisienne à Lhassa*，1927）。1928—1936 年，妮尔定居在迪涅（Digne），完成了《西藏的神秘主义和巫师》（*Mystiques et Magiciens du Thibet*④，1929）、《喇

①　Batchelor, Stephen, *The Awakening of the West: The Encounter of Buddhism and Western Culture*. Berkeley, California: Parallax Press, 1994, pp. 309 – 310.

②　Ibid., p. 311.

③　Ibid., pp. 310 – 312.

④　David-Neel, Alexandra, *Mystiques et Magiciens du Thibet*. Paris: Plon, 1929.

嘛教的灌顶》（*Initiations lamaïques*[①]，1930）等书。妮尔的游记在法国引起热烈的反响，人们因为藏传佛教的神秘和神奇而兴奋。不过，妮尔对藏传佛教的宣传仅限于著书，而不是教授藏传佛教的修行。她偶尔给大众做一些演讲，然后就返回迪涅隐居。1937 年，她和永登喇嘛重返拉萨，至1946 年，他们回到法国。后来，妮尔又出版《智慧之灯》（*La lampe de sagesse*[②]）等多本书，但她仍然拒绝传教。1951 年，永登喇嘛死去，时年52 岁。妮尔感到了孤独。她仍然思念西藏，渴望死在西藏的大湖畔或大草原上。1969 年 9 月，101 岁高龄的妮尔去世。[③]

妮尔的著作不仅在过去而且在现在也获得了很大的成功。法国和西方的学术界称她为"女英雄"。法国"国立科学研究中心喜马拉雅环境和社会文化研究所"前负责人吕塞特·布尔努瓦（Lucette Boulnois，1931—2009）夫人曾说："法国的几代藏学家和佛教学家，都是在大卫－妮尔的事迹与著作影响下，才对这两个学科产生兴趣并刻苦钻研，最后成为颇有成就的学者。"[④] 然而，她所宣传的关于西藏的观点很片面，她对当地信仰和风俗的描述也有歪曲的成分。后来她写的探讨藏传佛教教义的著作如《佛教》（*Le bouddhisme*[⑤]，1936）等并没有获得像叙述西藏旅行的书那样大的成功。她断言，经历过的美好经验有助于西方人在一种关于"美好纯洁"的西藏的观点中得到安慰。[⑥]

此外，德雅尔丹关于藏传佛教的纪录片也对法国人了解和认识藏传佛教产生过较为重要的作用。

阿尔诺·德雅尔丹（Arnaud Desjardins，1925—2011）是记者和电视导演，曾经导演过几部关于印度教和伊斯兰教苏菲派的纪录片。1964 年，他前往印度，拍摄了关于藏传佛教的纪录片——《西藏人的消息》（*Le*

---

① David-Neel, Alexandra, *Initiations lamaïques*. Paris：Adyar, 1985.

② David-Neel, Alexandra, *La lampe de sagesse*. Monaco：Rocher, 1986.

③ Batchelor, Stephen, *The Awakening of the West：The Encounter of Buddhism and Western Culture*. Berkeley, California：Parallax Press, 1994, pp. 317 – 322.

④ 耿昇：《法国神话般的女藏学家亚历山德莉娅·大卫－妮尔的生平与著作》，载［法］亚历山德莉娅·大卫—妮尔《一个巴黎女子的拉萨历险记》，耿昇译，东方出版社 2002 年版，第315 页。

⑤ David-Neel, Alexandra, *Le bouddhisme*. Monaco：Ed. du Rocher, 1936.

⑥ OBADIA, Lionel, *BOUDDHISME ET OCCIDENT：La diffusion du bouddhisme tibétain en France*. L'Harmattan, 1999, p. 113.

Message des Tibétains）。20 世纪 60 年代中期，这部纪录片在法国的电视台反复播放。[①] 1966 年，与纪录片同名的书[②]也得以出版。看了这部纪录片或书后，很多法国人前往印度，会见大喇嘛，有些人就在印度开始佛教修行，也有一些人诚邀一些大喇嘛来法国传教。因此，在之后的 10 年中，德雅尔丹对藏传佛教在法国的生根、发芽扮演了重要的角色。

二　佛教组织出现的历史和文化背景

20 世纪上半叶的法国是第三共和国执政时期。"一战"之前，科学技术突飞猛进，人民的物质生活大大改善，这段时间被人们称为"美好时代"（La Belle Epoque）。随着两次世界大战的爆发，法国陷入战争的矛盾、痛苦和耻辱中。1946 年 10 月，法国通过公民投票建立第四共和国。第四共和国在艰难的政治环境中延续了 12 年。法国经济迅猛发展，民众的生活水平有了较大提高，但是，经济发展的不平衡却使很多法国人认为"生活变坏了"。

1958 年，戴高乐当选第五共和国第一任总统。在他执政时期，法国经济经历了二战后前所未有的快速发展，因此，20 世纪 60 年代的年轻人是在充满着物质希望的环境中长大的。但是，他们对社会并不满意，同时，世界范围内的社会运动也鼓舞了法国年轻人。1966 年，中国发生"文化大革命"；1967 年，美国发生 50 万人反战（反对美国入侵越南）大游行；1968 年 3 月，意大利的大多数大学发生大规模学潮；法国终于在 1968 年 5 月爆发"五月风暴"。月初，巴黎高等院校的师生为反对不合理的教育和管理制度而罢课，并与警察发生冲突，学生的行动得到了工人和农民的支持。中旬后，学潮演变成全国性的大罢工，参加者多达1000 万人，全国处于瘫痪状态。下旬，政府在镇压示威学生的同时允诺增加工资，并宣布解散议会，举行大选。6 月初，运动渐趋低潮。虽然政府成功化解了这场危机，但"五月风暴"的冲击波却久久回荡在法国的社会政治生活中，并直接导致了戴高乐在次年下台。同时，这种未能在政治领域获得成功的革命却转入了精神和文化领域。年轻人开始质疑现代性及与之相连的功利主义观念，渴望一种神圣的个体和团体的经验。但是，

---

① 　LENOIR, Frédéric, *La rencontre du bouddhisme et de l'Occident*. Fayard, 1999, p. 271.

② 　Desjardins, Arnaud, *Le Message des Tibétains*. Paris：Table Ronde, 1966.

基督教会因为与现代化相适应已经接近为一种世俗的人文主义，失去了影响新一代的威信，因此，与"新时代运动"（New Age Movement）相联系的对东方智慧的探索得以广泛发展。

新时代运动出现在 20 世纪 60 年代末的西方世界。这种社会思潮宣称"现代"结束，"后现代"开始，推崇东方神秘主义，提倡灵性的复兴，重视占星学、星象学，对人体的解释具有神秘主义色彩，注重瑜伽、气功、打坐、禅定、悟道等东方修行方法。这股社会思潮的支持者尤其关注生态问题，对文明进程带来的自然损害与破坏强烈不满。在新时代运动的影响下，很多西方人将目光投向东方，从它的价值观念和宗教信仰中寻求新的智慧。可以说，佛教在西方社会的广泛传播与这一运动息息相关。

三 瑜伽和武术的盛行

"二战"期间，瑜伽和武术被很多欧美人喜爱。1936 年，费利克斯·居约（Félix Guyot, 1880—1960）将哈他瑜伽①（Hatha Yoga）介绍到法国。居约是一名哲学教授，后来当了记者，1936 年，他用"康斯坦特·科赫内"（Constant Kernéiz）的笔名发表了几部著作。1945 年，他建立第一所瑜伽学校。1948 年，吕西安·费雷尔（Lucien Ferrer, 1901—1964）在巴黎建立"瑜伽西方协会"（l'Académie occidentale de yoga）。随着瑜伽修行的发展，相关的瑜伽著作也获得很大成功。《达到宁静的方法》（La Voie du silence）在 1956 年由一位本笃会神父让·德沙内（Jean Déchanet, 1906—1992）出版，发行量超过 10 万册，并引发很多基督徒开始练习瑜伽。1966 年，埃娃·吕希保罗（Eva Ruchpaul, 1928— ）发表了《关于哈他瑜伽的认识和技术》（Connaissance et technique du Hatha-Yoga），使瑜伽的修习变成一种时尚；她还出版过《哈他瑜伽》（Le Hatha Yoga）②一书。1967 年，"法国瑜伽联合会"（Fédération Francaise de yoga）在巴黎成立；1977 年更名为"全国瑜伽教师联合会"（Fédération nationale des enseignants du yoga, 缩写为 FNEY）。相关调查表明，很多佛教徒都有过练习瑜伽的经历，并通过呼吸的技术和哈他瑜伽的训练而熟悉了禅定。③

---

① 另译为"哈达瑜伽"。

② Ruchpaul, Eva, *Le Hatha Yoga*. Paris：Denoël, 1985.

③ LENOIR, Frédéric, *La rencontre du bouddhisme et de l'Occident*. Fayard, 1999, p. 266.

在这一时期传播到法国的还有柔道等东方运动项目。1882 年，日本武术大师嘉纳治五郎（Jogaro Kano，1860—1938）创立柔道，并在 1889 年将它介绍到法国。但是直到 1935 年，随着河石干之助（Mikinosuke Kawaishi，1899—1969）的到来，柔道才在法国真正传播开来。河石干之助在来法国之前已经在美国居住五年，深谙西方人的心理。1946 年，"法国柔道联合会"（la Fédération francais de judo）创立。1956 年，该组织更名为"法国柔道、柔术和类似竞技项目联合会"（la Fédération francais de judo，jiu-jitsu et disciplines assimilées，缩写为 FFJDA）。1969 年，河石干之助去世，此时该联合会已经有 10 万多名比赛许可证持有者，实际成员多达 50 多万，这使法国成为开展柔道运动的主要西方国家。

1948 年，法国人亨利·普莱（Henry Pleé，1923—　）将空手道介绍到欧洲。他是法国最早的柔道段位获得者之一。1954 年，普莱建立"法国空手道和自由式拳击协会"（la Fédération francais de karaté et boxe libre）。1960 年，该协会附属"法国柔道、柔术和类似竞技项目联合会"。后来，该组织独立，并于 1977 年成立"法国空手道、跆拳道和武术联合会"（la Fédération Francais de Karaté，Taekwondo et arts Martiaux Affinitaires，缩写为 FFKTMA）。① 1951 年，合气道（Aikido）被介绍到法国。

很多西方人是在参加了上述体育运动后对佛教产生兴趣的。让—皮埃尔·施内策勒（Jean-Pierre Schnetzler，1929—2009）就是一例。1946 年，他在听一场关于叔本华的讲座时接触到印度思想，随后他被佛教所吸引；20 世纪 50 年代，他开始练习柔道，后来，他想深入挖掘柔道内在的精神信息。通过佛教之友协会和勒内·若利（René Joly，1913—1993）推动的格雷斯中心（Le centre de Gretz），他认识了两名正在巴黎大学学习哲学的南传佛教僧人，其中一位便是沃尔波罗·罗睺罗（Walpola Rahula，1907—1997）。罗睺罗后来出版了《原始佛经选要》②（L'Enseignement du Bouddha d'après les textes les plus anciens）一书，该书在法国的佛教书籍里销量最好。施内策勒在两位僧人那里"获得拯救"，开始坐禅。1958 年，

① LENOIR, Frédéric, *La rencontre du bouddhisme et de l'Occident*. Fayard，1999，pp. 266 – 268.

② ［斯里兰卡］沃尔波罗·罗睺罗：《原始佛经选要》，梁国雄译，香港：宣隆内观禅修会有限公司 2007 年版。

施内策勒可能是最早的法国佛教信徒之一，他们想把禅定的练习置于日常生活的中心。[①]

四　巴黎佛学会及"佛教之友"

20 世纪前，佛教在法国的传播实际上主要限于学术领域和文化领域，而佛教在法国真正成为一种宗教信仰，是 20 世纪 30 年代以后的事。中国高僧太虚法师的欧美之行在法国播下了佛教的种子。

1928 年 8 月，太虚大师开始欧美各国的弘法之旅。他从上海起程，经地中海，于 1928 年 9 月抵达法国，在马赛、巴黎等地主持了多场佛学讲座，受到学者及知名人士的热烈欢迎，并与当代哲学家罗素、杜威成为知交。在巡回说法的过程中，太虚大师倡议并参与了"巴黎佛学会"的建立。《太虚大师全书》载："……次日，马格尔同来者，更有里维也及妇女数人，据云皆佛教信徒，余嘱其组一巴黎佛教会。后更发见[②]在巴黎之英籍佛教徒马浪，皆以余而使联络。"[③] 太虚大师原打算从德国直接前往美国，由于涉及巴黎佛学会的成立等事，他再次前往巴黎。

> ……本拟从柏林直航美洲，乃巴黎有法国外交部电约于二月初三日开欢迎会于东方博物院，议商要事。又龙舒贝勒女士与昆仑、马格尔、马浪、里维也诸君及信源女士等，为成立巴黎佛学会，亦函请重经巴黎指导。乃定于廿九乘夜车赴法，并向柏林诸友辞别。
>
> ……次日，应巴黎佛学会之邀请，会设龙舒女士之别室，余携佛画二帧及藏佛即赠张供，颇为严净。会员合法、英、俄、中各国人尚只二十余名，就余商订章程等件，约于初十日开成立会。
>
> ……初十日，开巴黎佛学会成立会，除会员外，到参观者数十人。余以是日为夏历元旦，诵《弥勒上生经》及导众人唱皈依毕，为讲此经大意。时龙舒女士与旭佛乃尔夫人乞皈依佛教，余名以德贞、德亨，并嘱每月月圆夕开会一次，此为布萨之制，英、法诸佛教会皆遵行也。

---

① LENOIR, Frédéric, *La rencontre du bouddhisme et de l'Occident*. Fayard, 1999, pp. 268 – 269.

② 原文如此。"见"同"现"。

③ 释太虚：《太虚大师全书·杂藏·文丛（一）·游记·赛游记》第三十一卷，《太虚大师全书》编委会编集，宗教文化出版社、全国图书馆文献缩微复制中心 2005 年版，第 340 页。

余以所辑《慈宗三要》一书，嘱巴黎佛学会译成法、英等文，流通欧洲。当由昆仑、马浪里维、马古烈诸会员担任翻译。[①]

可见，太虚大师在最初见到巴黎的佛教徒时，鼓励他们组成巴黎佛学会。1929 年，这些人组建巴黎佛学会（Société des Amis du Bouddhisme）。太虚大师重返巴黎的目的之一便是参与巴黎佛学会的建立，并给予了具体的指导。同时，有两名弟子皈依。其中的龙舒贝勒女士就是巴黎佛学会的负责人康斯坦特·德劳恩斯伯里小姐（Mlle Constant de Lounsbery）。

后来，巴黎佛学会更名为"佛教之友"（Les Amis du bouddhisme）。"佛教之友"的目的是把佛教作为一种真实的、理性的东方智慧呈现出来，从而使其远离神智学会的神秘主义。[②] 像其他的弘法者一样，德劳恩斯伯里也写了一些著作，如《佛教的禅定》（*La méditation bouddhique*，1935），在这本书里，她阐述了佛教禅定的技术。[③]

佛教之友发行杂志《佛教思想》（*la Pensée bouddhique*）。很多东方佛教的倡导者都为杂志撰稿，如戴密微、铃木大拙、阿难·肯蒂什·库玛拉斯瓦米（Ananda Kentish Coomaraswamy，1877—1947）以及罗睺罗等。[④]

德劳恩斯伯里去世后，法国人内莉·考夫曼（Nelly Kauffman）成为佛教之友的领导人。她在组织内部偏爱藏传佛教的学习，而当时南传佛教却是占主导地位的。"二战"中德国占领法国期间，佛教之友仍然在活动，但规模已经很小。1943 年，佛教之友并入神智学会。[⑤]

此外，格雷斯中心也是一个比较重要的弘法场所，它的创立者勒内·若利更以般若难陀（Prajñānanda）为人所知，是一名居士。通过阅读奥登伯格的书，若利接触到佛教，然后就开始修行南传佛教和禅宗。20 世纪 60 年代，他跟随到法国传法的日本曹洞宗禅师弟子丸泰仙（Taisen

---

① 释太虚：《太虚大师全书·杂藏·文丛（一），游记·寰游记》第三十一卷，《太虚大师全书》编委会编集，宗教文化出版社、全国图书馆文献缩微复制中心 2005 年版，第 365、366、369 页。

② Batchelor, Stephen, *The Awakening of the West: The Encounter of Buddhism and Western Culture*. Berkeley, California: Parallax Press, 1994, p. 319.

③ OBADIA, Lionel, *BOUDDHISME ET OCCIDENT: La diffusion du Bouddhisme Tibétain en France*. L'Harmattan, 1999, p. 113.

④ Ibid., pp. 113 – 114.

⑤ Ibid., p. 114.

Deshimaru，1914—1982），而且成为在其座下受戒的第一个法国和尚。1966 年，若利在格雷斯·阿曼维利耶（Gretz-Armainvilliers）建立了一个佛教研究中心，在那里，他以大乘空宗的传统和数息观教授佛法。他翻译和注解了很多佛经，尤其是关于《心经》的评论和《法句经》的注解。

第三节　佛教宗派的传入

"一战"期间，一些越南士兵来到法国，1917 年，他们在法国的弗雷瑞斯（Fréjus）建立了西方第一座佛塔。"二战"后，许多信奉佛教的越南劳工在法国定居，并在巴黎建立"越南佛教联盟"。

20 世纪 60 年代末，在西方弟子的召唤下，一些流亡印度的藏传佛教喇嘛开始来法国建立传教中心。日本僧人弟子丸泰仙在一文不名和不懂法语的情况下带着一颗弘传佛法的心于 1967 年抵达巴黎，逐步建立很多坐禅中心。新兴的创价学会也在 60 年代初传入法国东南部。

20 世纪 80 年代，一大批东南亚难民涌入法国，建立很多南传佛教传教中心。同时，法国本土的佛教徒越来越多。1986 年，佛教在法国正式得到承认。

台湾佛光山在 80 年代末传入法国，成为率先在该国建立道场的汉传佛教组织。

一　藏传佛教

20 世纪 60 年代，一些被藏传佛教吸引的法国人纷纷前往印度、锡金和尼泊尔，他们期望能找到藏传佛教高僧来指导自己的修行，并增加对藏传佛教的了解。藏传佛教各派的领导人物因此在法国人中有了很高的威望，宁玛派的首领是迦叶顿珠仁波切，萨迦派的首领是萨迦崔津，噶举派的首领是十六世噶玛巴，格鲁派的首领是十四世达赖喇嘛。除了他们之外，一些大喇嘛也吸引了最初来到这里的法国人。例如，甘珠尔仁波切（Kangyur Rinpoche，1898—1975）是宁玛派的一位喇嘛，他名为隆钦益西多杰（Longchen Yeshe Dorje），住在大吉岭的一个小寺庙里，他的性格一下子就吸引了一些法国人；卡鲁仁波切是噶举派一个小支派的首领，他住在印度索纳达（Sonada）的一个简朴的寺庙里，德尼·埃塞里克（Denys Eysseric，1949—　）被他的魅力所折服，后来，埃塞里克出家做了喇嘛，法名是德尼顿珠（Denys Teundroup）。随着时间的推移，藏传佛教各个教派的喇嘛先后来到法国定居。①

从 60 年代末 70 年代初开始，藏传佛教在西方的传播呈现双向的途径。一方面，一些西方人主动前往印度，邀请喇嘛们前来，创立藏传佛教中心；另一方面，藏传佛教各派的首领也派遣一些年轻的喇嘛到西方学习英语和文化。藏传佛教在法国这一历史时期的传播同样如此。

（一）宁玛派

1. 甘珠尔仁波切

20 世纪 70 年代，多尔多涅省（Dordogne）的科德若（Côte de Jor）成为法国重要的藏传佛教中心，这与一个名叫伯纳德·本森（Bernard Benson）的人有关。本森出生于美国，母亲是法裔美国人。本森是一位杰出的发明家，在美国发家致富。60 年代末，他和妻子、儿子决定在科德若定居。他们居住的房子是一座 16 世纪的城堡，名为"夏邦城堡"（Château de Chaban）。本森后来结识德雅尔丹，并在 1968 年前往印度。本森在印度认识了甘珠尔仁波切，被他所震撼和折服。本森试图说服甘珠尔仁波切等喇嘛前往法国传播佛法。②

甘珠尔仁波切出生在西藏东部的康区，是一名宁玛派僧人。他来到印度后定居在大吉岭附近的勒邦（Lebong），他的纯朴、热情、幽默和智慧吸引了包括德雅尔丹在内的很多法国人。这些法国人在国内建立了一个藏传佛教信徒中心，法国信徒们不断邀请甘珠尔仁波切来法国传教，但他总是说时机尚未成熟，一直没有离开印度，直到 1975 年 1 月圆寂。不过，宁玛派从此拉开了向欧洲传播的大幕。

2. 顶果钦哲仁波切与协辛丹尼达杰林

甘珠尔仁波切圆寂后，他的弟子们跟随另一位喇嘛——顶果钦哲仁波切修行。1910 年，顶果钦哲仁波切出生于西藏东部一个据说是藏王赤松德赞后裔的贵族家庭。11 岁时，他被认定为一名活佛的转世灵童，进入康区的协钦寺（Shechen），在那里学习和修行了很多年。他是十四世达赖喇嘛的老师和不丹王室的精神指导。在主持了甘珠尔仁波切的葬礼后，他应邀参观多尔多涅省。1975 年 12 月，在白玛旺加（Pema Wangyal,

---

① LENOIR, Frédéric, *La rencontre du bouddhisme et de l'Occident.* Fayard, 1999, p. 290.
② Ibid., pp. 293 – 294.

1945—　）的陪同和翻译下，顶果钦哲仁波切开始欧洲之行。他在法国游览了很多地方，会见了德雅尔丹，并在多尔多涅省的农场——香特洛贝（Chanteloube）传教。后来，他又去了瑞典、英国和美国。之后顶果钦哲仁波切返回印度，但是白玛旺加留在了法国。

1978 年，应白玛旺加活佛和法国弟子的请求，顶果钦哲仁波切在香特洛贝附近的索内（Sonnerie）创立了道场——协辛丹尼达杰林（Sheshen Tennyi Dargyeling）。它也成为顶果钦哲仁波切长期居住的地方。

3. 迦叶顿珠仁波切与乌金桑耶曲林、香特洛贝修行中心

1972 年，迦叶顿珠仁波切访问欧洲各国和美国。甘珠尔仁波切特意让长子白玛旺加请迦叶顿珠仁波切在离开法国前会见自己在该国的弟子。迦叶顿珠仁波切花了一周时间参观夏邦城堡、会见本森和他的家人、讲课、传授藏密的灌顶、为香特洛贝祈福，同时接受了本森赠予的一大块土地。但这次参观没有确定正式的传教规划。

随着欧洲人对藏传佛教的兴趣不断增长，迦叶顿珠仁波切、顶果钦哲仁波切以及白玛旺加对法国的访问为宁玛派的传播提供了契机。1974 年，迦叶顿珠仁波切在巴黎建立中心，并要求索甲仁波切照看。

迦叶顿珠仁波切在法国创立的第一个修行中心是乌金桑耶曲林（Ur-gyen Samyé Chöling），它位于劳格哈尔（Laugeral）。1977 年，迦叶顿珠仁波切的弟子们建立协会，1979 年，乌金桑耶曲林建成，这里也是迦叶顿珠仁波切居住的地方。1987 年，迦叶顿珠仁波切在乌金桑耶曲林圆寂，随后，他的儿子辛潘达瓦罗布仁波切（Shemphen Dawa Norbu Rinpoche）负责中心事务的管理。巴黎的道场多杰宁波（Dorje Nyinpo）是乌金桑耶曲林的属寺。[1]

迦叶顿珠仁波切创立的另一个道场是香特洛贝修行中心（Centre d'etudes de Chanteloube）。1974 年，十六世噶玛巴和迦叶顿珠仁波切同意在夏邦城堡建立修行中心，本森让人建起了几座建筑并购买了周围的农庄。[2]

香特洛贝修行中心的建成还得到法国人热拉尔·戈代（Gérard Godet，1924—2010）的资助。戈代是一位工科学校的学生。1978 年，迦叶顿珠仁波切在多尔多涅省的弟子们开始建造香特洛贝修行中心。1979 年，迦

①　Ronce, Philipe, *Guide des centres bouddhistes en France.* Éditions Noêsis, juin 1998, pp. 36 – 37.

②　LENOIR, Frédéric, *La rencontre du bouddhisme et de l'Occident.* Fayard, 1999, p. 294.

叶顿珠仁波切重返香特洛贝，为寺庙的兴建奠基。1980 年 3 月，顶果钦哲仁波切来到这里，对未来的隐修者——来自欧美的 17 名男士和 7 名女士给予指导。1980 年，香特洛贝修行中心建成。12 月初，白玛旺加和纽歇钦仁波切（Nyoshul Khen Rinpoche）被任命为这个修行中心的常驻喇嘛。之后，迦叶顿珠仁波切让信徒们开始为期三年多的闭关。[①]

1980 年，戈代辞掉工作，在白玛旺加的指导下闭关。1986 年，他出家做喇嘛，从此献身于佛教在法国的传播事业。

4. 贡桑喇嘛与尼玛宗

尼玛宗（Nyima Dzong）又名"乌坚贡桑曲林"（Ogyen Kunzang Chöling），它的创立者贡桑喇嘛（Lama Kunzang, 1944—　）是比利时人。1944 年 4 月，贡桑喇嘛出生于布鲁塞尔一个富有家庭。20 世纪 60 年代末，他来到印度大吉岭，结识甘珠尔仁波切，并跟随他学习和修行佛教。1972 年，在甘珠尔仁波切的要求下，贡桑喇嘛在布鲁塞尔建立乌坚贡桑曲林，与甘珠尔仁波切在印度的寺庙同名。1974 年春，在甘珠尔仁波切的指引下，贡桑喇嘛在上普罗旺斯山上发现中世纪圣殿骑士团留下的一个名叫"太阳城堡"（Château-Soleils）的农场，面积达 112 公顷，他买下这块土地，并对上面的原有建筑进行翻新，由此创立尼玛宗。后来，贡桑喇嘛在农场不远处新建一座寺庙，作为尼玛宗的主体建筑。[②]

寺庙的第一层是一个大殿，里面有莲花生、寂护和赤松德赞的塑像，还有甘珠尔仁波切、顶果钦哲仁波切和迦叶顿珠仁波切的塑像，塑像的大小与真人相同。寺庙的底层还有一个大殿，里面供奉着三世佛的塑像和《甘珠尔》、《丹珠尔》等佛教经典。[③]

（二）噶举派

1. 十六世噶玛巴与达波噶举林

本森根据利美[④]（RIME）传统，也赠给十六世噶玛巴一大片土地，

　　① Batchelor, Stephen. *The Awakening of the West: The Encounter of Buddhism and Western Culture.* Berkeley, California: Parallax Press, 1994, pp. 72 - 73.

　　② Ronce, Philipe, *Guide des centres bouddhistes en France.* Éditions Noêsis, juin 1998, pp. 416 - 417.

　　③ Ibid. , pp. 409 - 410.

　　④ "利美"是藏文的音译，意思是"无有偏私或无派别划分"。即对所有印度传来的和中国西藏本土产生的一切宗派，皆不分亲疏爱憎、一视同仁地加以继承和弘扬。19 世纪，在藏区开始了一种"利美"无分别教派运动。这场运动起源于西康。

它位于迦叶顿珠仁波切获赠土地的对面。甘珠尔仁波切死后，本森追随十六世噶玛巴来到日内瓦，本森请求十六世噶玛巴在获赠的土地上建立噶举派修行中心。1975 年 1 月，十六世噶玛巴乘直升机来到多尔多涅省，他把本森捐赠的土地作为噶举派在欧洲的中心，而且把临时的直升机场作为一座寺庙的地点。①

随后，十六世噶玛巴派侄儿吉美拉泽旺（Jigmela Tsewang，1949—　）到达多尔多涅省，着手把荒废的旧农场改建为修行中心。1977 年，达波噶举林（Dhagpo Kagyu Ling）建立。十六世噶玛巴委派两个重要人物——吉美拉泽旺和十四世夏玛巴仁波切（Shamarpa Rinpoche，1952—　）——领导这个中心。几年之内，达波噶举林成为藏传佛教在欧洲的几个早期中心之一，每年夏天都会有几千名西方人来到这里学习藏传佛教教义并进行修行。②

达波噶举林的日常事务和正常运作主要依靠三个合法的实体。第一，"达波噶举林协会"（L'association Dhagpo Kagyu Ling）。协会成立于 1977 年，成员大约有上千人，他们负责管理达波噶举林的教育和培训工作。第二，"卡尔梅达摩查克拉会"（La congrégation Karmé Dharma Chakra）。该机构主要负责管理宗教活动和修行者的食宿。1988 年，该组织获得法国政府的承认。第三，"赞巴拉"（Dzambala）。这个社团组织主要负责修行中心书店的经营和编辑部的工作。书店每年卖出近万册图书。③

2. 根敦仁波切与达波贡珠林

1975 年，十六世噶玛巴要求根敦仁波切（Guendune Rinpoche，1918—1997）去法国指导西方人修行。时年 56 岁的根敦仁波切对此大吃一惊，因为他是一名隐士，生命中的大部分时间都在隐修。在十六世噶玛巴的鼓励下，根敦仁波切来到达波噶举林。1984 年，根敦仁波切在奥弗涅地区（Auvergne）一个名叫"博斯特"（Le Bost）的住所创立了一个巨大的闭关中心——达波贡珠林（Dhagpo Kundreul Ling）。④

①　Batchelor, Stephen, *The Awakening of the West：The Encounter of Buddhism and Western Culture.* Berkeley, California：Parallax Press, 1994, p. 79.

②　LENOIR, Frédéric. *La rencontre du bouddhisme et de l'Occident.* Fayard, 1999, pp. 294 – 295.

③　Ronce, Philipe, *Guide des centres bouddhistes en France.* Éditions Noêsis, juin 1998, p. 46.

④　LENOIR, Frédéric, *La rencontre du bouddhisme et de l'Occident.* Fayard, 1999, pp. 295 – 296.

博斯特原本是德雅尔丹的财产，1977 年，他邀请十六世噶玛巴来这里举行藏传佛教仪式。十六世噶玛巴当时就预言，在噶举派未来的发展中，博斯特将扮演重要的角色。1983 年，德雅尔丹将博斯特卖给达波噶举林，根敦仁波切从此在博斯特定居，直到 1997 年圆寂。①

根敦仁波切在博斯特生活的 14 年中，几百名西方人在他的指导下完成了长达三年的闭关。根敦仁波切圆寂后，80 多名弟子依然在他的继任者的指导下闭关。之前的闭关者中有 60 多人出家做了喇嘛。博斯特成为西方国家最大的进行长期闭关的地方。此外，根敦仁波切还创立了两座寺庙，男众和女众各一座。②

3. 十世巴沃仁波切与乃囊桑丹曲林

1912 年 5 月，十世巴沃仁波切（Pawo Rinpoche，1912—1991）出生于西藏。1915 年，十五世噶玛巴认定他是九世巴沃仁波切的转世灵童。1917 年起，巴沃仁波切开始在祖普寺接受十五世噶玛巴所有的灌顶、传法教授，以及其他方面的训练。

1959 年，巴沃仁波切离开西藏，定居印度。1962 年，他前往瓦拉那西梵文大学担任佛教哲学讲师。1966 年，巴沃仁波切由于健康不佳而移居大吉岭，随后定居不丹。1975 年 6 月，他前往瑞士治病。③

1975 年 9 月，法国弟子们邀请巴沃仁波切到该国弘法。以戈代为首的居士团体邀请他来到多尔多涅省普拉扎克镇（Plazac）的"特汉查特兹"（Tranchats），这是一个新建成的佛学中心。

1977 年，该居士团体将特汉查特兹赠送给巴沃仁波切，他将其改成一座寺院，并命名为"乃囊桑丹曲林"（Nehnang Samten Chöling）。随后，巴沃仁波切接受其他弟子的邀请，在图卢兹市的佛教中心生活了几年。1975—1986 年，巴沃仁波切都在法国弘法。后来，乃囊桑丹曲林暂时由居士团体负责管理。

1991 年 9 月，十世巴沃仁波切在尼泊尔圆寂。

---

① Ronce，Philipe，*Guide des centres bouddhistes en France*. Éditions No êsis，juin 1998，p. 80.

② LENOIR，Frédéric，*La rencontre du bouddhisme et de l'Occident*. Fayard，1999，p. 296.

③ Ronce，Philipe，*Guide des centres bouddhistes en France*. Éditions Noêsis，juin 1998，pp. 59 – 60.

4. 卡鲁仁波切与"达桑噶举林"

1905 年，卡鲁仁波切出生在康区。他看起来瘦削而脆弱，却有一种内在的力量。很多西方人被他的这种气质所触动。卡鲁仁波切在藏传佛教界的声望很大，各教派的大喇嘛甚至十四世达赖喇嘛都向他咨询意见。后来，他定居不丹，然后在印度大吉岭的索纳达创立了索纳达寺（Sonada Monastery），并担任住持。卡鲁仁波切经常去美国、法国、加拿大等国宣扬佛法。

卡鲁仁波切在法国传播藏传佛教的活动与埃塞里克密切相关。埃塞里克出生于 1949 年，曾经热衷勒内·盖农（René Guénon, 1886—1951）的著作。1968 年夏，埃塞里克来到印度，寻找自己的精神导师。埃塞里克在认识卡鲁仁波切后开始跟随他学习藏语，并成为其在西方的翻译。

1971 年，卡鲁仁波切到达巴黎，他的周围形成了一个小的信徒团体。1975 年，在信徒们的要求下，卡鲁仁波切在勃艮第（Bourgogne）的普雷格城堡（Château de Plaige）建立第一个闭关中心，这是噶举派在法国建立的第一个修行中心。在简单修复城堡后，喇嘛和信徒们又建立两个闭关中心，达桑噶举林（Dashang Kagyu Ling）的雏形出现。1976 年 9 月，男女各九名西方人在两个独立的中心第一次开始为期三年的闭关。出关后，他们每个人都得到卡鲁仁波切赐予的法名。埃塞里克成为第一个法国喇嘛，法名为"德尼顿珠"。不久，另外四个闭关中心也建成，这样一来，达桑噶举林完全形成。[①]

1980 年，达桑噶举林建起西方国家第一个开光的佛塔，同时出现的还有一些闭关用的单独小屋。1987 年，千佛殿建成。1990 年，"玛尔巴研究所"（Institut Marpa）完工。[②]

1989 年，卡鲁仁波切圆寂。他的转世灵童两年后被找到。

5. 卡鲁仁波切与噶玛明久林

1972 年，施内策勒在巴黎遇到卡鲁仁波切，不久，施内策勒开始着手建立一个藏传佛教修行中心。卡鲁仁波切答应派遣一个喇嘛到那里去指

---

① LENOIR, Frédéric, *La rencontre du bouddhisme et de l'Occident.* Fayard, 1999, pp. 292 - 293.

② Ronce, Philipe, *Guide des centres bouddhistes en France.* Éditions Noêsis, juin 1998, pp. 94 - 95.

导信徒们修行。经过深入调查，施内策勒等人找到一处已经荒废多年的农场，它的面积有 9 公顷，位于一座山的山顶。1975 年，信徒们买下这块地。1976 年，十六世噶玛巴和卡鲁仁波切派遣的喇嘛顿桑（Lama Teunsang，1934—　）来到这里，艰苦的改建工作随之开始，信徒们陆续建起了修行中心、管理机构、卫生设施等建筑，甚至包括商店和旅馆等。1993年，噶玛明久林（Karma Migyur Ling）举行了隆重的落成典礼。[①]

6. 卡鲁仁波切与噶玛林研究所

噶玛林研究所（Institut Karma Ling）位于圣—休贡（Saint-Hugon）的哈姆（Hameau）。这里曾经是一个古老的修道院，后来曾被当作医疗机构使用。1979 年春，施内策勒买下这块土地，并把它献给卡鲁仁波切。卡鲁仁波切派德尼顿珠前来管理。德尼顿珠和信徒们修补原有的建筑，建起了隐修的住所、闭关中心、佛塔、客店等。噶玛林研究所很快焕发出生机。[②]

（三）萨迦派

1. 敖尔艾旺潘德仁波切与"敖尔艾旺潘德林"

1934 年，敖尔艾旺潘德仁波切（Ngor Ewam Phende Rinpoche，1934—　）出生于西藏。1969 年，他到苏格兰传教。后来，他遇到一名在剑桥大学学习藏语的法国女学生，两人后来结婚，并于 1970 年定居诺曼底。[③]

1974 年，在敖尔艾旺潘德仁波切的家里，敖尔艾旺潘德林（Ngor Ewam Phende Ling）成立，并于 1975 年举行落成仪式。[④]

2. 萨迦崔津与"萨迦扎西曲林"

1986 年，萨迦崔津要求他的弟子丹尼尔·特尔蒙特（Daniel Telmont）在格勒诺布尔（Grenoble）建立一个萨迦派教法中心。随后，萨迦扎西曲林（Sakya Tashi Chöling）建立，并由特尔蒙特负责。[⑤]

3. 格西喜饶坚参阿米巴与"萨迦孜钦林"

1931 年，格西喜饶坚参阿米巴（Guéshé Sherab Gyaltsen Amipa，

---

① Ronce, Philipe, *Guide des centres bouddhistes en France.* Éditions Noêsis, juin 1998, pp. 458 – 459.

② Ibid., pp. 440 – 441.

③ Ibid., pp. 361 – 362.

④ Ibid., p. 358.

⑤ Ibid., p. 435.

1931— ）出生于萨迦市（Sakya）。1959 年，阿米巴逃到印度，最初在萨迦崔津建立的寺院居住了两年，后来，他进入英国人弗丽达·贝蒂（Freda Bedi，1911—1977）建立的喇嘛学校学习了五年，随后，他被派往瑞士的"里空研究所"（l'institut Rikon）从事传法工作。①

1974 年，阿米巴接受邀请，来到斯特拉斯堡地区（Strasbourg）进行第一次传法。开始时，他在学生的家里聚会，场所不固定。1974 年，萨迦崔津访问里空研究所，他决定在斯特拉斯堡创立一个萨迦派道场。1978 年冬，阿米巴选中一幢建筑。1981 年，他又购买了附近的另一幢建筑。1994 年，这两座建筑合二为一，变成一所藏传佛教寺庙，它就是萨迦孜钦林（Sakya Tsechen Ling）。这座寺庙可以同时接待 100 名修行者，它还建有贵宾公寓。寺庙的常驻喇嘛是塔巴（Dakpa）。②

（四）格鲁派

1. 达波仁波切与"甘丹林研究所"

1932 年，达波仁波切（Dagpo Rinpoche，1932— ）出生于西藏东南部。十三世达赖喇嘛认定他为洛桑降边伦珠嘉措（Losang Jamphel Lhundroup Gyatso）的转世灵童。13 岁时，达波仁波切进入寺院学习，以水平高和严谨著称。后来，他到哲蚌寺深造，在那里，他接受很多佛教大师的教诲。1960 年，由于学识渊博，他被邀请到法国进行藏传佛教的翻译和研究工作，他很可能是第一个在法国定居的藏传佛教高僧。达波仁波切精通法语和英语，在随后的 30 年中，他在附属于巴黎大学的东方语言文化学院（Institut National des Langues et Civilisations Orientales）教授藏语和藏族文化。③

1978 年，达波仁波切建立佛教中心——"古佩勒仓珠林"（Guépélé Tchantchoup Ling），开始传播藏传佛教。1987 年，达波仁波切建立"人文主义文化协会"（l'association culturelle à but humanitaire）。1994 年，他创立"古佩勒研究所文化协会"（l'association culturelle Institut Guépélé）。1995 年，古佩勒仓珠林更名为甘丹林研究所（Institut Ganden Ling）。古

① Ronce，Philipe，*Guide des centres bouddhistes en France*. Éditions Noêsis，juin 1998，pp. 13 – 14.

② Ibid.，pp. 9 – 10.

③ Ibid.，p. 219.

佩勒仓珠林与上述两个文化协会共同运作。达波仁波切的信徒有 200 多名。[1]

2. 土登益西仁波切与"金刚瑜伽师研究所""那烂陀寺"

土登益西仁波切在图卢兹市附近创立了金刚瑜伽师研究所（l'institut Vajra Yogini）和那烂陀寺（Monastere Nalanda）。

1974 年，伊丽莎白·德吕基耶（Élisabeth Drukier）在尼泊尔认识了土登益西仁波切和土登佐巴喇嘛；1975 年，她又在那里认识了德尼·于埃（Denis Huet）；他们两人于是开始制订邀请喇嘛来法国传播藏传佛教的计划。1977 年，在圣—博姆（Sainte-Baume），松仁波切（Song Rinpoche，1905—1984）带领一些喇嘛给 300 人第一次传法。随后，其中的 20 人依照法律组建起一个团体，它为金刚瑜伽师研究所的成立打下了基础。1979 年秋，该团体获得一处地产，它就是图卢兹市的"恩—克劳扎德城堡"（Château En-Clauzade）以及附属的面积达 6 公顷的大花园。1980 年，由 12 个人组成的委员会定居恩—克劳扎德城堡，开始重建和翻新等工作。同年 8 月，城堡西侧着火。在土登益西仁波切的要求下，洛桑丹杰格西（Gueshé Lobsang Tengye）来到城堡常驻，陪同他的还有翻译土登喜饶（Thupten Shérab）。1981 年，土登益西仁波切和佐巴喇嘛第一次来到金刚瑜伽师研究所传法。1982 年，十四世达赖喇嘛第一次来到这里弘法。1993 年，在献给土登益西仁波切的塔建成之后，十四世达赖喇嘛又来了一次。格鲁派很多上师都来这里传教，使金刚瑜伽师研究所和附近的那烂陀寺成为格鲁派在法国的一个重要的传教中心。整个研究所包括以洛桑丹杰格西和土登喜饶为主体的 17 名成人和 7 个孩子。尽管信徒们多年来投入巨大的人力、物力和财力试图修复城堡的建筑，但很多工作尚未完成。[2]

那烂陀寺建于 1980 年，金刚瑜伽师研究所西侧失火之后，信徒们捐献了一些资金用来重修城堡，那烂陀寺的建筑经费就是从中支取的。后来，那烂陀寺由强巴嘉措格西（Gueshé Jampa Gyatso，1932—2007）负责。[3] 在寺院中修行的西方人有 20 名左右。

---

① Ronce，Philipe，*Guide des centres bouddhistes en France*. Éditions Noêsis，juin 1998，p. 217.

② Ibid.，p. 324.

③ Ibid.，p. 332.

二　日本佛教

在法国传播得最迅速的日本佛教宗派是禅宗，尤其是曹洞宗。此外，真言宗和创价学会也在成立组织、建立道场方面取得了进展。

（一）禅宗

在法国弘传日本禅宗最重要的人物是弟子丸泰仙。1914 年 11 月，弟子丸泰仙出生于日本佐贺市（Saga）附近的一个小村里，母亲的净土宗信仰对他产生了很大的影响。1934 年，弟子丸泰仙进入横滨大学（University of Yokohama）学习经济和英语，除了学习规定的课程，他还专心研究宗教，学习了印度教、基督宗教和欧洲哲学。不过，他对这些教义和哲学中关于人类困境的回答很失望，于是转向禅宗。

1936 年，弟子丸泰仙找到总持寺禅师泽木兴道（Kodo Sawaki）。他给了弟子丸泰仙一本自己的日记，上面写着这样的话："独行者独自前行。一个人独自旅行。一个圣人一无所需。实现了真实自我的人快步前行。没有人在他之上。他感到自己与宇宙合二为一。我为什么坐禅？毫无目的。"[1] 弟子丸泰仙被这些话深深打动，成为泽木兴道的弟子。

1941 年 12 月 7 日，日本偷袭珍珠港，太平洋战争爆发。弟子丸泰仙因为视力不好没有被征召入伍，但是他被派到印度尼西亚监管矿山。他度过了残酷的战争岁月，终于活着回到日本。回国后，他立即重新开始禅宗的正规训练并开始经商。1965 年 11 月，即将圆寂的泽木兴道允许弟子丸泰仙受戒。他对出家的弟子丸泰仙说："在印度的菩提达摩时期，佛教处于衰落状态，所以菩提达摩的老师让他将佛法传到东方。现在的日本也一样，佛教已经消亡。你是我的衣钵继承人，是真正懂得佛陀的真实教义的人，你要把它们传播到西方，这样，佛教可能会重新昌盛。"[2] 12 月，泽木兴道圆寂。

1967 年 7 月，弟子丸泰仙乘火车沿西伯利亚铁路（Trans-Siberian Railway）到达巴黎。不懂法语、身无分文的他开始教授法国人坐禅。5 年后，他的身边有了一大批弟子。1970 年，弟子丸泰仙建立"欧洲禅宗协

---

① Batchelor, Stephen, *The Awakening of the West：The Encounter of Buddhism and Western Culture.* Berkeley, California：Parallax Press, 1994, p. 121.

② Ibid. , p. 122.

会"（Association Zen d'Europe）。1979 年，它转型为著名的"国际禅宗协会"（Association Zen Internationale）。[1]

1972 年 3 月，弟子丸泰仙有了一个固定的道场（dojo），即"巴黎禅宗道场"（Dojo zen de Paris）。随后，他在齐纳尔（Zinal）指导一场有400 人参加的闭关。1980 年，僧团购买了"根德隆尼埃"（La Gendronnière），它是位于卢瓦尔山谷（Loire Valley）的一座城堡，这里从此成为弟子丸泰仙在西方国家传法的总部。在冬季、夏季的修行活动中，前来听他讲经说法的人超过 1500 人。

弟子丸泰仙对日本禅宗中的形式主义一直持批判的态度。不过，他在欧洲的成功弘法得到了日本本山的认可，曹洞宗本山授予他"传教师"的正式称号。[2]

弟子丸泰仙的弟子越来越多，僧团的实力也越来越强，不过，他的身体却每况愈下。对此，弟子丸泰仙并不在乎，他说："我的生命将是短暂的，但它不是利己主义的。"[3]

1982 年 2 月，弟子丸泰仙患病，但他坚持指导弟子们坐禅，参加会议。4 月中旬，他登上飞往日本的飞机，月底，在东京圆寂。他留给弟子们的遗言是："请继续坐禅。"[4]

经过几十年持续不断的努力，弟子丸泰仙和他的弟子们陆续建立了多所日本禅宗寺院，这里仅列举有代表性的三座加以介绍。

1. 巴黎禅宗道场

巴黎禅宗道场位于佩内提（Pernety）大街。1974 年，它得到日本曹洞宗本山的正式承认，是弟子丸泰仙在法国建立的最早的固定道场。巴黎禅宗道场是国际禅宗协会所在地，也是弟子丸泰仙一直居住的地方。1997 年，巴黎禅宗道场搬迁到新址——托尔比埃克（Tolbiac）大街。道场位于一幢三层楼上，第一层是商店和办公室；第二层是道场主体；最上层是

---

① LENOIR, Frédéric, *La rencontre du bouddhisme et de l'Occident.* Fayard, 1999, pp. 279 – 280.

② Batchelor, Stephen, *The Awakening of the West: The Encounter of Buddhism and Western Culture.* Berkeley, California: Parallax Press, 1994, p. 123.

③ Ronce, Philipe, *Guide des centres bouddhistes en France.* Éditions Noêsis, juin 1998, p. 252.

④ Batchelor, Stephen, *The Awakening of the West: The Encounter of Buddhism and Western Culture.* Berkeley, California: Parallax Press, 1994, p. 123.

聚会厅和办公室。巴黎禅宗道场的常驻法师凯蒂娅·罗贝尔（Katia Robel）在 1969 年开始坐禅，她很快加入巴黎禅宗道场。1970 年，罗贝尔受菩萨戒，1971 年，受比丘尼戒。[1]

2. 根德隆尼埃禅寺

根德隆尼埃禅寺（Temple Zen de la Gendronnière）位于巴黎盆地南部的索洛涅地区（Sologne），这座禅寺的面积达 80 英亩，包括森林、陆地和池塘。1979 年，弟子丸泰仙选中这块地方，并于 1980 年买下了这里。根德隆尼埃禅寺成为欧洲最大的集中坐禅的道场。[2]

3. 斯特拉斯堡禅宗中心

斯特拉斯堡禅宗中心（Centre Zen de Strasbourg）创立于 1970 年，是法国禅宗历史上第一个外省的中心，目前由奥利维耶·曼森·旺根（Olivier Mansen Wang Genh，1955—　）负责。[3]

日本禅师将禅修引入法国后，一大批禅寺纷纷建立，格里茨欧洲第一禅寺、法华禅寺、法国禅寺、北法禅寺等都具有很大影响。禅宗信徒们又在巴黎以南 300 公里处的阿瓦隆建立了"阿瓦隆世界禅文化交流中心"，成员有数百人。

1978 年秋，在东京举行的世界佛教徒联谊会第十二届大会通过决议，吸收"欧洲禅宗联盟"作为区域中心，机构设在巴黎。这标志着禅宗在法国的传播进入一个新的阶段。

（二）真言宗

光明院（Komyo-in）是法国第一座日本真言宗寺庙，附属于日本的圆通寺（Entsuji）和宝山寺（Hozanji），目前的领导人是韧连阿阇黎（Acharyas Yukai）及其夫人佑泉（Yusen）。

韧连阿阇黎原名达尼埃尔·比约（Daniel Billaud），是一名法国医生，他在儿童时代练习过柔道，对日本文化很感兴趣。学医时，他在一本拉丁文杂志上读到《大日经》，于是被真言宗所吸引，不久，他认识了后来成为其妻子的日本女子佑泉。1976 年，比约完成医学论文，和妻子回到日

①　Ronce, Philipe, *Guide des centres bouddhistes en France.* Éditions Noêsis, juin 1998, pp. 247 – 248.

②　Ibid., p. 135.

③　Ibid., pp. 19 – 20.

本，他们共同出家，拜访真言宗高僧，学习经典，积极修行。在日本生活九个月后，他们返回法国，继续修行三年。1980 年，他们回到日本，经过严格的训练及考核后，顺利成为阿阇黎，具有了传法及为信徒灌顶的资格。1984 年，他们徒步前往四国岛（Shikoku），进行近千公里的朝圣。每一次到日本，他们都装扮成行乞的僧人，接受捐赠，以便筹集资金，准备在法国建立寺庙。[1]

后来，光明院在勃艮第建成。这座寺庙共包括三部分建筑，第一部分用来招待客人，第二部分是严格意义上的寺庙，第三部分是韧连夫妇的住所。这座寺庙的大部分工程由已经修行八年的信徒完成，经费源于法国人和日本人的捐赠。[2]

（三）创价学会

1961 年，法兰西学院的日本研究员山崎永一（Eiichi Yamazaki）帮助池田大作（Daisaku Ikeda，1928—　）在巴黎建立了"法国创价学会"，这也是创价学会在欧洲的总部，由山崎永一担任领导。在普罗旺斯地区埃克斯（Aix-en-Provence）附近的特雷（Trets），欧洲创价学会有一个培训中心。[3]

三　南传佛教

南传佛教在法国的传播主要得益于泰国、缅甸和柬埔寨等国僧人的努力。早在 19 世纪中期，法国殖民主义者就进入中南半岛，控制了印度支那。法国学者对南传佛教认识和了解的时间也不短，例如他们对柬埔寨吴哥窟的遗址就进行过考古发掘和研究。

南传佛教在法国的迅速发展与 20 世纪 60、70 年代中南半岛的政治动荡息息相关。当时 20 万—30 万来自中南半岛的难民涌入法国，他们逐渐建立佛塔和修行场所，借鉴禅宗和藏传佛教的成功传播经验，将佛塔向法国人开放，采用积极、主动的传教方式，吸引了越来越多的法国人。

---

[1]　Ronce，Philipe，*Guide des centres bouddhistes en France.* Éditions Noêsis，juin 1998，pp. 118 - 119.

[2]　Ibid.，p. 119.

[3]　Batchelor，Stephen，*The Awakening of the West*：*The Encounter of Buddhism and Western Culture.* Berkeley，California：Parallax Press，1994，p. 153.

（一）泰国森林僧伽与"菩提奈那拉玛寺"

法国第一座依据泰国森林僧伽传统建立起来的寺庙是菩提奈那拉玛寺（Monastère Bodhinyanarama），寺庙的住持是奈那达罗长老（Nyanadharo Mahathera）。奈那达罗长老出生于老挝一个富裕的家庭，他先后在美国旧金山和法国格兰德—布列塔尼（Grande-Bretagne）学习，并在格兰德—布列塔尼遇到了自己的未婚妻。为了结婚，他返回老挝。按照老挝的传统，年轻人在结婚之前，要去寺院待一段时间，于是，奈那达罗在老挝森林僧伽大师阿姜·摩诃·班·阿难多（Achaan Maha Panh Anando）面前临时受戒。后来，奈那达罗为了还俗，两次拜访大师试图返还僧袍，但都被拒绝。按照传统，阿难多大师将不能第三次拒绝弟子的还俗请求。但是，当奈那达罗第三次去拜谒大师时，大师却已经圆寂。依据当地的传统，人的遗体在火化时，他（她）的誓言就可以不用再去遵守。但是，出人意料的是，阿难多大师的遗体并未被烧尽，相反却出奇地完整，所以最终被保留了下来。对此，奈那达罗认为，自己命中注定就要成为僧人，所以放弃还俗。后来，他成为阿姜·查大师的弟子之一。①

1975 年，奈那达罗渡过湄公河（Mékong），离开动荡不安的祖国。起初，他试图移民英国，但是由于没有得到签证，他最终到达巴黎。初来法国的他一无所有，后来，他遇到施内策勒，于是受邀到蒙沙顿（Montchardon）居住。卡鲁仁波切的弟子们正在辛勤劳动，将破旧农场翻新为噶举派的修行中心——噶玛明久林。在这里，奈那达罗遇到了雅尼纳·布瓦泰尔（Janine Boitel），布瓦泰尔后来成为他的忠实助手。卡鲁仁波切派遣的顿桑喇嘛来到噶玛明久林后，奈那达罗和布瓦泰尔移居到格勒诺布尔。之前，奈那达罗在图尔农（Tournon）获得了一块土地，可以用来建立寺庙。1977 年，奈那达罗利用阿姜·查第一次访问西方国家的契机，邀请阿姜·查来到法国，同年 7 月，阿姜·查主持了菩提奈那拉玛寺的落成典礼。②

此外，森林僧伽在法国的组织还有阿姜·查协会（Association Ajahn Chah）。该协会是英国森林僧伽派的道场阿玛拉瓦蒂的下属机构。阿姜·

---

①　Ronce，Philipe，*Guide des centres bouddhistes en France*. Éditions Noêsis，juin 1998，pp. 486 – 487.

②　Ibid. ，p. 487.

查协会的具体负责人是米歇尔—亨利·迪富尔（Michel-Henri Dufour，
1947—　）。迪富尔在 1971 年接受弟子丸泰仙的曹洞禅，然后在马孔
（Mâcon）建立了一个瑜伽团体。他还读过沃尔波罗·罗睺罗的书，最终
在伦敦的南传佛教寺院里皈依佛教。回到法国后，从 1973 年起，迪富尔
居住在森林僧伽派的寺庙里，并在那里遇到阿姜·查。1975 年，迪富尔
遇到奈那达罗，从此，他投身到森林僧伽派典籍的翻译、编辑和思想传播
的工作中。①

（二）柬埔寨僧人布尔克莱与高棉寺

柬埔寨佛教寺院在法国的出现很大程度上是动荡的政治环境所催生
的。1863 年后，柬埔寨沦为法国的保护国；1940—1945 年，柬埔寨被日
本侵略者占领；日本投降后，法国重新占领柬埔寨；1953 年 11 月 9 日，
柬埔寨王国独立。1970 年 3 月 18 日，美国策动朗诺（Lon Nol，1913—
1985）等人发动政变，推翻诺罗敦·西哈努克亲王（Samdech Norodom Si-
hanouk，1922—2012）领导的合法政府，4 月 29 日，南越军队在美军的
配合下入侵柬埔寨。柬埔寨人民在西哈努克亲王为首的民族团结政府领导
下，经过五年艰苦奋战，于 1975 年 4 月 17 日解放金边，19 日解放全国。

同年，红色高棉（Khmers rouges）夺取柬埔寨政权，柬埔寨重新陷入
动荡。1991 年 10 月 23 日，柬埔寨问题国际会议在巴黎举行，18 个国家
的外交部部长和柬埔寨全国最高委员会成员共同签署《柬埔寨和平协
定》，柬埔寨的政治局势基本稳定。

柬埔寨僧人在法国建立的第一座佛寺是高棉寺（Watt Khémararam），
它 的 住 持 是 僧 伽 拉 伽·布 尔 克 莱（S. S. le Sangharaja Bour Kry，
1945—　）。1945 年，布尔克莱出生于柬埔寨马德望（Battambang）的一
个中产阶级家庭。他的家人期望他将来从政，但是在中学毕业时，布尔克
莱决定削发为僧。在出家的最初 10 年中，布尔克莱阅读深奥的巴利文佛
经，学习不同佛教宗派的思想，后来，他被任命为家乡的一名僧官，布尔
克莱的才能得到上司和信徒们的认可，有望成为一所寺庙的住持。红色高
棉掌权后，柬埔寨的宗教状况迅速恶化，布尔克莱逃离柬埔寨，于 1976
年到达法国。在此期间，很多柬埔寨难民也流亡到法国，他们相继成立了
一些互助性的团体，例如 1977 年成立的"高棉佛教协会"（l'Association

---

① Ronce，Philipe，*Guide des centres bouddhistes en France.* Éditions Noêsis，juin 1998，p. 106.

bouddhique Khmère）。[1]

1980 年，高棉佛教协会的实力得到增强，它利用捐款在克雷泰伊（Créteil）买下一块土地。在布尔克莱的带领下，一座具有柬埔寨传统意义的寺庙——高棉寺诞生了。在以后的岁月里，高棉寺以其包容、开放的精神（没有种族和国籍的歧视、向所有人开放）很快获得良好的声誉。1982 年，布尔克莱创立"国际佛教援助组织"（Le Secours bouddhique international）。布尔克莱来到法国后，一直坚持对来自东南亚各国的难民给予物质及精神方面的援助。1987 年，西哈努克亲王尊他为"国师"。[2]

（三）柬埔寨僧人维贾雅与"释迦牟尼内观禅定中心"

释迦牟尼内观禅定中心（Centre de Meditation Vipassana Sakkyamuni）的创立者是维贾雅（U Vijaya, 1936—　）。

1936 年 9 月 28 日，维贾雅出生于柬埔寨。他的父亲修行禅定，儿童时代，维贾雅的父母让他跟随柬埔寨、越南的和尚学习佛教。19 岁时，僧人们要求维贾雅受戒，被他的父亲拒绝。后来，他到柬埔寨和越南的一个联合机构任职，从事柬埔寨旅游事业的发展工作，直到 1975 年。后来，他来到法国工作，直到 1991 年。1979 年，维贾雅遇到马哈希尊者（Mahasi Sayadaw, 1904—1982），成为内观禅定的修行者。1987 年，他接受另一位大师班第达尊者（Sayadaw U Pandita, 1921—　）的教诲。1992 年 7 月 9 日，他受比丘戒。[3]

1980 年，维贾雅创立释迦牟尼内观禅定中心。1981 年，中心得到附近一块 5000 平方米的土地。1983 年，信徒们建成静修大厅。1991 年，中心为僧人们建了一座楼。1992 年受戒后，维贾雅将全部的时间和精力用于中心的事务，包括机构的设置、僧人的修行、寺庙的管理等诸多方面。[4]

（四）缅甸僧人戈恩卡与"内观达磨乡村"

1924 年，戈恩卡（Satya Narayan Goenka, 1924—2013）出生于缅甸，曾经是"仰光印度教社团"（Communauté hindouiste de Rangoon）的领导。

---

① Ronce, Philipe, *Guide des centres bouddhistes en France*. Éditions Noêsis, juin 1998, pp. 243 – 244.

② Ibid. , p. 244.

③ Ibid. , pp. 116 – 117.

④ Ibid. , pp. 115 – 117.

1955 年，他拜乌巴金尊者（Sayaggyi U Ba Khin，1899—1971）为师，从此跟随乌巴金尊者学习内观禅定达 14 年之久。1969 年，戈恩卡得到授权，可以教授内观禅定。随后，他移居印度孟买（Bombay），并建立一个传授内观禅定的中心。这个中心很快发展起来。

从 1982 年起，戈恩卡在世界各地陆续建立了一批内观禅定中心，这些西方国家包括美国、澳大利亚、新西兰、法国和英国等。法国的"内观达磨乡村"（Vipassana Dhamma Mahi）成立于 1988 年，它位于欧塞尔（Auxerre）附近的卢埃斯梅（Louesme），距离巴黎东南部有 170 公里。这个内观禅定中心坐落在一个小山谷状的草地上，周围很安静。这里的建筑最初是给孩子们办夏令营用的，经过维修和整理成为现在的静修中心。①

四　越南佛教

越南是个佛教历史悠久的国家，国内既有大乘佛教的流传，又有上座部佛教的影响，但以大乘佛教为主流，尤其受中国禅宗和净土宗的影响非常深远。

越南佛教在亚洲之外各国的出现和传播与当时越南的国内局势和越南战争密切相关。

1884 年，越南沦为法国的保护国；第二次世界大战中，它被日本占领；1945 年 9 月 2 日，越南宣告独立，成立越南民主共和国。同年，法国再次入侵越南，印度支那战争爆发。1954 年 5 月，法国在奠边府（Dien Bien Phu）战役中失败，被迫与越南在日内瓦签署和平协议，越南北方（以北纬 17 度线为界）获得解放，但南方仍由法国统治。1955 年，美国取代法国，扶植以吴庭艳（Ngo Dinh Diem，1901—1963）总统为傀儡的西贡政权。西贡政权对人民进行血腥的统治和压迫，激起了越南南方人民的不断反抗和斗争，佛教徒也积极参与民众的正义斗争。1961 年 5 月，美国破坏《日内瓦协议》，在越南南方发动"特种战争"。1963 年 5 月，僧人释广德（Thich Quang Duc，1897—1963）在西贡市自焚，以抗议西贡政权的残暴统治。他的行动使这场斗争引起越南人以及世界媒体的关注，一些西方国家的佛教组织对越南佛教徒的斗争表示了支持。

---

① Ronce, Philipe, *Guide des centres bouddhistes en France.* Éditions Noêsis, juin 1998, pp. 112 – 114.

1964 年 8 月，美国以北部湾事件为借口，将侵略战火扩大到越南北方。1965 年 3 月，美国大规模参战，侵越战争升级为以美军为主的"局部战争"。在各国人民的大力援助下，越南军民粉碎了美军在南方的攻势和对北方的轰炸。1968 年初，越南南方人民武装发动"春季攻势"，扭转战局，迫使美国与越南进行和平谈判。1973 年 1 月，《巴黎协定》签订，美军被迫撤出越南南方。1975 年春，越南军民对西贡政权发动总攻，于 4 月 30 日解放西贡，5 月 1 日解放整个南方。

"二战"后，许多越南劳工定居法国，其中信仰佛教的人在巴黎建立了越南佛教联盟。进入 20 世纪 60 年代，由于越南国内的局势动荡，一些越南僧侣和俗人中的佛教信徒流亡到法国，使越南佛教在法国的发展呈现加速度的态势。这些信徒建立起佛教组织和团体，修建佛塔。最初，佛事活动的参加者主要是越南裔人群，对法国本土白人的影响较小。随着时间的推移，尤其是进入 80 年代后，一些越南佛教团体开始重视向西方人传法，其中影响较大的有灵山寺、梅村国际禅修中心等。

（一）释玄微与灵山寺

灵山寺的法语名称是"Pagode Linh Son"，直译应为"灵山佛塔"，不过，它实际上是在灵山佛塔的基础上发展起来的一座寺院，所以意译为灵山寺。灵山寺位于巴黎地区的维安茹尔勒蓬（Joinville-le-Pont）。1974 年，灵山佛塔建成，随后，灵山寺逐渐发展起来。灵山寺举行了很多宗教文化活动，充满活力，吸引了越来越多的法国人。灵山寺是灵山世界佛教联合会（Congrégation bouddhiste mondiale Linh Son）的总部，该联合会下辖全世界的 50 个灵山佛教中心，它们广泛分布在亚洲、欧洲、北美洲、大洋洲和非洲各主要国家。灵山寺的主体建筑及其附属部分既实用又美观，还有某种超现实主义的意蕴。常驻比丘和比丘尼各有 10 名左右，他们组织日常的修行和仪式活动，并接待来访者。[①]

对灵山寺的发展起了突出作用的是释玄微（Thich Huyen Vi，1926—2005）。1926 年 4 月，释玄微出生于越南一个虔诚的佛教家庭。1935 年，他进入寺院生活。1938 年，他开始学习汉语经典。1940 年，释玄微决心皈依佛门。1944 年，他开始在佛教小学教书。1946 年，释玄微受比丘戒。后来，他进入西贡市一座寺庙学习，同时在佛教中学里教书。1950 年，

---

① Ronce, Philipe, *Guide des centres bouddhistes en France*. Éditions No êsis, juin 1998, p. 237.

他被任命为越南南部和中心地区弘扬佛法委员会的副主席。1961 年，释玄微到印度的那烂陀佛学院（l'institut Nalanda d'études bouddhiques）学习英语、印度语和巴利语。1963 年，他通过巴利语经典的考试。1965 年，释玄微获得英语学士学位。1967 年，他获得巴利语硕士学位，然后又撰写了博士论文，获得哲学博士学位。后来，他边教汉语边学藏语。1973年，释玄微返回越南。1975 年，应灵山佛教联合会的邀请，他来到法国定居。最初，他担任灵山佛教联合会的顾问，后来又担任主席。① 在释玄微的领导下，灵山佛教联合会步入快速发展的轨道。

（二）释一行与梅村修行中心

释一行（Thich Nhat Hanh，1926—　），1926 年出生于越南。1942年，他出家为僧，法名"释一行"。他的师父是中国临济宗第 41 代传人，属于越南禅宗的了观禅派（Lieu Quan School）。1949 年，释一行受具足戒。1951 年 5 月 6 日，在顺化（Hue）举行的佛教全国代表大会（Buddhist National Congress）同意将越南的所有佛教组织统一为"全体越南佛教徒协会"（All Vietnam Buddhist Association）。该机构的目的之一是提升佛教的作用，使它在国家动荡的环境下成为团结人心、救助难民的工具。②

1956 年，释一行被任命为《越南佛教》（*Vietnamese Buddhism*）的主编，这是全体越南佛教徒协会办的杂志。在他的领导下，《越南佛教》批判吴庭艳的统治和天主教的个人主义哲学，把佛教提升为国教。释一行认为，佛教自身急需实现现代化并积极参与社会事务。③

1956 年，释一行离开越南去美国纽约的哥伦比亚大学，学习比较宗教学并传播佛教。1964 年，释一行被要求回国。在他的帮助下，梵行佛教大学（Van Hanh Buddhist University）在西贡市创立。释一行在该校创立"青年社会服务学院"（School of Youth for Social Service），旨在"培养促进农村发展的干部，动员潜在的佛教资源来完成农村地区的发展任务。"④

---

① Ronce，Philipe，*Guide des centres bouddhistes en France.* Éditions No êsis，juin 1998，p. 240.

② Batchelor，Stephen，*The Awakening of the West：The Encounter of Buddhism and Western Culture.* Berkeley，California：Parallax Press，1994，pp. 355 – 356.

③ Ibid.，p. 356.

④ Ibid.，p. 358.

　　释一行被南越政府视为亲共分子，但同时他也不为北越政府所容。越南北南双方都迫害释一行的同事和学生，释一行也险些被暗杀。1965 年，释一行建立"相即共修团"（Tiep Hien Order，Order of Interbeing），这是一个经过改革的佛教运动，强调建立在心灵觉醒实践上的社会义务和和平主义。1966 年，一行禅师应和平联谊会（The Fellowship of Reconciliation）的邀请访问美国，向美国人讲述了越南下层人民在战争中遭受的痛苦以及他们的和平愿望。随后，他定居巴黎。1973 年，《巴黎协定》签署后，他的回国请求被拒绝。释一行迁移到巴黎以南 100 英里的丰瓦尼（Fontvannes），在那里建立了一个名为"甜土豆"（Sweet Potatoes）的乡村社区，致力于静坐、写作和园艺。①

　　1976 年，释一行来到新加坡帮助从越南内战中逃离出来的难民，但不久，他被勒令回到法国。1982 年，他将"甜土豆"搬迁到法国西南部圣弗拉格朗德（Sainte Foy la Grande）镇附近的梅村（Plum Village）。实际上，这是两个被人遗弃的小村，在这里，释一行依然帮助来自越南的难民。他的一些著作被翻译成法语和英语，他还被邀请到美国讲学。

　　1987 年，阿诺德·科特勒（Arnold Kotler）将释一行的谈话整理成《活得安详》②（Being Peace③）出版。科特勒在美国加州做过禅僧，也是一名和平主义者。五年后，这本书的英文本出版了 10 万册，并被翻译成九种欧洲语言。④ 一行禅师用英语和越南语写了 80 多种著作，主要有《太阳，我的心》⑤（The Sun My Heart）、《行禅指南》（A Guide to Walking Meditation）、《佛之心法》⑥（The heart of the Buddha's Teaching）、《当下一刻，美妙一刻》（Present Moment，Wonderful Moment）、《正念的奇迹》⑦（Miracle of Mindfulness；An Introduction to the Practice of Meditation）、《步入

---

①　Batchelor, Stephen, *The Awakening of the West*：The Encounter of Buddhism and Western Culture. Berkeley, California：Parallax Press, 1994, pp. 358 – 359.

②　[法] 一行禅师：《活得安详》，明洁、明尧译，海南出版社 2011 年版。

③　Thich Nhat Hanh, *Being Peace*. Berkeley, California：Parallax Press, 1987.

④　Batchelor, Stephen, *The Awakening of the West*：The Encounter of Buddhism and Western Culture. Berkeley, California：Parallax Press, 1994, p. 368.

⑤　[法] 释一行：《太阳，我的心》，周和君译，线装书局 2013 年版。

⑥　[法] 一行禅师：《佛之心法》，明洁、明尧译，宗教文化出版社 2003 年版。

⑦　[法] 一行禅师：《正念的奇迹》，丘丽君译，中央编译出版社 2010 年版。

解脱》①（*Stepping into Freedom*）《一行禅师说慈悲喜舍》②（*Teaching on Love*）、《一行禅师佛学讲演录》③《一行禅师文集》④、《一行禅师释佛》⑤ 等。

　　一行禅师经历过战乱的痛苦，对人类社会的不平、苦难有深刻的体验和感悟。他的作品主题涉及人类的生存、苦难、和平等诸多内容，关注人们心灵的状况，具有鲜明的现实意义。一行禅师将上述主题，结合深邃的佛理，用深入浅出、清新自然的风格表现出来，卸下人们心灵上的重负。他的作品在世界各国产生了巨大的影响，广受欢迎。

五　汉传佛教

　　汉传佛教在法国的迅速发展出现在 20 世纪 90 年代，代表性的僧团是佛光山。它在法国的组织是国际佛光会巴黎协会（BLIA, Paris），道场有巴黎佛光山和巴黎古堡道场。

　　1991 年 4 月，星云法师派遣慈庄、依晟两名法师前往法国，筹划在巴黎购买土地、修建寺庙的事宜。在当地居士的大力支持下，两位法师选中位于弗德洛特（Verdelot）、14 世纪建成的“洛诺雷诺城堡”（Château Launoy Renault），将其改成寺院。这是佛光山在欧洲建立的第一座寺院，慈庄法师担任第一任住持。信徒们往往将它称为“巴黎古堡道场”。

　　不过，这座寺院距离市区遥远，信徒们感到进行佛事活动很不方便，慈庄法师于是在巴黎 13 区意大利广场的旁边租下 80 平方米的场地，作为弘法场所。她在这里为信徒们开办训练班，举办佛学讲座等。

　　1992 年 4 月，星云法师来到巴黎古堡道场，主持了国际佛光会巴黎协会的成立仪式。接着，该道场举行了孝亲报恩盂兰盆法会、观音法会，活动吸引了许多人参加，他们还加入佛光会，甚至要求皈依佛门。

　　随着巴黎佛光会的影响越来越大，信徒的人数日益增加，越发显得场

---

　　①　［法］一行禅师：《步入解脱》，明洁、明尧等译，宗教文化出版社 2003 年版。

　　②　［法］一行禅师：《一行禅师说慈悲喜舍》，郑维仪译，台北：立绪文化事业有限公司 2011 年版。

　　③　［法］一行禅师：《一行禅师佛学讲演录》，明洁、明尧译，中国国际广播出版社 1999 年版。

　　④　［法］一行禅师：《一行禅师文集》，宗教文化出版社 2003 年版。

　　⑤　［法］一行禅师：《一行禅师释佛》，中国长安出版社 2005 年版。

地局促。1993 年，巴黎古堡道场的第二任住持依照法师在多位居士的协助下，搬迁到巴黎 94 区的一座仓库。道场举行了几十场法会，巴黎佛光会也举办了多项文化、教育、慈善、联谊等活动。1995 年 8 月，道场进行了维修。巴黎古堡道场除了举办例行的法会外，还开办佛学研读班、儿童班，举行医学讲座、文化艺术展览等活动。

1996 年 5 月，巴黎佛光协会暨巴黎佛光山举办盛大的浴佛法会，盛况空前。法国《费加罗报》以及第二国家电视台等媒体做了现场报道。同年 8 月，国际佛光会在巴黎国际会议厅举行第五届世界会员代表大会。佛光山在法国出现的时间不长，但在短短的 10 年中已经取得了长足的进展。

第四节　佛教发展的新动态

20 世纪 50 年代以来，法国民众对佛教的兴趣越来越浓，佛教在法国的影响也越来越大。据一次调查显示，到 20 世纪末，在基督宗教占主导地位的法国，超过 10% 的人接触过佛教，皈依者也逐渐增多。信仰者中亚裔占大多数，但是对佛教有兴趣的法国本土白人也日渐增加。

一　法国佛教联盟

法国佛教联盟（L'Union Bouddhiste de France，缩写为 UBF）成立于 1986 年 6 月 28 日，由法国创价学会之外的各界佛教徒组成，它谋求在法国议会中得到一个席位。法国佛教联盟在该国各种类型的佛教协会中体现了民族性的特点，它的目标主要有五个：

第一，在公共权力、宗教团体、社会组织、大学、人道主义机构以及各类国际、国家团体等方面作为法国佛教界的对话代言人；

第二，捍卫法国各种传统佛教团体的利益；

第三，促进法国各传统宗派佛教徒之间的联系；

第四，努力把佛教作为人类的一种伟大的精神潮流来呈现；

第五，推进佛教与现代化之间的思考。①

---

① MATHE, Thierry, *LE BOUDDHISME DES FRANCAIS*: *Le bouddhisme tibéain et la Soka Gakkai en France*, *Contribution à une sociologie de la conversion*. L'Harmattan, 2005, p.58.

法国佛教联盟代表该国佛教徒的公共权力，法国 80% 的合法佛教协会和佛教团体是它的成员。法国佛教联盟的主席信奉藏传密教，其余四个副主席分别信仰南传佛教、越南的大乘佛教、日本的禅宗和藏传密教。1990 年，一个由 12 名成员组成的咨询委员会成立，包括元老、喇嘛和各教派的大师。

法国佛教联盟的目的之一是把佛教作为一种普世的宗教来宣扬。不过，创价学会却没有出现在联盟中。创价学会宣称自己代表着佛教的最权威的教义，因此不愿意湮没在一个抹杀了佛教各派别的基本教义差别的佛教阵线里。①

法国佛教联盟着重宣传一种思想：佛教根植于该国并且关心法国人。这种观念在电视节目"佛教之声"播出后，在法国社会产生了广泛影响。从 1997 年 1 月 5 日起，法国电视二台在每周日上午播出佛教之声，该节目时长 15 分钟，法国佛教联盟下属的各佛教团体在节目中相继出现。法国佛教联盟主席 J. 马丁（J. Martin）说，他们录制这个节目的目的之一是让公众更好地理解佛教团体。据统计，佛教之声的固定观众有 30 万人，50 岁以上的人居多，女性观众的人数是男性的大约 3 倍。②

国际禅宗协会的代表罗兰·列什（Roland Resh）说，那些对"生命质量"而不是"权力"更感兴趣的人们"自然会被佛教所吸引"。他表示，佛教之声不仅仅是"信息的来源"，而是"要让人们有开始修行的愿望"，因此，该节目具有弘法的目的。该栏目着重揭示佛教与现代化的关系，例如它为人们提供答案，教会他们怎样处理日常生活中出现的种种烦恼。③

马丁主席经常参与佛教之声节目，他特别关注佛教团体与公共权力之间以及佛教与其他宗教之间的关系。佛教之声关注社会现实，它对社会舆论产生影响，使佛教不再仅仅停留在纯粹的哲学领域，而体现出人间佛教的特点。马丁希望佛教之声的时长能延长到 30 分钟。④

法国佛教联盟下设六个委员会：①宗教对话委员会。它积极参与大型

---

① MATHE, Thierry, *LE BOUDDHISME DES FRANCAIS*: *Le bouddhisme tibéain et la Soka Gakkai en France*, *Contribution à une sociologie de la conversion.* L'Harmattan, 2005, pp. 58 – 59.

② Ibid., pp. 59 – 60.

③ Ibid., p. 60.

④ Ibid..

的公众辩论会。②佛教性与现代性委员会。该委员会下属的伦理小组委员会曾经就堕胎、人工授孕、安乐死、遗传学等社会问题发表自己的观点，引起社会大众包括天主教会的关注。③资讯传播委员会。它将佛教信息提供给各种媒体。④社会活动委员会。该委员会下设监狱弘法小组委员会、宗教教育小组委员会等组织从事相关的活动。⑤法律诉讼事项委员会。它负责处理涉及佛教团体的法律事务，在法律上保障佛教团体的权益。⑥国际关系委员会。它负责处理与国际机构（如联合国考察团、欧洲议会等）的相关事务。

二　欧洲佛教大学

1996 年，德尼顿珠在巴黎创立欧洲佛教大学（L'Université Bouddhique Européenne，UBE）。名义上是大学，但它本质上是一个文化协会，它在法国登记注册的名称是："东西方之传统、科学和文化佛法协会"（Association Dharma Orient-Occident, Traditions, Sciences et Cultures）。欧洲佛教大学并不是道场，它并不传授坐禅或其他修行的方法，也不举行佛事活动，欧洲佛教大学也没有固定的建筑物和教员，它租用场所进行活动。欧洲佛教大学的主要活动是举办培训班及召开会议，课程由聘请的大学教师和法师教授。[1] 从一定意义上说，欧洲佛教大学是一个学术性的组织。

欧洲佛教大学的目的是成为一个研究佛教思想并进行交流的平台，以此来展示佛陀的教育在现代世界中的合理性。它向欧洲各个佛教组织开放，其经济来源是会费、参加培训班的学员缴纳的学费以及人们的捐赠。[2]

---

① MATHE, Thierry, *LE BOUDDHISME DES FRANCAIS*：*Le bouddhisme tibéain et la Soka Gakkai en France*，*Contribution A une sociologie de la conversion*. L'Harmattan，2005，p. 60.

② Ibid.，p. 61.

第四章 德国佛教

第一节 早期哲学家与佛教、学者的佛教研究

德国诸多哲学家接触过佛教，其中对佛教认识和了解程度最高、受佛教影响最大的当属叔本华和尼采。此外，德国早期一些学者的佛教研究也为佛教在该国的传播做出了贡献。

一 德国哲学家与佛教

17 世纪之前，德国人对佛教几乎没有了解，只有一位基督教徒圣海洛宁（St. Hieronyms）在他的著作中提到佛陀神奇的诞生。17 世纪，莱布尼茨在其著作《辨神论》中引用过一些佛学典故。18 世纪，康德在著作与演讲中经常提到锡兰、缅甸和中国的佛教，还详细描述了僧侣们的生活，赞扬他们的平等心，并对佛教的业报轮回思想很感兴趣。康德在临终时，曾经向友人赫斯（Hesse）承认，他坚信轮回的道理。[①] 19 世纪初，西方出现了很多翻译为欧洲语言的佛教书籍，佛教思想在德国广为传播。很多著名哲学家和思想家如谢林、黑格尔等都程度不同地接触到佛教，其中，叔本华和尼采受佛教思想的影响最大。

（一）叔本华与佛教

1788 年 2 月 22 日，叔本华生于但泽（今波兰格坦斯克）的一个商人家庭。年轻时，他就在母亲组织的沙龙中认识了歌德、谢林、奥古斯特·威廉等浪漫主义者。在柏林上大学时，康德的思想对叔本华产生了巨大影响。1818 年，叔本华出版了毕生的主要著作《作为意志和表象的世界》。

---

① 净海：《德国佛教史》，载张曼涛主编《现代佛教学术丛刊》第 84 册，《欧美佛教之发展》，台北：大乘文化出版社 1978 年版，第 125—126 页。

这本书开始没有受到重视，1844 年，该书再版了两卷本。1851 年，叔本华出版《论说文集》，他成为德国一流的思想家。叔本华终生未婚，他生命的最后 27 年是在法兰克福度过的。叔本华的书房里摆放着一尊康德的半身像和一尊佛陀的塑像。①

1813 年，25 岁的叔本华通过一名东方主义学者的介绍接触到印度思想，随后，他开始收集德文、法文、英文作品中有关亚洲思想的内容。五年后，他确信："梵文经典对我们时代的影响将不亚于 15 世纪的希腊经典对文艺复兴的影响。"②

《作为意志和表象的世界》第一版面世时恰巧与浪漫主义者对印度思想的兴趣潮流相吻合，但是，这种对印度的热情不是忽略了佛教就是把佛教包含到印度教中。叔本华后来承认，直到 1818 年，在欧洲，对于佛教的描述还很少，而且仅有的描述也十分不完全和不恰当。虽然他的再版作品充满了印度思想，但他当时可能接触到的佛教作品只有俄国学者伊萨克·雅各布·斯密特（Isaak Jakob Schmidt，1779—1847）翻译的《金刚经》。甚至到 1851 年时，他还在引用 18 世纪旅行者和传教士的传说故事作为研究佛教的权威资料。19 世纪 50 年代，随着布诺夫作品的诞生，对佛教的兴趣席卷欧洲。在叔本华生命的最后 10 年中，德国学者在印度教、佛教研究方面取得了新的进展。叔本华声称自己是佛教徒，这时，他衷心赞颂佛教，将佛教视为自己观点的确证。③

当叔本华发现印度和佛教思想时，他已经建立了自己哲学思想的主体轮廓，因此，当他看到佛教思想与自己的观点有相似的内容时很高兴。④在《作为意志和表象的世界》中，叔本华多次提到佛教的核心概念，如轮回、涅槃等。

叔本华指出，宗教教义全部是为鲁莽的人心无法问津的真理披上一些神秘的外衣。他接下来用印度神话为例，对此进行了具体的阐述：

　　　　这里所指的是轮回这个神话。这种神话倡言人们在这一世中所加

① Batchelor, Stephen, *The Awakening of the West：The Encounter of Buddhism and Western Culture.* Berkeley, Cleyalifornia：Parallax Press, 1994, pp. 254 – 255.

② Ibid., p. 255.

③ Ibid., pp. 255 – 256.

④ Ibid., p. 256.

于其他人或物的痛苦，都必然要在来世，并且还是在这个世界上恰好以同样的痛苦来抵偿……神话说：恶行将在事后注定来生在世上变为受苦的被鄙视的人或物；根据这种说法，人就可以转生于较低等的种姓之中，或转生为女身，为禽兽……与此相反，作为善报则许以转生于更美好更高贵的人身中……最好的善报却要留给最高尚的行为和彻底的清心寡欲……这种善报，神话用世人的语言只能以消极的意义来表示，也就是常见的许［人］以不再入轮回："再不进入现象的存在"；或者是如既不承认《吠陀》又不承认种姓制度的佛教徒所说的："汝当入涅槃，涅槃之为状，其中无四苦：生、老、病与死"。①

轮回，意思是说如车轮回旋不停，众生在三界六道的生死世界循环不已。轮回原本是古印度婆罗门教的主要教义之一，佛教沿袭了这种思想而加以发展，并注入了自己的教义。婆罗门教认为，四大种姓以及"贱民"在轮回中是生生世世永袭不可改变的；但佛教认为，一切众生皆有自身的业力决定，所以，种姓是可以改变的。不过，如果不寻求"解脱"，就永远在六道（天、人、阿修罗、地狱、畜生、饿鬼）中，生死相续，无有止息，因此，佛教主张，在业报面前，众生一律平等。

《杂阿含经》卷二十、《长阿含经》卷六等佛经指出，下等种姓今生积"善德"，下世即可生为上等种姓，甚至生到天界；而上等种姓今生有"恶行"，下世亦可生为下等种姓，甚至下地狱，以此说明人间的痛苦。这样，众生的命运从梵天决定转到众生自身决定的方面。

叔本华认为，作恶者转生于较低种姓，行善者转生为更高贵的种姓，这种看法正是佛教轮回观的体现。他也看到佛教所认为的最高的善报就是不再进入轮回，而是达到涅槃的境界。这种看法也是正确的。当然，佛教的涅槃境界是免除了一切消极因素，具备"常、乐、我、净"的所谓涅槃四德的状态，不仅仅在于没有生、老、病、死四苦。涅槃是具有宗教神秘主义的终极、圆满的理想境界。叔本华这里的轮回思想是典型的佛教内容，而不应像他自己那样，仅仅视之为印度神话。

叔本华指出，自然界的一切事物都需要经过人类的帮助才能得到解

---

① ［德］叔本华：《作为意志和表象的世界》，石冲白译，杨一之校，商务印书馆 1982 年版，第 488—489 页。

脱。他不仅引用了安琪陆斯·西勒治乌斯的诗句，而且阐述了著名的神秘主义者迈斯特尔·埃克哈特的观点："大师们为我们证实这一点，说一切造物都是为人而设。验之于一切造物，都是互相为用：如草之于牛，水之于鱼……而一切造物也是这样有益于这好人：一个好人把一物连一物带给上帝。"① 叔本华认为，埃克哈特在此是要说："人，为了在他本身中，又和他本身一起，也把动物解脱；所以他才在这世间利用这些动物。"② 为了给自己的观点提供论据，叔本华接着引用了佛经中的看法："在佛教里也不乏有关这问题的说法，例如世尊还在当婆提萨陀太子时，为了最后一次备马逃出他父亲的寝宫前往荒野，他对马说出这一偈语：'汝在生死中，[历劫] 无已时。自从今日后，不再驮与拽。仅止此一次，坎达坎纳兮，驮我出此地。我若悟道时（成佛时），不忘汝 [功德]。'"③ 叔本华特地标注，这段引文摘自亚倍尔·雷缪莎翻译的《佛国记》。

叔本华在提及一些关于西方禁欲主义者、虔诚的基督徒的传记时说："和这些寺院文献平行的还有远东方面的姊妹作，这是斯宾斯·哈代一本极为可读的书：《东方僧侣主义：瞿昙佛创始的托钵僧派述事》（1850年）。这本书在另外一件外衣下给我们指出了同一件事。人们也可看到在 [圣者禁欲] 这件事的本身上，不论从有神论宗教或无神论宗教出发，都没有什么分别。"④ 叔本华提到的另一本有关佛教的书是欧卜罕姆的《佛教的教义》。⑤

叔本华像欧洲的大多数思想家一样，将佛教视为无神论的代表。他说："——至于佛教，这在世界上拥有最多数信奉者的宗教，根本不包含什么有神论，甚至引以为戒而排斥之，这是早已成为定论了的。"⑥ 对这种观点中"无神论"的概念要特别注意。叔本华时代的西方哲学家是从基督宗教的角度来看待佛教的，佛陀是作为婆罗门教的对立面而出现的。佛教的基本教义强调"缘起"，认为万事万物都依据条件而生起，否定婆

① ［德］叔本华：《作为意志和表象的世界》，石冲白译，杨一之校，商务印书馆 1982 年版，第 522 页。
② 同上。
③ 同上书，第 522—523 页。
④ 同上书，第 527 页。
⑤ 同上书，第 658 页。
⑥ 同上书，第 661 页。

罗门教的梵天创世观。从这个角度来说，佛教否定造物主，不认为有一个像基督宗教的"上帝"，指出一切事物都是因缘所生。正是因为这一点，西方学者往往将佛教视为无神论。他们在此所说的"神"就是造物主的同义词。如果我们从这个意义上来理解叔本华所说的无神论，当然就可以判断他的观点是正确的。叔本华注意到了佛教的和平主义色彩，他在其论说文集中指出：

> ……我必须强调一下，那些狂热的以宗教名义所犯下的滔天罪行，只该归到一神教信徒的头上，也就是犹太教和它的两个分支——基督教和伊斯兰教。我们从未听说印度教和佛教有过这样的暴行。尽管常识告诉我们，佛教在大约公元 5 世纪的时候，从它在印度半岛最南端的老家被婆罗门教赶走了，后来又在亚洲其余各国传播开来，但据我了解，在这整个过程中，没有任何关于暴行或战争的确切记录。①

叔本华关于佛教的和平、非暴力色彩的描述是正确的。不过，他的看法有不准确之处。首先，佛教在印度的消亡缘于 12 世纪伊斯兰教徒的入侵，而不是在公元 5 世纪被婆罗门教赶走。其次，佛教在印度的传播地区主要是西北部恒河、印度河流域一带，而不是印度半岛的最南端。

在抨击基督宗教时，叔本华列举了佛教与基督宗教对动物的态度来作为论据。他指出：

> 在这里我还要提到基督教的另一个基本错误，一个无法开脱的错误，其悲惨的后果时常是不言而喻的：我说的是基督教在人和人本来所属的动物之间划分的不自然界限。它把人看作是万物的灵长，而动物则只不过是东西而已。但婆罗门教和佛教却认为人普遍地和自然相联系，从本原上说尤其与动物相联系。他们的体系总是从灵魂转世来表示人的，或者，人总是和动物界密切相关。以婆罗门教和佛教中动物所占的重要地位与犹太教和基督教鄙视动物的态度相比，两种不同

---

① ［德］叔本华：《叔本华论说文集》，范进、柯锦华、秦典华、孟庆时译，商务印书馆1999 年版，第 263 页。

的宗教谁更完美就是再清楚不过的了。①

叔本华的这段阐述是正确的。在赞美印度神秘主义的智慧时，叔本华并不承认印度教和佛教是宗教。他相信人类将最终脱离孩提时代的宗教外衣。宗教或许对某些人是需要的、非常有益的，但让一个像莎士比亚或歌德或他那样的人相信宗教，无异于让巨人穿矮人的鞋子。②

叔本华认为，生命的基本物质是一种鲁莽而无目的的能量，他称为意志，而意志作为本体是不可认识的。可以认识的是表象，即意志在经验中的表现形式。意志的无目的的奋斗可以通过音乐和艺术的思考而暂停，并最终通过神秘的直觉而升华。他推论：产生世界表象的意志一定能够不这样做并因此而保持不动……这种意志在本质上相当于佛教徒的涅槃。③

尽管叔本华描述了人类生存的困境，却没有像佛教那样提出解决的方法。他很敬仰地谈论神秘的直观，却对达到这种境界的方法只字未提。虽然与叔本华同时代的人认为他是佛教徒，但他更喜欢听音乐而不是坐禅。他的佛教是对一种生命方式的最直观的同情，而他自己却从来没有兴趣也没有机会去实践这种生命方式。④

（二）尼采与佛教

19 世纪，随着教堂权威的弱化，人们常常用佛教作为怀疑基督宗教的一种手段，人们对佛教的热情更多的是为了反对基督宗教，而不是积极地接受佛陀的教诲。尼采就是这样一个例子。⑤

1844 年 10 月 15 日，尼采出生于普鲁士萨克森州（Sachsen）的洛肯镇（Lutzen）。他的祖父与父亲都是路德教派的牧师。1858—1864 年，尼采在普福塔（Pforta）高中学习，该校非常重视西方古典语言学的教学。在这个时期，有两位老师影响了尼采，使他开始重视印度文化。其中一位是教授希腊语和希伯来语的奥古斯特·斯坦因哈特（August Steinhart），

---

① ［德］叔本华：《叔本华论说文集》，范进、柯锦华、秦典华、孟庆时译，商务印书馆1999 年版，第 301—302 页。

② Batchelor, Stephen, *The Awakening of the West*: *The Encounter of Buddhism and Western Culture.* Berke, Cleyalifornia: Parallax Press, 1994, p. 257.

③ Ibid. , p. 258.

④ Ibid. , pp. 258 - 259.

⑤ Ibid. , p. 263.

他对东方文化持肯定的态度，而且说，要想真正理解柏拉图的思想，就不能忽视亚洲民族的哲学特别是印度哲学。更重要的一位老师是卡尔·奥古斯特·科布斯坦因（Karl August Koberstein，1797—1870），他认为，欧洲文学从古代的史诗开始，一直受到东方的影响。他还科学地、无可辩驳地通过德语和印度语言的类似性，证明了德国文化和印度文化的密切关系。尼采后来说，能结识科布斯坦因是他一生中的幸运。

在大学期间，尼采继续主修古典语言学，毕业后在瑞士巴塞尔大学任教，所主讲的也是古典语言学。研究古典语言学，使他有机会接触不同的语言和文化，而且能帮助他理解不同文化的不同精神。另外，尼采和梵文学者、比较哲学家保罗·杜森（Paul Deussen，1845—1919）保持了几乎终生的友谊。①

1865 年，尼采在一个书店偶然读到《作为意志和表象的世界》，被深深吸引。叔本华在书中明确表示，要想彻底理解他的哲学思想，必须了解三个方面的内容，一是康德的哲学，二是柏拉图的哲学，三是印度哲学。尼采很可能因为叔本华的建议而去认真了解印度哲学，佛教思想自然被他学习和利用。他和瓦格纳也因为对叔本华的共同崇拜而建立了友谊，但是后来，尼采与瓦格纳决裂，并且超越叔本华的思想而创造了自己的思想体系，即权力意志和超人思想。

尼采在其著作中多次提到佛教。他的佛教观中有三个方面的内容显得非常突出：第一，将佛教看作虚无主义，具体而言还是消极的虚无主义的表现形式；第二，他提出了永恒轮回观，现在看来，他的这种思想确定无疑地受到了佛教的影响；第三，尼采对佛教某种程度的肯定和认可，是与他反对、抨击基督宗教联系在一起的。在《权力意志》中，尼采指出：

> 作为强暴性的破坏力量，它达到它的相对力量的极大值：作为积极的虚无主义。它的对立面或许是疲乏的虚无主义，后者不再进攻，其最著名的形式就是佛教：作为消极的虚无主义。②

---

① 陈君华：《深渊与巅峰：论尼采的永恒轮回学说》，上海人民出版社 2004 年版，第 97—98 页。

② ［德］尼采：《尼采著作全集，第 12 卷，1885—1887 年遗稿》（《权力意志》上卷），孙周兴译，商务印书馆 2010 年版，第 398 页。

尼采在此将佛教视为消极虚无主义的最著名形式。当时的西方哲学家将佛教看作虚无主义是一种普遍的观点，这显然与早期佛教的"四谛"说有密切关系；同时，也与当时研究东方学的西方学者们将佛教徒修行的最高目标——"涅槃"翻译为"annihilation"有关。在英语中，该词的含义主要有三：第一，指绝灭，消灭，歼灭；第二，在物理学上指湮灭；第三，在基督教神学上指灵魂和肉体的毁灭。这个词的消极意义的内涵显而易见。西方学者们这样理解涅槃，也难怪尼采等哲学家均会把佛教视为一种消极的虚无主义。当然，他们的这种理解主要还得归因于早期佛教中所流露出的强烈的悲观主义色彩。

需要指出的是，在不同的历史阶段和不同的国家，佛教思想的表现形式不同，甚至完全相左。尼采时代的欧洲所论述的佛教思想，主要是早期佛教的方面。而且，同样重要的一点是，他们是从东方学家及西方大学的佛教研究者（如大学教授等）翻译的佛教典籍中来认识佛教的，这些佛教学者对早期佛教思想的一些看法存在程度不同的误读；相对而言，学者们的佛教观还准确一些。有些思想家最初接触的佛教资料还有传教士们的游记和传道过程中的记载，他们往往从护教的角度来看待佛教，其观点的正确性自然更值得怀疑。

尼采在建构自己的永恒轮回观时确定无疑地受到了佛教轮回思想的影响。他说：

> 佛陀同样也注意到了这样一种人，这种人尽管散布在所有阶层，社会地位明显不同，但是由于他们懒惰，所以他们无不善良而温顺（特别是不想伤害任何东西），同样是由于懒惰，所以他的生活无不是节制和禁欲，甚至几乎达到了无欲的地步：佛陀知道，必须用什么样的方式才能使这样的一些懒惰到了极点的人接受下面这样一种信仰，这种信仰许诺要避免尘世劳顿的轮回（也就是说要避免劳动以及任何行为的轮回）——佛陀的这一"知道"确实是他的天才的流露。[①]

---

① 陈君华：《深渊与巅峰：论尼采的永恒轮回学说》，上海人民出版社 2004 年版，第99 页。

尼采认为，佛陀倡导轮回的主要目的是取悦那些懒惰之人，用避免劳动以及任何行为的轮回来让他们相信。这种观点显然与早期佛教的教义大相径庭。"四谛"的第一谛是苦谛，这是佛陀对社会、人生所作的价值判断。早期佛教关注人的生命、人的生活，在描述人生八苦的基础上，找出其原因，树立修行的目标——涅槃，并提出达到这种目标的方法——"八正道"。

尼采的"永恒轮回"观与佛教的轮回观存在巨大的差别。这里主要分析尼采永恒轮回说的两个方面的特点。首先，"永恒轮回"是"所有事物的永恒轮回"。在《查斯图斯特拉如是说》中，查斯图斯特拉的动物们说："看哪，我们知道你所宣教的东西：万物永恒地轮回着，我们自己也不例外；我们已经存在过无数次，万物和我们一起已经存在过无数次。"查斯图斯特拉自己也说：

> 所有事物当中，凡能运行的，都从这条长长的甬道出发——它必须再一次轮回！这一个在月光中爬行的慢吞吞的蜘蛛，这一泻月光本身，在大门入口处一起低语、低语着万物之永恒的你我，——我们难道不都是从前就存在了么？我们难道不是再次轮回，并再次走进那另一条通道，然后又走出来，变成此刻的我们，然后再走进这条可怕的甬道——我们难道不是注定永恒地轮回着么？①

尼采强调，轮回的主体是万事万物，没有任何例外。他说："所有事物都变易着，并永恒地轮回着，——滑掉是不可能的！"② 这种轮回观与佛教的轮回思想当然不同。佛教的涅槃就在轮回之外。佛教修行的目标就是脱离轮回的链条而达到具有"常、乐、我、净"的所谓涅槃四德的终极、圆满的理想境界。

尼采的永恒轮回说是"相同者的永恒轮回"。在他首次向世人阐述自己的该学说时，他就说得很清楚：

---

① 转引自陈君华《深渊与巅峰：论尼采的永恒轮回学说》，上海人民出版社 2004 年版，第 65 页。

② 同上。

你现在所过的和你曾经所过的这种生活，将来你还必须再过上一遍，甚至于千百遍；其间不会有什么新的东西。相反，每一种痛苦，每一种快乐，每一种思想，每一种叹息，以及你生命中的一切不可说的大大小小的事情，都将再一次在你身上重现，并且一切都在这同样的进程和顺序中——一如这蜘蛛，这林间的月光，一如这一瞬间和我自己。生存的永恒沙漏不断地反复倒转——而你也和它一样，你这尘埃之中的尘埃！①

在《查斯图斯特拉如是说》中，查斯图斯特拉的动物们也指出轮回回来的生命"不是变成一种新的生命，或更好的生命，或相似的生命"，而是"永远作为这个完全相同的、一模一样的——无论是在最宏观还是最细微的地方——生命"② 重新再来。

显然，尼采的这种观点与佛教的轮回观相去甚远。此外，尼采虽然将佛教与基督宗教共同视为虚无主义的表现形式，但在《反基督》一书中，他注意到了佛教与基督宗教的不同，并从不同方面对佛教予以肯定。他说：

佛教比基督教远为"现实"——它已经把客观而冷静地提出问题这一传统化为自己的血肉，因为佛教在产生之前，已经有了长达几百年的哲学运动。当它产生时，"上帝"的概念已被消解了。佛教是历史上惟一真正实证的宗教，这一点甚至还体现在它的认识论（一种严格的现象主义）之中，它不再说"与罪做斗争"，而是充分地尊重现实，只说"与痛苦做斗争"。由于佛教已经远离那些道德概念的自我欺骗，所以，佛教和基督教有着本质的不同——用我的话来说，它超越于善恶之外。③

将佛教说成"超越于善恶之外"的观点当然不准确。此外，尼采还注意

---

① 转引自陈君华《深渊与巅峰：论尼采的永恒轮回学说》，上海人民出版社 2004 年版，第66 页。

② 同上。

③ ［德］尼采：《反基督》，陈君华译，河北教育出版社 2003 年版，第 91 页。

到早期佛教对"苦"的细致观察和分析，以及僧人的生活方式等内容：

> 佛教是基于这样两个生理上的事实之上的，并且也是一刻不停地盯着这样两个生理上的事实的，这样两个生理上的事实就是：第一，过度的敏感，这种过度的敏感表现在对痛苦的细密的感受性；第二，过度的精神化，也就是太专注于那些概念和逻辑程序，这种概念和逻辑程序，由于它们把个人性的本能看做是低于"非人个性的东西"，所以就损害了个人性的本能（这两种状况，我的那些为数极少的"客观的"读者和我本人一样，将会从经验中获得这种认识）。这两种生理事实作为佛教的条件，结果促使了压抑的产生：为了对抗这种压抑，佛陀采取了卫生学的方法。为了对抗这种压抑，他运用的方法是生活在户外，流浪地生活，节制饮食而且要小心选择食物；提防所有令人迷狂的东西；同样还要提防所有加速胆囊活动以及加速血液循环的冲动；既不为自己烦心也不为他人烦心。佛陀既没有规定给人带来宁静的观念，也没有规定令人愉快的观念——他发明一种脱离一切他人的方法。他把善良和仁慈看做是可以促进健康的东西。①

尼采的上述描述基本准确。总之，尼采与佛教的渊源较深。他的哪些思想在哪些方面受到了早期佛教思想的影响，以及这种影响的程度怎样，是一个相当复杂的问题，这与尼采哲学思想的复杂性自然有关系。

二　早期学者的佛教研究

第一个在德国开设梵文和印度学研究课程的教授是奥古斯特·施莱格尔，他任职于波昂大学（Boun University），开设相关课程的时间是 1818 年。从此，德国许多大学相继设立了印度学方面的课程，开始从事相关研究，如图宾根大学（Tuebingen University，1856）、哥廷根大学（Goettingen University，1862）、慕尼黑大学（Munich University，1867）等。

第一本有关佛教的著作是卡尔·弗里德里希·科本（Carl Friedrich Koeppen，1808—1863）的《佛陀的宗教》（*Die Religion des Buddha*②，

---

① ［德］尼采：《反基督》，陈君华译，河北教育出版社 2003 年版，第 91—92 页。
② Koeppen，Carl Friedrich，*Die Religion des Buddha*. Berlin：F. Schneider，1857 - 1859.

1857—1859），这本书标志着德国佛教学术研究的开端。该书第一卷记述佛陀的生平故事和上座部佛教的纲要，虽然他所采取的资料不太完全也不太可靠，用今天的标准来看，显然已经过时，但是该书第二卷叙述藏传密教的某些内容还有一定的参考价值。对佛教义理的研究始于学者奥登伯格。

（一）奥登伯格

奥登伯格，1854 年 10 月 31 日生于汉堡，在大学学习梵文和印度哲学，1875 年获得柏林大学博士学位，后任柏林大学讲师、基尔大学教授以及哥廷根大学比较语言学及梵文教授。1879 年，奥登伯格出版《岛史》，该书后来被译成英文。1881—1885 年，他与里斯·戴维斯合作，翻译、出版了五册《律藏》，它被收在《东方圣书集》中。

1881 年，奥登伯格出版了其名著《佛陀的生平、教义和僧团》（*Buddha, sein Leben, seine Lehre, seine Gemeinde*）。[1] 该书批驳了法国学者塞纳尔关于"佛陀是神话人物"的观点。它指出，塞纳尔所依据的巴利文文献是比较晚的资料，而在早期的巴利文经典中蕴藏着一系列正面的事实，可以使后世的人知道佛陀的生平。"奥登堡相信佛陀乔达摩是真正的人，他用比较的资料去证明此点。"[2] 这本书的观点虽然引起很大的争议，但该书的确获得了很大的成功。奥登伯格在世时它就再版七次，后来还被译成英语（*Buddha：His Life, His Doctrine, His Order*[3]）、法语（*Le Bouddha, sa vie, sa doctrine, sa communaute*[4]）和俄语出版。狄雍评论说："奥登堡的功劳，与其说在于他放弃了塞纳尔在方法论上的见解，不如说他尝试区分了早期和晚期的资料。奥登伯格在根据佛教经典自身的风格来研究佛教经典方面做了重要的工作……他是第一个承担布诺夫未能完成的

---

① Oldenberg, Hermann, *Buddha, sein Leben, seine Lehre, seine Gemeinde*. Stuttgart：Cotta, 1903.

② ［斯里兰卡］威廉·佩瑞斯：《西洋佛教学者传》，梅迺文译，载蓝吉富主编《世界佛学名著译丛》第 84 册，台北：华宇出版社 1986 年版，第 131 页。

③ Oldenberg, Hermann, *Buddha：His Life, His Doctrine, His Order*. London Edinburgh：Williams and Norgate, 1928.

④ Oldenberg, Hermann, *Le Bouddha, sa vie, sa doctrine, sa communaute*. Paris：Felix Alcan, 1921.

任务的学者，即从巴利文和梵文佛典的比较中建立起二者古老而共同的内容。"①

奥登伯格还把《戒本》翻译成德文。1915 年，他出版《〈奥义书〉的教义与佛教之起源》（*Die Lehre der Upanishaden und die Anfänge des Buddhismus*）。② 在他死后的 1922 年，其《佛教经典，论文》得以出版。

（二）格利姆

乔治·格利姆（George Grimm, 1868—1945）1868 年出生于佩格尼茨河畔劳夫（Lauf an der pegnitz）。最初，格利姆想成为天主教神父，后来，他改学法律，长大后成为最高法院的一名法官。他对叔本华的哲学很感兴趣，并与叔本华的一位优秀弟子成为密友。受其影响，格利姆开始研究佛教。他阅读纽曼翻译的《中部》后深受感动，但是，他对该书的有些内容没有弄懂，于是开始研究巴利文和梵文。在很短的时间内，他掌握了这两种语言，这样一来，他就能够参照佛教原典来理解纽曼的译文。格利姆很早就从高等法院退休，他花了 37 年的时间在德国研究佛教。③

格利姆写了八本关于佛教的书，还在不同的佛教刊物上发表了大量文章。他的主要作品是《佛陀的教义，理性与禅定的宗教》（*The Doctrine of the Buddha, The Religion of Reason and Meditation*），于 1915 年出版。该书以《经集》为基础，对佛法做了较多说明，这显然对普通读者理解佛教大有裨益。格利姆尝试复原佛陀的原始教义，他利用较为可靠的巴利文经典段落，例如佛陀与同时代弟子的对话来努力做到这一点。

对于佛教中的"无我"思想，格利姆说，它是说不执著任何个人事物，脱离过分的狭隘及苦行，脱离过分的自大。自认为伟大、珍贵，这些观念只会使人故步自封。人们甚至不该执著"无"的观念。不执著可使人更加宽广和自在，促使人去了解他人的努力及成果。格利姆认为，佛陀用间接方法找寻"我"。如果从"我"中把一切事物都去掉，那就不是

① De Jong, J. W., *A Brief History of Buddhist Studies in Europe and America*. Second, Revised & Enlarged Edition, Delhi: Sri Satguru Publications, 1987, pp. 29 – 30.

② Oldenberg, Hermann, *Die Lehre der Upanishaden und die Anfänge des Busshismus*. Göttingen: Vandenhoeck & Ruprecht, 1915.

③ ［斯里兰卡］威廉·佩瑞斯：《西洋佛教学者传》，梅廼文译，载蓝吉富主编《世界佛学名著译丛》第 84 册，台北：华宇出版社 1986 年版，第 135—136 页。

"我"了。①

从"人无我"出发当然能够得出格利姆所说的不执著、脱离过分之举等内容，从这一点而言，格利姆对"无我"的理解有正确的成分。但显然，"人无我"的内涵远非格利姆所认为的那样简单和肤浅，更何况，他根本没有提到"法无我"。格利姆认为佛陀是用间接方法寻找"我"的观点更不符合早期佛教的基本精神。这也可以看出，早期德国学者对佛教基本内涵的理解存在诸多错误。

当然，作为学者，格利姆的学术探讨值得称道，他的工作也得到了其他学者和佛教徒的认可。例如，德国学者卡尔·塞登斯图克尔（Karl Seidenstuecker, 1875—1936）说："我长久推测，佛陀的教义代表一种最高超越的讯息。乔治·格利姆很成功地清楚表达了。"摩柯那耶加长老是锡兰最伟大的巴利语学者之一，他形容格利姆为"把长时间隐潜的佛陀古老真正教义恢复的复兴者"②。

1919 年，格利姆与塞登斯图克尔创立了一本佛教月刊《佛教世界之镜》。1945 年 8 月，格利姆去世。

（三）盖格尔

威廉·盖格尔（Wilhelm Geiger, 1856—1943）是世界著名的东方学学者，在伊朗研究、巴利语研究、锡兰研究等方面都有重要贡献。

1856 年，盖格尔出生于纽伦堡。后来，他到厄尔兰格大学攻读东方语言。1877 年，盖格尔获得博士学位。他先从事西方古典语言的研究，后来专注于东方研究，出版了一系列有关伊朗语言、文学及历史的作品。

1895 年，盖格尔到锡兰研究僧伽罗语。1897 年，他发表了一篇关于锡兰卢地雅语（Rodiyas）的论文。1898 年，盖格尔出版了第一本德文版的僧伽罗语语源学小辞典。1900 年，他出版《巴利文学与语言》，该书后来也被译成英语出版。③ 1908—1930 年，盖格尔出版了自己编订及翻译的《大史》，它被称为"精审语言学之巨著"。他还校编并翻译了《岛史》。

盖格尔被认为是最优秀的巴利语学者之一。他编写了国际巴利语辞

① ［斯里兰卡］威廉·佩瑞斯：《西洋佛教学者传》，梅廼文译，载蓝吉富主编《世界佛学名著译丛》第 84 册，台北：华宇出版社 1986 年版，第 137 页。

② 同上书，第 138 页。

③ Geiger, Wilhelm, *Pali Literature and Language*. Calcutta：Univ. of Calcutta, 1956.

典，并把相关资料寄给里斯·戴维斯，以帮助他编辑《巴利语—英语辞典》。盖格尔还写了巴利语语法，该书成为每一位巴利语学者的必备参考书。1920 年，他与妻子玛格达琳（Magdalene）合作发表了一篇论文，讨论巴利语中"法"的意思。1922 年，他出版该文的重要补遗《法及梵》。

盖格尔还翻译了《相应部》的第一册和第二册，语言优美而精确。1920 年，他继爱尔斯特·古恩教授之后，担任慕尼黑大学印度及伊朗研究所教授。1931 年，盖格尔应锡兰（1972 年更名为斯里兰卡）政府的邀请第三次来到锡兰，从事僧伽罗语辞典的编著工作。1938 年，他完成僧伽罗语语法的编辑。之后，他专心研究《大史》，同时调查中世纪的僧伽罗文化。1940 年，他完成《中世纪锡兰之文化》。此书于 1969 年出版。[①] 1943 年 9 月，盖格尔逝世。

（四）其他学者

塞登斯图克尔生于 1875 年 3 月，曾在莱比锡及哈勒哥丁根大学攻读自然科学、医学、哲学及语言学。1902 年，他开始研究巴利佛教及巴利文学。1910 年，塞登斯图克尔翻译、出版《小部》。[②] 1913 年，他以论文《自说》获得哲学博士学位。此外，他还将《如是语》翻译成德文。1916 年，他出版《巴利语语法》（*Pali Grammar*）。1911 年，他出版《巴利文佛教之翻译》（*Pali Buddhism in Translations*），该书于 1923 年修订，是巴利语佛教翻译方面的工具书。[③]

理查德·匹斯切尔（Richard Pischel，1849—1908）著有《佛陀的生平与教义》（*Life and Doctrine of the Buddha*，1906）。该书遵循奥登伯格的研究思路进行，流传很广。他还著有《帕拉克里语比较语法》（*Comparative grammar of the Prākrit languages*）[④]。

赫曼·贝克（Hermann Beckh，1875—1937）在《佛教》（*Buddhismus*[⑤]，1916）一书中认为佛法是印度哲学里的一种瑜伽术，以此来否定

————————

① ［斯里兰卡］威廉·佩瑞斯：《西洋佛教学者传》，梅廼文译，载蓝吉富主编《世界佛学名著译丛》第 84 册，台北：华宇出版社 1986 年版，第 161—164 页。

② 同上书，第 154—155 页。

③ 郑金德：《欧美的佛教》，台北：天华出版事业股份有限公司 1984 年版，第 43 页。

④ Pischel, Richard, *Comparative Grammar of the Prākrit Languages*. Varanasi：Motilal Banarsidass，1957.

⑤ Beckh, Hermann, *Buddhismus*. Berlin and Leipzig：Walter de Gruyter & Co.，1928.

奥登伯格指出的《奥义书》与佛法之间的关联。①

海德堡大学（Heidelberg University）的教授麦克斯·沃勒瑟尔（Max Walleser，1874—1954）著有四卷本的《佛教哲学及其历史发展》（*The Buddhist Philosophy and Its Historical Development*，1904—1927）、《早期佛学的哲学基础》（*The Philosophical Foundations of Early Buddhism*，1904）以及译作《八千颂般若》（*Ashtasahasrika*，1914）、《龙树的中观论》（*Nagarjuna's Madhyamakastra*，1912）、《藏、汉语资料中的龙树生平》（*The life of Nāgārjuna from Tibetan and Chinese Sources*②）等。这些都是佛教研究方面较为重要的著作。

海因里希·卢德斯（Heinrich Lueders，1869—1943）和恩斯特·沃尔斯密特（Ernst Waldschmidt，1897—1985）是精通多种语言的佛学专家，他们根据以德国探险家阿尔伯特·冯·勒·科奇（Albert von Le Coq，1860—1930）、阿尔伯特·格鲁恩维德尔（Albert Gruenwedel，1856—1935）等人为首的探险队在中国新疆所带回来的梵文和中亚文字手稿以及零星片段的佛经（其中有关于上座部佛教的材料）做了综合性研究。卢德斯的作品较多，如《佛教原始经典语言的现象》（*Observations on the Language of the Buddhist Original Canon*，1954），卢德斯认为，有些巴利文经典是从佛陀故乡的摩揭陀语（Magadhi）翻译过去的，因此摩揭陀语就是最原始的佛教经典用语。沃尔斯密特的主要著作是两卷本的《佛陀命终的传统》（*The Tradition of the Life End of the Buddha*，1944—1948）及三册《大般涅槃经》（1950—1951）。他对各种语言所记录的佛典进行了比较研究，从而印证了其中四分之三的材料的一致性，这些材料可以追溯到公元前 3 世纪。

赫尔默斯·冯·格拉塞纳普（Helmath von Glasenapp，1891—1963）是图明根大学教授，出版过很多佛学著作，涉及南传佛教、大乘佛教及藏传密教。"二战"后，他曾经到联邦德国各地演说佛法，很多人听他的演讲后，都对印度学及佛学产生了兴趣。

沃尔夫冈·舒曼（Wolfgang Schumann，1928—　）在其著作《佛学：

① 郑金德：《欧美的佛教》，台北：天华出版事业股份有限公司 1984 年版，第 41 页。

② Walleser，Max，*The life of Nāgārjuna from Tibetan and Chinese Sources*. London：Probsthain & Co..

解脱哲学》（*Buddhism：Philosophy for Deliverance*, 1963）中表示，所有大乘佛教的特点都可追溯到小乘佛教经典，但大乘佛教的"绝对"（Absolute）观念例外。

迪特尔·希林洛夫（Dieter Schlingloff, 1928— ）两卷本的《佛教》（*Die Religion des Buddhismus*①, 1962）以社会学的理论和方法来研究佛教。它认为佛教僧伽团体与居士团体是互相关连、互动的。②

德国学者对藏传佛教也有所研究，并取得了一些成果。1900 年，格鲁恩维德尔出版《西藏和蒙古的佛教神话学》（*Mythology of Buddhism in Tibet and Mangolia*），这是西方有关西藏佛教神话的一本著作。1940 年，格拉塞纳普出版《佛教神秘主义》（*Buddhist Mysteries*）。赫尔姆特·霍夫曼（Helmut Hoffmann）1956 年出版《西藏宗教史》（*History of Tibetan Religions*），1967 年出版《西藏宗教与萨满教的象征意义》（*The Symbolism of Tibetan Religions and Shamanism*）。1956 年，戈温达出版《西藏神秘主义的基础》（*Foundations of Tibetan Mysticism*）。③ 上述著作对西方的藏传佛教研究产生了较为重要的影响。④

第二节　早期的佛教团体

"二战"前，德国就已经出现了一些佛教的早期团体。它们或发行刊物，或出版书籍，或研究佛经，以各种形式去学习、了解佛教，促进了佛教在德国的传播。希特勒上台后，德国佛教组织被迫转入地下活动，佛教在德国的发展和传播陷入低谷。"二战"结束后，德国佛教团体再度恢复了生机。

一　"二战"前的佛教团体

"二战"前，德国就已经出现了一些佛教团体。它们的活动主要以研究经典、创立佛教刊物等为主。

---

① Schlingloff, Dieter, *Die Religion des Buddhismus*. Berlin：Walter de Gruyter, 1962.
② 郑金德：《欧美的佛教》，台北：天华出版事业股份有限公司 1984 年版，第 48 页。
③ Govinda, Anagerika, *Foundations of Tibetan Mysticism*. London：Rider, 1959.
④ 郑金德：《欧美的佛教》，台北：天华出版事业股份有限公司 1984 年版，第 49 页。

（一）德国佛教传教会/德国佛教会

1903 年 8 月，德国第一个佛教团体"德国佛教传教会"（Society for Buddhist Mission in Germany）在莱比锡诞生，它的创始人是塞登斯图克尔。他曾经在捷克斯洛伐克的布拉格大学（University of Praque）跟随温特尼兹教授学习印度学，他成立"德国佛教传教会"的目的是使佛教能在德国为人所知，进一步提倡佛学教育。1905 年，塞登斯图克尔发行刊物——《佛教徒》（The Buddhist），它是一个包括大乘佛教、南传佛教和密教的刊物。

1905 年，德国佛教传教会建立柏林分会。1906 年，德国佛教传教会更名为"德国佛教会"（Buddhist Society for Germany）。德国佛教会最初只有 50 名会员，订阅《佛教徒》杂志的大约有 500 人。1910 年，《佛教徒》停刊，但是德国佛教会依然有名无实地存在。1907 年，塞登斯图克尔在莱比锡德国佛教传教会的旧址又创立"摩诃菩提中心"（Mahabodhi Center），他同时发行新刊物《佛教展望》（The Buddhist Look-Out）。这是一份涉及伦理学、觉悟、培养内在心灵的月刊，不过三年后，《佛教展望》同样由于经费不足而停刊。①

（二）三界智与德国巴利文协会

三界智（Ven. Nyanatiloka Mahathera，另译为"智三界"，1878—1957），俗名安东·华尔特尔·福罗瑞斯·古斯（Anton Walterl Florus Gueth）。他于 1878 年 2 月出生于德国的威斯巴登，父亲是一名音乐家。大专毕业后，古斯在法兰克福及巴黎的公立音乐学校学习音乐及作曲，后来，他接触到佛教，对东方文化产生兴趣。被一家乐团聘为小提琴手后，古斯经土耳其、埃及来到印度，又从印度到了锡兰和缅甸。1903 年，古斯在缅甸剃发为僧，法名"三界智"。1904 年 2 月，他在仰光受戒，成为德国第一位本土僧人。②

1926 年，三界智回到锡兰南部的波加斯都瓦岛（Polgasduwa）上隐修、研究巴利语、翻译佛经，有 10 多名德国人跟随他在该岛出家、受戒。1957 年，三界智去世后，他的朋友与崇拜者为他竖立了一座纪念碑。他

---

① 郑金德：《欧美的佛教》，台北：天华出版事业股份有限公司 1984 年版，第 51—52 页。
② ［斯里兰卡］威廉·佩瑞斯：《西洋佛教学者传》，梅廼文译，载蓝吉富主编《世界佛学名著译丛》第 84 册，台北：华宇出版社 1986 年版，第 184 页。

在波加斯瓦岛上的修行处也被保留下来，在德国佛教徒看来，它就是一处佛教圣地。

三界智不仅是一名僧人，也是一名多产的学者。1906 年，他出版《佛陀箴言》（*The Word of the Buddha*）[①]，该书迄今已再版 11 次，而且被译成 10 多种外国语言。他还著有《论藏指南》（*Guide through the Ab-hidhamma Pitaka*，1938）、《佛教辞典》（*Buddhist Dictionary*[②]，1953）、《佛教的基本要义》（*Fundamentals of Buddhism*，1956）、《解脱之途径》（*Path to Deliverance*，1956）等，这些书都很畅销。

三界智还将一些佛教典籍从巴利文翻译成德文，包括《增支部》（五册，1922—1923）、《论藏人施设论》、《清净道论》（1950）等。他也用英语及德语写了一些有关巴利文文法与字汇的书。[③]

三界智有一些高徒，其中最著名的一位叫尼安那波尼伽（Nyanaponi-ka Mahathera，1901—1994）。他生于 1901 年 7 月，1937 年受具足戒，也是一位杰出的巴利文及梵文学者。尼安那波尼伽生活在锡兰，著有《止观坐禅法门》（*Satipatthana Method of Meditation*，1951）、《尼波多经》（1955）、《佛陀的圣徒》（*Great Disciples of the Buddha*[④]，与人合著）、《佛教思想之方式》（*Pathways of Buddhist Thought*[⑤]）等书。《止观坐禅法门》曾经再版三次。他还创立过“康提佛教出版社”（Buddhist Publication Soci-ety in Kandy）。[⑥]

自从三界智受戒为僧后，一些德国人跟着他出家，如弗里茨·斯坦奇（Fritz Stange），法名苏马诺（Sumano），还有沃尔特尔·马克格拉夫（Walter Markgraf），法名“萨马内诺·达摩努沙利”（Samanero Dhamma-nusari）。1908 年，三界智与达摩努沙利在欧洲和亚洲旅行，试图募集资金，以便在欧洲建立一座佛教寺院，不过，现实情况离他们的愿望相距遥

①　Nyanatiloka Mahathera, *The Word of the Buddha*. Colombo: Word of the Buddha Pub. Committee, 1952.

②　Nyanatiloka Mahathera, *Buddhist Dictionary*. Kandy: Buddhist Pub. Society, 1980.

③　郑金德：《欧美的佛教》，台北：天华出版事业股份有限公司 1984 年版，第 42 页。

④　Nyanaponika Mahathera and Hellmuth Hecker, *Great Disciples of the Buddha*. Boston: Wisdom Publications, 1997.

⑤　Nyanaponika Mahathera, *Pathways of Buddhist Thought*. London: Routledge, 2008.

⑥　郑金德：《欧美的佛教》，台北：天华出版事业股份有限公司 1984 年版，第 42—43 页。

远。1909 年，三界智在布雷斯劳（Breslau）创立出版社并发行《佛教世界——德国佛学月刊》（*The Buddhist World—A German Monthly for Buddhism*），编辑是塞登斯图克尔和医生波恩（Bohn）。

1909 年，三界智创立"德国巴利文学会"（German Pali Society），它的目的是建立一座西方佛教寺院。同年，达摩努沙利联合德国、法国、意大利的佛教徒在瑞士洛桑附近建起一座寺院，并邀请三界智前去住持。三界智为此在那里住了近两年时间。他还曾前往意大利的那不勒斯弘法。1911 年，意识到在欧洲建立寺院的时机尚未成熟的三界智回到锡兰的波加斯都瓦岛修行。1914 年，第一次世界大战爆发，三界智和其他德籍僧人作为敌对国公民被送到澳大利亚拘禁。1926 年，三界智回到锡兰，专心致志撰写佛教书籍。1957 年，三界智圆寂。①

"一战"中，德国巴利文协会主席达摩努沙利死于俄国战场。德国巴利文协会不复存在。

（三）摩诃菩提会德国分会

1911 年，德国佛教徒创立了"摩诃菩提会德国分会"（German Branch of the Mahabodhi Society），会址设在莱比锡。弗里德里希·齐默曼（Friedrich Zimmermann，1851—1917）被推选为第一任主席，塞登斯图克尔为秘书。齐默曼曾在 1888 年出版《佛教教义问答》（*A Buddhist Catechism*），他用的是笔名——普贤（Subhadra）比丘。摩诃菩提会德国分会迅速将《佛教展望》复刊。1912 年，《佛教展望》更名为《摩诃菩提叶》（*Mahabodhi Leaves*）。②

（四）佛教生活联盟

三界智的德国巴利文学会自成立后很少活动。1913 年，医生波恩建立了"佛教生活联盟"，并担任主席。它不像德国巴利文学会那样强调巴利文佛典的研究，而强调佛教的适应性。佛教生活联盟同样信奉上座部佛教教义，它在柏林、汉堡、慕尼黑设立了分会，发行《佛教月报》季刊。

（五）德国佛教团体/三宝佛学社

1921 年，"摩诃菩提会德国分会"与"佛教生活联盟"合并。同年，"德国佛教团体"（Buddhist Community for Germany）在慕尼黑成立，它的

---

① 郑金德：《欧美的佛教》，台北：天华出版事业股份有限公司 1984 年版，第 53—54 页。
② 同上书，第 54 页。

创始人是塞登斯图克尔和格利姆。格利姆在乌亭（Utting）的房子成为组织的总部，信徒们设立了能容纳 50 人共修的佛堂，还放置了佛像、经书、法器等。格利姆在 1921 年曾经创立杂志《佛教世界之镜》（*Buddhist World Mirror*）。1924 年，"德国佛教团体"更名为"三宝佛学社"（The Buddhist Lodge for the Three Jewels），它的目的是提高信徒们的佛教修养水平，而不是发展会员。

（六）佛陀团体/佛教团体

1922 年，马丁·斯坦克（Martin Steinke，1882—1966）在柏林创立"佛陀团体"（Community around the Buddha）。1933 年，斯坦克离开德国去中国接受佛教训练，他在南京附近的栖霞山皈依倓虚法师，法名"照空"。1934 年，斯坦克回到德国，被选为第一届"国际佛学会议"（International Buddhist Congress）的主席。该会议在伦敦召开。"佛陀团体"后来更名为"佛教团体"（Buddhist Community）。[1]

（七）佛教精舍

"佛教精舍"（The Buddhist House）的创立人是保罗·达尔克（Paul Dhalke，1865—1928）。他是一名医生，在读了叔本华的著作后改信佛教。达尔克曾经在锡兰学习巴利文多年。1912 年，他写出《佛教世界观》。1914 年，他撰写《宗教与道德的佛教》，并将巴利文《法句经》、《长阿含经》、《中阿含经》等翻译成德语。1918 年，达尔克创立《新佛教杂志》（*New Buddhist Journal*），1924 年，杂志更名为《零碎集——应用佛学杂志》（*The Scrap Collection-A Periodical for Applied Buddhism*），该杂志以科学的方法来分析佛教。1926 年，达尔克著有《佛教》。

1924 年，达尔克在柏林北部的弗洛诺（Frohnau）建立了一座亚洲式的佛教寺院——佛教精舍。这是一幢三层楼的房子，佛殿在平房中，可以容纳 200 人。佛教精舍还有独立的禅堂，内有禅室三间，取名"锡兰堂"，以纪念锡兰佛教。精舍藏书丰富，是当时欧洲最完备的佛教图书馆，藏有巴利文经典以及各种欧洲语言译本、中国和日本等国的佛教书刊、佛教艺术善本等。佛教精舍的环境优美，已经成为柏林郊外的名胜。它是欧洲佛教的中心道场之一。在两次世界大战期间，佛教精舍是德国佛教的中心。1928 年，达尔克医生逝世，佛教精舍由他的胞妹接管。

---

[1] 郑金德：《欧美的佛教》，台北：天华出版事业股份有限公司 1984 年版，第 57 页。

此外，1928 年，德国佛教徒曾在海德堡创立"佛教知识学会"（Society for Buddhist Knowledge）。不过，它很快就悄无声息了。

二　纳粹时代的佛教团体

1933 年，希特勒的国家社会主义工人党（纳粹党）取得政权，德国进入白色恐怖时期。希特勒政权仇视佛教，取缔佛教团体，秘密逮捕了许多佛教团体领导人，还焚毁佛教著作。就是在这样险恶的环境下，一些虔诚的佛教徒依然不畏强权，暗中进行佛教活动。

格利姆的"三宝佛学社"被取缔，被迫停止活动。1935 年，不甘屈服的会员们另外创立了"老佛教团体"（Old Buddhist Community），进行秘密的地下佛事活动。格利姆在乌亭的爱玛（Ammer）湖畔有一幢房子，老佛教团体的成员在那里聚会活动。会员有几十人，他们严守戒律；普通信众达到数百人。会员们每年集会两个星期，讨论佛法。他们还出版双月刊《法乘》（*Yana*），并与世界其他各地的佛教组织交换刊物。

斯坦克的佛教团体也遭到希特勒政权的取缔。"二战"期间，斯坦克住在德国南部，专门撰写佛教书籍，宣讲佛经。

佛教精舍也没有停止活动。科特·费舍尔（Kurt Fisher）继续发行刊物《佛教生活与思想》（*Buddhist Life and Thinking*），直到 1942 年他去世为止。

"二战"的影响也波及在锡兰学佛和修行的德国比丘。1941 年，他们作为敌对国公民被监禁在印度的德拉屯（Dehra Dun）。1946 年，他们才被获准返回锡兰。

三　"二战"后佛教团体的新生

"二战"结束后，新的佛教团体逐渐在德国各地建立，佛教信徒们在资料有限的情况下研究佛法。科特·韦勒出版社（Kurt Weller Publishing House）成立后出版了《阿育王文集》（*Asoka Edition*）系列佛学丛书。许多人对佛教产生了兴趣。德国著名的佛教现代派教授——格拉塞纳普在各地演说佛法，受他的弘法影响，一些人信仰了佛教。1947 年，缅甸僧人杜难陀（U. Thunanda）访问德国，在各大城市弘法，又吸引了许多人改信佛教。从 1949 年开始，慕尼黑、柏林、法兰克福、汉堡、基尔、科隆等地的佛教组织相继加入"摩诃菩提会"。1949 年 9 月，德意志联邦共和国成立；10 月，德意志民主共和国成立。从此，佛教在德意志民主共和国境内只限于大学的研究，而在德意志联邦共和国的发展则出现迥然不同的情况，一些佛教团体纷纷出现。

（一）柏林佛教会

1951 年，"柏林佛教会"成立，首任会长是基多·奥斯特尔博士（Dr. Guido Auster，1912—1996）。他是达尔克的学生，曾担任世界佛教徒联谊会副主席。柏林佛教会的会员大约有 140 人，他们每个月聚会一次。该组织开办晚间佛学讲习班，印发《现代佛教》《佛经摘要》等 10 余种宣传小册子。每到佛诞节，柏林佛教会就租用市政大厅举行庆典。从1965 年起，它在西柏林力亚广播电台建立定期佛学广播节目。①

（二）德国佛教社团/德国佛教会/德国佛教联合会

1952 年，联邦德国的许多佛教团体在斯图加特联合组成"德国佛教社团"。不久，该组织由于各团体存在分歧而分裂。为了使佛教团体在法律上获得政府的认可，1955 年，联邦德国的各个佛教团体在法兰克福联合建立"德国佛教会"（The German Buddhist Society），会址设在墓尼黑。1958 年，德国佛教会更名为"德国佛教联合会"（German Buddhist Union），秘书处设在汉堡，麦克斯·格拉绍夫（Max Glashoff）任主席。德国佛教联合会的宗旨是：联络各地的佛教团体，推行弘法事务，举行年会。20 世纪 50—60 年代，慕尼黑成为德国佛教的中心。

（三）汉堡佛教会

1954 年，"汉堡佛教会"成立，会址设在该组织自建的一幢房子中，首任会长是威廉·阿·斯特曼（Wilhelm A Stegmann）。汉堡佛教会的固定会员有 200 人。它经常举办佛学讲演、讨论以及坐禅，并且出版《佛教月报》（Buddhist Monthly）。《佛教月报》是联邦德国发行量最大的佛学刊物。它还发行月刊《知识与行为》（Wissen und Wandel），该杂志的创办人保罗·德比斯（Paul Debes，1906—2004）近几十年来在德国佛教界非常活跃。

1961 年，汉堡佛教会在罗斯伯格（Roseberg）得到一处乡村住宅，它被取名为"静庐"（House of Quiet）。汉堡佛教会先后邀请维玛洛法师（Ven. Vimalo）、泰国籍的布努阿法师（Ven、Bunnua）前来，指导弟子们

---

① 杨曾文主编：《当代佛教》，东方出版社 1993 年版，第 331 页。

修行，而且请在缅甸出家的德籍法师多密科（Dhommiko）担任住持。多密科俗名沃尔特·库尔巴茨（Walter Kulbarz）。各种佛教活动在静庐举行，止观修习班、佛学讨论会的参加者有 20 多人，每次活动举行 8—15天。信徒们每天早上在佛前念诵三皈依，受五戒或八戒，念诵《慈悲经》等，其余时间集中修习止观。自从 20 世纪 60 年代以来，静庐不仅成为德国佛教的活动中心，也成为欧洲止观修行中心之一。[①]

第三节　佛教宗派的发展

进入 20 世纪 50 年代，南传佛教和藏传佛教在德国建立，并出现了道场。到 90 年代，汉传佛教在德国的发展保持了强劲的态势。

一　南传佛教

"二战"期间，盟军对柏林实施了大规模轰炸，佛教精舍无法维持。1958 年，在科伦坡—德国楞伽法界会的资助以及锡兰政府的协助下，总部设在科伦坡的锡兰德国弘法会（German Dhammaduta Society of Ceylon）买下佛教精舍。该传法团立即派遣僧人到德国重新修葺、整理精舍，并开展弘法工作。这座寺院已经建有佛殿、讲经堂、僧房、图书馆等建筑，成为信徒们理想的修行场所。

佛教精舍先后延请印度、斯里兰卡的法师前来传教。1960 年起，柏林佛教精舍开始自行印刷上座部佛教著作以及各种宣传佛教的小册子。精舍每周举办佛学演讲与共修，夏季开设暑期佛学班，用德语授课。它还邀请各个佛教团体的领导前来举办各种讲习会，讲授的内容包括业、轮回、涅槃、菩萨的理想、禅法、《法句经》等。信徒们的日常功课有背诵经典、静坐念佛、观身不净、观死、念诵四法印、念诵三宝、念诵慈悲经，等等。柏林佛教精舍已经成为全欧洲的佛教活动中心之一，欧洲各地的佛教徒常常到这里来修行。

在纳粹统治时期创立的秘密佛教组织——老佛教团体依然活动，信徒们每逢星期日聚会，共同研究佛教经典，坐禅修行。

---

① 杨曾文主编：《当代佛教》，东方出版社 1993 年版，第 331—332 页。

二 藏传佛教

1952 年，藏传佛教团体在联邦德国出现。同年，戈温达在西柏林创立"圣弥勒曼陀罗西方僧团"（Western Order Arya Maitreya Mandala）。后来，他的教团已经在法兰克福、不来梅、威斯巴登设有中心。

1954 年，一些藏传佛教徒在柏林建起欧洲第一座藏传佛教佛寺——"圣弥勒寺"（Arya Maitreya）。该寺宣传藏传密教教义，佛殿上供有一尊雕刻的藏式巨大佛像。从 1967 年起，戈温达担任该寺的住持。

三 汉传佛教

进入 20 世纪 90 年代，汉传佛教在德国的弘法事业取得长足进展，其中尤其以佛光山的成绩最为显著。从 1988 年开始，就有德籍信徒专程前往美国西来寺及台湾佛光山求受三坛大戒。1992 年，佛光山派遣满彻法师到西柏林弘法。他吸引了一些德国人学佛修行，而且克服重重困难为筹建组织和建立道场做准备。

经过信徒们的努力，佛光山在德国成立了国际佛光会柏林协会（BLIA，Berlin）、莱茵协会（BLIA，Rhine）和法兰克福协会（BLIA，Frankfurt）。同时，还建立了四座道场：柏林佛光山、莱茵禅净中心、法兰克福禅净中心及汉堡布教所。

1993 年，"柏林佛光山"成立。1998 年 10 月，该道场迁到柏林市中心的新址。道场面积达 3000 平方米，佛堂可供 500 人共修，建筑有禅堂、会议室、斋堂、可供百余信徒住宿的信徒会馆等，它为柏林及德国各地的信徒提供修行、教育、文化、慈善等活动。它的弘法方向以文化、教育为主。

1996 年 5 月，"国际佛光会法兰克福协会"成立。1997 年，永贤法师常驻法兰克福。1997 年 11 月，法兰克福禅净中心搬迁到现址，面积约 210 平方米。佛堂内供奉有释迦牟尼佛、观音菩萨和地藏菩萨，另外还建有图书馆、会客室等。平时的活动有共修、法会、读书会，每月举办佛学讲座、禅坐班、一日禅，并积极将星云法师的著作翻译成德语。[①]

---

① 佛光山宗务委员会编：《佛光山开山 31 周年年鉴》，台北：佛光文化事业有限公司 1999 年版，第 388—391 页。

佛光山各道场除了举行佛教方面的活动外，还积极传播中华文化。它们丰富多彩的中华文化活动受到了当地政府及社会人士的一致肯定。

德国佛教的发展经历了一个曲折而漫长的过程，据估计，到 20 世纪 90 年代末，德国佛教徒的人数已经超过 15 万，他们大多数居住在汉堡、柏林、慕尼黑、斯图加特、北莱茵、科隆、汉诺威、基尔等大中型城市。他们在整个德国社会总人口中的比例不大，对德国社会的影响还较小，但他们一直保持良好的发展态势。

第五章　欧洲其他各国佛教

第一节　西欧其他各国佛教

一　荷兰佛教

（一）荷兰与东方国家的最初接触

佛教在荷兰出现和发展经历了一个漫长的历史过程。随着地理大发现，荷兰成为继西班牙和葡萄牙之后的强大的殖民国家。1575 年，荷兰第一所大学在莱顿（Leiden）创立，莱顿大学开始就关注东方语言和文化方面的研究，不过它只涉及闪米特族语言。

1651 年，荷兰传教士亚伯拉罕·罗杰里尔斯（Abraham Rogerius，1609—1649）一本关于印度文化和仪式的书出版，书的末尾附上了从梵文翻译过来的两则资料。

随着荷兰东印度公司（Dutch East India Company）的建立，荷兰与日本、韩国等国的交往越来越密切。1641 年后，日本长崎（Nagasaki）外的出岛（Deshima）成为日本与荷兰进行贸易的唯一场所。1653 年 8 月，一艘荷兰商船在韩国济州岛（Quelpart）外的海面上沉没，幸存者之一的荷兰人亨德里克·哈默尔（Hendrik Hamel，1630—1692）对该事件做了记录，并对他看到的当时韩国的情况做了描述。1668 年，该书在鹿特丹（Rotterdam）出版，后来，这本书从荷兰语译成英文出版，书名是《哈默尔日志》（*Hamel's Journal*[①]）。

1823—1829 年，德国内科医生、植物学家、旅行家、日本学家和日

---

① Hamel, Hendrik, *Hamel's Journal*. Seoul, Korea: Royal Asiatic Society, Korea Branch, 1998.

本器物收藏家菲利普·弗兰兹·冯·西波尔德（Philipp Franz von Siebold，1796—1866）在出岛为荷兰工作。他收集了关于日本的一些资料，1832—1852 年，这些资料在莱顿出版，书名是《日本》（Nippon：Archiv zur Beschreibung von Japan）。该书德语版面世的时间晚了几十年。①

1856 年，约翰·约瑟夫·霍夫曼（Johann Joseph Hoffmann，1805—1878）成为莱顿大学第一位日语教授，直到 1878 年。1917 年，马里努斯·威廉·德·维瑟（Marinus Willem de Visser，1875—1930）成为莱顿大学第二位日语教授。维瑟死后的 1935 年，他的《日本古代佛教》（Ancient Buddhism in Japan②）出版。1930 年，约翰尼斯·拉德尔（Johannes Rahder，1898—1988）成为维瑟的继任者。1946 年，拉德尔离开莱顿大学。1958 年，弗里茨·沃斯（Frits Vos，1918—2000）成为莱顿大学日语和韩语教授。

（二）学者们的佛教研究

虽然早在 1651 年传教士罗杰里尔斯就出版了梵文资料，18 世纪威廉·琼斯指出了梵文的重要性，但直到 1865 年，莱顿大学才设立了第一个梵文研究职位，这标志着佛教研究在荷兰真正开始。这显然比英、法、德等国要晚。荷兰涌现出了一些比较重要的佛教研究人物。

1. 科恩

在荷兰学者中，最早研究佛教的是亨德里克·科恩（Hendrik Kern，1833—1917）。1833 年 4 月，科恩出生于当时属于荷兰殖民地的爪哇。1839 年，他随父母回到荷兰。在中学阶段，科恩就掌握了英语和意大利语。1851 年，他到莱顿大学跟随 A. 拉杰斯（A. Rutgers）教授学习梵文。1855 年，科恩获得博士学位。随后，他来到德国柏林，跟随东方学学者阿尔布莱特·韦伯（Albrecht Weber，1825—1901）学习梵文。这时他又掌握了德语和斯洛伐克语。1858 年，科恩回到荷兰，在一所学校担任讲师，教授希腊语。1863 年，他到印度贝纳瑞斯的布拉玛纳女王学院（Brahmana and Queen's College）担任梵文教授。1865 年，科恩成为莱顿大学梵文教授，他担任该教职直到 1903 年。1917 年，科恩去世。

科恩是荷兰东方学研究的奠基人之一，他的研究重点是印欧及东方语

---

① Siebold, P. F. von, *Nippon*. Wurzburg, Leipzig: Leo Woerl, 1897.

② Visser, M. W. der, *Ancient Buddhism in Japan*. Leiden: E. J. Brill, 1935.

言，但也撰写过佛教方面的著作，这为荷兰的佛教研究打下了基础。1874
年，荷兰皇家艺术和科学院（Royal Nethelands Academy of Arts and Sci-
ences）出版了科恩的《南传佛教徒编年史》 （*Over de jaartelling der
Zdl. Buddhisten*）。1881—1883 年，科恩写了《印度佛教史》（*Geschiedenis
van het Buddhisme in Indie*）一书，后来，该书被译为德语和法语。他将梵
文本《妙法莲华经》翻译为英语，1884 年，该经收录于麦克斯·缪勒编
写的《东方圣书》第 21 册。1896 年，科恩出版《印度佛教手册》（*Man-
ual of Indian Buddhism*[①]）。

2. 斯贝雅

雅各布·塞缪尔·斯贝雅（Jacob Samuel Speyer，1849—1913）是科
恩的学生，他在莱顿大学继续科恩的佛教研究。斯贝雅的主要贡献是翻译
了圣勇的《菩萨本生鬘论》。英国人霍奇逊在 1828 年发现此书，并将它
寄到英国和法国，剑桥大学得到一份副本，斯贝雅利用的就是这份副本。
1895 年，《菩萨本生鬘论》的英译本作为《佛教圣书集》系列在伦敦出
版。该书的出版得到了学术界的高度评价。1902 年，斯贝雅又编辑出版
了《譬喻百颂诗集》。

3. 沃格尔

让·菲利普·沃格尔（Jean Philippe Vogel，1871—1958）本质上来说
是一名考古学家。1889—1914 年，他在印度进行考古工作，例如发掘拘
尸那迦的遗址。1932 年，沃格尔出版《前东印度的佛教艺术》（*De Bud-
dhistische kunst van Voor-Indië*）；1936 年，他出版《印度、锡兰和爪哇的佛
教艺术》（*Buddhist Art in India，Ceylon and Java*[②]）。前者是荷兰写的，后
者是前者的英译本，但新增了锡兰和爪哇佛教艺术的内容，这是沃格尔最
重要的佛教著作。他还撰有《印度艺术中的过去佛与迦叶佛》（*The Past
Buddhas and Kaasyapa in Indian Art*）等论文。1914 年，沃格尔成为莱顿大
学的梵语教授。

4. 范·马伦

约翰·范·马伦（Johan van Manen，1877—1943）为荷兰的佛教研究
做出的贡献不容忽视，虽然他从未成为莱顿大学的正式教员。范·马伦生

---

① 　Kern, Hendrik, *Manual of Indian Buddhism.* Delhi: Motilal Banarsidass, 1989.

② 　Vogel, J. Ph, *Buddhist Art in India，Ceylon and Java.* Oxford: The Clarendon Press, 1936.

于荷兰一个富裕的家庭，年轻时，他对神智学产生浓厚的兴趣。1896—1908 年，他与奥尔科特、安妮·贝森特合作，在荷兰、印尼等地传播神智学。范·马伦语言天赋突出，他不仅掌握了多种欧洲语言，还懂梵语、泰米尔语以及印度南部的其他语言。

1909 年，他来到印度马德拉斯（Madras）附近的阿德亚尔（Adyar），这是神智学会的总部，他在这里任职。1916 年，范·马伦离开阿德亚尔，在距离西藏很近的大吉岭住下来，以便学习藏语，他的目的是阅读藏语佛经。后来，他不仅成为藏语学者，还收集了大量藏文木刻版佛经，这些资料收藏在莱顿大学的科恩研究所（Kern Institute）中。1923—1939 年，范·马伦成为孟加拉亚细亚学会的秘书长，他还负责编辑学会的年刊，他的能力得到了世界各国学者的认可。1943 年，范·马伦在加尔各答去世。

5. 狄雍

让·威廉·狄雍（Jan Willem de Jong, 1921—2000）是荷兰学术界中首位专门研究佛教的学者。1921 年，他出生于莱顿。1936—1945 年，狄雍在莱顿大学读书，在这里他开始学习与佛教有关的多种语言。他主修汉语，兼修日语和梵文。1940 年，纳粹德国占领荷兰后，莱顿大学被关闭，狄雍只能自学。1946 年，他作为访问学者来到哈佛大学。1947—1950 年，狄雍在法兰西学院等机构学习，他在这里开始学习藏语和蒙古语。1950 年，狄雍回到荷兰，在莱顿大学的汉学研究所工作。1956 年，科恩研究所设立藏族和佛教研究的职位，狄雍成为首席研究人员。1957 年，狄雍与同事弗朗西斯·伯纳德·雅各布·库伊珀（Franciscus Bernardus Jacobus Kuiper, 1907—2003）创立《印度—伊朗杂志》（Indo-Iranian Journal），目的是便于出版印度学方面的学术成果。1965 年，狄雍来到堪培拉，成为澳大利亚国立大学（Australian National University）的印度学教授，直到 1986 年退休。

狄雍具有非凡的语言能力，他掌握了 12 种语言，除了丹麦语、俄语等多种西方语言，他还学会了汉语、藏语、蒙古语、梵语、巴利语和日语。他的主要学术贡献在于对藏传佛教的研究。1959 年，他出版了《米拉日巴传》（*Mi la ras pa' i rnam thar*[①]）。1974 年，他出版了《欧美佛学

[①]　Jong, J. W. de., *Mi la ras pa' i rnam thar.* 's-Gravenhage: Mouton, 1959.

研究小史》① (*A Brief History of Buddhist Studies in Europe and America*②),该书对 20 世纪 70 年代前欧美各国佛教研究的状况进行了梳理。

6. 德·格鲁特

让·雅各布·马利亚·德格鲁特 (Jan Jakob Maria de Groot, 1854—1921) 是荷兰汉学家和宗教历史学家。他最初在莱顿教学, 后来到了德国柏林。他是中国宗教研究方面的专家。他涉及佛教的著作是 1893 年出版的《大乘佛教的准则在中国》(*Le code du Mahayana en Chine*)。

7. 克洛本伯格

丽尔·克洛本伯格 (Ria Kloppenborg, 1945—2003) 是乌德勒支大学 (Utrecht University) 东方语言研究所 (Institute for Oriental Languages) 教授, 她的主要研究领域是南传佛教, 代表作是 1974 年出版的《辟支佛: 一名佛教苦行者》(*Paccekabuddha: A Buddhist Ascetic*)。此外, 她编辑、出版了《印度宗教仪式研究成果选》(*Selected Studies on Ritual in the Indian Religions*③), 还翻译了一些佛教典籍。

(三) 佛教组织的出现

1. 海牙佛教教友团的成立及变迁

"二战"后, 佛教组织开始在荷兰出现, 在这一过程中, 神智学会成员起了决定性的作用。斯普瑞滕伯格 (Spruitenburg) 夫人是神智学会荷兰分会的秘书, 她从印度回来后开始在位于惠曾 (Huizen) 的家中举行佛教徒聚会, 全国有几十人参加。其中一个叫欧内斯特·沃瓦尔 (Ernst Verwaal) 的人成立了"海牙佛教教友团"(Buddhistische Vriendenkring Den Haag), 后来, 该组织更名为"荷兰佛教教友团"(Nederlandse Buddhistische Vriendenkring)。沃瓦尔还出版一份名为《对话》(*De Samenspraak*) 的小型杂志。1966 年, 泰国驻荷兰大使的夫人巴克蒂 (Bhakdi) 开始于每周六在泰国驻荷兰大使馆为荷兰佛教教友团接收信徒。同年, 该组织更名为"荷兰佛教社"(Buddhist Society in the Netherlands)。

---

① 〔荷〕让·威廉·狄雍:《欧美佛学研究小史》, 霍韬晦译, 台北: 华宇出版社 1985 年版。

② Jong, J. W. de. , *A Brief History of Buddhist Studies in Europe and America*. Delhi: Sri Satguru Publications, 1987.

③ Kloppenborg, Ria (ed.) , *Selected Studies on Ritual in the Indian Religions*. Leiden: E. J. Brill, 1983.

荷兰佛教社对各种佛教宗派采取一视同仁的开放态度，但这种做法却引起了内部的歧见。1967 年 11 月，荷兰佛教社更名为"荷兰佛教中心基金会"（Stichting Nederlands Buddhistisch Centrum）。基金会依然采用包容的态度，致力于学习佛教各种教派、教法中体现的原则，并鼓励为此实修。基金会出版刊物《妙法》（Saddharma）以及一本商业性的佛教出版物。1978 年，基金会更名为"佛教教友基金会"（Stichting Vrienden van het Boeddhisme）。

1978 年，"荷兰佛教联盟"（Boeddhistische Unie van Nederland）成立，但它实际上只代表荷兰的部分佛教组织。首任主席是托尼·克伯舒克—舍夫特（Tony Kurpershoek-Scherft）。在欧洲佛教联盟中，荷兰佛教联盟是代表荷兰的佛教组织。

从 1978 年以来，荷兰佛教史主要表现为各种佛教类型和宗派在荷兰的发展史。荷兰佛教联盟依然活动，它成立了"佛教广播频道"（Boeddhistische Omroep Stichting）和利用佛教来对监狱中的囚犯实施感化、帮教的机构——"佛教囚犯僧职"（Buddhist Prisoner Chaplainship）。

2. 禅宗

1968 年，利奥·波尔（Leo Boer）和让·威廉·范·德·维特林（Jan willem van de Wetering，1931—2008）建立一个禅宗组织。维特林写了《"无"的黎明》（Het dagende niets）和《空镜》（The Empty Mirror①）两书，使禅宗被荷兰人知晓。后来，埃里克·布伊金（Erik Bruijn）负责管理该组织。

在荷兰有两个大的禅宗组织。首先是观世音僧伽（Kanzeon Sangha），它隶属于元丰禅师（Genpo Roshi，1944—　）的"白梅无著"（White Plum Asanga）。元丰禅师原名丹尼斯·默泽尔（Dennis Merzel），又被称为"元丰默泽尔禅师"，是前角博雄的法嗣之一。位于阿姆斯特丹的观世音僧伽由尼可·泰德曼（Nico Tydeman，1942—　）负责，该禅团有一个比较大的中心——阿姆斯特丹禅中心（Zen Centrum Amsterdam），有一名老师和一些学生常驻于此。乌伊苏伊曾（Uithuizen）的禅河佛寺（Zen River Buddhist monastery）由滕基·科本斯（Tenkei Coppens，1949—　）负责。

---

① Wetering, Van de., *The Empty Mirror.* London：Routledge & K. Paul, 1973.

其次是"摩诃卡鲁那禅"（Maha Karuna Ch'an），它由一些禅宗小组和中心构成。该组织由非正式传法人汤姆·勒绍沃丝（Ton Lathouwers，1932—　）负责，她曾跟随一些禅师修行，最初的老师是阿部正雄（Masao Abe，1915—2006）。后来，她从一名比丘尼那里得到传法。

其他禅宗组织还有位于阿佩尔多姆（Apeldoorn）的"佛教静修僧团"（Order of Buddhist Contemplatives）、"释一行僧团"（Thich Nhat Hanh Order）以及位于德润瑟（Drenthe）的"国际禅宗研究所努德普尔特寺"（International Zen Institute Noorderpoort Monastery）及其隐修中心等。

3. 南传佛教

1971 年，荷兰商人蒙苏沃（Monshouwer）召集一些信徒，讨论在泰国驻荷兰大使的帮助下建立一座南传佛教寺院的可能性，1973 年，这座寺院在沃尔维基克（Waalwijk）创立。它最初被命名为"达摩苏卡里塔努查里寺"（Wat Dhammasucaritanucharee），两年后，它更名为"佛陀拉玛寺"（Buddharama Temple）。创立该寺的组织是"荷兰青年佛教徒"（Young Buddhists Netherlands），后来，寺院的创始人梅塔维哈利（Ven. Mettavihari）方丈去了阿姆斯特丹，他在那里建立了一个独立的组织，有一些人跟随他修习内观。"荷兰青年佛教徒"后来更名为"荷兰佛法基金会"（Nederlandse Buddha Dhamma Stichting），它主要为泰裔荷兰移民服务。梅塔维哈利圆寂后，阿姆斯特丹的"僧伽弥勒佛寺"（Sangha Metta Buddhist temple）依然存在。其他的南传佛教组织还有修习内观的"禅定觉悟基金会"（Stichting Inzichts Meditatie，简称 SIM）和以缅甸移民为主体的"释迦乌巴金"（Sagya U Bha Khin）。

4. 藏传佛教

1977 年，丘扬创巴的正式弟子汉·德维特（Han de Wit）在阿姆斯特丹建立了一个佛教中心，依据藏传佛教的传统来传播噶玛噶举派教法。他在乌赫斯特海斯特（Oegstgeest）建立了一个不大的中心，在乌德勒支和尼基梅根（Nijmegen）也有两个组织。其他的噶玛噶举派中心有位于卡德赞德（Cadzand）的"那罗巴研究所"（Naropa Institute）、位于汉顿（Hantum）的"窣堵波寺"（Stupa temple）以及欧尔·尼达尔（Ole Nydahl，1941—　）夫妇建立的"金刚乘佛教"（Diamond Way Buddhism）。

尼达尔出生于丹麦，他曾经做过拳击手、走私人，并在大学攻读哲学博士学位。在业余时间，他喜欢骑摩托车和跳伞。1968 年，他与妻子汉娜（Hannah Nydahl，1946—2007）度蜜月时遇到十六世噶玛巴，并开始跟随他和其他藏传佛教上师修行。三年后，十六世噶玛巴让尼达尔夫妇将噶玛噶举派教法传播到西方世界。从 1972 年起，尼达尔夫妇就不遗余力地在西方传法，他们在主要西方国家建起了 600 多个世俗性的金刚乘中心。尼达尔将佛教的古老智慧与现代社会的因素结合起来，将去掉了神秘化色彩的藏传佛教展现在成千上万西方人面前。他传法的方式灵活、幽默，言简意赅，尼达尔无疑是噶玛噶举派中向西方传播佛教最有效、最有影响的人物之一。[①]

宁玛派在荷兰建立了几个组织。它在阿姆斯特丹有"荷兰宁玛中心"（Nyingma Centrum，Nederland）。这些组织的精神导师是塔尚活佛。

格鲁派在欧内斯特林地附近拥有不动产，在阿姆斯特丹有一个巨大的城市中心。1976 年，在波拉·库尔金（Paula Koolkin）的努力下，"弥勒研究中心"（Maitreya Institute Centres）在此建立。

1976 年，萨迦派喇嘛喜饶嘉钦·阿米巴（Sherab Gyaltsen Amipa，1931—　　）在海牙建立"萨迦德钦林"（Sakya Thegchen Ling）。此外，索甲仁波切建立了"里格巴"（Rigpa）；曲嘉南开诺布（Chogyal Namkhai Norbu，1938—　　）建立了佐钦团体。

5. 西方佛教僧团之友

西方佛教僧团之友在荷兰也有发展，它在阿姆斯特丹和阿纳姆（Arnhem）各有一个中心，荷兰的组织与英国的总部保持着密切的联系。不过，"海格兰登佛教中心"（Boeddhistisch Centrum Haaglanden）虽然依然秉承西方佛教僧团之友的教法，但在组织上却出现了分裂的迹象。德国喇嘛戈温达在荷兰的信徒建立了"阿雅弥勒曼荼罗"（Arya Maitreya Mandala）。戈温达去世后，该组织从德国的总部中分离出来。[②]

6. 佛光山

佛光山在荷兰的组织是国际佛光会荷兰协会（BLIA，Netherlands）和荷兰（非汉语系）协会（BLIA，Netherlands［NCS］）。

佛光山在荷兰建立的道场是荷兰佛光山（荷华寺）。荷兰佛光山的建成源于几名信徒的发心和努力。他们首先得到政府的允许，可以在阿姆斯

---

① http：//diamondway. org. au/teachers/LamaOle.

② http：//en. wikipedia. org/wiki/Buddhism_ in_ the_ Netherlands.

特丹唐人街修建中国寺庙。1994 年,星云大师到阿姆斯特丹参加会议,他同意由佛光山来建寺。同年 8 月,国际佛光会荷兰协会成立。1996 年起,依照法师常驻荷兰佛光山。1996 年 9 月,荷兰佛光山开工兴建,2000 年竣工,主要建筑有佛堂、斋堂、教室、宿舍等,主要活动有佛学讲座、半日禅、梵呗音乐会、才艺班、佛诞节等节日的联欢等。①

二　比利时佛教

(一) 学者的佛教研究

佛教在比利时的发展最早也源于学者的研究。其中最著名的学者是普辛和拉莫特。

1. 普辛

路易斯·德拉·瓦利·普辛 (Louis dela Vallee Poussin, 1869—1938) 是法国著名东方学家列维的欧洲学生中学术成就最突出的一位。

1869 年,普辛出生于里奇 (Liege)。1884—1888 年,他在里奇大学 (University of Liege) 学习,并获得博士学位。1888—1890 年,普辛在鲁万大学 (University of Louvain) 教授查尔斯·德哈勒兹 (Charles de Har-lez, 1832—1899) 和菲利普·科利内特 (Philippe Colinet) 的指导下学习梵语、巴利语和伊朗语。1891 年,他前往法国,到巴黎大学学习,并拜维克多·亨利 (Victor Henri) 和列维为师。1891—1892 年,普辛在里奇大学教授梵语。后来,他在莱顿大学亨德里克·科恩的指导下继续研究伊朗语、汉语和藏语偈颂。1893 年,普辛成为根特大学教授,教希腊语和拉丁语的比较语法,直到 1929 年退休。

普辛的主要研究领域是印度宗教文化、大乘佛教及说一切有部的学说,其主要著作有《涅槃》(Nirvana, 1925)、《佛教伦理》(Le Morale Bouddhique) 等。在前一本书中,他提出一些全新的观点,引起俄国东方学家舍尔巴茨基的批评。1921 年,普辛参与组织比利时"东方学研究会",并写了一些阿毗达磨方面的著作。他还校订了《入菩提行经》、《菩萨地品》、《入中论》以及《唯识二十论》等。

普辛对《俱舍论》(1923—1931 年) 以及《成唯识论》进行了校勘,

---

① 佛光山宗务委员会编:《佛光山开山 31 周年年鉴》,台北:佛光文化事业有限公司 1999 年版,第 389—390 页。

并译成法语（1928—1929 年）。他是西方国家说一切有部研究的先驱，他出版了《阿毗达磨俱舍论颂》，并翻译了世亲的注释。在此之前，西方学者几乎没有人认识到说一切有部的思想。普辛的这一开创性工作对西方的佛教学术研究的积极意义是不言而喻的。①

普辛还是比利时藏传佛教研究的领军人物。他为英国伦敦印度事务部图书馆整理出学术价值很高的《敦煌藏文写本目录》，将斯坦因（Marc Aurei Stein，1862—1943）从中国掠夺并带回英国的藏文资料分为"律"、"文献"、"经"、"论"及其注疏等 10 大类，方便了学者们的研究。

2. 拉莫特

艾蒂安·拉莫特（Etienne Lamotte，1903—1983）是普辛的弟子，他在 1942 年前已将《解深密经》、《成业论》和《摄大乘论》翻译为法语，后来他又翻译了《大智度论》，包含丰富的注释，受到时人好评。② 他在 1958 年出版了《印度佛教史》（*Histoire du bouddhisme indien*），这本书充分显示了拉莫特对佛经及其历史背景方面的渊博学识。拉莫特驾轻就熟地分析了佛教从产生到公元 1 世纪末决定其走向的历史和地理因素，对佛教这段历史的研究而言，拉莫特做了奠基性的工作。③ 该书已经出版了英文版 *History of Indian Buddhism*。④

3. 魏查理

魏查理（Charles Willemen）是比利时皇家科学院院士、根特大学汉语系主任，国际著名的汉学家。他懂汉语、日语、希腊语、拉丁语等多种语言，他的主要研究领域是说一切有部的阿毗达磨、中国佛教和日本佛教。魏查理撰写过《法句经》（1974）、《优陀那品》（1975）、《大悲空智金刚大教王仪轨经》（1983）等著作；他翻译、注释了《阿毗昙心论》（1975）、《法集要颂经》（1978），翻译了《杂宝藏经》（1994）。魏查理还与巴德胜（Bart Dessein）、科勒特·科克斯（Collett Cox）合著了《有

---

① ［斯里兰卡］威廉·佩瑞斯：《西洋佛教学者传》，梅廼文译，载蓝吉富主编《世界佛学名著译丛》第 84 册，台北：华宇出版社 1986 年版，第 216—218 页。

② De Jong, J. W. A, *Brief History of Buddhist Studies in Europe and America*. Second, Revised & Enlarged Edition, Delhi: Sri Satguru Publications, 1987, pp. 84–85.

③ Ibid. , p. 74.

④ Lamotte, Etienne, *History of Indian Buddhism*. Loiuvain-la-Neuve: Université catholique de Louvain, Institut orientaliste, 1988.

部的佛教经院哲学》（*Sarvastivada Buddhist Scholasticism*①，1998）。他还撰写了大量学术论文。作为说一切有部研究方面的权威，魏查理认为有部推动了中亚菩萨乘的出现。魏查理曾经在美国、欧洲各国、日本、印度等地讲学，并培养了很多学生。他现在已被国内的北京语言文化大学、华东师范大学以及印度贝纳勒斯印度教大学等高校聘请为客座教授。

（二）信仰者及佛教组织

比利时人对佛教信徒的接触比较晚。1910 年，自由思想者大会（Congress of Free Thinkers）在布鲁塞尔召开，法国女探险家大卫·妮尔向大会介绍了摩诃菩提会。据说，在两次世界大战之间的年代里，比利时出现过一小群对佛教感兴趣的人，但具体情况不详。比利时人对佛教的认识主要得益于拉莫特的学术成果。

1967 年，日本曹洞禅传入比利时。

20 世纪 70 年代前，比利时已经有了一个佛教会，有数十名成员，每月集会弘法，并时常举行佛教教义讨论会。该会有一个佛教图书馆，并由会员毛利斯·基勒（Maurice Kiere）居士发行期刊。

1971 年，布鲁塞尔成为藏传佛教宁玛派在欧洲传播、活动的基地，它同样成为研究宁玛派的中心，"金刚学院"和"乌金衮桑却林寺"在这里建立。后者是欧洲第一座宁玛派寺院，该寺院依托宁玛派古老的教法，结合西方现代社会的一些生活方式进行传教。它公开或秘密地教授传统的西藏法会仪轨、瑜伽术、东方按摩术、食物调配法，出版宣传宁玛派教义的书籍，吸引了越来越多的比利时人。②

佛光山在比利时的组织是国际佛光会比利时协会（BLIA，Belgium）和安特卫普协会（BLIA，Antwerpen），道场是比利时佛光山。

1997 年 3 月，国际佛光会安特卫普协会成立。不久，协会在安特卫普市中心的唐人街买下一栋四层楼房作为弘法场所。1998 年 1 月，"比利时佛光山"投入使用，二楼供奉"娑婆三圣"，一楼是图书馆和会议室，主要活动有信徒佛学班、素食义卖会、成人中文班、儿童中文班等。③

---

① Willemen, Charles, Bart Dessein and Collett Cox. *Sarvastivada Buddhist Scholasticism*. Leiden and New York：Brill, 1998.

② 杨曾文主编：《当代佛教》，东方出版社 1993 年版，第 335—336 页。

③ 佛光山宗务委员会编：《佛光山开山 31 周年年鉴》，台北：佛光文化事业有限公司 1999 年版，第 389 页。

1999 年 12 月，布鲁塞尔佛教中心（Brussel Buddhist Centre）成立，它是比利时出现的第一个金刚乘中心，隶属噶玛噶举派。像欧尔·尼达尔建立的其他金刚乘中心一样，布鲁塞尔佛教中心依靠友谊、自治和每个人的主动精神而组织起来。团体中的每个人都为中心的管理出力，他们通过在业余时间做志愿者来达到这一目标。获得授权的有经验的老师会定期教学生们怎样修行，这些教法能够融入学生们的日常生活。团体中并没有僧尼。在金刚乘佛教中，爱与合作关系被认为是实现快速发展的重要基础。①

尽管佛教比基督宗教的历史还要久远，但它被比利时人认识的时间显然要晚得多，比利时人对佛教持有一种较为谨慎的态度。1997 年，比利时政府的一份出版物将 189 个宗教组织列入黑名单，其中就包括两个佛教组织。尽管如此，到 1999 年，比利时还是有了大约 30 个佛教组织和中心，涵盖所有的佛教宗派。1997 年成立的 "比利时佛教联盟"（Buddhist Union of Belgium）将通过慈善或私人名义成立的各种佛教组织联合起来。但是到 20 世纪末，比利时政府依然没有承认佛教的合法地位。

三 爱尔兰佛教

爱尔兰佛教受英国佛教的影响比较大，南传佛教较为发达。随着时间的推移，各佛教宗派逐渐在爱尔兰建立道场或组织。

（一）南传佛教

南传佛教在爱尔兰的道场相对来说比较多。修习内观的道场主要有三个：第一个是 "都柏林内观禅定"（Insight Meditation，Dublin），它的精神导师是班提·菩提达摩（Bhante Bodhidhamma）；第二个是位于科克（Cork）的 "内观禅定小组"（Vipassana Meditation Group）；第三个是依据戈恩卡的法门修行的 "爱尔兰内观协会"（Irish Vipassana Association）。

位于科克莱利（Co Claire）的 "空隐修中心"（Sunyata Retreat Centre）是泰国森林僧伽的道场。

位于丹斯内利（Dunsinaire）的 "爱尔兰奢摩他禅定班"（Samatha Meditation Classes，Ireland）隶属英国的奢摩他信托。

---

① http：//www. diamantweg-boeddhisme. be/.

（二）藏传佛教

藏传佛教几大派别中，除了萨迦派外，其他宗派已经在爱尔兰建立了道场，以宁玛派的发展最为迅速。

1. 宁玛派

索甲仁波切创立的"爱尔兰佐钦比拉和里巴"（Dzogchen Beara & Rigpa Ireland）是该国实力最大的宁玛派组织。道场的名称均为"爱尔兰里巴"（Rigpa Ireland），后面加上各地地名加以区分。该道场在阿斯隆（Athlone）、德尔加尼（Delgany）、科克、都柏林、加尔维（Galway）和利默里克（Limerick）建立了分支机构。

此外，曲嘉南开诺布在都柏林建立了"爱尔兰佐钦团体"（Dzogchen Community Ireland）。

2. 噶举派

噶举派在爱尔兰有几座道场。第一座是"都柏林香巴拉佛教小组"（Dublin Shambhala Buddhist Group），它的精神导师是萨扬米潘仁波切（Sakyong Mipham Rinpoche, 1962—　）。第二座道场是"爱尔兰洛巴援助公司"（ROKPA AID（Ireland）Ltd），它的创立者是阿贡活佛仁波切（Akong Tulku Rinpoche），该道场在都柏林。

金刚乘佛教在爱尔兰的总部是"都柏林金刚乘佛教中心"（Dublin Diamond Way Centre）。此外，它还建立了三个分支机构："基那内金刚乘小组"（Killarney Diamond Way Group）、"丁戈金刚乘小组"（Dingle Diamond Way Group）和"斯里戈金刚乘小组"（Sligo Diamond Way Group）。

3. 格鲁派

格鲁派在爱尔兰有两座道场。第一座是"亚洲经典研究所—金刚湾小组"（Asian Classics Institute-Diamond Bay Group），传法人是康仁波切格西洛桑塔钦（Khen Rinpoche Geshe Lobsang Tharchin, 1921—2004），精神导师是迈克尔·洛切格西（Geshe Michael Roche, 1952—　）。第二座道场是位于凯文（Cavan）的"嘉木帕林"（Jampa Ling）。

4. 新噶当派

新噶当派在爱尔兰建立了两座道场。第一座是"爱尔兰塔拉新噶当派佛教中心"（Tara Kadampa Buddhist Centre Ireland），传法人是克桑东跃（Kelsang Donyo）。第二座是位于加尔维的"月光佛教中心"（Moonlight Buddhist Centre），传法人是克桑东跃和巴里·沃尔希（Barry Walsh）。

（三）禅宗

在爱尔兰，最具代表性的禅宗组织是"爱尔兰禅宗小组"（Irish Zen Group），1991年起，这个组织开始活动。它隶属弟子丸泰仙建立的国际禅宗协会，修习曹洞禅法。随着时间的推移，该组织在四个地方建立了四座道场："都柏林道场"（Dublin Dojo）、"科克道场"（Cork Zen Dojo）、"加尔维道场"（Galway Dojo）和"阿森利禅定"（Zen Meditation in Athenry）。这四座道场的传法人是爱伦·列布曼（Alain Liebmann，1945—　）。①

此外，"都柏林铜管禅小组"（Copper Pipe Zen Group of Dublin）是依照韩国观音派禅法修行的道场。

（四）其他

有些佛教组织或道场并不属于特定的佛教宗派，而是体现了融合的特点，宗派特征并不明显。

"爱尔兰都柏林佛教中心"（Dublin Buddhist Centre，Ireland）创立于1990年，原名"都柏林禅定中心"（Dublin Meditation Centre），隶属特里拉特那佛教团体（Triratna Buddhist Community）。该团体的前身就是西方佛教僧团之友。该佛教中心向人们传授佛教的教义、禅定及瑜伽术。

"都柏林金刚心佛教小组"（Dublin Dharmamind Buddhist Group）隶属金刚心佛教小组（DharmaMind Buddhist Group）。这个组织的修行方法混合了禅宗和宁玛派的大圆满法，传法人是大卫·史密斯（David Smith），他们每周一晚上七点半到九点半坐禅、讨论佛法。

第二节　中欧其他各国佛教

一　瑞士佛教

（一）南传佛教

1. 三界智法师的传法

在瑞士佛教的早期历史中，来自德国的僧人三界智扮演了重要角色。1909—1910年，他来到瑞士南部地区。这里距离意大利裔移民居住的卢

---

① http://www.zenireland.com/index.html.

加诺（Lugano）地区不远，居民主要说德语。三界智法师和他的来自德国巴利文学会的世俗支持者们计划在瑞士南部建立一座寺院。这样一来，至少五名比丘就能在该地区依据戒律生活并传播佛法。三界智法师将阿毗达磨翻译为德语。瑞士冬天很冷，三界智法师出于健康方面的考虑离开该国。他来到北非，试图在突尼斯找到一块地方来建立寺院。但是，当地的法国殖民者很快将他驱逐出境，于是，三界智法师受邀来到瑞士洛桑（Lausanne），居住在名叫"卡瑞塔斯毗诃若"（Caritas Viharo）的佛寺中。这幢外形带有佛教特征的建筑物是罗道夫—阿德瑞恩·伯吉尔（Rodolphe-Adrien Bergier，1852—1920）修造的。

1852 年，伯吉尔出生于劳森的一个富裕家庭中。19 世纪 80 年代，伯吉尔在美国当矿工，并发家致富。1901 年，他作为一名成功的工程师回到劳森，此时，他已经接触到佛教。1911 年 7 月，伯吉尔成为德国巴利文学会的会员。他可能成为瑞士第一名居士。他慷慨资助三界智法师和他的三名弟子。也是在劳森，欧洲历史上第一次佛教传戒仪式举行了。1910 年 10 月，德国人巴特尔·保尔（Bartel Bauer，1887—1940）成为沙弥。保尔的法名是"憍陈如"。这次传戒几个月后的 1911 年，三界智法师离开瑞士去了锡兰。[①]

2. 拉德内的佛教团体

瑞士文学家麦克斯·拉德内（Max Ladner）对佛教在瑞士的传播也起到了不能忽视的作用。1942 年，拉德内在苏黎世组成了一个佛教小组，这个组织有许多佛教经典。1948 年，拉德内的佛教组织开始出版瑞士文及德文版的《谛观评论志》（Die Einsicht），面向瑞士、德国等国发行。这个佛教组织的成员每逢诵戒日举行仪式，并且出版三界智法师的著作。不过，该佛教组织没有得到什么发展。成员的人数维持在 12—15 名之间。他们每个月在拉德内的家中聚会一次。1961 年，这个佛教组织解散，《谛观评论志》一并停刊。

3. 内观修行的出现与盛行

20 世纪 70 年代，随着内观禅定小组的出现，南传佛教在瑞士的发展进入一个新阶段。南传佛教信徒在圣·加伦（St. Gallen）附近建立禅定

---

① Baumann, Martin, "Buddhism in Switzerland", http：//www. globalbuddhism. org/1/baumann001. html.

室（House for Contemplation）。80 年代早期，随着东南亚移民的前来，南传佛教在瑞士有了新的发展。例如，柬埔寨移民在苏黎世附近建立了一个高棉文化中心；来自越南的"船民"也建立了几个进行佛事活动的场所。

1996 年，一座美丽的泰国佛教寺院——斯里那嘉林德拉瓦拉兰寺（Wat Srinagarindravararam）在瑞士落成。它成为生活在瑞士的 9000 多名泰裔移民的精神家园，为他们提供佛教及信仰上的服务。几年前，在伯尔尼（Berne）附近的坎德斯泰格（Kandersteg），另一座泰国森林僧伽传统的寺院建成。这座寺院是英国和意大利森林僧伽大寺的属寺，与瑞士和德国南部大约 15 个禅定中心保持着密切的联系。①

（二）藏传佛教

最早传入瑞士的佛教类型是南传佛教。20 世纪 60—70 年代，瑞士人对佛教的兴趣转到大乘佛教方面，其中尤其以藏传佛教和禅宗为主。

20 世纪 60 年代早期，大约 1000 名藏族人作为难民来到瑞士。接下来的几年中，又有同样数量的藏族人流落到瑞士。为了满足这些藏族人精神及文化上的需求，1968 年，"僧侣西藏研究所"（Monastic Tibet Institute）成立。它既是一个学术组织，也是一座寺院，它是欧洲最早的藏传佛教寺院之一，里面有几名常驻喇嘛。

20 世纪 70 年代中期起，一些藏传佛教小组开始出现。随着时间的推移，它们逐渐发展成为各自独立的组织。

1977 年，格西拉顿仁波切（Geshe Rabten Rinpoche，1921—1986）在蒙特—佩勒林（Mont Pelerin）建立拉顿曲林佛寺（Rabten Choeling Buddhist Monastery），僧、尼及俗人都可以到这里来学习、修行。这是一座格鲁派寺院。格西拉顿仁波切曾打算建立一座学习中心，专门为皈依佛教的西方人服务，但该计划以失败告终。不过，拉顿曲林佛寺的发展比较平稳，僧人的数量也逐渐增多。他们主要为居住在瑞士的藏族人提供精神方面的服务。②

20 世纪 60 年代末到 70 年代，禅宗在瑞士风行一时。瑞士当地人建立了禅定小组，其中一些发展成为较好的道场或禅堂。

---

①　Baumann, Martin, "Buddhism in Switzerland", http：//www. globalbuddhism. org/1/baumann001. html.

②　Ibid. .

（三）20 世纪末瑞士佛教的基本状况

1978 年，来自捷克的僧人默科·弗莱巴（Mirko Fryba，1943—　）在瑞士成立"瑞士佛教联盟"（Schweizerische Buddhistische Union）。弗莱巴法名"库萨拉难陀比丘"（Bhikku Kusalananda）。

据瑞士佛教联盟 1995 年发表的报告以及《瑞士的佛教中心报告 1997—1999 年》（*Répertoire des centres bouddhiques en Suisse 1997 - 1999*）指出，到 20 世纪末，瑞士的佛教组织或中心达到 98 个，其中南传佛教 21 个、大乘佛教 77 个；大乘佛教中，藏传佛教 48 个、其他 29 个，可见，到 20 世纪末，藏传佛教团体在瑞士佛教组织中占到了一半。

瑞士的佛教组织或中心主要集中在苏黎世、伯尔尼、洛桑等大中城市中，尤其以苏黎世最多。各个佛教团体的人数相差悬殊。到 20 世纪末，瑞士的佛教徒人数超过了 21300 人，其中瑞士本土出生的佛教徒在 3000—7000 人之间，其余均为亚裔移民。[①] 可见，在瑞士佛教徒中，移民占了相当大的比重，这与佛教在欧美其他国家的状况是一致的。

二　奥地利佛教

（一）佛教的早期传播

奥地利与佛教的接触可以追溯到 19 世纪末。当时，在奥匈帝国（Austro-Hungarian Empire）的首都——维也纳，艺术家和知识分子通过德国哲学家叔本华和音乐家瓦格纳而接触到佛教。其中的典型人物是卡尔·欧仁·纽曼（Karl Eugen Neumann，1865—1915）。

纽曼于 1865 年 10 月出生于维也纳，后来全家搬到莱比锡。1879 年，他在莱比锡商业学校学习。1882 年，纽曼到英国及意大利旅游。1884 年，他读到叔本华的著作，受到很大影响，下定决心从事佛教研究。之后，纽曼在银行找到一份工作，利用业余时间专心研究哲学并翻译印度作品。1887 年夏，他进入柏林的菲德烈·威廉大学学习。在这里，纽曼参加了一个特别的课程——由一些著名学者授课的比较宗教学与哲学、中国学、印度学、考古学和医学等课程。1891 年，他在莱比锡大学获得哲学博士学位。1891 年末，他出版了第一本主要著作《佛教文选》（*Buddhistische*

---

① Baumann，Martin， "Buddhism in Switzerland"，http：// www. globalbuddhism. org/1/baumann001. html.

Anthologie）。①

　　1894 年，纽曼到印度旅行 10 个月。随后，他从印度来到锡兰，认真学习巴利语，并在僧人指导下从事佛典的翻译工作。从亚洲回来后，纽曼在伦敦逗留了一年，与里斯·戴维斯的接触扩大了他对佛教研究的知识。同时，他翻译了《中部》里佛陀的前 50 个对话，于 1896 年出版。他还将《长老偈》、《长老尼偈》译成德文，并于 1899 年出版。1902 年，纽曼翻译、出版《中部》。接下来的两年中，他翻译、出版《经集》。1905—1906 年，他翻译、出版《长部》第一册。1906—1913 年，纽曼在经济困难和"无法言喻的痛苦中"完成了《长部》的全部翻译。1915 年，他死于肺炎。②

　　纽曼在翻译佛经的数量上仅次于巴利文经典学会的荷娜小姐。他的翻译采用意译的手法，译文颇有文采、富有诗意。有些学者认为他的翻译不太准确。不过，他翻译的《法句经》多次再版。③

　　1913 年，在爪哇，来自格雷兹（Graz）的阿瑟·菲兹（Arthur Fitz）受戒成为僧人。他成为有正式记载的第一名奥地利佛教徒。菲兹的法名是索诺比丘（Bhikku Sono）。

　　1923 年，一个佛教社在维也纳成立。1937 年，第二届国际佛教大会（The Second International Buddhist Congress）在巴黎召开，奥地利派出佛教代表与会。

　　20 世纪 30 年代，希特勒派军队占领奥地利，奥地利成为纳粹德国的盟友。德国法西斯统治禁止佛教团体的存在，这对奥地利佛教的存在与发展造成了极大的阻碍。这种情况到"二战"结束后才得以改变。

　　（二）"二战"后到 1983 年佛教的发展

　　1949 年，"维也纳佛教会"（Buddhist Society of Vienna）成立，佛教在奥地利得到缓慢的复苏。在一些信徒的努力下，佛教不再局限于学术领域，而是逐步融入普通人的日常生活。弗里兹·亨格莱德尔（Fritz Hun-gerleider，1920—1998）在 1955 年从流亡地中国台湾回到奥地利，并成为

---

① ［斯里兰卡］威廉·佩瑞斯：《西洋佛教学者传》，梅廼文译，载蓝吉富主编《世界佛学名著译丛》第 84 册，台北：华宇出版社 1986 年版，第 149—151 页。

② 同上书，第 152—153 页。

③ 郑金德：《欧美的佛教》，台北：天华出版事业股份有限公司 1984 年版，第 43 页。

维也纳佛教会的会长。

20 世纪 70 年代末，奥地利佛教进入较为迅速的发展状态。佛教中心"丹内伯格普拉兹"（Dannebergplatz）和隐修场所"谢布斯佛教中心"（Buddhist Centre Scheibbs）相继在维也纳成立。也是在此时，维也纳之外的第一个佛教协会——"萨尔茨堡佛教协会"（Salzburg Buddhist Association）创立。创立人弗里德里希·芬泽尔（Friedrich Fenzl, 1932—　）曾经在日本京都的龙谷大学（Ryukoku University）就读，他邀请净土真宗西本愿寺派门主大谷光照（Kosho Otani, 1911—2002）访问了奥地利。

此外，一些著名的僧人如赫玛洛卡长老（Hemaloka Thero）、格西拉顿仁波切、十六世噶玛巴等人都访问过奥地利。他们举行讲座，吸引了很多奥地利人，促进了佛教的传播。

1979 年，根洛·考德拉（Genro Koudela, 1924—2010）在美国加州被授予禅师资格。后来他回到维也纳，创立了"菩提达摩禅堂"（Bodhidharma Zendo）。

1981 年，阿雅弥勒曼陀罗在奥地利建立了一个分支机构。阿雅弥勒曼陀罗的创立者是戈温达。

（三）1983 年后的奥地利佛教

1983 年，奥地利政府正式承认佛教为合法宗教，这标志着佛教在奥地利的发展进入了一个全新的阶段。

藏传佛教格鲁派在达鲁河（Danube）边建起一座佛塔，在西部的沃拉贝格省（Vorarlberg）建起一个修行中心——勒泽霍夫（Letzehof）。修习日本曹洞宗禅法的僧人万加·帕梅兹（Vanja Palmers）和奥地利裔美国僧人大卫·斯坦德·拉斯特（David Steindl-Rast, 1926—　）在阿尔卑斯山区的萨尔茨堡建起一个隐修中心。20 世纪 90 年代初，缅甸裔移民建起一座隐修中心，这是奥地利第一座位于南部的佛教道场。

1993 年，欧洲佛教联盟年会在奥地利举行，10 多个欧洲国家的佛教徒参加了盛会。①

合法地位的获得促进了佛教在学校的传播。奥地利九个省的各级各类学校中各个年龄段的学生们都有机会学习佛教的教义、历史、文化等诸多内容，这无疑对佛教在奥地利的发展起到了极大的促进作用。

---

① http://en.wikipedia.org/wiki/Buddhism_in_Austria.

1975年，奥地利各佛教团体和组织成立"奥地利佛教联盟"（Oester-reichische Buddhistische Religionsgesellschaft，简称 OeBR）。它是欧洲佛教联盟的发起组织之一，也是世界佛教徒联谊会的成员。奥地利佛教联盟的下属佛教团体和组织有20多个，涵盖了该国绝大多数的佛教团体和个人。从1993年起，奥地利佛教联盟任命的佛教教师为奥地利各类学校中的佛教儿童提供宗教指导。为了培训这样的佛教教师，奥地利佛教联盟专门设立了一个学术型的学院，这在欧洲各国的佛教联盟中开了先河。

奥地利佛教联盟致力于佛教的传播和发展。它在佛教的修行、文化及学术方面都做了大量工作，例如，通过电视台和广播电台等媒体来传播佛教思想，组织佛教讲座、研修班等。此外，奥地利佛教联盟还在济贫院、监狱等单位中建立咨询组织，为孤寡老人、囚犯等提供佛教服务。

三　匈牙利佛教

（一）佛教在匈牙利最初的影响

匈牙利人的祖先来自东方。在今天匈牙利的土地被匈牙利人占据前，这片土地上生活着一些来自东方的游牧民族，其中最重要的民族是匈奴族。考古材料证明，当时匈奴族的装饰图案上有"卍"字。有人据此推测，当时的匈奴人对佛教有所了解，甚至有些人可能将佛教作为他们的宗教。古代匈牙利人信奉萨满教。当时的人们同时信仰佛教和萨满教应当并非完全不可能。遗憾的是，由于后来基督宗教的兴起，这方面的遗迹已经不复存在。

匈牙利人对佛教的记载可追溯到15世纪。T. 卡多斯博士（Dr. T. Kardos）在其《匈牙利的人文主义时代》（*The Age of Humanism in Hungary*）一书中说，15世纪，匈牙利著名的人文主义诗人、哲学家和天文学家格利奥蒂（Galeotto Mazio，1427—1497）从意大利逃到匈牙利国王马加什一世（Matthias Corvinus，1443—1490）的王宫中避难。格利奥蒂将佛陀描述为"印度的圣人"，而且认为匈牙利首都的名称布达佩斯（Budapest）源自"佛陀"（Buddha）。

（二）乔玛的贡献

乔玛是国际藏学研究的先驱、西方世界第一位藏学家，匈牙利本地人称他为科洛斯·乔玛·山多尔（Korosi Csoma Sandor，1784—1842），西方学者一般称他为山多尔·科洛斯·乔玛，有时他又被称为亚力山大·乔玛·德科洛斯（Alexander Csoma de Koros 中文中常被简称为"乔玛"）。1784 年 3 月，乔玛出生于匈牙利春西凡尼亚省（Grand Principality of Transylvania）的科洛斯，该地今天位于罗马尼亚境内。1807 年，他完成高等教育学业，掌握了拉丁语。1815 年，获得奖学金的乔玛来到德国。在海德堡学习了很短的一段时间后他来到哥廷根大学，在这里，他学习英语、法语、希腊语和阿拉伯语，掌握了多种东西方语言。1820 年，为了追溯马札尔人的族源，乔玛历经千辛万苦来到克什米尔的拉达克。1823 年，他进入桑噶尔羊拉喇嘛寺，跟随藏族学者专心学习藏语和佛教文化。1824 年，乔玛编辑、出版了首部藏英辞典。1831 年，他成为亚细亚皇家学会会员，并在加尔各答编出《藏语语法》。他继续在亚细亚学会的图书馆里为藏学典籍编目。1834 年，乔玛成为亚细亚皇家学会的荣誉会员。1837—1841 年，他在亚细亚学会图书馆工作。1842 年 4 月，乔玛病死于印度大吉岭。1980 年、1982 年，他的《梵藏英词汇》（*Sanskrit Tibetan-English Vocabulary*①）在印度出版。

（三）匈牙利建立僧伽的尝试

随着乔玛为西方的藏传佛教研究奠定了坚实的基础，越来越多的匈牙利人对佛教开始产生浓厚兴趣。文学作品中，佛教的主题显而易见。一些人在了解佛教的教义后声称自己是佛教徒，他们也开始形成小型的私人组织。

神智学会会员发表佛学文章，出版作品，举办佛教讲座，这也促进了佛教在匈牙利的传播。

20 世纪 30 年代，一小群信徒开始首次尝试在匈牙利建立僧伽。G. 科瓦克斯（G. Kovacs）是当时不遗余力地建立僧伽的人员之一，后来，他成为位于布达佩斯的"弗朗西斯·霍普东方亚洲艺术博物馆"（Francis Hopp Museum of East Asiatic Arts）的图书馆馆长。1932 年 1 月起，一些信徒开始不定期地聚会，他们主要是艺术家和中、小学教师。后来，他们在聚会开始和结束时分别举行简单的仪式，在聚会中间举行讲座。1933 年，信徒们每个月聚会一次，参加者有 20 多人。前来咨询的人越来越多。1934 年，这个团体继续聚会，但是场地显得越来越小，而且组织也出现

---

① Koros, Alexander Csoma de. , *Sanskrit Tibetan-English Vocabulary*. Delhi：Sri Satguru Pub. , 1980.

困难。1935 年，随着"二战"的气氛越来越浓，佛教团体停止了活动。

1937—1938 年，生于匈牙利的僧人伊格那兹·特瑞比茨·林肯（Trebitsch-Lincoln，1879—1943）从中国天津写信给他在匈牙利的朋友，他在信中说，自己打算带领 10 名中国弟子回到匈牙利，以便建立一个僧伽，并且弘扬佛法。林肯当时在中国已经成为一座寺院的住持，但是，匈牙利政府拒绝了林肯的要求。这样一来，20 世纪 30 年代匈牙利人两次建立佛教组织的努力都没有获得成功。

（四）佛教团体的正式出现

1952 年 11 月，戈温达在印度建立阿雅弥勒曼荼罗的西方支部。阿雅弥勒曼荼罗传承的是噶举派的教法。1951 年起，"匈牙利佛教团"（Hungarian Buddhist Mission）就在戈温达的僧团里工作，它在布达佩斯建立了中心。匈牙利佛教团的目的是帮助临近欧洲国家佛教组织的发展，因此它又被称为"东欧中心"（East European Centre）。1956 年，阿雅弥勒曼荼罗建立了一个国际佛学研究所，为了纪念乔玛，该中心被命名为"亚力山大·乔玛·德·科洛斯国际佛学研究所"（Alexander Csoma de Koros International Institute for Buddhology）。[①]

在社会主义国家的匈牙利，佛教的学术研究没有被禁止，但是佛教团体的修行等活动受到一定程度的限制。这自然妨碍了佛教的传播。

（五）佛教的迅速发展

1989 年，匈牙利的政治环境发生巨变，各种宗教在匈牙利都找到了市场，佛教在匈牙利的发展也进入一个全新的阶段。噶玛噶举派在匈牙利建立了多个修行中心。在该国发展最快的佛教团体是尼达尔建立的金刚乘佛教。藏传佛教成为匈牙利最兴盛的佛教派别，除了噶举派，藏传佛教的其他宗派也纷纷建立道场，例如，萨迦崔津法王建立"萨迦社团"（Sakya Community），在布达佩斯有常驻喇嘛；宁玛派僧人曲嘉南开诺布建立"佐钦社团"（Dzogchen Community）。

禅宗组织也出现了，它主要通过两个途径进入匈牙利；其一是在西方国家传禅的僧团开始在匈牙利建立基地，例如，在法国实力强大的弟子丸泰仙建立的曹洞宗僧团、韩国崇山行愿禅师的观音派以及日本原田禅师的

---

① Hetenyi, Ernest, "A Short History of Buddhism in Hungary", http：//himalaya. socanth. cam. ac. uk/collections/journals/bot/pdf/bot_ 10_ 01_ 03. pdf.

"一滴禅堂"(One Drop Zendo);其二是一些来自中国的僧人开始在匈牙利传播禅宗。这些禅僧所在的社团中,华裔和越南裔移民占据了绝大多数。

南传佛教也传播到匈牙利,它主要包括修习内观的两大法系:一个是戈恩卡的法脉,另一个依据萨雅多的法门修行。此外,修行泰国森林僧伽法门的"达摩迪帕僧伽"(Dhammadipa Sangha)也成立了。

1991 年,一些曾经在乔玛国际佛学研究所学习、任教的人建立"法门佛教学院"(The Gate of Dharma Buddhist College)。随着时间的推移,该学院成长为在匈牙利正式注册的、国际性的知名佛教大学。该学院不属于任何佛教宗派或团体,它教授的课程兼顾佛教的方方面面。[①]

四　捷克佛教

佛教在捷克的发展较为迅速,迄今为止,南传佛教和大乘佛教一些宗派已经在该国建立组织或道场。不过,佛教宗派的发展相当不平衡。

(一) 南传佛教

"阿玉库萨拉中欧僧伽"(Ayukusala Central European Sangha)是南传佛教在中欧的重要组织,"阿玉库萨拉捷克僧伽"(Ayukusala Czech Sangha)就隶属该组织。捷克僧伽的传法人是阿努鲁达法师(Anuruddha Thera)、维度瓦·阿兰雅(Weduwa Aranya)等人,精神导师是库萨拉难陀法师(Kusalananda Thera)和瑞瓦塔达摩法师(Rewatadhamma Thera)。捷克僧伽在该国建立了多座道场,包括"利伯里克菩提"(Bodhi Liberec)、"奥洛莫克菩提"(Bodhi Olomouc)、"特伦辛菩提"(Bodhi Trencin)、"维斯科夫菩提"(Bodhi Vyskov)等。除了来自斯里兰卡的法师,阿玉库萨拉僧伽还培养出捷克本土的传法人,如维洛尼卡·内沃洛娃(Veronika Nevolova)、丹尼尔·考基(Daniel Kaucky)、卡雷尔·哈杰克(Karel Hajek)等。为了筹集资金以促进南传佛教在捷克的发展,阿玉库萨拉僧伽还建立"国际佛教捐赠基金会"(International Buddhist Donation Fund)。

其他南传佛教组织或道场还有"布拉格佛教莲花中心"(Prague Buddhist Centre Lotus),它的精神导师是班提·Y. 维马拉(Bhante

---

① 　http://www. blogisattva. org/2011/01/bawt-buddhism-in-hungary. html.

Y. Wimala）。

"菩提波罗禅定中心"（Bodhipala Meditation Centre）位于乌尔塔沃（Vltavou），该道场隶属"禅密雅禅定中心"（Chanmyay Meditation Centre）和"摩诃希禅定中心"（Mahasi Meditation Centre），传法人是阿辛·奥塔瓦（Ashin Ottama）、万萨比丘（Bhikkhu U Vansa）、汉尼斯·胡伯（Hannes Huber）等。

"菩提波罗达摩中心"（Dhamma Center Bodhipala）位于布拉格（Praha），传法人是阿辛·奥塔瓦和维苏达查拉比丘（Bhikkhu Vissuddhachara）。

传承阿姜·查和阿姜·苏美多的泰国森林僧伽教法的道场是"达摩之友"（The Friends Of Dhamma）。此外，"皮尔森达摩"（Dhamma Plzeň）与森林僧伽的联系非常密切。

（二）大乘佛教

1. 藏传佛教

（1）噶举派。藏传佛教各派中，噶举派在捷克的发展可谓一枝独秀。丘扬创巴建立了"杰布洛尼克香巴拉小组"（Jablonec Shambhala Group）和"布拉格香巴拉"（Shambhala Praha）。

阿贡仁波切在皮尔森建立了"皮尔森噶举桑耶宗"（Kagyu Samye Dzong Plzen）。

十七世噶玛巴在布拉格建立了"噶玛达杰林"（Karma Dargye Ling）。

金刚乘佛教在捷克的发展势头最为迅猛，它在各地建立了几十个组织或道场，它们被称为"佛教中心"（Buddhist Center）或"佛教小组"（Buddhist Group），在其后加上地名加以区分。建立了佛教中心的地方有：布尔诺（Brno）、吉乌诺（Jivno）、赫拉德克·克拉洛维（Hradec Králové）、奥斯特拉瓦（Ostrava）、皮尔森、布拉格和塞米利（Semily）。

建立了佛教小组的地方有：阿多·那德·萨扎沃（Ådár nad Sázavou）、布伦塔尔（Bruntál）、塞斯基·特埃因（Ceský TeÅ¡ín）、德辛（Decín）、赫拉尼斯·那莫拉维（Hranice na Morave）、吉勒姆尼斯（Jilemnice）、金德里楚夫·赫拉德克（Jindrichuv Hradec）、卡罗维发利（Karlovy Vary）、克拉德诺（Kladno）、克拉托维（Klatovy）、克拉鲁皮·那乌尔塔沃（Kralupy na Vltavou）、克洛默里兹（Kromeríz）、利伯里克、奥洛默克、奥帕瓦（Opava）、皮塞克（Písek）、普拉查提斯（Prachatice）、普瑞洛夫（Prerov）、洛尔诺夫·波德拉多埃腾（RoÅnovpod RadhoÅ¡tem）、塔波（Tábor）、特鲁特诺夫（Trutnov）、乌斯提·那德拉本（Ústí nad Labem）、乌塞廷（Vsetín）、乌依埃科夫（VyÅ¡kov）、兹林（Zlín）和兹诺吉莫（Znojmo）。

（2）格鲁派。到目前为止，格鲁派在捷克只建立了一座道场，它就是位于切布（Cheb）的"丹钦"（Dam-cching）。

2. 禅宗

在捷克的禅宗派别中，崇山行愿禅师的观音派影响最大，建立了多个组织或道场，主要有"布尔诺禅宗中心"（Brno Zen Center）、"克拉德诺禅宗中心"（Kladno Zen centre）、"布拉格禅宗中心"（Prague Zen Centre）、"乌兰泽禅宗中心"（Vrazne Zen Centre）、"德辛禅宗小组"（Decin Zen Group）、"奥洛莫克禅宗小组"（Olomouc Zen Group）和"兹林禅宗小组"（Zlin Zen Group）。这些道场的传法人是清眼法师（Chong An Sunim）。

曹洞宗也在捷克建立了道场，主要有三座：第一座是洗心寺（Senshinji-Soto Zen monastery and Dojo），位于布拉格。传法人是弘道事观（Jikan Kodo，1960—　），他是一名西方人，原名约瑟夫·马德尔（Joseph Madl）；精神导师是西山广宣（Kosen Nishiyama）。第二座是禅林寺（Zen Rin Ji），传法人是快川山藤禅师（Sando Kaisen Roshi，1952—　）。他原名阿兰·克里斯塔泽克（Alain Krystaszek），生于法国，曾经来到中国湖南等地拜师学习。后来，回到欧洲的他遇到弟子丸泰仙，就一直跟随弟子丸泰仙修习曹洞禅。弟子丸泰仙去世后，他继承老师的衣钵，成为曹洞宗在当今欧洲影响最大的传法人。第三座是皮尔森禅宗道场（Zen dojo Plzen），传法人是政勇·德巴伊（Seiyu Debailly）。

3. 其他

"拉旦曲达林"（Rabten Chödarling）是一座藏传佛教僧人建立的道场，不过，它并不属于任何佛教宗派，而是向所有对佛教感兴趣的捷克人敞开大门。它的传法人和精神导师是贡萨活佛仁波切（Gonsar Tulku Rinpoche，1949—　）。

五　斯洛伐克佛教

迄今为止，藏传佛教的噶举派、觉囊派以及韩国禅宗观音派在斯洛伐克建立了道场。其中尤其以金刚乘佛教的势力最大。

（一）噶举派

噶举派在斯洛伐克的主要道场是"菩提道科希斯—噶玛噶举佛教中心"（Bodhi Path Kosice-Karma Kagyu Buddhist Center），它隶属"菩提道噶玛噶举中心"（Bodhipath Karma Kagyu Centers），传法人是多宗萨仲仁波切（Dodzong Shabdrung Rinpoche）、益西卓玛喇嘛（Lama Yeshe Drolma，1945—　）、曲佩南加喇嘛（Lama Chopel Namgyal）和顿珠拉旦喇嘛（Lama Dondrub Rabten），精神导师是十四世夏玛巴仁波切。

在斯洛伐克影响最大的还是金刚乘佛教，它在多座城市建立了"佛教中心"（Buddhist Center）或"佛教小组"（Buddhist Group）。建立了佛教中心的地方有：班斯卡·比斯特里卡（Banska Bystrica）、布拉迪斯拉发（Bratislava）、卡德卡（Cadca）、科希斯（Kosice）、特伦森（Trencin）和齐利那（Zilina）。

建立了佛教小组的地方有：马丁（Martin）、尼特拉（Nitra）、皮尔斯塔尼（Piestany）、波瓦兹斯卡·比斯特里卡（Povazska Bystrica）、普里尔维德扎（Prievidza）和斯塔拉·图拉（Stara Tura）。

（二）觉囊派

在安多夫斯（Andovce）还出现了一座传承觉囊派教法的道场——"觉囊塔西曲林"（Jonang Tashi Cho Ling），它以传授觉囊派的时轮密法为主，传法人和精神导师是肯波曲提囊瓦仁波切（Khenpo Choetyi Nangwa Rinpoche）。

（三）观音派

观音派建立了"布拉斯迪拉发禅宗中心"（Bratislava Zen Center）和"科希斯禅宗中心"（Kosice Zen Center）。传法人是宇峰法师（Wu Bong Sunim，1950—　），原名雅各布·佩尔（Jacob Perl）。

六　波兰佛教

20世纪初，波兰随着与佛教盛行的亚洲国家（如中国、韩国、越南、日本）的联系而接触到佛教。"二战"后，移居国外的波兰人逐渐加入佛教团体。冷战结束后，波兰的政治环境发生巨大的变化，佛教在波兰的发展步入一个新的阶段。

现在，南传佛教和大乘佛教各派已经在波兰出现，不过，各佛教派别的发展并不平衡。

（一）南传佛教

南传佛教在波兰并不发达，主要有两座道场。一座是雷布尼克禅定中心（Osrodek Medytacyjny w Rybniku），位于姆洛泽克（Mrozek）；另一座是"内观禅定小组"（Vipassana Meditation Group），位于普里泽西卡（Przesieka）。

（二）大乘佛教

相比较而言，大乘佛教在波兰的影响远远超过南传佛教。大乘佛教中，藏传佛教和禅宗的势力更是令人瞩目。

1. 藏传佛教

在藏传佛教各派中，格鲁派尚未在波兰建立道场，宁玛派建了两座道场，萨迦派只建立了一座道场，而噶举派的发展呈现相当繁盛的景象。

（1）宁玛派。宁玛派有两座主要道场。一座是"波兰佐钦联谊会"（Wspólnota Dzog-Czen W Polsce），创立人是曲嘉南开诺布；另一座道场是"科东佛教会"（Zwiazek Buddyjski Khordong），位于瓦兹扎瓦（Warszawa），创立人是奇美里金仁波切（Chime Rigdzin Rinpoche，1922—2002）。

（2）萨迦派。萨迦派在波兰只建立了一座道场："萨迦德钦曲林"（Sakya Dechen Choling）。它位于托伦（Torun），精神导师是噶玛提因利仁波切。

（3）噶举派。噶举派的道场在波兰到处都有。以萨扬米潘仁波切为精神导师的道场有三座：位于克拉考（Krakow）的"克拉考香巴拉禅定小组"（Krakow Shambhala Meditation Group）；位于什切青的"什切青香巴拉中心"（Osrodek Szambala Szczecin）；位于瓦兹扎瓦的"华沙香巴拉禅定小组"（Warsaw Shambhala Meditation Group）。这三座道场均隶属"香巴拉国际"（Shambhala International）。

阿贡仁波切创立了两座道场，分别是波兰弗罗茨瓦夫洛卡（Roka Polska Wroclaw）和波兰卢布林洛帕（Rokpa Polska Lublin）。

登嘉仁波切（Tenga Rinpoche，1932—2012）创立了"噶玛康仓佛教协会"（Karma Kamtsang Buddhist Association）及其附属的"本钦寺"（Benchen Monastery）。该协会位于华沙（Warsaw），登嘉仁波切自己担任传法人，精神导师是十六世噶玛巴。

在波兰发展最为迅猛的是尼达尔创立的隶属噶玛噶举派的金刚乘佛

教，它在波兰各地建立了40多座道场或组织，从名称上看主要有三类：第一类是"佛教中心"（Buddhist Center）。道场的名称均是佛教中心之后加上相应的地名。这些地方包括：比埃尔斯科—比亚拉（Bielsko-Biala）、比德戈斯兹（Bydgoszcz）、捷斯托乔瓦（Czestochowa）、埃尔布勒格（El-blag）、格旦斯克（Gdansk）、格里维斯（Gliwice）、格洛沟（Glogow）、戈佐·维尔科波尔斯基（Gorzów Wielkopolski）、卡托维斯（Katowice）、科德齐尔金（Kedzierzyn）、科佐尔（Kozle）、科尔斯（Kielce）、科斯扎林（Koszalin）、克拉考、洛德兹（Lodz）、拉布林（Lublin）、马尔波克（Malbork）、奥尔斯廷（Olsztyn）、奥波尔（Opole）、普洛克（Plock）、波兹南（Poznan）、瑞布尼克（Rybnik）、斯鲁普斯克（Slupsk）、索斯诺维克（Sosnowiec）、斯兹泽钦、塔诺斯基·戈利（Tarnowskie Gory）、托伦、瓦兹扎瓦、乌洛克洛（Wroclaw）和齐洛那·戈那（Zielona Góra）。

第二类是"佛教小组"（Buddhist Group），组织的名称是在佛教小组后加上地名。它们包括：比尔利斯托克（Bialystok）、比埃兹扎蒂（Bieszczady）、吉涅兹诺（Gniezno）、朱拉塔（Jurata）、科宁（Konin）、克洛斯诺（Krosno）、克维德金（Kwidzyn）、卢巴克佐（Lubaczów）、诺瓦·萨兹那（Nowa Sarzyna）、奥特沃克（Otwock）、鲁米尔（Rumia）和里泽斯佐（Rzeszow）。

第三类是隐修处。在德洛宾（Drobin）建立了"库查利佛教隐修处"（Buddhist Retreat Kuchary），在维索瓦·兹德洛吉（Wysowa-Zdroj）建立了"洛普基佛教隐修处"（Buddhist Retreat Ropki）。

2. 禅宗

临济宗和曹洞宗在波兰已经建立道场。禅宗各派中，以崇山行愿禅师建立的观音派在波兰的势力最大。观音派在波兰的总部是"华沙禅宗中心"（Warsaw Zen Center），它同样是观音派在整个东欧的总部。观音派还建立了"扎摩斯克禅宗小组"（Zamosc Zen Group）、"卡托维斯禅宗小组"（Katowice Zen Group）、"克拉考禅宗中心"（Kraków Zen Center）、"洛德兹禅宗小组"（Lódz Zen Group）、"里泽斯佐禅宗小组"（Rzeszów Zen Group）。这些禅宗组织的传法人均是阿勒克桑德拉·波特尔（Aleksandra Porter）。

观音派还建立了"皮拉禅宗小组"（Pila Zen Group）、"斯兹泽钦禅宗小组"（Szczecin Zen Group）和"格旦斯克禅宗中心"（Gdansk Zen Center）。这三座道场的传法人均是明御法师（Myong Oh Sunim，1959—　）。她是出生于波兰的信徒，原名多萝塔·克兹扎诺夫斯卡（Dorota Krzyzanowska）。

一行禅师建立了"正念僧伽"（Mindfulness Sangha），它隶属"正念生活团体"（Community of Mindful Living）。

修习圣严法师法门的道场是"佛教禅宗联盟"（Związek Buddystów Czan），它的精神导师是约翰·克鲁克（John Crook，1930—2011），位于瓦斯扎维（Warszawy）。

"禅宗观音功德小组"（Zen Kannon Kudoku Group）及其附属的"龙峰莲华庵"（Ryuho Renge An）是曹洞宗组织及道场。它是位于日本滨松（Hamamatsu）的龙泉寺（Ryusenji Temple）的属寺，在扎切尔米（Zachelmie），传法人是彻周仙岩（Sengan Tesshu），精神导师兰隆元秀（Genshu Ranryu，1957—　）原名亚采克·科兹沃夫斯基（Jacek Kozlowski）。该团体组织坐禅会、闭关，还安排成员到日本本山朝拜。

禅宗观音佛教联谊会（Buddyjska Wspólnota Zen Kannon）位于瓦斯扎瓦，隶属索诺玛山禅中心（Sonoma Mountain Zen Center），传法人是孔威廉（William Kwong，1935—　）。1935 年，他生于美国加州，是一名华裔。1960 年，孔威廉开始跟随铃木俊隆法师习禅。20 世纪 70 年代他在加州建立索诺玛山禅中心，并担任住持。后来，他来到波兰传法。

弟子丸泰仙的国际禅宗协会在米基维克扎（Mickiewicza）建立了国际禅宗协会禅宗小组（AZI Zen Group）。

佛教联谊会（Wspólnota Buddyjska）是一座混合了临济宗和曹洞宗禅法的道场，传法人是马乌戈西尔·智浩·布劳内克（Malgosia Jiho Braunek，1947—　）。该道场位于瓦斯扎瓦，隶属位于美国犹他州的"观世音国际"（Kanzeon International）。

位于斯兹克拉斯卡·波瑞巴（Szklarska Poreba）的格罗尼禅中心—永和禅堂（Glówny Osrodek Zen-Eiwa Zendo）是出现在波兰的首座临济宗寺院，1983 年开放。其他道场还有位于波兹南的"观音堂"（Kannon-Do）、位于乌洛克洛的（Wroclaw）的"如来堂"（Nyorai-Do）以及位于戈佐·沃克普（Gorzów Wlkp）的"自由靴"（Jiyu-Kutsu）等。

3. 真言宗

日本真言宗在波兰建立了道场——"波兰真言宗"（Shingon Polska）。

4. 其他

有些佛教组织或道场融合了不同佛教派别的修行方法，因此无法归入具体哪一种佛教类型。这是佛教在西方国家发展过程中出现的一个新现象。

在这方面最典型的是特里拉特那团体，它就是原来的西方佛教僧团之友。它在波兰的道场是"特里拉特那佛教联谊会"（Wspólnota Buddyjska Triratna），位于克拉考，精神导师和传法人是尼提雅班都（Nityabandhu）。

"波兰佛教传教团"（The Buddhist Mission in Poland）是混合了日本禅宗和藏传佛教的道场。它位于斯兹泽钦，传法人是村上光照禅师（Kosho Murakami Roshi，1937—   ）、本田手花夫禅师（Tekifu Honda Roshi）和山田文亮禅师（Bunryo Yamada Roshi）。波兰佛教传教团的属寺是"乌洛克洛佛教传教团——法乐寺"（The Buddhist Mission in Wroclaw, Horaku-ji）。

随着佛教在波兰的发展，波兰的佛教组织和团体出现了团结、整合的态势。"波兰佛教联盟"（The Buddhist Union of Poland）所属的佛教组织已经超过 20 个。

第三节　北欧各国佛教

一　瑞典佛教

（一）瑞典与佛教的最初接触

佛教出现在瑞典的时间可能远比人们想象的要早。考古学家们在斯德哥尔摩西部马拉伦湖（Lake Mälaren）的圣岛（Helgö）上发掘出了一尊小型铜佛像，它的年代在 6—7 世纪，这说明早期生活在北欧各国的拉普兰人可能已经与佛教有所接触。但是，我们已经无法知晓究竟是谁将这尊佛像带到了瑞典。

后来，瑞典人通过印度文化接触到佛教。著名的女性社会学家卡佳·德尔斯特罗姆（Katja Dahlström，1858—1923）和诗人丹·安德森（Dan Anderson，1888—1920）最早将印度思想介绍到瑞典。

不过，真正意义上的佛教研究始于赫尔默·史密斯（Helmer Smith，1882—1956），他是瑞典最著名的佛教研究专家。1882 年 4 月，史密斯生于瑞典。1908 年，他在乌布沙那大学获得硕士学位。1938 年，史密斯成为朗特大学比较文献学及梵语教授。同年，他成为巴黎亚洲学会会员。1927 年，他成为丹麦皇家学会外籍会员。史密斯懂巴利语、梵语、僧伽罗语、缅甸语和塔米尔语。

1913 年，史密斯与丹麦学者迪尼斯·安德森合作校订《经集》。1921 年，他校订《界诵》和《界函》。1915—1918 年，他编校四册《真谛光明》。1924 年，他与安德森开始编辑《巴利精审辞典》。1925 年，巴利文经典学会邀请他编订法句经中《双品》的注释。1926—1927 年，他在巴黎大学做了一系列有关佛教的演讲。①

（二）僧人的努力和僧团的出现

虽然进入 20 世纪，佛教研究在瑞典已经出现，但僧团尚未出现，佛教的影响依然很小。佛教在瑞典的传播在 20 世纪 50 年代真正步入正轨，对此做出努力的是马塞尔·斯兰德尔（Marcel Sirander，1912—1984）和比丘尼阿米达·尼萨塔（Amita Nisatta）。

1912 年，斯兰德尔生于法国马塞，在尼斯（Nice）长大，并在这里开始研究佛教。后来，他离开法国，来到中国。1933 年，他在中国一座寺院出家为僧，并留在中国学佛达五年之久。抗日战争爆发后，斯兰德尔被迫离开中国。他回到瑞典，脱下僧袍，成为居士，并在哥滕伯格大学（University of Gothenburg）任职。他成立了"瑞典佛教会"（Swedish Buddhist Society），它成为世界佛教徒联谊会在瑞典的中心。

1975 年，斯兰德尔来到香港，再次受戒成为比丘。回到瑞典后，他成立"莲花僧团"（The Lotus Buddhist Order），该僧团依据香港净土宗的法门修行。莲花僧团在瑞典、英国和法国都有信徒。1984 年，斯兰德尔在瑞典圆寂。

尼萨塔俗名英格里德·瓦格纳（Ingrid Wagner）。1953 年，她和丈夫卡尔·亨里克（Karl Henrik）前往印度，学习艺术和佛教。两年后，瓦格纳在尼泊尔出家为尼。五个月后，亨里克也出家为僧，法名阿纳伽里卡·

---

① ［斯里兰卡］威廉·佩瑞斯：《西洋佛教学者传》，梅廼文译，台北：华宇出版社 1986 年版，第 272—275 页。

苏加塔（Anagarika Sugata）。后来，尼萨塔和苏加塔回到瑞典。一年后，尼萨塔应邀去缅甸学佛。这期间，苏加塔负责尼萨塔在瑞典首都斯德哥尔摩的事务。尼萨塔从缅甸回来后，苏加塔去挪威传播佛法。

"佛教之友"（Buddhismens Vänner）是瑞典佛教徒成立的一个组织，它吸引了来自瑞典许多地方的人们。尼萨塔为该组织的成立做出了贡献。她还在斯德哥尔摩的人种学博物馆（Ethnographic Museum）中做过佛教讲座，这些讲座在瑞典造成了很大的影响。①

（三）主要佛教宗派

从 20 世纪 70 年代起，瑞典开始接受来自世界各国的移民。随着亚裔移民的到来，以他们为主体的佛教组织逐渐产生并有所发展，佛教已经得到瑞典政府的正式承认。不过，由于资金等方面的原因，佛教寺院和道场的出现比佛教团体的形成要晚，信徒们主要在家中、公寓或者办公场所聚会。佛教在瑞典的发展比英国、法国等西欧国家明显滞后。

一些相对较大的佛教中心主要位于像斯德哥尔摩等大城市，或者在城市的周边。在许多城镇中，小型僧团已经纷纷涌现。佛教在瑞典的传播，体现出从大城市向小城镇逐渐扩散的态势。

在瑞典，南传佛教和大乘佛教都已经出现。南传佛教以泰裔瑞典移民的影响最大。大乘佛教中，禅宗和藏传佛教的势力最大。

瑞典的佛教徒以来自亚洲的移民为主体，其中以泰裔、华裔和越南裔的移民最多。

1. 南传佛教

在瑞典的南传佛教类型中，以泰国移民所带来的泰国佛教的影响最大。20 世纪 80 年代初，一群泰国移民来到瑞典，对他们来说，瑞典是一个气候寒冷、文化迥异的国度，许多人感到生活上的不便和苦恼，急需精神及宗教信仰上的帮助，这样一来，修建一座佛教寺院成为泰裔移民的首要任务。1983 年，在普拉查克·素万纳佩（Prachak Suwannapeth）及其朋友们的领导下，这群泰国移民开始了为建造寺庙筹集资金的行动。他们在斯德哥尔摩市郊租下一套公寓，作为临时的寺庙地址，后来，它被命名为"佛陀罗摩寺"（Buddharama Temple），多种佛教活动开始在这里举行，吸

---

① Rev. Dao Chuan Shakya, "Sweden: A growing interest in Buddhism", http: //www. buddhismtoday. com/english/world/country/020 - Sweden. htm.

引了许多来自瑞典国内外的人参加。

不久，信徒们在瓦姆多（Värmdö）的一个美丽湖泊附近买下了 3000 平方米的土地，开始建造一个更大的新寺庙。1983 年 6 月，寺庙举行奠基仪式。随着时间的推移，泰裔信徒们还打算在附近购买另外近 3000 平方米的土地，以扩大寺庙的规模。①

此外，泰裔佛教徒们还开始在瑞典北部的小镇——弗里德里卡（Fredrika）建造一座新寺庙。它同样被称为佛陀罗摩寺。虽然该寺尚未建成，但各种佛事活动及内观禅定等修行业已展开。这座寺院一旦建成，将会成为欧洲最大的南传佛教寺院。

此外，在该国中部的杰姆特兰（Jamtland）地区，泰裔佛教徒已经建起了一座泰式佛塔。

2. 禅宗

在瑞典，禅宗最重要的两大派别——曹洞宗和临济宗都已经建立道场。在此仅介绍遵循卡普勒修行法门的"禅宗会"。

禅宗会（Zenbuddhistiska Samfundet）是 1982 年美国著名禅师菲利普·卡普勒（Philip Kapleau，1912—2004）访问瑞典时成立的禅宗组织，它隶属卡普勒的继任者波丁·科尔海德（Bodhin Kjolhede，1948— ）法师创立的"云水僧伽"（The Cloud-Water Sangha）。云水僧伽由罗彻斯特禅中心、芝加哥禅中心、禅宗会、墨西哥的卡萨禅（Casa Zen）、新西兰的奥克兰禅中心组成，它是一个遵循卡普勒的修行法门的各中心组成的联合体。

禅宗会的领导者是桑特·波洛马（Sante Poromaa，1958— ）和堪佳·欧德兰德（Kanja Odland，1963— ）。禅宗会还有一个"三宝僧团"（The Three Jewel's Order）。该僧团的成员在正式受戒出家前除了要经过长期的禅修外，还要进行为期三年的学习。僧团的成员要在禅宗会组织的佛教活动中与老师们一起工作。

在阿波加（Arboga）附近，禅宗会有一个"禅园"（Zengarden），这是专门对成员进行禅宗训练的寺院。在斯德哥尔摩、哥德堡、兰德（Lund）和芬兰首都赫尔辛基（Helsinki），禅宗会都有禅中心。该团体在乌米尔（Umea）和乌普萨拉（Uppsala）也有禅宗组织。

---

① http://www.buddharam.com/buddharam-sweden.html.

禅宗会的成员可以在禅中心参加禅修，学习佛教教义，接受修行指导，参加各种佛教仪式和活动。禅宗会为初学者提供禅修指导，开办讲座和课程，举办一日禅和闭关。成员也可以在当地的禅中心每周坐禅3—5次。①

弟子丸泰仙创立的国际禅宗协会也在瑞典建立了道场——"哥德堡禅宗道场"（Göteborg Zen Dojo）。其他曹洞宗道场还有"北光禅中心"（Northern Lights Zen Center）等。

遵循一行禅师的修行法门的道场有"快乐之源僧伽"（Source of Joy Sangha）等。

3. 藏传佛教

藏传佛教四大主要宗派均已在瑞典建立各自的弘法基地，其中以丹麦喇嘛尼达尔创立的金刚乘佛教组织的影响最大。遵循噶玛噶举派修行法门的金刚乘佛教组织在瑞典的分支机构被称为"瑞典金刚乘"（Diamantvägsbuddhism Sverige），它在斯德哥尔摩、哥德堡、马尔默（Malmö）和欧里布洛（Örebro）都建立了道场。

属于噶举派的道场还有"拉纳斯里禅定中心"（Ratnashri Meditation Center），它成立于1997年，创立者是堪钦空楚加钦仁波切（Khenchen Konchog Gyaltshen）。该禅定中心出版季刊《拉纳斯里通讯》（*Ratnashri Newsletter*）。

宁玛派建立的道场有"斯德哥尔摩佐钦中心"（Dzogchen Centre Stockholm）、"里金帕玛卡拉林"（Rigdzin Padmakara Ling）、"塔拉中心"（Tara Center）等。

相比较而言，萨迦派在瑞典的发展不及其他派别，它的主要道场是"萨迦昌珠曲林"（Sakya Changchub Choling）。

格鲁派在瑞典的主要道场是"西藏瑞典德隆坦帕中心"（Tibet Svenska Drom Tanpa Center）。

新噶当派在瑞典的道场有"哥德堡禅定中心"（Göteborg Meditation Centre）、"阿底峡佛教中心"（Atisha Buddhist Center）、"塔拉佛教中心"（Tara Buddhist Center）等。

---

① http://www.zazen.se/ZBS.html.

4. 瑞典佛光山

佛光山在瑞典的道场是瑞典佛光山。1992 年，在牛津大学学习的依益法师来到瑞典，决心将来在该国建立道场，弘扬佛法。1994 年 4 月，依益法师再次来到瑞典，在斯里兰卡潘纳拉塔纳（Pannaratana）法师的帮助下成立"斯德哥尔摩（非汉语系）协会"（BLIA, Stockholm［NCS］）。8 月，星云大师参加协会的成立典礼，并于 10 月指派永护法师来到瑞典，负责筹建组织及建寺事务。

1998 年，永护法师和信徒在斯德哥尔摩北部找到一块土地，佛光山将此买下，作为将来寺庙的用地。1999 年 3 月，瑞典佛光山正式成立。9 月，星云大师抵达该寺，为信徒传授三皈五戒，并进行佛学讲座。12 月，寺庙建成。

瑞典佛光山定期举行形式多样的各种活动，如中英文佛学讲座、坐禅、念佛、在佛诞等节日举行庆典等。而且，它还通过各种文化活动弘扬佛法，扩大佛教的影响。①

二　挪威佛教

挪威的主要宗教是基督宗教，新教中的路德宗在挪威的势力最大。不过，让人感到有点不可思议的是，首先将佛教介绍到挪威的却是在亚洲尤其是中国传教的传教士们。大部分传教士对基督宗教以外的其他宗教持排斥、诋毁的态度，他们往往视佛教为崇拜偶像的宗教而加以攻击，不过，也有少数传教士能以相对来说较为宽容的立场来看待佛教。

（一）艾香德牧师与佛教

将佛教介绍给挪威人的重要传教士是艾香德牧师（Karl Ludvig Reichelt, 1877—1952）。他曾经在斯塔万格（Stavanger）的一所传教士学校读书，1903 年，他被派往中国湖南宁乡从事教务工作，他在这里待了八年。1911 年，他回挪威休假。1913 年，他又来到中国，在汉口附近的一所信义宗学校任教，同时，他与一些僧人交往。1920—1922 年，他在挪威期间，开始推进在中国佛教徒中传播基督宗教的计划。他打算采用早期传教士们没有尝试过的方法。他的策略是：认可佛教的价值，将它们（连同中国人熟悉的仪式、概念）与基督宗教的观念融为一体。这种方法没有

---

① http://dharma.fgs.org.tw/shrine/ibps-sweden/C-Chinese/index_ c.html.

得到教会的支持。1922 年，艾香德在南京创立"景风山"，开始向佛教徒和道教徒传播福音。他不仅造访中国内地的重要佛教寺院，还到中国台湾、中国香港、日本、菲律宾、越南等地。1930 年，为了躲避国内的军阀混战，艾香德将传教工作的重心从内地迁移到香港，在沙田创立"道风山基督教丛林"。为了吸引佛、道信徒来到山上学道，艾香德还请来丹麦著名建筑师艾术华（Johannes Prip-Møller，1889—1943），设计、建造了庞大的中式建筑。①

艾香德一生中的大部分时间在中国度过，他的中文相当好。为了传教的需要，他对包括佛教在内的中国宗教相当了解，并写过多部这方面的著作，主要有《中国的宗教》（*Religion in Chinese Garment*②，1912—1913）、《东方宗教生活之所得》（*From the Religious Life of the East*，1922）、《净土》（*The Pure Land*，1928）、《朝向西藏的边界》（*Towards the Frontier of Tibet*，1933）、《中国佛教中的真理和传统》（*Truth and Tradition in Chinese Buddhism*③，1934）、《东亚的虔诚和神圣》（*Piety and Holiness in Eastern Asia*，1947—1949）。1948 年，艾香德出版《老子》一书，全书附上《道德经》译文。在该书前言，挪威教授亨利·亨内（Henry Henne，1918—2002）写道："首先，艾香德是一名传教士。但他始终保持着开放的心灵。与他同时代的许多人轻视中国的传统和文化时，他却对中国人、汉语和中国深切地赞美……对宗教仪式和经典的研究占据了他的大部分时间。通过这些研究，他对文本资料和僧人、俗人的宗教修行都有了直接的认知……用这种方法得到的更深理解，使他能够看出佛教中巨大的宗教价值和哲学价值……"④ 此外，艾香德还将几部佛教经典翻译成了挪威语。

1947 年，艾香德的儿子——艾格美（Gerhard M. Reichelt，1906—1997）将《坛经》翻译成挪威语，并对它加以介绍。该书与铃木大拙的著作一起使挪威、瑞典、丹麦人接触到禅宗。1957 年，位于沙田的"道风山基督教差会"（Christian Mission to Budddhists）成立"基督教中国宗

---

① http：//www. tfssu. org/pdf/A Retrospect of the History of Tao Fong Shan. pdf.

② Reichelt, Karl Ludvig, *Religion in Chinese Garment*. New York：Philosophical Library，1951.

③ Reichelt, Karl Ludvig, *Truth and Tradition in Chinese Buddhism*. Shanghai：Commercial Press，1934.

④ Lorentzen, Haavard，"Buddhism in Norway"，http：//www. buddhismtoday. com/english/world/country/026 – Norway. htm.

教研究社"（Christian Study Centre on Chinese Religion），艾格美担任首任社长。

艾香德研究佛教、拜访佛寺的目的是将佛教徒改变成基督徒，但是他的工作却客观上为挪威人了解佛教提供了帮助。

（二）佛教影响的扩大及佛教组织的出现

20 世纪 60 年代末，挪威一名心理学教授受禅宗的启发，创造了"静坐养生法"。到 1990 年，静坐养生法在挪威的影响越来越大，每天都有 5 万人进行静坐养生。到 1991 年，瑞典、丹麦也受到影响，每逢周末、节假日，成千上万的人来到挪威参加静坐。[①]

进入 20 世纪 70 年代，随着亚洲移民的到来，佛教在挪威逐渐有所发展。这些移民主要来自越南，还有一些来自日本、中国、韩国、柬埔寨等。挪威本土白人也有少数人逐渐对佛教产生兴趣。在过去的 30 年中，挪威白人佛教信徒的人数在缓慢而持续地增长。

1979 年，两个佛教组织——"禅宗学校"（The Zen School）和"噶玛塔西林佛教中心"（Karma Tashi Ling Buddhist Center）创立"佛教联合会"（Buddhist Forbundet），目的在于建立一个共同的组织来保留和发扬佛教传统。

挪威佛教徒最集中的地方是该国首都奥斯陆（Oslo）。这里有南传佛教组织、禅宗、净土宗的道场以及一座小的藏传佛教寺院。渐渐地，佛教组织和寺院也开始出现在其他城市。

南传佛教在挪威的影响较小，最重要的南传佛教道场是泰国裔移民建立的"挪威法身寺"（Wat Phra Dhammakaya Norway）。

在大乘佛教中，越南裔移民建立的道场最多，禅宗也有所发展，藏传佛教的势头也很迅猛。

越南佛教徒在挪威的主要组织是"德拉门佛教支会"（Chi Hoi Phat Giao Vn Dremen）和"克里斯蒂安桑佛教支会"（Chi Hoi Phat Giao Vn Kristiansand），它们均是全越南统一的佛教组织——"越南佛教"（Phat Giao Viet Nam）的分支机构。越南佛教徒在卑尔根（Bergen）和特隆赫姆（Trodheim）建立了两座寺院。另一座匡越寺（Khuong Viet Tempelet）的面积有 20 万平方米，有三幢主要建筑，主楼有大殿和 10 余间房子，常驻

---

① 杨曾文主编：《当代佛教》，东方出版社 1993 年版，第 336 页。

比丘有 10 名，比丘尼 3 名，住持是安智法师。

此外，著名的一行禅师在挪威建立"流云僧伽"（Sanga of Floating Clouds），它隶属法国的梅村僧伽。

越南裔挪威佛教僧团主要采取自立门户和自我修行的方式，极少对外弘法。

禅宗在挪威出现的时间相对较晚，不过，临济宗和曹洞宗均已经在挪威建立道场。临济宗的主要道场是"临济禅中心"（Rinzai Zen Senter），该僧团隶属加拿大和美国的波尔迪山僧团，常驻僧是庚申·凯恩·尾生（Koshin Cain Osho, 1965—　）。

曹洞宗在挪威的代表性组织是"挪威曹洞宗僧团"（Den Norske Sotozen Buddhist Orden），它的创立者是挪威人宗全·拉森（Sozen Larsen）和他的兄弟，成立的时间是 2001 年。

宗全·拉森将曹洞禅法介绍到挪威。他在日本生活了 13 年，在这期间，他凭借自己的教育学文凭在日本一所私立中学从事英语教学，同时，他在总持寺作为一名平信徒学习曹洞宗禅法。

1998 年 7 月，拉森在总持寺出家，并由曹洞宗贯首板桥兴宗禅师（Itabashi Koshu Zenji）剃发。随后，拉森在总持寺和西遊寺（Saiyu-ji Monastery）完成所有修行。此外，他还在日本其他寺院修行。2001 年，拉森接受板桥禅师的传法，不久成为正式的传法人。

回到挪威后，拉森积极弘扬曹洞宗禅法。2002 年，挪威曹洞宗僧团在政府部门注册。该僧团已经有一座小型的寺院，它正打算找到一个更合适的地点来修建一座更大的寺院。[①]

韩国禅师崇山行愿的观音派在挪威建立了组织——"奥斯陆禅小组"（Oslo Zen Group）。

藏传佛教在挪威影响最大的是噶举派，尤其是噶玛噶举派。它在挪威的总部是"噶玛塔西林佛教中心"。该总部之下还有属寺——"噶玛舍珠林隐修中心"（Karma Shedrup Ling Retreat Center），它的创立者是卡鲁仁波切，常驻喇嘛是昌珠。

同属噶玛噶举派的金刚乘佛教在挪威多处建立了分支机构，它的主要道场有"奥斯陆佛教小组"（Buddhist Group Oslo）。金刚乘佛教在卑尔

---

① http：//www. sotozen. no/international-norway. lasso.

根、克里斯蒂安桑、斯塔万格和特隆赫姆都建立了禅定组织。

宁玛派在挪威的道场是"北欧佐钦宇宙之门"（Nordic Gateway to the Dzogchen Universe）。

新噶当派在挪威建立了"宗喀巴噶当派佛教中心"（Je Tsongkhapa Kadampa Buddhistsenter），它隶属"国际噶当派佛教联盟"（International Kadampa Buddhist Union），常驻法师是科桑图钦（Kelsang Tubchen）。

西方佛教僧团之友在挪威建立了道场——"奥斯陆佛教中心"（Oslo Buddhistsenter），创立者是僧护法师。

到 20 世纪末，挪威佛教徒的人数已经超过 7000 人，其中绝大多数是亚裔移民。

三　芬兰佛教

佛教的思想观念、生活方式等引起越来越多芬兰人的关注是在"二战"后。但是，这并不意味着芬兰佛教的历史只能追溯到 1945 年，恰恰相反，佛教在芬兰的发展经历了一个漫长的历史时期。

（一）芬兰与佛教最早的接触

最早生活在芬兰地区的人是拉普兰人，他们主要靠捕鱼、狩猎为生。拉普兰人在宗教上信仰万物有灵，他们世界观中的一些看法与东方人有类似之处，而且在他们的文化中有"卍"字。

芬兰位于波罗的海的东北部，在地理位置上处于东西方的交会处。当时生活在芬兰的人应该很早就与东方发生了联系。在芬兰诸多岛屿上，人们以产于锡兰马尔代夫岛的玛瑙贝作为流通货币，在拉脱维亚以及挪威最北部的芬马克省的墓葬中都发现了这种玛瑙贝。这些贝壳的年代大约是公元 5 世纪。

不久，东维京人从瑞典来到芬兰。公元 9—10 世纪是东维京人兴盛的时代。他们沿着俄罗斯的河流一直来到黑海和里海，这里与丝绸之路相连接。13 世纪，蒙古帝国向欧洲扩张，佛教也相应地对欧洲造成了一定的影响，佛陀的生平事迹也从中亚向欧洲传播。随着时间的推移以及不同欧洲语言的缘故，佛陀的故事在不同的文化背景下有了不同的版本，它与基督教传奇相结合就有了巴拉姆和约萨法的传说，这个传说的不同版本在欧洲广为传播，芬兰也是如此。

（二）芬兰人对卡尔梅克人佛教信仰的探索

17 世纪 30 年代，一些信仰佛教的蒙古部落从中亚移居到伏尔加河三角洲地区。这里就是今天所谓的卡尔梅克。

从 1362 年起，芬兰被瑞典统治，直到 19 世纪初。17 世纪，瑞典成为一个强大的国家，俄罗斯也积极向东扩张，为了争夺对波罗的海的统治权，瑞典与俄罗斯爆发了北方大战（The Great Northern War），时间长达21 年（1700—1721）。获胜的俄罗斯将大量瑞典战俘流放到西伯利亚。芬兰语言学家亨里克·布莱内尔（Henrik Brenner, 1669—1732）对卡尔梅克进行了田野调查。在回芬兰的路上，布莱内尔被俄罗斯扣押，他的大部分手稿和资料散失了，所幸有少数内容在通信中保留了下来。布莱内尔指出，他向卡尔梅克蒙古人的僧侣询问过他们宗教上的事务，卡尔梅克高等贵族一生中至少有一次要到重要的寺院去朝觐并拜谒最高喇嘛。[①]

另一名主动去了解卡尔梅克的芬兰人是在军队中服役的律师西蒙·林德海姆（Simon Lindheim, 1686—1760）。1709 年，他被俄罗斯军队俘虏。他研究了芬兰人的族源，以及卡尔梅克语言等内容。他的研究成果在其死后在乌普萨拉和圣彼得堡出版。

随着芬兰东部的大部分领土被北方大战的赢家俄罗斯所吞并，从1740 年开始，卡尔梅克军队在芬兰驻扎。这样一来，芬兰人首次直接接触到卡尔梅克蒙古人及其信仰的藏传佛教。

18 世纪下半叶，沙俄政府感到非常有必要了解自己治下的西伯利亚地区的资源情况。一些为俄罗斯工作的芬兰人为他们了解蒙古的情况做出了贡献。

自然主义者埃里克·勒克斯曼（Erik Laxman, 1738--1796）探察了南西伯利亚地区的矿藏。在穿越蒙古地区的一次漫长旅程中，他还了解了藏传佛教及藏语。芬兰官员和制图员亚力山大·瑟斯勒夫（Alexander Thesleff, 1778—1847）绘制了 19 世纪初俄罗斯与中国的整个边界图，他还编辑了南西伯利亚和中国蒙古地区的地图册。

1731 年，"瑞典东印度公司"（Swedish East India Company）成立。该

① Ratia, Alpo, "The Early History of Buddhism in Finland", http：//www. budcon. com/in-dex. php? option = com_ content&view = article&id = 302％3Athe-early-history-of-buddhism-in-finland-parts-i-a-ii-by-alpo-ratia – &catid = 47％3Aarticles&Itemid = 117&lang = en.

公司的职员伊斯瑞尔·雷尼尔斯（Israel Reinius, 1727—1797）在 1746—1748 年，乘船来到中国广州，他将自己在沿途的所见所闻记录下来。回到芬兰后，雷尼尔斯继续在位于图尔库（Turku）的图尔库学术院（Abo Academy）学习神学。雷尼尔斯注意到，佛像等在中国信奉者心中是象征物，而不仅仅是偶像。

（三）芬兰佛教研究的深化

1808—1809 年，瑞典和俄罗斯之间爆发战争，瑞典与芬兰的联盟瓦解。随后，芬兰成为沙皇统治下的一个大公国。

1822 年，图尔库依然是芬兰的首都。报纸上关于卡尔梅克佛教的两篇文章使佛教首次在芬兰受到关注。这两篇文章发表在芬兰语的《图尔库周报》（Turku Weekly）上，其中一篇文章指出："这些卡尔梅克异教徒有自己的教皇即喇嘛。他由俄罗斯的沙皇授权。数不清的世俗僧侣依据他们的教义，为人们赎罪、祈福、念经、举行丧葬仪式。除此之外，他们还有许多男性和女性的偶像。这些偶像由金、银、铜、土和木制成，位于各自的帐篷中。供奉在它们面前的碗中盛放着大米、坚果和牛奶。"①

后来，一场大火几乎将整个图尔库化为灰烬。1828 年，图尔库学术院搬迁到新首都，并更名为"帝国亚力山大赫尔辛基大学"（Imperial Alexander Helsinki University）。在该大学，东方研究开始发展，首先是乌拉尔阿尔泰语系和印欧语系。在位于圣彼得堡的东印度帝国科学院（East Indian Imperial Academy of Sciences）的资助下，马西尔斯·亚力山大·卡斯特伦（Matthias Alexander Castrén, 1813—1852）对 19 世纪 40 年代的西伯利亚人进行了语言学和人种学方面的广泛研究。他也是首位深入研究布里亚特蒙古方言的西方学者。卡斯特伦被任命为赫尔辛基大学首位芬兰语教授。

芬兰的印度学研究在缓慢进行，它与佛教有关。1875 年，奥托·多恩内尔（Otto Donner, 1835—1909）成为赫尔辛基大学首位梵语教授。他发起成立芬兰国家博物馆（Finnish National Museum）和芬兰—乌戈尔学会（Finno-Ugrian Society），并且组织赴东方的探险活动。这些探险家们的

---

① Ratia, Alpo, "The Early History of Buddhism in Finland", http://www. budcon. com/index. php? option = com_ content&view = article&id = 302% 3Athe-early-history-of-buddhism-in-finland-parts-i-a-ii-by-alpo-ratia – &catid = 47% 3Aarticles&Itemid = 117&lang = en.

报告对西伯利亚南部和中亚的佛教情况有一些粗略的记载。

在古斯塔夫·约翰·拉姆斯特德（Gustaf John Ramstedt，1873—1950）的努力下，芬兰的蒙古研究达到一个新高度。在芬兰—乌尔戈学会的支持下，1892—1912 年，拉姆斯特德组织了六次赴蒙古和东土尔其斯坦的探险活动。他在卡尔梅克一座藏传佛教寺院里生活了五个月，后来，他出版了两本卡尔梅克蒙古方面的著作。1917—1941 年，拉姆斯特德担任赫尔辛基大学阿尔泰语研究的首席教授。他还从五台山画师手中得到了 63 幅珍贵的唐卡，它们现收藏于赫尔辛基的文化博物馆中。

芬兰的主要宗教是路德宗和东正教，到 19 世纪末，每个芬兰人都必须信仰其中之一。1889 年的宗教法案虽然对除路德宗以外新教各派的限制有所削弱，但出版审查制度一直延续到 1905 年。这种状况显然不利于佛教的传播。不过，由于当时芬兰依然在俄罗斯的统治之下，学者们还是有所机会。

卡尔·塞德霍尔姆（Carl Sedeiholm，1818—1903）在俄罗斯军队服役期间对东方宗教发生兴趣。在芬兰退役后，他开始研究印度宗教。他尝试将印度教、佛教的教义与基督教教义融合起来。1886 年，塞德霍尔姆出版《觉悟者佛陀和他的教义》（*Buddha the Enlightened and His Teaching*），这是芬兰出版的第一本佛教方面的书籍。

1887 年，芬兰神智学会（Finland's Theosophical Society）成立。1897 年，该会在赫尔辛基建立一座图书馆。芬兰神智学会在图尔库、坦佩雷（Tampere）、瓦萨（Vaasa）等主要城市建立分会。它们是独立的学习组织，在聚会时，成员们就自己感兴趣的特定问题发表看法，然后大家讨论，通过这种方式，掺和了吠檀多、佛教以及其他内容的神智学会思想在芬兰广为传播，一些受过教育的人接受了羯磨、轮回、涅槃等观念。

1906 年，芬兰神智学会负责人佩卡·厄瓦斯特（Pekka Ervast，1875—1934）将奥尔科特的《佛教教义问答集》翻译成芬兰语出版，1925 年，他又将《法句经》翻译、出版，这是被翻译成芬兰语的首部完整的佛经。

"第一次世界大战"前，芬兰出版了一些涉及佛教的著作，如芬兰人朱索·赫德伯格（Juuso Hedberg，1851—1919）撰写的《异教》（*Pagan Religions*，1891）、安提·J. 皮尔提拉（Antti J. Pietila，1878—1932）的《查斯图斯特拉，佛陀和基督》（*Zarathustra，Buddha，Kristus*，1911）；

从其他语言翻译成芬兰语的有埃伦·门兹斯（Alan Menzies）的《世界宗教》（*World Religions*，1910）。

1906 年，朱利奥·路透（Julio Reuter，1863—1937）接替多恩内尔成为赫尔辛基大学梵语和印欧比较语言学教授。路透的学术研究范围包括巴利语、梵语、印度文学史和哲学，以及佛教哲学和部分佛经。

1917 年，俄国十月革命爆发。同年 12 月，芬兰独立。1918 年，芬兰爆发内战。1919 年，芬兰共和国成立。1939 年，苏联发动苏芬战争，芬兰被迫割地。1941 年，芬兰加入法西斯阵营，参加针对苏联的战争。"二战"结束，芬兰成为战败国，在主权和外交上长期受制于苏联。

国内的动荡局势使芬兰的佛教研究受到很大的负面影响，不过，佛教在芬兰依然缓慢地发展。

1947 年，芬兰一些不正式的佛教研究小组成立"佛教之友"（Friends of Buddhism），这是芬兰同样也是北欧建立的第一个佛教协会，该协会的目的是研究佛陀的教义、支持僧人并促进比较宗教方面的研究。

（四）佛教之友的贡献

佛教之友的创始人包括当时芬兰驻巴黎总领事莫诺·诺德伯格（Mauno Nordberg，1884—1956）、大使雨果·瓦尔瓦尼（Hugo Valvanne，1894—1961）、作家居塞·斯内尔曼（Jussi Snellman）和安提·J. 阿霍（Antti J Aho）以及利奥·西尔顿（Leo Hildén，1919—2006）。从 1946 年到 1951 年，佛教之友翻译、出版了许多佛教方面的著作，翻译成瑞典语的有《解脱的教义》（*The Teaching of Liberation*，1946）；翻译成芬兰语的有三界智的《佛陀教义的精华》（*The Essence of Buddha's Teaching*，1947）及《佛陀箴言》、汉弗瑞的《羯磨和轮回》（*Karma and Reincarnation*，1948）、西尼·维特克尔（Syndey Whitaker）的《佛教的基本教义》（*Fundamental Doctrines of Buddhism*，1949）、弗朗西斯·斯托里（Francis Storey）的《佛陀的教义》（*Buddha's Teaching*，1950）、阿诺德的《亚洲之光》（1951）等。

1949 年，瓦尔瓦尼成为芬兰驻印度大使。他掌握了梵语，并将《法句经》从巴利语翻译成芬兰语。

1956 年，佛教之友主席诺德伯格去世。同年，西尔顿成为佛教之友的主席，他担任该职接近 30 年。

1969 年，佛教之友邀请斯里兰卡僧人皮亚达西（Piyadassi）法师来到芬兰，他在芬兰做了一些佛教讲座。佛教之友希望能从南亚请来一位僧人常驻芬兰，但未能如愿。

后来，诺德伯格的一名亲戚赫基·帕维埃伦（Heikki Parviainen）来到斯里兰卡，他按照僧人的标准修行。但是，他由于无法适应斯里兰卡炎热的气候和饮食而生病，不久，他回到芬兰。

20世纪80年代中期，佛教之友名存实亡。

（五）从学术研究到佛教信仰

"二战"后，芬兰研究佛教的最主要机构是赫尔辛基大学。随着研究的逐步深入，有些学者逐步走向信仰层面，典型的例子是迈克尔·尼尼马基（Mikael Niinimäki）。1987年，尼尼马基在韩国出家，同年，他出版《佛教在芬兰的历史》（*The History of Buddhism in Finland*）以纪念佛教之友成立40周年。

佛教之友不复存在后，芬兰佛教的主要组织是"菩提达摩协会"（Bodhidharma Association）。这是一个禅宗僧团，从20世纪80年代中期起，尼尼马基就是该组织的精神导师。当时，尼尼马基担任意大利一所小型禅寺的住持，他定期回芬兰进行佛学讲座，并指导弟子们修行。尼尼马基将大量佛教典籍从英语翻译成芬兰语，也包括一行禅师的著作。

随着时间的推移，南传佛教和大乘佛教已经在芬兰建立道场。大乘佛教中以藏传佛教和禅宗的影响最大；而在藏传佛教各派中，噶举派（尤其是噶玛噶举）和宁玛派的势力最大。

南传佛教在芬兰的主要道场是"佛法拉姆西寺"（Buddha Dhamma Ramsi Monastery），它由缅甸移民所建，隶属伦敦的"萨萨那拉姆西毗诃若"（Sasana Ramsi Vihara）。"奈若达内观小组"（Nirodha Insight Meditation Group）是修习南传佛教内观禅法的僧团，它在芬兰还没有常驻法师，传法人主要从国外尤其是英国请来，但修行活动一直在进行。

藏传佛教中，宁玛派和噶举派尤其是噶玛噶举派在芬兰最活跃。宁玛派在芬兰的主要道场有两个：一个是"芬兰达那科萨"（Danakosha Finland），创立者是达克巴活佛仁波切（Tulku Dakpa Rinpoche, 1975—　）；另一个是"佐钦塔西帕巴林"（Dzongchen Tashi Palbar Ling），创立者是曲嘉南开诺布，奉迦叶佩玛卡桑仁波切（Kyabje Pema Kalsang Rinpoche, 1943—　）和佐钦朗亚巴楚仁波（Dzogchen Ranyak Patrul Rinpoche, 1963—　）为精神导师。此外，宁玛派建立了"芬兰塔拉研究所"

（Tarab Institute Finland）。

噶举派在芬兰也很活跃。它在该国的主要道场是"芬兰帕邦昌珠达杰林"（Palpung Changchub Dargye Ling Finland）和"芬兰帕邦耶舍格萨"（Palpung Yeshe Gatshal Finland），它们均奉十二世大司徒仁波切（Tai Situ Rinpoche，1954— ）为精神导师。此外，"芬兰若克巴"（Rokpa Finland）的影响也较大，它的创立者是阿贡仁波切，它的属寺"芬兰噶举桑耶宗"（Kagyu Samye Dzong Finland）成立于 2002 年。

属于噶玛噶举派的金刚乘佛教中心（Diamondway Buddhist Center）在图尔库、赫尔辛基、坦佩雷、波里（Pori）、拉彭兰塔（Lappeenranta）、拉赫蒂（Lahti）等 10 个城市建立了修行中心或小组。

新噶当派在芬兰的主要道场是"宗喀巴佛教中心"（Sumatikirti Buddhist Centre）和"图尔库禅定中心"（Turku Meditation Centre），它们奉格桑嘉措为精神导师。

禅宗在芬兰的道场除了"菩提达摩"外，还有"赫尔辛基禅中心"（Helsinki Zen Center）。它依据卡普勒的法门修行，隶属瑞典的禅宗会。

"卡乔禅堂"（Kajo Zendo）依据道元禅师的法门修行。它隶属"国际道元僧伽"（Dogen Sangha International），传法人是彼德·洛卡（Peter Rocca）。它的前身是"芬兰道元僧伽"（Dogen Sangha Finland），严格依照道元禅师所倡导的只管打坐的方式修行。

另外的禅宗组织还有"清流百合僧伽"（Sangha White Water Lily），芬兰语名为"Valkoinen Lumme"，隶属一行禅师的僧团。

四 丹麦佛教

丹麦是欧洲大陆边上的一个袖珍小国，在近代欧洲的佛教研究中，丹麦涌现出几名优秀的学者，为佛教在丹麦的传播奠定了基础。

（一）学者的佛教学术研究

1. 拉斯姆斯·克里斯蒂安·拉斯克（Rasmus Kristian Rask，1787—1832）

拉斯克 1787 年生于一个农夫之家，他是一位杰出的语言学家，是第一名为了研究巴利语而来到东方的西方人。1821 年，他抵达锡兰，并在这里生活七年，学习巴利语和僧伽罗语。他带着大量贝叶经回到丹麦，这些重要资料现保存在丹麦皇家学院。回国后，拉斯克根据一本巴利语语法书编辑了一本巴利语词典，但没有出版。

拉斯克虽然是一名著名的巴利语学者，但他却没有从事南传佛教的研究。他从锡兰带回来的资料，为后来的丹麦学者进行南传佛教研究奠定了良好的基础。1832 年，拉斯克去世。丹麦设立了拉斯克基金会，鼓励学术研究。①

2. 维戈·弗斯波尔（Viggo Fausböll，1821—1908）

弗斯波尔是一位牧师的儿子，生于 1824 年 9 月。在哥本哈根大学学习期间，他受拉斯克作品的影响，学习了梵语。他对图书馆里拉斯克从锡兰带回来的贝叶经产生兴趣，于是开始自学巴利语。他的梵语基础对其巴利语学习自然有帮助。大学毕业后，弗斯波尔开始了《法句经》的校订工作。1855 年，他出版《法句经》的校订本及拉丁文译本。1861 年，弗斯波尔受聘于哥本哈根大学的图书馆担任助理。他非常重视《本生经》的校订，从 1861 年到 1872 年，他出版了一系列《本生经》故事，以唤起学者对这部佛经的重视。1876 年，弗斯波尔当选为丹麦皇家学院会员。1878 年，他成为哥本哈根大学的印度学教授。1881 年，弗斯波尔将《经集》翻译成英语，并于 1884 年出版。1887—1897 年，六册《本生经》出版。1888 年，他获得波普奖（Bopp Prize）。1890 年起，弗斯波尔成为皇家亚洲学会会员。1902 年，他从哥本哈根大学退休，并被授予名誉博士学位。弗斯波尔与锡兰、英国的学者保持着学术联系。1908 年，弗斯波尔去世。②

里斯·戴维斯对弗斯波尔的学术成就给予了高度评价。为弗斯波尔写传记的学者迪尼斯·安德森说："他过着一种平静的生活，用一种健康且快乐的方式看待自己与世界。他是佛陀的仰慕者，但却不是一位佛教徒。"③

3. V. 特伦克勒（V. Trenckner，1824—1891）

特伦克勒的全名是卡尔·威廉·特伦克勒（Carl Wilhelm Trenckner），1824 年 2 月，他生于哥本哈根。他考入哥本哈根大学，学习东西方语言。

①　［斯里兰卡］威廉·佩瑞斯：《西洋佛教学者传》，梅廼文译，台北：华宇出版社 1986 年版，第 236—237 页。

②　同上书，第 238—241 页。

③　同上书，第 240 页。

特伦克勒没有获得大学学位，但他精通梵语、巴利语、僧伽罗语、缅甸语、印度语、波斯语、阿拉伯语、塔米尔语、孟加拉语、叙利亚语以及希腊语、拉丁语、英语、法语、德语、意大利、俄语等多种语言。为了编纂巴利语辞典，特伦克勒抄录、校勘了诸多巴利语经典。1868 年，他抄录完成《长部》；1873 年，他抄录完成《中部》及《中部注释》。1885 年，他抄录《经集》、《相应部》、《增支部》及其注释，遗憾的是，《增支部》、《中部》手稿已佚。特伦克勒还抄下了《本生经》、《经集注释》、《法句经义疏》、《附随》等。1880 年，特伦克勒出版《弥兰陀王问经》的校订本。他还出版了《巴利文集》。在生命的最后 10 年中，他致力于《中部》的校勘，但他没能完成。1891 年，特伦克勒辞世。①

4. 迪尼斯·安德森（Dines Andersen，1861—1940）

1861 年，安德森出生在丹麦一个磨坊技工的家中。1881 年，他考入哥本哈根大学，在弗斯波尔的指导下，他开始学习梵语。1889 年，他获得大学颁发的金质奖章。1891 年，他受聘于哥本哈根大学图书馆，负责整理特伦克勒的手稿。1892 年，他获得博士学位。1891 年，他为弗斯波尔校勘的《本生经》作索引，该书于 1897 年出版。1901 年，安德森出版第一册巴利语教科书——《巴利读者》（A Pali Reader I）；1935 年，该书出版第四版。1904—1907 年，《巴利字汇》（A Pali Glossary）出版。1903 年，安德森成为哥本哈根大学印度文献学教授。1912 年，学者们齐聚雅典，同意采用国际合作的方式来编纂巴利语辞典，丹麦成为筹备中心。由于新资料的出现，安德森与巴利语学家、瑞典学者赫尔默·史密斯扩大了特伦克勒的计划。1924 年，他们出版的作品虽然以特伦克勒的资料为基础，但却是一本全新的著作，他们将它称为《精审巴利语辞典》（A Critical Pali Dictionary②，1924），这是第一册。编纂这本辞典是一项庞大的工作，安德森生前没有也不可能看到它的完成。③ 安德森自己的思想观念在一定程度上受到了巴利语佛教文献的影响。他说："在某一点上，

---

① ［斯里兰卡］威廉·佩瑞斯：《西洋佛教学者传》，梅廼文译，台北：华宇出版社 1986 年版，第 242—246 页。

② Trenckner, V., Dines Andersen and Helmer Smith, *A Critical Pali Dictionary*. Copenhagen: Andr. Fred. Høst & Søn, 1924.

③ ［斯里兰卡］威廉·佩瑞斯：《西洋佛教学者传》，梅廼文译，台北：华宇出版社 1986 年版，第 248—252 页。

我可以说自己同时是佛教徒，也是基督徒。"①

5. 保罗·图克森（Poul Tuxen，1880—1955）

1880 年 12 月，图克森出生于丹麦。1905 年，他凭借《早期印度社会女人的地位》一文获得哥本哈根大学颁发的金质奖章。1920 年，他将《法句经》翻译成丹麦语并出版。1928 年，他继任其老师安德森的职位，成为哥本哈根大学印度哲学教授。同年，图克森出版了他最重要的专著——《佛陀及其教义、佛教传统和今日佛教》（The Buddha，his teach-ing，the Buddhist tradition and preseng-day Buddhism）。除此之外，图克森还有 7 本著作涉及佛教，都与龙树的哲学思想有关。图克森只用丹麦语写作，而且不允许自己的作品被翻译为其他语言。②

（二）佛教团体的出现及佛教的缓慢传播

1921 年，克里斯蒂安·F. 梅尔拜（Christian F Melbye，? —1953）博士成立"丹麦佛教会"（The Buddhist Society in Denmark）。这是丹麦第一个佛教组织，佛教会的会员不多。它发行一份佛教杂志，文章由梅尔拜自己撰写。不过，佛教会从未进行真正意义上的佛教修行。1950 年，佛教会解散。1953 年，梅尔拜去世。这标志着佛教在丹麦传播的初次尝试的失败。

20 世纪 50—70 年代，一些丹麦的作家、知识分子对佛教依然有兴趣，不过，他们主要是从新教的角度来看待佛教观念，个别人已经开始佛教修行。60 年代，一些丹麦人前往亚洲，研究东方哲学，他们中的个别人开始直接接触佛教。例如，约翰·莫滕森（John Mortensen）来到日本寺院学习，后来，他成为美国松山禅堂的住持和大菩萨禅堂的副住持。他回到丹麦后，在一座小岛上建立了一座禅宗寺院——"大光寺"（Taikyoji）。

（三）亚裔移民的出现及佛教的快速传播

像许多西方国家一样，亚裔移民是丹麦佛教徒的主体。随着时间的推移，南传佛教和大乘佛教在丹麦均已经出现。

1. 藏传佛教

藏传佛教在丹麦最兴旺的教派是噶玛噶举派。它在丹麦建立了 15 个

---

① ［斯里兰卡］威廉·佩瑞斯：《西洋佛教学者传》，梅廼文译，台北：华宇出版社 1986 年版，第 225 页。

② 同上书，第 254—255 页。

组织，信徒有 3000—4000 人，其中，有 2500 人已经皈依。

在噶玛噶举派中，以尼达尔夫妇建立的金刚乘佛教势力最大。20 世纪 50 年代，尼达尔夫妇将噶玛噶举派教法传入丹麦。1972 年，他们在哥本哈根建立第一个金刚乘佛教中心——"哥本哈根佛教中心"（Buddhist Centre Copenhagen）。1975 年，该中心迁移至现址。金刚乘佛教是丹麦最大的藏传佛教团体，信徒超过 1000 人。

2. 越南佛教

20 世纪 70 年代，大批越南难民来到丹麦。随着人数的增加，他们开始修建寺庙，邀请僧人前来主持进行佛事活动，做自己的精神导师。到 2008 年，生活在丹麦的越南移民有 13000 人，其中有 7000—9000 人是佛教信徒。他们隶属两个佛教组织。越南裔佛教徒建起了四座小型寺庙，共有四名比丘和一名比丘尼。

令人深思的是，虽然越南人非常尊敬一行禅师，但受他禅法吸引的却主要是丹麦本土白人。他们组成了一个小的组织，定期聚会、坐禅、探讨一行禅师的教法。①

3. 南传佛教

20 世纪 80 年代，一些亚裔移民从泰国、斯里兰卡来到丹麦。与越南移民由于政治避难来到丹麦不同，泰国人、斯里兰卡人主要是由于与丹麦人通婚而来到丹麦。他们很快组成佛教团体，开展佛教活动。在丹麦的泰裔佛教信徒超过 7000 人。泰裔佛教徒在丹麦建起了三座寺院：哥本哈根寺（Watpa Copenhagen）、"梵天毗诃若丹麦泰裔寺"（Wat Thai Denmark Brahmavihara Buddhist Monastery）以及"丹麦佛寺"（Wat Buddha Denmark）。

在丹麦的斯里兰卡裔佛教徒人数较少，只有 900 人左右，他们建起了"哥本哈根佛教毗诃若"（Copenhagen Buddhist Vihara）。②

此外，丹麦白人还成立了两个小型的内观修行组织。

4. 其他

禅宗在丹麦的影响很小。禅宗信徒虽然建起了七个组织，但修行者只有 100 人左右。

---

① Borup, Jørn, *Buddhism in Denmark*. http：//www.globalbuddhism.org/9/borup08.htm.

② Ibid..

1983 年，创价学会传播到丹麦。到 20 世纪末，创价学会在丹麦各地建起了 50 多个组织，信徒达到近 800 人。

5. 综合性佛教组织的出现

1991 年，出生在西藏的拉卡喇嘛（Lakha Lama, 1942— ）尝试在丹麦建立一个跨越宗派的佛教组织——"佛教论坛"（Buddhist Forum）。1993 年，佛教论坛成为欧洲佛教联盟的会员，不过，它的付费会员只有 200 人。金刚乘佛教和创价学会却并没有被邀请加入佛教论坛。现在，拉卡喇嘛的另一个工程——"芬德林"（Phendeling）接替了佛教论坛的角色，包括了一些藏传佛教之外的佛教组织。

丹麦佛教徒的人数占总人口的比例还很低，不过，丹麦人对佛教的兴趣在持续升温。到 20 世纪末，丹麦出现了 30 多个佛教团体或组织。

第四节　南欧各国佛教

一　意大利佛教

（一）佛教研究时代

从 19 世纪开始，意大利进入佛教研究时代。1878 年，C. 普尼出版《佛陀、孔子与老子》，这体现了意大利人试图对中国儒、释、道三教有一个全面的了解。该书又以《佛教对中国道教古代经典的解释》为题，以论文的形式发表在 1916 年的《东方研究杂志》上。1896 年，吉尔斯佩·德洛伦佐（Giuseppe de Lorenzo, 1871—1957）出版《印度和古代佛教》（*India e Buddhismo antico*[①]）。他还与纽曼合作，将《中部》翻译成意大利语。1898 年，P. E. 帕沃里尼出版《佛教》。1903 年，A. 科斯塔写成《佛陀及其教义》。1908 年，帕沃里尼出版意大利语版《法句经》。1912 年，他出版包括《法句经》和《本事经》在内的《佛教伦理经典》。1923 年，卡洛·弗米奇（Carlo Formichi）出版《为佛教辩护》，1926 年，该书被译为法语（*Apologie du Bouddhisme*[②]）和西班牙语。弗米奇还将藏文版《佛所行赞》翻译成意大利语。1925 年，L. 苏阿里出版《觉悟者——佛陀》，该书在 1928 年被译为德语，1933 年被译为法语。1935 年，

---

① Lorenzo, Giuseppe de., *India e Buddhismo antico*. Bari: Gius. Laterza & Figli, 1917.

② Formichi, Carlo, *Apologie du Bouddhisme*. Paris: Éditions Nilsson.

苏阿里又写了《乔达摩佛陀》。[①]

（二）图齐及其佛教研究

为意大利佛教研究开辟新领域的是著名学者图齐。1894 年 6 月，图齐生于意大利。在罗马大学获得文学博士学位后，他留在罗马大学任教，后来担任东亚及印度哲学、宗教学教授。1925—1930 年，他在印度加尔各答大学及国际大学教授意大利语、汉语、藏语。1929 年，图齐当选为意大利学院会员。他曾经八次到中国西藏，五次到尼泊尔探险，带走大量佛教文献；他还到过巴基斯坦、阿富汗和伊朗。1949 年，他成为中东及远东意大利学院院长。图齐是伦敦皇家亚洲学会、巴黎亚洲学会等重要学术组织的会员，获得过意大利共和国大十字奖章、泰国白象奖状等奖励。

20 世纪 20 年代，图齐写了 29 部著作，涉及中观、唯识和因明。1928 年他写了《佛教》（*Buddhismo*）一书。1932—1942 年，他写了七册《梵天佛地》[②]（*Indo-tibetica*）。1941 年，大印度协会出版他的专著《一位佛教朝圣者爱斯沃特山谷之旅》（*The Travels of a Buddhist Pilgrim in the Swat Valley*）。他编纂的《小部佛教经典》（*Minor Buddhist Texts*[③]）包括在中国西藏和尼泊尔发现的一些梵文经典，有极高的学术价值。这套丛书附有部分藏语及英语译文，于 1956 年和 1958 年出版。图齐较为深入地研究了在西藏得到的《修行道次第·初次第》（相当于汉译《广释菩提心论》）的梵文本和藏文本。他撰写的研究导言，被认为是总结公元 8 世纪后半期西藏佛教史的重要论文。[④]

20 世纪 40 年代末，图齐将研究重点转向藏学。1949 年，他出版《西藏画卷》，该书共三卷，前两卷是他撰写的导言和解说，第三卷是唐卡。1969 年，图齐发表《曼陀罗的理论与实践》。1973 年，他出版《西藏和蒙古的宗教》。[⑤]

① 杜继文主编：《佛教史》，江苏人民出版社 2006 年版，第 536 页。

② ［意］图齐：《梵天佛地》，魏正中、萨尔吉主编，上海古籍出版社 2009 年版。

③ Tucci, Giuseppe, *Minor Buddhist Texts*. Roma：Istituto italiano per il Medio ed Estremo Oriente, 1956 – 1958.

④ ［斯里兰卡］威廉·佩瑞斯：《西洋佛教学者传》，梅廼文译，台北：华宇出版社 1986 年版，第 265—267 页；杜继文主编：《佛教史》，江苏人民出版社 2006 年版，第 536 页。

⑤ ［意］图齐：《中国西藏和蒙古的宗教》，耿昇译，《新编世界佛学名著译丛》第 131 册，中国书店 2010 年版。

佩特克是图齐的弟子，罗马大学教授，主要研究西藏史和拉达克史。他的著作《十八世纪初期的中原与西藏》论述了清政府与达赖喇嘛的关系。图齐的另一名弟子费拉丽译注了《智悲者卫藏圣迹记》。

意大利的佛教研究附属于罗马大学人文学部的东方学讲座。图齐曾在这里开设有关佛教学的讲座。米兰、都灵、博洛尼亚等大学开设了一些佛教方面的讲座。远东和中亚研究所成立于1933年。1948年以来，由图齐主持，出版《罗马与东方丛书》，包括一些佛教经典。它附设的夜校，教授七种东方语言，举办许多有关东方包括佛教的讲座，教师大多来自罗马大学。①

20世纪50年代以来，意大利在藏学及尼泊尔研究方面在欧洲处于领先地位。

（三）佛教信仰活动的展开

随着时间的推移，佛教逐渐在意大利得到传播。早期本土信徒中最重要的是洛卡那他长老（U. Lokanatha Thera，1897—1966）。洛卡那他原名萨尔瓦托（Salvatore），1897年，他生于意大利，在美国哥伦比亚大学获得硕士学位。毕业后，他到洛克菲勒研究机构研究生物医药。1925年，萨尔瓦托在缅甸出家，法名是洛卡那他。出家后，他回到意大利，后又于1928年返回缅甸。他在寺院及森林中修行。从1933—1935年，洛卡那他三次组织远征队，到印度的菩提伽耶。这些远征传教团造成了很大的社会影响。"二战"中，他被拘留在印度。1946年，他回到印度。1947年7月，他被缅甸佛教组织派到国外去传播佛教。他在自己撰写的《以真理围绕地球》（*Girdling the Globe with Truth*）一书中详细记载了他到新加坡、马来西亚、香港、上海、夏威夷、英国、美洲大陆传法的情况。1950年，他来到锡兰，1951年回到缅甸。1963年，洛卡那他计划在全世界范围内进行一次弘法活动，但最终因他的健康原因而未能如愿。1966年5月，洛卡那他在缅甸去世。洛卡那他是一名素食主义者，坚决反对杀生。②

1960年，在国外佛教徒的帮助下，"意大利佛教协会"成立。它与

---

① 杜继文主编：《佛教史》，江苏人民出版社2006年版，第537页。
② ［斯里兰卡］威廉·佩瑞斯：《西洋佛教学者传》，梅廼文译，台北：华宇出版社1986年版，第267—270页。

"奥地利净土真宗佛教会"有密切联系,出版机关刊物《大乘》。①

1985 年,"意大利佛教联盟"(Unione Buddhista Italiana)成立。1991 年,意大利政府承认它是意大利佛教的官方代表。到 2009 年底,意大利佛教联盟下属的佛教团体或组织达到 39 个。它是一个宗教团体,但同时进行文化和慈善活动。该联盟并不代表某个特定的佛教宗派,它尊重所有佛教派别,促进它们之间的合作,为佛教在意大利的传播进行努力。

该联盟并不包括创价学会。1998 年,"创价学会意大利佛教研究所"(Instituto Buddhista Italiano Soka Gakkai)成立,它是国际创价学会在意大利的组织。2000 年,该研究所得到意大利政府的承认。

到 20 世纪末,南传佛教和大乘佛教诸多宗派在意大利建立了道场。佛教在意大利的发展进入了一个全新的阶段。

1. 南传佛教

来自泰国、斯里兰卡、缅甸等东南亚国家的移民逐渐建起自己的寺庙,并进行佛教活动。

1990 年,"桑塔西塔拉玛佛寺"(Santacittarama Monastero Buddhista)在拉齐奥区(Lazio)的列蒂省(Rieti)建立。它遵循泰国森林派著名僧人阿姜·查的法门修行,规模较小,距离罗马 50 公里。桑塔西塔拉玛的意思是"静心之园"。这座道场不仅为泰国、斯里兰卡、缅甸的亚裔移民服务,而且致力于向意大利白人传播佛法。寺庙的合法代表是"桑塔西塔拉玛协会"(Associazone Santacittarama),它是意大利佛教联盟的成员。1995 年,该协会得到意大利政府的承认。桑塔西塔拉玛佛寺还有下属机构——"萨蒂文化协会"及其附属的"禅定中心"(Associazione Culturale Sati-Centro Meditazione)。② 此外,泰裔移民还建起了"米兰佛寺"(Wat Buddha Milano),它隶属"法身国际"(Dhammakaya International)。

1996 年,"斯里兰卡佛教协会"(Sri Lanka Buddhist Association)在米兰建立"兰卡拉玛佛寺"(Lankarama Buddhist Temple)。生活在意大利的斯里兰卡裔移民有机会来参加寺庙组织的文化及佛教活动。③ 此外,斯里

---

① 杜继文主编:《佛教史》,江苏人民出版社 2006 年版,第 537 页。

② http://santacittarama. altervista. org/e_ index. htm.

③ http://www. lankaramaya. com/hp/index. php? option = com_ content&view = article&id = 1&Itemid = 101.

兰卡裔移民还建起了"罗马佛寺"（Monastero Buddhista di Roma）和"那波利佛教毗诃若"（Napoli Buddhist Vihara）。

南传佛教寺庙还有"意大利内观协会"（Associazione Vipassana Italia）和"国际禅定中心"（International Meditation Centre），这两座寺庙分别依据戈恩卡和乌·巴金的法门修行。

2. 藏传佛教

到 20 世纪末，藏传佛教各派均已经在意大利建立了自己的道场。不过，各宗派的发展极不平衡，宁玛派和萨迦派的势力很弱小，宁玛派只建立了两座道场，萨迦派只建立了一座道场，而噶举派和格鲁派的发展相当兴盛。

宁玛派的一座道场是"梅里加尔佐钦团体"（Dzogchen Community Merigar），它的创立者是曲嘉南开诺布；另一座道场是"佐钦宁西"（Dzogchen Nyingthig），它的传法人是伊塔洛·曲尼多杰（Italo Choni Dorje）。

萨迦派在意大利的道场是"萨迦昆嘉曲林中心"（Centro Sakya Kun-Ga Choling）。

噶举派是意大利藏传佛教各派中实力最强大的，道场也最多。益西洛萨仁波切和阿贡仁波切建立了"噶举桑耶宗"（Kagyu Samye Dzong）。该组织在阿西斯（Assisi）、里米尼（Rimini）和威尼斯（Venezia）有三个道场，道场的名称均为噶举桑耶宗，只是在其后加上这三处地名加以区别。

与噶举桑耶宗类似的是萨扬米潘仁波切建立的"香巴拉禅定小组"（Shambhala Meditation Group）。该组织在卢卡（Lucca）、米兰（Milano）和罗马（Rome）建立了分支机构，道场名称相同，只是在其后加上上述三处地名。

属于噶玛噶举派的金刚乘佛教在意大利也相当活跃，它的主要道场包括"巴里佛教中心"（Buddhist Center Bari）、"博洛尼亚佛教中心"（Buddhist Center Bologna）、"布雷西亚佛教中心"（Buddhist Center Brescia）、"佛罗伦萨佛教小组"（Buddhist Group Firenze）、"米兰佛教小组"（Buddhist Group Milano）和"乌迪内佛教小组"（Buddhist Group Udine）。

其他的重要道场还有卡鲁仁波切创立的"米拉日巴中心"（Centro Milarepa）和"意大利达钦利美"（Dachang Rimé Italia）。后者以法国喇嘛德尼斯·图恩德鲁普为精神导师，传法人是喇嘛洛都（Lama Lodreu）。

格鲁派在意大利的发展势头虽然不如噶举派，但也比较顺利。意大利格鲁派各道场与大乘佛教传统保护基金会的关系密切，很多是该基金会的属寺，而且该基金会在意大利建立了组织——“大乘佛教传统保护基金会意大利传统”（FPMT—Tradition Italia）。

1977 年，土登益西喇嘛和佐巴仁波切创立了“喇嘛宗喀巴研究所”（Lama Tzong Khapa Institute）。它是大乘佛教传统保护基金会和意大利佛教联盟的成员，它致力于佛教显、密经典的研究，设立了多种研究项目，开设举办各种研修课程。[①]“库西林”（Kushi Ling）也隶属大乘佛教传统保护基金会。

格鲁派在意大利的重要道场还有“阿尔贝纳诺治疗禅定中心”（Albagnano Healing Meditation Centre），其传法人是岗钦仁波切（Gangchen Rinpoche, 1941—　）；另外还有“穆尼加纳中心”（Centro Muni Gyana）和“桑耶曲林学习小组”（Sangye Choling Study Group）等。

新噶当派在意大利的主要道场是“摩诃悉达佛教中心”（Centro Buddhista Mahasiddha）和“意大利新噶当派禅定中心”（Kadampa Meditation Centre Italy）。前者的精神导师是格桑嘉措，传法人是阿尼—拉·洛查娜（Ani-la Lochana）；后者的传法人是格桑林嘉（Kelsang Ringyal）。

3. 禅宗

禅宗的两大主要宗派——临济宗和曹洞宗都已经在意大利立足。临济宗的主要道场是小禅心寺（Tempio Buddhista Zenshinji di Scaramuccia），它在罗马、都灵、米兰、佛罗伦萨、威尼斯、特伦托（Trento）、特尔尼（Terni）、佩萨罗（Pesaro）、安科纳（Ancona）、卡维（Cavi）等地都建立了修行小组，创立者是山田无文禅师（Mumon Yamada Roshi, 1900—1988）。

就曹洞宗来说，弟子丸泰仙的国际禅宗协会在意大利几个地方建立了分支机构，如“国际禅宗协会萨沃纳小组”（AZI Groupe of Savona）、“弗萨诺道场”（Dojo of Fossano）、“都灵道场”（Dojo of Torino）和“巴泊禅宗道场”（Dojo Zen Buppo）等。

曹洞宗道场还有隶属“意大利曹洞宗研究所”（Istituto Italiano Zen Soto）的“托拉坎禅宗道场协会”（Associazione Tora Kan Zen Dojo）。它的

---

① http://fpmt-europe.org/ILTK.

传法人是弗斯托·泰腾·古尔瑞斯奇（Fausto Taiten Guareschi，1949—　）。古尔瑞斯奇还在"罗马禅中心"（Centro Zen Roma）和"阿科禅中心"（Centro Zen l'Arco）担任传教师。

越南裔的著名禅师一行在意大利也不遗余力地弘扬禅法。他在各地创立了诸多道场或组织，如师友（Amici di Thay，即 Thâyís Friends）、"佛法和本性宁静之门"（La Porta del Dharma and Essere Pace）、"罗马僧伽"（Sangha Roma）、"贝加莫僧伽"（Sangha Bergamo）、"莱科僧伽"（Sangha Lecco）、"的里雅斯特僧伽"（Sangha Trieste）和"特里波利僧伽"（Sangha Tripoli）等。

此外，泰惠法师（Tae Hye Sunim）创立了"无相庵—菩提达摩团体"（Musang Am-Comunità Bodhidharma）。台湾佛光山也在意大利建立了"国际佛光会米兰协会"（BLIA, Milan）。

二　西班牙佛教

（一）早期传教士与佛教的接触

西班牙人中最早接触佛教的是传教士。16世纪，西班牙成为远洋探险和对外殖民的主要国家。不过，西班牙的主要殖民地在美洲。它在亚洲的殖民地只有菲律宾。不过，西班牙传教士的脚步却并不止于菲律宾。西班牙籍的耶稣会传教士来到东方各国传教。在日本传播天主教的方济各·沙勿略（Francisco Javier, 1506—1552）、科斯米·德托雷斯（Cosme de Torres, 1510—1570）曾经撰文提到在日本接触到的佛教，如宗派的特点、僧侣的基本情况，等等。

（二）佛教组织的出现和道场的建立

20世纪，佛教真正传入西班牙。1977年，第一个藏传佛教道场在巴塞罗那成立，从此，日本禅宗、南传佛教等其他宗派纷纷在西班牙设立道场或修行中心。它们主要位于该国的各座大城市，后来，甚至偏远的比利牛斯山区的皮尼洛（Pinillo）也出现了闭关中心。各种佛教类型和宗派在西班牙的发展很不平衡，南传佛教的势力远不及大乘佛教，而在大乘佛教各派中，藏传佛教和禅宗最为兴盛；藏传佛教中又以噶举派和格鲁派的力量最为显著。

1. 南传佛教

南传佛教在西班牙的发展比较缓慢，最主要的组织是"西班牙南传

佛教协会"（Asociación Española de Buddhismo Theravada）。其主要道场有
三个：第一个是"萨蒂佛法"（Dhamma Sati），它是一个内观禅定中心，
位于卡斯蒂利亚—拉曼查自治区（Castilla-La Mancha）的托莱多（Tole-
do）；其他两个道场遵循戈恩卡的法门修行，一个是"西班牙戈恩卡内观
课程马德里联络处"（Madrid Contact for Courses of Vipassana de Goenka in
Spain），另一个是位于巴塞罗那的"西班牙内观中心"（Spain Vipassana
Centre）。

　　西方佛教僧团之友在西班牙建立的主要道场是"古雅洛卡静修中心"
（Guhyaloka Retreat Centre），它成立于 1986 年。古雅洛卡的意思是"神秘
的境界"，该道场位于深山峡谷之中，四周风景优美。这是一个理想的静
修场所，它远离现代生活，没有电话、电视、网络、商店、饭店。该道场
原本是为即将成为西方佛教僧团之友成员的男性信徒集中修行四个月而建
立的，不过，现在也为成员提供从为期一周到为期两年的修行服务。在该
道场修行的均为男性。当然，西方佛教僧团之友同样有专门针对女性信徒
的修行项目，同时针对男女信徒的修行活动自然也有。①

　　西方佛教僧团之友在巴塞罗那还有道场"巴塞罗那西方佛教僧团之
友"（Amigos de la Orden Budista Occidental en Barcelona），传法人是帕拉
玛奇塔（Paramachitta），奉僧护为精神导师。

　　2. 藏传佛教

　　在所有佛教类型中，藏传佛教在西班牙最发达。各派都建立了道场，
不过，宁玛派和萨迦派的发展远不及噶举派和格鲁派。

　　（1）宁玛派。宁玛派在西班牙的主要道场有三个：第一个是"佐钦
社区"（Dzogchen Community）；第二个是"卡特宁玛特萨中心"（Kha-Ter
Nyingma Tersar Center），该中心位于巴伦西亚省（Valencia），精神导师是
申奔达瓦诺布仁波切（Shenphen Dawa Norbu Rinpoche, 1950—　 ）；第三
个道场是"摩诃菩提空"（Mahabodhi Sunyata），位于加泰罗尼亚自治区
（Cataluna）的塔拉戈纳（Tarragona），传法人是喜饶曲珍（Sherab Cho-
dron）等。

　　（2）萨迦派。迄今为止，萨迦派在西班牙建立了三个道场。"萨迦格
佩林"（Sakya Gephel Ling）和"萨迦塔西林"（Sakya Tashi Ling）都在巴

---

①　http：//www.guhyaloka.com/.

塞罗那。第三个道场是 2006 年才开光的"萨迦珠贡林"（Sakya Drogön Ling），它位于巴伦西亚自治区（Valencia）的阿利坎特（Alicante），创立者是阿查里尔·嘉木样勒协（Acharia Jamyang Lekshey，1953—　）。

（3）噶举派。噶举派道场最早出现在西班牙。1977 年，西班牙女居士鲁尔德斯·克拉佩斯（Lourdes Clapés）在巴塞罗那创立"噶举桑耶宗"（Kagyu Samye Dzong）。当年，她就邀请阿贡仁波切前来弘法。后来，克拉佩斯出家，法名"仲都喇嘛"（Lama Tsondru）。再后来，噶举桑耶宗在加那利群岛自治区（Islas Canarias）的拉斯帕尔马斯（Las Palmas）、马德里、加泰巴尼亚自治区的曼雷萨（Manresa）建立了道场，常驻喇嘛除了仲都喇嘛还有津巴嘉木措（Jinpa Gyamtso）等人。

阿贡仁波切在西班牙建立了"洛帕基金会"（Fundación ROKPA）。洛帕，在藏语中的意思是"帮助"，该机构的主要目的是帮助那些需要帮助的人，它建起医院、学校，资助无力支付医药费用的病人及失学儿童。它在西班牙一些地区或城市建立了分支机构。这些地方包括：加那利群岛自治区、加利西亚自治区（Galicia）、马德里、巴塞罗那、曼雷萨、莫勒特—德尔瓦勒斯（Mollet del Vallés）、格拉诺勒斯—贝克斯马勒斯梅（Granollers y Baix Maresme）等。

积极在西方国家传播噶举派教法的卡鲁仁波切也在西班牙建立了一系列道场或修行中心，这些道场在西班牙本土和附属的岛屿上均有，主要有：位于帕尼洛—格劳斯（Panillo-Graus）的"达香噶举佛教中心"（Dag Shang Kagyu Buddhist Center）、位于马德里的"噶举德钦林"（Kagyu Dechen Ling）、位于巴塞罗那的"噶举昆雅曲林"（Kagyu Kunkyab Chöling）、位于巴利阿里自治区（Balears）首府帕尔玛（Palma De Mallorca）的"噶举多纳曲林"（Kagyu Dögnak Chöling）、位于拉斯帕尔马斯的"噶举舍拉曲林"（Kagyu Shedrub Chöling）以及位于加那利群岛自治区重要城市圣克鲁斯—德特内里费（Santa Cruz De Tenerife）的"噶举扬珠曲林"（Kagyu Yang Chub Chöling）等。

隶属噶玛噶举派的金刚乘佛教在西班牙也相当活跃，建立了数量众多的道场或修行中心。它们的名称不尽相同，大部分道场的主要名称是"佛教小组"（Buddhist Group），然后在其后加上当地的地名。这些地方包括：马德里、加利西亚自治区的拉科鲁尼亚（A Coruña）、巴斯克自治区（País Vasco）的毕尔巴鄂（Bilbao）、安达卢西亚自治区（Andalucía）

的省会塞维利亚（Sevilla）、格拉纳达（Granada）、马拉加（Malaga）、马尔韦利亚（Marbella）、穆尔西亚（Murcia）、巴伦西亚（Valencia）、巴拉多利德（Valladolid）、丰吉罗拉（Fuengirola）、罗西斯（Roses）和贝伦（Bailén）。

金刚乘佛教的道场还包括位于巴塞罗那的"萨玛萨蒂禅定中心"（Sammasati Meditation Center）、位于巴利阿里自治区的"帕尔玛佛教中心"（Buddhist Center Palma de Mallorca）以及位于马拉加的"内尔加金刚乘佛教中心"（Diamond Way Buddhist Center Nerja）。

（4）格鲁派。在西班牙的格鲁派道场大多数隶属大乘佛教传统保护基金会。"龙树 CET"（Nagarjuna C. E. T.）在马德里、巴塞罗那、格拉纳达、阿利坎特、巴伦西亚都建立了道场。这些道场的精神导师是土登佐巴仁波切。

属于该基金会的组织或道场众多，包括位于阿利坎特的达摩出版社（Ediciones Dharma）、位于穆尔西亚的"科洛贡巴隐修中心"（Khorlo Gompa Centro De Retiros）和"土登舍奔林"（Thubten Shen Phen Ling）、位于格拉纳达的"欧塞林隐修中心"（O Sel Ling Centro de Retiros）、位于巴塞罗那的"德钦曲林"（Tekchen Chö Ling）、位于吉洛拉（Girona）的"图西塔隐修中心"（Tushita Retreat Center）。

此外，格鲁派的道场还包括"查克拉萨姆瓦拉藏传佛教"（Budista Tibetano Chakrasamvara）和"桑蒂德瓦藏传佛教"（Budista Tibetano Shantideva）。这两座道场的传法人都是当丁嘉措（Tamding Gyatso）。

（5）新噶当派。新噶当派在西班牙也建立了多座道场。"西班牙噶当派禅定中心"（Centro de meditación kadampa de España）位于安达卢西亚自治区马拉加省（Málaga）的大阿劳林村（Alhaurin El Grande）。该禅定中心在"西班牙噶当派宾馆"（Hotel Kadampa Spain）中，宾馆中建起了一座噶当派佛寺（Kadampa Buddhist Temple）。除了大阿劳林，西班牙噶当派禅定中心还在附近的马尔韦利亚、格拉纳达等城镇开办佛教课程。①

新噶当派的主要道场还包括：位于巴塞罗那的"摩诃卡鲁那噶当派佛教中心"（Centre Budista Kadampa Mahakaruna），传法人是格桑拉卓（Kelsang Rabjor）；位于马德里的"金刚乘佛教中心"（Centro Budista Va-

----

① http://kadampa.org/en/centers/kmc-spain/.

jrayana），传法人是格桑楚嘉（Kelsang Chokga）；位于塞维利亚的"摩诃穆德拉噶当派佛教中心"（Centro Budista Kadampa Mahamudra）；还有"梅诺卡噶当派佛寺佛法研究所"（Institut Dharma Templo Budista Kadampa de Menorca），传法人是衮·格桑帕兰（Guen Kelsang Paglam）。这些道场均遵奉格桑嘉措为精神导师。

3. 禅宗

临济宗和曹洞宗都已经在西班牙建立道场，不过，曹洞宗的发展势头远比临济宗要强劲。

临济宗的主要道场是巴斯克自治区禅协会（Euskal Herriko Zen Institutua），隶属"美国国际禅研究所"（International Zen Institute of America），传法人是格欣·普拉巴萨·达摩（Gesshin Prabhasa Dharma，1931—1999）。

韩国观音派在西班牙最重要的道场是位于巴利阿里群岛（Illes Balears）的"禅宗观音派帕尔玛首寺"（Palma de Mallorca-Kwan Um School of Zen-Head Temple）。此外，它还建立了"巴塞罗那禅宗中心"（Barcelona Zen Center）。

曹洞宗中最活跃的组织是弟子丸泰仙创立的国际禅宗协会。该协会在西班牙各地建立了诸多道场或修行中心。这些道场的名称并不一致，有些称为"禅宗道场"，有些称为"禅宗中心"，有些称为"联络处"，等等。这说明有些道场正在建设或发展中。其中重要的道场包括："巴塞罗那禅宗道场"（Dojo Zen de Barcelona）、"格拉纳达禅宗道场"（Dojo Zen de Granada）、"吉洛拉禅宗道场"（Dojo Zen de Girona）、"塞维利亚禅宗道场"（Dojo Zen de Sevilla）、"阿尔格西拉斯禅宗道场"（Dojo Zen de Algeciras）和"塔拉戈纳禅宗道场"（Dojo Zen de Tarragona）。

此外，"萨拉戈萨禅宗协会"（Asociacion Zen de Zaragoza）、"阿利坎特禅宗中心"（Centro Zen de Alicante）、位于普拉尔（Pral）的塞科伦埃尔（Ere Secorun）、"国际禅宗协会加那利群岛小组"（Canary Islands AZI Group）、"国际禅宗协会马拉加道场"（Malaga AZI Dojo）以及位于马塔勒布雷拉斯（Matalebreras）的"国际禅宗协会洛格洛诺联络处"（Logroño AZI Contact）均已经出现。

"欧洲禅宗中心"（European Zen Centre）在西班牙建立了两座道场，分别是位于巴伦西亚的佛教曹洞禅协会（Comunidad Budista Soto Zen）和

"马德里道场"（Dojo De Madrid）

　　一行禅师在西班牙建立了两座道场。一座是"巴塞罗那当下一刻泛僧伽"（Present Moment Ecumenical Sangha Barcelona），另一座是"萨拉戈萨释一行僧伽"（Thich Nhat Hanh Sangha de Zaragoza）。

　　佛光山也在西班牙建立了组织和道场。1994 年，在信徒们的努力下，西班牙佛光协会成立，一座饭店被改建成佛堂。1996 年 8 月，星云大师来到该道场，举办佛学讲座及主持佛事活动。2009 年，西班牙佛光山新道场落成启用。

　　佛光山在西班牙的道场还有"巴塞罗那布教所"。1995 年 12 月，巴塞罗那佛光协会成立，修行场所由信徒提供的公寓改建而成。

　　（三）佛教联合组织的出现

　　1992 年，"西班牙佛教团体联合会"（Federation of Buddhist Communities of Spain）成立。1995 年，它在西班牙司法部注册成为宗教团体。联合会努力为佛教在西班牙的存在和发展营造良好的环境，为西班牙佛教团体的团结出力。在涉及佛教组织与政府的事务以及佛教修行者等事务时，联合会将作为佛教团体的代表出现。西班牙佛教团体联合会是欧洲佛教联盟的成员，它还参加了"多元主义和共生基金会"（Fundación Pluralismo y Convivencia），该组织旨在将公众的资金引导到少数族裔的宗教信仰上。①

三　葡萄牙佛教

　　（一）殖民主义者与佛教

　　葡萄牙是最早的殖民主义国家之一。16 世纪，葡萄牙殖民主义者来到锡兰，他们焚烧佛教经典，拆毁佛教寺庙，强迫佛教徒改信天主教，犯下了累累罪行。锡兰佛教面临被灭绝的危险。锡兰北部的康提国王采用灵活的措施与葡萄牙殖民主义者周旋，并与荷兰人联合，才费尽心机使佛教在锡兰得以留存。葡萄牙传教士配合殖民主义者的武装侵略，试图从精神上镇服、奴役锡兰人。他们不遗余力地攻击、诋毁佛教，显然不可能从一个较为客观的角度来看待佛教。

---

① http：//www. federacionbudista. es/english. html.

（二）佛教的传入及道场的出现

葡萄牙是一个小国，佛教一些宗派在这里已经建立了道场或修行中心，但该国佛教的道场较少，佛教的发展远比不上瑞士等同样面积不大的欧洲国家。

1. 南传佛教

南传佛教在葡萄牙已经有两座道场：一座是"卡鲁那隐修中心"（Centro de Retiros Karuna），创立者是赫内波拉·古那拉塔那（Henepola Gunaratana）；另一座是"内观禅定小组"（Vipassana Meditation Group），位于罗吉尔（Rogil），修习戈恩卡传授的内观禅法。

2. 藏传佛教

藏传佛教各派中，宁玛派在葡萄牙的发展最迅速，主要道场有三座。第一座是"埃斯图多斯西藏奔德林中心"（Centro de Estudos Tibetanos Pende Ling），位于埃什托里尔（Estoril）的圣若昂（São João）；第二座是"里斯本佐钦中心"（Centro Dzogchen de Lisboa），精神导师是佐钦朗亚巴楚仁波切和迦叶佩玛卡桑仁波切；第三座是"乌金昆桑曲林"（Ogyen Kunzang Choling）。

噶玛噶举派在葡萄牙建立了道场——"里斯本达摩林"（Dharma Ling de Lisboa）。

此外，位于法鲁（Faro）的"法鲁藏族中心"（Centro Tibetano de Faro）也是藏传佛教的道场。

新噶当派在葡萄牙的道场是"噶当派杜钦佛教禅定中心"（Centro Budista Deuachen-Meditaçãoe Budismo Kadampa），位于里斯本，属于"新噶当派传统——国际噶当派佛教联盟"（New Kadampa Tradition-International Kadampa Buddhist Union，NKT-IKBU），传法人是格桑堆美（Kelsang Drímé）。

3. 禅宗

在葡萄牙流行的主要是曹洞宗。国际禅宗协会在葡萄牙的道场是"里斯本禅宗道场"（Dojo Zen de Lisboa）。此外，"科英布拉学术协会瑜伽试验组曹洞宗禅定"（Meditação Zen da Secção Experimental de Yoga da Associação Académica de Coimbra）也传播曹洞宗的禅法。

"科英布拉坐禅会"（Zazenkai de Coimbra）是混合了临济宗和曹洞宗禅法的道场，隶属"野花禅宗僧伽"（Wild Flower Zen Sangha），精神导师是阿米·霍洛维尔（Amy Hollowell）。

1995 年，佛光山总部应葡萄牙华侨居士的邀请派依益法师来到里斯本弘法，"里斯本佛光筹备会"成立。1996 年，一对居士夫妇将住房捐给筹备会，作为修行场所，"里斯本布教所"成立。当年 9 月，"国际佛光会里斯本协会"（Associação Internacional Buddhas Light de Lisboa）正式成立。2000 年，佛光山派心定法师前来弘法。2004 年 4 月，里斯本布教所搬迁到该市另一座更宽敞的房子里，并更名为"葡萄牙佛光山"，它成为佛光山在葡萄牙的道场。从此，该道场举办形式多样的弘法活动，扩大了佛教在葡萄牙的影响。①

"葡萄牙佛教联盟"（União Budista Portuguesa）在该国也有两座道场。一座是"葡萄牙佛教联盟驻丰沙尔代表团"（Delegação UBP do Funchal），位于马德拉自治区（Madeira）；另一座是该联盟驻波尔图代表团（Delegação UBP do Porto）。

四 罗马尼亚佛教

佛教在罗马尼亚得到了一定的发展。一些佛教宗派在罗马尼亚已经出现，但它们的势力都比较小。

（一）南传佛教

南传佛教在罗马尼亚的道场相对而言比较多，主要有四个组织或道场，分别是位于布加勒斯特（Bucurest）的"罗马尼亚南传佛教协会"（Asociatia Buddhista Theravada din Romania）、"罗马尼亚林巴南传佛教"（Buddhism Theravada în limba românǎ）、位于亨德多尔拉（Hundedoara）的"内观禅定中心"（Centrul de Meditatie Vipassana，Dumbrava de Sus）以及位于布加勒斯特的"戈恩卡内观"（Goenka Vipassana）。

（二）大乘佛教

1. 噶举派

藏传佛教各派中，只有噶举派在罗马尼亚建立了道场。位于奥拉迪尔的"奥拉迪尔佛教中心"（Budddhist Center Oradea）属于噶玛噶举派。同样属于该派的金刚乘佛教建立了三个道场："奥拉迪尔佛教小组"（Buddhist Group Oradea）、"萨图梅尔佛教小组"（Buddhist Group Satu Mare）

---

① http：//news. ouhua. info/portugal/2009/06/17/1134289. html.

和"提米索拉金刚乘佛教中心"（Diamond Way Buddhist Center Timisoara）。

2. 新噶当派

新噶当派在克鲁吉—那波卡（Cluj-Napoca）建立了"慈悲中心"（Compassion Centre）。

3. 禅宗

罗马尼亚的禅宗道场有"默照禅道场"（Macusho Zen Dojo），位于布加勒斯特。

国际禅宗协会在罗马尼亚建立了两座道场。一座是"布加勒斯特禅宗联络处"（Zen contact-Bucarest），另一座是"奥拉迪尔禅宗小组"（Zen Groupe of Oradea）。

4. 净土真宗

净土真宗在罗马尼亚建立了"罗马尼亚净土真宗佛教协会"（Jodo Shinshu Buddhist Association from Romania），传法人是上生·阿德里安·克尔莱亚（Josho Adrian Cirlea, 1977—　），精神导师是日本净土真宗西本愿寺派第二十四世门主大谷光真（Koshin Ohtani, 1945—　）。

5. 其他

位于布加勒斯特的"幸福之种"（Seeds for Happiness）是一个不分佛教宗派的组织。

五　保加利亚佛教

（一）藏传佛教

在保加利亚的佛教宗派中，藏传佛教最为突出。宁玛派、萨迦派和噶举派已经建立了道场。

1. 宁玛派

宁玛派在保加利亚的唯一道场是"保加利亚舍钦"（Shechen Bulgaria）。它位于首都的"索菲亚宁玛派佛教中心"（Nyingma Buddhist Center Sofia）中，精神导师是舍钦拉江仁波切（Shechen Rabjam Rinpoche, 1966—　）。

2. 萨迦派

萨迦派在保加利亚的道场是"萨迦曲林"（Sakya Choling），隶属"德钦团体"（Dechen Community）。它的创立人是噶玛提因利仁波切和喇嘛江巴塔叶，后者还是该道场的精神导师。

3. 噶举派

隶属噶玛噶举派的金刚乘佛教在保加利亚建立了四个佛教中心和一个佛教小组。四个佛教中心是"鲁塞佛教中心"（Buddhist Center Rousse）、"萨莫科夫佛教中心"（Buddhist Center Samokov）、"索菲亚佛教中心"（Buddhist Center Sofia）和"瓦那佛教中心"（Buddhist Center Varna）。一个佛教小组名为"阿塞诺夫格拉德佛教小组"（Buddhist Group Assenovgrad）。

（二）禅宗

迄今为止，保加利亚只出现了一个禅宗团体即"禅宗组织"（Zen Buddhist Organization），它隶属"世界禅联谊会"（World Zen Fellowship），传授中国禅法。

六 塞尔维亚佛教

（一）南传佛教

南传佛教已经在塞尔维亚建立两座道场。第一座是"中道"（The Middle Way），位于诺维·萨德（Novi Sad），它们传承泰国森林僧伽的法脉，隶属英国的阿玛拉瓦蒂佛寺（Amaravati Buddhist Monastery）；另一座是位于洛兹尼卡（Loznica）的"戈恩卡内观"（Goenka Vipassana）。

（二）大乘佛教

1. 藏传佛教噶举派

隶属噶玛噶举派的金刚乘佛教在塞尔维亚建立了"诺维·萨德佛教小组"（Buddhist Group Novi Sad）。

2. 禅宗

观音派在塞尔维亚建立了"贝尔格莱德禅宗中心"（Beograd Zen Center），位于泽蒙（Zemun）。

七 克罗地亚佛教

（一）藏传佛教

1. 宁玛派

宁玛派在克罗地亚的唯一道场是"舍钦佛教会—德曲曲林"（Shechen Buddhist Society-Thegchog Choling），它位于奥帕提加（Opatija），传法人是米哈吉洛·帕扎宁（Mihajlo Pazanin），精神导师是舍钦拉江仁波切。

2. 噶举派

隶属噶玛噶举派的金刚乘佛教在克罗地亚建立了三座道场："贝尔格莱德佛教中心"（Buddhist Center Beograd）、"普拉佛教小组"（Buddhist Group Pula）和"维森坚佛教小组"（Buddhist Group Visnjan）。

3. 其他

"克罗地亚佛教会—帕德玛萨那"（Croatian Buddhist Society-Padmasana）位于萨格勒布（Zagreb），隶属"国际佛教会"（International Buddhist Society）。克罗地亚佛教会是一个联合藏传佛教主要四大宗派的组织，在修行上借鉴、融合了四大派的修行方法，它的精神导师是德拉古廷·斯玛尔塞尔吉（Dragutin Smalcelj）。

（二）禅宗

"摩洛卡佛教团体"（Dharmaloka Buddhist Community）隶属位于美国纽约的"禅宗禅定中心"（Chan Meditation Center），它的创立人和精神导师是扎科·安德里斯维奇（Zarko Andricevic，1955—　）。

"萨格勒布禅宗中心"（Zagreb Zen Center）是观音派在克罗地亚建立的道场，创立人是崇山行愿禅师，传法人是宇峰禅师。

位于萨格勒布的"默照禅"（Mokusho Zen）传承弟子丸泰仙的法门，传法人是伊万·贝克（Yvon Bec，1949—　）。

（三）真言宗

真言宗在克罗地亚创立了"曼荼罗会"（Mandala Society）。它位于科斯特瑞那（Kostrena），创立人是芳会·D. 索博尔（Hokai D. Sobol，1968—　）。

八　斯洛文尼亚佛教

佛教在斯洛文尼亚出现的时间非常短，南传佛教在这里已经建立了一座道场——南传佛教修习协会（Drustvo theravadskih budistov Bhavana）。它位于卢布尔雅那（Ljubljana），传承泰国森林僧伽著名僧人阿姜·查的法门。

在斯洛文尼亚，藏传佛教已经建立两座道场。第一座是"达摩林佛教社"（Buddhist Congregation Dharmaling），位于卢布尔雅那，是一座基于藏传佛教传统的道场，但是它不局限于任何一个佛教宗派，体现出开放性与包容性。传法人是申奔仁波切（Shenphen Rinpoche，1969—　 ）和克珠格西（Geshe Khedrup）。

第二座道场是"佛陀佛法——开放佛教论坛国际"（Buddha Dharma—Open Buddhist Forum International，OBF）。这座道场位于哈吉迪那（Hajdina），以传承宁玛派教法为主。不过，它也是一种开放性的道场，并不局限于宁玛派的修行方法。传法人是塔拉活佛仁波切（Tara Tulku Rinpoche）和萨迦仁波切（Sagar Rinpoche）。

九　马其顿佛教

佛教刚刚在马其顿出现，唯一的道场是"马其顿内观联络处"（Macedonia Vipassana Contact），它传承的是戈恩卡的修行法门。

十　希腊佛教

到目前为止，南传佛教和大乘佛教在希腊均已经建立道场，其中尤其以藏传佛教各派的势力最大。

（一）南传佛教

南传佛教在希腊的主要道场是"雅典佛教文化中心"（Athens Buddhist Culture Centre）。它是斯里兰卡裔希腊佛教徒建立的道场，精神导师是瓦塔加拉·达米卡法师（Wathogala Dhammika Thero）。

（二）大乘佛教

在希腊盛行的大乘佛教类型主要是藏传佛教和禅宗，尤其以前者的规模更大。

1. 藏传佛教

藏传佛教中，萨迦派尚未在希腊建立道场。各派中以噶举派最为活跃。

（1）宁玛派。宁玛派在希腊的主要道场有两座。一座是"雅典桑登泽"（Athens Samten Tse），它隶属印度的"桑登泽—敏珠林"（Semten Tse-Mindrolling India），传法人是敏珠林杰孙康楚仁波切（Mindrolling Jetsun Khandro Rinpoche，1967—　 ），精神导师是十一世敏珠林崔钦仁波切（Mindrolling Trichen Rinpoche，1930—2008）。

另一座道场是"白玉达摩中心"（Palyul Dharma Center），它位于雅典，遵循白玉传承，创立人是贝诺仁波切（Penor Rinpoche，1932—

2009）。

（2）噶举派。噶举派在希腊发展最为迅速，道场众多。"雅典香巴拉禅定小组"（Athens Shambhala Meditation Group），精神导师是萨扬米潘仁波切。

噶玛噶举派的道场有："噶玛里珠林"（Karma RigDrol Ling），位于哈尔基迪基（Halkidiki），它隶属法国的"达波曼荼罗"（Dhagpo Mandala），传法人是吉美仁波切（Jigme Rinpoche，1949—　）。萨洛尼卡噶玛噶举小组（Karma Kagyu Group Thessalonika），创立者是十七世噶玛巴。雅典佛教中心，噶玛珠古楚科林—菩提道（Athens Buddhist Center，Karma Drubgyu Chokhor Ling-BodhiPath），隶属"菩提道噶玛噶举佛教中心"（Bodhipath Karma Kagyu Buddhist Centers），传法人是喇嘛玛丽安吉拉（Lama Mariangela）即喇嘛益西巴莫（Lama Yeshe Palmo），精神导师是十七世噶玛巴和十四世夏玛巴。"本钦噶玛康塘"（Benchen Karma Kamtang），位于雅典，精神导师是登嘉仁波切。

金刚乘佛教在雅典和萨洛尼卡建立了三个佛教中心以及一个隐修处——伯钦林佛教隐修处（Buddhist Retreat Berchen Ling）。

（3）格鲁派。格鲁派只建立了一座道场——位于雅典的"贡波查都林学习小组"（Gonpo Chakduk Ling Study Group）。

（4）新噶当派。新噶当派建立了两座道场。一座是"佛地佛教中心"（Buddhaland Buddhist Centre），位于阿蒂卡（Attica）。它隶属"国际噶当派佛教联盟"（International Kadampa Buddhist Union），传法人是噶当·康斯坦蒂诺斯·卡佩塔诺波洛斯（Kadam Konstantinos Kapetanopoulos）。

另一座道场是"塔帕林佛教中心"（Tharpaling Buddhist Centre），在科弗（Corfu），传法人是格桑根敦（Kelsang Gendun）。

2. 禅宗

禅宗在希腊建立了两座道场。一座是"道之禅定中心"（Tao's Meditation Center），它属于曹洞宗，位于那欧萨·帕洛斯（Naoussa Paros）。

另一座是"禅宗中心"（Zen Centre），在劳特拉基·科林西亚（Loutraki Corinthia），该道场按照虚云和尚的法门修行。

第五节　东欧各国佛教

一　俄国佛教①

在俄罗斯联邦盛行的主要佛教类型是藏传佛教，分布地区是布里亚特、卡尔梅克和图瓦三个加盟共和国。

（一）佛教在布里亚特、卡尔梅克和图瓦的初传

1. 布里亚特佛教

布里亚特共和国位于东西伯利亚南部，贝加尔湖以东。主要居民布里亚特人属于蒙古族，说布里亚特语，文字为俄文。

17 世纪，藏传佛教传入布里亚特地区，最初的佛事活动场所是王公的游牧家用佛堂。1712 年，100 名蒙古喇嘛和 50 名西藏喇嘛来到外贝加尔湖地区传教。1741 年，布里亚特首座寺庙——"宗果尔扎仓"建成。同年 1 月，女皇伊丽莎白·彼德罗夫娜下诏正式承认"喇嘛教信仰"。喇嘛被列为特殊阶层，享有免除赋税的权利。

1764 年，沙俄政府授予丹巴·多尔日·扎雅耶夫（1710 或 1711—1777）为"班智达堪布喇嘛"，负责管理贝加尔湖以南的所有喇嘛。从 1809 年起，"古西诺奥泽尔斯克寺"（雁湖寺）成为沙俄佛教领袖的官邸和外贝加尔地区佛教事务的管理中心。

1796 年，外贝加尔湖地区有扎仓 16 座，喇嘛 700 人。1822 年，《东西伯利亚异族人管理章程》通过，强迫佛教徒改信基督宗教的情况被禁止，喇嘛的人数急剧增加。为此，1853 年 5 月，沙俄政府颁布《关于东西伯利亚喇嘛教僧侣条例》和《东西伯利亚僧侣定员》两个法令，规定布里亚特的扎仓数量为 34 座，喇嘛人数为 285 名。即使如此，喇嘛和扎仓的数量依然不断增加。到 1917 年，布里亚特境内的扎仓达到 47 座，喇嘛人数在 10000—13000。

2. 卡尔梅克佛教

卡尔梅克共和国位于里海沿岸低地西部，东南濒临里海。居民属蒙古族，古代文字用蒙古文，现代文字用俄文。

---

① 该部分的撰写参考了乐峰研究员主编的《俄国宗教史》中由张雅平研究员撰写的第七编"佛教在俄国"的内容，并引用了部分资料，特此致谢。

卡尔梅克人在我国被称为"土尔扈特人"，他们是俄国欧洲地区唯一信仰佛教的民族。卡尔梅克人原居住我国新疆地区，后来由于受到准噶尔部的欺压而西迁到里海以北伏尔加河下游。16 世纪下半叶，从蒙古游牧地区扩展到鄂尔多斯部和青海湖地区，漠南蒙古和西藏的联系密切起来，藏传佛教逐渐影响到蒙古各部。

1615 年，根据拜巴噶斯（约 1550—1640）的提议，所有卫拉特部的王公开会，决定让自己的儿子出家为僧。拜巴噶斯由于没有儿子，所以将和硕特部诺颜巴巴汗的儿子收为义子，他就是后来著名的咱雅班智达（1599—1662）。1617 年，咱雅班智达来到西藏，经过 20 年的刻苦学习，获得了拉然巴格西学位。1639 年，咱雅班智达回到卡尔梅克，积极传播藏传佛教。不过，他没有建起一定数量的寺院，喇嘛的人数不多，活佛转世制度也没有确立。虽然卡尔梅克佛教上层僧侣最初以西藏格鲁派领袖为自己的上师，但由于卡尔梅克与西藏相距遥远，西藏对它的影响逐渐减弱。

与此同时，沙俄政府加强了对卡尔梅克佛教的管控，直到切断它与西藏的联系。从 18 世纪末起，沙俄政府确定，拉萨在彼得堡的特权由卡尔梅克最高喇嘛取代。

随着时间的推移，卡尔梅克的寺院和喇嘛积累了大量财富，卡尔梅克人民背上了沉重的负担。

3. 图瓦佛教

图瓦共和国位于克拉斯诺亚尔斯克边疆区以南的中央亚细亚高山地区，东部是布里亚特共和国，南部与蒙古国接壤。主要居民图瓦人属维吾尔语族，说图瓦语，文字为俄文。

13—14 世纪，图瓦人已经接触佛教，当时，图瓦属于蒙古帝国的版图。18 世纪下半叶，准噶尔汗国被清军所灭，图瓦成为中国的管辖地。蒙古喇嘛积极在图瓦境内传播藏传佛教。18 世纪 60 年代，有固定地址的藏传佛教寺院在图瓦出现。图瓦的藏传佛教组织照搬了蒙古的制度，不过，图瓦没有活佛崇拜的情况。到 20 世纪 20 年代，图瓦有藏传佛教寺院19 座、喇嘛 3000 名。

（二）藏传佛教革新运动

19 世纪末到 20 世纪初，在布里亚特民族民主知识分子和持宗教改革立场的部分喇嘛中出现藏传佛教革新运动。它的目的是消除佛教中的消极因素，提高喇嘛的文化、教育、职业水平；恢复佛教哲学的"原始纯洁性"；复兴早期佛教的理想和道德标准；简化藏传佛教的仪式；在传教中使用布里亚特佛教徒易懂的蒙古语而非经典的藏语；将佛教的精神价值与西方科学、文化和技术的成就相结合，将寺院变成启蒙和教育的中心，以促进布里亚特等民族文化的复兴和发展。十月革命后，藏传佛教革新运动传播到卡尔梅克和图瓦。

1917 年 4—11 月，在革新派佛教徒的倡议下，全布里亚特特别代表大会召开了五次，会议通过了在选举制和会议制基础上改革东西伯利亚佛教体制的决定。不过，当时的国内战争阻碍了革新运动的继续进行。苏维埃政权在外贝加尔地区确立后，1922 年 10 月，在革新派的领导下，苏维埃俄罗斯和远东共和国佛教徒第一次代表大会顺利召开，通过了《关于西伯利亚佛教徒宗教事务管理条例》，以取代 1853 年的法令。

根据新条例，每个扎仓的喇嘛和居住在其毗邻地区的在家佛教徒组成统一的会社，由教区委员会领导。在西伯利亚佛教徒的宗教组织中，最高机构是宗教会议。它由喇嘛和在家佛教徒的代表组成，每两年举行一次会议。宗教会议选举产生中央宗教事务委员会，由五名成员组成：主席堪布喇嘛、其副手一名，以及在家佛教徒代表三名。

1926 年，布里亚特蒙古自治共和国对扎仓财产实行国有化，关闭宗教学校。1929 年，喇嘛们失去土地使用权，随后，扎仓被毁坏，喇嘛被镇压，佛教艺术品被没收、抢劫或焚毁，布里亚特藏传佛教遭到空前的劫难。

卡尔梅克佛教革新运动的代表人物是阿旺·德尔智（1854—1938）。1907 年，他在小杜尔伯特乌芦斯成立一所佛教学校，自任校长，并捐款、捐书。1917 年 7 月，卡尔梅克佛教徒代表大会在阿斯特拉罕召开，会议通过了改造卡尔梅克宗教事务管理的决定。"宗教会议"成为卡尔梅克佛教徒的最高机构。它从喇嘛和在家佛教徒代表中产生，每三年举行一次会议，从中选举产生"中央宗教委员会"来领导信徒的宗教生活。该委员会由五名成员组成：主席由一名喇嘛担任，顾问有四人。地方上的佛教事务交由乌芦斯和呼鲁尔宗教会议管理。计划建立 41 个大呼鲁尔和 78 个小呼鲁尔，定额僧侣为 2730 人。在世俗的卡尔梅克学校引入佛教教义方面的课程。

图瓦的革新派要求从寺庙中辞退所有已婚喇嘛，将礼拜仪式简化，将喇嘛的管理"民主化"。1928 年,特殊的"宗教同国家分离"法律通过。不久,对佛教的铲除开始,喇嘛丧失了政治权利和财产权利。到 20 世纪 40 年代末,呼雷被毁,喇嘛被杀。

（三）苏联时期的佛教

十月革命胜利后,政教合一制度被废除。1918 年 7 月,《俄罗斯苏维埃联邦社会主义共和国宪法》通过。其中的第十三条规定:"为保障劳动者享有真正的信仰自由,实行教会同国家分离和学校同教会分离,并承认所有公民都有进行宗教宣传和反宗教宣传的自由。"

1923—1924 年,布里亚特开始执行分离法令,扎仓土地被收归国有,喇嘛们被征税。1925 年,布里亚特蒙古州党委发布文件《喇嘛教在布里亚特》,它提出在布里亚特消除佛教的一整套措施,从此,有计划的、反宗教的无神论宣传在布里亚特展开。到 20 世纪 40 年代初,布里亚特的城、乡甚至整个州都变成了无神论的阵地。

卫国战争爆发后,佛教界与苏联政府的关系有所缓和。1946 年,第一次全苏喇嘛代表大会在布里亚特首府乌兰乌德市召开。大会通过《苏联佛教僧侣（喇嘛）条例》,成立全苏佛教组织——"苏联佛教徒中央宗教管理委员会"。

1946 年,阿噶扎仓（寺院）恢复开放。1950 年,伊沃尔噶扎仓在乌兰乌德以南建成,苏联佛教徒中央宗教管理委员会设在这里。

从 20 世纪 50 年代起,委员会与蒙古、日本、泰国、斯里兰卡等国的佛教组织进行广泛的交流,并于 1950 年加入世界佛教徒联谊会。

1969 年,《苏联佛教徒中央宗教管理委员会章程》通过。它对委员会的活动、喇嘛与在家信徒的关系、佛事活动等诸多内容作了具体规定。

1990 年,苏联注册的佛教团体达到 9 个。

（四）圣彼得堡的佛寺

18 世纪,随着佛教在俄罗斯的传播,俄罗斯政府与佛教界保持着密切的联系。20 世纪初,俄罗斯政府关注远东事务,将自己装扮成藏传佛教喇嘛的保护者。俄罗斯科学院副院长奥登伯格与十三世达赖喇嘛的使者关系密切,帮助他们在圣彼得堡设立常驻使团。他产生了在圣彼得堡建立佛寺的想法,这得到俄罗斯佛学家们的支持。对此更加热衷的是十三世达赖喇嘛和布里亚特重要喇嘛阿旺·德尔智。

1908 年,在德尔智的鼓动下,十三世达赖喇嘛向俄罗斯政府申请在圣彼得堡建立佛寺。申请得到了俄罗斯政府的同意。建设资金共筹集到九万卢布。佛寺的建设得到俄罗斯诸多学者和东方学家的支持，他们中的许多人成为寺庙建设委员会的成员。寺庙的建设从 1909 年 4 月底开始，到 1915 年 8 月建成并举行开光仪式。

这座寺庙是典型的藏式建筑样式，为三层直角。它是欧洲第一座佛教寺庙，俄语音译为"贡泽却依嫩扎仓"，意为"慈佛圣法源泉寺"。

十月革命后的国内战争使这座寺庙遭受重大损失。1924 年，它变成藏蒙式使馆。1932 年，寺庙停止活动。1935 年，受苏联肃反扩大化的影响，列宁格勒当局对佛教界采取严厉措施。1937 年，寺庙中的全部喇嘛被逮捕，他们有的被杀，有的死于狱中。1938 年，寺院被正式查封，许多有价值的文物遗失。

（五）德尔智和丹达隆

俄罗斯佛教的历史与两个人物密切相关。一个是佛教革新运动的组织者、圣彼得堡佛寺的奠基人德尔智，另一个是佛教学者、苏联当代欧洲佛教密宗的创始人比季亚·丹达罗维奇·丹达隆（1914—1974）。

1. 德尔智

1854 年，德尔智出生在俄国外贝加尔省。18 岁前，他生活在故乡，当过抄写员，结过婚，后来，阿噶扎仓的喇嘛纳姆纳依收他为徒并传戒给他。21 岁时，德尔智通过考试，成为格隆。1874 年，他来到五台山求学两年。1876 年，德尔智到西藏哲蚌寺学习。1889 年，他通过考试，获得拉然巴格西学位，随后，他获得郭莽扎仓参宁堪布职位，成为十三世达赖喇嘛的侍讲经师。这样，德尔智成为十三世达赖喇嘛的"政治智囊"。

作为俄罗斯人，德尔智极力向十三世达赖喇嘛和西藏地方官员灌输亲俄思想。1898—1899 年，德尔智作为十三世达赖喇嘛的代表，访问了俄罗斯、英国、意大利和奥地利。1903 年，德尔智成为西藏地方政府中的高官。20 世纪 20 年代，德尔智成为布里亚特佛教革新派的代表。该派承认苏维埃政权，力图使佛教机制能够适应新的政治、社会现实。德尔智积极维护佛教徒的利益。

1937 年，德尔智回到家乡，不久被捕。1938 年 1 月，他因心脏病去世。1990 年，苏联当局为德尔智平反。

2. 丹达隆

1914 年，丹达隆生于布里亚特一个贵族家庭，"法王"洛桑·桑丹·

齐登格夫（1850—1922）为他取名。1921 年，齐登格夫将精神权力和法王称号转给丹达隆。丹达隆从幼年起就学习藏语和蒙古语，并皈依了佛教。

广泛的反宗教运动开始后，丹达隆离开布里亚特，成为列宁格勒航空仪器制造学院的学生。1936 年，他被逮捕并被判处死刑。后来，丹达隆被改判为 25 年有期徒刑，并被流放到西伯利亚。1956 年，丹达隆被释放并平反。后来，他成为一名科研人员。

1963 年，丹达隆与鲍里斯·弗拉基米洛维奇·谢米乔夫（1900—1979）出版《藏俄简明词典》。他还著有《布里亚特综合科学研究所藏藏文写本与刊本目录解说》（1960—1965）、《青海史》（1972）等。

从 1965 年起，一些信徒从欧洲来到布里亚特，开始跟随丹达隆学习佛教，佛教开始向俄罗斯西部传播。但是，他的活动遭到布里亚特地方当局的憎恨。1972 年，当局炮制的"丹达隆案"出笼，丹达隆和四个弟子被捕，丹达隆被判处五年监禁，他被流放到贝加尔湖附近做苦役。1974 年 10 月，丹达隆死于狱中。

丹达隆的很多著作在他死后才面世，这要归功于他的弟子们。1992 年，瓦西里·彼得洛维奇·列普卡（1940—1994）出版了他的《一个佛教徒的思想》。他的弟子弗拉基米尔·米哈依洛维奇·蒙特列维奇是圣彼得堡独立历史哲学佛学杂志《金翅鸟》（Garuda）的主编，他出版了丹达隆的《99 封关于佛教和爱情的信（1956—1959）》（1995）、《黑色笔记本（论四圣谛）》（1995）和《佛教》（1996）。

（六）佛教在当代的复兴

20 世纪 80 年代末，苏联的政治环境开始发生变化，佛教在当代俄国踏上了复兴之路。

1991 年春，俄罗斯联邦司法机构实施宗教组织注册的新程序，佛教组织的数量从当年的 12 个迅速增加到 1996 年的 124 个。同年 7 月，乌兰乌德举行纪念 1741 年女皇伊丽莎白·彼得罗夫娜下令承认"喇嘛教信仰"250 周年的大会。

1991 年，布里亚特复兴佛教的纲领被通过，原来关闭的寺庙恢复开放，新的扎仓开始建设。在乌兰乌德建有佛教综合体，设有佛学院、藏医院等机构。除了扎仓，一些在家佛教徒的组织也纷纷成立。目前，超过 90% 的布里亚特居民认为自己是佛教徒。

1988 年，第一个佛教社团在卡尔梅克正式注册。1991 年，"卡尔梅克佛教徒联合会"成立。1993—1999 年，卡尔梅克的一些城市修建和开放了八座呼鲁尔，还有一些城市建造了念经堂。

1990 年，第一个佛教社团在图瓦注册。1991 年，最受佛教徒敬仰的埃尔津和上恰丹斯克的呼雷建成。同年，信徒们开始在首府克孜勒建造佛教中心，中心设有呼雷、西藏医学中心、高级佛教学校等。1993 年，呼雷建成，并举行了开光仪式。

到 20 世纪末，俄罗斯所有大城市都成立了佛教社团，总数达到 150 个。全俄组织是 1992 年成立的全俄远东大乘佛教中心。大城市中佛教社团最多的是圣彼得堡和莫斯科。

1997 年，妇女佛教寺院在乌兰乌德建成，这是俄国佛教史上首次出现比丘尼。

1991 年，俄罗斯派遣九名喇嘛到缅甸学习。同年，乌兰乌德开办一所佛学院，俄罗斯的佛教教育逐渐步入正轨。随后，教阶制度也得以建立。

1996 年 3 月，俄联邦佛教徒中央宗教管理委员会更名为"勃特斯尔"（俄国佛教传统僧伽），它的活动扩大到俄国所有佛教组织。它的主要任务是：保护和爱护佛陀的精神遗产，传播文化和佛教学说的传统、哲学原理、伦理道德原则，用同情和爱地球上一切众生的精神教育人们。

1998 年 1 月，佛教徒成立另一个组织——俄国"茨杜勒尔弗"。

苏联解体后，佛教界的刊物开始出现。主要的佛教杂志有《金翅鸟》、《俄国佛教》、《佛教徒》、《西藏新闻》、《镜子报》、《理解自我》、《曼荼罗》、《念珠》等。

二　乌克兰佛教

传播到乌克兰的佛教类型是藏传佛教。其中，宁玛派和噶举派已经建立了道场，尤其以金刚乘佛教的发展最为迅猛。

（一）宁玛派

1993 年，舍钦林寺（Sheychen-ling Monastery）建成，2003 年，它在政府获得正式的注册。该道场位于多内特斯克（Donetsk）以南 50 公里处，占地面积一英亩，传法人是多杰江波（Dorje Jambo）。舍钦林寺不仅是一座佛教道场，也是一个传统医药中心，这里生产藏药和中药为人治病。

另外一座宁玛派道场是"乌克兰宁玛派"（Nyingmapa in the U-kraine）。

（二）金刚乘佛教

金刚乘佛教在乌克兰的发展最迅速，它已经在该国各地建立了多个组织或道场。它们或者被称为佛教中心，或者被称为佛教小组，只是在它们之后加上当地的地名加以区别。已经建立佛教中心的地方是：切尼希夫（Chernihiv）、德内普罗佩特罗夫斯克（Dnepropetrovsk）、哈尔科夫（Kharkov）、基辅（Kiev）、拉甘斯克（Lugansk）、拉特斯克（Lutsk）、利沃夫（Lvov）、梅利托波尔（Melitopol）、塞瓦斯托波尔（Sevastopol）、斯达哈诺夫（Stakhanov）、乌兹戈罗德（Uzhgorod）和扎波罗兹耶（Zaporozhye）。

建立佛教小组的地方是：多内特斯克、科赫森（Kherson）、基洛沃格拉德（Kirovograd）、鲁图吉诺（Lutugino）、奥德萨（Odessa）、塔鲁提诺（Tarutino）和雅尔塔（Yalta）。

（三）其他

乌克兰还出现了另一个佛教组织——"奥德萨香巴拉禅定小组"（Odessa Shambhala Meditation Group）。它虽然以传承宁玛派和噶举派教法为主，但却是一个具有开放性和包容性的团体，并不局限于某一个具体的藏传佛教宗派。

三 白俄罗斯佛教

白俄罗斯的佛教刚刚起步。该国已经出现了一座南传佛教道场和两座金刚乘佛教道场。

（一）南传佛教

"明斯克南传佛教小组"（Minsk Theravada Group）位于该国首都明斯克，它的精神导师是安德里·德兹米特里尤（Andrei Dzmitryieu）。

（二）金刚乘佛教

金刚乘佛教已经建立了两个组织，分别是"明斯克佛教小组"（Buddhist Group Minsk）和"戈梅尔佛教小组"（Buddhist Group Gomel）。

四　爱沙尼亚佛教

在爱沙尼亚传播的主要佛教类型是藏传佛教。宁玛派和噶举派已经在爱沙尼亚建立道场。

（一）宁玛派

宁玛派在爱沙尼亚建立了三座道场。

第一座是"爱沙尼亚宁玛"（Estonian Nyingma）。它位于塔林（Tallinn），传法人是维洛·瓦特诺（Vello Väärtnõu）。

第二座道场是"藏传佛教爱沙尼亚宁玛社"（The Estonian Nyingma Congregation of Tibetan Buddhism）。它的精神导师是尼仓仁波切（Nyichang Rinpoche）。

第三座道场是"塔林佐钦团体"（The Tallinn Dzogchen Community）。

（二）噶举派

噶举派在爱沙尼亚有四座道场。

第一座是"止贡南查梅巴宗"（Drikung Namchag Mebar Dzong），它隶属"止贡佐钦爱沙尼亚团体"（Drikung Dzogchen Estonian Community）。这座道场位于塔林，精神导师是洛昂图仁波切（Lho Ontül Rinpoche，1950—　）。

第二座道场是"止贡噶举拉特那斯瑞中心"（Drikung Kagyu Ratna Shri Center）。它在塔林，传法人和常驻法师是桑雅斯仁波切（Sangyas Rinpoche），精神导师是止贡卡贡切仓（Drikung Kyabgon Chetsang，1946—　）。

隶属噶玛噶举派的金刚乘佛教在爱沙尼亚建立了两座道场。第一座是"塔林佛教中心"（Buddhist Center Tallinn），另一座是"那瓦佛教小组"（Buddhist Group Narva）。

（三）其他

爱沙尼亚还出现了两个重要的佛教研究机构。一个是"藏族研究所"（Institute for Tibetan Studies），在塔图（Tartu），它是一个研究藏族文化、宗教的机构，但它不属于任何一个特定的藏传佛教宗派。它的主要负责人是马瑞特·卡克（Maret Kark）。另一个是"爱沙尼亚佛教研究所"（Estonian Buddhist Institute），它在塔林，主要负责人是林纳特·莫尔（Linnart Mäll）和马特·拉内梅兹（Märt Läänemets）。

五　拉脱维亚佛教

藏传佛教和禅宗已经传播到拉脱维亚。藏传佛教中，噶举派和格鲁派已经建立道场。在该国比较活跃的禅宗组织是韩国观音派。

（一）噶举派

噶举派在拉脱维亚的主要道场是"止贡噶举达摩查克拉中心"（Drikung Kagyu Dharmachakra Centre），位于卡尼卡瓦斯（Carnikavas）。

隶属噶玛噶举派的金刚乘佛教建立了两座道场。一座是"里加佛教中心"（Buddhist Center Riga），另一座是"道格夫皮尔斯佛教小组"（Buddhist Group Daugavpils）。

（二）格鲁派

格鲁派在拉脱维亚已经建立两座道场。一座是"甘丹佛教禅定中心"（Ganden Buddhist Meditation Centre），位于里加。另一座是"吉加曲金隐修中心"（Yiga Chodzin Retreat Centre），它隶属大乘佛教传统保护基金会。

（三）禅宗观音派

观音派在拉脱维亚建立了两座道场。一座是"杰马拉禅宗中心"（Jurmala Zen Center），另一座是"里加禅宗中心"（Riga Zen Center），这两座道场的传法人都是清眼禅师。

六　立陶宛佛教

佛教在立陶宛也刚刚开始传播。主要佛教类型是藏传佛教噶举派和禅宗观音派。

（一）金刚乘佛教

噶玛噶举派中的金刚乘佛教已经在立陶宛建立了四座道场。它们分别是"斯奥利埃佛教中心"（Buddhist Center Siauliai）、"维尔纽斯佛教小组"（Buddhist Group Vilnius）、"金刚乘噶玛噶举考内斯佛教中心"（Diamond Way Karma Kagyu Buddhist Center Kaunas）和位于克尔梅斯·拉吉（Kelmes raj）的"金刚乘噶玛噶举斯图普卡尔尼斯佛教隐修中心"（Diamond Way Karma Kagyu Buddhist Retreat Center Stupkalnis）。

（二）观音派

观音派已经在立陶宛建立两座道场。一座是"考内斯禅宗小组"

（Kaunas Zen Group），另一座是"维尔纽斯禅宗中心"（Vilnius Zen Center），这两座道场的传法人都是安德泽基·皮奥特罗斯基禅师（Andrzej Piotrowski）。

第六章　美国佛教

第一节　美国早期学者与佛教

美国学者们对佛教的最初了解借助了欧洲学者的东方学尤其是印度学的研究成果。琼斯、查尔斯·威尔金斯等欧洲学者翻译的关于印度的作品在美国出版、发行，对爱默生领导的超验主义运动产生了一定的影响。在美国早期学者中，受佛教影响最大的是爱默生、梭罗和惠特曼。

一　爱默生与佛教

爱默生是美国散文作家、思想家和诗人，19世纪新英格兰超验主义运动的领袖。1803年5月，他出生于波士顿一个教士家庭。1821年，爱默生毕业于哈佛学院（今哈佛大学）。随后，他担任教师和基督教一位论派牧师。1832年，他脱离教会，赴欧洲游历，见到了华兹华斯（William Wordsworth，1770—1850）、柯勒律治（Samuel Taylor Coleridge，1772—1834）和卡莱尔（Thomas Carlyle，1795—1881）。他的思想受到欧洲浪漫主义的巨大影响。1833年，爱默生回到美国，开始全面介绍自己的超验主义理论。1834年，他移居马萨诸塞州的康科德（Concord），该镇从此成为超验主义的圣地。

不久，爱默生周围聚集了一批志同道合者，包括梭罗、玛格丽特·富勒（Margaret Fuller，1810—1850）和阿莫斯·布隆森·阿尔科特（Amos Bronson Alcott，1799—1888）等人，他们经常探讨真理、个性和天启等问题。这个松散的团体后来被人们称为"超验主义俱乐部"。

"超验主义"一词来自康德使用的术语"超验的"。它的意思是，超出一切可能经验之上，非人的认识能力所达得到的。康德认为，感觉以外的物质世界客观存在，它作用于人们的感官而产生感觉。但是，人们通过感觉只能认识它的现象，不能认识它的本体。本体是超验的世界，如果以经验世界的概念来理解超验世界，就会"超验"，其结果是理性陷入难以自解的矛盾。不过，在爱默生时代的欧洲和美洲，无论何种属于直觉性的思维，人们都将其称为"超验"。

超验主义的核心思想是：第一，灵魂具有最高的价值。每个人身上都存在着相同的神圣灵魂。上帝就是"超灵"。超灵和每个人的灵魂可以相互畅通无阻地进入，每个人都能与上帝相通。第二，自然是灵魂的外部表现，是上帝的一种投射。自然法则与人的精神法完全对应。第三，个人是发现真理的唯一工具。人必须通过自己来发现上帝，途径是完全服从个人的直觉。① 在 1832 年 10 月 1 日的日记中，爱默生写道：

> 不但没有把基督教变成真理的车子，你反倒把真理变成了基督教的一匹马。那是使人向善的一种费力的方法。因为基督说，"要谦卑"，所以你必须谦卑。可是我为什么要遵照基督呢？因为上帝派他来。我怎么知道上帝派他来呢？因为你的心告诉你的与他教导你的是一样的。那我为什么不先听从自己的心呢？②

既然听从自己的心就能得到精神上的引导，那么，《圣经》、教会的指引就没有必要了。1836 年，爱默生出版《论自然》③（*On Nature*④），该成果重要而著名。爱默生坚称，人类有能力超越由感官经验和事实组成的物质世界，意识到充满整个宇宙的精神性以及人类自由的潜力。探索自己的内心和灵魂是找寻上帝的最好做法。⑤ 这些思想并非爱默生的首创，但他将

---

① 蒲隆：《译者前言》，载拉尔夫·沃尔多爱默生《爱默生散文选》，蒲隆译，凤凰出版传媒集团、译林出版社 2008 年版，第 2 页。

② ［美］拉尔夫·沃尔多·爱默生：《爱默生集·日记与书信·日记》，范圣宇主编，花城出版社 2008 年版，第 239 页。

③ ［美］拉尔夫·沃尔多·爱默生：《爱默生集：论文与讲演录》，［美］吉欧·波尔泰编，赵一凡等译，生活·读书·新知三联书店 1993 年版。

④ Emerson, Ralph Waldo, *The Works of Ralph Waldo Emerson*. London: George Bell and Sons, 1904.

⑤ 中国大百科全书出版社《不列颠百科全书》国际中文版编辑部编译：《不列颠百科全书》第 6 册，中国大百科全书出版社 2007 年版，第 60 页。

它们用优雅的文字清晰地表达出来，在美国产生了极大的反响。当时的人将他视为新思想的代言人。

1840 年 7 月，爱默生协助玛格丽特·富勒创办评论季刊《日晷》（Dial），该杂志成为广泛宣扬超验主义思想的阵地。1842 年，爱默生成为《日晷》的编辑，杂志明显东方化，开始刊载一系列非西方的经典。

1843 年，第一部英文版的《薄伽梵歌》到了康科德。爱默生以为，《薄伽梵歌》是佛教的著名经典。这在当时是一个普遍性的错误。

超验主义最主要的思想源泉无疑是欧洲浪漫主义，但东方文化的一些经典也对超验主义产生了影响，它们既包括《奥义书》、《摩奴法典》、《薄伽梵歌》等印度典籍，也包括佛教及中国儒家的经典。

爱默生对东方文化有所认识和了解与其家庭环境密不可分。爱默生的父亲威廉·爱默生（William Emerson, 1769—1811）牧师对东方文化很感兴趣，他编辑过《波士顿选集及评论月刊》（The Monthly Anthology and Boston Review），该刊物在 1805 年刊载了琼斯翻译的《沙恭达罗》。爱默生年仅八岁时，父亲去世。威廉·爱默生给儿子留下了诸多东方学资料，如《威廉·琼斯爵士回忆录》（Memoirs of Sir William Jones）、《克哈马的诅咒》（The Curse of Kehama[①]）等。这些书上还有从《亚细亚研究》中摘抄的注释和附录等。爱默生在哈佛学院学习时就对印度文化很有兴趣。[②]

爱默生对佛教有所了解，1841 年 12 月在波士顿共济会发表的题为《超验主义者》（Trancedentalist）的演说中，他将佛教徒在一定意义上与超验主义者画等号。他说：

> ……如果在人类的思想或美德中有任何宏大和勇敢的东西、任何对巨大未知事物的依赖、任何预感、任何信仰方面的过度虔诚，唯灵论者都将其作为最天然的内容予以吸收。东方的智慧一直倾向于这种宏大的境界。佛教是它的一种表现。佛教徒不感谢别人。他说，"不要奉承你的施主"。但他相信，每种善行必将得到善报。佛教徒不会欺骗施主说，对方所做的比该做的还多。就这点而言，佛教徒就是超

[①]　Southey, Robert, *The Curse of Kehama*. New York: David Longworth, 1811.

[②]　Fields, Rick, *How the Swans Came to the Lake: A Narrative History of Buddhism in America*. 2nd revised and updated ed., Boston: Shambhala Publications, Inc., 1986, pp. 55 – 56.

验主义者。①

爱默生基于佛教徒相信善有善报这一观念将佛教徒与超验主义者画等号。在 1847 年 7 月 31 日写给卡莱尔的信中，爱默生甚至称自己为"坐禅大师"②。他在谈到命运时引用过佛教的因果报应思想："命运无非是前世的所作所为。"③ 不过，他只是抽象地指出这是印度人的观念。

但是，总体而言，爱默生对佛教持一种批判、否定的态度，部分原因与当时西方人对佛教基本概念的误读有关。例如，当时西方人将涅槃译为"annihilation"，它的意思是"绝灭"、"毁灭"、"消灭"或"湮灭"。这显然是一个贬义词。而在佛教徒看来，涅槃是脱离了六道轮回之苦的最高境界，是佛教徒修行的最高也是最崇高的目标。早期西方人将该词译为一个贬义词，真可谓谬以千里。爱默生在 1842 年写道："这种无情的佛教到处撒谎，用死亡和黑夜作威胁……每种思想、每种事业、每种感情都会在这种恐怖的无尽中毁灭，该无尽环绕着我们，并等待我们沉沦……"④ 这种观点显然肤浅而错误。

虽然爱默生从总体上对佛教持否定态度，但他的一个追随者蒙丘尔·康韦却将他比作佛陀。⑤ 这一方面可以看出康韦本人对佛教的态度，但另一方面这种比喻本身有助于我们对爱默生做进一步的思考。

二　梭罗与佛教

梭罗是随笔作家、诗人和实用主义哲学家，他以实践超验主义原则和极力鼓吹公民自由而著称。1817 年 7 月 12 日，梭罗出生于康科德镇一个小商人家庭。小时候，梭罗的父母经常带孩子们到康科德一带的森林野

---

①　Emerson, Ralph Waldo, *The Works of Ralph Waldo Emerson*. Vol. Ⅲ, London: George Bell and Sons, 1904, p. 510.

②　[英] 托马斯·卡莱尔、[美] 拉尔夫·沃尔多·爱默生：《卡莱尔、爱默生通信集》，李静滢、纪云霞、王福祥译，广西师范大学出版社 2008 年版，第 384 页。

③　Emerson, Ralph Waldo, *The Works of Ralph Waldo Emerson*. Vol. Ⅱ, London: George Bell and Sons, 1904, p. 193.

④　Fields, Rick, *How the Swans Came to the Lake: A Narrative History of Buddhism in America*. 2nd revised and updated ed., Boston: Shambhala Publications, Inc., 1986, p. 60.

⑤　[美] 乔尔·波特：《代表美国——爱默生的精神遗产》，载 [美] 拉尔夫·沃尔多·爱默生，范圣宇主编，《爱默生集·评论》，花城出版社 2008 年版，第 355 页。

炊，梭罗很喜欢附近的瓦尔登湖（Walden Pond）。从哈佛学院以优异成绩毕业后，梭罗当过教员，在父亲的家庭铅笔作坊干过活，开办过小学，后来还当过家庭教师。

1837 年，梭罗结识了爱默生，深受其影响，他还通过爱默生接触并迷上了东方文化。爱默生编辑《日晷》时，梭罗负责"挽歌"（Elegy）栏目，当时，他只有二十多岁，是超验主义俱乐部中最年轻的人。爱默生很器重梭罗。不久，梭罗承担《日晷》的编辑重任，并刊载《摩奴法典》的部分内容。他也在《日晷》上发表了不少诗作和散文。

1844 年，《日晷》刊载了英译的《法华经》，梭罗告诉读者，这是"佛的训诫，选自尼泊尔佛教徒的一本宗教书，标题是《妙法白莲华》"（*The White Lotus of the Good Law*）①。

梭罗性格内敛，喜欢思考。为了实践超验主义理论，1845 年春，梭罗在瓦尔登湖附近建起一座木屋。7 月 4 日，他搬进木屋，开始过起与大自然融为一体的农夫生活。他自己种地，自己收获，在隐居的两年里，他对世界进行深刻的思考。

1846 年 2 月 4 日，梭罗在康科德镇为乡亲们作了一个关于托马斯·卡莱尔的报告。演讲结束后，听众们说更想听一听他在湖边的生活经历。梭罗于 1847 年 2 月 10 日做了题为"我的经历"的演讲，受到热烈欢迎。② 随后，梭罗将该讲稿写成了一本书，这就是名著《瓦尔登湖，或林中生活》（*Walden，or Life in Woods*）。梭罗在生前还出版了《在康科德与梅里马克河上一周》（*A Week on the Concord and Merrimack Rivers*）。散文集《缅因森林》③（*Maine Woods*）和《科德角》④（*Cape Cod*⑤）是在他去世后出版的。此外，梭罗还留下 14 册日记。

梭罗解释了到瓦尔登湖畔隐居的目的："我希望去遇见生活的事实——生气勃勃的事实。它是诸神面对面地向我们显示的现象或真实。所

---

① Fields, Rick, *How the Swans Came to the Lake: A Narrative History of Buddhism in America*. 2nd revised and updated ed., Boston: Shambhala Publications, Inc., 1986, p. 61.

② 王光林:《译序：重新认识梭罗》，载 [美] 梭罗《瓦尔登湖》，王光林译，长江文艺出版社 2005 年版，第 003 页。

③ [美] 亨利·大卫·梭罗:《缅因森林》，戴亚杰译，北方文艺出版社 2009 年版。

④ [美] 亨利·大卫·梭罗:《心灵漫步，科德角》，孙达译，北方文艺出版社 2009 年版。

⑤ Thoreau, Henry David, *Cape Cod*. Princeton, N. J.: Princeton University Press, 2004.

以我来到了这里。"① 梭罗所说的生活的事实就是生命的本质、人生的意义和价值。如果我们说，在当时的美国，只有他一个人以这种近似佛教徒的方式来生活，可能也不会有错。梭罗的隐居、冥想之举连爱默生都无法理解，更不用提同时代的其他人了。显然，梭罗的行为已经超越了他的时代。

梭罗选择到瓦尔登湖隐居实践超验主义理论，与他的性格有关，但同样也与他接触过东方文化包括佛教思想有关。他说：

> 我最喜欢读的是几个民族的经典。碰巧的是，我更熟悉印度人、中国人和波斯人的经典，而不是我最后才接触的希伯来人的经典。给我上述经典中的一种，我就能暂时安静下来。我重新开口，就习惯于说一些新奇的话来烦扰我的邻居们；不过，他们通常看不出其中所蕴含的智慧。②

在《在康科德与梅里马克河上一周》中，梭罗对《薄伽梵歌》、《摩奴法典》、《吠陀》等印度典籍给予了高度的赞扬。

在梭罗的四本著作中，直接涉及佛教的内容不多，但我们也能发现一些线索。梭罗将佛陀与基督相提并论。他说：

> 我相信，有些人可能同样接近和亲近佛陀，或者基督，或者斯韦登博格，他们三人的教堂无边无际……我知道，有些人听到我将他们的基督与我的佛陀相提并论时会觉得无法容忍，但是我相信，我愿意他们爱自己的基督比爱我的佛陀更多一些，因为爱是主要的事情，而且我也喜欢基督。③

在《瓦尔登湖》中，梭罗公布自己的"罪状"时承认自己杀过一只糟蹋过他豆子地的土拨鼠并且吃了它。他说："就像鞑靼人所说的，它的

① Bode, Carl. Editor's Introduction to *Thoreau*. New York: The Viking Press, 1947, pp. 21 – 22.

② Thoreau, Henry David, *A Week on the Concord and Merrimack Rivers*. New York: Literary Classics of the United States, Inc. , 1985, p. 59.

③ Ibid. , p. 55.

灵魂正在转世。"① 梭罗捕食动物只是偶然的行为，实际上他坚决反对人类杀生食肉的行为。他说：

> ……如果有人教导人类克制自己，只吃更无害的和有益身心健康的食物，他就会被认为是人类的救星。无论我自己实践的结果怎样，我不怀疑的一点是：在人类逐步进化的过程中，戒除荤腥是人类命运的一部分，就像野蛮的部落与更文明的部落交往以后，停止人吃人一样。②

梭罗倡导戒除荤腥不能归因于他受到了汉传佛教徒素食方式的影响。梭罗自己说过："我对肉食的反感并非经验使然，而是一种本能。"③ 在谈及东方文化典籍的悠久历史时，梭罗写道：

> 实际上，穆斯林和鞑靼人的王朝比测定的年代更久远。我认为自己在这些王朝生活过。梵语存在于任何人的头脑中。《吠陀》和它们的应伽并不像冥想一样古老……我们仅仅生活于现在吗？……④

梭罗在这里主要提到两点：首先，佛教所说的前世的观念。显然，梭罗对佛教的"三世说"有所了解。其次，他认为冥想的修行方法可能比《吠陀》更古老。这也可以说是正确的。梭罗是通过阅读《法华经》等佛教经典来了解禅定等修行方式并加以分析、实践的，在这点上，可以说他做到了无师自通。他和爱默生都没有遇到过佛教徒。

1862 年，梭罗因患肺病去世，年仅 45 岁。临终时，他的一个朋友问他是否与上帝和解了，梭罗说："我们从未争吵过。"⑤ 梭罗的回答说明，

---

① Thoreau, Henry David, *Walden*; *or*, *Life in the Woods*. New York: Literary Classics of the United States, Inc., 1985, p. 369.

② Ibid., pp. 494 – 495.

③ Ibid., p. 493.

④ Thoreau, Henry David, *A Week on the Concord and Merrimack Rivers*. New York: Literary Classics of the United States, Inc., 1985, p. 124.

⑤ Atkinson, Brooks, *Introduction to Walden and Other Writings of Henry David Thoreau*. New York: Random House, p. xiii.

在他的心中，对佛教和基督宗教没有非此即彼的选择。换言之，梭罗只是在佛教经典中找到了与自己的思想感情契合的东西，并没有用佛教来取代基督宗教，当然也更谈不上皈依佛教。

三　惠特曼与佛教

惠特曼出身于一个贫苦农民的家庭，当过木工、排字工、教师和报纸编辑。1855 年，他的诗集《草叶集》（*Leaves of Grass*）第一版面世。7 月 4 日，爱默生收到惠特曼寄给他的诗集。7 月 21 日，爱默生在给惠特曼的回信中说："亲爱的先生：我并非看不见《草叶集》这个令人惊叹的礼品的价值。我发现它是美国迄今作出的最不平凡的一个机智而明睿的贡献……我祝贺你在开始一桩伟大的事业……"① 不过，爱默生之前从未听说过作者的名字。相反，惠特曼读过爱默生的许多著作。

1857 年，梭罗在纽约与惠特曼见面时夸奖《草叶集》像东方的作品那样出色，并问惠特曼看过东方的作品没有，惠特曼的回答却是没有。② 这是惠特曼出于谦虚的回答，实际上，惠特曼了解东方文化。在《我自己的歌中》，他写道：

> 我不轻视你们僧侣；
> 我的信仰是最伟大的、也是最渺小的信仰，
> 包括古今和古今之间的所有崇拜，
> 相信五千年后我还会来到世上，
> 等候神谕的应验……尊奉诸神……礼敬太阳，
> 用第一块岩石或树桩制作偶像……在巫咒圈中执杖祈祷，
> 帮助喇嘛或婆罗门整理神灯，
> 在膜拜男性生殖器的游行队伍中沿街起舞……在树林中是一名狂
> 热而严厉的苦行僧，
> 　从头骨杯中喝蜂蜜酒……去沙斯塔，崇敬《吠陀》……信奉

---

① ［美］沃尔特·惠特曼：《草叶集·附：爱默生致惠特曼》下册，李野光译，北京燕山出版社 2003 年版，第 895 页。

② Fields, Rick, *How the Swans Came to the Lake*：*A Narrative History of Buddhism in America*. 2nd revised and updated ed. , Boston：Shambhala Publications, Inc. , 1986, p. 65.

《古兰经》……①

　　"巫咒"指西印度黑人、圭亚那和美国东南部黑人所施行的巫术。"喇嘛"、"头骨杯"、"《吠陀》"等词汇的正确使用表明他对藏传佛教、婆罗门教都有所知晓。惠特曼宣称自己相信转世说。在《草叶集》的初版序言中，他写道：

　　　　……一个人的所为所想都会引起后果。一个男人或女人的一举一动不仅在一天或一个月或今生的某个阶段或死亡时影响到他或她自己，而且在以后整个来世中继续影响到他们。间接的总是与直接的一样伟大而真实。精神从身体所接受到的与它所付给身体的完全相等。没有哪一种言论和行动的名称……从来不是也不可能是只把名字印在节目单上，而是准时演出了并得到了回报，并且在进一步表演中又得到回报……而这些表演再依次获得回报……②

　　这段话比较啰唆，但中心意思就是讲业报轮回或因果报应思想。这种思想在印度教和佛教中都存在。美国文学评论家马尔科姆·考利（Malcolm Cowley，1898—1989）指出："不朽，对于惠特曼来说，他运用的是轮回转世的形式，他相信每个人都会重生，通常是以一种更高的形式。他的一些想法，接近印度因果报应的思想，他认为今世的行为，将会决定个人下一次转世的本性和命运。"③

　　惠特曼不仅在诗歌的创作方面深受包括佛教在内的东方文化的影响，他还曾经体验过用东方的方式修行。他在日记中说："不但在夏季，而且所有的季节，白天黑夜都是如此，我做一些冥想……我周围的大部分景色

---

① Whitman, Walt, "Song of Myself." In *Leaves of Grass* (1855). New York: Literary Classics of the United States, Inc., 1982, p. 77.

② Whitman, Walt, "Preface." In *Leaves of Grass* (1855). New York: Literary Classics of the United States, Inc., 1982, pp. 21–22.

③ ［美］马尔科姆·考利：《英文版导读》，王湾湾译，载［美］惠特曼《草叶集》上册，赵萝蕤译，重庆出版集团、重庆出版社2008年版，第12页。

是别人见过的，见不到的是我一些多变的思绪、冥想和自我思辨……"①

　　惠特曼在《过去历程的回顾》（*A Backward Glance*）中说，他在准备写《草叶集》时，阅读过古代印度的诗歌。② 与爱默生和梭罗直接引用东方作品的方式不同，惠特曼将他从东西方文化中吸收的东西全部混合在一起，这样一来，惠特曼的诗歌就体现出一种复杂的形态。而且，惠特曼的诗歌在表现的内容方面更加大胆。1860 年 3 月，爱默生在波士顿与惠特曼散步时，曾经试图说服惠特曼缓和一下《草叶集》中性因素的调子，但惠特曼却加以拒绝。③

　　《草叶集》问世以后多次重版，惠特曼在每版中都补充了一些新诗。惠特曼的诗热情奔放，不受传统格律的束缚，用新的形式来表达民主思想，对种族、民族和社会压迫表示了强烈抗议，对美国和欧洲自由诗的发展有重要影响。

　　他的诗歌从内容到形式对 20 世纪 60 年代 "垮掉的一代" 诗人的影响更是有目共睹的。甚至在生命中的一段时间里，惠特曼过的就是嬉皮士一般的生活。"那段日子里的惠特曼，令人不禁想到，他可真称得上是垮掉一代的鼻祖：他胡子拉碴，不理头发，他的装扮令人想起 1860 年④的那些运动衫加平底凉鞋的人。他的一些行为很像后来垮掉的一代……他正在写作的诗歌，被劳伦斯·林普顿称为 '风格开放自由，是垮掉一代文学的优秀作品'。"⑤

　　从爱默生、梭罗和惠特曼与佛教的关系，我们能够看出美国早期知识分子接受与认识佛教的特点：第一，他们对佛教的认识以文本为依据，还没有机会直接接触佛教徒。第二，他们接触了诸多东方文化的内容，除了佛教还包括婆罗门教、中国儒家思想以及波斯经典等。他们从未想过这些思想的差异所在，即使想到也不具备这样的能力。第三，由于不懂东方语

---

① ［美］惠特曼：《怪人日记·香柏，梅，及其他》，张炽恒、高效云译，上海文化出版社 2001 年版，第 325 页。

② ［美］沃尔特·惠特曼：《草叶集》下册，李野光译，北京燕山出版社 2003 年版，第 933 页。

③ 陈波：《爱默生》，台北：东大图书股份有限公司 1999 年版，第 28 页。

④ 原文如此，当为 1960 年。

⑤ ［美］马尔科姆·考利：《英文版导读》，王湾湾译，载［美］惠特曼：《草叶集》上册，赵萝蕤译，重庆出版集团、重庆出版社 2008 年版，第 17—18 页。

言、受翻译者的水平所限以及基督教文化的影响，他们对佛教存在程度不同的误读。

第二节 华工与汉传佛教初传美国

自从哥仑发现新大陆以及达·伽马开辟通向亚洲的新航路后，16 世纪初，西班牙和葡萄牙的舰队从海上航行到东亚，中国与美洲开始了间接的接触。西班牙和葡萄牙殖民者通过欧洲和马尼拉将中国的丝绸、茶叶以及各种手工艺品贩运到美洲各地，原产于美洲的农作物如玉米、马铃薯、西红柿、落花生、番薯等也传入中国。

随着康雍乾盛世的结束，步入 19 世纪的清王朝日益保守、没落。1840 年，鸦片战争爆发，英帝国主义者用坚船利炮打开了闭关锁国的清帝国，中国开始进入百年丧权辱国的近代时期。国内的阶级矛盾、民族矛盾激化，民不聊生，为了谋生，很多中国人（主要是广东省人）不得不下南洋、赴美洲，这就是华工来到美国的背景。

1848 年，美国加利福尼亚州旧金山发现金矿，当时，在美国的中国人寥寥无几。旧金山发现金矿的消息在珠江三角洲地区不胫而走，激起了广东人的发财梦想，一些美国人趁机在华南大做广告，拉拢华人移民美国。一家船运公司的广告说："美国人民为天下最富者，他们欢迎中国人，一旦到达美国，有大屋居住，大工钱收入，好衣好食……请勿疑惧，应即走向发财之路……"① 1849 年，在美国的华人只有 791 人，1850 年增加到 4025 人；1860 年为 34933 人；1870 年达到 64199 人。②

华工在美国主要从事开采矿石、修建铁路、种植蔬菜和水果等重体力劳动。淘金热过后，美国开始修建横贯东西部的大陆铁路，施工单位是联合太平洋铁路公司和中央太平洋铁路公司，两家公司分别从东、西两端铺轨，铁轨将在犹他州的普罗蒙托利（Promontory）会合。哪一家公司先到达该地，就能从政府那里获得巨大的利益。东端的联合太平洋铁路公司得益于地势和交通上的便利，铺轨迅速；西端的中央太平洋铁路公司由于有落基山、内华达山等险峻山脉的阻碍，加上爱尔兰移民的工作效率低下，

---

① 陈翰生主编：《华工出国史料汇编》第七辑，中华书局 1984 年版，第 15 页。
② 同上书，第 3、4、9 页。

进展非常缓慢，该公司迫不得已尝试雇用华工。聪明、勤劳、善良的华工很快赢得公司的信任，太平洋铁路公司随之大量雇用华工，1869 年，华工占该公司铁路工人总数的 90% 以上。[①] 一名美国学者公允地评论道：

> 如果没有中国人关于使用炸药的知识并重视炸药的作用，如果没有中国人在令人目眩的高空贴在几乎垂直的悬崖上干活，如果没有中国人用生命闯过了白人难以忍受的艰苦难关，中央太平洋铁路公司负责的路段决不会建成。如果建成，时间上也要拖得很久。[②]

公司总裁利兰·斯坦福坦言："没有华工，这条重要的国家交通干线的西段，就不能在国会法案所要求的时限以内完工。"他形容华工"安静、温顺、勤劳、节俭——乐于而且容易学会铁路建筑工程所需要的各种不同工作"[③]。铁路修筑过程中的 1866 年和 1867 年的冬天寒冷无比，华工在天寒地冻的条件下施工，很多人被冻死。铁路建成 20 年后，中央太平洋铁路公司董事 E. B. 克罗克的副手之一詹姆斯·斯特罗布里奇在对联邦调查委员会作证时指出："雪崩毁了我们华工的帐篷。在雪崩中，我们牺牲了大量的工人（指华工）；有许多工人的尸体，直到第二年积雪融化以后才发现。"[④] 今天，我们已经无法确切地知道，修筑这条铁路时究竟有多少华工丧失了生命，但是依据当时报纸的报道以及斯特罗布里奇的回忆来推断，牺牲的华工人数不少。

华工也为美国西部农业做出了重要贡献。他们从中国带来果木和蔬菜栽培技术，使加州逐渐成为果蔬之乡。美国历史学家凯利·麦克威廉斯指出："显然……如若没有华工在加州的贡献，那么，从种植小麦到改种水果的这一转变肯定要推迟四分之一世纪。在这个转变中，华工是一个十分

---

① 梁茂信：《美国移民政策研究》，东北师范大学出版社 1996 年版，第 132 页。

② ［美］R. W. 霍华德：《宏伟的钢铁线》，转引自陈依范《美国华人史》，韩有毅、何勇、鲍川运译，世界知识出版社 1987 年版，第 83 页。

③ ［美］亚历山大·塞克斯顿：《十九世纪华工在美国筑路的功绩和牺牲》，《世界历史译丛》1979 年第 4 期，第 92 页。

④ 同上书，第 94 页。

重要的因素，甚至可以说是唯一重要的因素。"①

在美国西部开发急需劳动力的时期，华工的到来受到当地各界人士的欢迎。在庆祝加州加入美国联邦的大会上，法官纳萨尼尔·贝尼特在致华人和其他移民的欢迎词中说："你们虽然出生并生长在异国的土地上，虽然说另种方言，但今天在这里我们把你们当成亲兄弟……不论在哪方面，你们都和我们一律平等……因此咱们大家只有一个共同的国家，共同的希望，共同的命运……"②

但是，华工所受到的欢迎很快就被美国社会的排外主义浪潮所淹没。由于华工吃苦耐劳，所以比当地的白人工人在找工作方面更有竞争力，加上中国移民的人数逐渐增多，一些美国人开始呼吁限制、排斥华人。加州政府从 19 世纪 50 年代起逐渐颁布一系列排华法案。1850 年《外籍矿工税法》要求华工每人每月缴纳税金 20 美元；1852 年《保金法》规定所有华人缴纳保证金 500 美元；1854 年，加州法院规定，华人无权出庭作证；1858 年，加州议会颁布《限制华人和蒙古人种进一步移民法》，禁止华人移民进入加州。③ 各地殴打、抢劫、虐待甚至杀害华人的事件与日俱增。

在险恶的生存环境中，华工团结起来，集中生活在城镇的某一区域，他们称之为"华埠"，白人往往称之为"唐人街"或"中国城"（China Town）。华工根据籍贯逐渐形成会馆以谋求生存和发展。1855 年，旧金山华人出版的双语周刊《东涯新录》列出阳和、广州、三邑、仁和、宁阳五家会馆。19 世纪 60 年代初，和合会馆成立，这样，会馆增加到六个，它们就是白人社会所熟悉的"六大公司"。④ 这六家会馆成为联系华工和国内的纽带，也是他们的宗教生活中心。

1849 年，第一座华人寺庙——"北溪庙"（Bob Kai Mui）在加州沙家缅度以北的玛丽斯维尔（Marys-ville）建成。⑤ 1850 年，一个叫阿清的华工建起旧金山第一座中国神庙，以祀天后，后荒芜。1851 年，四邑⑥会

---

① ［美］麦美玲、迟进之：《金山路漫漫》，崔树芝译，冯仪民校，新华出版社 1987 年版，第 25 页。

② 陈翰生主编：《华工出国史料汇编》第七辑，中华书局 1984 年版，第 167 页。

③ 梁茂信：《美国移民政策研究》，东北师范大学出版社 1996 年版，第 133—134 页。

④ 陈勇：《华人的旧金山》，北京大学出版社 2009 年版，第 87、88 页。

⑤ 吴琦幸：《淘金路上》，上海古籍出版社 2003 年版，第 106—108 页。

⑥ 四邑指广东省的新会、新宁（1914 年改称台山）、恩平和开平 4 个县。

馆建成旧金山华埠的第一座庙宇——"冈州古庙"，供奉关帝，香火很盛。1852 年，三邑①会馆在威弗莱街建成"天后庙"，后来这条街就被称为"天后庙街"。其他会馆也纷纷建庙。到 1875 年，旧金山华埠的寺庙已达八座；1885 年后，寺庙的数量已达十多座。② 除了旧金山，中国寺庙也纷纷出现在加州的其他城镇，如洛杉矶、圣何塞（San Jose）、沙加缅度（Sacramento，另译为"萨克拉门托"）、奥洛维尔（Oroville）等。有观点认为，到 19 世纪末，北美洲西海岸有了 400 多座华人寺庙。③ 但是，400 多座寺庙的说法令人生疑，数量很可能有所夸大，不过，这与统计者心目中何者为寺庙的统计标准有关。这些寺庙的特点可以归纳为三点。

第一，大多数寺庙体现了中国人三教合一的观念。寺庙供奉的对象既包括佛教神祇，也包括诸多民间神灵。最受尊崇的是观音菩萨、妈祖和关公。观音菩萨是大慈大悲的象征，在中国拥有最广泛的信仰群体。妈祖亦称"天妃"、"天后"，是传说中掌管海上航运的女神，中国沿海地区的人们虔诚地信仰妈祖。关公信仰在中国长盛不衰，历代封建帝王对关公多次加封，关公成为忠义的化身，清代时，全国各地遍布关帝庙。1903 年，梁启超在游历美国时发现，中国移民每家会馆的财政收入中都包括祝税和醮金。他写道："各会馆皆祀关羽。每岁课司祝者税若干，多或至万金焉。又一年或两年建醮一次，各商户、各私人皆捐醮金，所捐必逾豫算之额，因存积之以为会馆基本金。"④ 会馆利用关公的忠义精神将华工团结在一起。白人往往将关公视为战神，但在华工心目中，关公能够在生活的很多方面给人带来吉祥和福祉。大多数寺庙供奉的神灵不止一位，例如，北溪古庙中供奉有观音菩萨、天后、关帝、北帝和敕封文武总制大圣五位神灵。⑤ 只供奉一个神的寺庙当然也有。此外，释迦牟尼佛、阿弥陀佛、弥勒佛、药师佛、圣母娘娘、门神尉迟恭和秦琼、诸葛亮、刘备、张飞、赵云、包公、华佗、绥靖伯陈老官、财帛星君、齐天大圣等都被信奉。

第二，华工寺庙与中国传统意义上的寺庙有所区别。中国传统寺庙一

---

① 三邑指广东省的南海、番禺、顺德 3 个县。

② 刘伯骥：《美国华侨史》，台北："行政院侨务委员会" 1976 年版，第 413—415 页。

③ Fields, Rick, *How the Swans Came to the Lake: A Narrative History of Buddhism in America.* 2nd revised and updated ed., Boston: Shambhala Publications, Inc., 1986, p. 73.

④ 梁启超：《梁启超全集·新大陆游记》第二册，北京出版社 1999 年版，第 1183 页。

⑤ 刘伯骥：《美国华侨史》，台北："行政院侨务委员会" 1976 年版，第 416 页。

般来说有修行者（如僧人、道士等）居住和管理，而华工寺庙基本上由俗人管理，笔者没有发现寺庙由僧尼、道士常驻的资料。而且，这些寺庙在形态方面也与国内的有异，因为有的寺庙完全由民房改建而成，像几大会馆的关帝庙往往建在会馆办公楼的上层。从根本上来说，这类寺庙称为"神堂"或"佛堂"等可能更加贴切。

第三，寺庙在陈设、规模方面差异很大。会馆建立的寺庙一般较大，耗资不菲，装饰和陈设都比较讲究。而绝大多数寺庙规模很小，有的只有一间房那么大，有的甚至只能算是一个窝棚。这些寺庙基本为木制，经过多年的风吹雨打，加上水灾、火灾等自然灾害和人为因素，存留下来的不多。

这些寺庙在华工的生活中发挥着极其重要的作用，它们为恶劣环境中的华工提供了一处抚慰心灵、寄托精神的场所。正是以这些寺庙为载体，宗教所具有的调适心灵、社会整合等功能才得以有效地发挥。例如，每逢农历七月十五日，位于旧金山天后庙街的天后庙就举行盂兰盆会，沿着街道举行祭祀，焚烧纸衣、纸箱、纸钱等，同时施舍素食，以超度亡灵，施食给饿鬼。① 阳和会馆的侯王②庙每年举行庙会。庙会那天，大摆素食宴席，十二个人抬着侯王像出游。这时，锣鼓喧天，热闹非凡，观者如潮。③ 同时还有舞龙表演。目睹过这一场景的一名美国人写道："上千个盛装的华人排着队……刹那间从神像后面窜出一条巨大的舞龙，有一百七十多英尺长，由六十个表演者操纵着……整条街五颜六色，光彩夺目。旗帜和帷幔上的饰片亮闪闪，擦得锃亮的长矛与戟冒着寒光，与会者身着华丽袍服，锣鼓声震天，鞭炮噼啪炸响，构成了一个华丽精彩的东方节庆。这是在其他的文明的城市中见不到的。"④

1876 年，波兰作家亨利克·显克维支（Henryk Sienkowicz, 1846—1916）以《波兰报》记者的身份来到美国考察、旅游，他将自己的所见所闻写成长篇报告文学《旅美书简》。其中的《加利福尼亚的华人》一文专门谈到当时美国的华工问题，其中描绘了旧金山中华工的一座寺庙：

---

① 刘伯骥：《美国华侨史》，台北："行政院侨务委员会"1976 年版，第 411 页。
② 侯王，指护送南宋最后一位皇帝赵昺逃亡的杨亮节。他死于今天的九龙。生时封侯，死时封王。
③ 刘伯骥：《美国华侨史》，台北："行政院侨务委员会"1976 年版，第 412 页。
④ 陈勇：《华人的旧金山》，北京大学出版社 2009 年版，第 165—166 页。

　　我们来到了最有趣的地方——佛寺。每个佛寺前都挂着五个或者六个用彩纸扎的灯笼，这是它的标志，佛教徒一眼就能将它和别的建筑物区别开来。我们就进去吧！这里是谁都让进的。现在我们真的来到中国了，这个寺庙是由一间宽敞的房间改建成的，里面五颜六色的灯和窗玻璃把它映照得十分明亮。角落里放着一些装上了长柄的绸伞，绣着太阳、月亮和龙的形象的旗帜和长长的竹竿。在这些竹竿的顶端，装着许多不定型的青铜标记，有的像奇花和异兽，有的像是这两者的混合体。一块块色彩斑斓的窗玻璃和一盏盏吊灯冲着庙里的本堂投去了神秘的光。本堂的中央是主祭台，它像一张虽不很高但比较大的桌子。祭台上放着两个高大的银龙，每个银龙都有站立着的两只脚。祭台中央还有一个铜制的金字塔，它的表面镶嵌着一些兽形和人形的饰物，这个金字塔就是一个圣物存放处，里面存放着许多佛经。主祭台位于庙里深处，那里一片昏暗，使人感到神秘莫测，只有两盏用小链索吊着的灯在闪着若明若暗的微光。在绸帷幔的后面，现出一尊佛像，它的周围有许多龙和虎的雕像和铜雕的荷花。佛像呈坐的姿态，它的往上伸着的手和手指好像在指着什么，好像在讲经，它的须和发都穿过了两手之间的空当，在那铜色的面孔上，现出了苦闷而又愚蠢的表情。①

　　这就是当时白人眼中华人寺庙的形象。最后一句话中的轻蔑之词正反映出当时西方人普遍的排华心理。作为诺贝尔文学奖获得者的显克维支尚且如此，当地普通美国人的观念当不难推断。一些排华组织就认为，将华工的寺庙付之一炬是天经地义的。

　　在美国传教士眼中，华工就是崇拜偶像的"异教徒"。他们认为，异教信仰标志着种族和文化上的低劣。传教士们不遗余力地向华工传播基督宗教，争取他们皈依，但是根据这些传教士们的记录，在旧金山的华埠，改变了信仰的华人寥寥无几。② 不过，在另一方面，在美国浊浪滔天的排

---

　　①　［波兰］亨利克显克维支：《加利福尼亚的华人》，载张振辉编选《显克维奇精选集》，山东文艺出版社 1997 年版，第 100 页。

　　②　陈勇：《华人的旧金山》，北京大学出版社 2009 年版，第 160 页。

华浪潮中，接触过华人的传教士同情华人的不幸遭遇，反对政府的排华政策。一名华裔牧师说：

> 那段时期，教会十分热衷于在世界各地的传教活动，曾派过不少传教士到中国和其他一些国家去。正因为如此，他们感到有必要替在美国遭到不平待遇的华人说话，应该支持他们。在华人因不懂英文只会说中国话而遭到非难时，是教会为他们办起了英语学习班；在华人被斥责为只懂得崇拜偶像的异教徒时，又是教会为他们办起了圣经班，帮他们改信基督教。他们这样做的目的，不单单是为扩大教会人数，更是出自他们自己的信念——基督把上帝的爱赐给天下所有的人，应当让普天下的人都领受到这种爱……①

传教士们的目的当然是传播基督宗教，但他们所采取的措施和手段客观上对华工有一定的帮助。可惜，他们的努力无法从根本上改变美国政府的排华政策。1882 年 5 月 6 日，美国国会颁布排华法案（Chinese Exclusion Act）。它的主要内容是：法案自颁布 90 天后生效，在生效日之前入境的华人可以留居美国。法案有效期为 10 年，在此期间华人移民不得入境。如果有人从中国运进一名劳工，就要被判刑 1 年，罚款 500 美元。华人要离开美国，必须向当地政府索要证明。持有证明的华人经过入境检查后可再次进入美国。留居美国的华人必须向政府登记，否则将被驱逐出境。该法案禁止的对象是劳工。②

《排华法案》使美国社会的排华现象合法化。美国各州驱逐、迫害、屠杀华人的现象进一步升级。排华浪潮像瘟疫一般从西海岸扩展到东海岸。美国政府对此不仅不予以制止，反而多次通过《排华修正案》。1884 年的法案禁止任何华人从中国或其他外国移民美国。1888 年 10 月，美国国会通过斯科特法案，规定除了官员、教师、学生、商人和旅游者五类人，离境华人一律不准入境。约两万名华工手中持有的美国政府颁发的再次入境证明成为废纸。1892 年 5 月，美国国会通过《吉尔里法案》，将

---

① ［美］麦美玲、迟进之：《金山路漫漫》，崔树芝译，冯仪民校，新华出版社 1987 年版，第 55—56 页。

② 梁茂信：《美国移民政策研究》，东北师范大学出版社 1996 年版，第 138 页。

1882 年的《排华法案》延长 10 年。1902 年，《排华法案》被无限期延长。美国吞并夏威夷后，将所有排华法案适用于当地。至此，华人前往美国的大门彻底关闭。[①]

针对美国的排华政策，全球华人在 1905 年发起联合抵制美货的运动。这大大加强了美国华人与祖国的联系。

排华法案及其修正案对美国华人的影响是巨大的，相应的，也对汉传佛教在美国的传播造成了深远的影响。随着移民美国的华人的锐减以及其他原因，汉传佛教在美国的发展陷入停滞甚至倒退的状态。

华人最早将佛教不仅传播到美国本土，而且包括后来成为美国领土的夏威夷地区。

夏威夷群岛位于太平洋中部，由夏威夷岛或大岛（Hawaii or Bigisland）、瓦胡岛（Oahu）、毛依岛（Maui）、卡瓦依岛（Kauai）、卡呼拉威岛（Kahoolawe）、拉耐岛（Lanai）、莫洛凯岛（Molokai）及尼浩岛（Nihau）组成。前面四个岛是夏威夷经济与文化的重镇。

在并入美国前，夏威夷是一个独立的王国。19 世纪 50 年代，夏威夷的种植业尤其是甘蔗种植以及相关的制糖业迅速发展，但该国面临劳动力短缺的问题。1852—1866 年，1000 多名中国劳工从香港、澳门和旧金山来到夏威夷。[②] 五年合同期满后，华工不再从事艰苦的种植业而是另觅生计。夏威夷统治者对此很头疼，但无计可施。

1878 年，华工开始在夏威夷修造第一座佛寺——观音庙。当时，夏威夷还没有并入美国。该寺于 1908 年完工。[③] 到 1889 年，夏威夷已经有几座供奉观音菩萨和阿弥陀佛的中国寺庙。

1892 年，夏威夷出台"限制中国人移民法案"（Act Restricting Chinese Immigration），华人除了务农、为仆不准进入夏威夷。

由于种族歧视和移民限制，华人在夏威夷的人口一直不多，占全部人口的比例不到 10%。[④]

---

① 梁茂信：《美国移民政策研究》，东北师范大学出版社 1996 年版，第 138—139 页。

② Hunter, Louise H. , *Buddhism in Hawaii: Its Impact on a Yankee Community.* Honolulu: University of Hawaii Press, 1971, p. 21.

③ 郑金德：《欧美的佛教》，台北：天华出版事业股份有限公司 1984 年版，第 169 页。

④ 同上书，第 214 页。

第三节　日本移民与日本佛教初传美国

在华工赴美后不久，日本劳工也来到夏威夷和美国本土。日本的净土真宗、净土宗等宗派的本山派出僧人为日裔劳工服务。日本佛教信徒很快建立组织，修建寺院，为日本佛教在美国的传播奠定了基础。

一　日本劳工在夏威夷和美国本土

幕府统治时期，日本主要实行闭关锁国的政策。1854 年，美国海军准将马休·卡尔布雷斯·佩利（Matthew Calbraith Perry，1794—1858）率领两艘全副武装的军舰抵达日本，日本被迫开放国门。明治天皇掌权后，日本的开放步伐加快。日本政府同意向夏威夷政府输出劳动力。1868 年 6月，第一批 100 多名日本劳工抵达夏威夷。由于无法承担艰苦的劳动，一小部分人回国，大部分人在夏威夷定居。夏威夷国王大卫·卡拉卡瓦（David Kalakaua，1836—1891）对此很高兴，因为由于传染病的流行，该国的人口正在减少。

1885 年，卡拉卡瓦访问美国，美国国会批准夏威夷王国的农产品可以免税进入美国。夏威夷的种植园主希望招募到更多的日本劳工，日本要求夏威夷当局为日本劳工提供更好的工作、生活条件，夏威夷政府签署了协定。1887 年，900 多名日本劳工抵达夏威夷，他们被派往偏远的种植园工作，工作强度大、工作时间长。夏威夷人并没有严格执行与日本人签订的合同，日本政府派官员与夏威夷政府交涉后，日本工人的待遇有所提高。

1869 年，首批日本移民抵达美国大陆。1890—1907 年，平均每年有一万名日本人移居美国。1885—1920 年，共有 18 万日本人来到美国大陆，另有 20 万日本人迁往夏威夷。其中，一半左右的人在美国生活一段时间后又返回日本。1920 年的美国人口统计表明，当时在美国大陆的日本侨民有 11.1 万，其中，65% 定居在加州。[①]

随着日本移民在加州的人数以及他们购买土地的数量的增加，加州白人日渐恐慌。该州的新闻媒体、一些行业协会开始呼吁政府限制、排斥日

---

① 梁茂信：《美国移民政策研究》，东北师范大学出版社 1996 年版，第 147 页。

本移民。1907 年，西奥多·罗斯福（Theodore Roosevelt，1858—1919）总统禁止日本劳工从夏威夷、加拿大和墨西哥进入美国本土。通过协商，美日两国政府达成"君子协议"。它规定，日本政府不再向打算迁入美国的日本劳工发放护照，美国则不颁布禁止日本移民入境的排斥性法案。此外，美国政府允许已经入境的日本侨民的父母、妻子和子女迁入美国。①1924 年，美国国会通过移民限额法，将日本移民纳入被限制和排斥的范围。日本人移居美国的大门关闭了。

二　最早到夏威夷及美国本土传教的日本宗派

（一）净土真宗

美国的净土真宗分为两个系统：一个是本派本愿寺派或称西本愿寺派（Hompa or Nishi Hongwanji Buddhist Church or Buddhist Church of America），另一个是东本愿寺派（Higashi Hongwanji Church）。

在日本，年轻的净土真宗（Jodo Shinshu）僧人曜日苍龙（Soryu Kagahi）听闻夏威夷日本劳工的遭遇后，请求西本愿寺派遣传法师到夏威夷为日本劳工服务，但是，他的请求被西本愿寺拒绝。

1889 年 3 月，曜日苍龙抵达檀香山，开始为日本劳工提供服务。1897 年 6 月，夏威夷的日本劳工给西本愿寺本山写请愿书，请求本山出资在夏威夷建寺。②

曜日苍龙从日本劳工手中筹集建寺的资金。经过他的不懈努力，1889年，夏威夷的第一座日本佛寺建成。它的规模不大，位于希罗（Hilo）。

1889 年 10 月，曜日苍龙回到日本，西本愿寺承诺提供资金帮助。但是，曜日苍龙在杂志上发表的一篇文章触怒了佛教界，西本愿寺承诺的资金被扣发，曜日苍龙也从此销声匿迹。

1892 年，在美国海军的支持下，一群夏威夷白人发动军事政变，推翻卡拉卡瓦的继任者——利留卡拉尼女王（Queen Liliuokalani，1838—1917）的统治，建立夏威夷共和国（The Republic of Hawaii）。1898 年，美国吞并夏威夷。1959 年，夏威夷成为美国第 50 个州。

---

① 梁茂信：《美国移民政策研究》，东北师范大学出版社 1996 年版，第 149—150 页。

② Hunter, Louise H., *Buddhism in Hawaii: Its Impact on a Yankee Community*. Honolulu: University of Hawaii Press, 1971. pp. 60 – 62.

到 1894 年，夏威夷的日本人达到约 25000 人。1896 年，净土真宗的首座官方寺院在夏威夷的帕乌哈乌镇（Pauuhau）建成。

1897 年，西本愿寺派法师宫本惠顺（Eijun Miyamoto）在夏威夷檀香山福德街（Fort Street）建立一座寺院。1898 年，里见法弥（Hoji Satomi）成为第一任住持。1899 年，里见法弥回日本。后在今村惠猛（Emyo Imamura）的陪同下，他很快又回到夏威夷。[①]

1898 年 7 月，日本京都西本愿寺的本田江龙（Eryu Honda）和宫本惠顺（Ejun Myamoto）到达旧金山。同月，他们与 30 名日本男青年成立"男青年佛教会"（Young Men's Buddhist Association）。1899 年 9 月，西本愿寺派的园田宗惠（Shuye Sonoda）和弟子西岛觉了（Kakuryo Nishijima）抵达旧金山。同月，美国本土第一所西本愿寺派的寺庙成立，各类佛事活动以及为日裔移民服务的工作随即展开。随着日本移民向加州中部、南部迁移，西本愿寺的分支机构在萨克拉门托、弗里斯诺（Fresno）和瓦卡维尔（Vacaville）等地相继建立。[②]

旧金山的西本愿寺派一开始就想到向白人传法的重要性。他们在每个星期一晚上用英语举行讲座和服务。1900 年 4 月，园田宗惠和五个旧金山美国人组成"佛陀的佛法僧伽"（The Dharma Sangha of Buddha）。该组织随后发展到 40 多人，美国人和日裔人几乎各半。它开始出版双月刊《佛法之光》（*The Light of Dharma*），达摩波罗、铃木大拙等人都在上面发表过文章。该僧伽在举行佛教仪式时，选用了卡鲁斯编辑的乐曲。[③]

1899 年，东本愿寺派法师涟静（Shizuka Sazanami）在卡瓦依岛西南角的外弥阿（Waimea）开始传法。同年，他和另一名法师山田见龙在该地建立一座寺庙。后来，另两位法师在该岛的马卡卫里（Makaweli）建立另一座寺庙。[④]

（二）净土宗

1893 年，日本净土宗本山成立"夏威夷福音会"（Hawaii Evangelic

①　郑金德：《欧美的佛教》，台北：天华出版事业股份有限公司 1984 年版，第 198 页。

②　Fields, Rick, *How the Swans Came to the Lake*: *A Narrative History of Buddhism in America*. 2nd revised and updated ed., Boston: Shambhala Publications, Inc., 1986, pp. 143 – 145.

③　Ibid., p. 145.

④　郑金德：《欧美的佛教》，台北：天华出版事业股份有限公司 1984 年版，第 200—201 页。

Association），专门负责向夏威夷传播净土宗的事务。1894 年，在松尾谛定（Jotei Matsuo）考察夏威夷的基础上，净土宗本山派冈部学应（GakuoOkabe）到夏威夷传法。1896 年，冈部学应在夏威夷岛的哈马库阿（Hamakua）建立"哈马库阿佛教教堂"（Hamakua Buddhist Church），这是净土宗在夏威夷的第一所寺院。

1898 年，冈部学应返回日本，田中摩诃（Mashien Tanaka）和八寿田大定（Daijo Yasuda）继续传法事业。[1]

（三）日莲宗

1899 年，日莲宗本山派高木行运（Gyoun Takagi）到夏威夷弘法，他在夏威夷各岛传教三年。[2]

第四节　神智学会与佛教

南北战争结束后的一段时间，唯灵论在美国非常流行，人们相信活人能与死人的灵魂进行沟通。奥尔科特对此深信不疑。奥尔科特，1832 年 8 月生于美国新泽西州，他在南北战争时期曾担任上校，所以常被人们称为"上校"。1874 年，在关注一桩活人与死人对话、触摸的"超自然现象"时，奥尔科特在纽约结识海伦娜·佩特洛娃·勃拉瓦茨基夫人（Madame Helena Petrova Blavatsky，1831—1891）。二人一见如故，很快成为密友。

勃拉瓦茨基是卡尔梅克蒙古人，1831 年 8 月，她生于俄罗斯。成年后，她在亚洲、欧洲各地和美国游历，声称在印度和西藏居住过多年，受过印度教诸多大师的教导。

严格说来，勃拉瓦茨基并不是一名唯灵论者。在她看来，唯灵论只能作为传播佛教神秘教义的一种手段，因为直接将佛教教义传给美国人难以做到。起初，她对这些所谓的"超自然现象"态度有所保留，但后来越来越不满，于是发表文章，建议人们去研究东方的神秘主义，只有这样，才能发现"这些现象后面的法则"[3]。

---

① 郑金德：《欧美的佛教》，台北：天华出版事业股份有限公司 1984 年版，第 204 页。

② 同上书，第 210 页。

③ Fields, Rick, *How the Swans Came to the Lake: A Narrative History of Buddhism in America.* 2nd revised and updated ed. , Boston: Shambhala Publications, Inc. , 1986, p. 88.

1875 年 11 月，奥尔科特、勃拉瓦茨基和威廉·关·贾奇（William Quan Judge，1851—1896）等人在纽约创立神智学会。学会的宗旨有三个：不分人种、教义、性别、种姓和肤色，形成一个普遍博爱的学会的核心；研究古代和现代的宗教、哲学和科学，并证明这种研究的重要性；探究未被解释的自然法则以及人类潜在的精神力量。[1]

随着时间的推移，神智学会逐渐成为一个集佛教、印度教和基督宗教神秘教义为一体的学术组织。几年后，神智学会与两名锡兰僧人苏曼伽拉（Sumangala）和麦吉图瓦特·古纳难陀（Meggittuwatte Gunananda）取得联系。1873 年，古纳难陀在与传教士的辩论中取得胜利，这极大地鼓舞了锡兰人反对殖民主义、捍卫传统佛教文化的民族自尊心和自信心。当时的亚洲正值民族主义和反殖民主义浪潮风起云涌之际。

1878 年底，奥尔科特和勃拉瓦茨基将名存实亡的美国神智学会交给阿布纳·道布尔迪（Abner Doubleday，1819—1893）管理后离开纽约。1879 年，他们到达印度定居并创办杂志《神智学家》（The Theosophist）。1879—1888 年，勃拉瓦茨基任杂志主编。

1880 年 5 月，奥尔科特和勃拉瓦茨基抵达锡兰，受到当地佛教徒的热烈欢迎。不久，他们在一座寺庙里发愿皈依三宝、接受五戒，正式成为佛教徒，奥尔科特由此被称为第一个"白人佛教徒"（White Buddhist）。这在锡兰造成巨大的影响。锡兰人由此反思自己固有的佛教文化传统，结果，民族主义意识空前高涨。

1882 年，神智学会的永久总部设在印度马德拉斯邦（Madras）的阿迪亚尔（Adyar）。

锡兰之前由葡萄牙和荷兰统治，现在属于英国的殖民地。锡兰佛教当时已经岌岌可危，全国的基督教学校超过 800 所，佛教学校却只有 4 所。奥尔科特成立"锡兰佛教神智学会"（Buddhist Theosophical Society of Ceylon），到处演说，筹集资金。在他的不懈努力下，3 所佛教学院和 250 所佛教学校得以建立，[2] 锡兰的佛教教育事业得以恢复和发展。鉴于锡兰僧

---

① Fields, Rick, *How the Swans Came to the Lake*：*A Narrative History of Buddhism in America*. 2nd revised and updated ed., Boston：Shambhala Publications, Inc., 1986, p. 90.

② 中国大百科全书出版社《不列颠百科全书》国际中文版编辑部编译：《不列颠百科全书》第 12 册，中国大百科全书出版社 2007 年版，第 366 页。

人的佛教基本知识欠缺，奥尔科特编写了《佛教问答集》（*The Buddhist Catechism*① ）一书。

1884 年，奥尔科特和勃拉瓦茨基前往伦敦，向英国统治者请愿，要求关注僧伽罗人的利益。随后，卫塞节（Wesak）被宣布为法定节日。卫塞节是上座部佛教将释迦牟尼的"诞生"、"成道"和"涅槃"合并在一起进行纪念的节日，时间一般在公历 4、5 月间的月圆日。

1885 年 3 月，勃拉瓦茨基因健康原因离开印度。她先后在德国和比利时生活，后来到伦敦闲居、写作。她的主要著作有《揭开面纱的爱希丝》（*Isis Unveiled*②，1877）、《秘密教义》（*The Secret Doctrine*，1888）、《神智学解答》（*The Key to Theosophy*，1889）、《科学、哲学和宗教的综合性百科全书》（*Encyclopaedia of the Synthesis of Science，Philosophy and Religion*③）等。

1889 年，奥尔科特和苏曼伽拉一起设计了一面六色佛旗，作为全体佛教徒的象征，以加强佛教徒之间的团结。1950 年 5 月，世界佛教徒联谊会（World Fellowship of Buddhists）第一届大会在锡兰召开，大会规定六色旗为世界佛教教旗。奥尔科特还有意建立"国际佛教联盟"（International Buddhist League），以便将佛法传播到全世界。

1891 年，勃拉瓦茨基去世，她的继任者是安妮·贝森特（Annie Besant，1847—1933）。

1907 年 2 月 17 日，奥尔科特去世。从此，每年的这一天，斯里兰卡的佛教徒都要燃灯、焚香，纪念奥尔科特；印度马德拉斯的孩子们会在奥尔科特的诞辰日深情缅怀他。④

神智学会后来在亚洲和欧洲的 60 多个国家建立了分会。虽然神智学会在美国逐渐销声匿迹，但它在欧洲得到了长足发展。后来，欧洲很多国家的佛教组织都深受神智学会的影响，有些佛教组织甚至直接脱胎于本国的神智学会分会。

---

① Olcott, Henry Steel, *The Buddhist Catechism*. London：Theosophical Pub. House, 1915.

② Blavatsky, Helena Petrova, *Isis Unveiled*. Los Angeles, Calif.：Theosophy Company, 1931.

③ Blavatsky, Helena Petrova, *Encyclopaedia of the Synthesis of Science，Philosophy and Religion*. Delhi：Bharatiya Kala Prakashan, 2006.

④ Prothero, Stephen, *The White Buddhist：The Asian Odyssey of Henry Steel Olcott*. Delhi（India）：Sri Satguru Publications, 1997, p. 1.

奥尔科特对美国佛教的一大贡献是培养了锡兰近代著名的佛教复兴者达摩波罗。达摩波罗，原名栋·大卫·赫瓦韦塔拉纳（Don David Hevavitharana），1864 年 9 月生于科伦坡。他的家人都是虔诚的佛教徒，但他们不得不将达摩波罗送到基督教学校中读书。达摩波罗反对基督教，抨击其教义，1883 年，他主动辍学，去图书馆自学。1884 年，达摩波罗成为神智学会会员。

达摩波罗的目标是在锡兰复兴佛教，这显然与神智学会的宗旨有所差异，结果，他与神智学会的关系日渐疏远，最终分道扬镳。1891 年 5 月，达摩波罗在科伦坡创立"菩提伽耶摩诃菩提社"（The Bodh Gaya Maha Bodhi Society），它的首要目标就是将菩提伽耶收回到佛教徒手中。摩诃菩提社是近百年来影响最大的佛教组织，随着时间的推移，它在世界很多国家建立了分社，发展成为世界性的宗教组织。经过包括达摩波罗在内的佛教徒的长期努力，1949 年，菩提伽耶终于回到佛教徒手中。

第五节　世界宗教大会前后的美国佛教

世界宗教大会在美国佛教史上具有里程碑的意义，它极大地促进了佛教在美国的传播。大会之前，达萨出版了美国第一份佛教刊物；大会结束后，达摩波罗和卡鲁斯以不同的方式在美国扩大佛教的影响，促进佛教的传播。

一　费兰吉·达萨及其《佛教之光》

1887 年，一份名为《佛教之光》（*The Buddhist Ray*）的月刊在加州发行。这是美国第一份佛教期刊，主编署名为"费兰吉·达萨"（Philangi Dasa）。达萨的真名是"维特林"（Veeterling），他的职业是印刷工，曾经是一名神智学会会员，后来听从达摩波罗的劝告，改信佛教。他住在圣克鲁兹（Santa Cruz）的山上，达萨将自己在山上隐修的地方称为"佛光"（Buddharay），这是美国第一处佛教修行场所。

《佛教之光》的内容是摘录当时报纸、杂志上关于佛教的文章。刊物的副标题是"一份致力于传播佛陀的觉悟教义的月刊"。它每期两册，印刷精美。1894 年 12 月，《佛教之光》最后一期面世，随后停刊。①

　　达萨是一名体力劳动者而不是知识分子，这说明到 19 世纪末，普通的美国人对佛教都已经有所了解，有些人甚至按照佛教的要求去修行。正如当时的《纽约杂志》（New York Journal）所指出的：“现在听到一个纽约人说他是佛教徒并非一件不同寻常的事情了。几年前，这样的论调会引起别人的好奇，但现在无人会对此大惊小怪。纽约目前有几百名佛教徒。他们每个人都富有智慧。”②

　　从这个意义上来说，世界宗教大会的召开就不能简单地视为某个人的天才创意，而是一种历史的必然。

二　世界宗教大会

　　1892 年，达摩波罗编辑、出版第一期《摩诃菩提杂志》（Maha Bodhi Journal）。世界宗教大会的主席约翰·亨利·巴洛斯（John Henry Barrows，1847—1902）在芝加哥看到该杂志后，邀请他代表锡兰佛教徒参加这次盛会。达摩波罗同意了。

　　1893 年 9 月，哥伦比亚博览会（Columbian Exposition）在芝加哥举行，博览会的组织者破天荒地想到要邀请世界各种宗教的代表到美国来举行一次世界宗教大会。参加大会的大部分代表团和观众是基督徒，但亚洲国家（中国、印度、日本、暹罗和锡兰）也派出了代表与会。

　　参加世界宗教大会的中国代表是清政府驻华盛顿公使彭光誉。他站在儒家传统立场上，认为大量的汉译佛经“只关注从这个世界中得到解脱的方法，根本没有提到治世之术”。他指出，佛教徒“愿意冥想不可见的精神世界，而疏忽生活的基本条件和义务。正因为如此，官员们会雇用僧人在公共崇拜活动中担任祭司，但同时，儒生们却藐视僧人，将他们视为寄食者”③。到 19 世纪末，清王朝已经江河日下，日益腐朽、落后，清代佛教逐渐衰落，大多数僧人忙于经忏，整体素质呈下降的趋势。彭光誉在世界宗教大会上发布上述观点，显然使美国人对中国佛教有了不好的

　　①　Fields，Rick，How the Swans Came to the Lake：A Narrative History of Buddhism in America. 2ⁿᵈ revised and updated ed.，Boston：Shambhala Publications，Inc.，1986，pp. 130 – 132.

　　②　Ibid.，pp. 131 – 132.

　　③　Fields，Rick，How the Swans Came to the Lake：A Narrative History of Buddhism in America. 2ⁿᵈ revised and updated ed.，Boston：Shambhala Publications，Inc.，1986，p. 123.

印象。

其他亚洲国家佛教代表的观点与彭光誉大相径庭。在会上，锡兰代表达摩波罗用流利的英语做了两场正式发言，引起观众的极大兴趣。第一场演讲的题目是《佛教与基督教》（*Buddhism and Christianity*），第二场是《佛陀对世界的贡献》（*The World's Debt to Buddha*），他的发言充满激情和热诚，使听众情绪高涨。

暹罗国王的兄弟钱德拉达特·查德达恩（Chandradat Chudhadharn）发表讲话，着重解释"佛法"一词以及"涅槃"的含义。

在各国代表团中，日本代表团的佛教徒最多，而且他们来自禅宗、净土真宗、日莲宗、天台宗和真言宗等宗派。代表团的翻译野口善四郎（Zenshiro Noguchi）随身带了几千册用英语写成的佛教小册子，来发给美国观众。

僧人土宜法龙（Houryu Doki）向会议提交的论文是《佛教的历史及日本佛教宗派》（*The History of Buddhism and Its Sects in Japan*）。论文由懂英语的另一名日本代表平井代为宣读。当时，听众将会场挤得水泄不通。为了安全起见，会务组在附近的会议厅临时增设了一个分会场。[①]

野口善四郎代读了八渊蟠龙（Banryu Yatsubuchi）写的一篇关于天台宗的论文。八渊蟠龙还首次将密教的教义传到美国。他指出，即身成佛是大日如来所说，由空海（Kukai）大师阐发。[②]

释宗演（Soyen Shaku，1859—1919）是第一位到美国的禅师，他所传的禅法属于日本临济宗。他参会的论文《佛陀所传的因果律》（*The Law of Cause and Effect，as Taught by Buddha*）由巴洛斯代读，该论文不止一次提到开悟（satori）和公案（koan）。[③]

释宗演生于1859年，若狭（福井县）人，字洪岳，号楞伽窟、小厮子、不可往子，幼名常次郎。12岁时，他依止越溪守谦出家，改名宗演，其后，参学于仪山善来等禅师。1878年，他参谒镰仓（Kamakura）圆觉寺（Engakuji）高僧今北洪川（Kosen Imakita，1816—1892），苦心参究公

① Fields, Rick, *How the Swans Came to the Lake: A Narrative History of Buddhism in America*. 2nd revised and updated ed., Boston: Shambhala Publications, Inc., 1986, p. 125.

② Ibid., pp. 125 – 126.

③ Ibid., p. 126.

案七年，得其禅旨。1884 年，释宗演进入庆应义塾大学（Keio University）学习。后来，他留学锡兰。1888 年回国，开始在国内大力传播禅宗。释宗演曾经担任圆觉寺派管长、临济宗大学（现花园大学）校长等职。他的主要著作有：《西游日记》三卷、《楞伽漫录》十九卷、《欧文说法集》等。

今北洪川也带领俗人习禅。随着人数的增多，他成立"两忘禅协会"（Ryomokyo-kai）。"两忘"的意思就是将主体和客体的观念都忘掉。禅团中包括世俗之人在日本是破天荒的举措。后来该组织对佛教在美国的发展起了一定的作用。1892 年，今北洪川去世，释宗演成为圆觉寺的禅师。

在世界宗教大会上，日本天台宗僧人芦津实全（Zitsuzen Ashitsu）说："不幸的是，许多兴致勃勃地研究佛教的欧美人从未听说过大乘佛教……他们完全不知道，佛陀教义的一望无际的大海就在他们的脚下奔涌。"① 芦津实全所指的显然是像里斯·戴维斯那样将上座部佛教视为"纯正"、"正统"的佛教，而将大乘佛教视为变形、扭曲类型的佛教的一类欧洲学者。

日莲宗的代表川井说，即使是没有知识、不会读写的男女，只要诚心地念诵"南无妙法莲华经"（Namu-myo-ho ren-ge-kyo），也一定能成佛。② 他的观点是日本日莲宗最基本也是最重要的思想。

在世界宗教大会上，释宗演和达摩波罗认识了保罗·卡鲁斯（Paul Karus，1852—1919）。作为摩诃菩提会美国分会的创始人之一，卡鲁斯是杂志《一元论者》（The Monist）的主编，他经营公开议庭出版社（Open Court Press）。卡鲁斯的家位于伊利诺伊州（Illinois）的拉萨尔镇（La-Salle）。对佛教有浓厚兴趣的他邀请释宗演去他家，帮助他翻译、编辑东方文化典籍，以便出版。释宗演谢绝了，但推荐了自己的学生铃木大拙。

世界宗教大会的召开是一次具有里程碑意义的事件，它在世界宗教史上具有重大的意义，同样也对佛教在美国的传播产生了巨大影响。

三　世界宗教大会后的达摩波罗

世界宗教大会结束几天后，达摩波罗做了一次讲演。就在讲演结束

---

① Fields, Rick, *How the Swans Came to the Lake*: *A Narrative History of Buddhism in America*. 2nd revised and updated ed. , Boston: Shambhala Publications, Inc. , 1986, p. 127.

② Ibid. .

时，一个名叫查尔斯·T. 斯特劳斯（Charles T Strauss）的美国人皈依佛教。斯特劳斯生于一个犹太家庭，是一名商人，居住在纽约，他当时不到30 岁。斯特劳斯成为美国本土的第一名白人佛教徒。[1]

1893 年 10 月，达摩波罗离开美国。他回到印度，但是没能从印度教徒手中收回菩提伽耶。

1896 年，达摩波罗应卡鲁斯之邀访问美国。他在纽约、芝加哥、旧金山、格兰德瑞皮兹（Grand Rapids）、辛辛那提（Cincinnati）、达鲁斯（Duluth）、明尼阿波利斯（Minneapolis）、依阿华市（Iowa City）、得梅因（Des Moines）、戴顿（Dayton）和哥仑（Columbus）等城市举行讲演，弘扬佛法。

1897 年 5 月，在旧金山，达摩波罗主持了在美国首次举行的卫塞节庆典。400 人倾听了达摩波罗的诵经。

1902—1904 年，达摩波罗第三次访问美国。在哈佛大学，他向著名心理学家威廉·詹姆斯（William James，1842—1910）的学生介绍佛教的基本教义，詹姆斯对此给予了很高的评价。

1933 年 1 月，达摩波罗受戒成为比丘。4 月，他在印度圆寂。

四 世界宗教大会后的卡鲁斯

世界宗教大会后，释宗演回到日本，但与卡鲁斯保持着通信联系。1894 年，卡鲁斯完成《佛陀的福音》[2]（*The Gospel of Buddha according to Old Records*[3]），将书的校样寄给释宗演。释宗演为书写了导言。

《佛陀的福音》从上座部佛教及大乘佛教的不同经典中选取小故事来讲述佛陀的生平及佛教的基本教义，语言浅显，风格通俗。它是卡鲁斯影响最大的著作，被译成多种语言，而且被亚洲的佛教徒使用。卡鲁斯借用"福音"这一基督宗教的词语，明显表示出他试图调和佛教与基督宗教之间关系的倾向。这也从另一个侧面表明，在 19 世纪末的美国社会，一个人要完全公开地表明自己的佛教信仰恐怕还是要面临一定程度的心理及社

---

[1] Fields, Rick, *How the Swans Came to the Lake: A Narrative History of Buddhism in America*. 2nd revised and updated ed. , Boston: Shambhala Publications, Inc. , 1986, p. 129.

[2] ［美］保罗·卡卢斯：《佛陀的福音》，陈晓嫚译，新世界出版社 2010 年版。

[3] Carus, Paul, *The Gospel of Buddha according to Old Records*. Chicago: Open Court Publishing Co. , 1895.

会层面的压力。

卡鲁斯一生写了 60 多本书，主编过两份刊物。他向日本、东南亚的佛教徒、美国的佛教支持者以及西方学者约稿，在其主编的《公开议庭》（*The Open Court*）杂志上发表。这份刊物为所有的佛教思想提供了舞台。卡鲁斯为美国人和亚洲佛教徒架起了一座桥梁。此外，卡鲁斯资助达摩波罗在美国的旅程，担任美国摩诃菩提会的主席。

卡鲁斯对怎样在西方社会传播佛教进行过很多思考，不夸张地说，卡鲁斯是美国自觉地思考佛教美国化问题并对此加以实践的第一人。他认为，最有效的方法是利用音乐，他将《法句经》等一些经典中的偈颂用贝多芬、肖邦及德国民歌的曲调谱成歌曲。卡鲁斯的大胆创新遭到好友苏格兰僧人国际佛教社（International Buddhist Society）社长阿难·弥勒（Ananda Metteya）的强烈反对，卡鲁斯用铃木大拙刚刚译完的《大乘起信论》中马鸣菩萨编排曲调、度化华氏城众生的故事等作为例证进行了辩解，结果，弥勒长老不置可否。①

卡鲁斯用音乐传播佛教的实践得到加州马兹难陀（Rt. Reverend Mazzinanda）长老的热心支持。马兹难陀是萨克拉门托佛教教会（Sacramento Buddhist Church）的住持，他生于 1827 年，1847 年来到印度，从 1853 年起跟随达赖喇嘛学佛。后来，马兹难陀前往英国、德国和法国，接受西方教育。1893 年，他参加世界宗教大会，1903 年来到加州。

每个星期日，马兹难陀举行藏传佛教仪式，他将这种仪式称为“佛教高级弥撒”（Buddhist High Mass），并对传法的形式进行了革新。马兹难陀告诉卡鲁斯，他特别为美国人编写了曲子和歌词，像《让我的佛陀离你更近》（*Nearer My Buddha to Thee*），这些鼓舞人心的歌曲对他弘法帮助很大。他说：“有人很可能认为，这种做法太有基督教的崇拜形式的味道了，但我并不这样看。佛陀说过，要入乡随俗。”② 通过多年努力，他使 300 多人皈依佛教。

---

① Fields, Rick, *How the Swans Came to the Lake: A Narrative History of Buddhism in America.* 2nd revised and updated ed., Boston: Shambhala Publications, Inc., 1986, p.142.

② Ibid., pp.142 – 143.

第六节 "二战"结束前日本佛教的传播

日本移民在美国的主要聚居地是夏威夷和加州，日本佛寺首先在这两个地方建立起来。很多日本移民有信仰佛教的家庭背景，他们在美国急需日本本山派信徒前往美国建寺，为其提供宗教活动场所。由于日本移民信仰的宗派不同，相应的，这些宗派逐渐在美国出现。它们主要包括禅宗、净土真宗、净土宗（Jodo Shu）、日莲宗（Nichiren Shu）、真言宗（Shingon Shu）和日莲正宗（Nichiren Shoshu）。

一 禅宗（临济宗）

世界宗教大会后，临济宗在美国的传播保持了最强劲的势头，弘传临济宗的居士和禅师众多。

（一）铃木大拙

铃木大拙，1870年10月生于日本金泽市（Kanazawa），本名铃木贞太郎。

他的父亲是一名医生兼武士。明治维新开始，武士的特权被废除，铃木大拙家道中落。1876年，父亲的死使家庭状况更加窘迫，母亲和大哥含辛茹苦地养育着铃木大拙。18岁时，铃木大拙读完中学。他找到一份在乡村教书的职业，他教算术、阅读、写作和英语。

母亲死后，铃木大拙到东京上帝国大学（Imperial University），他听课但没有申请学位。当时，他对人生充满了困惑。铃木大拙一家信仰临济宗，很自然地，他到临济宗那里去寻求答案。

最初，铃木大拙跟随不同的禅师习禅。他的第一个重要老师是今北洪川。今北洪川是现代禅之父，当时已经81岁。今北洪川去世后，铃木大拙拜今北洪川的法嗣——释宗演为师。铃木大拙没有出家，但在四年里，作为一名居士，他在圆觉寺过着严格的修行生活。经过努力，铃木大拙终于参悟释宗演给的一则公案，并得到师父的印可。

陪同释宗演参加世界宗教大会后，铃木大拙回到日本。但不久，释宗演安排他去美国帮助卡鲁斯。1897年2月，铃木大拙抵达旧金山。他在卡鲁斯家翻译《大乘起信论》，并且开始写《大乘佛教概论》（*Outlines of Mahayana Buddhism*），这是他用英语写的第一本书。1900年，卡鲁斯出版了铃木大拙的第一本书《大乘起信论》的英译本。①

1909 年，铃木大拙返回日本。他与卡鲁斯合作了 12 年，这期间，他完成大量的论文、译作和书评，对佛教（尤其是禅宗）在西方世界的传播做出了无人可以比肩的贡献。可以说，在相当长的一段时间里，西方人所知道的禅就是铃木大拙所传的日本临济禅。

20 世纪 20 年代，铃木大拙写了很多佛教尤其是禅宗方面的著作。1927 年，《禅宗论集》（*Essays in Zen Buddhism*②）第一版在英国出版，该书很快有了第二版和第三版。铃木大拙在英国的声望得以确立。1936 年，铃木大拙从日本前往英国出席世界信仰大会（The World Congress of Faiths）。

（二）释宗演

1905 年 6 月，释宗演应亚力山大·拉塞尔（Alexander Russel）之请来到旧金山。拉塞尔是一名富商，他的夫人对东方宗教包括佛教兴趣浓厚。之前，拉塞尔夫妇在日本圆觉寺拜见过释宗演，拉塞尔夫人请释宗演给家人传禅。她成了第一个参究公案的美国人。除了释宗演，当时绝大多数日本禅师认为美国人不可能理解禅宗，所以对在西方国家传禅没有兴趣。

释宗演不定期地为拉塞尔夫人的朋友们做讲座，担任翻译的是铃木大拙，讲座的主要内容是《四十二章经》。此外，释宗演还在旧金山净土真宗的北美佛教传教团、弗里斯诺、萨克拉门托、圣荷塞和奥克兰（Oakland）为日本移民做讲演。1905 年 9 月，释宗演和铃木大拙到洛杉矶为上千名日本人和美国人举行讲座。

释宗演讲座的主要目的是纠正西方人对佛教的误解。当时西方人普遍认为，佛教是消极的，涅槃就是一种毁灭。释宗演说，西方人只看到涅槃消极的方面，而没有看到积极的方面。他明确指出，西方学者将小乘佛教视为全部佛教是错误的。可以说，释宗演的努力对包括美国人在内的西方人正确理解佛教非常有意义。不过，虽然身为禅师，释宗演却并未在公开场合谈到禅修，或许他觉得向普通美国民众传播禅宗思想的机缘未到。

---

① ［日］秋月龙珉：《铃木大拙的生平与思想》，邱祖明译，台北：天华出版事业股份有限公司 1979 年版，第 2—22 页。

② Suzuki, Daisetz Teitaro, *Essays in Zen Buddhism*. London：Luzac and Co. , 1933.

1906 年，释宗演回到日本。1919 年 11 月，释宗演圆寂。

（三）千崎如幻

千崎如幻（Nyogen Senzaki，1876—1958）是早期在美国传播临济宗的重要禅师之一。1876 年，他出生在西伯利亚，年幼时成为孤儿，被人收养。五岁时，一名禅师开始教千崎如幻佛教。他在 18 岁时读完汉文大藏经。他既学习曹洞宗，也学习真言宗、律宗的内容。1896 年，千崎如幻来到圆觉寺，跟随释宗演学习临济禅。在该寺五年的参学期间，他不断地参究公案，但不得要领。

1905 年，千崎如幻跟随释宗演来到美国。他在旧金山艰难地生存着，从事不同的职业。释宗演让他 17 年中不要传播佛教。千崎如幻遵从师父的训诫，意志坚强的他等待着时机。

1922 年，在美国生活 17 年后，千崎如幻开始传播佛教。只要有了钱，他就租一间房子宣讲佛法，有时，他前往朋友家里弘扬佛教。千崎如幻将这些场所称为"流动禅堂"。

1931 年，千崎如幻从旧金山来到洛杉矶，他在晚上轮流教日本人和美国人坐禅。千崎如幻建起了一个禅堂，它有两个名字：英文名字是"Mentorgarten Meditation Hall"，可译为"曼陀伽顿禅堂"；日文名字是"Tosen-zenkutsu"，可译为"东方佛法禅堂"。

曼陀伽顿禅堂与日本本土的禅宗组织没有联系，因为千崎如幻鄙视它们。他说，大部分日本禅师抽烟、逐利、不独身。他说："我不知道现在的日本佛教徒信仰什么，但我的确知道：在缅甸、锡兰、中国或美国，那些理解佛教的人不会把不遵循僧人生活方式的任何人视为僧人，无论他的头衔是住持、管长或贯首。真正的佛教徒认为，这些头衔不过是商业标签。"[①]

在千崎如幻看来，如果大部分僧人是商人，那么大部分寺院不过是"僧人们各自宗派的办公室，这就如同连锁商店"[②]。日本一所禅寺的住持到洛杉矶拜访千崎如幻后，认为他不具备剃度美国人的资格，因为他没有从日本政府那里得到任命书。千崎如幻反驳道："为什么不免除中间人如

---

① Fields，Rick，*How the Swans Came to the Lake：A Narrative History of Buddhism in America*. 2nd revised and updated ed.，Boston：Shambhala Publications，Inc.，1986，p. 182.

② Ibid..

住持、管长而直接与佛陀接洽呢？剃度一个佛教徒并不在任何宗派的控制之下。法腊达到 10 年的僧人就有权剃度他人，不管他属于什么宗派。"①

千崎如幻远离日本僧人之间的宗派之争。他每年带领弟子们朝拜洛杉矶的日本各佛教宗派建立的佛寺一次。此外，他教弟子们俳句、茶道等日本传统文化和艺术。

1934 年秋，千崎如幻与远在日本的年轻禅师中川宋渊（Soen Nakagawa，1907—1984）建立了通信联系。

（四）释宗活

1906 年 9 月，今北洪川禅师、释宗演的弟子释宗活（Sokatsu Shaku，1870—1954）和六个弟子来到旧金山。释宗活曾在圆觉寺修行 10 年，他在 29 岁完成禅修。随后，释宗活在日本四处云游，后来又去了缅甸、锡兰和印度。当他回到日本时，释宗演要求他复兴已经解散多年的"两忘禅协会"。三年后，释宗活在东京郊外将一座农舍改造成小寺庙。他的信徒只有十几名，主要是学生、艺术家等。不过，引人注目的是弟子中有女性，而这在日本禅宗界是从未有过的。

到美国后，释宗活在加州海瓦德（Hayward）买下一块荒地，僧团晴天在农田劳作，雨天坐禅。

不久，两忘禅协会在美国的第一个分会在旧金山萨特街（Sutter Street）成立，后来迁到吉尔里（Geary）。参加聚会的有大约 50 名日本人还有几名美国人。

1908 年，释宗活回到日本。1909 年，他再次来到旧金山。1910 年，释宗活回到日本，再也没有来美国。他的五名弟子跟随他回国，除了一个名叫佐佐木指月的信徒。

（五）佐佐木指月（曹溪庵）

佐佐木指月（Shigetsu Sasaki，1882—1945）法名曹溪庵（Sokei-an），他是一名艺术家。1882 年，佐佐木指月出生于日本。15 岁时，他就修缮寺院中的雕像。他用赚来的钱作路费，参访各地的寺院。在大学学习艺术期间，他开始跟随释宗活习禅。

1906 年，曹溪庵跟随释宗活来到美国。不久，对农场劳作持异议的

---

① Fields, Rick, *How the Swans Came to the Lake: A Narrative History of Buddhism in America.* 2nd revised and updated ed. , Boston: Shambhala Publications, Inc. , 1986, p. 182.

他离开僧团，返回旧金山，学习绘画。他同时从事修补艺术品的工作，并且在日本和美国之间奔波。后来，他回到日本，专心致志跟随释宗活修行。1928年，曹溪庵终于完成禅修，并得到释宗活的印可。释宗活允许他带徒传法，并让他返回美国。

曹溪庵获得了传授禅法的资格，但并没有成为正式的禅师。他认为俗人可以习禅，但并不适合将禅法弘传给后人；他还认为，俗人身份并不利于自己在美国传播禅法，可是释宗活只是想让他维持两忘禅协会在美国的组织。曹溪庵坚持要当禅师，释宗活拒绝了他，于是曹溪庵自己剃发，穿上僧袍，请一名禅师任命了他。释宗活非常生气，师徒二人从此闹翻。

该如何看待这场争执呢？显然，我们不能将曹溪庵的要求看作是他爱慕虚荣的表现。他想成为禅师的目的是便于在美国弘法，这种要求有其合理性，他的考虑不无道理，并无大错。而释宗活坚持法脉传承的制度和标准，坚持禅师的任职资格，体现了他的严谨、认真态度，当然也不能算错。问题的实质在于：到文化全然不同的美国传播佛教是应该秉承日本固有的佛教传统，还是应该做一定程度的灵活处置？释宗活和曹溪庵从不同的立场和角度看待这一问题，得出了相反的结论。他们都没有错。这充分说明：佛教传播到以基督宗教文化为核心的西方国家的历程绝对不是一帆风顺的，而是经过了诸多的曲折和坎坷。到西方弘法的佛教徒往往也要克服重重困难，甚至经历痛苦的过程。

回到纽约后，1931年5月，曹溪庵与几个人建立"美国佛教社"（Buddhist Society of America），聚会的地点是他在纽约的住所。曹溪庵教弟子们坐禅、参究公案。他的弟子不多，到1938年才达到30名。不过，他并不急于求成。

（六）德怀特·戈达德

德怀特·戈达德（Dwight Goddard，1861—1939）是美国作家和公理会传教士。1861年，他出生在马萨诸塞州。1891年，戈达德进入哈特福特神学院（Hartford Theological Seminary）学习。三年后，他顺利毕业。随后，他被派往中国传教。在中国生活期间，他参观了许多佛教寺院。20世纪20年代，他几次到中国，主要在南京一座寺庙里生活。1928年，他在日本认识铃木大拙。他在京都相国寺（Sho-ko-kuji）修行半年多，山崎大阁（Taiko Yamazaki，1876—1976）禅师破格接纳他为新信徒。

1930年，戈达德在美国弗蒙特州出版《禅，一本自我实现的杂志》

（*ZEN，A Magazine of Self-Realization*），它后来更名为《一本佛教杂志》（*A Buddhist Magazine*）。1932 年，戈达德出版佛经选集——《佛教圣经》（*The Buddhist Bible*）。这本书汇集了中国禅宗、日本禅宗及藏传佛教噶举派经典中的一些内容。作为戈达德最有影响的一本书，它的出版受到广泛的好评，以后多次再版。最近的一版于 1995 年面世，金刚僧伽（Diamond Sangha）的创始人罗伯特·贝克尔·艾特肯（Robert Baker Aitken，1917—2010）为它撰写了导言。该书吸引了很多西方人去了解、认识佛教。60 年代"垮掉的一代"的重要作家杰克·凯鲁亚克（Jack Kerouac）就视其为自己最喜欢的亚洲佛教典籍。

戈达德还与一名中国比丘翻译、编辑了《心经》、《首楞严经》、《金刚经》和《楞伽经》等大乘佛教经典。他的主要著作还有《精神领域的好消息》（*The Good News of A Spiritual Realm*①，1916）、《耶稣受到佛教的影响了吗？》（*Was Jesus Influenced by Buddhism?* 1927）、《佛陀的金色道路》（*The Buddha's Golden Path*，1930）等。

戈达德不仅研究佛教，而且积极实践。他认为，像千崎如幻、曹溪庵那样向俗人传播禅法不对，因为很少有学生会出家，而且他们一周只修行两三个小时，其他时间都在忙世俗的事情。② 1934 年，戈达德建立"佛陀的追随者"（Followers of Buddha），旨在创立一种具有美国特色的出家模式。佛陀的追随者中既有独身的出家者，也有世俗的成员，世俗成员为出家者提供物质支持，出家者为世俗成员提供精神帮助。该组织不鼓励女性参加。

佛陀的追随者很快夭折。最主要的原因是戈达德倡导的严格的出家方式与美国人的个性及生活方式等大相径庭。此外，该组织并没有请到一名禅师来做住持。

戈达德尝试建立具有美国特色的僧伽的努力值得肯定，尽管这种尝试以失败告终，但它为后来者提供了有价值的经验和教训。这同样说明佛教在美国的本土化必将是一个漫长的历史过程，绝对不可能"毕其功于一

---

① Goddard, Dwight, *The Good News of A Spiritual Realm*. New York: Chicago [etc.] Fleming H. Revell company, 1916.

② Fields, Rick, *How the Swans Came to the Lake: A Narrative History of Buddhism in America*. 2ⁿᵈ revised and updated ed. , Boston: Shambhala Publications, Inc. , 1986, pp. 184 – 185.

役"。

（七）沃茨和露丝·福勒·艾弗雷特

沃茨，1915 年生于英国。他在小时候接触到东方文化。少年时期，他读到汉弗瑞写的一本关于佛教的小册子。汉弗瑞当时是伦敦佛教支部的负责人。

沃茨给汉弗瑞写信。1931 年，16 岁的沃茨来到伦敦，见到汉弗瑞本人，而且阅读了铃木大拙、勃拉瓦茨基、戈达德等人的书籍。他参加编辑伦敦佛教支部的刊物——《佛教在英国》（*Buddhism in England*），后来该刊更名为《中道》（*The Middle Way*）。

1936 年，沃茨认识了爱丽诺尔·艾弗雷特（Eleanor Everett）。爱丽诺尔的母亲是露丝·福勒·艾弗雷特（Ruth Fuller Everett，1892—1967）。

1930 年，露丝在日本结识铃木大拙。铃木大拙送给她第二版《禅宗论集》，还教她坐禅的基本方法。1932 年，露丝再次来到日本，铃木大拙介绍她到京都南禅寺（Nanzenji）习禅。她在那里生活了三个多月。

1938 年，沃茨与爱丽诺尔在英国结婚。随后，沃茨夫妇和露丝来到纽约。露丝很快成为曹溪庵的组织——美国佛教社的主要支持者之一。她还成为组织的刊物——《猫的呵欠》（*Cat's Yawn*）的编辑。

1940 年，露丝的丈夫去世。在纽约，露丝努力与曹溪庵翻译《圆觉经》。他们成为密友。

1941 年，为了生计，沃茨加入美国圣公会，成为一名传教士。不过，他并不认为自己放弃佛教而改信了基督宗教。

二　禅宗（曹洞宗）

1903 年，日本曹洞宗本山派遣河原仙英（Senyei Kawahara）到夏威夷，他首先来到瓦胡岛。1904 年，又有 3 名曹洞宗传法师来到夏威夷，他们在 4 个主要岛屿上弘法。曹洞宗寺院在卡瓦依岛、毛依岛上也相继建立。1905 年，大光寺（Taiyoji）在瓦胡岛的外帕呼（Waipahu）建立。1910 年，劳工光永良悟（Mitsunaga）在檀香山建起一座小庙——药师堂（Yakushido）。1912 年，他的妻子将药师堂捐给曹洞宗。

1913 年，曹洞宗本山派遣矶部峰仙（Hosen Isobe）来到夏威夷，以建立曹洞宗别院，他将药师堂作为临时别院。1914 年，矶部峰仙在檀香山建起一座寺院。1916 年，他在夏威夷岛西部建起另一座寺院。同年，矶部峰仙被日本曹洞宗本山任命为夏威夷曹洞宗住持，他被称为"北美曹洞宗第一位传法者"。1919 年，矶部峰仙建起一座别院。1922 年，矶部峰仙前往美国大陆传法，并于同年在洛杉矶建立禅宗寺（Zenshuji）。1934 年，他在旧金山建起旧金山寺，又名"曹洞禅传教会"（Soto Zen Mission）。

矶部峰仙离开夏威夷后，驹形善教（Zenkys Komagata）成为当地曹洞宗住持。他对矶部峰仙所建的别院不太满意。1934 年，驹形善教在日本驻夏威夷总领事馆附近购买了一栋建筑物，为将来修建新的别院做准备。①

三　净土真宗

净土真宗的东、西本愿寺派对在美国传法方面采取了稳打稳扎的方式，逐步取得进展。

（一）西本愿寺派

1900 年，一座新的净土真宗寺院——初愿寺（Original Vow）在檀香山建成。

1900 年，能力出众的今村惠猛成为福德街寺院的第二任住持。1901 年，他邀请奥尔科特到夏威夷讲学，并成功举办亲鸾大师的庆典。1906 年，他将福德街的寺院变成西本愿寺派夏威夷别院。到 1932 年卸任时，他在夏威夷建立了 30 多所寺院及附属的日语学校，对西本愿寺派在夏威夷扎根、发展立下了汗马功劳。

1932 年，足利瑞益（Zuigi Ashikaga）成为第三任住持。他创立空中"本愿寺讲座"，促进教团之间的合作。

1935 年，口羽义教（Gikyo Kuchiba）成为第四任住持。②

而在美国本土，日本净土真宗也在缓慢而稳步的发展中。1914 年，以园田宗惠等人的传法成就为基础，净土真宗在旧金山建立"北美佛教传教团"（Buddhist Mission of North America）。

（二）东本愿寺派

东本愿寺派在美国的发展远远不及西本愿寺派。美国大陆最早的东本

---

① 郑金德：《欧美的佛教》，台北：天华出版事业股份有限公司 1984 年版，第 205—206 页。

② 同上书，第 198 页。

愿寺是洛杉矶的"东本愿寺洛杉矶别院"，它成立于 1904 年，开创者是泉田准城（Junjo Izumida）。第二任住持是泉原宽海（Kankai Izuhara），第三任住持是伊东抱龙（Horyu Ito）。

东本愿寺派在芝加哥、伯克利也有独立的别院。这些寺院定期举行佛教仪式，并且设有英语佛学研究班、日语班等组织。

1901 年，东本愿寺传教会（Higashi Hongwanji Mission）在夏威夷考爱岛建起第一座寺院。1916 年，东本愿寺本山派遣土井信晓（Shinkyo Doi）到夏威夷弘法。同年，他在檀香山设立一所临时别院，并得到本山的认可。

1918 年，泉原宽海来到夏威夷，帮助土井信晓。

1919 年，土井信晓回国后，泉原宽海继续弘法。1921 年，他建立一座寺院。1922 年，位于希洛的该寺被本山认可为"东本愿寺夏威夷别院"，泉原宽海被正式任命为第一任住持。

1922 年、1924 年及 1933 年，东本愿寺派在瓦胡岛上分别建立了三座寺庙。①

四　其他宗派

日本佛教的其他宗派也积极向美国传播。在本山的支持下，佛教信徒很快成立团体，修造寺院，为日裔移民提供宗教信仰方面的服务。

（一）净土宗

1903 年，清水信顺（Shinjun Shimizu）被日本净土宗本山任命为夏威夷净土宗总监以及哈马库阿佛教教堂第一任住持。1905 年，伊藤圆净（Enjo Ito）在瓦胡岛传法。净土宗在夏威夷的第二座寺院随之建立。1907 年，净土宗在夏威夷的总部从夏威夷岛迁到瓦胡岛。1909 年，清水信顺回到日本，伊藤圆净成为第二任住持。

1917 年，久我慈光（Jiko Kuya）成为第三任住持。

1927 年，福田阐正（Sensho Fukuda）成为第六任住持。②

到 20 世纪 80 年代中期，净土宗在夏威夷各岛有 17 座寺院，有 2000 多名会员，设有八所日语学校和一所日语女校，还有妇女会、青年会、主

---

①　郑金德：《欧美的佛教》，台北：天华出版事业股份有限公司 1984 年版，第 201 页。

②　同上书，第 204—205 页。

日学校、童子军部和柔道俱乐部等组织。

在美国本土，1936 年，野崎灵海（Reikai Nozaki）在洛杉矶创建了一座净土宗寺院。第二任住持是河合了胜（Satoru Ryosho Kawai）。[①]

（二）日莲宗

1902 年 5 月，高木行运在夏威夷岛创立"日莲宗教会堂"（Nichiren Kyokoi-do），这是日本日莲宗在夏威夷建立的第一座寺院。1912 年，高木行运在檀香山建立"檀香山传教院"，它成为日莲宗在夏威夷的总部。

1917 年，高木行运在檀香山新建一座寺院，它后来成为夏威夷日莲宗别院。

1919 年，高木行运回到日本，布目潮清（Chosei Nunome）成为第二任住持。1922 年，他在毛依岛建立了一座寺院。

第四任住持末藤办孝（Benko Sueto）设立了一座佛教青年会会馆及日语学校（立正学园）。

1941 年日本偷袭珍珠港前，望月恒龙（Kanryu Mochizuki）成为第七任住持。[②]

到 20 世纪 80 年代中期，日莲宗在夏威夷有五座寺院，家庭会员有600 多人，设有妇女会、主日学校、青年佛教会等。

1914 年，旭宽成在美国本土建立日莲宗道场。1915 年，冲原龙进在西雅图建立日莲宗道场。他以此为基地，将日莲宗向北扩展到加拿大，向南延伸到旧金山。1932 年，池田顺教在萨克拉门托建立道场。日莲宗在美国大陆的总部设在萨克拉门托。到 20 世纪 80 年代中期，日莲宗在美国本土有 10 座寺院，它们分别位于萨克拉门托、阿拉斯加州的安克瑞奇（Anchorage）、西雅图、俄勒冈州的波特兰（Portland）、旧金山、洛杉矶、犹他州的盐湖城（Salt Lake City）、圣荷塞、加迪纳（Gardena）和芝加哥。另有一座寺院在加拿大的多伦多。[③]

（三）真言宗

来到夏威夷的日本移民中有真言宗的信徒。他们在夏威夷开始宗教活

---

① 郑金德：《欧美的佛教》，台北：天华出版事业股份有限公司 1984 年版，第 115—116页。

② 同上书，第 210—211 页。

③ 同上书，第 116—117 页。

动，但是由于没有法师，外界对他们的活动产生了怀疑。信徒请求日本真言宗本山派法师来主持夏威夷真言宗的活动与管理。

1914 年，高野山真言宗（Ko-yasan Shingon-shu）本山派关荣觉（Eikakw Seki）到夏威夷主持真言宗事宜。同年，关荣觉创立了一个临时传教所。1917 年 12 月，他在檀香山谢立坦街（Sheridan Street）建立"真言宗夏威夷别院"，作为夏威夷真言宗的总部。后来，关荣觉返回日本。1920 年，龟山弘应（Koo Kameyama）来到夏威夷，成为第二任住持。到 20 世纪 80 年代中期，夏威夷各岛上，真言宗寺院有 30 座，信徒 1 万多人。①

美国本土的真言宗总部是 1931 年由青山秀泰（Shutai Aoyama）创立的"高野山美国别院"。它原名"高野山大师教会"，后改为现名。该寺院的附属机构分别位于南加州的港市（Harbor City）、萨克拉门托、波特兰、西雅图、芝加哥和科罗拉多州的丹佛（Danver）。②

（四）华严宗

1941 年，华严宗（Kegon）本山的尼师平井辰升（Tatsusho Hirai）来到夏威夷檀香山，成立"东大寺夏威夷别格本山"（Todaiji Hawaii Bekkaku Honzan）。平井辰升，日本熊本县人，早年受母亲的影响而信仰佛教。③

五　太平洋战争期间的日本佛教

1941 年 12 月 7 日，日军突然袭击美国在夏威夷瓦胡岛上的海军基地珍珠港，太平洋战争爆发。不久，美国国内传言四起，说夏威夷的日裔美国人为日本军队充当间谍，为日军搜集情报，这才导致珍珠港被偷袭。联邦调查局认为，神道教徒和佛教徒效忠日本天皇，所以将这两类人首先挑选出来进行关押。1942 年 2 月，罗斯福总统签署命令，将美国西海岸的所有日裔美国人迁到怀俄明州、犹他州、阿肯色州、爱达荷州、科罗拉多州等地的集中营关押。

①　郑金德：《欧美的佛教》，台北：天华出版事业股份有限公司 1984 年版，第 209—210 页。
②　同上书，第 117—118 页。
③　同上书，第 213 页。

1942 年 3 月，美国政府设立"战争重新安置局"负责管理被关押的日本人。根据该局的调查，在押日本人中，佛教信仰者的比例高达 68%。[①]

到 1943 年，11 万日裔美国人被关进集中营。千崎如幻被关在怀俄明州，他带着 10 多个人禅修，而且用通信的方式指导集中营外的 20 多名美国学生修行。

1942 年 7 月，曹溪庵被关进集中营。露丝托关系使他免于牢狱之灾。他们于 1944 年结婚，露丝成为佐佐木夫人。1945 年，曹溪庵将美国佛教社改名为"美国第一禅研究所"（First Zen Institute of America）。同年 5 月，曹溪庵去世，没有指定法嗣。他临终前嘱咐妻子：第一，从日本找到一名禅师来替代他；第二，完成他未竟的《临济录》（Rinzai-roku）的翻译。[②]

战争结束后，4 万多日裔美国人在中部的科罗拉多等州重新安置。回到西海岸的人发现，原来的聚居区已经被别人占据。日裔美国人遭受了巨大的经济损失。千崎如幻回到洛杉矶，无家可归，只得暂住学生家。

战争期间，净土真宗"北美佛教传教团"被美国政府取缔。1944 年，该机构改名为"美国佛教教会"（Buddhist Churches of America）。

但是在夏威夷，日裔美国人没有被关入集中营。其实，罗斯福总统在颁布命令前曾要求夏威夷总督关押当地的所有日裔美国人，但遭到了拒绝。原因在于：夏威夷的日裔美国人有 15.8 万，约占该准州总人口的37%。[③] 若采取关押措施，社会成本太高，而且这项要求遭到夏威夷各界人士的一致反对。夏威夷采取的措施是有针对性地关押"危险分子"。而在美国本土西海岸的 12 万左右日裔人有近 80% 居住在加州，收容起来要容易得多。

有学者认为，在美国大陆被关押的日裔美国人是罗斯福政府制造的民族大"冤案"。[④] 这种观点虽然不能说错误，但还是有点过头。笔者倒认

---

①　董小川：《现代欧美国家宗教多元化的历史与现实》，上海三联书店 2008 年版，第 232 页。

②　Fields, Rick, *How the Swans Came to the Lake: A Narrative History of Buddhism in America.* 2nd revised and updated ed., Boston: Shambhala Publications, Inc., 1986, pp. 191 – 192.

③　梁茂信：《美国移民政策研究》，东北师范大学出版社 1996 年版，第 157 页。

④　同上书，第 159 页。

为，对罗斯福总统的措施要客观地分析与评价。第一，这是战争期间的非常手段，防止来自敌对国家的威胁是有必要的。第二，战争期间关押敌对国的公民、侨民是普遍的做法。"二战"期间，日本政府也关押过美国公民和侨民。第三，美国政府对日本佛教团体高度戒备完全有道理。在日本近代，"从整体上讲佛教各宗在'护国'、'护法'的口号下追随天皇制国家政权，竭力为其内外政策服务"①。日本全面侵华战争开始后，佛教各宗的联合组织——佛教联合会"决议向国民灌输'振兴举国一致的精神，赤诚报国'，又决议每月 15 日僧人托钵化缘。在佛教各宗本山设有从事'恤兵'事务的专门机关，根据佛教联合会的安排，筹集国防资金、慰问品，组织慰问军人家属，向战地派随军僧等"②。净土真宗、曹洞宗、净土宗、日莲宗等宗派跟随日本军队的侵略步伐，在占领区积极传教，设立寺院、布教所等，从宗教上、思想上为日本的殖民统治服务。太平洋战争爆发后不久，美国政府首先甄别、关押日本神道教徒和佛教徒不是没有理由的。此外，1988 年，里根政府向"二战"期间受害的日裔美国人及其亲属道歉并进行了赔偿。

1941 年珍珠港事件发生后，夏威夷的日本学校被关闭，并被改成慈善机构。寺院被占领，传教师（法师）及日语教师大多被遣送到美国大陆的"战时拘留所"监禁。"二战"后，寺院归还，传教师及教师被释放。夏威夷西本愿寺派的 50 名传法师只有 27 名返回了夏威夷。③

第七节　"二战"后日本佛教的发展

日本移民原本集中在西海岸，"二战"期间，他们被集中关押在美国中西部和东部的战争安置中心。结果，"二战"后，日本佛教扩展到中西部和东部地区。

一　禅宗（临济宗）

"二战"后，临济宗在美国依然保持着旺盛的传播势头。铃木大拙等

---

① 杨曾文：《日本佛教史》，人民出版社 2008 年版，第 589 页。
② 同上书，第 594—595 页。
③ 郑金德：《欧美的佛教》，台北：天华出版事业股份有限公司 1984 年版，第 195、198—199 页。

人继续以不同的方式弘法，而艾特肯为临济禅法的美国化进行了不懈的努力，并取得了很大的进展。

（一）铃木大拙

"二战"期间，铃木大拙闭门研究学术。1947 年 3 月，卡普勒来到圆觉寺拜访铃木大拙。1949 年，铃木大拙到檀香山参加第二届东方—西方哲学家大会（Second East-West Philosopher's Conference）。他在夏威夷大学（University of Hawaii）任教一年。1950 年，铃木大拙在加州帕萨迪纳（Pasadena）的克莱尔蒙特研究生院（Claremont Graduate School）任教一年。随后，他来到纽约，在哥伦比亚大学开办一系列学术研修班，讲座的内容包括《华严经》、禅宗等，这播下了美国 20 世纪 50 年代末禅宗兴旺的种子。听课的人有心理学家、心理治疗师，如弗洛姆等，也有艺术家和商人等。

在知识分子中，先锋派作曲家约翰·凯奇（John Cage，1912—1992）受到了铃木大拙巨大的影响。他参加铃木大拙的研修班达两年之久，通过学习佛教禅宗和东方哲学，凯奇认为，"创造音乐的一切活动都应视为单一自然过程的一部分"。"他把各种声音（包括十足的噪声）都看作潜在的乐音，鼓励听众注意所有音响现象，而不是只注意作曲家选定的那些要素。为了这一目的，他在音乐中建立了'非决定论原则'。"[1] 为了确保随机性，他的作品中，演奏者的人数不确定，乐器的种类和数量不确定，曲谱不精确，乐曲的长短不确定，乐曲的进程靠掷骰子、抛硬币等随机决定。例如，在《奏鸣曲和间奏曲》（1946—1948）中，演奏时在钢琴琴弦中加橡皮、铁钉等以改变乐器的音色；在《4 分 33 秒》（1952）中，表演者在台上完全保持沉默达 4 分 33 秒。这与人们熟悉的所谓乐曲以及对乐曲的看法大相径庭。传统的音乐观念是，乐曲是作曲者个人创作的产物，体现了作曲者的创作能力、价值取向、审美意识、个人风格等。听众借助演奏者的演奏，依据自己对作品的理解与把握，获得艺术体验和审美愉悦。但是，我们能看到，在这一过程中，演奏者与听众显然只是单向的交流，即演奏者演奏，听众接受，听众无法主动进行反馈。而在《4 分 33 秒》中，演奏者不弹一个音。凯奇用这种方式"逼迫"听众自己去"创

---

[1]　中国大百科全书出版社《不列颠百科全书》国际中文版编辑部编译：《不列颠百科全书》第 3 册，中国大百科全书出版社 2007 年版，第 322 页。

作"乐曲，让他们本人去感悟、体验什么是音乐，充分发挥其自身的主动性和主体性。显然，凯奇打破了传统音乐中演奏者与听众的界限，他在此深受禅宗"明心见性"思想的启发。听众对《4 分 33 秒》这类作品的最初反应是不耐烦和惊讶，不过，这些作品却引起了他们的深思。凯奇颠覆了传统音乐。他的创新性作品和离经叛道的见解对 20 世纪中期的音乐产生了深刻的影响。1968 年，凯奇成为美国国家艺术与文学院院士。

1953 年，铃木大拙来到纽约。已经成为名人的他出版了越来越多的书，有些针对专业学者，但大部分作品是为普通读者写的散文。他的笔调随意而幽默，广受欢迎。

一方面，铃木大拙强调禅具有超越时空的普遍性，另一方面，他又从神秘主义的角度来看待禅，强调开悟的非理性、直觉性、瞬间性、权威性等特点。

到 20 世纪 50 年代末，禅的观念在美国已经家喻户晓，以至于禅竟然成为一种时尚。

1957 年，禅佛教和心理分析大会（Conference of Zen Buddhism and Psychoanalysis）在墨西哥召开，铃木大拙向几十名心理学家、精神分析学专家做了报告。后来，这次大会的论文被编辑为《禅宗与精神分析》并出版。[①]

1957 年 6 月，铃木大拙从哥伦比亚大学退休。几个月后，他到马萨诸塞州的剑桥（Cambridge）进行研究。1959 年，哈佛神学院（Harvard Divinity School）的一些学生成立"剑桥佛教协会"（Cambridge Buddhist Association），铃木大拙出任会长，有时给学生们做讲座。

1966 年，铃木大拙在日本镰仓去世，享年 96 岁。

（二）千崎如幻

1945 年，从集中营回来后，千崎如幻在西海岸自己租住的旅馆公寓里设置禅修中心。星期天会有很多日本人来到这里诵经，在其他时间，他教美国学生修行。

1949 年，中川宋渊来到旧金山。通信了 15 年的两名精神挚友终于见面了，这对千崎如幻和他的禅修中心来说具有重大的意义。

---

① Fields, Rick, *How the Swans Came to the Lake: A Narrative History of Buddhism in America.* 2nd revised and updated ed., Boston: Shambhala Publications, Inc., 1986, p. 205.

1955 年，千崎如幻回到日本。他大部分时间待在龙泽寺（Ryutaku-ji）。1958 年 5 月，千崎如幻在洛杉矶圆寂。

中川宋渊出席了千崎如幻的葬礼，随后，他领导了两次纪念性的闭关。后来，中川宋渊和其他禅师一起成立了"洛杉矶加州菩提会"（California Bosatsukai of Los Angeles）。

（三）岛野荣道

岛野荣道（Eido Tai Shimano，1932—　）生于一个武士家庭，九岁学习《心经》。1955 年，千崎如幻在龙泽寺修行时，年轻的岛野荣道认识了他。借助与中川宋渊的深厚友谊，千崎如幻让自己的美国弟子到龙泽寺修行，粗通英语的岛野荣道承担了向美国信徒介绍寺院生活的任务。他记得，自己对美国弟子的要求以及"东方和西方、寺院生活和俗人生活"的巨大差异"不断感到吃惊"[1]。

1963 年底，听从中川宋渊赴美建议的岛野荣道来到纽约。他与美国佛教院的坐禅者接触，该组织的创始人关法善（Hozen Seki）希望将净土真宗的思想传播给日本人以外的其他人。关法善和曹溪庵、铃木大拙都有联系，关法善对岛野荣道的到来感到欣慰，而岛野荣道在美国的传法也得到了关法善的帮助。

美国佛教院的修行者成为岛野荣道的信徒，他们的修行场所搬到岛野荣道的公寓。岛野荣道想把该团体变成合法的、免税的组织，他想到了"纽约禅宗研究社"（Zen Studies Society of New York）。它是科尔内留斯·克兰在 1956 年建立的，目的是鼓励铃木大拙的工作。1962 年克兰去世，铃木大拙回了日本，该组织名存实亡。不过，它仍是一个合法的空壳，岛野荣道接管了它。[2] 此外，他还主持"国际大菩萨禅堂"（International Dai Bosatsu Zendo），它们与中川宋渊和安谷白云（Hakuun Yasutami，1885—1973）禅师都保持着联系。

（四）艾特肯

罗伯特·艾特肯是 20 世纪 50 年代初千崎如幻最勤奋的学生之一。1917 年，他生于美国费城。1922 年，艾特肯跟随父母来到夏威夷。"二

---

① Fields, Rick, *How the Swans Came to the Lake: A Narrative History of Buddhism in America.* 2nd revised and updated ed. , Boston: Shambhala Publications, Inc. , 1986, p. 217.

② Ibid. , p. 239.

战"中，他被日本人关进俘虏营。在这里，他读到英国人雷吉纳德·霍勒斯·布莱斯（Reginald Horace Blyth，1898—1964）刚出版的《英国文学和东方典籍中的禅》（*Zen in English Literature and Oriental Classics*①，1942）。该书现在有了中译本，书名译为《禅与英国文学》②。艾特肯迷上了这本书。凑巧的是，由于俘虏营合并，他竟然见到了布莱斯本人。

布莱斯是铃木大拙的弟子和朋友，他曾经在日本统治下的朝鲜的一所大学任教，同时跟随一名临济宗禅师习禅。1940 年，布莱斯和他的日裔妻子来到日本。太平洋战争爆发后，他被日本政府关押。

在押期间，艾特肯和布莱斯经常谈论禅宗、日本文化等内容。艾特肯决定战后找个老师，学习坐禅。

"二战"结束后，艾特肯回到夏威夷，写了《艺术大师》（*Master of Arts*）一书。书中有一篇题为《芭蕉的俳句和禅宗》（*Basho's Haiku and Zen*）的文章。30 岁的他完成了英国文学的学业，获得学士学位。

很快，艾特肯通过熟人的介绍找到千崎如幻。随后，他回到夏威夷，开始攻读日本文学方面的学位。1950 年，在铃木大拙的推荐下，艾特肯获得一个奖学金项目，前往日本学习一年。他先后在圆觉寺和龙泽寺修行。

后来，艾特肯回到夏威夷，在檀香山经营一家书店。1959 年，他在檀香山创立"金刚僧伽"，它是日本三宝教团（Sanbo Kyodan）的分支，秉承原田祖岳（Sogaku Harada，1871—1961）及安谷白云的禅法。三宝教团的创立者就是安谷白云。金刚僧伽有两个中心：一个在檀香山夏威夷大学附近，叫作坐禅窟（Koko An Zendo）；另一个在毛依岛东部，叫作"毛依禅堂"（Maui Zendo）。

1959 年，艾特肯创立坐禅窟，目的在于让坐禅者接受中川宋渊的指导。1962 年起，中川宋渊无法来夏威夷，安谷白云于是指导弟子们，直到他 1969 年退休。1969 年，艾特肯建立毛依岛禅堂。1971—1974 年，安谷白云的弟子山田耕云（Kouu Yamada，1907—1989）指导坐禅窟。1973 年，安谷白云任命山田耕云为三宝教团的领袖。1974 年，山田耕云授予

---

① Blyth, Reginald Horace, *Zen in English Literature and Oriental Classics*. Tokyo: Hokuseido Press, 1948.

② ［英］雷吉纳德·霍勒斯·布莱斯：《禅与英国文学》，徐进夫译，台北：幼狮文化事业公司 1988 年版。

艾特肯禅师资格。艾特肯还出版双月刊《盲驴》（*Blind Donkey*）。[①] 后来，他还出版《一名禅师的缩写》（*Miniatures of A Zen Master*[②]）一书。

1983 年，山田耕云授予艾特肯特权：他可以独立传承三宝教团的法脉。艾特肯这样做了。金刚僧伽正式从三宝教团分离，建立独自的传承法系。它的总部设在夏威夷，艾特肯是领导者。

金刚僧伽在美国的主要传法人除了艾特肯还有约瑟夫·波布罗禅师（Joseph Bobrow）、杰克·达菲禅师（Jack Duffy）、尼尔森·弗斯特禅师（Nelson Foster）、帕特里克·霍克禅师（Father Patrick Hawk）、达南·亨利（Danan Henry）助理传法师和丹尼尔·特拉格诺（Daniel Terragno）助理传法师。

金刚僧伽在美国的组织如表 6—1 所示。

表 6—1　　　　　　　　　　金刚僧伽在美国的组织[③]

州名	城市	组织名
夏威夷州	卡帕（Kapaa）	花园岛僧伽（Garden Island Sangha）
夏威夷州	檀香山（Honolulu）	檀香山金刚僧伽（Honolulu Diamond Sangha）
夏威夷州	普卡拉尼（Pukalani）	毛依禅堂（Maui Zendo）
加利福尼亚州	旧金山	港口僧伽（Harbor Sangha）
加利福尼亚州	北圣胡安（North San Juan）	骨环禅堂（Ring of Bone Zendo）
科罗拉多州（Colorado）	丹佛（Denver）	丹佛禅中心（Denver Zen Center）
德克萨斯州（Texas）	阿玛利罗（Amarillo）	空天僧伽（Empty Sky Sangha）
新墨西哥州（New Mexico）	圣塔菲（Santa Fe）	山云禅中心（Mountain Cloud Zen Center）
华盛顿州（Washington）	西雅图（Seattle）	三宝僧伽（Three Treasures Sangha）
亚利桑那州（Arizona）	图斯肯（Tuscon）	禅宗沙漠僧伽（Zen Desert Sangha）

---

① 郑金德：《欧美的佛教》，台北：天华出版事业股份有限公司 1984 年版，第 207—209 页。

② Aitken, Robert, *Miniatures of A Zen Master*. Berkeley, Calif.：Counterpoint, 2008.

③ Spuler, Michelle, *Developments in Australian Buddhism：Facets of the Diamond*. London and New York：RoutledgeCurzon, 2003, p. 14.

　　金刚僧伽独立后，逐渐成为一个有诸多分支机构的国际性组织，每个分会必须同意并遵守《关于金刚僧伽机构和功能的协议》（*Agreements Concerning the Structure and Function of the Diamond Sangha*），除此之外，每个分会都是独立的。随着时间的推移，金刚僧伽在多个国家建立了许多分会。

　　（五）佐佐木夫人

　　1949 年，佐佐木夫人回到京都，想完成丈夫曹溪庵未竟的事业。但是，要找到一名合格而且愿意去纽约的禅师难度很大；完成《临济录》的翻译，同样困难重重。佐佐木夫人在大德寺安顿下来，开始学习语言，参加坐禅。

　　在纽约，美国第一禅研究所的成员们在没有老师的情况下继续修行。1954 年冬，圆觉寺住持朝比奈宗源（Sogen Asahina，1891—1979）访问美国。在短暂的访问期间，他尽力帮助第一禅研究所，指导学生们修行。

　　1955 年，佐佐木夫人和三浦一舟（Isshu Miura）禅师来到纽约。三浦一舟举行八次讲座，讲解白隐慧鹤的公案。他的讲义在 1965 年出版，书名为《禅宗公案》（*The Zen Koan*）。后来，三浦一舟回到日本。

　　1956 年，大德寺同意佐佐木夫人在住房旁建立一个小禅堂。美国第一禅研究所在京都有了一个下属禅堂。佐佐木夫人鼓励西方学生们到日本来习禅，以便将真正的临济禅带回西方。1958 年，佐佐木夫人在大德寺成为禅师，不过，她没有剃发。

　　佐佐木夫人还延请日本、美国高校的学者组成团队，将基本的禅宗典籍、公案等翻译成英语。

　　20 世纪 60 年代，美国第一禅研究所的成员们继续依据曹溪庵的教导修行，负责人是玛丽·法卡斯（Mary Farkas，1911—1992）。三浦一舟禅师接受第一禅研究所的 10 个人作为自己的弟子。[①] 1967 年，佐佐木夫人去世。

　　（六）佐佐木承周

　　1962 年，临济宗禅师佐佐木承周（Joshu Sasaki，1907—　　）抵达洛杉矶。1966 年，他在洛杉矶建立西玛隆禅宗中心（Cimarron Zen Center）。

---

　　① Fields, Rick, *How the Swans Came to the Lake：A Narrative History of Buddhism in America*. 2nd revised and updated ed. , Boston：Shambhala Publications, Inc. , 1986, p. 243.

1971 年，他又建立一个禅宗中心。他住持的临济寺（Rinzai-ji）下辖位于圣伯拉蒂诺（San Bernardino）的巴尔迪山禅宗中心（Mt. Baldy Zen Center）以及位于拉佐拉（La Jolla）和雷东多海湾（Redondo Beach）的禅宗中心，它们都位于加州。后来，临济寺所属的禅宗中心扩展到加拿大温哥华和新西兰。[①]

二　禅宗（临济、曹洞混合型）

安谷白云和前角博雄的禅法结合了临济、曹洞两宗的修行法门。安谷白云的美国弟子卡普勒在禅宗美国化方面进行了大胆尝试和创新。

（一）安谷白云

安谷白云生于 1885 年。五岁时，他剃发出家。13 岁，他成为一座曹洞宗寺院的新信徒。后来，他当上教师。安谷白云跟随曹洞宗禅师修行，但他们不重视观心，安谷白云对此感到困惑。成为曹洞宗的全职僧人，被授权传播曹洞宗教法后，他对观心的疑惑依然存在，直到年已 39 岁的他遇到原田祖岳禅师。[②]

原田祖岳当时是日本佛教界具有创新精神的人物，他并不拘泥于自己所属的曹洞宗法系，而同时采用曹洞宗和临济宗的禅法。他摒弃曹洞宗的传统做法，反而为新修行者提供修行指导，而且平等地对待僧人和世俗信徒。

原田祖岳的禅法有自己的风格，非常重视初次观心。他在闭关之初给学生们进行介绍，以便让他们尽可能多地找到适当的习禅方法。

1925 年，安谷白云首次参加原田祖岳指导的闭关，两年后，他对观心的疑惑消失。1938 年，安谷白云完成公案学习。1943 年，他得到印可。[③] 随后，安谷白云全身心地向俗人传播禅法。1954 年，安谷白云禅师创立"三宝教团"（Sanbo Kyodan）。这一独立的世俗组织逐步壮大。

1962 年，安谷白云首次来到美国，在檀香山举办闭关，参加者有 20人。作为金刚僧伽常驻僧人的岛野荣道担任翻译和助手。[④] 安谷白云重视

---

① 郑金德：《欧美的佛教》，台北：天华出版事业股份有限公司 1984 年版，第 109 页。

② Fields, Rick, *How the Swans Came to the Lake: A Narrative History of Buddhism in America.* 2nd revised and updated ed., Boston: Shambhala Publications, Inc., 1986, pp. 233 – 234.

③ Ibid., p. 234.

④ Ibid., p. 232.

闭关，因为在他看来，闭关是体验观心的重要机会，而观心是真正禅修的开始。

随后，安谷白云在洛杉矶举行闭关。帮助他的除了岛野荣道，还有前角博雄（Hakuyu Taizan Maezumi）禅师。

1973 年 3 月，安谷白云去世，他在美国的工作由洛杉矶禅修中心的前角博雄继续。

（二）前角博雄

前角博雄是原田祖岳的徒弟，其父黑田梅庵白纯（Baian Hakujun Kuroda，1898—1978）是一座曹洞宗寺院的住持。前角博雄在 11 岁时出家，后来，他在驹泽大学（Komazawa University）学习东方哲学和日本文学，又在永平寺修习曹洞禅，并从父亲那里接受曹洞宗的传法。16 岁时，他接受临济禅师小坂光龙（Koryu Rosaka Roshi）的指导。

1956 年，前角博雄来到曹洞宗在美国的总部——洛杉矶禅宗寺修行，并跟随山田亚林（Reirin Yamada，1889—1979）学习道元的《正法眼藏》（*Shobogenzo*）。山田亚林当时是美国曹洞宗的掌门人。

1962 年，安谷白云抵达洛杉矶，前角博雄跟随他学习公案。1966 年，前角博雄创立"洛杉矶禅宗中心"（Zen Center of Los Angeles），绝大多数成员是美国白人。1970 年，前角禅师两次回日本，跟随安谷白云修行，并得到他的印可。1971 年，洛杉矶禅宗中心发行通讯。1976 年，该中心开始出版禅学书籍。1977 年，前角博雄将法嗣传给美国徒弟铁眼·伯拉德·格拉斯曼（Tetsugen Bernard Glassman，1939—　）。格拉斯曼是纽约人，加州大学数学博士，他从 1968 年起跟随前角博雄学禅。1978 年，"超越文化研究学院"（Institute of Transcultural Studies）成立。[①]

（三）卡普勒

安谷白云的徒弟中，影响最大的是卡普勒。1948 年，他在日本认识铃木大拙，开始学习禅宗哲学。1951 年，卡普勒在哥伦比亚大学参加铃木大拙的演座。1953 年，他前往日本。最初，他跟随中川宋渊习禅。接着，他拜发心寺（Hosshin Temple）的原田祖岳及安谷白云为师。后来，卡普勒剃度出家。1958 年，安谷白云授予他禅师资格。

---

① 郑金德：《欧美的佛教》，台北：天华出版事业股份有限公司 1984 年版，第 110—111 页。

1965 年，卡普勒在日本出版《禅门三柱》 （*The Three Pillars of Zen*①）。不久，该书在美国出版。它是第一本西方人根据自己的禅修经验而写出的书。该书明确提出坐禅的方法，认为即使没有禅师的指导，一个人也能禅修。它在西方社会中引起空前的反响。

卡普勒还著有《禅：西方的黎明》②（*Zen：Dawn in the West*③）、《生命的智慧》④（*The Zen of Living and Dying*）、《直入禅心》（*Straight to the Heart of Zen*）⑤、《死亡之轮》（*The Wheel of Death*⑥）等书。

1966 年，卡普勒回到美国，他的周围很快聚集了一批学生。同年，他在纽约州创立"罗彻斯特禅定中心"（Zen Meditation Center of Roches-ter）。

卡普勒认识到，在美国传播禅法必须以美国人熟悉的方式进行，否则很难成功。他于是开始全新的尝试：在禅堂用英语念经；禅修者的服装西方化，以便他们坐禅时更加舒适；给受戒的人用西式的法名；"让仪式、形态、礼拜与西方的传统一致"⑦。卡普勒的创新遭到安谷白云的强烈反对。1967 年，师徒分道扬镳。可见，禅宗在美国的本土化过程中伴随着痛苦，并非一帆风顺。不过，卡普勒已经下定决心这样做，以便让老师的禅法在美国扎根、成长。

卡普勒除了在禅定中心传授禅法外还在美国各大学讲授佛学。他的禅定中心有很多附属机构，遍布美国和加拿大。

三　禅宗（曹洞宗）

"二战"后，为曹洞宗在美国的传播做出最大贡献的当属铃木俊隆禅师。其他曹洞宗禅师也通过各种各样的形式和途径促进曹洞宗的发展。

（一）铃木俊隆

在美国传播日本曹洞宗禅法成就最大的禅师是铃木俊隆（Shunryu Su-

---

① Kapleau，Philip，*The Three Pillars of Zen*. Boston：Beacon Press，1967.

② ［美］卡普勒：《禅：西方的黎明》，徐进夫译，台北：志文出版社 1985 年版。

③ Kapleau，Philip. *Zen：Dawn in the West*. New York：Anchor Books，1989.

④ ［美］卡普勒：《生命的智慧》，杜默译，台北：双月书屋公司 1998 年版。

⑤ Kapleau，Philip，*Straight to the Heart of Zen*. Boston：Shambhala，2001.

⑥ Kapleau，Philip（ed.），*The Weel of Death*. London and New York：Routledge，2008.

⑦ Fields，Rick，*How the Swans Came to the Lake：A Narrative History of Buddhism in America*. 2nd revised and updated ed.，Boston：Shambhala Publications，Inc.，1986，p. 242.

zuki，1905—1971）。其父是曹洞宗僧人。铃木俊隆 13 岁时跟随父亲的一名弟子修行。大学毕业后，他在永平寺修行。"二战"期间，铃木俊隆反对日本发动的侵略战争，这在当时的日本佛教界可谓凤毛麟角。

1959 年 5 月，铃木俊隆接受曹洞宗本山的任命，到旧金山寺弘法三年。不过，他留在了美国。旧金山寺建成后相当长的时间里，只为日裔人服务，铃木俊隆的前任住持鸟羽濑法道（Hodo Tobase）和其侍者加藤一光（Kazumitsu Kato）来到后，该寺才出现美国人的身影。随着铃木俊隆的到来，到旧金山寺修行的美国人猛增。①

铃木俊隆传授坐禅，举行闭关。他强调日常坐禅和团体的重要性，很少提到开悟或观心。他还用英语讲解《碧岩录》（*The Blue Cliff Record*）和《法华经》等。

铃木俊隆建议，美国禅宗的戒律应该比日本禅宗的更多，因为他认为，美国人在美国坐禅比日本人在日本坐禅更困难。他将坐禅后磕头的数量从三个增加到九个，因为在他看来，磕头对美国人特别重要，因为美国文化中缺少对佛陀的尊敬形式。②

铃木俊隆敏锐地感受到西方文化与东方文化的巨大差异，在向美国白人传法过程中，他有意对佛教仪式进行了修改。这种做法虽然稍微增加了白人信徒的修行难度，但显然对以后的进一步弘法有裨益。可见，铃木俊隆的传法相当有针对性，这应该是他的弘法活动显著成功的原因之一。

随着铃木俊隆领导的"旧金山禅宗中心"（San Francisco Zen Center）不断发展，一些分支机构随之出现。它们由铃木俊隆的年长学生管理，在伯克利的禅堂由梅尔·魏茨曼（Mel Weitsman）负责，在米尔山谷（Mill Valley）的禅堂由孔威廉管理，在洛斯阿尔托斯（Los Altos）的"俳句禅堂"（Haiku Zendo）由玛丽隆·德比（Marion Derby）负责。

旧金山禅宗中心经营杂货店、面包点、刺绣店，自产自销绿色蔬菜、蒲团等商品。它积极参与社区建设，实现了曹洞宗修行和社区生活的完美结合。该中心受到美国佛教徒的高度关注，被认为代表了美国佛教的发展

---

① Fields，Rick，*How the Swans Came to the Lake：A Narrative History of Buddhism in America*. 2nd revised and updated ed.，Boston：Shambhala Publications，Inc.，1986，p. 227.

② Ibid.，pp. 230－231.

方向，很多信徒前来学习、取经。①

1966 年，铃木俊隆在偏僻的塔萨加拉（Tassajara）买下一块地，建起"塔萨加拉禅宗山林中心"（Tassajara Zen Mountain Center），它的日语名为"禅心寺"（Zenshinji）。修行者按照百丈怀海的禅门规式修行。该道场出版杂志《风铃》（The Windbell）。

艾特肯说："在茂密的美国森林中的塔萨加拉禅宗山林中心的发展，标志着外来的佛教转换成本土宗教的过程。这可以说是西方佛教史 80 年的圆满。"②

1968 年，安谷白云、中川宋渊、岛野荣道和前角博雄访问塔萨加拉禅宗山林中心。它作为美国第一个真正的佛教山区道场的重要性得到加强。

1970 年，铃木俊隆在理查德·贝克尔（Richard Baker, 1936—　）的陪同下回到日本。他举行仪式，将衣钵传给贝克尔，并任命他为旧金山禅宗中心的住持。

早在 1961 年，贝克尔就跟随铃木俊隆修行，是他最早的学生之一。贝克尔曾经就读于哈佛大学，从事过新闻业，后来在加州大学伯克利分校获得硕士学位。

回到美国后，铃木俊隆再次举行仪式，传衣钵给贝克尔。他又任命七名僧人为第一级僧人，负责管理僧团。

铃木俊隆著有《禅者的初心》③（Zen Mind, Beginner's Mind）、《禅的真义》④（Not Always So: Practing the True Spirit of Zen）、《支流暗涌》（Branching Streams Flow in the Darkness⑤）等。

1971 年 12 月，铃木俊隆圆寂。他在美国生活的短暂的 12 年里使曹洞禅在该国发扬光大，为佛教在美国的发展做出了令人瞩目的成绩。

---

① Fields, Rick, *How the Swans Came to the Lake: A Narrative History of Buddhism in America.* 2nd revised and updated ed., Boston: Shambhala Publications, Inc., 1986, pp. 268 – 269.

② Ibid., p. 259.

③ ［日］铃木俊隆：《禅者的初心》，梁永安译，海南出版社 2012 年版。

④ ［日］铃木俊隆：《禅的真义》，蔡雅琴译，海南出版社 2009 年版。

⑤ Suzuki, Shunryu, *Branching Streams Flow in the Darkness.* Berkeley: University of California Press, 1999.

（二）片桐大忍

片桐大忍（Dainin Katagiri，1928—1990）禅师在日本永平寺接受过曹洞宗传统教育。1965 年，他抵达美国，最初在洛杉矶禅宗寺工作，随后，给铃木俊隆当了一段时间的助手。后来，他创立"蒙特瑞禅团"（Monterey Zen Group）。

（三）松冈操雄

松冈操雄（Soyu Matsuoka，1912—1997）在洛杉矶、旧金山和长滩（Long Beach）等地担任过禅师，并在科罗拉多大学（University of Colorado）任教多年。20 世纪 50 年代，他创立"芝加哥禅寺"（Zen Buddhist Temple of Chicago），使禅宗传入美国中西部地区。该禅寺的第二任住持是美国人理查德·蓝洛伊斯（Richard Langlois）。1974 年，蓝洛伊斯接受松冈操雄的衣钵。该禅寺在威斯康星州（Wisconsin）的米尔沃基（Milwaukee）有分寺。

（四）肯妮特

英国籍比丘尼慈友·肯妮特离开英国来到美国后，在旧金山建立"禅宗传教会"（Zen Mission Society），1970 年，她在加州北部创立寺院——"沙斯塔修道院"。1972 年，该道场开始发行《沙斯塔修道院杂志》（*The Journal of Shasta Abbey*）。沙斯塔修道院在英国以及美国的俄勒冈州、华盛顿州（Washington）和蒙大拿州（Montana）等地有坐禅分支机构。[①]

（五）驹形善教

1952 年，驹形善教建成夏威夷曹洞宗的新别院。1953 年别院举行落成典礼，曹洞宗本山第 18 代管长高阶珑仙（Rosen Takashina）从日本来到夏威夷参加典礼。

1972 年，驹形善教去世。驹形禅宗（Zenshu Komagata）继任住持。

到 20 世纪 80 年代中期，夏威夷的日本曹洞宗拥有 10 座寺院。其中夏威夷岛 2 座，瓦胡岛 5 座，毛依岛 1 座，卡瓦依岛 1 座，莫洛凯岛 1 座。各寺院设有日语学校、主日学校、妇女佛教会、青年佛教会等组织，

---

① 郑金德：《欧美的佛教》，台北：天华出版事业股份有限公司 1984 年版，第 112—113 页。

寺院还设有日本文化研究组。[①]

四　净土真宗

净土真宗的东、西本愿寺派在"二战"后的美国恢复并逐步有所发展。

（一）　西本愿寺派

1951 年，净土真宗在伯克利佛寺（Berkeley Buddhist Temple）设立"佛教研究中心"（Buddhist Study Center），负责人是今村宽猛（Kanmo Imamura）。1958 年，该中心开始培养用英语传法的人才，由藤谷晃道（Masami Fujitani）负责。1966 年，佛教研究中心迁址并更名为"佛教研究所"（Institute of Buddhist Studies）。

美国佛教教会包括 60 个独立教会和 40 个分支机构。它有两个主要的教育中心：美国佛教学院（American Buddhist Academy）和佛教研究所。前者位于纽约，负责培养东部的传教师；后者在加州大学伯克利分校附近，设有硕士班，开设佛学课程。

美国佛教教会的附属组织有"佛教妇女会"（Buddhist Women's Association）、"成人佛教会"（Adult Buddhist Association）、"青年佛教会"（Young Buddhist Association）及"主日学校教师会"（Sunday School Teachers Association）等。

美国佛教教会出版诸多刊物。英文刊物有《法轮》（*Wheel of Dharma*）、《美国佛教徒》（*The American Buddhist*），日文刊物有《法轮》（*Horin*）等。[②]

美国佛教教会的会员主要是日裔美国人，也有一些美国白人。美国佛教教会是美国信徒最多、影响最大的佛教组织。净土真宗在美国传播之初就意识到本土化的问题，而且积极主动地采取了相应的措施，所以它在美国的发展取得了令人瞩目的成功。

20 世纪 60 年代，在芝加哥，净土真宗僧人久保濑晓明（Gyomay Kubose）建立了一个坐禅团体。像纽约的关法善一样，久保濑晓明希望有朝一日美国人也会念佛，就像中国僧人禅净双修一样。他写道，到现在为

---

① 郑金德：《欧美的佛教》，台北：天华出版事业股份有限公司 1984 年版，第 207 页。

② 同上书，第 102—103 页。

止，净土真宗没有造成很大的影响，原因有二：第一，它在很大程度上局限在日裔中；第二，它的"基督教似的表现方式"①。但实际上，正如铃木大拙在美国佛教院的讲话中所指出的，净土真宗与基督教差别很大，而且，他力就是真正的自我。实际上，美国佛教教会已经吸引了一些美国人，他们中的一些人甚至已经成了传法人。不过，在很大程度上，他们的影响局限在他们所生活的社区中。

西本愿寺派在夏威夷也有所发展。1946 年，柏龙天（Ryuten Kashiwa）成为西本愿寺派夏威夷别院的第五任住持，他承担了战后复兴夏威夷西本愿寺派的任务。

1948 年，藤谷晃道（Kodo Fujitani）成为第六任住持。1949 年，他开设传教团学校（Mission School），并举办活动以庆祝夏威夷妇女会创立 50 周年。

1954 年，青木善雄（Zenyu Aoki）成为第七任住持。

1958 年，森川智德（Chitoku Morikawa）成为第八任住持。1962 年，他隆重举办了"亲鸾大师圆寂 700 周年纪念会"。

1964 年，大原性实（Sojitsu Ohara）成为第九任住持。他创立"居士讨论会"，而且每个月举行佛学讲座。

1967 年，今村宽猛（Kanmo Imamura）成为第十任住持。作为今村惠猛的长子，他于 1972 年创立"佛教研究中心"（Buddhist Study Center）。

1974 年，藤谷义明（Yoshiaki Fujitani）成为第十一任住持。

到 20 世纪 80 年代中期，净土真宗西本愿寺派在夏威夷有 36 所寺院、47 名法师，信徒超过 1 万户家庭，是夏威夷势力最大、信徒最多的佛教派别。

西本愿寺派的各所寺院设有"主日学校"（Sunday School）、妇女会、居士林等组织，经常举行各种佛教及文体活动。②

（二）东本愿寺派

1976 年，"东本愿寺洛杉矶别院"搬迁到新址，位于"小东京社区"

---

① Fields, Rick, *How the Swans Came to the Lake：A Narrative History of Buddhism in America*. 2nd revised and updated ed. , Boston：Shambhala Publications, Inc. , 1986, p. 244.

② 郑金德：《欧美的佛教》，台北：天华出版事业股份有限公司 1984 年版，第 199—200 页。

（Little Tokyo Community）中。

位于希洛的夏威夷东本愿寺别院后来更名为"东本愿寺希洛别院"（Hilo Higashi Hongwanji）。1960 年，海啸摧毁了这所别院。1964 年，别院重建。

1966 年，白山壳一（Ryoichi Shirayama）成为第八任住持。

到 20 世纪 80 年代中期，东本愿寺派在夏威夷共有 6 所寺院，其中夏威夷岛 1 所，瓦胡岛 4 所，卡瓦依岛 1 所。

东本愿寺派各所寺院设有青年佛教会、妇女会、主日学校等组织，进行佛教活动。①

五　其他宗派

日本佛教的其他宗派也在不断地发展中。

（一）净土宗

1975 年，间宫敏雄（Bino Mamiya）成为夏威夷净土宗别院的新任住持。

到 20 世纪 80 年代中期，净土宗在夏威夷共有寺院 16 所，其中夏威夷岛 8 所，瓦胡岛 3 所，毛依岛 3 所，卡瓦依岛 2 所。夏威夷净土宗的各所寺院设有日语学校、女子学校、妇女会、青年部、主日学校等组织。②

（二）日莲宗

"二战"后，夏威夷日莲宗的望月恒龙法师回到檀香山。1948 年，望月恒龙建立一座寺院。到 20 世纪 80 年代中期，日莲宗共有 5 座寺院。寺院设有佛教妇女会、主日学校、佛教青年会等。③

（三）真言宗

1958 年，加登田哲英（Tetsuei Katota）成为夏威夷真言宗第七任住持。

到 20 世纪 80 年代中期，真言宗在夏威夷共有 30 座寺院。

寺院中设有佛教妇女会、青年真言宗佛教会、母亲俱乐部等。毛依岛

---

① 郑金德：《欧美的佛教》，台北：天华出版事业股份有限公司 1984 年版，第 201、202、204 页。

② 同上书，第 205 页。

③ 同上书，第 211 页。

的白法光寺设有日语学校。①

（四）华严宗

东大寺夏威夷别格本山更名为"夏威夷东大寺"（Todaiji of Hawaii），是一所独立的寺院。

1952 年离婚后，平井辰升全心皈依佛法。后来，她被东大寺破格授予传法师的资格。

后来，平井辰升的一名女信徒在夏威夷东大寺附近建成另一座寺院——"夏威夷华严宗传教团"（Kegon Mission of Hawaii）。②

（五）创价学会

创价学会原名"日莲正宗创价学会"。1960 年，池田大作访美，创价学会正式传入美国。1963 年，池田大作与贞永昌靖（Masayasu Sadanaga）在洛杉矶以西的圣莫尼卡（Santa Monica）设立"日莲正宗学院"（Nichiren Shoshu Academy or NSA）。1964 年，贞永昌靖创办《世界论坛报》（World Tribune），并担任《圣教时代》（Seikyo Times）主编。1968 年，日莲正宗学院成为美国日莲正宗的总部。1972 年，贞永昌靖改名为乔治·威廉（George William）。他尝试将组织逐渐美国化，结果信徒的数量大增。1972 年，坐落在富士山脚的大石寺落成时，美国有 18000 名信徒前去朝圣、庆贺。从 1968 年到 1973 年，乔治·威廉在美国 80 所大学传播创价学会的思想，影响空前。

1979 年，北条浩（Hiroshi Hojo）成为第四任会长。乔治·威廉尽管仍然是美国方面的负责人，但是日莲正宗的势力有所减弱。

"美国日莲正宗"（Nichiren Shoshu of America）设有三个执行机构负责东部、中西部、西部与太平洋区的事务。各部再分管几个大城市，各大城市再分设社区中心（Community Center），社区中心又分成几个分社（Chapter），各有专人负责。

日莲正宗的成员以年轻人为主，分属男生团体和女生团体。新人通过同辈团体（Peer group）的相互介绍而参加组织。会员平常聚集在一起用开会讨论的方式来联系彼此之间的宗教感情。

美国日莲正宗的主要中心分布在以下城市：波士顿（Boston）、芝加

① 郑金德：《欧美的佛教》，台北：天华出版事业股份有限公司 1984 年版，第 210 页。

② 同上书，第 213 页。

哥、洛杉矶、得克萨斯州（Texas）的达拉斯（Dallas）、丹佛、夏威夷、纽约、费城、亚利桑那州（Arizona）的凤凰城（Phoenix）、波特兰、圣迭哥（San Diego）、旧金山、华盛顿、加拿大的多伦多，还扩展到墨西哥、巴拿马和委内瑞拉。①

1960 年，日莲正宗传入夏威夷。1967 年 5 月，本誓寺在夏威夷建成，这是日莲正宗在日本以外建立的第一座寺院。20 世纪 70 年代日莲正宗曾一度沉寂。80 年代开始，依托文化活动，日莲正宗吸引了更多的信徒。日莲正宗的信仰者主要是美国青年。②

日莲正宗在美国除发行精致而高水平的英文版《世界论坛》和《圣教时代》外，1973 年起还发行学术刊物《NSA 季刊》；在日本发行月刊《大白莲华》（Daibyakurenge）及日报《圣教新闻》（Seikyo Shinbun）等刊物，这些刊物畅销各地。

（六）天台宗

1973 年，夏威夷天台宗别院在檀香山建成，住持是荒了宽（Ryokan Ara）。荒了宽 10 岁皈依佛门，日本大正大学毕业，专攻天台宗，曾任日本寺院住持。

1977 年，天台宗别院附设"夏威夷美术院"。荒了宽担任顾问，其妻荒京子（Kyoko Ara）出任院长。1955 年，荒京子毕业于日本御茶水女子大学（Ochanomizu University）。她曾经担任日本高中教师十多年，学院开设的课程涉及绘画、雕刻、茶道、书法、插花、舞蹈等。③

第八节 "垮掉的一代"、嬉皮士与佛教

"垮掉的一代"是 20 世纪 50 年代在美国出现的一种社会、文化运动。它与作为其后继者的 60 年代席卷全美的"嬉皮士运动"同佛教产生了密切的联系。这两场运动都从佛教中吸取精神资源，使运动带上了浓厚的东方色彩。

---

① 郑金德：《欧美的佛教》，台北：天华出版事业股份有限公司 1984 年版，第 89—92 页。

② 同上书，第 212—213 页。

③ 同上书，第 211—212 页。

一　时代背景

20 世纪 50 年代初，美国共和党参议员约瑟夫·雷蒙德·麦卡锡（Joseph Raymond McCarthy，1908—1957）在国内掀起一股反共反民主的逆流。他对政府机构进行所谓"共产主义渗透"的调查，通过捏造、诽谤等手段，攻击、陷害一切民主进步人士以及持不同意见的人。美国国内的政治气氛令人窒息，人人自危。1954 年 12 月，参议院通过谴责麦卡锡的决议，肆虐一时的麦卡锡主义最终走向没落。

20 世纪 50 年代，由于美国的公共开支尤其是军事开支的扩大、社会总消费持续增长以及美国垄断资本大规模掠夺海外资源等原因，美国的经济保持了增长的趋势。美国经济学家约翰·肯尼斯·加尔布雷思（John Kenneth Galbraith，1908—2006）将 50 年代的美国称为"丰裕社会"。①与此同时，美国人过于注重物质财富，整日为蝇头小利而奔忙，目光短浅，物质主义和消费主义思想盛行。

随着国家对社会、经济生活的控制加强，生产社会化程度的进一步提高，第三次科学技术革命迅猛发展，美国人面临的生存压力越来越大。心理学家和社会哲学家保罗·古德曼（Paul Goodman，1911—1972）在《荒诞地成长》（*Growing Up Absurd*）一书中指出，美国社会在创造物质财富的同时，也产生了异化。这里的异化，最根本的是人的异化，也就是说，人变成了非人，人的灵魂被扭曲。新左派思想先驱如赫伯特·马尔库塞（Herbert Marcuse，1898—1979）等人对美国的政治、经济、社会制度开始展开积极的批判。

正是在这样的时代背景下，一些出身中上层阶级的美国青年痛感自由意志的幻想破灭，产生了强烈的异化感。他们反对美国资本主义制度对个人的压抑以及麦卡锡主义的政治高压，反对美国主流社会的价值标准，通过各种叛逆的方式来表达自己对社会的厌倦和疏离，以及对自由的追求。他们形成了所谓"垮掉的一代"（The Beat Generation）。

"垮掉"（beat）作形容词时，意思是"疲乏的"、"颓废的"。该词最早出自巡回表演的马戏团，用来描述马戏团贫穷、漂泊的生活。后来，赫伯特·埃德温·亨克（Herbert Edwin Huncke，1915—1996）引入了这个

---

① 刘绪贻、杨生茂主编：《美国通史》第 6 卷，人民出版社 2002 年版，第 136 页。

词。他使用该词的本义是"精疲力竭的、处在社会的底层的、失眠的、睁大眼睛的、有感悟能力的、被社会抛弃的、孤独一人的、以大街为家的"①。

1948 年，有"垮掉之王"（King of the Beats）之称的作家杰克·凯鲁亚克（Jack Kerouac，1922—1969，另译为克鲁亚克）在与诗人约翰·克勒伦·霍尔姆斯（John Clellon Holmes，1926—1988）谈话时首次使用"垮掉的一代"一词。他说："我们好像是生活在地下、处于秘密状态的一代，你知道，我们从内心里体会到在公众面前招摇过市是没有任何用处的。我们选择一种'垮掉的'（beatness）生活方式——我的意思是，我们选择处于社会的底层、忠实我们自己，因为我们都知道自己的地位和身份。我们厌倦一切形式以及所有社会惯例……我想你会说我们是垮掉的一代。"②

霍尔姆斯以他和凯鲁亚克的谈话内容为素材，在 1952 年 11 月 16 日的《纽约时报杂志》（New York Times Magazine）上发表了《这就是"垮掉一代"》（This Is the Beat Generation）的文章。在该文中，他对"beat"一词进行了定义："这个词不只是令人厌倦、疲惫、困顿、不安，还意味着被驱使、用完、消耗、利用、精疲力竭、一无所有；它还指心灵，也就是精神意义上的某种赤裸裸的直率和坦诚，一种回归到最原始自然的直觉或意识时的感觉。"③

"垮掉的一代"放弃家庭，蔑视财富，追求自由、流浪的生活，通过毒品、酒精、纵欲来扩大感知范围，以便实现自我超越。他们的生活方式和价值取向是美国悠久的波希米亚传统和嬉普士现象在 20 世纪 50 年代的集中体现。

波希米亚一词源于法语"La Boheme"，最初用来称呼来自罗马尼亚

---

① Ann Charters 为自己编辑的 The Beat Reader（Penguin Books，1992）一书所写的介绍，p. xviii。转引自张国庆《"垮掉的一代"与中国当代文学》，武汉大学出版社 2006 年版，第 16 页。

② Ann Charters 为自己编辑的 The Beat Reader（Penguin Books，1992）一书所写的介绍，p. xix。转引自张国庆《"垮掉的一代"与中国当代文学》，武汉大学出版社 2006 年版，第 16—17 页。

③ ［美］约翰·霍尔姆斯：《这就是"垮掉一代"》，载文楚安译《"垮掉一代"及其他》，江西教育出版社 2010 年版，第 376 页。

的吉卜赛流浪者，后来，波希米亚人成为流浪者的代名词。法国作家巴尔扎克首次用该词指代某种类型的艺术家和作家。后来，法国作家亨利·米尔热（Henri Murger，1822—1861）以巴黎波希米亚流浪艺术家的生活为素材，写了《波希米亚生活即景》（*Scènes de la vie de Boheme*①），获得成功。②

19 世纪 50 年代，一些美国艺术家通过阅读米尔热的作品接触到波希米亚，逐渐地，纽约和旧金山成为波希米亚生活方式盛行的两个主要城市。波希米亚被用来描述那些思想自由、生活放荡，追求独特、富有创造性的艺术表现方式的艺术家。"垮掉的一代"从波希米亚这里吸收了反传统、浪漫的自我主义精神和反物质主义的思想。

嬉普士并非嬉皮士。有学者对该词进行过定义："……'hipster'，是'二战'后在美国出现的一个新词，同'hippy'（嬉皮）有关，但含义更深、更广泛，指社会群体中某一类型的人：信奉存在主义，或吸毒，迷恋爵士乐，与传统道德观格格不入，诺曼·梅勒索性称这类人为'白种黑人'（White Negroes）。'嬉普士'是 60 年代'嬉皮士'的先驱。"③ "垮掉的一代"的主要作家——凯鲁亚克、艾伦·金斯伯格（Allen Ginsberg，1926—1997）和威廉·巴洛斯（William Burroughs，1914—1997）等人都与嬉普士文化有密切的联系。

作为一种社会、文化运动，"垮掉的一代"在 20 世纪 50 年代的美国造成了巨大的影响，并成为 60 年代嬉皮士文化的先声。

20 世纪 60 年代，美国政府在越南战争的泥潭中越陷越深，难以自拔。令人窒息的政治气氛、陈旧腐朽的官僚体制、僵化保守的文化制度引发美国青年一代的愤懑和不满。他们用四处漫游、奇装异服、吸食毒品、酗酒纵欲等种种惊世骇俗的行为来反抗美国的主流文化，反对美国侵略越南的战争。嬉皮士运动由此产生。

凯鲁亚克在小说《达摩流浪者》④（*The Dharma Bums*）中通过他与贾

---

① Murger, Henri, *Scènes de la vie de Boheme*. Paris：Jules Tallandier, 1929.

② 张国庆：《"垮掉的一代"与中国当代文学》，武汉大学出版社 2006 年版，第 21 页。

③ 文楚安：《对 the Beat Generation 和金斯伯格的误读》，载《"垮掉一代"及其他》，江西教育出版社 2010 年版，第 135 页。

④ ［美］杰克·凯鲁亚克：《达摩流浪者》，梁永安译，上海世纪出版股份有限公司译文出版社 2008 年版。

菲·赖德①（Japhy Ryder）的对话展望了 20 世纪 60 年代的场景：

> ……我（杰菲）看见了一场伟大的帆布背包革命的情景。成千上万名甚至几百万名美国青年背着帆布背包漫游。他们登上高山去祈祷，让孩子们欢笑、老人们高兴、姑娘们爽快、老姑娘们更爽快。他们都是禅宗狂人。他们外出，写下头脑中莫名其妙冒出的诗歌。而且他们通过奇怪而预料之外的行为将永恒自由的情景给予每个人和所有的生命……我们需要的是一个流动禅堂。这样，一个老菩萨能够从一地流浪到另一地，而且总能在朋友间找到立锥之地……当你听到佛陀的古老佛法后，仰慕之心顿生，那你就带着这个真理去打坐，在一棵孤独的树下。地点在亚利桑那州的尤马（Yuma），或者你愿意的任何地方……我们会有一间流动禅堂，让醉熏熏的小伙子们到这里来休息，学着像雷②一样地喝茶，像阿尔瓦③应该学习的那样，学会打坐……会有一系列的寺院让人们去修行和禅定。我们要在内华达山或喀斯喀特山甚至墨西哥建立许多小木屋。由纯粹而神圣的男人组成的狂野群体聚集在一起喝酒、讨论和祈祷。解脱的波浪将从夜晚溢出。最后，妇女们、妻子们也会参加。小屋里住的是有宗教信仰的家庭成员，像过去的清教徒时代……④

二　凯鲁亚克与佛教

凯鲁亚克是美国"垮掉的一代"作家的代表性人物。他尝试将佛教中的内容与"垮掉"文化结合起来，从而形成了具有鲜明特点的"垮掉型佛教"。

（一）凯鲁亚克略传

1922 年，他生于美国马萨诸塞州的洛威尔（Lowell）。1939 年，凯鲁亚克中学毕业后到纽约一所预备学校读预科。1940 年，他进入哥伦比亚大学读书。太平洋战争爆发后，凯鲁亚克辍学并从事记者、水手等职业。

---

① 原型是加里·斯耐德（Gary Snyder, 1930—　）。他的名字另译为"盖瑞"，姓氏另译为"史耐德"、"史奈德"、"施耐德"等。

② 小说的主人公雷蒙德·史密斯（Raymond Smith）的略称，原型是凯鲁亚克。

③ 小说中的人物阿尔瓦·古尔德布克（Alvah Goldbook）的略称，原型是金斯伯格。

④ Kerouac, Jack, *The Dharma Bums*. New York：The Viking Press, Inc. , 1958, pp. 78－79.

后来，他来到纽约，结识金斯伯格、威廉·巴勒斯等"垮掉的一代"的重要人物。1946—1948 年，凯鲁亚克创作了自己的处女作《镇与城》（*The Town and the City*）。1951 年，他完成小说《在路上》① （*On the Road*②）。1957 年，《在路上》由纽约维京出版社（The Viking Press）出版，该书使凯鲁亚克一夜成名，也奠定了他在美国文学界中的地位。凯鲁亚克是一名多产的作家，一生完成了 30 多部小说、诗集、散文集和剧本。与佛教有关的主要作品除了《达摩流浪者》，还有《金色永恒的经典》（*The Scripture of the Golden Eternity*③，写于 1956 年，出版于 1960 年）、《布鲁斯和俳句》（*Blues and Haikus*，写于 1960 年）、《觉悟》（*Wake Up*④，写于 1955 年，出版于 2008 年）、《达摩点滴》（*Some of the Dharma*，写于 1956 年）、《孤独天使》⑤（*Desolation Angels*⑥，写于 1963 年）、《巴黎之悟》⑦（*Satori in Paris*⑧，写于 1965 年，出版于 1966 年）、《俳句之书》（*Book of Haikus*⑨，出版于 2003 年）、《垮掉的一代》⑩（*The Beat Generation*，出版于 2005 年）等。1969 年 10 月，凯鲁亚克在佛罗里达州病逝，年仅 47 岁。

（二）凯鲁亚克的佛教观

1954 年，失恋的凯鲁亚克到图书馆去阅读《瓦尔登湖》。他偶然读到了《佛所行赞》，佛教思想很快在他心中引起共鸣。凯鲁亚克还读了《佛教圣经》，并做了详细笔记，他将这本笔记称为《达摩点滴》。随后，他回到纽约州里士满（Richmond）的母亲家中，每天读《金刚经》，并且开始学习打坐。

凯鲁亚克发现自己对垮掉者的慈悲契合佛教的教义，而且在《楞严

---

①　[美] 杰克·凯鲁亚克：《在路上》，文楚安译，漓江出版社 1998 年版。

②　Kerouac, Jack, *On the Road*. New York：The Viking Press，1957.

③　Kerouac, Jack, *The Scripture of the Golden Eternity*. Sanfrancisco：City Lights Bookstore，1994.

④　Kerouac, Jack, *Wake Up*. Penguin Publishing，2008.

⑤　[美] 杰克·凯鲁亚克：《孤独天使》，娅子译，重庆出版社 2007 年版。

⑥　Kerouac, Jack. *Desolation Angels*. New York：The Berkeley Publishing Group，1995.

⑦　[美] 杰克·凯鲁亚克：《巴黎之悟》，艾黎译，上海译文出版社 2010 年版。

⑧　Kerouac, Jack, *Satori in Paris*. Penguin Books Ltd.，2012.

⑨　Kerouac, Jack, *Book of Haikus*. New York：Penguin Poets，2003.

⑩　[美] 杰克·凯鲁亚克：《垮掉的一代》，金绍禹译，上海译文出版社 2007 年版。

经》中找到了"自发式写作"(spontaneous writing)方式的依据。① 在接下来约四年的时间里,凯鲁亚克对佛教保持着浓厚的兴趣。他不仅通过阅读所能找到的佛教典籍来增加自己的佛教知识,而且进行禅定修行。佛教对凯鲁亚克的文学创作、个人经历以及价值观念等都产生了重大影响。

1956 年,凯鲁亚克写了《金色永恒的经典》。这部诗集最清晰而直接地表达了他的天主教式佛教,是作者用美国的诗歌语言来表达空、无常、无我的尝试之一,诗中渗透着天主教中的圣徒、天堂、玫瑰等形象。64 首诗篇②或段落的形式在散文或诗歌之间摇摆不定,它的大部分内容可以视为一个抒情的美国龙树所作。③

凯鲁亚克的佛教思想集中体现在其具有自传性质的小说《达摩流浪者》中。该书自始至终贯穿着佛教思想,既涉及小乘佛教,也关注大乘佛教,它不仅谈到大乘佛教两大主要派别——中观学派和瑜伽行派的核心理论,还兼及中、日两国的禅宗,甚至藏密的部分内容。

《达摩流浪者》中涉及佛教的主要方面有两点。

1. 小乘佛教思想

在信仰佛教之初,凯鲁亚克自认为是一个小乘佛教徒,认同小乘佛教的思想和修行方法。《达摩流浪者》中,史密斯询问贾菲自己是什么的转世时,贾菲开他的玩笑,而且说:"如果有人被问到'狗子还有佛性也无?'时'汪'地学狗叫,你能说些什么呢?"听了贾菲的话,史密斯说道:"听着,贾菲,我不是禅宗信徒,而是个严肃的佛教徒,是个传统的充满梦想的小乘佛教信徒,对后来的大乘佛教望而生畏……"④

实际上,凯鲁亚克并非真正意义上的佛教徒。他没有皈依,从未受戒,连居士也谈不上。他自称为小乘佛教徒,是基于他认同"四谛"的部分内容。史密斯在介绍贾菲渊博的佛教知识时说:"他对藏传佛教、中国佛教、大乘佛教、小乘佛教、日本佛教甚至缅甸佛教都一清二楚。但我立即告诫他,我对佛教神话学、佛教名相及不同亚洲国家佛教的不同旨趣

① Tonkinson, Carole (ed.). *Big Sky Mind: Buddhism and the Beat Generation.* New York: The Berkley Publishing Group, 1995, p. 24.

② 据 1994 年城市之光书店的版本,该书当为 66 首诗篇。

③ Fields, Rick, *How the Swans Came to the Lake: A Narrative History of Buddhism in America.* 2nd revised and updated ed., Boston: Shambhala Publications, Inc., 1986, p. 216.

④ Kerouac, Jack, *The Dharma Bums.* New York: The Viking Press, Inc., 1958, p. 13.

都毫无兴致，自己唯一感兴趣的是释迦牟尼所说的‘四圣谛’的第一谛——一切生命皆苦。我多少有点兴趣的是第三谛——苦是可以灭除的。不过，当时我不太相信苦能被灭除。（《楞伽经》说过世界上除了心以外别无所有，因此一切都是可能的，包括苦的灭除。只是在那时，我对这种观点仍未理解。）"①

凯鲁亚克指出，第三谛的内容为：苦是可以灭除的。严格来说，这种观点并不精确。灭谛的核心是指出佛教修行的最终目的——涅槃。当然，在涅槃状态中，苦及其原因已不复存在。《楞伽经》的主旨是以名、相、妄想（分别）、正智、如如五法和遍计、依他、圆成三性，说明宇宙万有皆是虚假不实，唯是自心所现。可见，《楞伽经》注重说明的问题属于本体论范畴，而非解脱论范畴。换言之，从"万法唯是自心所现"的思想并不能得出苦能灭除的结论。

仅仅因为对"四谛"的部分内容感兴趣就宣称自己是小乘佛教徒当然站不住脚。小乘佛教为了适应在家、出家、男信徒、女信徒等区别，制定了五戒、八戒、十戒、具足戒等多种戒律，小乘佛教徒也以持戒严谨而著称。凯鲁亚克没有受过戒，自然更谈不上守戒，恰恰相反，他的一些垮掉行为与佛教的戒律要求背道而驰。

2. 大乘佛教思想

随着与斯耐德的接触越来越多，凯鲁亚克的大乘佛教知识日渐丰富。大乘佛教两大派别——中观学派和唯识学派的基本思想，禅宗以及藏传佛教的部分内容都进入他的头脑。

小说开头，史密斯扒火车从洛杉矶前往圣巴巴拉（Santa Barbara）时遇到了一个又瘦又老的流浪者。史密斯见他可怜，就让他享用自己的食物。老流浪者心怀感激。史密斯说，这时他想起了《金刚经》里的话："践行布施，但头脑中不要有布施的任何观念，因为布施只不过是个字眼。"②

这句话与《金刚经》的说法存在较大的出入。《金刚经》谈到布施的内容主要有三处，但意思一致。在此仅以内容最丰富也最重要的第一处为例说明。佛对须菩提说：

---

① Kerouac，Jack，*The Dharma Bums*. New York：The Viking Press，Inc.，1958，p. 12.

② Ibid.，p. 6.

菩萨于法应无所住行于布施。所谓不住色布施，不住声、香、味、触、法布施。须菩提，菩萨应如是布施，不住于相。何以故？若菩萨不住相布施，其福德不可思量。①

这段话的中心意思是：菩萨应该无所执著地去布施。为什么佛要求菩萨这样去布施呢？因为大乘佛教认为，在布施中，施者、受者和所施者"三轮"皆无自性，体空而幻有，所以布施时不能执著，不能有"三轮"之妄心，也就是说做到三点：无能施之心、不见有施之物和不分别受施之人。否则，这就不是菩萨的布施，并无什么功德，更谈不上成就无上菩提。所以，不住相布施才会有不可思量的福德。布施时在头脑中不出现相应的观念，当然是无所执著地布施的表现形式之一。要求菩萨不住相布施，其原因不在于什么布施仅为一个字眼，而是只有这样才符合大乘佛教的根本精神。

《达摩流浪者》多处涉及中观学派"空"的思想，集中体现在史密斯向家人传法的过程中。一天晚上，史密斯领悟了"空"，次日，兴奋的他把自己的领悟告诉家人，但他们大笑不已。他的妹夫拿着一个橘子，问他那不是一个实实在在的橘子吗？史密斯说："它是空。每一件事物都是空。事物都来而复去，生而复灭。一切事物之所以都会灭，只因为它们有生。"② 看见没有人理睬他，史密斯接着说：

每一件事物都会灭，已经处于灭的过程中，已经处于生而复灭的过程中……事物是空的。因为它们表现为假相，你们才看见它们。但它们由原子构成。原子无法量度，无法称重，无法抓住。就连那些愚笨的科学家现在都知道这一点。没有发现任何所谓最遥远的原子。一切都是某种事物"空"的排列。在空间中，它看起来呈固态，事实上却既不大也不小，既不远也不近，既不真也不假……③

---

① 《金刚般若波罗蜜经》，《大正藏》第八册，第 749 页上。
② Kerouac, Jack, *The Dharma Bums.* New York：The Viking Press, Inc., 1958, p. 114.
③ Ibid..

　　史密斯指出事物的本性为空，处于生灭变化中，它们只是虚幻的存在物。他的结论与中观学派的基本思想一致，但他使用的分析方法却属于小乘佛教的范畴。小乘佛教讲"人我空"，采用的是"分析空"的方法，即从"人"作为统一体可以被分解成若干部分上，从"人"的生灭变化上，说明"人"的不实在，故"人我"为空。史密斯认为：事物由原子构成，所以为空。他显然是采用"分析空"的方法而得出这种结论。大乘佛教讲"人我空"和"法我空"，采用的是"当体空"的方法，即无须经过分析，现象自身即是空。《心经》说："色不异空，空不异色；色即是空，空即是色。"① 可见，凯鲁亚克并没有能够区分小乘佛教与大乘佛教的根本区别。

　　大乘佛教的一些内容于是变成凯鲁亚克替自己的垮掉行为进行辩护的论据。这些行为突出体现在酗酒和纵欲上。

　　凯鲁亚克嗜酒如命。《在路上》中，"我"② 在与迪恩·莫里亚蒂③（Dean Moriarty）初次见面时，两个人喝啤酒、聊天，直到天明。④ 书中，每到一地，"我"总要下车买酒，痛饮一顿。实际上，无论是白酒、葡萄酒还是啤酒，只要是带酒精的，凯鲁亚克就喜欢。凯鲁亚克在佛教中为自己找到酗酒的理由，要"归功于"他所崇拜的斯耐德。

　　《达摩流浪者》中，贾菲向史密斯介绍了著名的禅宗牧牛图。根据贾菲的描述，在第一幅图中，一个青年带着行囊、挂着一根小拐杖走在荒野中。接下来，他发现一头牛，努力想驯服它。最后，他成功了。接下来，他扔下牛，在月色下禅定，然后从觉悟之山下来。接下来的一幅图是一片空白。下一幅图是一株开满鲜花的树。最后一幅图中，青年已经变成又高又胖的老者，满脸怪笑，肩背大袋，正在入城去与已经悟道的屠夫一醉方休。同时，另一个青年带着行囊和拐杖正前往山里。贾菲说："这种情形重复出现。弟子和师父要经历同样的事情。首先，他们要发现和驯服心灵中的牛，然后放弃它。最终他们一无所得，就像那格空白的图所象征的。他们一无所得即得到了一切，这就是树上的春花。最后，他们下山到城

---

① 《般若波罗蜜多心经》，《大正藏》第 8 册，第 848 页下。
② 原型是凯鲁亚克本人。
③ 原型是尼尔·卡萨迪（Neal Cassady）。
④ Kerouac, Jack, *On the Road*. New York：The Viking Press, 1957, p. 5.

里，去与李白那样的屠夫一醉方休。"①

　　禅宗牧牛图是中国禅宗修行的图示，有许多不同的版本。在中国流传的主要是宋代普明禅师的牧牛图，一共有十幅。同样出现于宋代，比普明牧牛图稍晚、由廓庵师远禅师创作的十牛图却在日本相当有名。"廓庵属临济法系，所以在临济禅大受鼓扬的日本得到不断的提倡，因此日本人一说'牧牛图'就以为是廓庵的'十牛图'。"②

　　廓庵禅师的十牛图内容相当完备，有图十幅、颂十首，而且颂前还各有一篇短序。根据贾菲的描绘，他向史密斯介绍的就是廓庵禅师的十牛图。这也说明，斯耐德是通过日本禅系而了解禅宗的。

　　禅宗视牛为心性的象征，牧牛即牧心，以找回已经迷失的自性。十牛图中，牧人代表修行者，牛代表修行者的心。驯牛的过程即是修行者调服心意、悟禅入门的过程。十牛图包括十幅图，分别是："寻牛"、"见迹"、"见牛"、"得牛"、"牧牛"、"骑牛归家"、"忘牛存人"、"人牛俱忘"、"返本还源"和"入廛垂手"。

　　在第一幅"寻牛"中，牧人右手拿着牛索，左手上举看天；背景有树和水。③与该幅图相对应的诗句是：

　　　　　忙忙拨草去追寻，水阔山遥路更深。
　　　　　力尽神疲无处觅，但闻枫树晚蝉吟。④

　　这幅图描绘了牧人急着找牛的情景，虽然他已经筋疲力尽，但依然没有发现牛的踪迹。在接下来的多幅图中，牧人通过跟随牛的踪迹见到牛，经过辛苦的努力驯服牛，然后骑着牛回到家中。第八幅"人牛俱忘"是

---

　　① Kerouac, Jack, *The Dharma Bums*. New York：The Viking Press, Inc. , 1958, pp. 137 - 138.

　　② 李岳勋：《禅的牧牛图》，载张曼涛主编《现代佛教学术丛刊》第 12 册，《禅宗典籍研究》（禅学专集之五），台北：大乘文化出版社 1977 年版，第 392 页。

　　③ 圣严法师、［美］丹·史蒂文森：《牛的印迹：禅修与开悟之路》，凤凰出版传媒集团、译林出版社 2011 年版，第 208 页。

　　④ （宋）廓庵师远：《住鼎州梁山廓庵和尚十牛图颂并序》，载《大藏新纂卍续藏经》第 64 卷，台北：白马精舍印经会，第 773 页下。

一个圆圈①，里面空无一物。它表现的是修行者体悟到的"凡情脱落，圣意皆空"②的境界。与之相对应的诗句是：

　　　鞭索人牛尽属空，碧天寥廓信难通。
　　　红炉焰上争容雪，到此方能合祖宗。③

　　史密斯见到的这幅图是一片空白。这比空白圆圈更加精确，"如果仍然有圆圈在，就意味着仍然有东西在，像是'浑然一体'或'绝对真理'之类的"④。这种绝对、永恒的最高悟境是不可思议的，换言之，它无法通过语言与逻辑思维能力来把握，超越主体、客体相对立的二元思维模式。第九幅"返本还源"画的是一幅花树。⑤相对应的诗句是：

　　　返本还源已费功，争如直下若盲聋。
　　　庵中不见庵前物，水自茫茫花自红。⑥

　　修行者通过千辛万苦的努力觉悟了自性，其实还不如以最快捷的方式了悟自心。在这种状态中，主体、客体的差别已经消泯，修行者对一切都不会升起分别之心。一切事物本自具足，一派天然。

　　第十幅"入廛垂手"画的是一个胖和尚袒胸露腹，提着行囊往山外走，而另一个年轻的童子却正在入山的路上。⑦相对应的诗句是：

---

　　① 圣严法师、〔美〕丹·史蒂文森：《牛的印迹：禅修与开悟之路》，凤凰出版传媒集团、译林出版社 2011 年版，第 221 页。

　　② （宋）廓庵师远：《住鼎州梁山廓庵和尚十牛图颂并序》，载《大藏新纂卍续藏经》第 64 卷，台北：白马精舍印经会，第 774 页下。

　　③ 同上。

　　④ 圣严法师、〔美〕丹·史蒂文森：《牛的印迹：禅修与开悟之路》，凤凰出版传媒集团、译林出版社 2011 年版，第 223 页。

　　⑤ 同上书，第 224 页。

　　⑥ （宋）廓庵师远：《住鼎州梁山廓庵和尚十牛图颂并序》，载《大藏新纂卍续藏经》第 64 卷，台北：白马精舍印经会，第 774 页下。

　　⑦ 圣严法师、〔美〕丹·史蒂文森：《牛的印迹：禅修与开悟之路》，凤凰出版传媒集团、译林出版社 2011 年版，第 226 页。

露胸跣足入廛来，抹土涂灰笑满腮。

不用神仙真秘诀，直教枯木放花开。①

前九幅图描绘的都是修行者自利自度的过程，而最后一幅图表现的是僧人觉悟后正在回到尘世的路上。修行者在成就了自我生命的圆满后还必须遵循大乘菩萨道，实践菩萨行，利他度他。总之，作为菩萨的他要"提瓢入市，策杖还家；酒肆鱼行，化令成佛"②。正由于菩萨已经觉悟，所以他会以任何可能的形象、通过任何可能的方式来化导众生。为"度脱"众生所采取的各种灵活方法就是"方便"、"善权"。

贾菲对十牛图的叙述基本正确，但是得道僧人下山是为了一醉方休的观点纯属贾菲的杜撰。从图上我们根本看不出僧人下山的目的就是去喝酒。退一步来讲，即使僧人下山是要去喝酒，我们对此也要正确解读。前文已述，觉悟者下山的目的是践行菩萨道，度脱众生，为了达到这个终极目标，菩萨会采取任何可能的手段与方法。可以说，如果菩萨认为一醉方休是化导某人的一种有效方法的话，他也会这样做。如果我们只注意喝酒本身而不去考虑这种行为背后的目的就必然"差之毫厘，谬以千里"。

斯耐德对十牛图的错误解读使凯鲁亚克误入歧途。斯耐德也许没有想到，他向凯鲁亚克介绍的十牛图竟然成了后者酗酒的有力证据。十牛图给凯鲁亚克留下了深刻的印象。他说："它让我想起了自己的经历：在树林里试图驯服自己的心灵，然后，觉悟到一切都是空与觉，而且我什么都不用做。现在，我正与屠夫贾菲一醉方休。"③

后来，在与斯耐德交往的过程中，凯鲁亚克再次从日本佛教中为自己的酗酒恶习找到了第二个论据。《达摩流浪者》中，在史密斯等人举行晚会欢送贾菲去日本前，史密斯与贾菲发生了一场争执。史密斯酒兴大发，买了一瓶波特酒。贾菲劝他不要喝太多，因为他们还要去伯克利的佛教中心参加讲座和讨论会。史密斯不想去，只想留在那里喝酒。他喝完一瓶后又买了一瓶。贾菲对此伤心而失望，他说："你常常醉成这个样子，怎么

---

① （宋）廓庵师远：《住鼎州梁山廓庵和尚十牛图颂并序》，载《大藏新纂卍续藏经》第 64 卷，台北：白马精舍印经会，第 775 页上。

② 同上。

③ Kerouac，Jack，*The Dharma Bums*. New York：The Viking Press，Inc.，1958，p.138.

能指望成为一个好的比丘，甚至是菩萨大士呢？"史密斯反驳道："你忘了牧牛图的最后一幅了？那个和尚不是与屠夫们都醉了吗？"贾菲说："那又怎样？凭你那装满泥巴的大脑、沾满酒渍的牙齿和病恹恹的肚子，你能觉悟到自性吗？"史密斯说："我没病，我很好……"① 他根本听不进贾菲的劝告，依然喝酒，而且没有参加讲座。

令人吃惊的是，黄昏时，贾菲回来了。他向史密斯喊道："你知道发生了什么事情吗，史密斯？我到了佛学中心，他们都在用茶杯喝清酒，每个人都醉了。全是疯狂的日本和尚！你是对的！喝不喝酒没有任何分别！我们都醉着讨论般若。棒呆了！"② 从此，斯耐德和凯鲁亚克就没有在喝酒的问题上发生过争执。自然，凯鲁亚克依然嗜酒如命。1969 年，凯鲁亚克死于因酗酒引起的大出血，年仅 47 岁。

不饮酒是佛教在家男女都必须遵守的五条戒律之一，对出家的僧、尼而言更不可违犯。佛教从中国传播到日本后受当地的政治、经济、文化等诸多因素的影响，逐渐实现本土化，日本佛教于是呈现与其他国家、地区的佛教不一致的内容，轻视甚至违背戒律就是其重要特点之一。

《达摩流浪者》中，史密斯通过贾菲接触到藏传佛教密宗中的雅雍。"雅雍"是藏语音译词，原意为"父母"，指印度、尼泊尔和中国西藏地区佛教艺术中男神与女性配偶合体的形象。

一天晚上，在阿尔瓦·古尔德布克的住处，贾菲教会了史密斯什么是雅雍。贾菲、阿尔瓦先后与一个名叫普林西丝（Princess）的女子发生性行为。在一旁观看的史密斯写道：

> 虽然面前的情景令人血脉贲张，我对普林西丝也垂涎欲滴，但一整年的禁欲生活所建立的自制依然让我裹足不前。我过禁欲生活是基于自己的感受：色欲是"生"的直接原因，而"生"又是"苦"和"死"的直接原因。说真的，我当时认为，色欲是一种讨厌的甚至残忍的欲望。
>
> 每当我不情愿地转过头，不让自己去盯着那些倾城倾国的印第安墨西哥姑娘时，头脑中就会闪现自己的座右铭——"漂亮女孩是掘

---

① Kerouac, Jack, *The Dharma Bums*. New York：The Viking Press, Inc., 1958, p. 149.

② Ibid., p. 151.

墓人"。摒弃色欲的我尽情享受了一段崭新而平静的生活，但眼前的景象让人实在难以抗拒……①

显然，眼前的景象令史密斯难以自持，他的内心在纠结，两种力量在争斗。结果是，史密斯经受不住诱惑，参与了淫乱活动。他略带懊恼地说："佛教禁欲生活带给我的一切平静都被冲到下水道里去了。"②

事后，史密斯在和普林西丝说话时意识到，"她想要像贾菲一样，成为一个伟大的佛教徒。因为她是个女孩子，所以就只能以这种方式来表达。这种方式在藏传佛教的雅雍仪式中有其传统根源，所以一切都好"③。所谓"这种方式"当然就是指出卖肉体。凯鲁亚克的这种观点违背佛教的基本教义，而且丝毫不了解女性在佛教的发展中起过的重要而积极的作用。

雅雍是藏传佛教密宗中男女合体的修行方法。在藏密四续部中只有最高级别的无上瑜伽续才有雅雍，其目的是以爱欲为除障修道之法，从而达到"自性净"。该法以方便为父，以般若为母，以明王、明妃合体象征"悲智和合"。藏传佛教宗派中最古老的宁玛派允许僧人娶妻生子，僧人的妻子就是他修行时的明妃。明代，宗喀巴大师针对当时藏传佛教的弊端，倡导戒律，进行改革。他通过撰写著作，阐明显密两宗的修行次第，提倡不分显密都必须恪守戒律，从而创立格鲁派。格鲁派信徒不再以身去修习雅雍，而是采用了观想雅雍的方法来修法。修习雅雍等密法，必须严格按照修行宗旨和特殊的仪轨进行，绝非普通信徒所能轻易接触。格鲁派更加强调先显后密的修行次第，能够修习无上瑜伽续密法的僧人寥寥无几。

从本质上来说，斯耐德、凯鲁亚克等人的所谓"雅雍"不过是借藏传佛教密宗之名而行淫乱之实罢了。

寻欢作乐后，史密斯在树下打坐，阿尔瓦过来对他说："你不认为，像贾菲那样泡泡妞、搞搞研究、痛快地玩、真正做点事，要比你这样愚蠢地坐在树下有趣得多吗？"史密斯说："你错了。贾菲所做的一切，不过

---

① Kerouac, Jack, *The Dharma Bums.* New York：The Viking Press, Inc., 1958, pp. 25 – 26.

② Ibid., p. 26.

③ Ibid..

是在‘空’中娱乐他自己一下而已。”① 阿尔瓦不同意史密斯的观点，认为佛教毫无用处。史密斯告知阿尔瓦：

> ……你有六识，所以你才愚昧地相信自己不仅有六识，而且凭借它们自己接触到一个真实的外部世界。如果没有眼，你就看不到我。如果没有耳，你就听不到那架飞机。如果没有鼻子，你就闻不到午夜薄荷的芬芳。如果没有舌头，你就尝不出不同的味道。如果没有身体，你就感受不到普林西丝。没有我，没有飞机，没有心，没有普林西丝，一切都不存在……②

这段话有三点值得注意：第一，史密斯在此只提到眼根等前五根，忽视了意根具有能取“法”、生长意识的功能。第二，《成唯识论》指出：“外境随情而施设故非有如识，内识必依因缘生故非无如境。”③ 意思是说，诸法随人的情识设置而非有，识依因缘而生故非无，所缘之境，唯识所现，诸法皆不离心。瑜伽行派主张“唯识无境”，认为世界一切现象都是人的内心所变现，心外无独立的客观存在。其基本思想在肯定内心的真实性的前提下，并没有否定诸法具有相对的真实性。正由于诸法是内心所变现，因此人的内心对诸法的认识本质上就是一种自我认识。史密斯认为“一切都不存在”，是对“唯识无境”做了望文生义的错误解读。不得不承认，他的这种错误观点具有代表性而且相当普遍。第三，史密斯没有提到瑜伽行派着重阐发的识体——阿赖耶识和以阿赖耶识为其存在活动的依据的末那识。阿赖耶识和末那识是上述六识发生的依据，这说明凯鲁亚克对瑜伽行派思想的了解很肤浅。

凯鲁亚克的推论显然不合逻辑。他通过曲解“唯识无境”的思想来否定淫乱活动的客观实在性，从而为自己的秽行找到开脱的理由。阿尔瓦走后，史密斯自己感到“的确有一股喜悦笼罩着我，因为我知道，所有这一切慌乱，不过是一场已经结束的梦。我不必担忧，因为我不是

① Kerouac, Jack, *The Dharma Bums*. New York: The Viking Press, Inc., 1958, p. 28.
② Ibid., pp. 28–29.
③ 《成唯识论》卷一，《大正藏》第31册，第1页中。

'我'"①。凯鲁亚克通过歪曲"人无我"的思想，再次为自己的纵欲之举找到理由。凯鲁亚克的喜悦当然是有原因的。一方面，他通过淫乱行为满足了自己的欲望，这自然令他喜悦；另一方面，他利用佛教的观点为自己的淫行进行辩护，使自己免受良心的谴责，成功摆脱了道德上的负罪感，这恐怕更令他喜悦。凯鲁亚克的推论实在太荒谬了。按照他的逻辑，既然一切都不存在，我不是"我"，那任何人胡作非为都可以不用为自己的行为承担责任了！

凯鲁亚克借助佛教不同派别的思想来为自己的垮掉行为辩护，对自己进行心理安慰，成功消解了这两者之间的矛盾，从而使垮掉行为合理化甚至一定程度的神圣化。

这种辩护带来了两方面的后果：第一，凯鲁亚克在垮掉时更加无所顾忌和心安理得。垮掉程度的加深戕害了凯鲁亚克的健康，成为他英年早逝的主要原因。第二，佛教在凯鲁亚克心目中的神圣性打了折扣。这为他在生命的最后几年放弃佛教而重归天主教信仰埋下了伏笔。

三　金斯伯格与佛教

金斯伯格是"垮掉的一代"文学的代表人物。佛教尤其是禅宗及藏传佛教的一些内容对他的创作产生了相当重要的影响。

（一）金斯伯格略传

1926 年 7 月 3 日，金斯伯格出生在新泽西州纽瓦克帕特逊市的一个俄国犹太裔家庭。他的父亲路易斯·金斯伯格是一名诗人，出版过多部诗集。金斯伯格的母亲娜阿米生于俄国，14 岁时跟随父母移居美国。受家庭的影响，娜阿米加入了美国共产党，并参加相关的活动。路易斯的父母坚决反对他与娜阿米结婚。娜阿米在婚前患过精神类疾病。母亲的"左"倾思想对金斯伯格的一生影响巨大。

金斯伯格幼年时，母亲的精神病经常发作。20 世纪 50 年代，随着美国国内的政治气氛令人窒息，娜阿米最终精神分裂。1948 年，她与路易斯离婚，并于 1957 年去世。金斯伯格在长诗《卡迪什》 （Kaddish②，

---

① Kerouac, Jack, *The Dharma Bums*. New York：The Viking Press, Inc. , 1958, p. 29.

② Ginsberg, Allen, *Kaddish, and Other Poems*, 1958 - 1960. San Francisco：City Lights Books, 1961.

1961）、《白色的尸衣》（*White Shroud*，1983）中对母亲所遭受的精神痛苦进行了详细的描绘，让人读起来倍感辛酸。

金斯伯格在幼年时受父亲的熏陶熟悉了惠特曼、狄更生、雪莱等诗人的诗歌。读高中时，他已经成为一名文学方面的积极分子。

1943 年 7 月，金斯伯格考入哥伦比亚大学，在校期间，他结识了凯鲁亚克以及比他年长的巴洛斯、尼尔·卡萨迪（Neal Cassady，1926—1968）等人，他们有着类似的艺术情趣及生活方式（酗酒、同性恋、吸毒等）。1945 年，金斯伯格退学。1946 年，他重回哥伦比亚大学。1948 年，他以优异的成绩毕业。

1954 年，金斯伯格来到旧金山，结识了斯耐德、肯尼斯·雷克斯罗斯（Kenneth Rexoth，1905—1982）、罗伯特·邓肯（Robert Duncan，1919—1988）等诗人和艺术家。

1955 年 10 月，金斯伯格在旧金山六画廊（Six Gallery）朗读长诗《嚎叫》[1]（*Howl*[2]）。参加这次聚会的有凯鲁亚克、迈克尔·迈克鲁尔（Michael McClure，1932— ）、菲利普·沃伦（Philip Whalen，1923—2002）、斯耐德以及雷克斯罗斯等人。这是"垮掉的一代"运动的一个重大事件，标志着"旧金山文艺复兴"（San Francisco Renaissance）的到来。

1956 年，《嚎叫》由旧金山"城市之光"出版社出版。它被认为是"诲淫作品"，出版者被告上法庭。最后经过激烈的辩论，《嚎叫》没有被指控为诲淫作品。金斯伯格由此声名鹊起。

1956 年、1961 年和 1965 年，金斯伯格三次前往欧洲、亚洲和美洲等国旅行。回国后，他发现反主流文化已经成为潮流，自己也成了引人注目的人物。1965 年秋，他在伯克利参加学生的反对越南战争的运动。

20 世纪 70 年代，金斯伯格更加积极地参加反对政府的抗议活动，包括民权运动、反对核武器的运动、反对越南战争的活动等，他也因此多次入狱。1974 年，他的诗集《美国的衰落》（*The Fall of America*[3]）获得全国图书奖。1984 年 10 月，金斯伯格随美国作家代表团访问中国。1995 年，他获得普利策诗歌奖最后提名。1997 年 4 月 5 日，金斯伯格在纽约

---

① ［美］艾伦·金斯伯格：《嚎叫》，文楚安译，四川文艺出版社 2001 年版。

② Ginsberg，Allen，*Howl and Other Poems*. San Francisco，Calif. ：City Lights Books，1959.

③ Ginsberg，Allen，*The Fall of America*. San Francisco，Calif. ：City Lights，1972.

去世。

金斯伯格是一位多产的诗人，其诗集还有《空洞之镜：愤怒之门》（*Empty Mirror：Gates of Wrath*）、《现实三明治》（*Reality Sandwiches*①）、《行星消息》（*Planet News*，1961 – 1967②）、《思想呼吸》（*Mind Breaths All Over the Place*）、《冥府颂》（*Plutonian Ode*）、《向世界祝福：1988—1992》（*Cosmopolitian Greetings*）、《快照诗法》（*Snapshot Poetics*③）、《金斯伯格文选》④（*Deliberate Prose*⑤）等。

（二）金斯伯格的佛教观

有学者认为："布莱克、雪莱、惠特曼这三位诗人总体而言给金斯伯格的教益远比他从佛教箴言所学到的要多。"⑥ 这种说法也许不能完全算错，不过，佛教其实对金斯伯格的人生态度和文学创作都产生了相当重要的影响。

1953 年，金斯伯格在图书馆读到铃木大拙的一本书，接触到禅宗。这本书对开悟的描述让他回想到自己几年前在哈莱姆（Harlem）公寓中的神秘体验，金斯伯格认为，"开悟"正是能够描绘他当时切身感受的一个词。他对佛教产生了兴趣。随后，金斯伯格通过凯鲁亚克、斯耐德等人与佛教的联系越来越密切。

1961 年，他在印度、越南、日本等国旅游四个月，他对佛教的兴趣大大增加。他在散文集《印度札记》等作品中记载了这段时期其思想的转变。他说："有一段时期，我曾对某种形式的上帝、天使及基督深信不疑——可现在，作为一个佛教信徒，我认为一种被唤醒的虚空（Sunyata）才是人生的真谛。没有上帝，没有自我，甚至也没有惠特曼所说的普遍的自我。"⑦

---

① Ginsberg, Allen, *Reality Sandwiches*. San Francisco, Calif. : City Lights Books, 1963.

② Ginsberg, Allen, *Planet News*, 1961 – 1967. San Francisco, Calif. : City Lights Books, 1968.

③ Ginsberg, Allen, *Snapshot Poetics*. San Francisco：Chronicle Books, 1993.

④ ［美］比尔·摩根编：《金斯伯格文选》，文楚安译，四川文艺出版社 2005 年版。

⑤ Ginsberg, Allen, *Deliberate Prose*. New York：Harper Collins Publishers, 2000.

⑥ ［美］海伦·文德莱：《对美国的透视：艾伦·金斯伯格四十年来的诗歌》，载［美］艾伦·金斯伯格《金斯伯格诗选》，文楚安译，四川文艺出版社 2000 年版，第 489 页。

⑦ 文楚安：《艾伦·金斯伯格简论》，载［美］艾伦·金斯伯格《金斯伯格诗选》，文楚安译，四川文艺出版社 2000 年版，第 21—22 页。

1972 年，金斯伯格结识丘扬创巴，并拜他为师，学习坐禅等修行方法。从 1974 年开始，金斯伯格经常在丘扬创巴创立的纳罗巴学院及其附属的凯鲁亚克超验诗歌学校教授佛法诗歌。1992 年 5 月，金斯伯格在美国正式皈依佛教，丘扬创巴为他取的法名是"达摩之狮"（Lion of Dharma）。

金斯伯格的第一部诗集名为《空洞之镜：愤怒之门》，它收录了诗人 1947—1952 年的作品。从书名我们能看出，金斯伯格在 20 世纪 50 年代初就已经对佛教产生兴趣。1953 年，金斯伯格在一本艺术书上看到了中国南朝画家梁开的一幅名为《释迦牟尼从山上下来》的画，于是他创作了同名的一首诗。全诗描绘了释迦牟尼穿着破旧的长袍，赤着脚从山洞走出来的情景，赞颂佛陀为了寻求觉悟而苦修，生活极其艰苦，精神却崇高伟大的品格。金斯伯格写道："谦卑是超越/在这个实实在在的人世。"① 当然，该诗中也有一些观念与早期佛教的思想并不一致。他说，释迦牟尼"此生他除此追求万事皆空"②，"空"是大乘佛教才有的观念；诗人认为释迦牟尼"万念皆无"③ 也是不适当的。

《嚎叫》定本的第四部分是《〈嚎叫〉注释》。在诗歌的结尾，金斯伯格写道："宽恕神圣！怜悯！救济！信念！神圣！我们拥有的，躯体痛苦崇高！/灵魂所具有的超脱自然的大智大善神圣！"④ 诗人在对该诗的注释中指出，这两句诗是受到佛教教义的启示而写出的。

在《渴望真实的狮子》一诗中，金斯伯格用荒诞的手法将他对布莱克的幻念比作一头闯进他房间的狮子。他形容这头狮子"……躺在/用鸡蛋箱板做成的书架亭旁上面堆放着柏拉图和有关佛教陀的大部头著作"⑤。可见，金斯伯格阅读了不少关于佛陀的书。

在《维基塔中的箴言》中，金斯伯格写道："……纵然拥有西维基塔

①　［美］艾伦·金斯伯格：《金斯伯格诗选》，文楚安译，四川文艺出版社 2000 年版，第 83 页。

②　同上书，第 82 页。

③　同上。

④　同上书，第 130 页。

⑤　同上书，第 165 页。

所有的一切/最终还是回归虚无！/边饮咖啡边朗读智慧箴言……"① 诗人在箴言后所作的注释是："与禅宗及西藏佛教修行有关的最高智慧箴言录，诸如'色即空，空即色'等。""色即是空，空即是色"出自《心经》，可以视为大乘空宗思想最浓缩、最核心的思想。《心经》也有藏译本，说它与藏传佛教有关不能算错，但它显然与禅宗并无直接的联系。该诗中译者将它译为"形即空，空即形"是不对的，出错的根本原因在于早期西方学者将"色"译成"form"本来就不正确。"色"在五蕴中的内涵是"质碍"，大体相当于"物质"概念。从这个意义来说，将"色"英译为"matter"或"substance"比"form"更接近原意。

在《造访威尔士》一诗中，诗人写道："每朵花儿都是佛陀的眼，重述一个故事，/千姿百态绚丽绝伦——"② 这句诗自然让人联想到禅宗中的"青青翠竹尽是法身，郁郁黄花无非般若"的观念。当然，金斯伯格不一定接触到了"法身"的概念，但他所说的"佛陀的眼"无疑就是抽象的"法身"概念的意象性表述。

总之，作为诗人而非宗教学者，金斯伯格对佛教的相关内容采用的是一种"拿来主义"的态度。禅宗及藏传密宗的一些观念在他的诗歌中都有程度不同的体现，他对佛教因素的利用与吸收主要通过抽象、精练的诗句来体现，所以他的诗歌中所体现的有些佛教因素较为隐晦和抽象，这显然增加了我们把握、分析相关内容的难度。这自然也与凯鲁亚克通过小说的形式来展现他的佛教观有相当大的区别。

四　斯耐德与佛教

在"垮掉的一代"作家中，对佛教了解最多、受佛教思想影响最大的是斯耐德。他通晓汉语，还曾经在日本寺庙修行多年。佛教对其思想和文学创作的巨大影响更是有目共睹。

（一）斯耐德略传

1930 年 5 月 8 日，斯耐德生于旧金山。他两岁时，正逢美国经济陷入萧条，父母为了谋生，举家搬迁到华盛顿州的乡下务农。斯耐德从小热

---

① ［美］艾伦·金斯伯格：《金斯伯格诗选》，文楚安译，四川文艺出版社 2000 年版，第 260 页。

② 同上书，第 293 页。

爱大自然。1942 年，斯耐德全家迁入城市，但他对大自然的热情有增无减。这时，他在西雅图艺术博物馆看到几幅中国山水画，斯耐德对中国文化体现的自然观产生了强烈的共鸣。

1947 年，斯耐德到俄勒冈州波特兰市（Portland）的里德学院（Reed College）读大学，主修人类学、语言学和文学。这期间，他开始学习中国和日本的古典诗歌，并阅读中国和印度佛教文学的英译作品。这时，他从千崎如幻的一名学生那里首次听说禅宗。1951 年，他读到铃木大拙的《禅宗论集》。斯耐德开始自学坐禅。

1953 年，斯耐德就读于加州大学伯克利分校的东方语言系，他系统学习中国古典文学，还尝试将中国诗歌翻译为英语。

1953—1955 年，斯耐德对中国禅宗产生浓厚的兴趣，并开始翻译寒山的诗歌。后来，他出版脍炙人口的译作《寒山诗》（*Cold Mountain Poems*）。

这段时期，斯耐德定期参加由净土真宗伯克利佛教教会（Jodo Shinshu Berkeley Buddhist Church）组织的学佛小组。在这里，他认识了沃茨和佐佐木夫人，佐佐木夫人为斯耐德安排了一笔奖学金。

1956 年 5 月，斯耐德乘船前往日本。他在京都相国寺跟随三浦一舟禅师学习，后来又跟随大德寺的小田雪窗（Sesso Oda，1901—1966）禅师习禅。斯耐德描述过他在大德寺的修行生活：

> 我们每天至少五小时盘腿打坐。在坐禅的间隙，每个人都做体力活——干农活、腌制蔬菜、劈木柴、清洗浴室、轮流在厨房工作。每天与小田雪窗老师小参至少两次。这时，我们需要对老师布置下来的公案提出自己的看法……睡眠时间少，食物不足，房间简陋，没有取暖设施……①

1958 年，斯耐德暂时回到美国。他和几个朋友组成一个坐禅小组，但它很快解散。不久，他回到日本，继续跟随小田雪窗禅师修行。

1966 年，斯耐德从日本暂时回美国，亲身体验到国内反主流文化的

---

① Snyder, Gary, *The Practice of the Wild.* Washington DC. : Shoemaker & Hoard, 2003, pp. 158 – 159.

浪潮。

1970 年，斯耐德回到美国后，在北加州山中建起一座木屋作为居所。1974 年，他将这间木屋命名为骨圈禅堂（Ring of Bone Zendo）。1982 年，他在木屋附近与当地的佛教徒合作，盖起一间相当规模的禅堂，他们定期坐禅、修行。①

1984 年 9—11 月，斯耐德与其他美国作家受中国作家协会的邀请，到中国内地参观访问。

斯耐德是一位多产的诗人和作家。他的主要作品还有：《神话和文本》（*Myths and Texts*，1960）、《后面的国度》（*The Back Country*②，1967）、《关于浪》（*Regarding Waves*，1970）、《龟岛》（*Turtle Island*③，1974）、《斧柄：诗歌》（*Axes Handles：Poems*，1983）、《山河无尽》（*Mountains and Rivers without End*④，1996）、《砌石和寒山诗》（*Riprap and Cold Mountain Poems*，1999）、《加里·斯耐德作品选：散文、诗歌与翻译 1952—1998》（*The Gary Snyder Reader：Prose，Poetry and Translations 1952—1998*⑤，1999）、《注意》（*Look Out*⑥）、《山顶之险》（*Danger on Peaks*⑦）、《后面之火上》（*Back on the Fire*⑧）、《水面波纹》（*Ripples on the Surface*）等。

（二）斯耐德的佛教观

斯耐德是一名环保主义者，他热爱大自然，对大乘佛教的慈悲、利他思想深表认同，认为在家的修行者同样也能悟道。他说："在佛陀的时代，僧伽由抛弃了世俗生活的僧、尼构成。当时的观点认为，作为在家者，他（她）不可能真正觉悟。在家者可能通过帮助僧伽和过有道德的生活来积累功德，但是他们却与更深刻的体验无缘……在大乘佛教中，俗人和妇女也被认为是可敬的修道者，他们几乎能与僧人们比肩。或者说，

---

① 钟玲：《史耐德与中国文化》，首都师范大学出版社 2006 年版，第 90—91 页。

② Snyder，Gary，*The Back Country*. New York：New Directions Publishing Corporation，1971.

③ Snyder，Gary，*Turtle Island*. New York：New Directions Publishing Corporation，1974.

④ Snyder，Gary，*Mountains and Rivers without End*. Washington D. C. ：Counterpoint，1996.

⑤ Snyder，Gary，*The Gary Snyder Reader：Prose，Poetry and Translations 1952 – 1998*、Berkeley：Counterpoint，2000.

⑥ Snyder，Gary，*Look Out. New York*：New Directions Pub. ，2002.

⑦ Snyder，Gary，*Danger on Peaks*. Washington DC. ：Shoemaker & Hoard，2004.

⑧ Snyder，Gary，*Back on the Fire*. Berkeley：Counterpoint，2007.

尽管过着世俗生活，他们至少在理论上能够达到觉悟。"①

　　大乘佛教各宗派中，斯耐德最推崇禅宗。虽然他曾经在日本学习禅宗达十多年，但他通过对禅宗史的学习，发现中国禅比日本禅更加生动、自然。斯耐德指出，他在骨圈禅堂中研习的并非日本的临济禅，而是中国禅。他说，他们所学的"与其说是日本禅，倒不如说是中国禅。就这一点而言，我指的不是那么拘泥于寺院的、日本式的禅，而是更'中国式的'禅——更早的、更少法典化的、更普遍的、更生态的、更嬉戏的……"②

　　斯耐德敬仰的中国僧人有玄奘和百丈怀海禅师。在《驼背的吹笛者》一诗中，斯耐德描绘了玄奘从印度回中国途中的远行者形象：

> 玄奘
> 　　公元 629 年去印度
> 　　645 年回中国
> 　　带着 657 部佛经、佛像、曼荼罗
> 　　以及 50 种圣物——
> 　　背一个架子弯曲的包，上有一把伞，
> 　　及刺绣、雕刻，
> 　　他行走时，香炉在摆动③

　　斯耐德翻译过百丈怀海的《禅门规式》，对他所倡导的禅寺自食其力的思想深表赞许。斯耐德还认为《禅门规式》中"行普请法，上下均力也"体现了民主精神。他说：

> 　　百丈……明确表示，乞讨并非我们维生的主要方式。我们维生的方法是种植我们自己的食物，建造我们自己的建筑，而且让包括为师

① Snyder，Gary，" ' Wild' in China. " In *The Gary Snyder Reader：Prose，Poetry and Translations* 1952 – 1998，Berkeley：Counterpoint，2000，p. 289.

② Murphy，Patrick D. ，*Understanding Gary Snyder*. Columbia，South. Carolina：University of South Carolina Press，1992，p. 14.

③ Snyder，Gary，*Mountains and Rivers Without End.* Washington D. C. ：Counterpoint，1996，p. 79.

者在内的每一个人工作。只要他的身体允许，为师者必须外出，与弟子们一起用手劳作。尽管后来的中国禅和日本禅更加高雅和精致，但这项传统从未废除。①

此外，斯耐德还对华严宗及天台宗的思想有兴趣。他研究过《华严经》及学者对此的研究成果。他利用"事事无碍法界"的概念来为他建立自己的生态环保观服务。《驼背的吹笛者》一诗中，他利用《华严经》中因陀罗网一珠映现一切珠的意象来表现场景，使得诗歌别具情趣和深度。

> 在多条彩虹上升起
> 并落下闪光的雨
> 每滴——
> 小小的人斜着滑下：
> 每滴上坐着一尊小佛——
> 加入地面上
> 百万尊摇动的青草—种子—佛②

斯耐德还接受天台宗僧人湛然"无情有性"的重要思想，认为一切无情之物同样具有佛性。

总之，斯耐德虽然在日本接受了十多年的禅宗训练，但他的思想却不仅限于日本禅，他对中国禅宗、华严宗、天台宗、密宗的诸多方面都有涉及。这些内容在他的作品中都有数量不一、程度不同的体现。

五　对垮掉禅的反思

对"垮掉的一代"作家中出现的恶搞、轻佻、具有强烈反叛色彩的禅法，西方人称为"Beat Zen"。该词可译为"垮掉禅"，也有学者将其译

---

① Snyder, Gary, *The Real Work*: *Interviews and Talks* 1964 – 1979. New Work: New Direction Publishing Corporation, 1980, p. 105.

② Snyder, Gary, *Mountains and Rivers Without End.* Washington D. C. : Counterpoint, 1996, p. 81.

为"颓废禅"。禅宗在西方风行一时的五六十年代，就有西方学者对此提出了异议及批评。其中最具代表性的就是沃茨。

1958 年夏季的《芝加哥评论》（*Chicago Review*）出版了一期禅宗专刊，其中就有沃茨的文章《垮掉禅、古板禅和禅》（*Beat Zen, Square Zen and Zen*）。

沃茨指出，从使用禅来调整艺术、文学和生活中十足的奇思怪想，到强有力的社会批判以及"对宇宙的探索"中都有垮掉禅的存在。[①]

古板禅指的是日本寺院中官方式的以严格的方式来修行的禅法。一些西方人在日本学习它，不久将带着"准备挂在墙上的证书"回到美国。沃茨以中国唐代的禅宗为标准，对垮掉禅和古板禅这两种极端进行了批判。他说："垮掉禅往往是一片阴影。它太有自我意识、太主观、太刺耳，而不具有禅的风味。"[②] 古板禅也背离了中国禅宗原本生动活泼的精神本质。不过，沃茨后来在自传中说，经常有人认为，他"对禅宗的草率的、随意的态度在很大程度上要为臭名昭著的'禅疯'负责。'禅疯'于 20 世纪 50 年代末在艺术家和假知识分子中风行一时，凯鲁亚克《达摩流浪者》中轻佻的垮掉禅、弗兰兹·克莱恩（Franz Kline，1910—1962）的黑白抽象画和约翰·凯奇的无声音乐会都是它的产物"[③]。沃茨自己承认，这种说法有些道理。

"垮掉的一代"作家以及嬉皮士们以禅宗为思想武器，反抗当时美国社会的主流文化。在反对越南战争、腐朽的美国官僚制度方面的积极意义自然值得肯定。不过，他们所倡导的垮掉禅从根本上违背了禅宗的宗旨，是对禅宗思想的误读与曲解。这样一来，垮掉禅在以后的发展演变中更加脱离正确的轨道就是必然的了。

20 世纪 60 年代，两名前哈佛大学的学者发明了新型致幻剂 LSD，从此，LSD 就与禅修联系在了一起。有些瘾君子宣称，服用 LSD 就能轻易达到通过禅修才能体会的终极感受，有些一时找不到毒品的人居然通过坐禅来尝试能否得到致幻体验，对此，有些寺院禁止服用了

---

① Watts, Alan. W., "Beat Zen, Square Zen and Zen." *Chicago Review*（1958 Summer），8. http://hum. uchicago. edu/orgs/review/60th/pdfs/15watts. pdf.

② Ibid. .

③ Fields, Rick, *How the Swans Came to the Lake: A Narrative History of Buddhism in America.* 2nd revised and updated ed. , Boston: Shambhala Publications, Inc. , 1986, p. 221.

LSD 的人坐禅。铃木大拙也对滥用 LSD 的现象表示担忧，并警告禅宗界加以关注。但是有些美国人的态度却比较暧昧，例如艾伦·沃茨就同情 LSD，他指出，LSD 给了他"一种既像又不像我所理解的禅的芬芳的体验"①。

艾特肯记得，1963 年、1964 年时一些完全陌生的人来到坐禅窟。后来他听到流言说，坐禅窟是一个产生迷幻感觉的好地方。这些人当然就是嬉皮士，所有来的年轻人都服用过某种毒品，他们当中很多人对坐禅有兴趣。艾特肯决定在毛依岛上建一个坐禅窟的分部，并实施正规的坐禅，以帮助那些瘾君子恢复正常。该禅堂被认为是一个可以让服毒者恢复理智的地方，所以很快出名。② 据艾特肯观察，大麻会"破坏平衡感"，而"LSD 对人格结构有很大的损害"③。

第九节　汉传佛教的发展

尽管华人最早将佛教传播到美国，但是由于《排华法案》的影响，华人在美国的数量在半个多世纪里持续降低，这极大地妨碍了汉传佛教的发展。随着《排华法案》的废除，汉传佛教在美国的发展进入了一个崭新的阶段。

一　《排华法案》的废除

进入 20 世纪，清王朝日暮途穷，腐朽落后，内外交困，资产阶级民主、自由思想在国内开始缓慢传播。美国的华人也决心促进中国的进步和美国华人的革新。华人革新的内容之一就涉及宗教信仰。1907 年，宁阳会馆在迁回华埠时，邀请嘉宾演讲，而不再像从前那样求神拜佛。1910年 7 月，肇庆会馆通过在新馆中不陈列偶像的投票。1912 年，纽约华侨决定在公共场所取缔一切偶像。④ 这种革新对华人寺庙及佛教造成的巨大影响是显而易见的。美国基督宗教传教士们长期以来希望达到的目的由华

---

① Fields, Rick, *How the Swans Came to the Lake: A Narrative History of Buddhism in America.* 2nd revised and updated ed. , Boston: Shambhala Publications, Inc. , 1986, p. 251.

② Ibid. , p. 252.

③ Ibid. , pp. 252 – 253.

④ 陈勇：《华人的旧金山》，北京大学出版社 2009 年版，第 214 页。

人自己实现了。信仰基督宗教的华人逐渐增加，相应的，信仰中国传统宗教的华人逐渐减少。到 20 世纪 30 年代，旧金山华人的寺庙仅存 2 座。[①]

受排华法案的影响，进入 20 世纪，在美华人的人数持续下降。到1910 年时，人数为 71531 人；1920 年，只有 61369 人。[②]

虽然《排华法案》及其修正案对汉传佛教在美国的传播造成了严重的阻碍，但汉传佛教在美国的传播并未停止。法师、居士们克服重重困难，通过不懈的努力，继续在美国传播佛教。首先就是太虚大师在美国的短暂传法。

1928 年 8 月，太虚大师开始了在欧美各国的弘法之旅。他从上海起程，经地中海到法国；停留几个月后，1929 年 2 月底，他抵达纽约。他先后到纽约宗教学院、华盛顿国会图书馆、耶鲁大学、摩诃菩提会纽约分会、哥伦比亚大学等地参观、演讲。随后，他取道芝加哥前往旧金山。3月 20 日，太虚抵达旧金山。《太虚大师寰游记》载：

> ……日本临济宗佛徒千崎如幻，美国佛徒伏伦贝格，同至迎接……如幻师在三藩市布教廿余年，娴熟英语，颇得美士女信仰，与其余日僧仅能布教日人者不同。当邀余至其东渐禅窟，与伏伦贝格等谈……廿一日，如幻师邀余至日本菜馆午餐。餐毕，如幻陪余访本愿寺僧不遇……[③]

太虚大师在旧金山停留了半个月。他多次应千崎如幻之请，前往其禅堂作客并演讲；他还与诸多西方佛教徒商谈事宜。1929 年 4 月，他起程回国。中途在夏威夷檀香山停留了一天，净土真宗西本愿寺派法师今村惠猛、佛教青年会的干事植田政市等人会见了太虚。他还在当地基督教会、中华会馆商会、日本佛教青年会做了三次演讲。

太虚大师在欧洲、美国各地演讲、弘法，对汉传佛教在欧美各国的传播做出了努力，但作用与效果不大。主要原因在于他只是匆匆而过，不可

---

① 聂云：《20 世纪 70 年代以来美国华裔宗教信仰探析》，硕士学位论文，东北师范大学，2009 年，第 10 页。

② 陈翰生主编：《华工出国史料汇编》第七辑，中华书局 1984 年版，第 7 页。

③ 释太虚：《太虚大师全书·杂藏·文丛（一）·游记·寰游记》第三十一卷，《太虚大师全书》编委会编集，宗教文化出版社、全国图书馆文献缩微复制中心 2005 年版，第 386 页。

能长期驻在当地授徒、建立道场、弘法。汉传佛教在美国的长足发展主要还是从 20 世纪 50 年代起。

从 1931 年 "九一八" 事变起，中国就开始了抵抗日本法西斯的斗争。抗日战争为美国华人树立正面形象提供了一个很好的机会。渐渐地，在美国白人的意识里，美国华人被认为比日裔人更 "优秀"、更 "有价值"。太平洋战争爆发后，华人积极响应美国政府的号召，积极投入反法西斯战争，他们同时强烈呼吁政府废除《排华法案》。美国的一些有识之士在讨伐德、意、日法西斯惨无人道的种族屠杀政策时，也开始反思美国自身的种族歧视问题。奥斯瓦德·格里逊·韦拉德（Oswald Garrison Villard，1872—1949）质问，如果美国继续坚持《排华法案》，"那我们美国人怎能抨击可恶的种族主义呢"[1]？

当时侵华日军在中国广泛散布美国歧视、迫害华人的观点，其目的是分化瓦解中美反法西斯联盟的团结。日本的这种宣传被美国新闻界广泛报道，引起美国政治家的关注。历史学家约翰·W. 道尔（John W. Dower，1938—　）指出："在国会就《排华法案》举行的听证会上，一个退休的海军官员作证说，《排华法案》起的反作用抵得上日军的 '二十个师'。"[2]

"师" 的翻译有误，当为 "师团"。"二战" 中日军的建制有师团、旅团、大队、中队和小队等。

作为富有远见卓识的政治家，罗斯福总统充分认识到废除《排华法案》的重要意义。他在 1943 年 10 月 11 日致国会的信中说：

> 现在提请国会审议批准一项法案，许可中国人移居我国，并允准这里的中国居民成为美国公民。我认为，这一立法对于打赢这场战争和建立巩固和平的事业是重要的。
>
> 中国是我们的盟国。多年来，她为反对侵略而孤军奋战。今天我们和她一起战斗。它在极端不利的条件下始终坚持英勇的斗争。
>
> 中国理解，这场世界大战中，克敌制胜的战略，首先需要把我们的大部分力量集中使用于欧洲前线。它理解，我们所能提供给它的补

---

① 陈勇：《华人的旧金山》，北京大学出版社 2009 年版，第 294 页。

② 同上书，第 292 页。

给由于运输困难而受到限制。它知道大量的援助将会尽快运去——不仅是武器和补给上的援助，而且是在实施已经制定的有效反攻计划方面。我们和我们的盟国将把我们的兵力直指日本的心脏——我们的兵力将不断加强，直到把我们共同敌人赶出中国的土地。

然而，中国的抗战并不单纯依靠飞机和大炮，以及从海上、陆地和空中发动攻击。它也同样依靠本国人民的精神以及对于盟国的信任。我们有责任加强中国人民的这种信任。在这方面的一个步骤就是清除我们法典中那些不合时宜的东西，就是禁止中国人移居我国和不准华侨取得美国国籍。

国家和个人一样，也会犯错误。我们要有足够的勇气承认过去的错误，并加以改正。

通过废除排华法，我们就可以改正一项历史性错误，并消除日本人的歪曲宣传。有待国会制订的这项立法将使中国移民和其他国家移民受到同等的待遇。因此，中国的移民限额每年大约一百名左右。没有理由担心，这样数量的移民会造成失业，或加剧求职的竞争。

把公民权授与在我国相对说来为数不多的中国居民，将是又一着有意义的友好表示。这将进一步证明，我们不仅把中国当成共同作战的伙伴，还将把她当成和平时期的伙伴。这样会使中国人比某些其他东方人占有较优厚的地位，但是，他们对荣誉和自由事业所作的伟大贡献，使他们理应得到这种优惠。

我深信，国会是完全同意采取这种早应采取的措施，以纠正过去对我们朋友不公正的行为的。国会现在就此采取行动也是我们打算在同其他国家人民的关系中运用睦邻政策的一项保证。①

罗斯福总统的提议与美国的自身利益相一致。不仅从军事等方面给予中国援助，而且从政治、道义上支持中国，对中美两国团结协作、共同击败日本法西斯具有非常重大的意义和积极的作用。

1943 年，经过激烈争论，国会通过华盛顿州民主党议员沃伦·G. 马格努松的议案。它包括三项内容：第一，废除 1882—1913 年通过的所有

---

① ［美］富兰克林·德·罗斯福：《罗斯福选集》，关在汉编译，商务印书馆 1982 年版，第443—445 页。

排斥和禁止华人入境的移民法。第二，每年给予中国 105 名限额。第三，允许华人以同样的条件加入美国国籍。① 尽管 105 名的限额很少，而且该法案依然含有歧视的成分，但它的通过具有积极意义。它为华人进入美国打开了国门，在客观上为后来其他亚洲国家的移民入境奠定了基础。

"二战"结束时，美军在海外服役的士兵有几百万，他们中的许多人与驻地的异性结婚并生儿育女。美国国会于 1945 年和 1946 年分别颁布《战时新娘法》和《美军未婚妻法》，允许美军的外籍妻子、未婚妻及子女共 175000 人入境。1947 年，国会通过这类法案的修正案，允许美军的中国籍、日本籍妻子 13000 余人入境。② 这样，在美国的亚洲移民的数量逐渐增加，而且男女比例趋于平衡。

进入 20 世纪 60 年代，美国经济高速发展，民权运动风起云涌。美国颁布《民权法》，给予黑人和其他少数民族以平等的权利。国内反主流文化、新时代运动兴起，美国人对东方宗教的热情高涨。

1965 年，美国国会颁布《外来移民与国籍法修正案》。它规定："各国移民不分种族、宗教和国籍，都可以申请移民美国；除了在西半球设立总限额 12 万以外，欧洲、亚洲和非洲等地区的总限额每年为 17 万，各国每年的移民入境人数不得超过 2 万；各国移民按照先来后到的原则申请签证；美国政府中的任何机构和官员不得以种族、宗教、性别和国籍为由歧视任何符合移民条件的申请者；所有移民一律按出生国使用限额，不管该移民在来美国前是否由出生国迁往别国并加入该国国籍。"③

这意味着，从 19 世纪末以来针对亚洲移民的种种歧视政策从法律上被废除。结果，亚洲移民的人数快速增加，可以说，这是汉传佛教在美国快速发展和传播的重要条件。

二　20 世纪 50 年代的汉传佛教

进入 20 世纪 50 年代，美国华侨的身份、职业与能力同 19 世纪相比已经大相径庭。虽然华侨中也有工人，但大部分华侨的素质已经大大提高，他们中有公务员、律师、银行业者、公司职员、医生等。汉传佛教在

---

① 梁茂信：《美国移民政策研究》，东北师范大学出版社 1996 年版，第 160 页。
② 同上书，第 163—164 页。
③ 同上书，第 168 页。

美国的发展也进入一个新的阶段。在这十年中，在美国的华侨纷纷建立佛教组织，弘扬佛法。

（一）佛禅会

1951 年，居士冯善甫、冯善敦两兄弟等人在旧金山唐人街组建"佛禅会"。

1952 年，他们开始选择地址筹建道场。1963 年 3 月，一幢五层楼的建筑在华盛顿街 720 号建成，它被命名为"佛禅会礼教堂"（The Buddha's Universal Church）。参加佛禅会的信徒大约有 300 人，其中三分之二是青年。冯氏兄弟还花十年时间将《坛经》翻译成英文。该道场内部大殿中供奉佛像，设有图书馆、研究室、活动中心等机构。佛禅会开办青年禅修班、儿童禅修班等组织。①

（二）檀香山华侨佛教总会和虚云寺

1953 年 7 月，在香港知定法师的指导下，400 多名美籍汉传佛教信徒在夏威夷成立"檀香山华侨佛教总会"（The Chinese Buddhist Association of Hawaii）。该组织最初租房办公，暂无固定会址。

1956 年，知定法师来到檀香山弘法。总会买下一处房产，后来，在此基础上建成虚云寺。1964 年，总会开始修建大雄宝殿。1967 年，大殿落成，雄伟壮观，上层供奉佛像，下层是举行一般性法会和社交活动的场所。虚云寺举行定期讲经、周日念佛共修、佛菩萨圣诞日法会等活动。②

1956 年 10 月，法慧法师从香港来到虚云寺，帮助知定法师。他常驻虚云寺，讲经说法 40 多年。后来，法慧法师成为虚云寺住持。随着时间的推移，虚云寺的常驻僧人有所增加。到 20 世纪 90 年代中期，该寺共有八位常驻法师。③

（三）夏威夷中华佛教总会和檀华寺

1955 年，檀香山华人成立当地第二个汉传佛教组织——夏威夷中华佛教总会（Hawaii Chinese Buddhist Society），同时开始建立檀华寺。总会采用理事会制度进行管理。1956 年 7 月，筏可老和尚从香港来到檀华寺

---

① 于凌波：《美加华人社会佛教发展史》，台北：新文丰出版股份有限公司 1996 年版，第 90—92 页。

② 同上书，第 63—69 页。

③ 同上书，第 81—82 页。

讲经八个月。1957 年 12 月，竺摩法师带着弟子泉慧法师及祖印法师来到檀华寺。竺摩法师出任檀华寺住持。

檀华寺位于努纳努大道（Nunanu Avenue），外观为一座天主教教堂，但内部是纯粹的中国式样。全寺可容纳数百人，大殿正中供奉千手千眼观世音菩萨。檀华寺在周日举行念佛共修会，在佛、菩萨圣诞以及中国传统节日都举行法会，它还积极参加社会公益事业。

夏威夷中华佛教总会成立之初开办了启华小学，但不久停办。经竺摩法师等人的努力，学校得以恢复。竺摩法师在当地中文报纸《华报》上开辟《法海》专栏，写文章宣扬佛法并推行中文教育。三位法师还创设附属当地一家电台的"檀华播音社"，每周日上午用一个小时以中文播讲佛法。1958 年 3 月，播音社开播。

1958 年底，竺摩法师离开夏威夷。泉慧法师、祖印法师分别担任檀华寺正、副住持。

1964 年，由于经费困难，檀华播音社停播。由于稿源不继，《法海》专栏在维持十多年后被取消。1977 年，由于师资缺乏，启华小学再次停办。不过，在泉慧法师任住持时，檀华寺的总面积有所扩大。[①]

（四）观音庙

1957 年，香港了知法师应檀香山信众的邀请，来到观音寺出任住持。1959 年，因为市政工程要拓宽马路，观音庙必须拆除，了知法师发动华侨捐款，在旧址附近买地重新建庙。经过一年的努力，新庙建成，庙名依旧。台湾宏恩尼师继了知法师之后成为观音庙住持，1977 年，她来到观音庙。到 20 世纪 90 年代中期，观音庙有常驻法师四名。现在的观音庙位于檀香山唐人街附近的葡萄园大街（Vineyard Boulevard）。[②]

（五）三藩市佛教讲堂

1958 年初，果正、果式两名从香港来到旧金山的女居士成立"三藩市佛教讲堂"，它位于吕宋巷 32 号，讲堂宣扬大乘佛法。1959 年，讲堂

---

① 于凌波：《美加华人社会佛教发展史》，台北：新文丰出版股份有限公司 1996 年版，第 71—78 页；郑金德：《欧美的佛教》，台北：天华出版事业股份有限公司 1984 年版，第 216—217 页。

② 于凌波：《美加华人社会佛教发展史》，台北：新文丰出版股份有限公司 1996 年版，第 83—84 页。

迁到太平洋大街，后来，并入"美洲佛教会"。①

三　六七十年代的汉传佛教

进入 20 世纪 60 年代，在美国的汉传佛教徒和居士继续弘法事业，一些规模较大的佛教组织相继建立，使汉传佛教在美国的发展保持了较为强劲的趋势。

（一）美东佛教研究总会

1962 年，应金玉堂女居士在纽约创立美东佛教研究总会，简称美东佛教会，会址设在百老汇大街。她在会中设置佛堂，从台湾请来一尊千手千眼观世音菩萨像。1963 年 2 月，美东佛教会搬迁到唐人街。应金玉堂从旧金山请来妙峰法师在该会讲经三个月。1964 年 3 月，应金玉堂请乐渡法师到美东佛教会，于每月初一、十五两天讲经；同年秋，她又请来达宗法师。后来，乐渡法师离开该会，新建"美国佛教会"。1965 年，美东佛教会请来香港的慧光、达因尼师；后来，达宗法师及两位尼师均离开。1969 年，应金玉堂请来法云、浩霖法师；后来，法云法师离开，创立佛恩寺，浩霖法师离开，创立东方佛教会、东禅寺。应金玉堂又从苏州灵岩寺请来智明、瑞法二位法师讲经。1969 年，应金玉堂在纽约州南开罗县买下一块 600 英亩的土地，准备建寺。1970 年 7 月，寿冶老和尚主持动工典礼，该寺被命名为"大乘寺"。1971 年 9 月，大乘寺举行开光典礼，首任住持寿冶老和尚升座。后来，大乘寺又增建观音殿、迦蓝殿、五百罗汉殿等建筑。1982 年，一座七层塔建成。②

（二）宣化法师在美国的弘法

宣化法师，名安慈，字度轮，俗姓白，嗣法号宣化，吉林省双城县人。15 岁时，安慈皈依常智老和尚为师。19 岁时，安慈在哈尔滨三缘寺由常智老和尚剃度出家。1946 年，他到浙江普陀山受具足戒。随后，他南下到广东省南华寺参礼虚云老和尚。虚云老和尚传授法脉于他，并赐法名"宣化"，宣化法师成为沩仰宗第九代接法人。1948 年，宣化法师抵达香港弘法，经过多年的努力，他建立西乐园寺、佛教讲堂和慈兴禅寺，宣

---

① 于凌波：《美加华人社会佛教发展史》，台北：新文丰出版股份有限公司 1996 年版，第92 页。

② 同上书，第 128—132 页。

讲《楞严经》、《弥陀经》、《金刚经》、《地藏经》等经典。①

1. 建立道场

1962 年，宣化法师来到美国。起初，他在旧金山唐人街一间潮湿、黑暗的地下室修行，并自号"墓中僧"。1966—1970 年，宣化法师举办佛教讲堂，为信众讲经说法。1968 年，他成立暑假佛学讲修班，为华盛顿大学的美国学生讲解《楞严经》。随后，很多听讲的学生皈依，其中有五个白人学生出家为僧，② 这为他在美国进一步弘法打下了基础。

经过不懈的努力，宣化法师逐渐建立寺院。1970 年，旧金山金山寺（Gold Mountain Monastery）建成。1975 年，洛杉矶金轮寺（Gold Wheel Monastery）建成。1976 年，宣化法师和弟子们在旧金山市以北 110 英里乌凯亚（Ukaih）市的塔尔马基镇（Talmage）买下一块地，面积超过 480 英亩，他们在这里建成著名的万佛城（City of Ten Thousand Buddhas）。僧团的领导组织——法界佛教总会（Dharma Realm Buddhist Association）最初就设在这里。1984 年，西雅图金峰寺（Gold Summit Monastery）建成。1986 年，金山寺迁到旧金山唐人街新址。1990 年，金轮寺迁到新址。此外，在加拿大、中国台湾、中国香港和马来西亚也有法界佛教总会的分支道场。

万佛城内的一切人都要做到六条：不争、不贪、不求、不自私、不自利、不妄语。③ 宣化法师曾经撰写一副对联以明志：

　　　　冻死不攀缘，饿死不化缘，穷死不求缘，随缘不变，不变随缘，抱定我们三大宗旨。

　　　　舍命为佛事，造命为本事，正命为僧事，即事明理，明理即事，推行祖师一脉心传。④

万佛城的出家人每天定时有早晚课和午供。万佛城译经院专门翻译、

---

① 法界佛教大学佛经翻译委员会《宣化上人事迹》，高雄：智慧之源出版社 1993 年版，第 256—257 页。

② 陈心平：《墓中僧与万佛圣城》，载法界佛教大学佛经翻译委员会：《宣化上人事迹》，高雄：智慧之源出版社 1993 年版，第 243 页。

③ 法界佛教大学佛经翻译委员会：《宣化上人事迹》，高雄：智慧之源出版社 1993 年版，第 3 页。

④ 同上书，第 4 页。

编辑、出版了中英文对照的《万佛城日诵仪规》①，让弟子们的修行有章可循。日常功课还有听经、讲经、拜忏、坐禅等。宣化法师是沩仰宗的第九代传人，不过，在万佛城，净土宗的念佛、禅宗的参禅、律宗的持戒、密宗的念咒、华严宗的讲经说法的修行法门受到同等重视，学生们可以选择适合自己的法门进行修行。②

万佛城的出家人每天只在中午前吃一顿饭，晚上多采用静坐的姿势休息或入定，而不是躺下睡觉，这被称为"不倒单"。③ 他们严谨的修行赢得了美国人的尊敬和钦佩。

2. 重视教育

除了关注传法以及弟子们的修行，宣化法师还重视普通教育。1973年，法界佛教总会成立育良小学男女两校。1976年，培德中学男女两校和"法界佛教大学"（Dharma Realm Buddhist University）成立。育良小学和培德中学的学生们不仅学习美国中、小学同样的课程，而且接受道德情操的培养。在这方面，宣化法师充分利用了中国传统的儒家经典，如《弟子规》等。1982年，法界佛教总会设立四年制的僧伽训练班、居士训练班，以培养佛教人才。育良小学、培德中学、僧伽训练班、居士训练班获得了美国移民局的认可，可以招收各国学生。④ 1970年，金山寺的双语月刊《金刚菩提海》创刊。

3. 翻译佛经

宣化法师认为，要使佛教在西方社会生根、发芽、开花、结果，让西方人了解、熟悉佛教的义理是无法回避的一个问题，因此，将佛经翻译成相应的西方文字的重要性就不言而喻了。1973年，法界佛教总会成立"国际佛经翻译院"，开始将古汉语的大乘佛教经典翻译成白话文、英语、法语、西班牙语、越南语、印尼语等。很多西方人看到这些佛经后开始到法界佛教总会所属的道场修行。1990年，法界佛教总会

---

① 法界佛教大学译经院：《万佛城日诵仪规》，塔尔马基：中美佛教总会万佛城译经院1985年版。

② 陈心平：《墓中僧与万佛圣城》，载法界佛教大学佛经翻译委员会《宣化上人事迹》，高雄：智慧之源出版社1993年版，第245、247—248页。

③ 同上书，第245页。

④ 法界佛教大学佛经翻译委员会：《宣化上人事迹》，高雄：智慧之源出版社1993年版，第263页。

买下旧金山市一座大楼，改成国际佛经翻译院大楼，而且总会也从万佛城迁到这里。

宣化法师号召各个宗派的佛教徒通力合作，以完成佛经的翻译事业。他说："希望各国志同道合的人，不妨站到一起，无论是南传、北传的佛教徒，都能合作，共同努力来完成这项重要的工作。"①

4. 积极传法

宣化法师坚持讲经说法，数十年如一日。他经常接受邀请，前往美国各所大学进行讲演，传播佛教思想。他还为美国大学的师生开办讲修班，讲解佛经。他多次应其他国家佛教团体的邀请前往加拿大、欧洲及南美洲各国讲经说法。例如，1990 年，宣化法师率领法界佛教总会弘法团到欧洲的英国、比利时、法国、波兰弘法。②

宣化法师是一位具有广阔胸襟和视野的高僧。他不仅积极致力于佛法的传播，而且与基督宗教等其他宗教积极对话，共谋发展。1987 年 8 月，"世界宗教联席会议"在万佛城举行，佛教、道教、儒教、基督宗教和伊斯兰教的代表济济一堂，就伦理、科技、宗教、教育、家庭等世界关注的问题展开对话和探讨。③

5. 弟子风采

1977 年 5 月，为了祈求世界和平，消灭战争、灾难和杀人武器，宣化法师的两名美国弟子——恒实（Heng Sure，1949—　）法师和恒朝法师（Heng Ch'au）从洛杉矶的金轮寺三步一拜，直到万佛城，全程超过1100 公里，耗时两年九个月。他们的行为引起加州民众的广泛关注。

恒实法师，1949 年 10 月生于俄亥俄州（Ohio）的哥仑（Columbus），俗名克洛威利（Clowery）。15 岁时，他开始修习哈他瑜伽。17岁时，他到弗蒙特州（Vermont）的米德贝利学院（Middlebury College）学习东方文化。1967 年，恒实进入奥克兰大学（Oakland University），这是密歇根州（Michigan）在亚洲研究方面最好的大学之一。1968 年，恒实在研究《六祖坛经》时有所感悟。1969 年，他到台湾一所大学深

---

① 陈心平：《墓中僧与万佛圣城》，载法界佛教大学佛经翻译委员会《宣化上人事迹》，高雄：智慧之源出版社 1993 年版，第 252 页。

② 法界佛教大学佛经翻译委员会：《宣化上人事迹》，高雄：智慧之源出版社 1993 年版，第 280—281 页。

③ 同上书，第 273 页。

造，随后又去日本学习禅宗。他住在寺院中，并从这时起开始吃素。从奥克兰大学毕业后，恒实获得一项奖学金，于是，1972 年他到阿斯本人文学科研究所（Aspen Institute for Humanistic Studies）学习。后来，恒实到加州大学伯克利分校东方文学研究院学习并获得硕士学位。1974 年 5 月，恒实来到金山寺修行一个月。1976 年，他在万佛城受具足戒，法名果真。①

（三）美国佛教会

1964 年 10 月，姜黄玉靖女居士、沈家桢居士和香港乐渡法师在纽约创立"美国佛教会"，乐渡法师任会长。会址最初在一幢公寓楼上，1965 年，沈家桢居士的夫人居和如女士买下纽约市一幢大楼捐给美国佛教会作为会址。1968 年，大觉寺成立，乐渡法师任住持。大觉寺开办讲经班、静坐班、大觉修习班以及英文班、儿童中文班等训练项目。大觉寺是一座十方道场，诸多法师在此担任过住持，更多的法师到此挂单。1968 年，美国佛教会召开大会，确定"以修习佛法及弘扬佛法"为该会宗旨。1970 年，美国佛教会决定成立译经院。由于在美国没有找到适当的人才，译经院在台湾成立，沈家桢居士担任院长。1978 年，张澄基教授译出的《大宝积经》精品 22 卷在美国出版。1979 年，译经院由台湾中华佛学研究所接办。②

（四）世界宗教研究院

1970 年 10 月，沈家桢居士创立世界宗教研究院，院址设在纽约州的威切斯特县。沈居士建立该机构的目的是：第一，收集、保存各类宗教资料，结合现代科技，方便学者利用它们进行研究；第二，将不同宗教、不同语言的各种重要经典翻译成英语出版；第三，促进不同宗教之间的对话；第四，加强学者、教育家之间的合作，而且努力将宗教实践贯彻到普通人的日常生活中，提升人生的质量。

1972 年 10 月，世界宗教研究院迁至纽约州立大学石溪校区。1991 年 7 月，世界宗教研究院再迁至和如纪念图书馆内，该图书馆成为该院的永

---

① ［美］恒实、恒朝：《修行者的消息》上册，［美］恒道译，塔尔马基：中美佛教总会法界大学 1980 年版，第 41—42 页。

② 于凌波：《美加华人社会佛教发展史》，台北：新文丰出版股份有限公司 1996 年版，第 136—139 页。

久院址。到 20 世纪 90 年代中期，世界宗教研究院的藏书达 85000 余册，包括 32 种语言、930 多种期刊，还有几百种地图、视频及音频资料、缩微文献等，其中佛教资料最丰富。90 年代，沈家桢居士致力于将大藏经电子化。他在世界宗教研究院成立"佛教资讯电脑库"。该院还与台湾的研究机构合作，组成"中华电子佛典协会"，将汉文佛经电子化。①

经过艰苦的努力，中华电子佛典协会将《大正藏》、《卍续藏》等最常用的佛教典籍刻录成光碟发行，极大便利了佛教学者们的研究工作。沈居士及中华电子佛典协会为促进佛教学术的繁荣所做出的努力功德无量。

1975 年，沈家桢居士夫妇捐出纽约州 125 英亩土地给美国佛教会，以建造庄严寺。1976 年，庄严寺动工兴建。随着时间的推移，建成的主要建筑有观音殿、五观堂、千莲台、印光寮、太虚斋、退而不休斋、和如纪念图书馆、大佛殿等。②

（五）般若讲堂

1972 年，智海法师在旧金山创办佛山寺般若讲堂。1967 年，智海法师从香港来到纽约，驻锡大觉寺讲经。1970 年，他到旧金山定居。讲堂最初租用民宅为道场，举行讲经、坐禅、念佛共修等法事活动。1973 年，智海法师及其信徒在第七大道买下一幢三层楼的住宅，般若讲堂于是有了佛堂、讲堂、图书室等活动场所。1980 年，智海法师及信徒在金门公园附近的三十八大道买下一座旧天主教堂，并将它改建成道场。智海法师的信徒从最初的二三十人增加到 90 年代中期的 600 多人。1988 年，智海法师组成般若讲堂弘法团，参加的青年有 70 多人。弘法团还创办《佛音》杂志。1992 年，般若讲堂在南湾区成立三处般若念佛会，会长由居士担任，智海法师任导师。初学者的课本是智海法师选定的"佛教六经"。智海法师经常到美国各地讲经说法、传播佛教。③

（六）东禅寺

1972 年，来自台湾的浩霖法师在纽约唐人街创立东禅寺。1969 年，他应美东佛教总会之请来到纽约弘法。在该会讲经说法三年后，

---

① 于凌波：《美加华人社会佛教发展史》，台北：新文丰出版股份有限公司 1996 年版，第 146—154 页。

② 同上书，第 139—143 页。

③ 同上书，第 103—105 页。

浩霖法师被信徒挽留在美国弘法。他先租了一处房子作为临时佛殿，1979 年，他买下现在东禅寺所在的土地及建筑。1983 年，东禅寺改建完工，一层为大雄宝殿，供奉释迦牟尼佛及迦叶、阿难，二层供奉东方药师七佛、阿弥陀佛和地藏菩萨，三层为慈氏图书馆，这是浩霖法师为纪念恩师慈航所建。东禅寺每周有信众共修法会，不时请法师到寺中讲经。①

（七）德州佛教会

1978 年，台湾的净海法师来到得克萨斯州休斯敦市弘法。同年底，他在当地居士的帮助下在该市南区买下一处住宅，作为道场。1979 年春，净海法师在香港永惺法师的支持下与几名居士创立德州佛教会（Texas Buddhist Association）。佛教会所属的第一座寺院佛光寺就设在1978 年底净海法师买下的住宅中。随着信徒日渐增加，活动场所日益显得狭小。1980 年 11 月，佛光寺的大雄宝殿完成。1984 年，德州佛教会开办佛光讲堂。1987 年 8 月，该会在休斯敦市西南区买下一块地，准备修建玉佛寺。1990 年 6 月，玉佛寺落成，它的主要建筑有大雄宝殿、观音殿、五观堂、静修关房、图书室等。寺院庄严辉煌，永惺法师被推举为首任住持。②

（八）法鼓山

1. 圣严法师

圣严法师，1930 年生于江苏，俗姓张，13 岁时依广教寺莲塘上人剃度出家。17 岁时，他进入上海静安寺佛学院学习兼做经忏佛事。1949 年，他入伍随军到台湾。1957 年，他以"醒世将军"、"张本"等笔名在《人生》、《海潮音》等佛教刊物上发表文章。1959 年 12 月，他第二次披剃，依东初法师出家，法名"慧空"，法号"圣严"。1960 年 7 月，圣严法师依智光法师受沙弥戒。1961 年 10 月，他在基隆海会寺受具足戒，随后到高雄闭关修行近六年。1963 年 5 月，《圣严文集》由星云法师主持的佛教文化服务处出版发行，该《文集》包括《佛教人生与宗教》、《佛教制度与生活》和《佛教文化与佛学》三册。1966 年秋，圣严法师在星云法师

---

① 于凌波：《美加华人社会佛教发展史》，台北：新文丰出版股份有限公司 1996 年版，第 168—169 页。

② 同上书，第 234—259 页。

创办的高雄寿山佛学院教授"比较宗教学"、"印度佛教史"等课程。1969 年,他到日本留学。1975 年,圣严法师获得立正大学佛学博士学位。1975 年 12 月,他应沈家桢居士的邀请,来到美国弘法、讲学。1976 年,圣严法师受聘为美国佛教会董事、副会长及大觉寺住持,并主持美国佛教会周日的讲座。1976 年 9 月,他获东初法师曹洞宗法脉传承。1978 年,圣严法师返回台湾,奉东初老人的遗命继承中华佛教文化馆和农禅寺。1978 年 12 月,他获得灵源老和尚赐法脉字号"知刚惟柔",接受法脉传承谱《星灯集》,成为临济宗法鼓山系第 57 代传人。1979 年 10 月,圣严法师在农禅寺成立三学研修院、般若禅坐会。1980 年 5 月,他在台湾成立"东初出版社"。1985 年,圣严法师创办中华佛学研究所,并任所长。1987 年 8 月,中华佛学研究所正式成为教育学术机构。1989 年 3 月,圣严法师创立法鼓山。1989 年 12 月,《法鼓》杂志创刊。1992 年 3 月,法鼓文教基金会成立,圣严法师任董事长兼执行长。1993 年 11 月,《法鼓全集》出版,共 7 辑、40 册。1995 年 11 月,法鼓文化事业股份有限公司成立。①

2. 法鼓山的理念

法鼓山创立后,圣严法师提出"提升人的品质,建设人间净土"作为法鼓山的理念。1990—1992 年,他分别提出"四众弟子共勉语"、"法鼓山的共识"和"心灵环保"运动。1994 年,他又提出"礼仪环保"的观念,指出法鼓山的工作重点是"一大使命,三大教育"。同年,他又提出生活环保、心灵环保、礼仪环保;后来,又加上自然环保,构成所谓的"四环"。1995 年,圣严法师提倡"四安"运动。"四安"指"安心、安身、安家、安业";要做到这一点就要做到"四它",即"面对它、接受它、处理它、放下它"。1998 年,他又提出"四要"、"四感"、"四福",即认清"需要、想要、能要、该要",学习"感化、感动、感谢、感恩",用心"知福、惜福、培福、种福"。1999 年,圣严法师将上述四安、四它、四要、四感、四福归纳为所谓"心五四"运动。②

① 释果毅总编辑:《法鼓山年鉴·1989—2001[总论]》,台北:法鼓山佛教基金会 2005 年版,第 88—91 页。

② 同上书,第 10—11 页。

这一大堆概念的提出"内容很丰富，以致外界不清楚法鼓山的定位"①。有些内容反复提到，不分主次，让人不知其重点所在。例如，"提升人的品质，建设人间净土"一句在四众弟子共勉语、法鼓山的共识中都有。再如，法鼓山最终将"心灵环保"视为其核心理念，但将它列入所谓"四环"之一却实际上降低了其重要性。当然，这也显示出法鼓山在创立后不久在定位方面的尝试和努力。

据笔者的理解，法鼓山最终的目的是要在世界上建成人间净土，即所谓"建设人间净土"，而要达到这一点就需要"提升人的品质"。人的品质的提升途径是改造人心，即"心灵环保"。要实现"心灵环保"（礼仪环保、生活环抱、自然环保是实现"心灵环保"后的自然结果），需要通过大学院、大普化、大关怀三大教育来推广"心五四"的方法。这是一个环环相扣的体系，前一目标的实现以后一目标的达成为前提，否则其中任何一个环节的断裂，必然造成整个体系的崩溃。用一句话概括法鼓山的目标就是：通过改造人心，建成人间净土。

3. 法鼓山的主要组织

截至20世纪末，法鼓山的组织主要包括僧团、护法总会、中华佛学研究所、法鼓人文社会学院、法鼓文化、法鼓山基金会综合办公室等。僧团包括各寺、分院、精舍，其中与本书关系密切的是美国东初禅寺。僧团下还设有禅修推广中心、佛学推广中心和结缘书刊推广组。护法总会下的组织有护法会、台湾各共修据点、般若禅坐会、福慧念佛会、助念团、义工团、合唱团、法行会、法缘会、法鼓山大专青年会、教师联谊会、荣誉董事联谊会及海外分会。法鼓山在美国、加拿大和大洋洲已经建立了组织。中华佛学研究所下设佛学教育推广中心。法鼓文化下设法鼓文化事业股份有限公司、《法鼓》杂志、《人生》杂志等。法鼓山基金会综合办公室下设文教基金会（含佛教基金会）。②

4. 法鼓山在美国的道场

（1）东初禅寺。东初禅寺是法鼓山在亚洲以外的地区最根本的道场。1975年，圣严法师来到美国，开始海外弘法事业。1977年5月，他开办

---

① 释果毅总编辑：《法鼓山年鉴·1989—2001［总论］》，台北：法鼓山佛教基金会2005年版，第11页。

② 同上书，第96页。

坐禅训练班，借用沈家桢居士的"菩提精舍"举行禅七。但是没有固定的道场对弘法事业造成了极大的障碍。1978 年底，在弟子们的帮助下，圣严法师在纽约市皇后区（Queens）伍德塞德（Woodside）租下一层房子，成立"禅中心"（Chan Center）作为固定道场。1979 年 7 月，圣严法师将"禅中心"更名为"东初禅寺"，以纪念东初老人。"东初禅寺"的英文名称是"The Chung-hwa Institute of Buddhist Culture"，与台湾中华佛教文化馆的名称完全相同。对英语社会，东初禅寺用的名字仍为"Chan Center"。[①]

1979 年，圣严法师及其弟子们在皇后区的埃尔姆赫斯特（Elmhurst）买下一栋较为宽敞的二层楼。1981 年 5 月，东初禅寺迁到该处。1987 年，东初禅寺又搬迁到对面一栋三层楼房中。

圣严法师创立东初禅寺的目的是向西方人弘扬汉传佛教。东初禅寺的一切活动用汉语和英语进行。寺中设有监院，常驻僧人有 4—5 名，均为学有所成的年轻僧人。东初禅寺每年举办四次禅七、四期初级禅训班、两期中级禅训班，以及观音法会、坐禅等共修活动。其中，最有特色的是"禅七"，每年的禅七由圣严法师主持，由于场地的限制，每次仅有 30 多人参加。参加者来自世界各地，以西方人为主。禅七成为西方人学习禅法的最主要途径之一。

1991 年 12 月，东初禅寺举行首届"在家菩萨戒"，由圣严法师主持。此外，东初禅寺还举行中、英双语讲经课程、念佛等共修活动。圣严法师还专门为西方弟子主持"法集会"（Dharma Gathering）。[②]

（2）象冈道场。随着僧团的发展，东初禅寺更加显得空间有限。1997 年 7 月，圣严法师和弟子在纽约州的象冈镇（Shawangunk of Ulster County）购买土地，成立"象冈道场"，作为专用的禅修中心。"象冈"由原地名印第安语"Shawangunk"音译而来，本意是"白色的山"，因为在道场后的山脉由白色岩石构成，当地人称之为"白山"。

到 1999 年，象冈道场的面积增加到 48 万多平方米，主要建筑有禅堂、斋堂、寝室等，可容纳 150 人。道场成立后，每周三举行坐禅班。此

---

① 释果毅总编辑：《法鼓山年鉴·1989—2001［总论］》，台北：法鼓山佛教基金会 2005 年版，第 121 页。

② 同上书，第 121—122 页。

外还有各种禅修活动，包括禅四十九、禅十四、禅十、禅七、禅三、禅一等。象冈道场在中国春节会举行庆典、法会，吸引了很多当地居民。在象冈道场举行的各种活动中，以长期的禅修活动最具特色。[①]

5. 法鼓山护法总会美国分会

（1）护法总会。1989 年 5 月，为了支持中华佛学研究所、农禅寺的迁建，信徒正式成立"中华佛学研究所护法理事会"，它的首要宗旨是为法鼓山的建设和运作筹集资金。理事会以圣严法师为导师，总会设辅导师、会长、副会长，地区设正、副召集委员、劝募关怀委员、预备委员、组织发展委员、名誉委员。1992 年 10 月，该理事会更名为"法鼓山护法会"。1996 年 7 月，法鼓山护法会扩大为"法鼓山护法总会"。护法总会的主要活动是：每年举办一次正、副召集委员成长营，委员成长营，预备委员成长营，小组长成长营；每年举办两次三福田感恩分享大会、新劝募会员授证。[②]

（2）护法总会美国分会。台湾法鼓山成立后，圣严法师在美国的弟子也希望在该国建立联络处，以便为法鼓山的发展尽力。1990 年，法鼓山在美国的第一个联络处——"加州联络处"成立；1992 年，新泽西州联络处成立；1993 年，纽约州、佛罗里达州和伊利诺伊州成立联络处；1995 年，密歇根州和北卡罗来纳州成立联络处；1996 年，俄亥俄州联络处成立；1997 年，得克萨斯州联络处成立；1998 年，佐治亚州联络处成立；1999 年，弗吉尼亚州联络处成立。这样，截至 20 世纪末，法鼓山护法总会在美国的联络处已经达到 11 个。这些联络处均由信徒提供场所，召集会员成立，它们以东初禅寺为核心。

为了实现资源整合，提高信徒的凝聚力和向心力，1997 年 10 月，来自美国各州联络处的信徒在象冈道场举行法鼓山护法总会美国分会的首届北美年会。大会为美国各州联络处授旗，任命新泽西州的李谢滴筠为美国分会总召集人。会议还通过"法鼓山美国分会组织章程"，将法鼓山护法总会美国分会的目的、组织结构、会员的权利与义务、活动方式等确定下来。

---

①　释果毅总编辑：《法鼓山年鉴·1989—2001［总论］》，台北：法鼓山佛教基金会 2005 年版，第 123 页。

②　同上书，第 129—130 页。

　　会议还规定，从此，法鼓山护法总会美国分会每年 10 月举行为期三天的北美年会。1998 年 10 月，第二届年会在象冈道场举行。1999 年，第三届年会在佛罗里达州的奥兰多市（Orlando）举行。圣严法师参加了每届北美年会。

　　美国各联络处成立的主要目的是为台湾法鼓山的建设募集捐款。为此，各联络处举办各种修行、文化活动，如坐禅、开办中英文禅修班、念佛、佛学讲座、诵经、读书会、义卖、发行刊物、青少年活动等。①

　　6. 佛教刊物及出版社

　　圣严法师本人是一个学问僧，著述颇丰。他非常重视通过文字向西方社会介绍中国禅法，传播汉传佛教。

　　圣严法师在美国举行第一次禅七后获得很好的反响，他继续在东初禅寺传禅。学员们发表了不少心得报告，他们选择 10 篇，编成《特别禅班的禅杂志》（*Chan Magazine of the Special Chan Class*），这就是英文刊物《禅杂志》（*Chan Magazine*）的雏形，时间是 1977 年 3 月。同年 7 月，学员们发行第二期杂志，并将其命名为《禅杂志》。之后，《禅杂志》每四个月发行一期。发行到第七期时，《禅杂志》曾因故暂时停刊，1980 年夏复刊。该杂志现在已发行到近 30 个国家。

　　1979 年 11 月，圣严法师在美国创办英文月刊《禅通讯》（*Chan Newsletter*）。创刊号由圣严法师和一名弟子共同完成，以后，每期杂志均由义工负责编辑、发行。《禅通讯》主要登载圣严法师的讲稿，原则上是一份月刊，但每逢《禅杂志》发行的月份就不出刊，因此，每年发行八期。《禅通讯》发行到第 124 期时（1997 年 8 月）停刊。②

　　1982 年，圣严法师在纽约成立"法鼓出版社"（Dharma Drum Publications），它的目的是出版圣严法师的禅学、佛教方面的英文书籍，编辑、出版工作由义工负责。法鼓出版社出版的主要英文著作有：《开悟的诗偈》（*The Poetry of Enlightenment*③，1987）、《信心铭》（*Faith in Mind*④，

---

　　① 释果毅总编辑：《法鼓山年鉴·1989—2001［总论］》，台北：法鼓山佛教基金会 2005 年版，第 133—137 页。

　　② 同上书，第 181 页。

　　③ Shengyan, *The Poetry of Enlightenment*. Elmhurst, New York：Dharma Drum Publications, 1987.

　　④ Shengyan, *Faith in Mind*. Taipei：Dharma Drum Corp. , 1999.

1987）、《摩根湾牧牛》（*Ox Herding at Morgan's Bay*，1988）、《宝镜无境》①（*The Infinite Mirror*，1990）、《智慧之剑》②（*The Sword of Wisdom*③，1990）、《佛心》（*Getting the Buddha Mind*，1992）等。1992 年，法鼓出版社与北大西洋出版社（North Atlantic Books）共同出版《心经》（*There Is No Suffering*④）、《禅的智慧》（*Zen Wisdom*⑤）等书。

法鼓出版社、《禅杂志》和《禅通讯》都隶属东初禅寺。越来越多的西方人通过法鼓出版社出版的著作对圣严法师有所了解，于是有些人到东初禅寺和象冈道场学佛、修禅。

此外，20 世纪 70 年代汉传佛教信徒在美国各地还建立诸多其他的佛教组织和道场，如美西佛教会、美国佛教青年会、佛恩寺、佛教正信会、妙觉寺等，兹不一一介绍。

四　八九十年代的汉传佛教

进入 20 世纪 80 年代，汉传佛教在美国的发展呈现一片繁荣的景象。台湾佛教组织以强大的经济实力做后盾，在美国各地纷纷建立组织和寺院，其中以佛光山取得的成绩最引人注目。

（一）佛光山在美国的发展

1. 星云法师略传

星云法师，1927 年生，江苏江都人，12 岁在南京栖霞山由宜兴大觉寺志开法师剃度出家，法名悟彻，号今觉，笔名摩迦。1941 年，星云法师在栖霞山受具足戒，后到焦山佛学院参学，离院后曾任白塔国民学校校长、《怒涛》月刊主编、南京华藏寺住持。1949 年，星云法师到台湾，1950 年主编《人生》月刊，1951 年，任台湾佛教讲习会教务主任，1952 年，在宜兰雷音寺成立念佛会、弘法会、歌咏队、学生会，创办星期学校、幼儿园等，并在广播电台宣扬佛法，打下弘法事业的基础。1955 年，星云法师在高雄创建高雄佛教堂。1957 年，他在台北创办佛教文化服务

---

①　该书讲解石头希迁的《参同契》和洞山良价的《宝镜三昧歌》。

②　该书讲解《永嘉证道歌》。

③　Shengyan, *The Sword of Wisdom.* Elmhurst, N. Y. and Berkeley：Dharma Drum Pub.，North Atlantic Books，2002.

④　圣严法师：《法鼓全集》第九辑第八册，台北：法鼓文化事业股份有限公司 2005 年版。

⑤　圣严法师：《法鼓全集》第九辑第六册，台北：法鼓文化事业股份有限公司 1999 年版。

处，出版佛教书籍、唱片等来弘扬佛教文化，该服务处后改为佛光出版社。1962 年，星云法师在高雄创建寿山寺，并设立寿山佛学院（后更名为"东方佛教学院"）。1967 年，他在高雄开创佛光山，以人间佛教为宗风，树立"以教育培养人才，以文化弘扬佛法，以慈善福利社会，以共修净化人心"① 的四大宗旨。从此，星云法师以佛光山为根本道场，将它建成为台湾著名的寺院，同时致力于佛教教育、文化、慈善等各项事业的发展。

2. 国际佛光会的组织结构

星云法师重视国际弘法人才的培养，派遣诸多弟子留学美国、日本、韩国、印度等国。他还创立国际佛学部，培养国际型弘法人才，这为佛光山走出亚洲，在全世界的发展打下了基础。1979 年，星云法师担任佛光山在美国的组织——"国际佛教促进会"（International Buddhist Progress Society）会长。

为了统一管理佛光山在世界各地的弘法事宜，1991 年 2 月 3 日，国际佛光会（Buddha's Light International Association，以下简称为 BLIA）成立。它是一个分为四级的庞大组织。最高一层是世界总会，首先由会员代表大会选出理事会，理事会选出总会长一名、副总会长一名和理事多名；理事会下设财务处、法制处和秘书处，各处设正、副职领导各一名；理事会及这三个处之下设有多个机构，负责不同的事务。

第二层是世界各地的协会。首先由会员代表大会选出理（监）事会，理（监）事会选出会长一名、副会长一名、理（监）事多名，世界总会派出檀讲师、辅导法师、协会督导与理（监）事会一同工作。理（监）事会下设督导委员会、秘书处和财务处。督导委员会下设会员服务委员、会务推广委员、社教活动委员和文宣公关委员；秘书处下设行政组、总务组、会籍组、青年组和童军组；财务处下设出纳组和会计组。此外，理（监）事会还负责管理当地分会、团体分会和青年团。

第三层是各地分会和团体会员。团体会员指赞同国际佛光会宗旨的佛教寺院、学校、文化团体以及其他公立、私立的机构或团体。各地分会的产生形式、组织结构等与各地协会类似，不过要简单些（例如，没有设

---

① 佛光山宗务委员会编：《佛光山开山 31 周年年鉴》，台北：佛光文化事业有限公司 1999 年版，第 8 页。

立督导委员会）。兹不赘述。

第四层是会员、佛光之友和随喜会员。个人会员指认同国际佛光会的宗旨、理念，而且已经皈依的七众弟子；佛光之友指认同国际佛光会的宗旨、理念，并与该会保持友好关系的各国其他宗教人士或法人；随喜会员指在佛光山各道场皈依三宝的信徒。[①]

3. 国际佛光会在美国各地的协会

国际佛光会在美国各地建立了 20 多个协会，它们是：西来大学（Hsi Lai University）、旧金山协会（BLIA, San Francisco）、洛杉矶协会（BLIA, Los Angeles）、圣迭戈协会（BLIA, San Diego）、内华达协会（BLIA, Nevada）、凤凰城协会（BLIA, Phoenix）、奥斯丁协会（BLIA, Austin）、休斯敦协会（BLIA, Houston）、达拉斯协会（BLIA, Dallas）、科罗拉多协会（BLIA, Colorado）、北卡罗来纳协会（BLIA, North Carolina）、康涅狄格协会（BLIA, Connecticut）、费城协会（BLIA, Philadelphia）、纽约协会（BLIA, New York）、波士顿协会（BLIA, Boston）、新泽西协会（BLIA, New Jersey）、佛罗里达协会（BLIA, Florida）、关岛协会（BLIA, Guam）、夏威夷协会（BLIA, Hawaii）和堪萨斯协会（BLIA, Kansas）。[②] 此外，俄勒冈州波特兰的观音寺（Kwan Yin Temple）是国际佛光会的团体会员。

4. 佛光山在美国的道场或寺院

经过近 20 年的努力，佛光山在美国一些州建立了弘法道场。具体如下：

（1）加州：洛杉矶西来寺（His Lai Temple）、圣迭戈西方寺（San Diego Buddhist Association）、旧金山三宝寺（American Buddhist Cultural Society）。

（2）纽约州：佛光山纽约道场、佛光山鹿野苑。

（3）内华达州：拉斯维加斯莲花寺。

（4）亚利桑那州：菲尼克斯（凤凰城）禅净中心（Phoenix Meditation Center）。

---

① 佛光山宗务委员会编：《佛光山开山 31 周年年鉴》，台北：佛光文化事业有限公司 1999 年版，第 414—417 页。

② 同上书，第 418 页。

（5）科罗拉多州：丹佛讲堂。

（6）堪萨斯州：堪萨斯禅净中心。

（7）俄克拉荷马州：俄克拉荷马大专青年会馆。

（8）得克萨斯州：阿灵顿大专青年会馆、达拉斯讲堂、奥斯丁香云寺、休斯敦佛光山。

（9）马萨诸塞州：波士顿精舍、佛光山三佛中心。

（10）佛罗里达州：佛罗里达禅净中心。

（11）新泽西州：新泽西州禅净中心。

（12）北卡罗来纳州：北卡罗来纳禅净中心。

（13）夏威夷州：夏威夷禅净中心。

（14）海外领地：光岛佛光山（Fo Guang Shan Guam）。[①]

需要说明的是，这些道场的名称五花八门，寺、道场、讲堂、精舍、禅净中心、佛光山、大专青年会，不一而足，这些花样繁多的名称一方面显示佛光山的佛教领袖在为道场命名方面的随意性，另一方面也可以看出佛光山在快速发展过程中出现了一些组织名称等方面不规范的情况。这些道场的英文名称同样如此，这显然给研究者带来了不小的麻烦。笔者对此的处理办法是这些道场的中、英文名称以其山门的匾额为准。

这些道场建立的方式有所不同。有的是佛光山主动买地建寺，有的是热心的居士先买下地，赠送给佛光山，佛光山随即派法师常驻，修建寺院，加以发展。在此介绍佛光山在美国的几个有代表性的道场。

（1）西来寺。它是佛光山在美国最早建立也是最重要的道场。

西来寺位于加州洛杉矶哈辛达高地（Hacienda Heights）。1980 年 6 月，星云法师主持西来寺的奠基仪式。1988 年 11 月，西来寺建成。全寺面积 6 万多平方米，建筑有大雄宝殿、五圣殿、藏经楼、纪念堂、禅堂、国际会议厅、佛教博物馆、中华学校等。寺院为全钢结构，采用中国传统的建筑样式。寺里成立美国佛教青年总会，星云法师担任首任会长。青年会经常举办佛学讲座，出版佛教书籍，通过广播传播佛教。中华学校开设中国传统文化的课程。西来寺第一任住持是慈庄法师。1992 年 5 月，国际佛光会世界总会在西来寺成立，会址也相应地设在了该寺。

---

① 佛光山宗务委员会编：《佛光山开山 31 周年年鉴》，台北：佛光文化事业有限公司 1999 年版，第 517—520 页。

（2）奥斯丁香云寺。奥斯丁是得克萨斯州首府，1991 年 7 月，国际佛光会世界总会副总会长严宽祐居士买地 11 英亩，捐赠给佛光山作为道场。1991 年 11 月，国际佛光会奥斯丁协会成立，佛光山特地派法师常驻、弘法。1995 年 10 月，寺院开始动工，星云法师将该寺命名为"奥斯丁香云寺"，主要建筑有佛殿、禅堂、斋堂、中华学校、图书馆、会议厅、联谊中心等。后来，该寺还创立"佛光山奥斯丁佛学院"，定期举行禅七、佛七、短期出家等活动。

（3）关岛佛光山。1989 年 11 月，佛光山在关岛买地。1996 年 8 月，工程开始。1998 年 9 月，道场建成。关岛佛光山融合东、西方建筑艺术风格，宏伟壮观，被关岛政府定为重要景点。寺内建有大雄宝殿、禅堂、抄经堂、斋堂、图书馆、功德堂、国际会议厅等。每周有固定的修行活动，还举行佛学研讨、抄经、佛学讲座、慈善等活动。①

5. 各项事业的开展

佛光山在美国的各个道场和组织开展弘法、教育、文化、慈善等各项事业，促进佛教在美国的发展。

佛光山在美国的教育事业包括僧伽教育和社会教育两个方面。僧伽教育中，佛光山丛林学院之下有专修学部，洛杉矶西来佛学院就隶属专修学部。社会教育方面，佛光山在美国设立了西来大学，此外，还开办了西来学校、纽约学校、达拉斯学校等海外中华学校。佛光山在美国积极从事文化事业，包括开设佛光书局、美术馆和滴水坊等机构。

（二）宝华寺

圣何塞市宝华寺的创立者是灵光法师。1976 年，灵光法师应寿冶老和尚之召来到纽约，在寿冶老和尚建立的光明寺协助法务。1980 年，他来到圣何塞市，买下一处民宅，成立美洲佛教会、宝华寺。1982 年，灵光法师在迈克基大道买下一大片土地，开始建寺。1990 年 7 月，宝华寺落成，主要建筑有大雄宝殿、观音殿、地藏殿、祖师塔、禅堂、讲堂等。20 世纪 90 年代中期时，宝华寺常驻僧人有五名，寺中例行举行讲经念

① 佛光山宗务委员会编：《佛光山开山 31 周年年鉴》，台北：佛光文化事业有限公司 1999 年版，第 385—386 页。

佛、法会等佛事活动。①

（三）中美学佛会·护国禅寺

1963 年，悟明法师到美东佛教会弘法。后来，他多次赴美。1981 年，他在洛杉矶附近的方丁威利市（Fountain Villey）建立中美学佛会·护国禅寺。后来，悟明法师在附近的卡塔拉大街（Katalla Avenue）买下一座旧教堂，改建为"橙县学佛会·护国禅寺"。护国禅寺每周日有念佛共修，佛、菩萨圣诞有例行法会，每年举办打佛七。②

（四）法光寺

1978 年，台湾法光寺住持如学尼师在美国弘法，洛杉矶信徒希望她能建立一座以闽南语弘法的道场，如学尼师于是买下一套房子，将客厅改造为佛堂。如学尼师留下自己的弟子祥光尼师主持佛堂，自己返回台湾。1980 年，如学尼师再度来到洛杉矶。1981 年，她在该市唐尼区（Downey）买下一座旧教堂，改建成寺院。1981 年，寺院举行开光典礼，命名为"中美佛教文化中心·法光寺"。法光寺每周有信众共修，每月有一次大悲法会，寺中另设接心会、坐禅班、梵呗会、佛学研习班等，每年定期举办禅三、禅七等。③

（五）大觉莲社

大觉莲社是洛杉矶的一个居士团体，成立于 1982 年 2 月，创立者为日常法师、沈乃宣、吴之兰夫妇等居士。大觉莲社位于洛杉矶沈乃宣居士捐出的一幢高级住宅中。莲社成立后，邀请诸多汉、藏佛教高僧前来传法、灌顶，莲社也印刷许多经书，广为传布。进入 20 世纪 90 年代，莲社全力投入将佛经电子化的工作，与世界宗教研究院、台湾佛光山建立合作关系，在佛典电子化方面取得了一定的成绩。④

（六）华严莲社

1984 年，台北华严莲社董事长成一法师访美时，信徒请求在南湾区建立一座佛堂，成一法师同意了。同年，旧金山华严莲社（Avatamsaka Buddhist Lotus Society of San Francisco）在圣何塞市附近成立，它是台北华

---

① 于凌波：《美加华人社会佛教发展史》，台北：新文丰出版股份有限公司 1996 年版，第 109—111 页。

② 同上书，第 201—206 页。

③ 同上书，第 207—209 页。

④ 同上书，第 212—219 页。

严莲社的分社。莲社位于买下的一幢民房中，1985 年，成一法师在莲社成立美国华严佛教会、佛学研究中心，他自己担任会长。成一法师每年寒暑假来佛学研究中心讲课，平时由居士讲课。1986 年，莲社在圣何塞市中心买下一幢较大的住宅，将佛堂迁入，同时组成周六念佛会。1989 年，净海法师出任莲社住持。1989 年，莲社得到加州及联邦政府的佛教团体登记证书，莲社于是成立董事会进行管理。1989 年，莲社在圣何塞市附近的米尔必达市买下一块地，准备建设作为永久社址的佛堂。1992 年 5 月，佛堂启用，同时成立共修会、普济功德会。1992 年 10 月，组成居士护法会。莲社每周日念佛共修，诵《华严经》，礼药师忏，在佛、菩萨圣诞举行法会。①

（七）美国佛教慈济基金会

美国佛教慈济基金会（Buddhist Tzu Chi Association of America）实际上就是台湾证严法师领导的佛教慈济功德会的美国分会，会址位于南加州莫罗维尔（Monovia）地区普拉姆大道（E. Plam Avenue）的"静思堂"。它是慈济功德会在美国 20 多个分支机构的领导中心，成立于 1985 年。

1980 年前，移民美国的一对华裔居士夫妇决心在美国弘扬慈济功德会的精神。他们请求证严法师允许其在美国建立分会，这一请求得到了证严法师的同意。1985 年，他们成立慈济美国分会。经过十多年的努力，慈济功德会在美国的支会、联络处从加州的萨克拉门托、旧金山、洛杉矶扩展到得克萨斯州的休斯敦、达拉斯，以及美国东部的纽约、华盛顿等地。得克萨斯分会成立于 1991 年 1 月，纽约支会成立于 1991 年 4 月，芝加哥支会于 1994 年 5 月由联络处改成。慈济组织致力于慈济功德会既定的四大事业：慈善、医疗、教育和文化。到 20 世纪 90 年代末，慈济在美国的分支机构超过 17 处，会员超过 2 万人。分支机构包括美国慈济静思堂、美国慈济义诊中心、得克萨斯州支会、芝加哥支会、圣荷塞支会、康福联络处（Port Lavaca）、达拉斯联络处、奥斯汀联络处、华盛顿特区联络处、匹兹堡联络处、圣路易斯联络处、西雅图联络处、圣地亚哥联络

---

① 于凌波：《美加华人社会佛教发展史》，台北：新文丰出版股份有限公司 1996 年版，第 106—108 页。

处、堪萨斯联络处、弗莱斯诺联络处和旧金山联络处。①

（八）　净空法师与净宗学会

净空法师，俗姓徐，名业鸿，1927 年生于安徽省庐江县，1949 年到
台湾。从 1953 年起，他曾向方东美、七世章嘉呼图克图、李炳南居士学
佛。1959 年，净空法师在圆山临济寺出家。1962 年，他在海会寺受具足
戒。他在台湾创办了诸多弘法机构。净空法师最初多年研习唯识学，后来
专门弘扬净土宗。

净宗学会在美国的发展与一个名叫达拉斯学佛社的组织息息相关。
1980 年，两名华裔居士在得克萨斯州达拉斯市组成居士学佛组织——
"达拉斯学佛社"。他们以家庭为活动场所，研习佛理。1982 年，学佛社
请来净空法师到达拉斯弘法。后来，学佛社将社址搬至一对居士夫妇捐赠
的两幢房子中。1985 年，净空法师再次来到达拉斯。学佛社将新社址改
为净土宗道场，礼请净空法师常驻。1988 年，达拉斯学佛社改为"达拉
斯佛教会·华藏莲社"。1989 年，净空法师担任台湾"华藏净宗学会"会
长。达拉斯佛教会·华藏莲社改名为"达拉斯佛教会·净宗学会"。净空
法师的弟子悟本法师驻会主持佛法事务。

1989 年起，净空法师在美国、加拿大等地弘法，各地的净宗学会纷
纷成立，包括美国净宗学会、华盛顿特区佛教会、达拉斯佛教会·净宗学
会、洛杉矶净宗学会、亨城净宗学会、亚特兰大净宗学会、中西部佛教会
净宗学会、麦迪逊净宗学会和加拿大净宗学会。旧金山南湾区的美国净宗
学会位于库泊提诺市（Cupertino）一所公园旁，学会有会员 300 人。②

（九）　圆融禅寺

圆融禅寺位于洛杉矶东奥林匹克大道（East Olympic Blvd），它创立
于 1989 年，由旧教堂改建而成，1991 年 1 月举行开光典礼，创立者是来
自台湾的天机尼师。圆融禅寺每周日有共修活动，佛、菩萨圣诞有例行法
会。寺中建有"菩提会"，推动社会福利事业，该寺还通过电视台、电台
进行弘法。天机尼师每年到洛杉矶为信徒讲经，传授八关斋戒，她也前往

① 于凌波：《美加华人社会佛教发展史》，台北：新文丰出版股份有限公司 1996 年版，第
343—354 页。

② 同上书，第 259—265、354—362 页。

旧金山等其他美国城市传法。常驻圆融禅寺的有地甄、地觉、地照等法师。①

第十节 藏传佛教的迅速传播

1959 年 3 月，在美国的支持下，部分西藏人发动叛乱。十四世达赖喇嘛丹增嘉措逃到印度，近十万藏人跟随他出逃。随后，逐渐有藏人来到美国，使藏传佛教在美国的传播进入一个新的阶段。随着时间的推移，藏传佛教各派在美国都有所发展。

一 宁玛派

在美国传播宁玛派教法最成功的是塔尚活佛（Tarthang Tulku, 1934— ）。塔尚活佛出生于西藏，七岁时接受佛学训练和修行。他学习藏传佛教各派的佛教理论，后来专注于宁玛派的教法和修行，继承了宁玛派传统。1959 年，他逃离西藏，到锡金（Sikkim）跟随自己的根本上师宗萨钦哲学习。1962—1968 年，塔尚活佛在印度梵文大学（Sanskrit University）任教。1963 年，塔尚活佛在印度成立佛法出版社（Dharma Publishing），出版有关西藏文化的书籍。

1969 年，塔尚活佛抵达加州伯克利，他的周围很快聚集了一小群追随者。他们建立"西藏宁玛禅定中心"（Tibetan Nyingma Meditation Center），学生们在这里学习坐禅、藏语，研究大乘佛教经典。塔尚活佛要求学生们最初的修行是磕 10 万个等身头，这种长期痛苦的动作很快将西方学生们对密教的神秘想象消除得干干净净。此外，他还教授学生们禅定和念咒。② 宁玛派喇嘛可以娶妻生子，因此，它的修行方式适合于俗人。西藏宁玛禅修中心出版杂志《水晶镜》（*Crystal Mirror*）。塔尚活佛的学生来自美国各地，各个年龄段、各行各业都有。

1971 年，塔尚将佛法出版社搬迁到美国，旨在将藏传佛教思想传播

① 于凌波：《美加华人社会佛教发展史》，台北：新文丰出版股份有限公司 1996 年版，第 210—212 页。

② Fields, Rick, *How the Swans Came to the Lake: A Narrative History of Buddhism in America*. 2nd revised and updated ed., Boston: Shambhala Publications, Inc., 1986, p. 305.

到西方国家。佛法出版社出版了塔尚活佛的许多著作,如《时间、空间与知识》(*Time*,*Space and Knowledge*)、《平衡的姿势》(*Gesture of Balance*)、《有技巧的心灵》(*Skillful Mind*)、《开放的心灵》(*Openness Mind*)、《心灵的反应》(*Reflections of Mind*①)、《西藏的神圣艺术》(*Sacred Art of Tibet*②)、《觉悟是一种选择》(*Enlightenment Is A Choice*③) 等。佛法出版社还出版季刊《格萨尔》(*Gesar*)。④

心理学家和精神领域的从业者对宁玛派的兴趣越来越大,他们很多人参加塔尚活佛举办的周末研修班。1973 年,塔尚活佛在伯克利建立"宁玛研究所"(Nyingma Institute),旨在向专业人员、学者和公众"传播宁玛派的心理学、哲学及经验上的觉悟"⑤,开设的课程有哲学、艺术、藏语、坐禅理论与实践、心理学等。

随着中心的发展,塔尚活佛在加州大学校园附近买下一幢更大的房子,将西藏宁玛禅修中心搬到这里,并取名为"莲花林"(Padma Ling)。中心的运作更加有规律,拜佛、念经及其他佛教仪式根据藏历而定期举行,念诵经咒时用藏语。一些学生开始与塔尚活佛合作翻译祈祷文和佛教经典。⑥

宁玛研究所成立时举行了一个为期六周的"人类发展训练项目"(Huamn Development Training Program),它专门针对西方的精神分析学家和心理学家。参加者从该项目中受益匪浅。同年秋,宁玛研究所又开办了一个佛教哲学、心理学、梵文和藏语研究的研修班。与宁玛研究所联系的主要学者赫伯特·V. 根瑟(Herbert V. Guenther, 1917—2006)是加拿大萨斯喀彻温大学(University of Saskatchewan) 东亚研究系主任,他教佛教哲学。后来,他与塔尚活佛密切合作,翻译了一些宁玛派经典。⑦

---

① Tarthang Tulku, *Reflections of Mind*. Emeryville, CA.：Dharma Pub.，1975.

② Tarthang Tulku, *Sacred Art of Tibet*. Berkeley, Calif.：Dharma Pub.，1988.

③ Tarthang Tulku, *Enlightenment Is A Choice*. Berkeley, CA：Dharma Pub.，1998.

④ 郑金德:《欧美的佛教》,台北:天华出版事业股份有限公司 1984 年版,第 132 页。

⑤ Fields, Rick, *How the Swans Came to the Lake*：*A Narrative History of Buddhism in America*. 2nd revised and updated ed.，Boston：Shambhala Publications, Inc.，1986, p. 313.

⑥ Fields, Rick, *How the Swans Came to the Lake*：*A Narrative History of Buddhism in America*. 2nd revised and updated ed.，Boston：Shambhala Publications, Inc.，1986, p. 308.

⑦ Fields, Rick, *How the Swans Came to the Lake*：*A Narrative History of Buddhism in America*. 2nd revised and updated ed.，Boston：Shambhala Publications, Inc.，1986, p. 315.

1975 年，塔尚活佛在加州北部买地，开始建设一个完全自给自足的西藏佛教社区。塔尚活佛想将它建成东、西方学者的学术中心，藏传佛教经典的译场，西藏传统艺术的殿堂，修行的道场，老人颐养天年的乐土，青年进修的学校，农业发展区，西藏喇嘛、学者、艺术家、翻译家和工匠的"家"，以及年轻喇嘛的培养基地等。[①] 后来，它被命名为"铜山曼陀罗"（Copper Mountain Mandala），又称"欧地安隐修中心"（Odiyan Retreat Center）。1975 年，铜山寺（Copper Mountain Temple）建成。1980 年，觉悟塔（Enlightenment Stupa）建成。1989—1995 年，金刚寺（Vajra Temple）建成。

1977 年，宁玛中心（Nyingma Centers）成立，它负责加州、亚利桑那州凤凰城、科罗拉多州等地宁玛研究所的发展。

1978 年，塔尚活佛开始实施"甘珠尔与丹珠尔（Kajur and Tanjur）印经计划"，重印德格版（Derge Edition）藏传佛教经典。

二　萨迦派

萨迦派僧人逐渐在美国建立道场，招收弟子，传播教法。

（一）昆噶塔泽仁波切及其埃万曲登藏传佛教中心

在美国最早弘传萨迦派教法的喇嘛是昆噶塔泽仁波切（Kunga Thartse Rinpoche，1935—　）。昆噶塔泽出生在拉萨一个贵族家庭，父亲曾是一名西藏地方官员。七岁时，他被确认为米拉日巴一名重要弟子的转世灵童。八岁时，他进入寺院学习佛法。16 岁时，昆噶塔泽剃度为僧。1959 年，他逃离西藏。1972 年，昆噶塔泽来到美国。1973 年，他在加州建立埃万曲登萨迦中心（Ewam Choden Sakya Center）。昆噶塔泽曾经在美国新泽西、威斯康星、明尼苏达、俄勒冈、犹他、佛罗里达、夏威夷等州传授佛法。他还教授学生们藏语和藏族文化。

埃万曲登萨迦中心位于加州伯克利以北的金森顿（Kensington），它开办许多课程和修行活动。昆噶塔泽仁波切定期为学生们传法及灌顶，每个星期日的上午有慈悲禅定。该中心在藏历节日及藏族新年时举办庆祝

---

① 郑金德：《欧美的佛教》，台北：天华出版事业股份有限公司 1984 年版，第 132—133 页。

仪式。①

（二）德雄仁波切、德钦萨迦法王及其弘法活动

1906 年，德雄仁波切（1906—1987）出生在西康的一个藏医世家，他四岁开始学习佛法，十岁时，他遇见自己的根本上师——萨迦派高僧阿旺勒巴仁波切。德雄仁波切 15 岁受戒，17 岁被认定为二世德雄活佛的转世灵童。德雄仁波切遍访上师，跟随四大教派的近 40 位高僧修习各派教义。

1960 年，德雄仁波切和吉达德钦萨迦法王（H. H. Phuntsok Phodrang Jigdal Dagchen Sakya，1929—　）来到美国，一同在华盛顿大学从事藏族文化和宗教的研究工作。20 世纪 60 年代末 70 年代初，他们在自己家中传授门徒。他和德钦萨迦法王在 1974 年创建的萨迦德钦曲林定期进行佛法教学和坐禅实践。

1970 年，德雄仁波切在纽约的吉村建立吉村萨迦中心，该中心每周都组织坐禅和宗教研究。1976 年，他又在格罗夫街建立另一个道场——萨迦强巴曲林中心。德雄仁波切积极传播萨迦派的教法，他的主要著作有《实践萨迦派早期教义的方法》等。

1929 年，德钦萨迦法王出生在西藏萨迦县，是萨迦派彭措宫支派的后裔。在父亲和上师智钦·阿旺土登旺曲的教导下，他掌握了佛教的根本教义，学到昆氏家族的密法。父亲圆寂后，德钦萨迦法王在藏区寻访上师，接受了许多上师的教诲和灌顶。他在藏区建立多所萨迦派寺院和隐修中心。

1959 年，德钦萨迦法王逃离西藏，来到印度。1960 年，他与家人移居美国西雅图。1974 年，他在西雅图创立藏传佛教萨迦寺（Sakya Monastery of Tibetan Buddhism），并担任该寺的主要上师之一。萨迦寺在 1984 年进行了扩建，它主要从事观世音坐禅活动，目的是让修行者通过观想观世音本尊来获得爱和同情。活动每周举行两次。萨迦寺活动的主持者除了德钦萨迦法王和德雄仁波切外还有智勒仁波切和嘉木样·曲珍仁波切。

（三）萨迦崔津法王的弘法活动

1977—1978 年，萨迦崔津法王在美国进行为期九个月的访问活动。他在 14 个城市、多所大学和寺院中举办法会和讲座，弘扬藏传佛教萨迦

---

① http：//www. ewamchoden. org.

派的教法。1989年，他来到西雅图的藏传佛教萨迦寺、佛罗里达州迈阿密的道场及马萨诸塞州的寺院——萨迦曲果央泽（Sakya Chokhor Yangtse）传法。1991年，他又来到纽约和华盛顿弘扬佛法。

萨迦派信徒还在威斯康星州、纽约州等全美各地建立了诸多寺院或修行中心，兹不一一赘述。

三 噶举派

噶举派诸多僧人积极在美国弘扬噶举派教法，其中取得最大成绩的是丘扬创巴。

（一）丘扬创巴

噶举派喇嘛在美国传播藏传佛教影响最大的是丘扬创巴。他被迫离开英国后，来到美国。

1970年，丘扬创巴抵达弗蒙特州（Vermont）后不久创立"虎尾禅修中心"（Tiger Tail Meditation Center）。7月，丘扬创巴定居科罗拉多州（Colorado）的波德尔（Boulder）。11月，丘扬创巴在此创立"噶玛宗"（Karma Dzong）。噶玛宗也是一个禅修中心，它分为两部分：城中的部分是工作、住宿和坐禅的场所；郊区部分名叫"落基山佛法中心"（Rocky Mountain Dharma Center）。① 1970年，《行动中的禅修》在美国出版。

丘扬创巴随之在纽约、波士顿、伯克利和洛杉矶建立禅修中心，它们被称为"法界"（Dharmadhatus）。丘扬创巴将"只管打坐"和行禅结合起来。"法界"的规定相当宽松，没有监督者，坐禅者按顺序打铃，表明一段坐禅时间的结束。坐禅者还可以走动。②

随着组织发展壮大，对各个禅修中心加强管理已经势在必行。1973年，丘扬创巴建立"金刚界"（Vajradhatu）。这是一个覆盖全美国的组织，将所有的禅修中心及其他机构整合起来。金刚界的分支机构包括：

第一，噶玛宗。这是金刚界的总部所在地，可容纳500名信徒进行活动。

第二，法界。这是分布在全美各个城市的禅修中心。

---

① 郑金德：《欧美的佛教》，台北：天华出版事业股份有限公司1984年版，第122页。

② Fields, Rick, *How the Swans Came to the Lake: A Narrative History of Buddhism in America.* 2nd revised and updated ed., Boston: Shambhala Publications, Inc., 1986, p.310.

第三，虎尾禅修中心。那罗巴研究所心理学系的学生要到这里训练四个月。

第四，落基山佛法中心。这是一个理想的隐修处。

第五，金刚神鹰宗（Dorje Khyung Dzong）。这是一个隐修之地，位于落基山区的休尔芬诺（Huerfano）谷地。

第六，金刚界研修班（Vajradhatu Seminary）。1973 年 10 月，首届"金刚界研修班"在怀俄明州开班，学员要进行为期三个月的修行和学习。丘扬创巴最初讲解小乘，接着是大乘，最后是金刚乘。这是他首次公开谈论金刚乘。丘扬创巴警告学生们密教修行有危险。首期研修班结束几个月后，他为一小群学生传授密法。① 从此，金刚界研修班每年秋天举行。

第七，莲地（Padma Jong）。这是一个艺术中心，位于加州的多斯瑞尔斯（Dos Rios）。

第八，编辑部（Editorial Department）。编辑出版两种报刊：其一是刊物《神鹰》（Garuda），它主要收录丘扬创巴师徒以及著名佛教学者的短篇作品；其二是报纸《金刚界太阳》（Vajradhatu Sun），它主要登载整个僧团的动态，每两个月出版一期。

第九，金刚界录音（Vajradhatu Recordings）。它录制、整理、编辑丘扬创巴的授课内容以及各种讲演，制作成录音带销往世界各地。②

此外，丘扬创巴还组建了"那难陀基金会"（Nalanda Foundation）。它的结构如下：

第一，那罗巴研究所（Naropa Institute）。1974 年，那罗巴研究所举行首届暑期班，目录上的课程有禅定、太极、茶道、唐卡绘画、藏语、梵语、中观哲学等。有许多名人前来讲课，根瑟教授讲噶举派的历史，金斯伯格教精神诗学，约翰·凯奇演奏了自己的作品。参加者达到 2000 人，远远超过丘扬创巴的预料。这期暑期班的活动形式多样，有讲座、授课、

---

① Fields, Rick, *How the Swans Came to the Lake: A Narrative History of Buddhism in America.* 2nd revised and updated ed. , Boston: Shambhala Publications, Inc. , 1986, p. 312.

② 郑金德：《欧美的佛教》，台北：天华出版事业股份有限公司 1984 年版，第 123—124 页。

音乐会、读书会、演奏会、辩论会和学术研讨会等。[①]

后来，那罗巴研究所设立大学部（学士班）和研究所（硕士班）。大学部设有佛学系、佛教艺术系（唐卡绘画）、舞蹈系、戏剧系等。硕士班设有佛学系、佛学与西方心理学系等。研究所出版刊物《罗卡》(*Loka*)。

第二，慈爱医疗社区（Maitri Therapeutic Community）。这是一个研究、治疗精神异常者的机构，科研与临床并重，位于康涅狄格州（Connecticut）。

第三，手印戏剧班（Mudra Theater Groups）。它在纽约、旧金山及伯克利设有分支机构。

第四，阿赖耶幼儿园（Alaya Preschool）。它创立于 1977 年元月。

第五，香巴拉训练（Shambhala Training）。这是一种人格训练计划，目的在于鼓舞信徒的信心，促进他们的觉悟。[②]

丘扬创巴的僧团，男女比例均衡，各个年龄段的信徒都有，而且信徒的素质较高。

20 世纪 80 年代，丘扬创巴成立"香巴拉出版社"（Shambhala Publications），专门出版西藏哲学、宗教、艺术、文学等方面的书籍。这些书籍极大地促进了藏传佛教文化在西方的传播，影响很大。

丘扬创巴脱下法衣，采用西方人的名言范畴和思维方式去解释、传播藏传佛教，取得了一些方面的成功。可以说，藏传佛教能够在西方世界引起巨大的反响，形成所谓的"藏传佛教热"，丘扬创巴所起的作用是其他人无法比拟的。

但问题是，丘扬创巴热衷于西方的生活方式和价值观。他抽烟、酗酒、嫖娼，甚至与女弟子发生不正当关系。他放浪形骸的所作所为引起了有道德感、有正义感的人士的一致抨击。丘扬创巴的出格之举对他的僧团所造成的负面影响，同时对藏传佛教在美国传播的过程中所造成的消极作用又是显而易见的。

（二）十六世噶玛巴

十六世噶玛巴在西藏叛乱爆发前，带着大批珍贵文物逃到锡金，并建

---

① Fields, Rick, *How the Swans Came to the Lake: A Narrative History of Buddhism in America.* 2nd revised and updated ed., Boston: Shambhala Publications, Inc., 1986, pp. 316 – 317.

② 郑金德：《欧美的佛教》，台北：天华出版事业股份有限公司 1984 年版，第 126—127 页。

寺修行。到美国后，1975 年，十六世噶玛巴建起"噶玛三乘法轮"（Kar-ma Triyana Dharmachakva）寺。1978 年，"噶玛三乘法轮隐修中心"（Kar-ma Triyana Dharmachakva Retreat Center）建立，它位于纽约州伍德斯多克（Wood Stock），住持是三世巴多仁波切（Bardo Rinpoche）和卡萨仁波切（Karthar Rinpoche）。噶玛三乘法轮寺在美国各地有属寺，名字均用当地地名再加上噶玛太松曲林（Karma Thegsum Choling）。①

（三）噶玛仁钦

藏传佛教在美国本土取得发展后，也传入夏威夷。1974 年，"噶举德钦林"（Kagyu Thegchen Ling）在夏威夷大学附近建成。住持喇嘛是噶玛仁钦（Karma Rinchen，1931—　），他受根本上师卡鲁仁波切的指派到夏威夷弘法。

1931 年，噶玛仁钦出生于西藏一个农民家庭。11 岁时，他出家为僧，16 岁时从帕旁寺院（Palpung Monastery）毕业。这是司徒仁波切及蒋贡康楚仁波切住持的寺院。后来，卡鲁仁波切指导他闭关 3 年。1959 年，他逃到印度。1967—1970 年，噶玛仁钦还俗。1970 年，他再次受具足戒出家。

1974 年，卡鲁仁波切访问夏威夷。很多学生请求他在此地设立一个禅修中心，并派一名喇嘛长驻。噶玛仁钦于是成为这座寺院的住持。该寺院定期举行法会，每天晚上有集体禅修，周末有佛法讲座等，还不定期地出版一种通讯。②

四　格鲁派

在美国弘传格鲁派教法的最重要僧人是尕旺旺加（Ngawang Wangyal，1901—1983），更多的时候他被称为"旺加格西"（Geshe Wangyal）。旺加格西是土尔扈特蒙古人，七岁时出家为僧，九岁时，旺加遇到自己的根本上师多杰夫喇嘛（Lama Dorjieff）。多杰夫喇嘛曾经是十三世达赖喇嘛的上师。1920 年，旺加受具足戒。1921—1935 年，他在西藏哲蚌寺学习、修行。1936 年，旺加在拉萨获得格西学位。随后，他到北京给一名英国人担任翻译。1937 年，旺加格西在英国生活了几个月。回国后，他居住

---

① 郑金德：《欧美的佛教》，台北：天华出版事业股份有限公司 1984 年版，第 138 页。

② 同上书，第 221—222 页。

在西藏。1951 年，旺加格西离开西藏到印度。①

1955 年，他来到新泽西州（New Jersey）。1958 年，旺加格西创立"美国喇嘛教寺院"（The Lamaist Buddhist Monastery of America），这是美国第一所藏传佛教寺院。旺加格西从印度带来四名喇嘛，其中就有索巴格西（Geshe Sopa）和萨迦派的贡嘉喇嘛（Lama Kunga）。旺加格西通过在大学任教来谋生。包括杰弗里·霍普金斯（Jeffrey Hopkins，1940—   ）和罗伯特·瑟曼（Robert Thurman，1941—   ）在内的三名哈佛大学的学生结识了旺加格西，开始跟随他学习。旺加格西教他们学藏语，并指导他们读经、坐禅。②

瑟曼想受戒，旺加格西拒绝了。个中原因不详。也许是旺加格西担心作为西方人的瑟曼并不能严守戒律，如果那样的话，反而会使作为老师的他蒙羞。这从一个方面反映了旺加格西在传法方面的谨慎。

旺加格西还是采用了灵活的办法。根据他的提议，瑟曼前往印度，由十四世达赖喇嘛为他授戒，瑟曼于是成为第一名美国本土的喇嘛。随后，瑟曼回到哈佛大学，并于几年内获得了博士学位。杰弗里·霍普金斯也获得博士学位，并在弗吉尼亚大学任教。索巴格西在威斯康星大学任教。瑟曼和霍普金斯成为美国两名比较活跃的佛教学者。③

20 世纪 70 年代初，旺加格西和学生们成立"美国佛教研究所"（American Institute of Buddhist Studies）。

1973 年，旺加格西与学生合作将噶当派及格鲁派的部分经典翻译成英语，书名叫《解脱之门》（*The Door of Liberation*④），在美国出版。

五　其他藏传佛教组织

除了藏传佛教四大教派在美国建立的道场，在该国的藏传佛教组织还有其他两种形式，一种是教派特征不明显的组织，另一种是西方人建立的团体。前者的代表是内充妙音林（Nechung Drayang Ling），后者主要有佛

① 郑金德：《欧美的佛教》，台北：天华出版事业股份有限公司 1984 年版，第 135—136 页。

② Fields, Rick, *How the Swans Came to the Lake: A Narrative History of Buddhism in America*. 2nd revised and updated ed. , Boston: Shambhala Publications, Inc. , 1986, pp. 291 - 292.

③ Ibid. , pp. 293 - 294.

④ Geshe Wangyal, *The Door of Liberation*. Boston: Wisdom Publications, 1995.

法之家（Home of the Dharma）和泛智研究所（Pansophic Institute）。

（一）内充妙音林

1972 年，内充仁波切（Nechung Rinpoche，1958—　）到夏威夷传授藏传佛教。1973 年，内充仁波切翻修了位于夏威夷岛森林山谷（Wood Valley）的一座废弃的日本寺院。1974 年，这座寺院投入使用，并被暂时称为"森林山谷之寺"（The Temple in the Wood Valley）。1975 年，内充仁波切将它改名为"内充妙音林"。1976 年，内充仁波切去檀香山传法，后来又去了英国。1977 年底，他回到寺院，随之开始一系列活动，学生也逐渐增多。寺院也逐渐扩大，增建了正堂、图书馆、客房等。

1958 年，内充仁波切生于拉萨。八岁时，他受戒，并开始修习佛法。1962 年，内充仁波切逃到印度，在一家研究所任教。他曾在夏威夷大学、哥伦比亚大学及阿拉斯加大学任教。

内充仁波切以前主持的"内充寺院"是西藏神谕（Oracle of Tibet）所在地，所以不具有宗派色彩。"内充妙音林"不定期地发行通讯。①

（二）佛法之家

1967 年，美国人伊鲁·普莱斯（Iru Price）在旧金山建立"佛法之家"（Home of the Dharma）。这原是成立于印度的一个宣扬弥勒信仰的派别，经德籍藏学家戈温达的提倡，在美国兴起。它的目标在于了解佛法以及发展出一套适合西方心理学的佛教修行方式。②

（三）泛智研究所

1973 年，西蒙·格里米斯（Simon Grimes）在内华达州（Nevada）的雷诺（Reno）创立泛智研究所，它旨在使西藏密教融入西方的主流思想。泛智研究所与格鲁派联系密切。1974 年，泛智研究所在雷诺成立"普遍宗教与哲学学校"（School of Universal Religion and Philosophy），开设的课程包括西藏宗教与文化、灵魂学（Parapsychology）、比较宗教（Comparative Religion）等。学校出版季刊《清光》（*Clear Light*）。泛智研究所在美国俄勒冈州、加州及非洲加纳共和国有分支机构。③

---

① 郑金德：《欧美的佛教》，台北：天华出版事业股份有限公司 1984 年版，第 218—220 页。

② 同上书，第 139 页。

③ 同上书，第 139—140 页。

第十一节　南传佛教

南传佛教传入美国的时间比大乘佛教和藏传佛教要晚。20 世纪 60 年代中期前，美国还没有出现正式的南传佛教组织和寺院，一般的美国人对南传佛教比较陌生。从 1966 年起，南传佛教在美国开始发展，一些寺院及组织相继建立。

一　华盛顿佛教精舍

1966 年，华盛顿佛教精舍（Washington Buddhist Vihara）建立。它是南传佛教在美国的一座重要寺院，得到了斯里兰卡、泰国政府的资助。这所寺院在佛教节日举办庆典活动；星期日有定期法会；提供坐禅指导；在寺院及各大学举办演讲会；教授斯里兰卡语和梵语；经营图书馆及书店；出版、发行书籍、刊物等。[①]

二　丹佛佛教社及静点研究所

丹佛佛教社（Buddhist Society in Denver）的创始人是法名叫"阿纳伽里卡·苏嘉他"（Anagarika Sujata）的美国人。他在大学期间对佛教产生兴趣，于是到斯里兰卡、缅甸拜师修行，并受了具足戒。1971 年，苏嘉他返回美国，在佛罗里达州设立一个坐禅中心。同年，他将坐禅中心搬迁到丹佛市，并创立丹佛佛教社。1973 年，丹佛佛教社改称"静点研究所"（Stillpoint Institute）。1974 年，静点研究所搬迁到加州的圣何塞。它致力于坐禅实践。苏嘉他在美国各地演讲，并出版小型书刊。[②]

三　北好莱坞泰寺

华盛顿佛教精舍的建立得到过泰国政府的支持，华盛顿地区的泰国人有了佛教活动场所。1972 年，在美国的泰国人开始在加州修建另一座寺院。1979 年，北好莱坞泰寺（Wat Thai in North Hollywood）建成，但是它

---

① 郑金德：《欧美的佛教》，台北：天华出版事业股份有限公司 1984 年版，第 157 页。
② 同上书，第 158 页。

的规模很小。①

四 伯恩斯及其"新佛法"

新佛法（Neo-Dharma）的创始人是心理治疗师道格拉斯·穆雷·伯恩斯（Douglas Murray Burns）。他生于波士顿（Boston），在俄勒冈州长大。读高中时，他对佛教产生兴趣。1960 年，伯恩斯出版了第一本书《佛教哲学原理》（*The Principles of Buddhist Philosophy*）。1961 年，他搬迁到加州，并拥有一群信徒。1965 年，伯恩斯想去泰国寺院修行，但没有成行。后来，他到处演讲，也写了不少作品。伯恩斯的新佛法观念，可以归纳成以下几点：

第一，宇宙由公平与不变的法则所统辖。

第二，这些法则的知识可以通过人的内省和没有偏见的推理获得。

第三，道德律像自然律一样。贪、嗔和自我中心会产生相对应的不幸，个人应对这些动机负责。

第四，时间、空间和物质三个维度不是唯一的存在层次。感觉得到的具体世界是真实的，但它并不是唯一的真实范畴。

这些观点富有现代理性的色彩。伯恩斯在美国的信徒主要集中于加州。新佛法的总部设在加州的格里斯兰德（Graceland）。该组织发行季刊《新佛法评注》（*Neo Dharma Notes*）。②

五 传播南传佛教的重要美国人

上座部佛教在美国的本土化与几名美国人的努力密切相关，他们是约瑟夫·戈德斯坦（Joseph Goldstein, 1944— ）、杰克·科恩菲尔德（Jack Kornfield, 1945— ，另译为杰克·康菲尔德）和莎朗·萨尔兹伯格（Sharon Salzberg, 1952— ，另译为莎朗·莎尔伯格、雪伦·萨尔兹堡）。

戈德斯坦生于纽约。1965 年，他从哥伦比亚大学毕业。随后，他来到泰国，接着前往印度。他跟随阿纳伽里卡·斯里·马林德拉（Anagari-ka Sri Munindra, 1915—2003）、戈恩卡、额金活佛仁波切（Tulku Urgyen

---

① 郑金德：《欧美的佛教》，台北：天华出版事业股份有限公司1984年版，第158页。

② 同上书，第159—160页。

Rinpoche，1920—1996）等诸多上座部及藏传佛教高僧学习佛教并修习禅定。1974 年起，他在丘扬创巴的那罗巴研究所教授佛教。1975 年，戈德斯坦与科恩菲尔德、萨尔兹伯格一起在马萨诸塞州的巴里（Barre）创立内观禅定社（Insight Meditation Society，简称 IMS）。1989 年，他与萨尔兹伯格一起建立巴里佛教研究中心（Barre Center for Buddhist Studies）。1998 年，他又建立内观禅定社森林隐修处（IMS Forest Refuge）。

戈德斯坦在世界各地传授内观禅定，他出版了许多书，向西方人介绍上座部佛教的教义、修行方法等内容。这些书主要有《觉悟的体验：通向佛教禅定的捷径》（The Experience of Insight：A Simple and Direct Guide to Buddhist Meditation①，1976）、《寻求智慧之心：内观禅定之道》（Seeking the Heart of Wisdom：The Path of Insight Meditation②，与科恩菲尔德合著，1987）、《内观禅定：自由的修行》（Insight Meditation：The Practice of Freedom，1994）、《一种佛法：形成中的西方佛教》（One Dharma：The E-merging Western Buddhism③，2002）等。

1967 年，科恩菲尔德从达特茅斯学院（Dartmouth College）毕业，随后，他来到泰国、缅甸和印度，跟随阿姜·查、马哈希尊者等上座部佛教高僧修行。1987 年，他在加州创立"精神之岩禅定中心"（Spirit Rock Meditation Center）。科恩菲尔德从 1974 年起就在世界各地传授禅定。其主要著作有《踏上心灵幽径》④（A Path with Heart：A Guide through the Perils and Promises of Spiritual Life⑤，1993）、《佛陀的教诲》（Teachings of the Buddha⑥，1996）、《生机勃勃的佛法》（Living Dharma⑦，1996）、《狂

① Goldstein, Joseph, *The Experience of Insight：A Simple and Direct Guide to Buddhist Meditation*. Boston, Mass.：Shambhala, 1987.

② Goldstein, Joseph and Jack Kornfield, *Seeking the Heart of Wisdom：The Path of Insight Meditation*. Boston and New York：Shambhala and Random House, 1987.

③ Goldstein, Joseph, *One Dharma：The Emerging Western Buddhism*. San Francisco：Harper. 2002.

④ ［美］杰克·康菲尔德：《踏上心灵幽径》，易之新等译，深圳报业集团出版社 2009 年版。

⑤ Kornfield, Jack, *A Path with Heart：A Guide through the Perils and Promises of Spiritual Life*. New York：Bantam Books, 1993.

⑥ Kornfield, Jack, *Teachings of the Buddha*. Boston：Shambhala, 1996.

⑦ Kornfield, Jack, *Living Dharma*. Boston：Shambhala, 1996.

喜之后》① (*After the Ecstasy, the Laundry*：*How the Heart Grows Wise on the Spiritual Path*，2001)、《当代南传佛教大师》② (*Living Buddhist Masters*)、《原谅的禅修》③ (*The Art of Forgiveness, Lovingkindness and Peace*)、《智慧的心》④ (*The Wise Heart*：*A Guide to the Universal Teachings of Buddhist Psychology*)、《初学者的冥想书》⑤ 等。

萨尔兹伯格生于纽约一个犹太家庭，童年生活很不幸。1969 年，她在读纽约州立大学 (State University of New York) 期间接触到佛教，次年，她前往印度，跟随马林德拉等高僧修行。1974 年，她回到美国，从此一直传播内观禅法。她是内观禅定社和巴里佛教研究中心的创立人之一。萨尔兹伯格是一名成功的作家，她的作品《冥想的力量》⑥ ［全译为：《真正的幸福—禅定的力量：一个 28 天的项目》 (*Real Happiness-The Power of Meditation*：*A 28 – day Program*，2010)］ 在 2011 年被评为《纽约时报》最畅销小说。她的其他著作还有《慈爱：幸福的革命艺术》 (*Lovingkindness*：*The Revolutionary Art of Happiness*，1995)、《广阔如世界的一颗心》 (*A Heart as Wide as the World*，1999)、《不要绑架自己》⑦ ［直译为《信念：相信自己最内在的体验》 (*Faith*：*Trusting Your Own Deepest Experience*)］ 等。

这三名美国人从 20 世纪 70 年代中期起就在世界各地不遗余力地传播上座部佛教，尤其是内观禅定，在西方国家产生了巨大的影响，对上座部佛教实现在西方的本土化做出了很大的贡献。

第十二节　韩国佛教

19 世纪下半叶，劳动力严重不足的夏威夷从日本引进劳工到农场从

---

① ［美］杰克·康菲尔德：《狂喜之后》，周和君译，云南人民出版社 2008 年版。

② ［美］杰克·康菲尔德：《当代南传佛教大师》，新雨编译群译，新店：圆明出版社 1997 年版。

③ ［美］杰克·康菲尔德：《原谅的禅修》，橡树林翻译小组译，台北：橡树林文化 2005 年版。

④ ［美］杰克·康菲尔德：《智慧的心》，周和君译，台北：张老师文化事业股份有限公司 2010 年版。

⑤ ［美］杰克·康菲尔德：《初学者的冥想书》，唐唐译，天津人民出版社 2014 年版。

⑥ ［美］莎朗·莎字伯格：《冥想的力量》，董智颖等译，电子工业出版社 2013 年版。

⑦ ［美］雪伦·萨尔兹堡：《不要绑架自己》，郭家琪译，台北：橡树林文化 2003 年版。

事甘蔗种植等工作。进入 20 世纪，日本劳工与夏威夷农场主经常发生劳资纠纷，罢工的情况很普遍，夏威夷农场主遂前往韩国寻找新的劳动力。韩国政府允许本国劳工外出谋生，韩国劳工得以出现在夏威夷。

1903 年第一批近百名韩国契约劳工抵达檀香山。到 1905 年韩国政府禁止国民移居海外时，总计有 1 万多名韩国人已经来到夏威夷，但他们只占当地总人口的 1%。①

在美国传播韩国佛教的主要有几位僧人。

一 奇大圆法师

韩国人在夏威夷初期，没有建立佛教寺庙。最早在夏威夷建立韩国佛教寺院的僧人是奇大圆法师（Rev. Kee Dae Won）。

奇大圆法师在韩国时就是一座寺院的住持。1972 年，夏威夷大学的格兰·佩奇教授（Glenn Paige）在韩国期间认识了奇大圆法师。1975 年 6 月，奇大圆法师在他的帮助下来到夏威夷。同年秋，奇大圆法师在檀香山南金街（South King Street）创立"夏威夷大圆寺"（Dae Won Sah Buddhist Temple of Hawaii）。在夏威夷的韩裔佛教徒终于有了聚会以及从事佛事活动的场所。1979 年 8 月，寺院搬迁到沃依沃茂路（Woiomao Road）。②

二 崇山行愿禅师

在美国积极传播佛教最有影响的韩国禅师是崇山行愿禅师（Seung Sahn，1927—2004）。崇山原名李德仁（Lee Duk An），北朝鲜平安南道颍川人。1943 年，他在平壤工业专科学校读书。读书期间，他参加过抵抗日本并争取朝鲜独立的地下组织。中学毕业后，他赴韩国东国大学读书，主修哲学。1947 年，他出家为僧，法号"行愿"。随后，他来到山中修行，并开悟。不久，行愿遇到高峰禅师（Ko Bong，1890—1962）。虽然他已开悟，但并不懂参禅，回答不出高峰禅师提出的公案，行愿于是去修德寺（Su Dok Sa）修行，先后得到真性、镜峰、镜悟禅师的印可。他立即去找高峰禅师，得到禅师的印可。1949 年 1 月，行愿成为高峰禅师的唯一法嗣，成为崇山禅师。他也成为南韩曹溪宗第七十八代传灯祖师。

---

① 郑金德：《欧美的佛教》，台北：天华出版事业股份有限公司 1984 年版，第 187 页。
② 同上书，第 223—224 页。

　　朝鲜战争结束后，崇山禅师投入振兴韩国佛教的工作中。1957 年，他出任汉城华溪寺住持。1960 年，崇山禅师成立"大韩佛教新闻社"并担任社长。1961 年和 1962 年，他先后担任曹溪宗总务部副部长和财务部长。

　　1972 年，身无分文，不懂英语的崇山禅师来到美国，成为韩国首位到西方国家弘法的禅师。他来到罗德岛州（Rhode Island）的普罗维登斯（Providence）工作并且学习英语。不久，他遇到布朗大学（Brown University）佛教研究系的利奥·普鲁登（Leo Pruden）教授。崇山在该系做了几次演说，由普鲁登担任翻译。他的周围很快有了一群追随者。普罗维登斯禅宗中心（Providence Zen Center）开始出现。

　　1982 年，崇山禅师创办国际观音禅院（International Kwan Um School of Zen）以加强对世界各地不断增加的禅宗中心和弟子的管理。他在美国的剑桥（Cambridge）、纽黑文（New Haven）和伯克利等地建有寺院，韩裔人和美国人都可以来到这些寺院进行活动。韩裔信徒主要是虔诚的妇女，她们周日到寺院来从事佛教活动。

　　1987 年，崇山禅师举办第一届"世界一花"大会，邀请佛教大德及不同宗教人士参加，传达"世界一花，万民同体"的和平讯息。从此，"世界一花"大会每三年举办一次。

　　经过 30 多年的努力，崇山禅师在世界各地建立了 120 多所禅院，弟子达到 5 万多名。崇山禅师对佛教文化传播的贡献得到韩国政府和国际组织的高度赞赏。1985 年，世界和平文化大会（WUM）给他颁发"世界和平奖"；1995 年，"韩国万海协会"赠给崇山禅师"世界布教奖"；1996 年，大韩佛教曹溪宗给崇山禅师特别颁发"海外布教三十周年奖"。

　　2004 年，崇山禅师在韩国首尔华溪寺圆寂。他的著作主要有《只是不知》（Only Don't Know[1]）、《佛身之落尘》（Dropping Ashes on the Buddha）、《禅之罗盘》（The Compass of Zen）、《十门：崇山禅师的公案》（Ten Gates：The Kong-An Teaching of Zen Master Seung Sahn）、《世界是一花：日常生活中的 365 则公案》（The Whole World Is A Single Flower：365 Kong-Ans for Everyday Life[2]）。《只是不知》是崇山禅师与弟子们探讨生

---

① Seung Sahn, *Only Don't Know*. Cumberland, R. I.：Primary Point Pr.，1982.

② Seung Sahn, *The Whole World Is A Single Flower*. Boston：Charles E. Tuttle Co.，Inc.，1992.

活、修行等内容的书信集。《佛身之落尘》和《世界是一花》是崇山禅师为外国弟子们编写的禅修方面的教科书。上述著作被翻译成多种文字在全世界发行，有力地促进了韩国佛教国际化的进程。

三 九山禅师

九山禅师（Ku San Sunim，1909—1983）生于 1909 年，原为面包师。28 岁时，他成为晓峰（Hyo Bong，1888—1966）禅师的弟子。晓峰是当时韩国最著名的禅师之一。经过七年辛苦地参究公案后，九山禅师得到晓峰禅师的印可。四年后，晓峰禅师传法于他。1972 年，九山禅师来到美国。一名韩裔美国人在加州卡梅尔山谷（Carmel Valley）修建"韩国佛教三宝寺"（Korean Buddhist Sambosa），九山禅师在这里弘法。他也带一些美国人回韩国的松广寺修行，松广寺成为西方僧伽在韩国修行的首座寺院。首批比丘和比丘尼要学习韩语和古汉语，他们在禅堂中打坐，每天禅定 14 个小时，参究公案；他们吃韩国传统食物，与其他僧人一起在稻田劳作。他们的生活方式遵循韩国自古以来的传统。

1980 年 4 月，九山禅师回到美国。他有了两名比丘尼做翻译，一名来自法国，另一名来自苏格兰。九山禅师组织了一个一周长的闭关来纪念韩国佛教三宝寺建成十周年。他在洛杉矶建起"韩国寺"（Korea Sa）作为松广寺的属寺。

洛杉矶有大约八万韩裔人，它是世界上仅次于汉城的韩裔人最多的城市。在七天中，九山禅师为希望受菩萨戒的人们举行一系列活动，包括讲座、修行。新寺院的大厅每晚都人满为患。九山禅师与在松广寺修行的美国人都决心将韩国寺变成美国人能够学习韩国禅的地方。①

第十三节 越南佛教

越南佛教在美国的出现与越南战争密切相关。连年的战争迫使很多越南人包括佛教徒逃亡他国，很多人采用的是乘船的方式，这些海上的难民就被称为"船民"（boatman）。相当多的船民获救后来到美国谋生，他们

---

① Fields, Rick, *How the Swans Came to the Lake: A Narrative History of Buddhism in America.* 2nd revised and updated ed., Boston: Shambhala Publications, Inc., 1986, pp. 352 – 353.

也将越南佛教传播到美国。

一　释天恩与美国本土首座越南佛寺

释天恩（Thich Thien-an，1926—1980）生于越南扶越（Hae），原名段万恩（Doan-van-an），字源秀。他在日本早稻田大学获得文学博士学位，回越南后，他创办梵行大学。释天恩参加了反对吴庭艳独裁政府的斗争，并于 1963 年被捕，后被释放。1966 年，他首次来到美国，在加州大学洛杉矶分校做语言及东方哲学的访问教授。1967 年，他打算回越南，但被美国学生挽留，释天恩于是租了一间房开始教学生。释天恩受过临济禅的训练。他是一个和蔼、平易近人的禅师，著有《越南的佛教与禅》、《禅的理论与实践》等。

1970 年，释天恩在洛杉矶创立国际佛教禅定中心（International Buddhist Meditation Center），致力于研究佛教义理及指导学生们修习禅定。1973 年 10 月，释天恩与美国学者共同创办东方研究学院（College of Oriental Studies），后改名为"东方研究大学"（University of Oriental Studies），致力于东方文化及佛学的研究。该大学请来著名学者及高僧授课或举办讲座，教学内容涉及佛教的诸多方面，既有南传佛教，也有北传佛教，北传佛教中涉及藏传佛教、禅宗、日本真言宗等。

1975 年，大量越南难民进入美国。当时，美国唯一著名的越南僧人就是释天恩，美国政府请求他参与庞大的难民安置工作。释天恩和弟子们全力以赴救助越南难民，难民一到，释天恩和弟子们就为他们举行佛教仪式。

释天恩筹措资金，购买公寓楼房来安置难民。他在一幢带有中央庭院的大楼里建起一座越南式的寺院，这是美国第一座越南佛寺。在节假日尤其是新年到来时，越南难民来到庭院，在白色的观音像前上香、祈福。僧人们念经的声音通过楼顶寺院的高音喇叭在空中回响。[1]

在越南，佛寺不仅是宗教活动场所，同样也是社会生活的中心。释天恩建起的佛寺同样发挥着这样的社会功能。有学者指出："越南佛教徒相信，寺院是他们进行精神活动的地方。而且，寺院也起了重要的社会作

---

① Fields，Rick，*How the Swans Came to the Lake：A Narrative History of Buddhism in America.* 2nd revised and updated ed.，Boston：Shambhala Publications，Inc.，1986，pp. 355 - 356.

用。它是传统的和文化的价值被保存的地方。越南小孩到寺院里来，他们不仅仅是为了学习佛法，而且他们也学习祖先的家乡的习惯和风俗。"①

1980 年 11 月，美国越南难民的精神领袖释天恩圆寂。卡鲁娜·达摩（Karuna Dharma，1940—　）做释天恩的弟子长达 12 年，她成为国际佛教禅定中心的负责人。释满觉法师（Thich Man Giac，1929—2006）成为全美越南佛教总会（Vietnamese Buddhist Churches in America）会主。②

二　越南佛教在夏威夷

1975 年，一些越南难民抵达夏威夷。有两位法师为越南佛教在夏威夷的发展起了重要作用。

（一）释觉心

释觉心，生于 20 世纪 30 年代，早年在越南出家，后来在印度获得硕士学位。后来释觉心来到法国弘法。1977 年，他应夏威夷越南佛教徒的邀请来到檀香山，在盐湖区创立"灵山寺"，并任住持，为近 400 名越南难民佛教徒提供精神慰藉。

（二）释慧叶

释慧叶，生于 20 世纪 50 年代，毕业于西贡佛教梵行大学，后获得国家奖学金到台湾大学哲学研究所学习。不久，他到法国组织"救济越南海上难民总会"，为越南难民工作。后来，他应释觉心等法师的邀请到夏威夷组织"夏威夷越南佛教会"（Association of Vietnamese Buddhists in Hawaii），并担任会长。③

---

① Nguyen, Cuong Tu, and A. W. Barber, "Vietnamese Buddhism in North America: Tradition and Acculturation." In *The Faces of Buddhism in America*, edited by Charles S. Prebish and Kenneth K. Tanaka, pp. 136 – 137. Berkeley: University of California Press, 1998.

② Fields, Rick, *How the Swans Came to the Lake: A Narrative History of Buddhism in America*. 2nd revised and updated ed., Boston: Shambhala Publications, Inc., 1986, pp. 356 – 357.

③ 郑金德：《欧美的佛教》，台北：天华出版事业股份有限公司 1984 年版，第 224—225 页。

第七章 加拿大、拉丁美洲、大洋洲、非洲佛教

第一节 加拿大佛教

一 中国、日本的早期移民及其佛教信仰

最早将佛教信仰传播到加拿大的是中国劳工。随后，日本移民及其佛教团体也来到加拿大。随着时间的推移，他们组织团体、建起寺院、进行相应的宗教活动，这开启了佛教在加拿大传播的序幕。

（一）中国移民及其佛教信仰

据记载，早在 1788 年，就有华人进入加拿大。加拿大当时还是英国的自治领地。1867 年，加拿大独立。最早将佛教传播到加拿大的是中国劳工。美国的排华运动迫使许多华工沿着美国西海岸前往加拿大。当时加拿大正准备修建横跨大陆的太平洋铁路，许多华工参与了铁路的修筑。

1858 年，弗雷泽河（Fraser River）河谷发现金矿，吸引许多华工前来淘金。1858 年，华工在温哥华岛（Vancouver Island）上的维多利亚（Victoria）建起第一条唐人街。随后，一些华人组织逐渐成立，它们在 1884 年组成致公堂（Chinese Consolidated Benevolent Association），满足华人劳工的需要。当时华人劳工基本为男性。

早期华工最初并没有建起寺院，他们往往聚集在一户人家中设立佛堂，进行活动。有的是在商铺中设立神龛，像 1877 年在维多利亚的唐人街建立的谭公庙（Tam Kung Miao）就是如此，它现在建在政府街（Government Street）一间杂货铺的楼上。后来，华工组织逐渐建起三四座庙宇，不过，这些寺庙并非典型意义上的佛寺，而是体现了传统中国人三教合一的信仰特点，寺庙的主要供奉对象包括孔子、华陀、赵公明、天后和

关羽等。①

19世纪末，中国移民逐渐从加拿大濒临海洋的不列颠哥伦比亚、安大略等省甚至美国逐渐扩展到中部的草原省——萨斯喀彻温省和马尼托巴省。他们开始建起寺院。20世纪初，中国移民逐渐开始在萨斯喀彻温省的萨斯卡通市（Saskatoon）、里贾纳市（Regina）和马尼托巴省的温尼伯市（Winnipeg）进行佛教活动，它们是这两个省中最重要的三个城市。

（二）日本移民及其佛教信仰

日本佛教在加拿大的历史悠久。早在20世纪初，日本人已经在加拿大建立道场。

最早在加拿大建立寺院的日本佛教宗派是净土真宗。1905年，第一座净土真宗寺院在温哥华建成。1906年，它迁到一间翻新的房子中。1911年，它又迁入弗兰克林街的一座新建筑中，于是被称为弗兰克林街佛教教会（Franklin Street Buddhist Church）。②

在不列颠哥伦比亚省的岛屿区和平原区，随着日本移民的增加，许多佛教团体相继出现。1921年，加拿大佛教会（Canada Bukkyokai）成立。1933年，加拿大佛教教会（Buddhist Churches of Canada）成立，它是净土真宗在加拿大的总部，负责管理净土真宗在加拿大各个分教会的总体事务。这也说明，随着净土真宗在加拿大的迅速发展，对各地的分会进行统一管理已经势在必行。

净土真宗也传播到加拿大内陆省份的阿尔伯塔省。20世纪30年代早期，净土真宗在雷蒙德（Raymond）有一个小的团体，但是随着时间的推移，它的影响越来越小，信徒也越来越少。

二 日本佛教的挫折与延续

"二战"前，加拿大的不列颠哥伦比亚省是日本移民最集中的省份。相应的，日本的佛教组织和道场在该省也最兴盛。太平洋战争爆发后，作为美国盟友的加拿大与作为轴心国成员的日本成为交战国。1942年，日裔侨民被加拿大政府拘禁，使不列颠哥伦比亚省集中程度相当高的日裔群

① Placzek, James, and Larry DeVries, "Buddhism in British Columbia." in *Buddhism in Canada*, edited by Bruce Matthews, 3-4, Abingdon and New York: Routledge, 2006.

② Ibid., p.4.

体分散开来，不过，他们依然生活在该省的内陆地区。不久，加拿大政府将日裔人从太平洋沿海省份（最主要的就是不列颠哥伦比亚省）驱赶到内陆省份关押。不列颠哥伦比亚省以东毗邻的省份就是阿尔伯塔省，这样一来，雷蒙德的日裔人迅速增加，这使当地的日本佛教组织和寺院得以出现和建立。1942 年 10 月，一座寺院在皮克切巴特（Picture Butte）建成。1943 年 3 月，科尔德尔（Coaldale）出现当地第一座寺院。①

"二战"结束后的一段时间，雷蒙德的日本佛教团体和寺院依然繁荣。1947 年，一个日本佛教团体在塔伯尔（Taber）建成。1950 年，它建成一座寺院。1947 年，罗斯玛丽（Rosemary）出现净土真宗的主日学校。1958 年，当地的净土真宗信徒将一座原属于摩门教的教堂改为寺院。1949 年 1 月，莱斯布里奇佛教教会（Lethbridge Buddhist Church）开始举行佛教活动。1955 年 1 月，该教会建成一座新寺庙。1966 年 1 月，信徒们成立莱斯布里奇西本愿寺佛教教会（Lethbridge Hompa Buddhist Church）。该教会随之又修建了寺院。

五六十年代起，日裔人逐渐离开雷蒙德甚至阿尔伯塔省，雷蒙德的日本佛教逐渐势微。皮克切巴特和罗斯玛丽的寺院由于信徒数量的减少而关闭，皮克切巴特的信徒便加入莱斯布里奇佛教教会，罗斯玛丽的信徒依然是阿尔伯塔省净土真宗佛教联合会（Jodo Shinshu Buddhist Federation of Alberta）的成员。②

1946 年，马尼托巴省佛教教会（Manitoba Buddhist Church）在该省省会温尼伯市成立，它是加拿大佛教教会的下属组织之一，第一任住持是奥古斯特·西村秀夫（August Hideo Nishimura）。该组织还开办了一所语言学校、一所主日学校，周日为 600 名信徒服务。

马尼托巴省佛教教会的主要建筑完成于 20 世纪 50 年代初，在室内装饰及服务上采用新教"教会"的形式。建筑物包括宽敞的祷告大厅，中有长凳；有宽敞的办公区和教室，底层有厨房和就餐区。每周参加活动的信徒不多，但每逢一年中最重要的节庆，全体成员参加。在仪式中，用日

①　Placzek, James, and Larry DeVries, "Buddhism in British Columbia." in *Buddhism in Canada*, edited by Bruce Matthews, 4, Abingdon and New York: Routledge, 2006.

②　Kawamura, Leslie, "Buddhism in Alberta." in *Buddhism in Canada*, edited by Bruce Matthews, 31, Abingdon and New York: Routledge, 2006.

语念诵，其他内容用英语。①

在加拿大东部的安大略省，净土真宗也有所发展。1949年，哈密尔顿佛寺（Hamilton Buddhist Temple）和桑德贝佛教会（Thunder Bay Buddhist Fellowship）成立，它们均隶属日本净土真宗的加拿大佛教教会。最初，这两个组织的成员主要是日裔，后来，更多的非日裔加入进来。②

早期移民加拿大的詹励吾居士在一篇文章中回忆了他在1950年5月抵达多伦多后拜访日本净土真宗多伦多佛教会的情形。该会位于护龙街，接待他的是开教使迁显隆。迁显隆生于加拿大，后来回日本读书，毕业于龙谷大学。多伦多佛教会的信徒95%是日裔，加拿大人很少，没有华裔。后来，迁显隆在该市另建一座大道场，詹居士特地送去一部《大藏经》以表庆贺。不久，迁显隆去了旧金山，在净土真宗美国佛教会总会教育部任职。多伦多佛教会由石浦先生负责，詹励吾居士成了多伦多佛教会的一名成员。③

三　汉传佛教的再次传播

20世纪60年代，加拿大政府的移民政策有所放宽，进入加拿大的亚裔人迅速增加，加上当时反主流文化盛行，使得汉传佛教在加拿大的发展出现新的现象，一些汉传佛教组织纷纷出现，代表性的主要有以下几个。

（一）加拿大佛教会

加拿大佛教会的创立者是性空法师和诚祥法师。性空法师，1924年出生于河北省赵州。1937年，他在武安县粟城寺出家，1940年在北京广济寺受戒。1943年，他赴青岛湛山佛学院学习。1948年，性空法师来到香港。1949年，他在倓虚老和尚开办的华南佛学院学习。

诚祥法师，1920年出生于河北省宁津县。1946年，他皈依倓虚老和尚座下。1947年，他在天津大悲院出家并受具足戒。1949年，诚祥法师来到香港。1952年，他进入华南佛学院学习。

---

① Mullens, James G., "Buddhism in Saskatchewan and Manitoba." in *Buddhism in Canada*, edited by Bruce Matthews, 47, Abingdon and New York: Routledge, 2006.

② Koppedrayer, Kay and Mavis L. Fenn, "Buddhist Diversity in Ontario." in *Buddhism in Canada*, edited by Bruce Matthews, 64, Abingdon and New York: Routledge, 2006.

③ 于凌波：《美加华人社会佛教发展史》，台北：新文丰出版股份有限公司1996年版，第292—293页。

1967 年，性空、诚祥两位法师到多伦多市参观。在多伦多，他们结识了美东佛教总会的应行久、应金玉堂夫妇，在应氏夫妇的帮助下，两位法师留在多伦多弘法，成立"加拿大佛教会"（Buddhist Association of Canada）。1968 年，他们借助一间小民房成立南山寺（Southhill Temple）。1969 年，加拿大佛教会获得加拿大政府的批准，成为注册在案的宗教团体。随着时间的推移，信徒逐渐增多，一些加拿大信徒参加佛教会的打坐、念佛等修行。后来，南山寺交由体闻、体修两位尼师管理，成为女众的修行道场。①

（二）世界佛教会

1968 年，冯公夏居士联合其他四名居士，在温哥华发起成立世界佛教会（Universal Buddhist Temple）。不久，它的注册申请获得加拿大政府的同意，成为非营利性宗教团体。世界佛教会召开会员大会，制定章程，选出董事，成立董事会。它以弘扬佛教、提倡人伦道德为宗旨，尊敬三宝，研究佛教教理。会员以高级知识分子居多，学术气氛浓厚。他们研究佛理及现代科学，还一定程度地参与社会公益事业。②

（三）湛山精舍

1973 年，倓虚老和尚的两名皈依弟子何德庆、何张雪明捐献一所房屋，取名湛山精舍（Cham Shan Temple），以纪念倓虚老和尚在青岛创立的湛山寺。他们邀请加拿大佛教会的性空、诚祥法师以及乐渡法师担任第一任住持。湛山精舍位于安大略省索恩希尔的贝弗尤大街（Bayview Avenue Thornhill Ontario）。1975 年，在信徒们的共同努力下，在原有房屋基础上改建的大雄宝殿完工。随后，湛山精舍又建成观音殿、地藏殿、倓虚大师纪念堂、山门等建筑。③ 但是，湛山精舍离唐人街较远，汉传佛教徒前来举行佛事活动很不方便。

四 日本佛教的加速发展

詹励吾居士在他的回忆文章中写道，到 20 世纪 70 年代初，日本佛教

---

① 于凌波：《美加华人社会佛教发展史》，台北：新文丰出版股份有限公司 1996 年版，第 299—310 页。

② 同上书，第 326—327 页。

③ http://www.chamshantemple.org/? action-viewnews-itemid－569.

在加拿大建立的寺院已达 17 所，信徒有 5000 人。① 随着时间的推移，日本佛教系统在加拿大呈现加速度发展的态势。不同的日本佛教宗派纷纷在加拿大各地建立道场，举行佛事活动。

（一）温哥华禅中心

温哥华禅中心（Zen Center of Vancouver）属于临济宗系统，在 20 世纪 60 年代末开始活动，1970 年正式成立。它在附近的鲍恩岛（Bowen Island）和维多利亚市都有分支机构。它们与加州波尔迪山（Mt Baldy）的禅宗组织有关系，附属美国洛杉矶的临济寺（Rinzai-ji）。温哥华禅中心的常驻法师是埃森·约翰·戈德弗雷（Eshin John Godfrey），他讲经说法，主持禅修，而且给大学生作讲座。②

（二）狮门佛教小修道院

狮门佛教小修道院（Lions Gate Buddhist Priory）属于曹洞宗系统，成立于 1985 年。僧人在肯妮特禅师的沙斯塔修道院受戒。狮门佛教小修道院的领导人是科腾·本森（Koten Benson），协助他的僧人有奥瑞连（Aurelian）。③

（三）东渐寺西山派佛教研究和文化中心

1989 年，日本人桥本随朝（Zuichou Hashimoto）在温哥华郊区的科奎特兰（Coquitlam）建起"东渐寺西山派佛教研究和文化中心"（Tozenji Seizan Buddhist Studies and Cultural Center）。这所寺院属于日本净土宗西山派，是日本西山净土宗总本山光明寺（Komyo-ji）在加拿大的属寺，桥本从日本筹集资金。寺院主要的修行是念佛和念诵净土宗的经典，文化活动包括茶道、插花、武术等。寺院的固定成员有 20 人，但有时参加者达到 400 人，大多数是刚刚移民到加拿大的日本人。④

（四）心山禅团

新山禅团的领导者是宫前心山（Shinzan Miyamae）。宫前心山是日本临济宗禅师，他是岐阜县（Gifu）关市（Seki）宝云山玉龙寺（Gyoku-

---

① 于凌波：《美加华人社会佛教发展史》，台北：新文丰出版股份有限公司 1996 年版，第 292—293 页。

② Placzek, James, and Larry DeVries, "Buddhism in British Columbia." in *Buddhism in Canada*, edited by Bruce Matthews, 16, Abingdon and New York: Routledge, 2006.

③ Ibid..

④ Ibid., p. 15.

ryuji）的住持，20 世纪 80 年代，他从日本来到加拿大弘法。

后来，宫前心山带领弟子威廉·贝兹（William Bates）在玉龙寺受戒。1994 年，贝兹建立科鲁那禅中心（Kelowna Zen Center）。皈依宫前心山的另一名西方弟子——不列颠哥伦比亚省人埃森·默洛迪（Eshin Melody）为他在该省维多利亚市修建心山寺（Shinzanji）。从 1999 年起，宫前心山就在该寺传法。①

（五）阿玛禅寺

阿玛禅寺（Amazenji）位于不列颠哥伦比亚省的戈尔登（Golden），建成于 1996 年，"阿玛"的意思是母婴之间情感的相互交流。这座曹洞宗寺院最初为妇女禅修而建，后来也允许男性参加大部分活动。固定的禅修成员不多，但它在世界范围内有一个 25 名妇女组成的"电子僧伽"，电子僧伽的领导人是美乃空也（Kuya Minogue）。②

随着时间的推移，马尼托巴省佛教教会的成员逐渐减少，主要原因是他们有的离开了温尼伯市，有的与当地人结婚。到 20 世纪 90 年代末，温尼伯的日裔人减少到 1000 多人。

1999 年 2 月，弗雷德里奇·乌尔里奇（Fredrich Ulrich）成为马尼托巴省佛教教会的第五任住持。乌尔里奇出生于美国，后加入加拿大国籍，是德国人和第一公民（First Nations）的后裔。他是加拿大佛教教会下属组织中几个非日裔住持之一，此前，他在埃德蒙顿一所学校任教师，在一个小的净土真宗团体中任职几年，他丰富的阅历使他能够胜任自己的职务。他研究过基督宗教，取得过研究生学位；他还是一名作家，写过佛教哲学、多种族社会中的公民义务等方面的作品。他让马尼托巴省佛教教会积极参加不同信仰之间的对话等交流，为所有有兴趣的人提供禅定训练。他在美国和加拿大两国广泛游历，设置佛教、基督宗教等方面的研究课题，对儿童进行精神教育，举办演讲等。③

莫林斯（Mullins）在研究了日本佛教在加拿大的转化和制度化后，认为加拿大的佛教教堂更关注的是满足移民群体的需要而不是弘法理想，

---

① Placzek, James, and Larry DeVries, "Buddhism in British Columbia." in *Buddhism in Canada*, edited by Bruce Matthews, 15, Abingdon and New York: Routledge, 2006.

② Ibid., pp. 15 – 16.

③ Mullens, James G., "Buddhism in Saskatchewan and Manitoba." in *Buddhism in Canada*, edited by Bruce Matthews, 47 – 48, Abingdon and New York: Routledge, 2006.

因此可以说，加拿大的日本佛教基本上是一种民族型宗教。[①]

五　汉传佛教的兴盛

20世纪八九十年代，随着加拿大政府移民政策的变更，许多来自内地和港台的中国人通过技术移民和投资移民的方式来到加拿大，每年的移民人数在4000—6000人之间。[②] 中国移民的到来为汉传佛教的发展注入了新的活力。汉传佛教信徒们纷纷组建佛教团体、修造寺院、进行弘法活动。

（一）20世纪80年代的汉传佛教

进入20世纪80年代，一些有佛教信仰的华人组织或个人通过努力，在加拿大各地纷纷建起佛教团体和寺院，促进了汉传佛教在加拿大的快速发展。

1. 国际佛教观音寺

国际佛教观音寺（International Buddhist Society），简称"观音寺"，位于温哥华地区里士满市（Richmond）斯蒂文森大道（Stevenson Highway），它的住持是诚明尼师。诚明尼师1915年出生于辽宁省辽阳县，1933年出家。1949年，诚明尼师与弟子来到中国香港，1960年，她与三名弟子创立华严莲社。1974年，诚明尼师带着弟子体静等人移民美国，在旧金山市卡布里洛街（Cabrillo）创立观音寺。1980年，里士满市的佛教徒捐款修建国际佛教观音寺，并礼请诚明尼师住持，于是，诚明尼师来到温哥华弘法。到20世纪90年代中期，国际佛教观音寺有常驻法师六名，各种弘法活动定期举行。[③]

2. 多伦多佛学会

1981年，多伦多佛学会（Toronto Buddhist Society）成立，并向加拿大政府注册，成为非营利性宗教团体。其实早在20世纪70年代末，它就

① Mullins, Mark R., "The Transplantation of Religion in Comparative Sociological Perspective." *Japanese Religions* 16 (1990): 55 in Spuler, Michelle. *Developments in Australian Buddhism: Facets of the Diamond.* London and New York: Routledge Curzon, 2003, p. 12.

② Placzek, James, and Larry DeVries, "Buddhism in British Columbia." in *Buddhism in Canada*, edited by Bruce Matthews, 17, Abingdon and New York: Routledge, 2006.

③ 于凌波:《美加华人社会佛教发展史》，台北：新文丰出版股份有限公司1996年版，第321—322页。

已经初具雏形。当时，多伦多大学中一些来自港台的留学生以"中国同学学佛会"的名义聚集在一起讨论佛学，他们还与社会上的华人一同学佛。多伦多佛学会成立之初有 30 多名会员，他们制定章程，选出负责人。

多伦多佛学会是性空、诚祥法师创立的加拿大佛教会的下属组织之一，1984 年加拿大佛教会的新道场——弘法精舍建成后，多伦多佛学会的会址即设于此。多伦多佛学会举行的活动主要有会员共修、佛学讨论等，而且经常请法师前来演讲。从 20 世纪 90 年代起，多伦多佛学会发行一份名叫《慧光》的刊物，会员达到 300 多人。[①]

3. 金佛寺

金佛寺（Gold Buddha Monastery）是宣化法师的法界佛教总会在加拿大的第一座道场，位于温哥华，于 1983 年 12 月建成。金佛寺原位于唐人街中心，非常便于向华人传播佛教。它主要供奉文殊师利菩萨。金佛寺是一座三层楼高的楼房，一楼是大讲堂，两边设有办公室、会客厅、会议室、图书馆等机构；二楼可摆放 200 多个座位；地下室是大斋堂和厨房。随着弘法事业的开展，寺院显得拥挤。1999 年，金佛寺搬迁到第十一东大街。[②]

4. 弘法精舍

1984 年，加拿大佛教会的性空、诚祥法师为了解决湛山精舍离唐人街较远、不便于向华人传播佛法的困难，在多伦多唐人街附近买下一幢三层楼的建筑，命名为"弘法精舍"（Hong Fa Temple）。它的一层是禅堂，二层是念佛堂，三层是图书室，办公室等场所设在地下室。[③]

5. 文殊院

文殊院（Man Dhu Yuen）位于安大略省多伦多市维多利亚公园区（Victoria Park），创立者是来自香港的圆智法师。圆智法师 1924 年出生于山西省五台县，1930 年在五台山南山寺出家。1949 年，他来到香港，进入倓虚老和尚开办的华南佛学院。1983 年，圆智法师应性空、诚祥法师的邀请来到多伦多，协助处理湛山精舍的事务。1986 年，他创立文殊院。

---

① 于凌波：《美加华人社会佛教发展史》，台北：新文丰出版股份有限公司 1996 年版，第 324—326 页。

② http://www.gbm-online.com/gbm_history/02_intro.htm.

③ 于凌波：《美加华人社会佛教发展史》，台北：新文丰出版股份有限公司 1996 年版，第 299—310 页。

1988 年，文殊院搬迁至现址。文殊院面积不到 300 平方米，是一幢两层小楼。文殊院每周有信徒共修活动，经常参加者有 20—30 人；佛、菩萨圣诞有例行法会。[①]

6. 卡城佛学居士林

在卡尔加里市中心街（Center Street）南端有一座中式寺院，它就是卡城佛学居士林（Indo-Chinese Buddhist Association）。它成立于 1986 年，成员大多数是港台人，有几名越南居士从事服务工作。[②]

7. 华严寺

华严寺（Avatamsaka Monastery）建成于 1986 年，位于卡尔加里市（Calgary），是宣化法师的道场。华严寺原为一座已有 80 多年历史的两层楼建筑。最初出资的是一些越南佛教徒，后来，他们找到宣化法师，请他来主持寺务，并带领信徒们修行。随着弘法事业的发展，原寺已不敷使用。1996 年 7 月，华严寺搬迁到现址，毗邻弓河（Bow River），面积比原寺增大了六倍。1999 年，原华严寺的扩建工程开始筹备。[③]

8. 蒙特利尔中国佛教会·大慈佛堂

蒙特利尔中国佛教会·大慈佛堂（Montreal Chinese Buddhist Society Inc.）的创立人是马德龄居士。马德龄 1947 年出生于河北省定县，两岁时随父母来到台湾。1969 年，马德龄来到蒙特利尔经商，在加拿大信仰了佛教。1988 年，他创立大慈佛堂。大慈佛堂设在唐人街一座楼房的两层，面积不大，可供 50—60 人念佛共修。修行活动分两类：一类是中老年人的礼佛、念经，另一类是青年知识分子对佛教义理的研习。大慈佛堂经常请高僧、居士前来讲经说法。[④]

（二）20 世纪 90 年代的汉传佛教

进入 20 世纪 90 年代，汉传佛教在加拿大的发展保持着强劲的势头，又有一些新的寺院涌现。加拿大佛教会创立"国际佛海禅院"、"法海禅

---

① 于凌波：《美加华人社会佛教发展史》，台北：新文丰出版股份有限公司 1996 年版，第 310—312 页。

② Kawamura, Leslie, "Buddhism in Alberta." in *Buddhism in Canada*, edited by Bruce Matthews, 38, Abingdon and New York：Routledge, 2006.

③ http：//www. avatamsaka. ca/index_ c. html.

④ 于凌波：《美加华人社会佛教发展史》，台北：新文丰出版股份有限公司 1996 年版，第 319—321 页。

院"和"湛山禅院"。前者位于尼亚加拉大瀑布附近，后两者在多伦多市郊。1995 年 7 月，佛教会买下一幢大楼，改建成"湛山博物馆"。① 其他主要道场还有以下几处。

1. 福慧寺

福慧寺（Fui Hui Buddhist Temple Society）的创立者是戒幢尼师。她在民国初年出生于辽宁省，早年出家，在中国各地行脚。"二战"后，她到缅甸建立佛寺，宣扬大乘教法。1965 年，戒幢尼师到香港，兴建赤柱观音寺，弘法 20 余年。

1987 年 5 月，戒幢尼师来到温哥华弘法。1989 年，她买下一幢旧教堂，准备改建成福慧寺。1990 年，福慧寺获得加拿大政府的批准，成为非营利性慈善团体。同年 9 月，福慧寺改建完成。福慧寺的弘法活动十分频繁，周六、日聚众共修，农历每月初一、十五礼拜大悲宝忏，在佛、菩萨圣诞举行大型法会，每年夏初举行短期出家、八关斋戒法会，定期举办佛法讲座、印刷英文佛书，便利西方人学佛，举办放生法会等。此外，福慧寺也积极从事社会公益事业，请医生、律师等专业人员做专业讲座、义诊，开设成人英文班、儿童中文班等。②

2. 佛光山

20 世纪 90 年代，佛光山在加拿大成立组织，建成道场，各项弘法事业如火如荼地开展起来。国际佛光会在加拿大的协会有多伦多协会（BLIA, Toronto）、渥太华协会（BLIA, Ottawa）、蒙特利尔协会（BLIA, Montreal）、温哥华协会（BLIA, Vancouver）和埃德蒙顿协会（BLIA, Edmonton）。其中，埃德蒙顿协会成立于 1994 年 9 月。

佛光山在加拿大的寺院或道场有温哥华讲堂、埃德蒙顿讲堂、渥太华佛光山、蒙特利尔华严寺、佛光山多伦多道场。在此仅以佛光山多伦多道场为例来说明。

1991 年 7 月，国际佛光会多伦多协会和多伦多禅净中心成立，佛学讲座等活动随即展开。随着信徒的增多，1992 年，佛光山在多伦多西区买地建寺，并命名为"佛光山多伦多道场"。1997 年 8 月，该道场投入使

---

① 于凌波：《美加华人社会佛教发展史》，台北：新文丰出版股份有限公司 1996 年版，第 299—310 页。

② 同上书，第 315—318 页。

用，主要建筑包括大雄宝殿、禅堂、斋堂、怀恩堂、藏经楼等。佛光山多伦多道场平常举办佛学讲座、读书会、星期儿童班、才艺班，开办中文学校，为华侨提供学习中文和中国文化的机会。该道场也积极从事公益慈善事业。①

3. 加拿大东莲觉苑

1994 年，香港东莲觉苑董事会主席何鸿毅居士为了积极在西方推广佛教教育，在温哥华建成加拿大东莲觉苑（Tung Lin Kok Yuen, Canada Society）。它有两层楼高，主要建筑有大雄宝殿、延生堂（药师堂）、止观堂、祖先堂、会议室、多功能大礼堂，可举办教学或展览等各种活动。东莲觉苑不定期延请法师、专家、学者举办佛学讲座，每周日与农历每月初一、十五有例行法会，此外还提供社区服务，开办佛学研究班、英语佛学班、梵呗班、电脑班、中文班、国画班、书法班等。②

4. 萨斯卡通观音佛寺

萨斯卡通观音佛寺（Avalokitesvara Buddhist Temple of Saskatoon）是萨斯喀彻温省最具代表性的汉传佛教寺院，它建成于 20 世纪 90 年代末，建造者是当地的华人团体，其中包括来自越南的华侨。该寺依据万佛城的净土信仰方式修行。它位于萨斯卡通市的西部，由一座旧教堂改造而成，主要建筑是一栋三层楼高的房子，楼下是就餐区和厨房，楼上是神坛和佛像。该寺有一座图书馆，有中、英文佛教图书和磁带。楼后有住宅区。萨斯卡通观音佛寺每周聚会，主持人是从美国加州请来的一名法师；在佛、菩萨圣诞等节日佛寺会举行法会。佛寺每周有素斋提供给公众，供斋的目的是向公众募捐，用于社团的开支。每周参加活动的有 20 多人。③

5. 莲因精舍

莲因精舍（Lian Yin Ching Sus or Lian Yin Buddha Charitable Foundation）的创立者是释首慧。他是一名台湾僧人，1998 年到多伦多，1999 年到埃德蒙顿建起该寺。注册的英文寺名是 "Lotus Seed Buddhist Community

---

① 佛光山宗务委员会编：《佛光山开山 31 周年年鉴》，台北：佛光文化事业有限公司 1999 年版，第 418、519、387—388 页。

② http：//www.buddhistdoor.com/tlky_ intro/6－1.html.

③ Mullens, James G. , "Buddhism in Saskatchewan and Manitoba." in *Buddhism in Canada*, edited by Bruce Matthews, 45－46, Abingdon and New York：Routledge, 2006.

Society"。寺中有许多英语写的佛教书籍，信徒可免费取阅。①

六　藏传佛教

藏传佛教系统在加拿大的传播时间远比汉传佛教和日本佛教晚，但它的发展势头相当迅猛，大有后来者居上的趋势。到 20 世纪 90 年代末，藏传佛教各派都已经在加拿大建立道场。而且，由于加拿大本土白人信徒的积极参与，藏传佛教在加拿大的发展呈现出新的特点。

（一）宁玛派

1985 年，达松活佛（Dakshong Tulku）在温尼伯市创立加拿大马尼托巴省藏传佛教社（Canadian Tibetan Buddhist Society of Manitoba）。这是宁玛派在加拿大成立时间较早的一个组织。达松活佛是一名已婚喇嘛，20世纪 70 年代移居加拿大后，他成为多杰达克佛法中心（Dorje Drak Dharma Centre）的常驻法师。该中心还有一个隐修中心即达松贡巴（Dakshong Gonpa），位于温尼伯市郊的河边。

达松仁波切是一名经过认定的活佛，是宁玛派方面的学者，在印度经过训练。在加拿大的最初 10 年，达松仁波切为了生计从事体力工作，20 世纪 80 年代中期，一些当地白人请他定期传法，并为他建立多杰达克佛法中心，达松仁波切成为向加拿大白人传播宁玛派教法的喇嘛。他们最初在居民家中和出租屋中聚会，1993 年，他们建起第一个永久性的活动场所，2000 年，他们买下一幢二层楼房。中心有 50 名成员，其中有 30 人居住在温尼伯，定期参加活动。每个月的第三个周日有隐修，每月两次在晚上开办佛法班，每年夏天在达松贡巴至少会有一个小组的隐修。②

1995 年，来自不丹的宁玛派僧人奇密金利（Chimi Kinley）在温哥华岛上建起维多利亚益西科洛宁玛中心（Yeshe Khorlo Nyingma Center）。

---

① Kawamura, Leslie, "Buddhism in Alberta." in *Buddhism in Canada*, edited by Bruce Matthews, 39, Abingdon and New York: Routledge, 2006.

② Mullens, James G., "Buddhism in Saskatchewan and Manitoba." in *Buddhism in Canada*, edited by Bruce Matthews, 52 - 53, Abingdon and New York: Routledge, 2006.

（二）噶举派

1972 年，卡鲁仁波切在温哥华郊区的伯纳比（Burnaby）创立噶举贡嘉曲林藏传佛教中心（Kagyu Kunkhyab Chuling Tibetan Buddhist Center）。1975 年，他在索特斯普林岛（Salt Spring Island）上创立贡藏德钦欧色林（Kunzang Dechen Osel Ling），它是前者的属寺，它还首先在北美地区建立了为期三年的金刚乘隐修训练。

1993 年和 1995 年，噶举噶玛派的金刚乘佛教分别在埃德蒙顿和卡尔加里建立中心，尼达尔指导学生坐禅、授课。后来，该组织又在蒙特利尔、多伦多和雷德迪尔建立道场。

玛尔巴昌珠林（Marpa Gompa Changchup Ling）又名"卡尔加里玛尔巴贡巴禅定会"（Marpa Gompa Meditation Society of Calgary），它致力于藏传佛教禅定等方面的实践和研究。该寺院的精神导师是噶玛提因利仁波切，道场的常驻法师是杰逊里津康楚（Jetsun Rigdzin Khandro）。[1]

（三）萨迦派

1974 年，萨迦派喇嘛塔西囊加（Lama Tashi Namgyal）在不列颠哥伦比亚省维多利亚市建立萨迦土登贡噶曲林（Sakya Thubten Kunga Choling），它又被称为维多利亚佛法中心（Buddhist Dharma Center of Victoria）。[2]

萨迦崔津法王的姐姐哲尊·库索·奇美·鲁丁（Jetsun Kusho Chimey Luding，1938—　）在不列颠哥伦比亚省里士满市建立了萨迦德钦土登林（Sakya Tsechen Thubten Ling）。哲尊 1938 年出生于西藏，从小与萨迦崔津法王一起修行。1955 年，她登座正式传授"道果"及灌顶。1959 年，她逃离西藏，于 1971 年来到加拿大。几年后，她开始在加拿大弘扬萨迦派教法。[3]

（四）格鲁派

1980 年，格鲁派僧人扎色仁波切（Zasep Rinpoche，1948—　）在内尔森（Nelson）建立塔西曲林大乘佛教禅定会（Tashi Choling Mahayana

①　Kawamura, Leslie, "Buddhism in Alberta." in *Buddhism in Canada*, edited by Bruce Matthews, 35, Abingdon and New York：Routledge, 2006.

②　Placzek, James, and Larry DeVries, "Buddhism in British Columbia." in *Buddhism in Canada*, edited by Bruce Matthews, 20 - 21, Abingdon and New York：Routledge, 2006.

③　http：//www.sakyatsechenthubtenling.org.

Buddhist Meditation Society)。扎色仁波切 1948 年出生于西藏，后来，他被认定为十二世贡楚丹津（Konchog Tenzin）活佛的转世。1959 年他来到印度，接受为期 16 年的教育，跟随许多藏传佛教大师学习。1975 年，他离开印度到泰国，跟随泰国森林僧伽派的僧人学习、修行一年半，然后，他来到澳大利亚，为喇嘛们做翻译。从 1976 年起，扎色仁波切开始在澳大利亚、加拿大、美国各地弘扬佛法，并设立道场。①

1982 年，扎色仁波切在温哥华建立族鲁林藏传佛教禅定中心（Zuru Ling Tibetan Buddhist Meditation Center）。1999 年，他在不列颠哥伦比亚省的内尔森建立西方噶登（Gaden for the West），旨在向西方白人传播格鲁派教法。

雷德迪尔禅定社（Red Deer Buddhist Meditation Society）位于阿尔伯塔省，2000 年起，库索洛桑旦楚（Kushok Lobsang Dhamchoe）成为该道场的住持，禅定社依据格鲁派的传统修行。雷德迪尔禅定社位于一座商业中心的二层，成员们一周聚会两次，坐禅、学习佛教哲学。该组织还出版一份通讯，每年出三期，介绍情况及库索洛桑旦楚的开示等。②

纳旺尕旦格西（Geshe Ngawang Kaldan）出生于康区，曾经在哲蚌寺学习佛法，由十四世达赖喇嘛授予拉然巴格西学位。1974 年，他受邀来到阿尔伯塔省的埃德蒙顿市。20 世纪 80 年代，他来到安大略省的多伦多，这时他的周围有了一群信徒跟随他修行。1991 年，纳旺尕旦回到埃德蒙顿，并正式成立格丹桑登林藏传佛教禅定社（Gaden Samtem Ling Tibetan Buddhist Meditation Society），他担任该道场的常驻法师及卡尔加里市曲科林（Chokhor Ling）的精神导师。1998 年，纳旺尕旦圆寂。2000 年 3 月，库索洛桑旦楚（Kushok Lobsang Damchoe）成为格丹桑登林的住持。③

（五）加拿大信徒建立的无宗派组织

在加拿大弘扬藏传佛教的组织中，有些团体声明不属于任何佛教宗派，并且不分宗派地弘扬佛法。不过，这些组织的僧人或者有较深的藏传

---

①　http：//www.gadenforthewest.org/rinpoche.html.

②　Kawamura, Leslie, "Buddhism in Alberta." in *Buddhism in Canada*, edited by Bruce Matthews, 36, Abingdon and New York：Routledge, 2006.

③　Ibid..

佛教背景，或者受到了现代西藏利美运动思想的影响，而且，值得注意的是，建立这样组织的创始人主要是西方人。

1. 囊加仁波切及其加拿大佛法中心

囊加仁波切（Namgyal Rinpoche，1931—2003）是在加拿大弘扬佛教卓有成效的一名僧人。1931 年，他出生在多伦多，父母分别是爱尔兰人和苏格兰人。在一所基督教学院学习后，他到英国学习科学和艺术，尤其是现代心理学和形而上学。20 世纪 50 年代末，他来到菩提伽耶和缅甸，并且在缅甸剃度为僧，并被赐予法名"阿难陀菩提"（Ananda Bodhi）。他在缅甸、泰国和斯里兰卡修行，被授予阿阇黎的资格。1962 年，他应英国僧伽信托的邀请，到英国传法。1965 年，他回到加拿大。在印度和锡金期间，他被十六世噶玛巴认定为囊加活佛的转世。①

1966 年，囊加仁波切创立安大略佛法中心（Dharma Centre of Ontario）。随着时间的推移，该组织在加拿大和其他国家建起十多个分中心，安大略佛法中心也更名为加拿大佛法中心（Dharma Centre of Canada）。囊加仁波切四处游历，将许多学生培养成为传法师。他努力将其他宗教中的精神智慧、艺术、心理学、科学等学科中的内容与佛教义理融合起来，以达到综合、提升佛理的目的。

1991 年，囊加仁波切创立温尼伯佛法中心（Dharma Centre of Winnipeg），它是安大略佛法中心的分支机构，位于马尼托巴省，也是积极向白人传播佛教的组织之一。温尼伯佛法中心的成员在周日聚会，听讲佛法及坐禅，晚上也有讲座。活动在中心的一幢平房中举行。该道场在市郊有圣本尼迪克特隐修处（St Benedict's Retreat）和会议中心（Conference Centre），学生来到这里可以修行、接受灌顶或听佛学讲座。

温尼伯佛法中心由曲米多杰（Gyurme Dorje）指导。曲米多杰又名格里·科佩洛（Gerry Kopelow），他师从囊加仁波切超过 25 年，囊加仁波切为他授居士戒并批准他传法。曲米多杰是一个职业摄影师，同时也是作家、教师、演说家。他积极参加社会公益事业，积极参加温尼伯不同信仰理事会（Winnipeg Interfaith Council）的活动。②

---

① http：//www. dharmacentre. org/about/teachers/venerable-namgyal-rinpoche.

② Mullens, James G., "Buddhism in Saskatchewan and Manitoba." in *Buddhism in Canada*, edited by Bruce Matthews, 54, Abingdon and New York：Routledge, 2006.

2. 克里斯托尔山社

1979 年，襄加仁波切的弟子在不列颠哥伦比亚省建立克里斯托尔山社（Crystal Mountain Society）。该团体的目的是"通过禅定、学习和慈善来促进全面、清澈、有趣心灵的发展"，对此目的有兴趣的任何人都可以加入。克里斯托尔山社不属于任何佛教宗派，它不仅"认识到保存、支持传统的价值和必要性，更关注佛法在西方的深入发展"①。

1980 年，克里斯托尔山社在加里亚诺岛（Galiano Island）上买下一块地，建起一个占地 60 英亩的森林隐修中心。它与海边城镇罗伯茨里克（Roberts Creek）的阳光海岸隐修室（Sunshine Coast Retreat House）关系密切。②

3. 土登曲林

1984 年，玛利亚·卡鲁那（Maria Karuna）在温哥华岛上的维多利亚市和纳奈莫市之间的邓肯（Duncan）建立了土登曲林（Thubten Choling）。卡鲁那曾经修习佛法 30 年。常驻土登曲林、主持佛事活动的是一名年轻的喇嘛尕藏多杰（Kalzang Dorje）。20 世纪 90 年代中期，土登曲林在寺院外建起一座白色的佛塔。土登曲林受利美运动的思想影响，倡导不加区别地对待藏传佛教的一切宗派。

七　越南佛教

越南虽地处东南亚，但其佛教主要受中国佛教的影响，主要是大乘佛教。越南佛教在加拿大的传播同样受到国内战乱的影响。越南佛教在加拿大的传播基本上开始于 20 世纪 80 年代，一些越南难民流落到加拿大，他们逐渐建立佛教组织，修建寺院，开展佛事活动。

（一）佛圣堂佛教老人会

佛圣堂佛教老人会（Fu Sien Tong Buddhist Temple）的创始人鱼波法师是越南爱觉梵院的开山住持。1979 年，鱼波法师以越南难民的身份来到加拿大。1980 年，他在安大略省多伦多市斯班丹那街租下一层楼房，成立"佛圣堂佛教老人会"，主要为贫困的老年佛教徒服务。1982 年，佛

---

① http：//www. crystalmountain. org/index. html.

② Placzek, James, and Larry DeVries, "Buddhism in British Columbia." in *Buddhism in Canada*, edited by Bruce Matthews, 22, Abingdon and New York：Routledge, 2006.

圣堂迁到牛津街。1984 年，鱼波法师在尼亚加拉街（Niagara Street）买下一幢旧屋，后来又买下隔壁的旧屋，并进行了改建。1994 年 5 月，新的佛圣堂举行落成典礼，它仍以服务老年佛教徒为主，每周有念佛共修会，佛、菩萨圣诞有例行法会。[①]

（二）真光寺

在温哥华最大的越南佛寺是世界越南人团体（World Vietnamese Order）所建的真光寺（Chan Quang Temple）。该寺原由一户人家的房子改建而成，经过几次搬迁后，固定在现址。该寺的常驻僧人是释振华（Thich Chan Hoa）和他的一名弟子。真光寺为越南裔移民提供宗教服务，举行仪式。每周参加活动的人大约有 100 人，遇到节庆日如新年，参加者会达到 1000 人左右。佛殿中供奉释迦牟尼佛、观世音菩萨和地藏菩萨，佛像高大庄严、装饰精美。此外，温哥华岛上的维多利亚市、纳奈莫市（Nanaimo）都有越南人的寺院。在维多利亚、温哥华、北温哥华（North Vancouver）和苏克（Sooke）都有信奉释一行禅师所倡导的修行法门的佛教团体。[②]

（三）越南佛教文化中心

越南佛教文化中心（Vietnamese Buddhist Cultural Centre）成立于 1982 年，它位于阿尔伯塔省的卡尔加里市，起初是一名越南裔人租下的一幢房子。1991 年，一座新的寺院在旧房子附近建成，10 个人组成执行委员会来管理这座寺院。经常参加活动的信徒多达 1500 人，在越南新年等节庆日期间，到寺院来进行佛事活动的人更多。在周日，经常有两类活动，一类面向大众，另一类针对青年，针对青年的活动教青年们越南语言和文化。僧人们也用英语服务。周六的活动中，参加者诵经、听讲佛法。在该寺中，净土宗和禅宗的修行法门逐渐占据主要的地位。[③]

（四）大悲精舍

大悲精舍的创立人悟德法师的祖籍在广东潮州，自父辈起移民越南。

---

① 于凌波：《美加华人社会佛教发展史》，台北：新文丰出版股份有限公司 1996 年版，第 323—324 页。

② Placzek, James, and Larry DeVries, "Buddhism in British Columbia." in *Buddhism in Canada*, edited by Bruce Matthews, 19, Abingdon and New York：Routledge, 2006.

③ Kawamura, Leslie, "Buddhism in Alberta." in *Buddhism in Canada*, edited by Bruce Matthews, 36 – 37, Abingdon and New York：Routledge, 2006.

悟德法师在"二战"末期生于越南，20 岁时出家，修习南传佛教。三年后，他拜明本法师为师，修习大乘佛教。1981 年 5 月，他来到加拿大，不久跟随湛山精舍性空、诚祥两位法师修行。1984 年，悟德法师在多伦多市丹达斯街（Dundas Street）创立"大悲精舍"。1989 年，他应阿尔伯特省埃德蒙顿（Edmonton）信众之请前往弘法。随后，他在该市创立"妙觉寺"（Mui Kwok Buddhist Temple）。

（五）海德佛寺

1990 年，大约 20 名越南移民在萨斯喀彻温省里贾纳市建立海德佛寺（Hai Duc Buddhist Pagoda）。它是一座净土宗寺院，由一座教堂改建而成。① 1996 年，这些信徒又建起一座新寺庙。这座寺院并无僧人常驻。在重要的节庆时，参加仪式的信徒多达 200 人，主要是越南裔和华裔。信徒们到这里来庆祝佛教节日，祭祀祖先，为逝者进行超度仪式。信徒们用越南语念诵经文，经典是用越南语和汉语写的。每周日集会，信徒们给释迦牟尼佛、观世音菩萨和地藏菩萨上供，同时也供奉祖先。②

（六）正觉寺

1992 年 9 月，悟德法师在多伦多市中心买下一幢大厦，命名为"正觉寺"（Tai Bay Buddhist Temple of Toronto）。它的总面积有 1400 多平方米，大殿可供千人礼佛、共修。正觉寺每周日有共修会、礼忏诵经，还开办佛学讲座、英文班、梵呗班。农历每月初一、十五有大悲法会，礼大悲宝忏。月末的周六有八关斋戒、禅坐共修。③

（七）正心寺

七八十年代，超过 2000 名越南难民定居在萨斯喀彻温省。20 世纪 80 年代末，越南难民在萨斯卡通和里贾纳建立小的活动中心，以便每周的信徒聚会。随着信徒的增加和经济状况的改善，越南移民在萨斯卡通建起正心寺（Chanh Tam Temple）。1988 年，它只是一个佛堂。1992 年，信徒们捐款购买下一幢又旧又小的房屋，面积只有 750 平方英尺，它可以为定期的聚会提供场所，外省来的僧尼也可以在此居住，以便在此传法或举办佛

---

① Mullens, James G., "Buddhism in Saskatchewan and Manitoba." in *Buddhism in Canada*, edited by Bruce Matthews, 45, Abingdon and New York：Routledge, 2006.

② http：//esask. uregina. ca/entry/hai_ duc_ buddhist_ pagoda_ regina. html.

③ 于凌波：《美加华人社会佛教发展史》，台北：新文丰出版股份有限公司 1996 年版，第 313—315 页。

事活动。该寺位于萨斯卡通的西部，是一座平房，经过改造，在楼上设置了神龛，楼下是就餐区、厨房和卧室。神坛上供奉着释迦牟尼佛、阿弥陀佛和观世音菩萨像。围绕寺院的是一个花园，里面也有一尊观世音菩萨像。车库被改造成工作间，提供针灸服务及其他健康治疗。寺院的成员大约有 150 人。每周参加活动的有 20 多人。①

随着时间的推移，这座道场越来越显得不够宽敞，于是正心佛教联合会执行委员会 （Executive Committee of Chanh Tam Buddhist Congregation） 决定向社会募集资金，以便建立一座大的寺院。②

正心寺修习净土法门，属于加拿大越南佛教教会联盟 （Union of Vietnamese Buddhist Churches of Canada）。除了每周聚会，遇到佛教节庆日，寺院也要举行法事活动以庆祝。其他佛教系统的僧人也可在此挂单。

（八）　正道寺

马尼托巴省温尼伯市的越南佛教徒有近 1000 人，其中 300 人属于正道寺 （Çhanh Dao Buddhist Association Temple）。正道寺由一座大的旧教堂改建而成，位于温尼伯的老区。20 世纪 90 年代，越南佛教团体买下它。它是一幢三层楼的建筑，第一层是神堂，大房间供奉有释迦牟尼佛、观音菩萨，小房间有祖先的神龛；楼上有会议室、教室、图书室、办公室、客房等；地下室是就餐区和厨房。③

正道寺周日举行佛事活动，寺院也开办语言班。寺院无常驻法师，讲经说法的任务由居士承担。不过，寺院经常邀请僧尼前来讲经，主持佛教活动。该寺同样是加拿大越南佛教教会联盟的成员，加拿大越南佛教教会联盟定期前来或者派弟子前来正道寺。该寺也允许其他佛教团体在寺院中活动。温尼伯斯里兰卡佛教团体的马尼托巴省佛教毗诃若 （Manitoba Buddhist Vihara） 就将该寺作为自己的驻地。④

①　Mullens, James G., "Buddhism in Saskatchewan and Manitoba." in *Buddhism in Canada*, edited by Bruce Matthews, 45, Abingdon and New York: Routledge, 2006.

②　http://blogs.usask.ca/SaskLanka/Chanth%20Tam%20Temple.pdf.

③　Mullens, James G., "Buddhism in Saskatchewan and Manitoba." in *Buddhism in Canada*, edited by Bruce Matthews, 48, Abingdon and New York: Routledge, 2006.

④　Ibid., pp. 48 – 49.

（九）正念生活团体—弓河河谷僧伽

正念生活团体—弓河河谷僧伽（Community of Mindful Living-Bow Valley Sangha）于 1994 年在坎莫尔（Canmore）成立，领导者是玛丽·丹卡（Mary Dumka），遵循的是皮亚达西长老的修行方式。后来，丹卡跟随释一行禅师修行了一段时间，并皈依一行禅师。该团体大约有 20 人，一周在一户人家中聚会一次，他们诵经、坐禅，听磁带中的佛学讲授。[①]

八　南传佛教

南传佛教在加拿大的传播起步比较晚，但它迅猛的发展趋势令人刮目相看。到 20 世纪末，南传佛教各国都在加拿大成立佛教团体，并建立了寺院。南传佛教的内观修行尤其受到加拿大人的欢迎，参与内观修行的人不少。这股内观修行热出现了一些亚洲佛教所不具备的新特点。

（一）东南亚各国佛教的传播

1. 泰国佛教

（1）威立延·斯林沙罗及其弘法。1978 年，泰国森林僧伽派高僧阿姜·查访问温哥华，当地泰裔人受此启发，打算建起一座寺院。不过，传承阿姜·查法脉的僧人建议他们先将团体组织起来，建寺事宜由此被耽搁下来。

1992 年，来自泰国的著名僧人威立延·斯林沙罗（Luang Phor Viriyan Sirintharo）买下东温哥华地区的一座旧教堂，并将它改建成延威里亚寺（Wat Yanviriya Buddhist Temple）。随后，斯林沙罗在加拿大的安大略省和阿尔伯塔省又建起五座寺院，其中有四座寺院的名称均为"拉查森威尼亚兰寺"（Ratchathamviniyaram Buddhist Temple），只在寺院名后用数字1—4 加以区分。第一座和第二座寺院在安大略省，分别位于渥太华附近的卡纳塔（Kanata）和尼亚加拉瀑布（Niagara Falls）附近；第三座和第四座寺院在阿尔伯塔省，分别位于埃德蒙顿和卡尔加里。卡尔加里的这座寺院又被称为法相应部寺（Dhammayutti Nikaya），建成于 1998 年。后来，斯林沙罗又在安大略省的里士满山（Richmond Hill）建起另一座寺院，它被称为"第二延威里亚寺"（Yanviriya Buddhist Temple 2），所以，温哥华

---

① Kawamura, Leslie, "Buddhism in Alberta." in *Buddhism in Canada*, edited by Bruce Matthews, 33, Abingdon and New York: Routledge, 2006.

的寺院就被称为"第一延威里亚寺"（Yanviriya Buddhist Temple 1）。①

斯林沙罗在加拿大还建立"意志力研究所"（Will Power Institute），它免费为信徒提供为期半年的禅定指导课程，在埃德蒙顿、卡尔加里、福特迈克默利（Fort McMurray）等地设立授课地点。斯林沙罗亲自教授过一段时间的课程。

斯林沙罗在第一延威里亚寺设立管理组织，然后回到泰国。他努力保持与加拿大上述佛寺的联系，并派遣僧人到加拿大参与寺院的管理、培养传法僧人。不过，这些来自泰国的僧人后来都回国了，并没有留在加拿大。留在加拿大的寺院管理者与当地的泰裔移民产生了矛盾，使得佛教组织和寺院发挥作用的程度大大削弱。尽管如此，还是有一群虔诚的佛教徒参加泰国寺院的活动。不过，泰裔人的团体相对较小而且分散，它们无法得到来自泰国的更多支持。

（2）伯肯森林寺。伯肯森林寺（Birken Forest Monastery）是另一个在不列颠哥伦比亚省有影响的上座部佛教组织，它守戒严谨，传承阿姜·查的法系。它非常重视向西方人传法，第一个修行者是索纳比丘（Bhikkhu Sona），他是不列颠哥伦比亚省人，在美国西弗吉尼亚州的斯里兰卡巴瓦纳会（Sri Lankan Bhavana Society）出家，在泰国学习阿姜·查的佛法。1994年，索纳比丘在不列颠哥伦比亚省潘伯顿（Pemberton）附近的伯肯森林建立了一个隐修处，当时这座隐修处中只有索纳比丘和来自德国的一名僧人皮亚达摩（Ven. Piyadhammo）。1998年，这座寺院搬迁到普林斯顿（Princeton）附近的新址。2000年，它迁移到坎鲁普斯（Kamloops）附近的纳兹福德（Knutsford），新建筑更加宽敞。为了适应当地的自然及人文环境，伯肯森林寺增加用英语弘法的数量，并且增加僧袍的厚度，以抵御该省冬天的寒冷。不过，这都是一些小的改变，它依然遵循上座部佛教的传统。

阿姜·查的国际总部在英国的阿玛拉瓦蒂寺（Amaravati Monastery），1997年，总部在美国加州北部的雷德伍德山谷（Redwood Valley）建立阿巴雅基利佛寺（Abhayagiri Buddhist Monastery），该寺很快成为泰国森林僧伽派在北美的中心。伯肯森林寺临近阿巴雅基利佛寺，同样传承森林僧伽

---

① Kawamura, Leslie, "Buddhism in Alberta." in *Buddhism in Canada*, edited by Bruce Matthews, 33, Abingdon and New York: Routledge, 2006.

派的法系。①

（3）箭河森林隐修寺。在泰国僧人到加拿大建寺前，当地的上座部佛教徒已经开始依据森林僧伽的传统修行。1975 年，一名上座部佛教徒将一块 92 英亩的土地捐赠给他的老师克玛·阿难陀（Kema Ananda）。该地位于北安大略地区桑德贝西南 50 英里处，原名"箭河社区中心"（The Arrow River Community Center）。信徒们将它改建成南传佛教道场，寺院也被重新命名为"箭河森林隐修寺"（The Arrow River Forest Hermitage），它提供长期、短期的隐修。

克玛·阿难陀原名埃里克·詹姆斯·贝尔（Eric James Bell），他是阿难陀·菩提（后来的囊加仁波切）的弟子。最初，他受戒成为沙弥，一年后，他脱下僧袍，以俗人的身份传法。他依据缅甸法师马哈希尊者的法门修行。1996 年，克玛·阿难陀圆寂。②

箭河森林隐修寺现在的常驻比丘是生于加拿大的阿姜·潘那达摩（Ajaha Punnadhammo）。潘那达摩原名迈克尔·多明斯基（Michael Dominskyj），1955 年生于多伦多，1979 年，他成为克玛·阿难陀的学生。最初，潘那达摩修习萨雅多的法门，1990 年，他在泰国皈依阿姜·查的森林僧伽派，并于 1991 年和 1992 年两次受戒。

（4）卡尔加里上座部佛教禅定社。依据森林僧伽的法门修行的组织还有"卡尔加里上座部佛教禅定社"（Calgary Theravada Meditation Society），领导者是谢莉·约翰尼森（Shirley Johannesen）和安妮·马霍妮（Anne Mahoney）。该组织与北加州的阿巴雅基利佛寺保持着联系。③

2. 老挝佛教

印度支那战争使一些老挝人以难民的身份举家来到加拿大，这与泰裔人独自前来，或以加拿大白人妻子的身份前来不同。有些老挝年长者在本国出生于世家望族。在过去 25 年间，大多数不列颠哥伦比亚省的老挝家庭逐渐集中到温哥华郊区的萨利（Surrey），以几个居于领导地位的长者

---

① Placzek, James, and Larry DeVries, "Buddhism in British Columbia." in *Buddhism in Canada*, edited by Bruce Matthews, 11, Abingdon and New York: Routledge, 2006.

② Koppedrayer, Kay and Mavis L. Fenn, "Buddhist diversity in Ontario." in *Buddhism in Canada*, edited by Bruce Matthews, 63, Abingdon and New York: Routledge, 2006.

③ Kawamura, Leslie, "Buddhism in Alberta." in *Buddhism in Canada*, edited by Bruce Matthews, 32, Abingdon and New York: Routledge, 2006.

为中心，他们组成了团体。①

不列颠哥伦比亚省老挝佛教的历史很短暂，它与阿姜·桑提（Ajahn Santi）即基提萨多比丘（Bhikkhu Kittisaddho）密切相关。他在老挝出家，在难民营待了三年后于 1984 年来到蒙特利尔。1987—1990 年，他生活在温哥华，由几个家庭供养。1990 年，他还俗。1997 年，在当地老挝领导人的帮助下，他再次出家。1999 年，老挝佛教会（Lao Buddhist Association）在萨利买地并确定会址。后来，老挝—加拿大佛寺（Lao-Canadian Buddhist Temple）建成。②

3. 斯里兰卡佛教

（1）斯里兰卡佛教毗诃若会。来自斯里兰卡的僧伽罗人也主要聚居在萨利。斯里兰卡佛教毗诃若会（Sri Lankan Buddhist Vihara Society）有 200 多名支持者，该组织建有一座寺院并有 1—2 名来自斯里兰卡的常驻僧人。该组织与斯里兰卡的寺院没有联系。寺院试图保持古典的文化传统，它建起一座佛教学校，教育儿童，用僧伽罗语传法。不过，随着时间的推移，它也开始尝试用英语弘法。③

（2）卡尔加里斯里兰卡佛教会。斯里兰卡人在卡尔加里的佛教组织是"卡尔加里斯里兰卡佛教会"（The Sri Lankan Buddhist Society of Calgary）。信徒们最初在家中聚会，后来，他们买下一幢房子，并建成了"来见佛教中心"（Ehipassiko Buddhist Center），领导者是维拉皮蒂耶·索纳难陀法师（Werapityiye Sonananda Thero）。该佛教中心开办主日学校，为青年人和成年人开办佛法班，团体中的僧伽罗人合作共事，十分团结。④

（3）马尼托巴佛教毗诃若。斯里兰卡人在加拿大的另一个重要佛教组织是马尼托巴佛教毗诃若（Manitoba Buddhist Vihara）。它成立于 1989 年，创立者是拉迪卡·阿贝塞克拉夫人（Mrs. Radhika Abeysekera）。20 世纪 80 年代，作为居士的她与家人来到马尼托巴省温尼伯市。当地没有斯

① Placzek, James, and Larry DeVries, "Buddhism in British Columbia." in *Buddhism in Canada*, edited by Bruce Matthews, 7, Abingdon and New York: Routledge, 2006.

② Ibid..

③ Ibid., p. 8.

④ Kawamura, Leslie, "Buddhism in Alberta." in *Buddhism in Canada*, edited by Bruce Matthews, 33 – 34, Abingdon and New York: Routledge, 2006.

里兰卡裔佛教徒，于是，阿贝塞克拉夫人建立马尼托巴省佛教毗诃若。组织最初仅有 10 名成员，很快，成员达到近 130 人，其中除几名加拿大白人外，绝大多数是斯里兰卡裔人。

虽然名为毗诃若，但该团体并未建立寺院，而是每周借用越南佛教徒的正道寺聚会。佛教仪式用英语举行，在念诵经咒时也会用到巴利语。该毗诃若举办初级、中级和高级佛法班，向成员传授禅修技巧。在卫塞节等庆典时，毗诃若会举办佛事活动以庆祝。阿贝塞克拉夫人经常邀请僧尼到毗诃若来讲授佛法。她也撰写佛法方面的书籍，这些书被一些佛教团体当作教科书使用。该团体与加拿大各地及美国、英国等国的斯里兰卡佛教组织保持着联系。[1]

4. 柬埔寨佛教

高棉人在加拿大最重要的佛教道场是高棉—加拿大佛教文化中心（Khmer-Canadian Buddhist Cultural Centre）。该寺由一座旧银行大楼改建而成，寺院举办讲座，教授佛学、禅定等，周六开办有佛法学校。它重视高棉语言及文化，但也向非高棉人传播佛教。在柬埔寨新年及节庆日时寺院会举行仪式。[2]

5. 缅甸佛教

（1）玛纳玛雅上座部佛教会。缅甸佛教在加拿大最重要的组织是玛纳玛雅上座部佛教会（Manawmaya Theravada Buddhist Society）及其所属的寺院。该佛教会成立于 1991 年，现在的地址在萨利一座旧教堂中。佛教会的成员大约有 150 名，但该会举行的活动吸引了几百名信徒和参观者。他们每周举行禅修，为非缅甸人讲经说法。常驻寺院的缅甸僧人有两名，他们用缅甸语向非缅甸人讲经，由译者翻译成英语。寺院僧众为男子举行成年出家仪式（shin byu），显示了它们在保持缅甸传统习俗上的努力。[3]

（2）佛法苏拉比内观。佛法苏拉比内观（Dhamma Surabhi Vipassana）

---

① Mullens, James G., "Buddhism in Saskatchewan and Manitoba." in *Buddhism in Canada*, edited by Bruce Matthews, 49 – 50, Abingdon and New York: Routledge, 2006.

② Kawamura, Leslie, "Buddhism in Alberta." in *Buddhism in Canada*, edited by Bruce Matthews, 33, Abingdon and New York: Routledge, 2006.

③ Placzek, James, and Larry DeVries, "Buddhism in British Columbia." in *Buddhism in Canada*, edited by Bruce Matthews, 8, Abingdon and New York: Routledge, 2006.

是戈恩卡建立的上座部佛教组织，它在不列颠哥伦比亚省得到丰厚的资金支持。它新建的隐修中心在该省内陆的梅里特（Merritt）附近，一次能够为30人同时提供10天免费的静修。[①]

（3）阿尔伯塔内观基金会。阿尔伯塔内观基金会（Alberta Vipassana Foundation）是内观禅定中心（Vipassana Meditation Centers）的分支机构，依·乌巴金的教法修行，修行指导人是戈恩卡。1969年起，戈恩卡开始传授内观禅定。该组织租屋传法，活动积极，如儿童一日修行、十日修行等。[②]

（二）内观运动

在加拿大南传佛教的传播与发展中，值得注意的是内观修行受到相当程度的重视。内观运动源自缅甸僧人马哈希尊者的理念，他关注禅定和"基本觉悟"（basic awareness），而不重视仪式、对寺院的奉献、修功德、经典等其他方面，因此，在西方学生接触到内观运动时，它的传统要素就已经削弱了。换言之，西方内观运动（Western Vipassana Movement）与其南传佛教传统的联系并不密切。

早在20世纪60年代末，阿那伽利卡·达摩迪那（Anagarika Dhamma Dinna，1931—1990）就将内观传播到加拿大。达摩迪那生于奥地利，是一名护士、雕刻家和运动员。后来，他到斯里兰卡学佛，并出家。他到加拿大后在不列颠哥伦比亚省传授上座部佛法尤其是内观达30多年。

加拿大内观运动及思潮的发展深受美国内观运动（Vipassana Movement）的影响。该运动与国际禅定社（International Meditation Society）关系密切。国际禅定社的总部在美国马萨诸塞州的巴里（Barre），该社在美国西部的分会是位于加州马林县（Marin County）的精神之岩禅定中心（Spirit Rock Meditation Center）。[③]

随着内观修行在加拿大越来越受欢迎，一些修习内观的佛教组织逐渐建立。

---

① Placzek, James, and Larry DeVries, "Buddhism in British Columbia." in *Buddhism in Canada*, edited by Bruce Matthews, 8, Abingdon and New York: Routledge, p. 9.

② Kawamura, Leslie, "Buddhism in Alberta." in *Buddhism in Canada*, edited by Bruce Matthews, 34, Abingdon and New York: Routledge, 2006.

③ Placzek, James, and Larry DeVries, "Buddhism in British Columbia." in *Buddhism in Canada*, edited by Bruce Matthews, 9, Abingdon and New York: Routledge, 2006.

1. 活力内观和研究小组

米切尔·卡尔维特夫人（Mrs Mechele Calvert）在卡尔加里建立"活力内观和研究小组"（Dynamic Insight Meditation and Study Group）。该团体在信徒家中活动。米切尔·卡尔维特夫人的老师是斯里兰卡著名僧人皮亚达西长老。[①]

2. 卡尔加里瑜伽和禅定中心

卡尔加里瑜伽和禅定中心（Yoga and Meditation Centre of Calgary）也被称为"内观禅定中心"（Centre for Vipassana Meditation），该中心开办传授内观及普通佛教课程，指导者是美国西弗吉尼亚州巴瓦纳寺（Bhavana Monastery）的住持班特·古纳拉塔纳（Bhante Gunaratana）。卡尔加里内观禅定和学习小组僧伽（Calgary Vipassana Meditation and Study Group Sangha）也在这里活动，他们每两个月聚会一次，在一起诵经、坐禅、学习佛法。[②]

3. 内观社小组

内观社小组（Insight Meditation Society Group）位于萨斯喀彻温省里贾纳市，领导人是达娜·怀特（Dana White），它依据国际禅定社的方法修行。该团体经常邀请其他佛教组织的法师前来帮助指导信徒们的修行，例如，它曾经从美国加州精神之岩禅定中心请来琼尼·布鲁奇（Joanne Broatch）和萨达·罗杰尔（Sharda Rodgell）等人。[③]

4. 国际禅定中心

国际禅定中心（International Meditation Centre）传承的是马哈希尊者的法脉。从 1994 年起，它提供正式的有组织的隐修，并从缅甸请来禅定老师，日常的隐修则在比丘尼克玛难蒂（Khemanandi）的指导下进行。禅定中心位于距多伦多 150 公里远的玛斯科卡（Muskoka），由于气候寒冷，它只在 5—10 月开放。[④]

---

① Kawamura, Leslie, "Buddhism in Alberta." in *Buddhism in Canada*, edited by Bruce Matthews, 32, Abingdon and New York: Routledge, 2006.

② Ibid., pp. 32 – 33.

③ Mullens, James G., "Buddhism in Saskatchewan and Manitoba." in *Buddhism in Canada*, edited by Bruce Matthews, 51 – 52, Abingdon and New York: Routledge, 2006.

④ Koppedrayer, Kay and Mavis L. Fenn, "Buddhist diversity in Ontario." in *Buddhism in Canada*, edited by Bruce Matthews, 63 – 64, Abingdon and New York: Routledge, 2006.

　　重视内观的佛教组织当然应该视为遵循了上座部佛教的传统，不过，一些由加拿大人建立的组织尽管重视内观，却并不强调宗派特色，而往往采取一种开放、包容的态度，欢迎所有对佛教、禅定感兴趣的人参加，有些寺院还特别强调自己是非宗派性的（non-sectarian or non-denominational）。这种现象凸显了佛教在包括加拿大在内的西方国家传播过程的本土化尝试。

　　在不列颠哥伦比亚省，受精神之岩禅定中心的影响，卡鲁那禅定社（Karuna Meditation Society）出现了。它重视南传佛教内观，将当地对禅定和佛教有兴趣的人组织起来，但它不属于任何寺院或族群。禅定社的创立者是米切尔·米尔斯（Michelle Mills）和克里斯丁·潘恩（Kristin Penn），该组织出版杂志《卡鲁那》（Karuna）多年，读者遍及不列颠哥伦比亚省。

　　受卡鲁那禅定社的影响，1995年，"西海岸佛法会"（Westcoast Dharma Society）成立。该组织重视隐修，并请精神之岩禅定中心的老师来弘法。同年，"不列颠哥伦比亚省内观"（BC Vipassana）成立，它是一个由传法师和修行者组成的网络，这些人对禅定和精神健康有共同的兴趣。不列颠哥伦比亚省内观由当地教师指导，主要人物是师从于科恩菲尔德的阿德瑞恩·罗斯（Adrianne Ross）和乔恩·布罗奇（Joanne Broatch）。在不列颠哥伦比亚省，大多数修习内观的人是妇女，领导者完全由妇女担任。[1]

第二节　拉丁美洲佛教

一　墨西哥佛教

　　进入20世纪，佛教真正传入墨西哥。由于北临美国，随着佛教在美国的传播，墨西哥不可避免地受到影响。在北美洲，除了美国和加拿大两大发达国家，佛教在墨西哥的传播也取得了令人瞩目的现象。

　　迄今为止，主要佛教类型和宗派在墨西哥已经出现并建立了道场。道场的数量近50个。这样的势头显然出乎一般人的预料。

---

[1]　Placzek, James, and Larry DeVries, "Buddhism in British Columbia." in *Buddhism in Canada*, edited by Bruce Matthews, 10, Abingdon and New York: Routledge, 2006.

（一）南传佛教

南传佛教在墨西哥已经出现，一些来自泰国、缅甸的移民已经建立道场。"内观禅定中心"（Centro de Meditacion Vipassana）是泰国裔移民建立的道场，位于首都墨西哥城（Mexico City），它的精神导师是来自泰国清迈的阿姜·通（Ajahn Tong）法师，传法人是查卡拉塔尼（Chakkaratani），即维基·格扎（Vicky Gurza）。

位于韦拉克鲁斯州（Veracruz）的"达摩毗诃若"（Dhamma Vihara）是来自缅甸的移民建立的道场，它的传法人是乌·南迪塞那（U Nandisena，1954— ），精神导师是缅甸高僧戒喜禅师（U Silananda，1927—2005），戒喜禅师已于 2005 年圆寂。

此外，马卡南陀佛法内观禅定中心（Centro de Meditación Vipassana Dhamma Makaranda）依据戈恩卡的法门修行，它位于莫雷洛斯州（Morelos）的首府库埃纳瓦卡（Cuernavaca）。

（二）大乘佛教

大乘佛教在墨西哥的发展比南传佛教要快，藏传佛教和禅宗尤其兴盛。

1. 藏传佛教

藏传佛教各派均已在墨西哥建立道场，其中格鲁派建立的道场最多。此外，一些道场虽然传承藏传佛教教法，但明显体现出利美运动的特点，融合不同宗派的法门修行。

（1）宁玛派。宁玛派在墨西哥的主要道场有两座。一座是墨西哥佐钦斯里僧伽（Dzogchen Shri Singha Mexico），它位于下加利福尼亚州（Baja California），精神导师是佐钦根波曲嘉仁波切（Dzogchen Khenpo Choga Rinpoche，1965— ），该道场隶属国际佐钦斯里僧伽（Dzogchen Shri Singha International）。另一座道场是位于墨西哥城的"墨西哥佐钦空间"（Espacio Dzogchen México），它的传法人和精神导师是凯斯·道曼（Keith Dowman）。

（2）萨迦派。萨迦派在墨西哥的道场是萨迦多玛林（Sakya Dolma Ling），它的精神导师是江巴塔叶。

（3）噶举派。金刚乘佛教在墨西哥建立了两座道场。一座是"墨西哥城佛教小组"（Buddhist Group Mexico City）；另一座是"堪昆金刚乘佛教"（Budismo Camino del Diamante Cancún），它位于金塔纳罗奥州

（Quintana Roo）的堪昆。

（4）格鲁派。格鲁派在墨西哥建立了多个组织或道场。

格鲁派学习小组（Khamlungpa Study Group）在阿瓜斯卡连特斯州（Aguascalientes）的首府阿瓜斯卡连特斯和哈利斯科州（Jalisco）的首府瓜达拉哈拉（Guadalajara）建立了两个道场，它们的精神导师是土登佐巴仁波切。

热仲多杰扎巴佛教中心（Centro Budista Rechung Dorje Dragpa）位于韦拉克鲁斯州的首府哈拉帕（Xalapa），传法人有隆都索巴格西（Geshe Lhundup Sopa，1923—　）、土登佐巴仁波切和土登曲仲（Thubten Chodron，1950—　）等。

墨西哥洛色林研究所（Instituto Loseling de Mexico）的精神导师是洛桑丹津格西（Geshe Lobsang Tenzin），传法人是丹津根拉格西（Geshe Tenzin Khenrab），它位于墨西哥城。

色林巴隐修中心（Serlingpa Retreat Center）的精神导师是土登佐巴仁波切，该道场位于米却肯州（Michoacan）。

格鲁派的道场还有位于墨西哥城的特拉潘佛教小组（Grupo Budista Tlalpan）。

（5）新噶当派。新噶当派在墨西哥相当活跃，建立了多座道场。

法轮佛教中心（Centro Budista Dharmachakra）位于墨西哥城，隶属国际噶当派佛教联盟。

普埃布拉佛教中心（Centro Budista de Puebla）位于普埃布拉州（Puebla）的首府普埃布拉。

卓尔玛佛教中心（Centro Budista Drolma）位于恰帕斯州（Chiapas），该派还建立了波罗蜜佛教中心（Centro Budista Paramita）和兜率佛教中心（Centro Budista Tushita）。

（6）其他。有些道场融合藏传佛教各派的教法，体现出利美运动的特色。例如，墨西哥藏族之家（Casa Tibet México）成立于1989年7月，传法人是马科·安东尼奥·卡兰（Marco Antonio Karam），精神导师是隆都索巴格西。该道场的总部位于墨西哥城，它还在瓜达拉哈拉和堪昆建立了道场。墨西哥那烂陀菩提（Nalandabodhi México）融合了噶举派和宁玛派的教法，它隶属国际那烂陀菩提（Nalandabodhi International），传法人是七世佐钦本乐仁波切（Dzogchen Ponlop Rimpoche，1965—　）。该道场位于瓜纳华托州（Guanajuato）。

2. 禅宗

禅宗方面，修习前角博雄所传法门的弟子在墨西哥建立了多座道场。墨西哥禅宗中心（Centro Zen de Mexico）位于墨西哥城，它隶属前角博雄建立的洛杉矶禅宗中心（Zen center of Los Angeles），精神导师是约翰·彻心·桑德森（John Tesshin Sanderson）。

位于莫雷洛斯州特波兹特兰（Tepoztlan）的"黑蝎禅中心"（Centro Zen del Escorpion Negro）以及"前角黑田禅中心"（Centro Zen Maezumi Kuroda）也依据前角博雄的法门修行，精神导师是威廉·如幻·杨（William Nyogen Yeo，1936—　）。

墨西哥达摩僧伽（Darma Sanga Mexico）隶属美国的克里斯通禅山中心（Crestone Zen Mountain Center）。该道场位于库埃纳瓦卡，精神导师是里查德·贝克尔，传法人是卢西奥·赫尔南德兹·波佐（Rocio Hernandez Pozo）和南山景徐（Keijo Nanzan）。

恩塞那达禅宗小组（Ensenada Zen Group）是越南裔墨西哥佛教徒建立的道场，精神导师是释一行。它位于下加利福尼亚州的恩塞那达（Ensenada）。

慈悲智慧佛教协会（Sociedad Budista para la Sabiduria Compasiva）位于墨西哥城，是传承韩国禅宗教法的道场。它隶属慈悲智慧佛教社（Budhist Society for Compassionate Wisdom），传法人是何塞·卡斯特拉奥（Jose Castelao）和卢西拉·门德兹（Lucila Mendez）。

佛光山在墨西哥建立了组织——国际佛光会提华纳协会（BLIA，Tijuana）。

3. 净土真宗

日本净土真宗在墨西哥建立了道场——净土真宗本愿寺派墨西哥传法团（Jodo Shinshu Hongwanji-ha Misión de México），精神导师是石井禅学（Zengaku Ishii）。该道场位于墨西哥城。

4. 其他

墨西哥也出现了融合各种佛教宗派和类型的道场。例如，西方佛教僧团之友建立的道场是墨西哥城佛教中心（Centro Budista de la ciudad de Mexico），它的精神导师是僧护。

禅定中心（Centro de Meditación）位于瓜达拉哈拉。它融合了南传佛教的内观、大乘佛教的禅宗以及瑜伽等多种修行方法，传法人和精神导师是沃内尔·卢兹卡（Werner Ruzicka）。

圣米古尔禅定中心（Meditation Center of San Miguel）融合了南传佛教、藏传佛教和禅宗中的多种修行法门。该道场位于瓜纳华托州。

国际创价学会也在墨西哥城创立了组织——墨西哥创价学会（Soka Gakkai de Mexico）。[1]

二　巴西佛教

1810 年，一批中国劳工来到巴西短期务工，将佛教传入巴西。但是，他们在巴西停留的时间不长，主要目的是挣钱，所以无法知晓他们当初的佛教信仰状况。在巴西最多的亚裔人来自日本。在巴西的佛教徒中，日本佛教徒占了相当大的比例。在巴西，日本佛教系统的历史比其他佛教系统要久远。

（一）日本佛教

到 20 世纪 90 年代末，日本佛教各宗派都在巴西建立了组织及道场，其中以净土真宗的信徒人数最多、影响最大，其中尤以西本愿寺派为主。

1. 净土真宗

1952 年，东本愿寺派的首座寺庙在巴西建成。1958 年，在巴西的日本佛教各团体组成统一的组织——"巴西佛教非宗派联盟"（Federaçao des Seitas Budistas no Brasil）。

包括净土真宗在内的日本佛教组织主要为在巴西的日裔移民服务，它们注重教义、修行和组织的建构，主动向非日裔人弘法的动力不足。它们的佛事活动主要包括祭祖、供奉阿弥陀佛、念经等。它们对非日裔巴西人显然没有什么吸引力。

不过，也有个别寺院做了新的尝试，巴西西本愿寺（Hongpa Hong-wanji Temple in Brasilia）就是其中之一。除了传统的净土真宗佛事活动外，它为非日裔巴西人提供禅定指导。不过即便如此，参加的非日裔巴西

---

[1]　http：//www. buddhanet. info/wbd/search. php? keyword = &search = Search&type_ id%5B% 5D = 1&type _ id% 5B% 5D = 2&country _ id = 3&province _ id = 0&tradition% 5B% 5D = theravada&tradition%5B%5D = mahayana&tradition%5B%5D = vajrayana&tradition%5B%5D = non-sectarian.

人依然较少。[①]

　　净土真宗在巴西的传播比较成功的方面体现在它对知识分子的吸引上。巴西知识分子中信仰佛教的代表是穆里洛·努内斯·德阿泽维多（Murillo Nunes de Azevedo，1920—2006）和里卡多·马里奥·贡萨尔维斯（Ricardo Mário Gonçalves）。"二战"后不久，他们就开始认真关注佛教。德阿泽维多是一个工程师，后来在巴西交通部工作；贡萨尔维斯是历史学家，圣保罗大学（University of São Paulo）教授。

　　20 世纪 50 年代，德阿泽维多受神智学会会员洛伦索·博尔热斯（Lourenço Borges）的影响。1923 年，博尔热斯和其他人创立了巴西第一个佛教协会——"巴西佛教社"（Sociedade Budista do Brasil）。不过该组织几个月后就解散了，直到 1955 年才重新运作。贡萨尔维斯是从哲学的角度来接近佛教的。1964 年，曹洞宗僧人高阶珑仙的演讲和修行吸引了一小批巴西知识分子，包括德阿泽维多和贡萨尔维斯。德阿泽维多去了日本修行，后来出家。1967 年，他们怀疑巴西精神与日本禅宗中的武士道精神能否融合，此时，一名日本真言宗比丘尼山本（Yamamoto）来到圣保罗，他们对真言宗越来越有兴趣。1971 年，他们受邀访问高野山，不过，德阿泽维多觉得本来就有宗教融合倾向的巴西精神与这种密教相矛盾。同时，圣保罗的东本愿寺派让贡萨尔维斯在国内做了几次演讲。他们最终信仰了净土真宗。1981 年，贡萨尔维斯在京都受戒，成为东本愿寺派的一名僧人。他在圣保罗东本愿寺（Higashi Hongwanji Temple in São Paulo）担任了重要角色。1982 年，德阿泽维多在日本受戒，成为西本愿寺派僧人。鉴于葡萄牙语的佛教读物很少，德阿泽维多和贡萨尔维斯撰写、编辑、翻译了许多佛教方面的书和文章。他们的书吸引了更多的巴西知识分子。由于他们懂日语，净土真宗本山也请他们将该宗经典及传法材料翻译为葡萄牙语。

　　1982—1989 年，德阿泽维多在巴西西本愿寺中起到了突出作用，他为普通巴西公众打开了寺院的大门。之后，一个规模不大的、虔诚的非日裔的信徒组织出现了。德阿泽维多回里约热内卢（Rio de Janeiro）后，今

　　① Usarski，Frank，"Buddhism in Brazil and Its Impact on the Larger Brazilian Society."In *Westward Dharma：Buddhism beyond Asia*，edited by Charles S. Prebish and Martin Baumann，pp. 165 – 166. Berkeley and Los Angeles：University of California Press，2002.

江京巴（Kyoha Imae）保持了开放、包容的作风。不过，他回圣保罗后，情况发生了逆转。保守的中林（Nakabayashi）从日本来了，一些非日裔信徒很快离开。[①]

德阿泽维多使三名巴西人皈依了净土真宗。他们后来对净土真宗在巴西的发展起了重要的作用。

2. 禅宗

临济宗和曹洞宗组织在巴西都面临本土化问题。临济宗的一些修行者与释一行禅师取得了联系。一行禅师有时在巴西停留几星期，指导弟子们修行。

位于圣保罗的佛心寺（Busshinji）属于曹洞宗，它在本土化方面一直做着努力和尝试。曾经在该寺弘法的德田龙胆（Ryotan Tokuda，1938—）就是推动巴西禅宗运动在非亚裔群体发展的最重要人物之一。1968年，他从日本本山来到巴西，开始在佛心寺工作。20世纪70年代上半叶，他打破传统制度，为普通巴西大众传法。该寺将曹洞宗传法在巴西实现本土化的尝试并非一帆风顺。森山（Moriyama）也尝试吸引非日裔巴西人到寺院来。他是从美国旧金山而非日本来到巴西的，从60年代起，他就在美国传法。不过，这些新来者对日裔老年人进行的传统仪式缺乏好感，双方产生了矛盾。结果，曹洞宗本山用比丘尼克劳迪娅·科昂（Cláudia Coên）接替了森山。科昂是巴西人，但在日本接受过训练，她恢复了为日裔人服务的传统。[②] 尽管如此，森山依然按照他认为正确的方法传播曹洞宗。他的弟子已经遍及世界各地。

学者克里斯蒂娜·莫雷拉·洛查（Cristina Moreira Rocha）认为，巴西的几个禅宗组织的修行掺杂了许多其他内容，包括：第一，治疗方面的修行，如瑜伽、中国和日本的按摩术、太极拳和针灸；第二，自我理解的修行，如多种心理治疗术和占星术；第三，武术，如合气道（Ai Ki Do）和空手道（Karate）；第四，饮食习惯，如素食主义、长寿术；第五，其他宗教，如唯灵论、非洲宗教、日本新兴宗教真光（Mahikari），甚至邪

---

① Usarski, Frank, "Buddhism in Brazil and Its Impact on the Larger Brazilian Society." In *Westward Dharma*: *Buddhism beyond Asia*, edited by Charles S. Prebish and Martin Baumann, pp. 169 – 170. Berkeley and Los Angeles: University of California Press, 2002.

② Ibid., pp. 166 – 167, 171.

教组织的部分内容, 如罗杰尼希/奥修教 (Rajneesh/Osho) 等。①

日本佛教组织在 20 世纪 50 年代时数量最多。经过几十年, 第二、第三代日裔人在巴西出生。他们出生并成长在以基督宗教为中心的文化氛围中, 对父辈、祖辈的日本文化传统不熟悉, 而且没有认同感, 这在一定意义上意味着日本佛教传统包括文化遗产在巴西将面临后继乏人的窘境。②也许将来严峻的形势会迫使巴西的日本佛教组织更多地向非日裔巴西人开放。

(二) 汉传佛教

1960 年, 一批华裔佛教徒在圣保罗成立巴西中国佛教会弥陀精舍。1964 年, 他们建立佛堂, 1989 年改成弥陀寺。既明法师为该寺的创立付出了极大的心血。20 世纪 60 年代初, 他来到巴西, 后来成为该寺的首任住持, 直到 1992 年圆寂。第二任住持是自度法师。1999 年底, 守志法师成为弥陀寺第三任住持。

进入 20 世纪 80 年代, 一些华人寺院出现在巴西。不过, 在巴西弘法最有成效的当属佛光山。佛光山在巴西的组织是国际佛光会巴西协会 (BLIA, Brazil)。佛光山在巴西的寺院或道场有巴西如来寺和里约热内卢禅净中心。

1992 年 4 月, 一名巴西信徒将别墅捐献给佛光山, 星云大师将它命名为 "如来寺"。同月, 国际佛光会巴西协会成立。通过两期扩建工程, 如来寺到 2001 年底完全建成, 主要建筑包括大悲殿、地藏堂、斋堂、知客堂、大雄宝殿、东禅楼、西净楼、禅园等, 总面积达 15 万平方米。

如来寺的弘法等活动积极展开。国际佛光会巴西协会和方大集团共同创立了仁德国际三语学校。如来寺还举行禅坐班、读书会等修行活动, 这些活动用葡萄牙语进行。如来寺还出版葡萄牙语版的佛光世纪季刊、葡萄牙语版的佛光杂志等。③

---

① Spuler, Michelle. *Developments in Australian Buddhism*: *Facets of the Diamond*. London and New York: RoutledgeCurzon, 2003, p. 34.

② Usarski, Frank, "Buddhism in Brazil and Its Impact on the Larger Brazilian Society." In *Westward Dharma*: *Buddhism beyond Asia*, edited by Charles S. Prebish and Martin Baumann, p. 167. Berkeley and Los Angeles: University of California Press, 2002.

③ 佛光山宗务委员会编:《佛光山开山 31 周年年鉴》, 台北: 佛光文化事业有限公司 1999 年版, 第 386—387 页。

（三）藏传佛教

到 20 世纪末，藏传佛教四大宗派都已在巴西建立道场。

1988 年，巴西第一座藏传佛教寺院"塔尚活佛宁玛中心"（Tarthang Tulku Nyingma Center）在圣保罗建成。

1993 年，欧德萨林（Ödsal Ling）建成。它与宁玛派僧人恰都活佛仁波切（Chagdud Tulku Rinpoche，1930—2002）的努力密切相关。1995 年，恰都活佛创立巴西恰都贡巴（Chagdud Gonpa Brazil）。1996 年，他从美国加州来到巴西南里奥格兰德州（Rio Grande do Sul）的特雷斯科罗阿斯（Três Coroas）。欧德萨林已经成为恰都活佛在巴西所有中心的总部。这些中心分布在贝洛奥里藏特（Belo Horizonte）、弗洛里亚诺波利斯（Florianopolis）、里约热内卢、萨尔瓦多（Salvador）和戈亚尼亚（Goiânia）。①

与卡鲁仁波切有关的两个噶举派组织也在巴西成立。其中一个组织的历史可以上溯到 1987 年。当时，卡鲁仁波切在巴黎传法时，一些巴西人参加了活动，其中一个人回到巴西后在 1987 年建立了一个噶举派中心。1991 年，该中心正式成立。②

20 世纪 90 年代，萨迦崔津法王建立的一个萨迦派组织在里约热内卢出现。

1988 年，在格鲁派喇嘛岗钦仁波切的指导下，希德曲佐佛法中心（Centro de Dharma Shi De Choe Tsog）在圣保罗建成。③

1993 年，属于新噶当派的摩诃菩提佛教中心（Centro Budista Mahabodhi）出现。

1993 年，洛桑丹巴格西（Geshe Lobsang Tenpa）建立了土登达杰林（Thubten Dargye Ling）。

（四）其他

1. 上座部佛教系统

在巴西有三个上座部佛教组织，其中之一为"达摩之家"（Casa de Dharma），在圣保罗。

---

① Usarski, Frank, "Buddhism in Brazil and Its Impact on the Larger Brazilian Society. " In *Westward Dharma*: *Buddhism beyond Asia*, edited by Charles S. Prebish and Martin Baumann, p. 172. Berkeley and Los Angeles: University of California Press, 2002.

② Ibid. , pp. 172 - 173.

③ Ibid. , p. 172.

2. 国际创价学会巴西协会

创价学会在巴西的发展也很快。国际创价学会巴西协会已经变成一个佛教团体，在巴西各个地区都有了中心。据该学会的官方信息披露，它在巴西的信徒有 14 万人。据学者佩雷拉（Pereira）估计，其中 90% 为非日裔人。[①]

据巴西地理和统计研究所（The Brazilian Institute of Geography and Statistics）的估计，到 1991 年，巴西登记注册的佛教徒人数为 236408 人。尽管一些巴西媒体在 1999 年和 2001 年声称，该国佛教徒人数达到了 100 万，但据学者的分析，到 20 世纪末，该国佛教徒的人数不会超过 30 万。[②]

三 阿根廷佛教

在南美洲各国中，除了巴西，佛教最发达的就是阿根廷。迄今为止，诸多佛教宗派已经在该国建立了道场。

（一）南传佛教

南传佛教在阿根廷有两个主要道场。一个是布宜诺斯艾利斯不放逸网络（AppamadaNet Buenos Aires），另一个是"南传佛教之友协会"（Asociación Amigos del Budismo Theravada），它们都位于首都。

（二）大乘佛教

大乘佛教在阿根廷远比南传佛教兴盛。主要的类型是藏传佛教和禅宗。

1. 藏传佛教

（1）宁玛派。宁玛派在阿根廷的道场是佐钦团体（Dzogchen Community）。它位于科尔多瓦（Còrdoba），创立人是曲嘉南开诺布。

（2）噶举派。噶举派在阿根廷建立了诸多道场。噶玛噶举藏传佛教中心（Buddhist Center Tibetano Karma Kagyu）位于首都，创立人是卡鲁仁波切和波卡活佛仁波切（Bokar Tulku Rinpoche，1940—2004），传法人是

---

① Usarski, Frank, "Buddhism in Brazil and Its Impact on the Larger Brazilian Society." In *Westward Dharma*: *Buddhism beyond Asia*, edited by Charles S. Prebish and Martin Baumann, pp. 172 – 173. Berkeley and Los Angeles: University of California Press, 2002.

② Ibid. , p. 163.

纳瓦雷塞·冈萨雷辛（Navarrese Consolation），藏语名是仁钦康珠（Rinchen Kandro）。

止贡噶举佛教禅定中心（Centro de Meditación Budista Drikung Kagyu）的传法人是约格·瓦雷拉（Jorge Varela），精神导师是肯波彭佐丹津仁波切（Khenpo Phuntsok Tenzin Rinpoche，1966—　）。

噶举德钦曲林大乘佛教园（Kagyu Tekchen Choling, Jardín del Budismo Mahayana）1983 年在阿根廷创立，它是拉丁美洲出现的首座藏传佛教道场，传承噶玛噶举和香巴噶举的教法。噶举德钦曲林的精神导师起初是卡鲁仁波切，他圆寂后，该道场由波卡仁波切和扬希卡鲁仁波切（Yangsi Kalu Rinpoche，1990—　）负责。

金刚乘佛教建立了布宜诺斯艾利斯佛教小组（Buddhist Group Buenos Aires）。

（3）格鲁派。格鲁派的主要道场有三座。第一座是无量光基金会（Fundacion Luz Infinita），位于首都，隶属噶丹夏泽寺大学（Gaden Shartse Monastery University）。该道场的传法人是格西洛桑仲都（Geshe Lobsang Tsundue），精神导师是格西江巴丹津（Geshe Jampa Tenzin）。

第二座是瑜伽士萨拉哈（Yogi Saraha），精神导师是土登昆珠（Thubten Kundrol）。

第三座是佛教禅定和研究（Estudio y Meditacion Budista）。该道场属于格鲁派和萨迦派，传法人和精神导师是萨迦曲佩仁波切（Segyu Choepel Rinpoche）。

2. 禅宗

（1）临济宗。临济宗主要建立了两座道场。第一座是布宜诺斯艾利斯国际禅宗道场（Zen Dojo Internacional de Buenos Aires），它隶属位于美国夏威夷檀香山的超禅寺（Chozen-Ji），超禅寺又是位于日本京都的天龙寺（Tenryu-Ji）的属寺。阿根廷这座道场的精神导师是晴山·费霍（Seizan Feijoo）。第二座是 SYZ 中心（Centro SYZ），它隶属总部位于夏威夷的虚云禅苑（The Zen Buddhist Order of Hsu Yun, ZBOHY），精神导师是释法超。

（2）曹洞宗。曹洞宗在阿根廷的势力远超过临济宗。欧洲禅宗中心（European Zen Center）在阿根廷的组织是拉丁美洲禅宗协会（Asociación Zen de América Latina）。该协会位于首都，精神导师是兴仙·蒂鲍特

（Kosen Thibaut，1950—　　）。他于 1950 年生于法国巴黎，曾长期跟随弟子丸泰仙习禅，并于 1971 年受戒。拉丁美洲禅宗协会还在布宜诺斯艾利斯省的阿德利纳镇（Villa Adelina）建立了道场——阿德利纳道场（Doyo de Villa Adelina），传法人也是蒂鲍特。

弟子丸泰仙的国际禅宗协会在阿根廷建立了两座道场。它们分别是位于埃斯克尔（Esquel）的埃斯克尔小组（AZI Groupe of Esquel）以及位于丘布特省（Chubut）特雷利乌（Trelew）的特雷利乌小组（AZI Groupe of Trelew）。

门多萨禅宗中心（Centro Zen de Mendoza）位于门多萨（Mendoza），传承前角博雄的法门。

稻草山寺（Ermita de Paja）是日本佛国寺（Bukkoku-ji）的属寺，位于首都，传法人是约格·布斯塔曼特（Jorge Bustamante）。

南禅寺（Nanzenji）位于布宜诺斯艾利斯，传承奈良崎一高（Ikko Narasaki）禅师的法脉，精神导师是大城治仙（Jisen Oshiro）。

此外，位于该国首都的"觉醒之树道场"（Dojo El Arbol del Despertar）也是曹洞宗道场。

3. 净土真宗

净土真宗在美洲的总部组织是美洲真宗佛教协会（Asociación Budista Shin de las Américas）。它在阿根廷的分支机构是布宜诺斯艾利斯佛教团体（Asamblea Budista de Buenos Aires），精神导师是吉列尔莫·卡巴纳勒斯（Guillermo Cabanales）。该团体还建立了两座道场，一座是本尼托·华雷斯佛教小组（Grupo Budista de Benito Juarez），另一座是科尔多瓦佛教小组（Grupo Budista de Cordoba）。

4. 日莲宗

日莲宗在阿根廷的组织是阿根廷日莲宗（Nichiren Shu Argentina）。它建立了两座道场，一个是布宜诺斯艾利斯僧伽（Sangha de Buenos Aires），另一个是唐托尔夸托小组（Grupo Don Torcuato）。这些道场的负责人是塞巴斯蒂安·米努尔特（Sebastián Minuet）和尼古拉斯·普斯蒂加·加利兹尔（Nicolás Pstyga Galizia）。

5. 佛光山

佛光山在阿根廷已经建立组织——国际佛光会阿根廷协会（BLIA, Argentina）以及附属的道场——阿根廷佛光山。

6. 综合性道场

阿根廷也出现了一些综合性道场，它们并不隶属哪一种具体的佛教宗派。在修行法门上，它们往往吸收不同佛教类型及宗派的内容，体现出对各种佛教资源的综合包容上，并且对所有佛教信徒敞开大门。例如，阿根廷佛教协会（Asociacion Budistas de Argentina）融合了藏传佛教、禅宗、南传佛教的内观等诸多修行方法，它隶属"世界和平宗教论坛"（Foro Espiritual por la Paz Mundial），精神导师是虚云和尚和宗喀巴，传法人是圣严法师及其弟子们。该道场位于布宜诺斯艾利斯。

阿根廷佛教禅宗中心（Centro Zen Buddhista Argentino）同样如此，虽然它以禅宗的修行法门为主，但并不局限于此。①

随着时间的推移，佛教逐步传播到拉丁美洲其他小国，主要有伯利兹、危地马拉、萨尔瓦多、尼加拉瓜、哥斯达黎加、巴拿马、巴哈马、牙买加、多米尼加、波多黎各、委内瑞拉、哥伦比亚、厄瓜多尔、秘鲁、玻利维亚、智利、巴拉圭和乌拉圭。佛教在这些国家的传播和发展变化并不平衡，有些国家的佛教徒刚刚成立组织，尚未建立道场；有些国家的佛教徒已经创立组织，建起道场，并举行各种佛事活动。总的来说，佛教在这些国家同样呈现加速度发展的态势。

第三节 大洋洲佛教

大洋洲国土面积最大、佛教最发达的国家是澳大利亚。它是一个宗教信仰自由的国家，各种宗教信仰并存。居民中，69％的人信奉基督宗教，5％的人信奉佛教、伊斯兰教、印度教和犹太教，26％的人无宗教信仰。佛教是随着亚洲移民而传进澳大利亚的。

一 佛教的初传

1851 年，在墨尔本近郊发现了金矿，吸引了世界各地的淘金者前来，这其中就包括四万多名中国劳工。墨尔本迅速兴起，中国劳工将墨尔本称

---

① http：//www. buddhanet. info/wbd/search. php? keyword = &search = Search&type_ id％5B％5D = 1&type_ id％5B％5D = 2&country_ id = 10&province_ id = 0&tradition％5B％5D = theravada &tradition％5B％5D = mahayana&tradition％5B％5D = vajrayana&tradition％5B％5D = non-sectarian.

为"新金山"，以便与他们称为"旧金山"的美国圣弗兰西斯科相区别。

中国劳工勤劳肯干，为澳大利亚的开发做出了不可磨灭的贡献。19世纪出现过几次严重的排华事件，并造成华人的重大伤亡，到 19 世纪末 20 世纪初，华工的合同到期，大批华工回国，澳大利亚佛教徒的人数急剧下降。联邦政府成立后，以法令的形式禁止华人移居澳大利亚，这就是臭名昭著的"白澳政策"（White Australia Policy）。

最早将佛教传到澳大利亚的是主要来自广东省的中国劳工。1856 年，来自广东省四邑地区的劳工在墨尔本南部建立了一座寺院，其中供奉的神涵盖了三教。他们的信仰体现了儒、释、道三教合一的特点。华工在当时澳大利亚人口中所占的比例极少，加上种族歧视和语言隔阂，他们只在自己的圈子中举行佛教仪式和活动。佛教并没有传播到以欧洲移民（尤其是英国移民）为主流的社会中。到 19 世纪末，这座寺院被废弃。

1870 年，首批僧伽罗人来到澳大利亚，在甘蔗种植园工作。几年后，星期四岛（Thursday Island）上也出现一群僧伽罗人。1882 年，载有约 500 名锡兰移民的"德文郡号"（Devonshire）抵达澳大利亚，其中的近 300 人在昆士兰州的马凯（Mackay）登陆，其余人在伯内特（Burnett）上岸。在伯内特登陆的移民遭遇"反苦力者联盟"（Anti-Coolie Leaguers）成员的攻击，他们被迫自卫。这就是后来著名的"伯内特之战"（Battle of Burnett）。19 世纪 90 年代，一群僧伽罗人在星期四岛建起一座佛寺，并种下两棵菩提树。后来，这座佛寺不复存在，但菩提树依然在生长。1901 年，澳大利亚联邦成立，大多数锡兰移民已回国，只有少数人留下来，他们主要聚居在布里斯班和西澳大利亚州的布鲁姆（Broome），他们的佛教信仰对澳大利亚社会的影响同样可以忽略不计。

僧伽罗人离开星期四岛后，3600 名日本人来到这里从事珍珠采集业。他们主要居住在达尔文和布鲁姆，其中的佛教徒每逢佛诞节都会举行仪式进行庆祝。

1891 年，神智学会的主要负责人之一奥尔科特来到澳大利亚。他做了一系列佛教方面的演讲，吸引了一小群澳大利亚上层白人。其中的一个人是阿尔弗雷德·迪金（Alfred Deakin，1856—1919），他后来成为澳大利亚第二任总理。1890 年，迪金在印度和斯里兰卡生活过一段时间，并且写过一本精神方面的书，其中涉及佛教。尽管迪金对佛教有点兴趣，但是在 1901 年，以他为首的澳大利亚政府制定并通过了《移民限制法案》

（*Immigration Restriction Bill*）。该法案为带有显著种族歧视性质的白澳政策奠定了基础，这项政策预示了佛教在澳大利亚半个世纪的衰落命运。

1910 年，乌·萨萨纳·达嘉（U Sasana Dhaja）来到澳大利亚，成为第一位在澳大利亚弘扬佛法的僧人。达嘉原名 E. H. 史蒂文森（E. H. Stevenson），出生在英国的雅毛斯（Yarmouth），后来在缅甸出家。

1915 年，受"一战"的影响，在缅甸的几名德国籍僧人被英国作为敌对国公民而送到悉尼关押，其中就有著名的僧人三界智。

二　佛教的缓慢传播

进入 20 世纪，欧洲一些对佛教有兴趣的人移居澳大利亚。他们研究佛学，开始在澳大利亚当地白人中传播佛教思想。由于他们的英语很好，在向当地人弘扬佛法方面有着不可替代的优势，所以，他们对佛教在澳大利亚的扎根起到了奠基性的作用。这些人主要关注的是上座部佛教，原因有二：第一，到 20 世纪初，在欧洲的佛教研究传统中，南传佛教一直占据无可比拟的重要地位；第二，澳大利亚距离东南亚的地理位置较近，他们能够较为方便地前往东南亚的南传佛教寺院，拜访僧人，学习坐禅。随着亚洲移民的缓慢增加，以亚裔信徒为主，兼带少数白人佛教信徒的佛教组织逐渐出现。

1925 年，麦克斯·泰勒（Max Taylor）、麦克斯·邓恩（Max Dumn）和大卫·莫里斯（David Maurice）在墨尔本成立"佛法小团体"（The Little Circle of Dharma）。莫里斯还出版了澳大利亚第一本佛教著作。

1938 年，莱昂纳德·A. 布伦（Leonard A. Bullen，1909—1984）在墨尔本建立第二个佛教组织——佛教研究小组（Buddhist Study Group）。他用英语教授佛法，每个月传法一次，并组织讨论。他将佛教视为一种心理学派，认为佛教能够通过提供一种精神训练体系来解决现代问题。"二战"爆发后，该团体解散。

"二战"后，玛丽·拜勒斯（Marie Byles，1900—1979）写了四本与佛教有关的书传播佛教思想。拜勒斯出生在英国，1911 年，她来到澳大利亚。她还通过广播弘传神智学的思想以及佛教教义，并且收集佛教典籍。拜勒斯是最早在悉尼进行佛教修行的女性之一。1979 年，她在悉尼去世。①

1952 年，一个名叫利奥·伯克利（Leo Berkeley）的荷兰人遇到正在返回锡兰途中的该国司法部部长拉利塔·拉贾帕克西（Lalita Rajapakse，1900—1976）。拉贾帕克西向伯克利谈到佛法，伯克利非常感兴趣。到锡兰后，伯克利认识并皈依那拉陀长老（Narada Maha Thera，1898—1983）。同年，回到悉尼后，伯克利在当地一家报纸上张贴广告，召集那些对佛教有兴趣的人组成一个团体，响应者有 20 人，他们开始在伯克利的家中聚会。②

佛教早期在澳大利亚传播的过程中，有一名比丘尼起到了相当重要的作用，她就是达摩丁娜（Dhammadinna，1881—1967）法师。1881 年，达摩丁娜出生在美国，后来，她在锡兰出家。1952 年，她首次来到澳大利亚传播上座部佛教，她在澳大利亚停留了近一年时间。达摩丁娜在澳大利亚的生活和传法活动得到伯克利的大力支持，她也加入了伯克利的佛教团体。达摩丁娜在伯克利的家中传授佛法，指导学生们坐禅。佛学教材从锡兰运来，教材由一名在锡兰修行的德裔僧人编写。坐禅者在 15—20 人之间，她还为其中的八名学生提供个别指导。1952 年卫塞节时，这八名学生剃度为僧。1953 年，伯克利的团体正式组建"新南威尔士州佛教社"（Buddhist Society of New South Wales），伯克利被推选为会长。新南威尔士州佛教社的主要成员是白人，它是澳大利亚现存的最古老的佛教组织。后来，达摩丁娜离开了澳大利亚。

1953 年，几名佛教徒在墨尔本成立"维多利亚州佛教社"（Buddhist Society of Victoria），负责人是拜勒斯和布伦。他们的继任者娜塔莎·杰克逊（Natasha Jackson）在新南威尔士州编辑、出版佛教刊物《慈》（Metta）。

1953 年，昆士兰州佛教社（Buddhist Society of Queensland）成立，但它只维持了三年。1955 年，昆士兰州佛教社邀请锡兰的那拉陀长老来访。他到了塔斯马尼亚，并帮助建立了一个佛教组织，但这个组织维持的时间也不长。

---

① Lyall，Graeme，*History of Buddhism in NSW and Current Developments*，http：//www. buddhanet. net/filelib/genbud/ub3 - lyl1. txt.

② Ibid. .

20 世纪 50 年代中，邓恩在墨尔本建立澳大利亚第一个禅宗组织——禅研究所（Zen Institute）。1954 年，来自缅甸的僧人西提拉尊者（Sayadaw U Thittila）访问澳大利亚的几个佛教组织，他多次发表公开演说，纠正澳大利亚佛教组织对佛教的一些错误看法。他的来访引起媒体的广泛关注。

1956 年，有两位法师从泰国来到澳大利亚，他们是达摩迪那迦·穆尼（Phra Dhammadiraja）和苏曼伽罗（Venerable Sumangalo，1903—1963）。穆尼是一座寺院的住持，几乎不能说英语。苏曼伽罗原名罗伯特·斯图尔特·克利夫顿（Robert Stuart Clifton），是曹洞宗系统的西方佛教僧团（Western Buddhist Order）的负责人。苏曼伽罗在澳大利亚成立了青年佛教协会（Young Buddhist Association），但不久，该组织就解散了。在澳大利亚期间，苏曼伽罗瞒着穆尼，给自己的追随者传戒，让他们在西方佛教僧团里担任法师。穆尼觉察到了这个情况，苏曼伽罗的澳大利亚之旅戛然而止，他们匆匆返回了泰国。[①]

1957 年，达摩丁娜法师再次来到澳大利亚。这时，支持她的佛教组织已经不少，但她不被允许公开传法。

1959 年，新南威尔士州佛教社和维多利亚州佛教社合并，在悉尼成立 "澳大利亚佛教联合会"（The Buddhist Federation of Australia），首任主席是查尔斯·奈特（Charles Kninght）。澳大利亚佛教联合会接管了新南威尔士州的刊物《慈》，并更名为《今日佛教》（Buddhism Today）。澳大利亚佛教联合会是该国最主要的泛佛教组织。

与新南威尔士和维多利亚州佛教的状况相比，昆士兰州佛教的发展就缓慢得多。昆士兰州佛教社解散后，1962 年，少量对佛教感兴趣的人建立了佛教讨论小组（Buddhist Discussion Group），但它很快夭折。随后，又有信徒建立了一个佛教组织，但同样好景不长。直到 20 世纪 70 年代前，佛教在昆士兰州的发展并无什么起色。

在这段时期，在澳大利亚传播得比较成功的是南传佛教。其他佛教系统和宗派在澳大利亚发展的时间明显较晚，汉传佛教也是如此。1961 年，宣化法师来到澳大利亚弘法。他在悉尼停留了一年，但传播佛教的事业没

---

① Lyall, Graeme, *History of Buddhism in NSW and Current Developments*, http：//www. buddhanet. net/filelib/genbud/ub3 – lyl1. txt.

有取得什么进展，于是，他去了美国。[1]

1964 年，国际创价学会的领导人池田大作访问了澳大利亚。

三　佛教的快速发展

进入 20 世纪 70 年代，尤其是 1972 年，惠特拉姆领导的工党政府废除了歧视性的"白澳政策"后，东南亚各国的许多难民为逃避印度支那战争、越南战争、越南入侵柬埔寨的战争而来到澳大利亚。其中也有来自中国香港和台湾的移民，他们当中不少人是虔诚的佛教徒，他们组织佛教团体，举行佛事活动，建立佛寺，弘扬佛法。不同佛教宗派的僧人也前往澳大利亚弘法。同时，澳大利亚白人对佛教的兴趣也越来越浓厚，佛教在澳大利亚呈现了快速发展的态势。

澳大利亚的泛佛教组织在 20 世纪 80 年代纷纷成立。1982 年，布里斯班佛教理事会（The Buddhist Council of Brisbane）成立。1985 年，新南威尔士州佛教理事会（The Buddhist Council of New South Wales）成立。该理事会在诸多事务上提供帮助，从移民和地方政府事务到为州内学校中的佛教学生提供宗教指导。[2]

（一）日本佛教

日本佛教中的禅宗、净土真宗、净土宗、天台宗等已经在澳大利亚建立了道场。但是，各宗派的发展并不平衡，禅宗的发展势头最为迅猛。

1. 禅宗

在澳大利亚的日本佛教系统中，禅宗可以说是最兴盛的宗派。其中不仅有临济宗和曹洞宗，融合了临济宗和曹洞宗特点的三宝教团以及从中独立出来的金刚僧伽更是呈现了不同的面貌。

（1）地藏庵禅中心。地藏庵禅中心（Jizoan Zen Centre）可以说是澳大利亚典型的临济宗道场。它位于西澳大利亚州的珀斯，创立于 1998 年。在该道场活动的主要是澳大利亚人，也包括部分日裔人。道场遵循的是白隐慧鹤的修行法门，重视坐禅。这座道场每天都对外开放，除了星期日，

---

① 法界佛教大学佛经翻译委员会：《宣化上人事迹》，高雄：智慧之源出版社 1993 年版，第 233 页。

② Spuler, Michelle, "The Development of Buddhism in Australia and New Zealand." In *Westward Dharma: Buddhism beyond Asia*, edited by Charles S. Prebish and Martin Baumann, p. 141. Berkeley and Los Angeles: University of California Press, 2002.

每天的坐禅时间是 19：00—21：00，星期日的坐禅时间是 5：00—21：00。①

（2）开放之道禅。开放之道禅（Open Way Zen）是在澳大利亚兴起的一个曹洞宗组织，它的创始人是山端法玄（Hogen［Daido］Yamahata，1935—　）。1935 年，山端法玄出生在日本东京东北的一个小山村，他五个月大时，父亲就去世了。七岁左右，他对死亡有了一定的认识，这带给他相当大的冲击，从此，山端法玄开始思索生命及其意义。后来，他在成长过程中不断向他人追问人生的意义，但并未得到满意的答案，于是，山端法玄到一座山中的寺院修行、闭关。当时，他只有 16 岁。中学毕业后，山端法玄来到东京，在一座禅寺学习德语、英语和俄语，以便阅读哲学原著。一天，他遇到小浜市（Obama）佛国寺（Bukkokuji Monastery）的住持原田湛玄（Tangen Harada，1924—　），并向他讲述自己的困惑。原田湛玄抓住山端法玄的肩膀摇着嚷道：“就是它！”他的眼直直地瞪着山端法玄，眼神清澈而有力。这个回答给了山端法玄很大的震撼，但他并未开悟。

为了找到答案，山端法玄来到日本各座寺院，参访许多临济宗和曹洞宗的高僧，但都未得到满意的答案。他于是去找原田湛玄。原田湛玄邀请他参加闭关，并让他参究公案“无”。很快，山端法玄参透了“无”，并开悟。1960 年，他剃发，开始在佛国寺跟随原田湛玄修行。山端法玄从此终身奉原田湛玄为师。后来，他接手位于富士山下的废弃寺院——长源寺（Chogenji Temple）。在这里，山端法玄和妻儿以及几个弟子过着简单的生活，他们每天坐禅、修习瑜伽、种植蔬菜。

后来，山端法玄和一位练习合气道的好友一起去英国，他在好友开办的合气道训练班教学生们坐禅。他还应邀到荷兰、爱尔兰、挪威传授曹洞宗禅法。②

20 世纪 90 年代，山端法玄来到澳大利亚。他创立开放之道禅，并且在新南威尔士州的拜伦湾（Byron Bay）有了一个小的寺院——道中庵禅中心（Dochu-an Zen Centre）。它是得到日本曹洞宗本山认可的位于澳大利亚的道场，主要的修行活动是闭关，也包括坐禅和经行，有时会有法师

①　http：//www. buddhanet. info/wbd/country. php？ country_ id＝18&offset＝400.

②　http：//www. openway. org. au/teacher_ lifekoan. html.

开示和讨论。

(3) 平常心禅学校。平常心禅学校（Ordinary Mind Zen School）的创始人是夏洛特·常光·贝克（Charlotte Joko Beck，1917—2011）。20 世纪 60 年代，贝克曾经跟随安谷白云和中川宋渊习禅。1983 年，她成为前角博雄的第三位法嗣。1995 年，贝克和她的法嗣创立平常心禅学校。该学校是一个由各自独立的禅中心组成的网络，分布在美国和澳大利亚。

平常心禅学校的宗旨是：证明和支持通向觉悟的修行。这种觉悟已经体现在贝克的教法中。学校由贝克及其法嗣、教师和后继者组成。平常心禅学校不属于任何其他禅宗组织或宗教派别，但是，学校的成员可以以个人身份加入其他团体。贝克的传法人中不存在等级制度。

觉悟是遍在的，但是达到觉悟的方式、方法依情况而异。只要有助于修行，学校中的任何一名传法人可以采用多种方式及任何组织形式。

传法人承认自己依然是学生，而且确保修行活动公开、灵活。平常心禅学校不断检验和发展有效的教法，以保证学生们在生活的所有方面都能理解修行。[①]

到 20 世纪末，平常心禅学校在澳大利亚的中心主要有两个。一个是布里斯班平常心禅（Ordinary Mind Zen Brisbane）。该道场依据贝克的教法为习禅的学生们提供指导和帮助，它向俗人传播禅法，修行的方法是将正式的坐禅与日常生活中的修行结合起来。该小组的常驻法师是格里格·豪尔德（Gregg Howard），他们在租住的一间房子里聚会，它位于布里斯班市中心三公里外的帕丁顿（Paddington）。[②] 另一个是位于塔斯马尼亚岛的禅小组——"山与河"（Mountains and Rivers）。山与河是美国圣迭戈禅中心的分支机构。

(4) 三宝教团。三宝教团在澳大利亚的主要组织有两个：一个是位于新南威尔士州悉尼的"禅之道"（The Way of Zen），它的老师是阿玛·萨米（Ama Samy）。另一个是位于昆士兰州的"山月僧伽"（Mountain Moon Sangha）。山月僧伽的创始人是罗斯琳·斯通（Roselyn Stone），她出生于加拿大安大略省的圣托马斯（St. Thomas），从多伦多大学毕业后，斯通曾在英、德、美、日、澳等国家生活五年。她曾经在基督教女青年会

①　http：//www. ordinarymind. org. au/brisbane/component/option，com_ frontpage/Itemid，1/.

②　Ibid. .

（Young Women's Christian Association）担任体育指导，也曾在中学任体育教师，在多伦多大学担任教授。她对现象学非常有兴趣。1977 年，她来到日本镰仓的三云禅堂（San'un Zendo）修行，接下来的 14 年里，她大部分时间都在此修行。1978 年，她的觉悟得到山田耕云禅师（Koun Yama-da）的印可。1985 年，山田耕云正式授予她三宝教团禅师的封号，她的法名是"扫云庵"（Sei'un An）。1993 年，斯通在布里斯班创立"山月僧伽禅堂"（Mountain Moon Sangha Zendo）。①

（5）金刚僧伽。在澳大利亚发展势头最快、影响最大的禅宗组织莫过于金刚僧伽。在此重点加以介绍。

组织结构

20 世纪 70 年代，有个别澳大利亚人开始到艾特肯在夏威夷的金刚僧伽修行。随着时间的推移和佛教徒的努力，金刚僧伽逐渐在澳大利亚建立多个分支机构（见表 7—1）。

表 7—1 　　　　　　　　　金刚僧伽在澳大利亚的分支机构

州名	城市名	机构名
新南威尔士州	悉尼	悉尼禅中心（Sydney Zen Centre）
西澳大利亚州	珀斯	西澳大利亚禅小组（Zen Group of Western Australia）
维多利亚州	墨尔本	墨尔本禅小组（Melbourne Zen Group）
新南威尔士州	利斯莫尔（Lismore）	观音禅定中心（Kuan Yin Meditation Centre）
南澳大利亚州	阿德莱德	阿德莱德禅小组（Adelaide Zen Group）

第一，悉尼禅中心。

悉尼禅中心成立于 1975 年。该中心成为金刚僧伽分会的时间不详，也不清楚它是否正式成为金刚僧伽的分会。不过，悉尼禅中心和其他金刚僧伽的分会都认为该中心是金刚僧伽的分会。在整个 20 世纪 80 年代，艾特肯每年都到悉尼禅中心传法。他是主要传法人，不过，偶尔也有其他禅师到该中心传法，并指导学生们闭关，例如夏洛特·常光·贝克。

1984 年，艾特肯任命约翰·塔兰特（John Tarrant, 1949—　　）为助理传法师，这是他在澳大利亚的第一名继任者。澳大利亚的各个禅中心有

① http：//www. mountainmoon. org. au/roselynstone. html#.

了自己的传法人，这对澳大利亚金刚僧伽发展的重要性不言而喻。尽管塔兰特居住在美国，但从 1984 年以来，他一直指导澳大利亚信徒们的闭关活动。1988 年，塔兰特被任命为禅师。同年起，他全权负责澳大利亚金刚僧伽各小组的活动，于是从这时起，艾特肯不再定期到澳大利亚来。

在金刚僧伽中，"老师"（Roshi）指的是禅师，即"Zen Master"；"先生"（Sensei）指的是助理传法师（Assistant Teacher）；更低一级的是"传法领袖"（Dharma Leader）。

1991 年，苏巴纳·巴扎吉（Subhana Barzaghi, 1954—　）被任命为助理传法师后开始在悉尼禅中心任教。1996 年，她被任命为该中心的禅师，尽管她当时居住在利斯莫尔。1993 年，塔兰特任命三名传法领袖：吉莉·库特、麦吉·格卢克（Maggie Gluek）和托尼·库特（Tony Coote）。在金刚僧伽中，只有悉尼禅中心任命了传法领袖。1998 年，另一名澳大利亚人——苏珊·墨菲（Susan Murphy）被任命为助理传法师。但是不久，墨菲离开金刚僧伽，而去了悉尼的禅宗开放团（Zen Open Circle），并成为那里的主要传法人。1999 年，吉莉·库特被任命为助理传法师。

1999 年，塔兰特的加州金刚僧伽（California Diamond Sangha）及其分会正式从金刚僧伽中分离。他在加州成立了一个新的组织，即太平洋禅研究所（Pacific Zen Institute）。1999 年，吉莉·库特开始在禅宗开放团和太平洋禅研究所中任教。

第二，西澳大利亚禅小组。

西澳大利亚禅小组成立于 1983 年。它在当地发布一则广告，吸引许多禅修者前来，包括罗斯·博勒特尔（Ross Bolleter, 1946—　）。早期有些成员是美国金刚僧伽的成员，结果西澳大利亚禅小组的禅修风格遵循了金刚僧伽的模式。1985 年和 1987 年，艾特肯在珀斯指导该小组闭关。1984 年后，负责这项事务的是塔兰特。1991 年，博勒特尔被任命为助理传法师。1997 年，他被任命为禅师，并成为该小组的主要法师。

第三，墨尔本禅小组。

墨尔本禅小组成立于 1985 年，从那时起，它就与金刚僧伽保持着非正式的联系。该小组的成员曾跟随艾特肯在悉尼习禅多年。1981 年，艾特肯让他们建立一个小组。从 1990 年起，金刚僧伽的法师们就带领该小组的成员闭关修行，1990—1995 年领导修行的法师是帕特·霍克（Pat

Hawk）。1993 年杰夫·道森也指导过墨尔本禅小组。不过，道森在被任命为助理传法师后不久就离开金刚僧伽，前往普通心灵禅学校任教。1993 年至今是巴扎吉。1994 年是奥古斯托·阿尔卡尔德。1996 年，墨尔本禅小组成为金刚僧伽的分会，巴扎吉是主要法师。

墨尔本禅小组有 42 名成员，其中 23 人是正式成员，19 人是通讯的订户。成员男女比例各半，几乎所有成员均为白人。许多人是职业人员，有个别学生。主要成员的年龄在 15—50 岁。

第四，观音禅中心／观音禅定中心。

1993—1994 年，巴扎吉和一小群朋友建立观音禅中心（Kuan Yin Zen Centre）。1994 年，它成为金刚僧伽的分会。当时，巴扎吉居住在利斯莫尔，但她搬到悉尼后一直是该中心的主要法师。2000 年，观音禅中心更名为"观音禅定中心"，因为该中心既有修习禅宗的学生，也有修习南传上座部止观法门的学生。该中心大约有 20 名成员，他们主要是健康或慈善事业方面的从业人员和学生，均为白人。

第五，阿德莱德禅小组。

阿德莱德禅小组始于 20 世纪 70 年代，艾特肯和当时三宝教团的禅师阿玛·萨米经常来访。在一段时间的沉寂后，1991 年，该小组再次兴旺。从 1995 年起，博勒特尔定期来指导阿德莱德禅小组的闭关。1998 年，该小组正式成为金刚僧伽的分会。

阿德莱德禅小组大约有成员 20 名，还有一些通讯订户。三分之二的成员是男性，成员的年龄介于 26—55 岁。成员都是白人。[①]

以上是澳大利亚金刚僧伽的分支机构。还有一些佛教组织并不属于金刚僧伽，但却与它保持着密切的联系。例如堪培拉禅小组（Canberra Zen Group）。

堪培拉禅小组成立于 1988 年，它的前身是释迦牟尼佛教中心（Sakyamuni Buddhist Centre）。2000 年，该小组解散。它一直没有成为金刚僧伽的正式分会，但它与悉尼禅中心保持着非正式的联系。由于这两个禅宗组织相距很近，有些人同时是两个组织的成员。堪培拉禅小组没有一个正式的组织机构。该小组不闭关，但悉尼禅中心的法师们和传法领袖会给成员

---

① Spuler, Michelle, *Developments in Australian Buddhism*: *Facets of the Diamond.* London and New York: RoutledgeCurzon, 2003, pp. 19 – 22.

提供建议和指导。

堪培拉禅小组大约有 10 名成员，其中有 6 名女性，她们的年龄超过 30 岁。10 名成员中有 6 人出生在澳大利亚之外，不过他们都是改宗型佛教徒，而不是亚裔佛教徒。①

禅宗开放团当然也与金刚僧伽有间接的联系，因为它的主要传法师墨菲曾经受教于塔兰特和博勒特尔。

修行活动

在金刚僧伽的修行活动中，禅定占据重要的地位。该团体的集体坐禅时间长短不一，有晚上两小时的坐禅，有周末为期半天的坐禅，有为期一周的闭关，在修行中心举行的训练项目为期 2—4 周。

在金刚僧伽中，禅定的技巧变化不大，但有的禅定技巧得到重视，传授技巧的方法有所改变。老师们首先教初学者们数息，然后教他们随息，修行者通过这些练习训练怎样集中自己的注意力。他们的这种能力达到一定水平后就开始参究公案或打坐。

金刚僧伽中，绝大多数修行者依照临济宗的方法修行，即参究公案。有些人也采用曹洞宗的修行方法，即只管打坐（Shikantaza）。

就参究公案来说，修行者往往被建议去读艾特肯的书《踏上禅宗之路》（*Taking the Path of Zen*）中关于"公案无"的一章，以了解怎样去参究公案的内容。中国和日本传统的公案在金刚僧伽中依然存在，如《碧岩录》、《无门关》（*Mumonkan*）'等。不过，随着时间的推移，对反映西方文化传统的"西方"公案的要求不断增加。卡多瓦基（Kadowaki）建议，应该为西方修行者发展出新的公案。可能的情况是，为基督宗教修行者制订出基督宗教公案。②

在金刚僧伽中，有许多方法来教导学生们禅修。非正式的教学通过为新成员定位来开始，这种定位发生在出现以下两种情形时：第一，在大多数禅宗小组中，不定期地特定的定位之夜时；第二，在一次夜晚坐禅开始前。在定位时，老师要向学生们讲明怎样去禅修。例如，在西澳大利亚禅宗小组的"定位备忘录"（Orientation Notes）中有如下信息：小组的历

---

① Spuler, Michelle, *Developments in Australian Buddhism*: *Facets of the Diamond*. London and New York: RoutledgeCurzon, 2003, p. 21.

② Ibid., pp. 28 – 29.

史、成员情况、坐禅的时间和地点、怎样数息、公案、习禅的益处、一些仪式等。①

正式的教学方式有两种：定证（teishos）和独参（dokusan）。定证是禅师或助理传法师的开示，一般持续半小时到一小时，它经常出现在每天一次的闭关中。定证通常集中于一则公案，经常详细讨论公案，解释公案中主要人物的历史，将该公案与本质类似的公案相比较，考察它在日常生活中的应用。②

独参是老师与学生的秘密见面，它发生在禅师的房间或一间特定的见面室中，经常是在坐禅期间，老师约请学生见面。例如，老师经常在学生每天闭关的三个独立阶段中提供独参的机会。不过，在有常驻法师的禅中心（例如，西澳大利亚禅小组和悉尼禅中心），老师也可能在晚上为期两小时的坐禅中让学生独参。每名学生独参的时间长短不一。

法师的缺乏所带来的困难也导致教学方式的改变。在澳大利亚出现常驻法师前，学生们无法保证有规律地向老师请教。澳大利亚金刚僧伽5个禅宗组织中，一年的大部分时间有常驻法师的只有悉尼禅中心和西澳大利亚禅小组。其他三个团体一年中只有1—3次向老师求教的机会。这往往出现在为期一周的闭关中。堪培拉禅小组的组织更松散。其成员只好经常参加悉尼禅中心的修行。大多数修行者与老师联系的方式是电话，甚至是电子邮件。③

澳大利亚金刚僧伽采用了一些新的教学方法，例如公案研修班。在三宝教团中，它是为达到相当高级阶段的修行者所举办的，旨在深化他们对禅宗修行的理解。而在澳大利亚，公案研修班的修行者达到的阶段却低得多。另一个新方法是让年长的学生或传法领袖有机会去谈论禅宗修行的要素。不过，这些谈话与禅师、助理传法师的正式教导有严格区别。

金刚僧伽在教学上的一个重要变化是重新强调禅宗的基本内容，例如，禅定是什么，禅定的益处是什么以及如何运用禅定。老师还鼓励学生在禅宗中心之外修行，帮助他们将修行贯彻到世俗生活中。

---

① Spuler, Michelle, *Developments in Australian Buddhism*：*Facets of the Diamond*. London and New York：RoutledgeCurzon, 2003, p. 30.

② Ibid. .

③ Ibid. , p. 31.

一些其他佛教宗派的修行方法逐渐对金刚僧伽产生了影响。例如，巴扎吉同时还是上座部佛教某派的传法人，她就将上座部佛教的一些观法引入修行活动。更有甚者，非佛教因素也被加了进来。巴扎吉和塔兰特都是心理治疗师，他们有时将心理治疗的一些内容引入禅修。塔兰特出版了《黑暗中的光亮：禅、灵魂和精神生活》（ *The Light Inside the Dark：Zen，Soul，and the Spiritual Life* ），该书将荣格心理学与禅宗相结合，在作为加州金刚僧伽的领导人时，塔兰特就积极地将心理治疗原则融入其教学。然而，他的做法显然与其他金刚僧伽分会的要求并不一致，这也是加州金刚僧伽在 1999 年决定脱离金刚僧伽而成为独立组织的原因之一。塔兰特说明了当初决定成为独立组织的原因：

> 我们相当致力于使禅宗本土化；致力于使禅宗进入艺术、医药等专业人群中；致力于融合禅定方法，使它在其他传统中（例如内心状态的正念）也一样普遍；致力于使公案自由地发挥作用，通过研修班就能获得；致力于使公案直接与学生的生活相联系。我们也强调关键的觉悟体验的价值。艾特肯的一些老师发现与我们的学生难以共同工作，这些老师宁愿将生命的心理过程排除在公案修行之外。我们认为，将它们引入其中是极其关键的。①

金刚僧伽中出现的这些新现象，充分表明作为东方文化传统的佛教为了适应澳大利亚新的社会、文化环境所做出的改变和调适。

（二）净土真宗

1992 年 4 月，一名在澳大利亚经商的日本人向本愿寺本山发出请求，让本山到澳大利亚建立道场。本愿寺本山经过商量，很快同意这一请求。1992 年 11 月，澳大利亚政府同意本愿寺派在该国建立组织。1993 年 1 月，澳大利亚本愿寺佛教传教团（Hongwanji Buddhist Mission of Australia）在新南威尔士州林德菲尔德（Lindfeild）正式成立。

该传教团是净土真宗在澳大利亚的总部，它的属寺有阿德莱德真宗佛教道场（Adelaide Shin Buddhist Dojo）。该道场位于南澳大利亚州，修行

---

① Spuler, Michelle, *Developments in Australian Buddhism：Facets of the Diamond.* London and New York：RoutledgeCurzon, 2003, p. 33.

活动主要有每月的第一个和第三个星期天九点在道场聚会、每日早晨念诵经咒等。愿意参加者可以先填写表格，登记成为会员，作为会员是免费的。常驻法师是乔治·格腾比（George Gatenby）。① 格腾比是澳大利亚本愿寺佛教传教团的创始人之一，他还是南澳大利亚佛教理事会（Buddhist Council of South Australia）会长。

（三）净土宗

净土宗在澳大利亚的主要道场是净土宗佛教社团（Jodo shu Buddhist Community），它位于昆士兰州的阿什格罗夫（Ashgrove），主要联系人是詹姆斯·威尔森（James Wilson）。

（四）天台宗

日本天台宗在澳大利亚的道场是澳大利亚天台宗僧伽（Tendai Sangha of Australia），它位于昆士兰州的南布里斯班（South Brisbane），精神导师是慈恩·普罗瑟（Jion Prosser）。常驻法师除了普罗瑟，还有安德鲁·莫克森（Andrew Moxon），他的法名是"慈亮"（Jiryo）。该道场与位于夏威夷的天台宗夏威夷别院（Tendai Hawaii Betsuin）关系密切。从 1997 年起，莫克森就开始学习天台宗的思想及修行止观，时间长达八年，随后两年，他跟随普罗瑟学习。后来，莫克森成为天台宗的正式传法师。②

（五）真如苑

真如苑可以说是日本新兴的佛教组织，但它与真言宗的关系比较密切。1936 年，真言宗僧人伊藤真乘（Shinjo Ito，1906—1989）在完成修行后创立真如苑。该团体声称，不分年龄、性别的任何人在真如苑都能遵循教法，找到真理。真如苑尊奉的主要佛教经典是《大般涅槃经》。真如苑在澳大利亚的组织是真如苑佛教协会（Buddhist Association of Shinnyo-En），它位于新南威尔士州的莱恩科夫地区（Lane Cove）。

四　藏传佛教

20 世纪 70 年代，藏传佛教开始在澳大利亚传播。到 20 世纪末，藏传佛教四大宗派都已经在澳大利亚建立道场，总数大约有 30 所，其中一半有喇嘛常驻（宁玛派除外）。

---

① http：//www. georgegatenby. id. au/jokyo-an/faq. htm.

② http：//tendaiaustralia. org. au/Jiryo-Moxon－%28Shukke-Tokudo%29. php.

（一）宁玛派

与其他藏传佛教派别相比较，宁玛派在澳大利亚的发展相对滞后。澳大利亚白玉宁玛佛教协会（Palyul Nyingma Buddhist Association，Australia）是宁玛派在澳大利亚的主要组织，也是国际白玉僧伽（Palyul Sangha International）的成员之一，负责人是顿珠多杰（Dondrup Dorje）。他是已故的佩玛诺布仁波切（Pema Norbu Rinpoche，1932—2009）的弟子。佩玛诺布仁波切 1932 年出生于西藏东部，四岁时，他被认定为宁玛派白玉活佛的十一世转世灵童。1959 年，他逃离西藏，在印度南部建立宁玛派中心。顿珠多杰还是英国、希腊白玉宁玛佛教协会的创始人。白玉宁玛佛教协会在墨尔本和悉尼开办有每周的修行班。①

（二）萨迦派

在澳大利亚弘扬萨迦派教法最重要的喇嘛是尕旺曲达（Ngawang Choedak），澳大利亚大部分萨迦派道场及组织都是他创立的。尕旺曲达曾经当过 12 年喇嘛，在曲杰崔钦仁波切（Chogye Trichen Rinpoche，1920—2007）的指导下闭关了三年半。

1985 年 3 月，尕旺曲达来到悉尼，他开始教一些在印度遇到的澳大利亚人佛法。生活在印度的宗萨钦哲仁波切将这些澳大利亚人组成的团体命名为五字文殊菩萨联谊会（Manjugosha Fellowship），后来，宗萨钦哲将组织改名为"佛教教育基金会"（Buddhist Education Foundation）。这些澳大利亚信徒还建成道场——金刚手菩萨贡巴（Vajradhara Gonpa），宗萨钦哲任住持。

这段时间，尕旺曲达也到唐人街的佛教图书馆中教人坐禅。1986 年，堪培拉的一组信徒邀请他当老师，尕旺曲达同意了。这个团体就是萨迦派在澳大利亚最重要的道场——萨迦洛萨曲宗（Sakya Losal Choe Dzong）的雏形。

1985—1987 年，尕旺曲达接受诸多佛教团体或非佛教团体的邀请，在澳大利亚的主要城市如悉尼、堪培拉、伍伦贡、墨尔本和阿德莱德等地传授佛法。

1987 年，在新加坡的一座萨迦派道场任职的喇嘛嘉木样·勒谢（Jamyang Lekshe，1953—　）造访澳大利亚，他的周围很快聚集了一批

---

① http：//www.palyulnyingma-au.org/.

信徒。勒谢最初将该组织命名为"萨迦中心"（Sakya Centre），后来，萨迦崔津法王将它命名为"萨迦塔巴林"（Sakya Tharpa Ling）。它附属佛教教育基金会，位于悉尼。

1988 年，萨迦崔津法王来到澳大利亚弘法，他的到来促进了萨迦派在该国的传播。1988 年 5 月，加西活佛仁波切（Gyalsay Tulku Rinpoche）受宗萨钦哲仁波切之命来到澳大利亚弘法，并担任金刚手菩萨贡巴的常驻法师。加西活佛在澳大利亚许多城市弘法。

在佛教教育基金会的组织下，1989 年，萨迦崔津法王的姐姐——哲尊·库索·奇美·鲁丁来到澳大利亚弘法。

1990 年，萨迦塔巴林的一些信徒离开这座道场，而接受宗萨钦哲所倡导的利美运动。加西活佛来到萨迦塔巴林处理相关事务。宗萨钦哲将佛教教育基金会更名为"悉达多之意"（Siddhartha's Intent）。1991 年，加西活佛确认萨迦塔巴林是萨迦派的道场。

1993 年，加西活佛突然圆寂，萨迦崔津法王随即任命噶玛洛多（Karma Lodoe）为萨迦塔巴林的常驻法师，从此，"洛本尕旺丹楚"（Lopon Ngawang Damchoe）这个名字广为人们所知。

1996 年，应萨迦洛萨曲宗的邀请，曲杰崔钦仁波切造访澳大利亚。他主持了位于堪培拉的隆顿佛教训练学院（Rongton Buddhist Training College）的成立仪式。

1997 年，萨迦崔津法王第二次来到澳大利亚弘法。同年，萨迦洛萨曲宗建立出版机构——果然出版社（Gorum Publications）。它出版了尕旺曲达的《禅定理论与实践注解》（*Notes on the Theory and Practice of Shamata*）、《道果：觉悟的黎明》（*Lamdre：Dawn of Enlightenment*）以及《三重密宗》（*Triple Tantra*）等书。萨迦洛萨曲宗还发行一份双月刊的通讯——《澄澈的心灵》（*Clear Mind*）

从 1996 年年底起，尕旺曲达在澳大利亚各州传法，萨迦洛萨曲宗的附属道场纷纷成立，它们有布里斯班的曲杰泽钦曲宗（Chogye Tsechen Choe Dzong）、赫维贝（Hervey Bay）的曲杰巴玛曲宗（Chogye Padma Choe Dzong）、悉尼的萨迦多玛曲林（Sakya Dolma Choe Ling）、墨尔本的曲杰嘉木钦曲宗（Chogye Jamchen Choe Dzong）以及几个隆顿学习小组，其中一个小组在阿德莱德。上述道场都有定期的修行内容。萨迦派在澳大利亚的隆顿学习小组有 16 个，它们接受隆顿佛教训练学院的远程教育。①

（三）噶举派

噶举派在澳大利亚最兴旺的支派是噶玛噶举。它在蓝山（Blue Mountains）、布里斯班、卡恩斯（Cairns）、堪培拉、黄金海岸、墨尔本、那罗科特（Narrocoorte）、北沙滩（Northern Beaches）、北河（Northern Rivers）、珀斯和悉尼都建立了修行中心。这些修行中心的精神导师均是十七世大宝法王崔因利塔耶多杰（Trinlay Thaye Dorje，1983— ），创立者是尼达尔。

（四）格鲁派

格鲁派是在澳大利亚建立机构和道场最早的藏传佛教宗派。1974 年，土登益西和土登佐巴在维多利亚州建立"阿底峡中心"（Atisha Centre）和"度母研究所"（Tara Institute）。他们还在昆士兰州成立观音研究所（Chenrezig Institute）。该研究所是西方国家最早出现的藏传佛教机构之一，也是迄今为止最大的组织之一。他们还在南澳大利亚州建立了"佛陀之家"（Buddha House）。这些机构均是大乘佛教传统保护基金会的成员。这些组织和道场除了教授藏传佛教课程外，也举办研讨会以及修行、闭关等活动。

其他道场还有德东林佛教静修中心（De-Tong Ling Buddhist Retreat Centre），它位于澳大利亚第三大岛——袋鼠岛（Kangaroo Isaland）西侧。1988 年，土登佐巴仁波切的两名虔诚的弟子——金波尔·卡迪希（Kimball Cuddihy）和格里格·莱斯（Greg Leith）建起它。该中心占地 1300 英亩，大部分土地是荒地，这里空气清新，流水潺潺，环境宜人，是一处理想的隐修地。1993 年，这座隐修中心的精神导师佐巴仁波切在此带领弟子进行修行活动。1994 年，德东佛教静修中心开始真正发展。这时，越来越多的澳大利亚人对藏传佛教产生兴趣，他们研究佛理并积极修行，于是，佐巴仁波切带领弟子们先建起了一个简易的禅定室。起初，他们的主要资金用在付清购地的余款等方面，后来，他们建起五间隐修室。该道场致力于格鲁派教法的保存、修行和研究。该道场还打算建立觉悟塔（En-

---

① Choedak, Ngawang, *Advent of the Sakyapa Lineage in Australia*, from http：//web. onetel. com/~ msamuel/ausnews. html.

lightenment Stupa）、公共教学大厅、图书馆等诸多配套设施。①

澳大利亚藏传佛教中心（Australian Tibetan Buddhist Centre）的精神导师是尕旺格丹格西（Geshe Ngawang Gedun）。他于1995年来到澳大利亚新南威尔士州北部传法，主要传承宗喀巴的格鲁派教法。他13岁出家，20岁由十四世达赖喇嘛授具足戒。1992年，他获得拉然巴格西学位，不久，他成立这个藏传佛教中心，并于1998年在墨维兰巴（Murwillumbah）建起第一寺院。1999年，他为信徒们首次传戒。后来，他在黄金海岸建起另一座寺院，并多次前往美国弘法。②

五　南传佛教

信奉南传佛教的东南亚各国僧人纷纷来到澳大利亚，他们组建团体，修建寺院，开展各种佛事活动，为东南亚国家的移民提供宗教服务，使南传佛教在澳大利亚得以缓慢地发展。

（一）斯里兰卡佛教

1971年，来自斯里兰卡的僧人索玛洛卡（Venerable Somaloka）移居澳大利亚。1973年，他创立澳大利亚佛教精舍（Australian Buddhist Vihara），它位于新南威尔士州的卡通巴（Katoomba）。

（二）泰国佛教

1973年，两名僧人从泰国来到悉尼，他们是帕里提亚提卡维（Chao Khun Parityatikavi）和康提帕洛（Khantipalo）。最初，他们租房传法，1975年，他们在斯丹莫尔（Stanmore）创立佛陀朗西寺（Wat Buddharangsee），并于当年的卫塞节举行落成典礼。这座寺院很快成为悉尼南传佛教的中心。帕里提亚提卡维常驻该寺，不遗余力地传播佛教。这座寺院很快就显得拥挤。后来，南传佛教信徒们在悉尼南部的卢米（Lumeah）买下一大块地，1988年，又一座典型的泰国寺院——佛陀朗西巴寺（Wat Pa Buddharangsee）得以建成。③

1978年，康提帕洛建立另一座寺院——佛法寺（Wat Buddha Dham-

---

① http：//www. detongling. org/about-us. php.

② http：//www. australiantibetanbuddhistcentre. org. au.

③ Lyall, Graeme, *History of Buddhism in NSW and Current Developments*, http：//www. buddhanet. net/filelib/genbud/ub3 - lyl1. txt.

ma）。

1975 年，康提帕洛来到昆士兰州弘法，该州的佛教发展从此进入一个全新的阶段。康提帕洛召集一批佛教信徒举行会议，他认为，虽然当时成立一个正式的佛教组织的时机并不成熟，但信徒们可以组建一个非正式的小组来活动，并朝这个目标来努力。这个组织后来被非正式地称为"1975 年小组"（Group of ' 75）。该小组不定期地举行聚会，尽管这些信徒们聚会的频率越来越低，但该组织一直存在，信徒们建立一个正式佛教组织的努力一直没有停止。

1977 年，南传佛教联络中心（Theravadin Buddhist Contact Centre）在布里斯班成立。1979 年，"昆士兰佛学会"成立，该机构的目的是研究巴利文佛教经典，并据此修行。该学会还举行各类讲座，宣传佛教，它还建有图书馆、书店，定期出版相关的佛教文献及刊物。

1986 年，在泰裔僧人马欣达法师（Venerable Mahinda，1949—　　）的支持下，澳大利亚佛教传教会（Australian Buddhist Mission）成立。马欣达生于马来西亚，1977—1982 年，他在斯里兰卡、缅甸、泰国等国跟随不同的南传佛教法师学习佛教并修行。1982—1985 年，他在新加坡一座寺院修行。1985 年，马欣达法师首次来到澳大利亚弘法，他举办的多场佛教讲座吸引了很多人。1986 年，他重返澳大利亚，并常驻该国弘法。澳大利亚佛教传教会成立后，马欣达法师以它为基础，从事传播佛教的事业。他的佛教讲座不仅针对佛教团体，听众还包括高等院校的学生、社区团体成员。该组织还积极参加不同信仰之间的对话活动。它还建立佛教青年营（Buddhist Youth Camps），邀请各族群的人参加，目的不仅在于弘传佛法，还在于促进不同族群的团结。弘法活动包括佛教展览、研讨会等多种形式。澳大利亚佛教传教会最初没有固定的道场，马欣达法师经常在信徒家中或者租来的房屋中弘法。1994 年，他在新南威尔士州的皮茨里奇（Peats Ridge）买下一处房产，1999 年，阿洛卡禅定中心（Aloka Meditation Centre）成立，它的出现标志着澳大利亚佛教传教会的发展进入一个新阶段。①

1989 年，在澳大利亚佛教传教会的支持下，泰国僧人阿姜·延特拉·阿马罗（Ajahn Yantra Amaro）来到澳大利亚传法两年。1990 年，伊

---

① http：//www. aloka. info/.

莉莎白·戈尔斯基（Elizabeth Gorski）将她自己在班达农（Bundanoon）的 100 英亩土地捐赠给阿马罗，一座遵循泰国森林僧伽传统的静修中心得以建成，这座道场名为"苏那塔兰森林寺"（Sunnataram Forest Monastery）。①

（三）缅甸佛教

1987 年，一小群缅甸裔移民在悉尼的北帕拉玛塔（North Parramatta）租下一间小房子，作为佛事活动的场所。1988 年 1 月，僧人扎加拉比万萨尊者（Sayadaw U Zagarabhivamsa）来到这里为他们服务。扎加拉比万萨是一名教师和学者，曾经在印度的那烂陀大学教授阿毗达磨和巴利语。1989 年，位于梅里兰兹（Merrylands）的缅甸佛教会（Burmese Buddhist Society）在帕拉玛塔地区买下一座更大的房子。在悉尼的缅甸人大多数是职业人士，属于中产阶级。不过，参加佛事活动的人中也有华裔。

（四）柬埔寨佛教

在波尔布特（Pol Pot, 1928—1998）的红色高棉（Khmer Rouge）统治下以及随后的越南入侵柬埔寨的战乱中，大批柬埔寨人逃到泰国避难。随后他们又逃往西方国家，澳大利亚接受了大批柬埔寨难民。柬埔寨有悠久的佛教传统，难民在抵达澳大利亚之初就迫切需要僧人为他们提供精神上的安慰和帮助。20 世纪 80 年代中期，柬埔寨僧人隆·萨空（Long Sakkhone）来到悉尼并定居。柬埔寨人在悉尼西郊的菲尔菲尔德（Fairfield）租下一幢破旧的小屋作为临时寺院。当时在新南威尔士州政府中负责住房的官员弗兰克·沃尔克尔（Frank Walker）为柬埔寨人批了一块地，它位于波恩尼里格（Bonnyrigg）的一个购物广场附近，柬埔寨人可以在此建一个社区中心和寺院。1990 年 2 月，这个社区中心正式落成，主要建筑有社区会议厅、办公室等。

（五）老挝佛教

1975 年，老挝国内发生动荡，大批老挝人逃离祖国来到泰国。随后，一些老挝人来到澳大利亚。20 世纪 80 年代中期，有老挝僧人来到澳大利亚为该国难民提供精神方面的帮助。老挝社区进步合作社（The Lao Community Advancement Co-operative）在卡布拉玛塔（Cabramatta）买下一幢

---

① Lyall, Graeme, *History of Buddhism in NSW and Current Developments*, http: //www. buddhanet. net/filelib/genbud/ub3 - lyl1. txt.

两层楼的房子作为道场。后来，新南威尔士州政府允许柬埔寨移民在波恩尼里格的一块土地上修建一座寺院和一个社区中心。

六　越南佛教

20 世纪 70 年代，动荡不安的中南半岛局势迫使许多越南人背井离乡。在 70 年代末和 80 年代，许多越南难民来到澳大利亚。1979 年底，一批越南难民聚集在格勒布（Glebe），他们成立"新南威尔士州越南人社"（Vietnamese Society of New South Wales），并开始在斯丹莫尔的佛陀朗西寺进行佛事活动。

1985 年，越南移民在新南威尔士州建起法宝寺（Phap Bao Temple），它位于波恩尼里格。1987 年，越南僧人释普慧（Thich Phuoc Hue）在威瑟里尔公园（Wetherill Park）建起另一座寺院——普慧寺（Phuoc Hue）。释普慧是第一个到澳大利亚弘法的越南裔僧人。

1981 年，在澳大利亚的越南佛教徒成立"越南佛教联合会"。后来，该联合会将总部设在普慧寺。

在澳大利亚影响较大的越南佛教组织还有明月居士林。它在越南原来是一个信奉道教铁拐李的民间组织，后来逐渐转向佛教。1980 年，旅居澳大利亚的越南籍华侨在墨尔本成立维多利亚州佛学明月居士林。到周理性居士担任居士林的负责人期间，明月居士林正统佛教的色彩越来越浓厚。

1993 年，明月居士林特地聘请妙净法师作为导师，定时开设佛学讲座。随着时间的推移，居士林的成员已经达到 1000 多人。明月居士林是一个佛学团体，但它也是华人活动的中心，在墨尔本影响很大。每到周末，汉传佛教徒往往在这里聚会，参加各类佛事活动，如讲经法会等。

妙净法师 1959 年生于福建福安县，1983 年毕业于中国佛学院灵岩山分院，曾任广州光孝寺副监院、丹霞山别传寺监院。1995 年，妙净法师移居澳大利亚，后来，他在墨尔本兜率内院、永福禅寺、南澳大利亚州南海普陀寺、堪培拉护国报恩寺等道场担任住持。

南海普陀寺位于南澳大利亚州首府阿德莱德市远郊 50 多公里处，该寺占地 800 亩，这里原是一片荒地，1996 年，妙净法师将这块土地买下。1998 年，简易的住房和佛堂等设施开始修建，来自福建的几位比丘尼常驻于此。南海普陀寺计划兴建一座大雄宝殿、一座露天观音菩萨像及配套设施。

七　韩国佛教

韩国佛教系统在澳大利亚的发展到 20 世纪末不到 20 年的历史，但是经历了一个非常曲折的过程。

20 世纪 80 年代初，一群韩裔人在新南威尔士州悉尼西郊的萨姆希尔（Summer Hill）成立组织"韩国法身社"（Korean Dharmakaya Society）。1984 年，他们在伊尔伍德（Earlwood）建成一座临时性道场，名为弘法寺（Hong Boep Sa），该寺后来改称"达摩寺"（Dharma Sa）。真祥法师（Jin Sang Sunim）从韩国来到该寺传法，1985 年初，他离开澳大利亚。同年 4 月，藏山法师（Jang San Sunim）来到弘法寺，但是，他与该寺的管理机构关系紧张，10 月，他带着部分追随者离开了该寺。

1985 年 12 月，韩国法身社在萨姆希尔建起一座新的佛教道场——佛光寺（Bul Kwang Sa），住持是藏山法师。1986 年初，他离开澳大利亚回到韩国。

1986 年 10 月，在韩国法身社的资助下，比丘尼贞御法师（Jung O Sunim）来到佛光寺。但是，她与该寺的管理者发生矛盾，并于 1988 年 9 月离开该寺。贞御法师的许多追随者脱离韩国法身社，这些人新建了一座寺院——观音寺（Kwan Eum Sa）。它位于贝尔莫（Belmore），常驻住持是贞御法师。

1988 年 1 月，藏山法师重返佛光寺，并且这次作为常驻法师留下来为韩裔人提供佛教服务。

1989 年，比丘尼慈英法师（Ja Young Sunim）从韩国来到澳大利亚，为韩国法身社的成员们提供佛事服务。当时，在伊尔伍德的道场已经荒废，韩国法身社又在悉尼韩裔人的聚居中心坎普西（Campsie）新建了一座道场。

1989 年，内讧又在佛光寺发生。该寺住持认为，寺院的开支是他和寺院委员会负担的，藏山法师和另一名僧人应该将他们的活动限定在举行佛教仪式上，所有主要事务应该由委员会投票决定。双方的关系非常紧张。藏山法师认为，佛光寺更多的是一个韩国的社会俱乐部，是韩裔人聚会和讨论国内事务的场所，他们对佛教修行并没有真正的兴趣。不久，藏山法师和另一名僧人离开了佛光寺，该寺于是不再有常驻僧人来为韩裔人服务。

韩国佛教团体中的许多人对该国一些僧人在澳大利亚明争暗斗的历史感到羞耻。韩国法身社已经在达摩寺成立新的委员会，它已经开始采取措施，将三座寺院联合起来，并努力弥合过去的分歧。毕竟这些分歧对韩国佛教系统在澳大利亚的发展造成了巨大的损害。① 经过这样的努力，韩国佛教系统在澳大利亚的发展逐渐步入一个较为平稳的态势。

昆士兰禅中心（Queensland Zen Centre）又名大光寺（Dae Kwang Sa），它位于昆士兰州的罗伯逊（Robertson）。该道场是崇山行愿禅师在 1989 年创立的，该寺院提供的修行内容包括：每天的禅定，每月均有隐修活动，为对佛教感兴趣的人开设指导性课程，学生们还要念经、参究公案等。昆士兰禅中心还有两个下属组织：南达禅小组（Nundah Zen Group）和黄金海岸禅小组（Gold Coast Zen Group），前者在布里斯班。②

韩国曹溪宗在澳大利亚的主要寺院是位于悉尼的正法寺（Jongbopsa Temple）。该道场有三个社团：青年小组、韩语班和文化中心，主要为韩裔澳大利亚人提供佛教及文化方面的服务。它还设立了年长者小组、年轻者小组、排球队、合唱队等组织。③ 位于新南威尔士州潘奇波尔（Punch-bowl）的观音寺（Kwan Um Sa Temple）是另一座曹溪宗寺庙。

圆佛教在澳大利亚的主要道场是澳大利亚圆佛教（Won Buddhism of Australia），它位于新南威尔士州的贝尔莫，创立人是该教的创始人朴重彬即少太山（Sotaesan，1891—1943）。

八　汉传佛教

汉传佛教系统在澳大利亚的发展始于 20 世纪 70 年代，这主要是一些居士及个别僧人的活动，他们为汉传佛教在澳大利亚的发展起到了奠基性的作用。20 世纪 90 年代佛光山在澳大利亚的出现使汉传佛教在澳大利亚进入快速发展的态势。

（一）般若寺及藏慧法师的弘法

1972 年 1 月，商人廖英源居士在悉尼成立"澳大利亚中华佛学研究

---

① Lyall, Graeme, *Ethnic Buddhists in Australia* from http：//www. quangduc. com/English/Dharma/EthnicBuddhist. html.

② http：//www. buddhanet. info/wbd/province. php? province_ id = srgjsbvgo&offset = 7200.

③ http：//www. jongbopsa. org. au.

社"（Chinese Buddhist Society of Australia）。1961 年，廖居士来到澳大利亚，他邀请斯里兰卡僧人索玛洛卡在自己家附近的一间车库里主持佛事活动。在另一名华裔商人的帮助下，他在悉尼唐人街交通更方便的迪克森街（Dixon Street）有了一处更大的道场，该道场后来被命名为"般若寺"（Prajna Temple）。1985 年 11 月，般若寺毁于火灾，后来，般若寺的佛教徒在悉尼北郊的霍恩斯比（Hornsby）重建般若寺。1988 年，廖英源居士创立澳大利亚佛教图书馆（Australian Buddhist Library）。

1977 年，藏慧法师从台湾来到澳大利亚，成为第一位定居该国的华人僧侣。1979 年，他在悉尼的雷德芬（Redfern）租住的一间房子里创建华藏寺，后来，这座道场迁移到格里那克尔（Greenacre），随后又搬迁到霍姆布什（Homebush）。藏慧法师在华藏寺不仅进行佛事活动，而且开设了许多课程，包括佛教、化学、汉语、英语、物理、数学等。这些日常课程吸引了很多高中学生，结果他们很多人考上了悉尼的各所大学，并且在毕业后进入各行各业。20 世纪 80 年代起，佛教社团在澳大利亚各高校纷纷成立，华藏寺所起的作用是显而易见的。第一个由高校学生组成的佛教社团是新南威尔士大学佛教社（University of New South Wales Buddhist Society），它是在藏慧法师的帮助下于 1981 年成立的。1982 年，悉尼大学佛教社（Sydney University Buddhist Society，缩写为 UNIBUDS）成立。[①]

（二）佛光山在澳大利亚

在澳大利亚发展最迅速、影响最大的汉传佛教组织当属台湾佛光山。佛光山在澳大利亚的组织有昆士兰协会（BLIA，Queensland）、悉尼协会（BLIA，Sydney）、维多利亚协会（BLIA，Victoria）、维多利亚（非汉语系）协会（BLIA，Victoria［NCS］）、西澳协会（BLIA，Western Australia）和堪培拉（非汉语系）协会（BLIA，Canberra［NCS］）。[②]

佛光山在澳大利亚的道场或寺院有南天寺、南天精舍、南天讲堂、佛光山西澳道场、悉尼佛光缘、北悉尼佛光缘、中天寺、中天精舍、黄金海岸佛光缘、墨尔本佛光山和墨尔本佛光缘。[③]

---

① Lyall, Graeme. *Ethnic Buddhists in Australia* from http：//www. quangduc. com/English/Dharma/EthnicBuddhist. html.

② 佛光山宗务委员会编：《佛光山开山 31 周年年鉴》，台北：佛光文化事业有限公司 1999 年版，第 418—419 页。

③ 同上书，第 522—523 页。

1. 国际佛光会悉尼协会及南天寺、南天精舍、南天讲堂

1988 年，一些旅居悉尼的华侨请求佛光山到澳大利亚建寺、弘法。1990 年，新南威尔士州伍伦贡市（Wollongong）市长阿尔德曼·弗兰克·阿克尔（Alderman Frank Arkell）访问佛光山，随后，佛光山的慈容法师应邀访问伍伦贡市。1990 年，伍伦贡市的市议院投票支持佛光山在该市建寺，并划拨 70 英亩土地给佛光山。1991 年，星云法师率慈容、慈庄等法师来到伍伦贡市，并购买 26 英亩土地，为建寺做准备。星云法师将这座寺院命名为"南天寺"。

筹建南天寺之初，在佛光山寺址附近成立了"南天精舍"，开始弘法活动。不过，由于信徒逐渐增加，精舍越来越显得拥挤。为了解决这一问题，以及便于悉尼市的信徒们进行佛事活动，佛光山又在交通便利的帕拉玛区设立"南天讲堂"。南天讲堂中有佛堂、斋堂、会议室、图书室、教室、客堂、办公室等设备。佛光山还创办"南天中华学校"，华人子弟和澳大利亚人有了一个学习汉语的环境。1991 年 6 月，星云法师到南天讲堂主持佛学讲座，同时，佛光山悉尼协会也举行了成立典礼。

1995 年 10 月，南天寺落成开光，国际佛光会也在这里举办第四届世界会员大会，与会者近 6 万人，盛况空前。澳大利亚总理保罗·基廷（Paul Keating，1944—　　）在贺词中称赞南天寺是南半球第一大佛寺，新南威尔士州州长称赞南天寺是该州最重要的建筑，堪称南半球的天堂。1995 年，南天寺荣获政府颁发的最佳建筑设计、园艺设计等奖，1997 年，它被当地的旅游工会评为旅游重镇。

南天寺建成后，弘法活动如火如荼地开展起来。法师们多次受邀，前往新南威尔士大学、悉尼大学、纽卡斯尔大学等高校，进行佛学演讲、主持禅修等。佛学团体也在这些大学相继成立。南天寺还斥资发行英文佛教小丛书以及用汉语、英语和广东话录制的佛教录音带、中英文刊物《南天通讯》，社会人士都可以免费索取。

2. 国际佛光会昆士兰协会及中天寺、黄金海岸禅净中心

1989 年 11 月，星云法师在伍伦贡市筹建南天寺时，布里斯班的一些佛教信徒邀请他前往该市，星云法师于是前往布里斯班讲说佛法。参加讲座的 70 多名信徒在会后筹备组建佛光山昆士兰协会，星云法师于是让慈庄法师负责在布里斯班筹建寺院的事宜。1989 年 12 月，慈庄法师在布里斯班市与洛根市交界处找到一块山丘地，它原是昆士兰浸信联合会的教堂

建筑用地，面积达 84 英亩，佛光山将它买下作为建寺之地。星云法师将未来的这座寺院命名为"中天寺"。

为了让信徒有修行的场所，佛光山在寺址附近又购买了一幢房子，作为临时传法的地方，名为"中天精舍"。中天寺筹建期间，中天精舍承担了寺院的功能，举办各种佛事活动，而且成立了布里斯班第一所中华学校。

1992 年底，中天寺的主体建筑基本建成。1993 年 10 月，星云法师主持中天寺佛像开光法会，随后又举行三皈五戒典礼，有 20 名新西兰人前来皈依受戒。此外，中天寺还举办各种社会文化公益活动，得到当地社会各界人士的一致肯定。1997 年 2 月，昆士兰州州长丽莲·福德（Leneen Forde，1935—　）女士造访中天寺，赞扬中天寺对昆士兰州的文化、教育、慈善事业做出了突出贡献。

1993 年 3 月，佛光山在布里斯班以南的黄金海岸市成立"黄金海岸禅净中心"，这里风景优美。1994 年，该禅净中心开始扩建工程。1995 年，工程完工，黄金海岸禅净中心成为拥有 20 间房的度假中心。该中心不仅有弘扬佛法、文化交流的功能，更成为休闲胜地。

3. 国际佛光会维多利亚协会及墨尔本佛光山、墨尔本佛光缘

1992 年 4 月，南天讲堂的永东法师与佛光山悉尼协会的一批信徒到墨尔本举办佛学讲座，并打算在当地成立组织。同年 12 月，星云法师应邀来到墨尔本主持佛学讲座以及佛光山维多利亚协会的成立大会，后来，佛光山在墨尔本西区购买一处原天主教女子学院的三层房舍，展开弘法活动。1996 年 10 月，这座名为"墨尔本佛光山"的道场举行开光典礼。同年，一名居士将位于市区的一块场地捐献出来，作为墨尔本市中心信众的集会场所，它被命名为"墨尔本佛光缘"。佛光山维多利亚协会在这里陆续开办共修法会、中华学校、都市佛学院及各种技艺班。

4. 国际佛光会西澳协会/佛光山西澳道场

1993 年 1 月，国际佛光会西澳协会成立。1994 年，协会买下现在佛光山西澳道场的土地，工程建设开始进行。它位于西澳大利亚州首府佩斯，占地 5400 平方米，主要建筑有如来殿、抄经堂、禅堂、五观堂、信徒服务中心、文物陈列馆等。西澳道场还设立慈悲基金会，开展一系列慈善活动。在文化、教育方面，西澳道场创立中文学校，开办儿童中文班、

成人中文班，设立书法、国画、插花、英语等培训班，以及各种研讨会。①

（三）其他

20 世纪 90 年代，中国内地一些重要道场的法师陆续访问澳大利亚，促进了中国与澳大利亚佛教的交流，如上海龙华寺方丈明旸法师、玉佛寺方丈真禅法师及觉醒法师、九华山仁德法师、厦门南普陀寺济群法师、福建莆田广化寺菩提法师等。当然，常驻澳大利亚的内地僧人为澳大利亚汉传佛教的发展所起的作用更加持久。

在悉尼，明善法师（又名善念）住持甘露寺。该寺临街，面积有 1000 多平方米，佛堂不大，但藏书丰富。明善法师为人热情，但处事低调，他是中国内地第一批移民澳大利亚弘法的法师。多年来，除了应邀到各大学作佛学讲座外，他还担任悉尼明月居士林导师，参加华人社区的一些讲经、佛事、慈善活动。

在悉尼弘法的还有证云法师，他是新南威尔士州汉传佛教会会长、悉尼定慧学舍住持。证云法师是江西宁都人，曾任莆田广化寺知客，1995 年移民澳大利亚。他在距离悉尼 200 公里的山上还有一座定慧禅寺，定期举办禅修活动。

此外，莆田广化寺的毅然、善念、般若、戒文、德法法师，北京广济寺的启灯法师等人陆续移民澳大利亚，促进了该国汉传佛教的发展。

除了澳大利亚，大洋洲的主要国家就是新西兰。

1863 年，中国劳工将佛教传入新西兰。但是，由于缺少资料，我们已经无法知道什么时候在新西兰出现了第一个佛教团体。据文献记载，1956 年，新西兰佛教社（The Buddhist Society of New Zealand）成立，它可以视为该国最早的佛教组织。该团体重视佛教的经典、哲学。

进入 20 世纪 70 年代，逐渐有一些僧人来到新西兰。噶玛噶举派僧人噶玛丹津多杰囊加（Karma Tenzin Dorje Namgyal, 1931—2003）于 1973 年、美国临济寺住持佐佐木承周于 1974 年、大乘佛教传统保护基金会的

---

① 佛光山宗务委员会编：《佛光山开山 31 周年年鉴》，台北：佛光文化事业有限公司 1999 年版，第 391 页。

土登益西喇嘛和土登佐巴喇嘛于 1975 年先后来到新西兰传播佛教。①

20 世纪 70 年代，在新西兰传法的僧人还有一些，如达摩查理·阿查拉（Dharmachari Achala）。他是一名生活在新西兰的英国人，1975 年，他在该国的世界佛教团（World Buddhist Order）出家。噶玛桑登嘉措（Karma Samten Gyatso）喇嘛从 1981 年起就是新西兰噶玛噶举信托（New Zealand Karma Kagyu Trust）的常驻法师，他和噶玛谢珠森杰（Karma Shedrup Senge）喇嘛在 1979 年受十六世噶玛巴的指派，来到新西兰弘法。他们两人建立了两个佛教中心。1986 年，泰国森林僧伽派在威灵顿（Wellington）附近建立菩提若那拉玛寺（Bodhinyanarama）。②

1981 年，威灵顿佛教协会（The Wellington Buddhist Association）成立。1990 年，泛佛教协会（Pan Buddhist Association）成立。

金刚僧伽在新西兰的组织名叫"梅泰禅堂"（Maitai Zendo），位于尼尔森市（Nelson），主要传法人是玛丽·杰克斯奇助理教师（Mary Jaksch Sensei）。为了解决由于老师缺乏而给学生修行带来的困难，梅泰禅堂实施了一个"禅宗远程训练"（Zen Distance Training）项目，它包括定期与杰克斯奇的私人会见。进行该项目的修行者每月一次会收到邮寄来的一篇禅宗文章和修行建议，还有大量的阅读材料和一个阅读计划，不过，学生们至少要参加一次由法师主持的闭关，这样，他们会与老师接触更多。这个要求有助于使这种变更了的教学方式与"传统"的日本面对面的问答方式不至于相距太远。③

20 世纪 90 年代，佛光山在新西兰建立了国际佛光会北岛协会（BLIA，North Island）和南岛协会（BLIA，South Island）④，道场主要是新西兰北岛佛光山和南岛佛光山。

---

① Spuler, Michelle, "The Development of Buddhism in Australia and New Zealand." In *Westward Dharma: Buddhism beyond Asia*, edited by Charles S. Prebish and Martin Baumann, p. 140. Berkeley and Los Angeles: University of California Press, 2002.

② Ibid., p. 141.

③ Spuler, Michelle, *Developments in Australian Buddhism: Facets of the Diamond.* London and New York: RoutledgeCurzon, 2003, p. 31.

④ 佛光山宗务委员会编：《佛光山开山 31 周年年鉴》，台北：佛光文化事业有限公司 1999 年版，第 418—419 页。

随着时间的推移，佛教逐渐传播到澳大利亚和新西兰之外的其他大洋洲国家，例如，佛光山在巴布亚新几内亚建立了国际佛光会巴布亚新几内亚协会（BLIA, Papua New Guinea），道场是巴布亚新几内亚文殊精舍。[①]佛教徒还在法属新喀里多尼亚和法属波利尼西亚建立了道场。

第四节　非洲佛教

非洲存在佛教很可能突破了很多人的观念和常识。的确，除了作为发源地的亚洲以及环境险恶、不适宜人类生存的南极洲，在其他五大洲中，佛教在非洲扎根，信徒建立道场，形成一定的规模、带来一定的社会影响已经是 20 世纪的事了。

非洲佛教史中，南非佛教占有举足轻重的作用。在所有非洲国家中，南非最早接触佛教，佛教徒的人数最多，占全国人口的比例也最大。

谈到南非佛教，人们很容易联想到 20 世纪 90 年代，佛光山在南非建立的雄伟的南华寺。从本质上来说，它的出现是佛教在南非几百年逐渐积淀、发展的结果。佛教在南非的历史渊源之长，远远超过了普通人的想象。

一　传说与想象中的佛教

1686 年，一艘葡萄牙船在南非好望角（Cape of Good Hope）触礁，船上的乘客踏上了南非的土地。其中有暹罗国王派往欧洲的使节——三名僧人，这也是佛教徒的脚步首次踏上非洲大陆。可惜的是，已经无人知道他们在南非的具体状况。几个月后，途经这里的一艘船捎上他们去了欧洲。

17、18 世纪，好望角的人们从旅行家们的游记中了解佛教。这些记载往往真伪难辨，异想天开的成分很多。

19 世纪，随着欧洲人在亚洲的殖民活动逐渐深入，他们对佛教的认识更加可靠。好望角出版的文学作品对佛教的记载对错参半。

---

① 佛光山宗务委员会编：《佛光山开山 31 周年年鉴》，台北：佛光文化事业有限公司 1999 年版，第 419、523 页。

二　印度教型的"佛教徒"

20 世纪二三十年代，南非佛教徒的人数出现快速增长的情形，这是卡瓦祖鲁—纳塔尔省（Kwazulu-Natal）的印度教徒改信佛教的结果。1911年，南非首次全国人口统计显示，佛教徒有 394 人；到 1921 年，这个数字达到了 12487 人。印度教徒改信佛教的根本原因不是宗教性的，而是社会性的。他们中的大部分人想通过这种方式，改变自己的低种姓，从而提高社会地位，改善生活质量。学者路易斯·H. 范隆（Louis H. Van Loon）经过调查发现，改信佛教的原印度教徒中只有四分之一的人认为，他们修行的目标是"涅槃"，其他人都认为改信佛教的目的在于提高生活水平。接受范隆调查的所谓"佛教徒"中，没有人相信佛教"三法印"之一的"诸法无我"。30 年代后，南非印度教团体中种姓的重要性下降，佛教徒的人数相应地持续下降，到 70 年代，只有 40 户家庭声称自己信仰佛教。①

虽然由于功利性的目的，印度教徒改信佛教使南非佛教徒的人数一度出现了惊人的增长，但是由于这些人并没有坚定的佛教信仰，因此随着外界环境的变化以及时间的推移，佛教徒数量的下降就是不可避免的。

三　西方化的修行方法及佛教隐修中心

20 世纪 70 年代，上座部佛教、藏传佛教等佛教系统和派别已经传播到南非，以白人佛教徒为核心的一些小型佛教组织出现了。这时，南非佛教的主流是宗派特征不明显的佛教。修行者们按照戈德斯坦和科恩菲尔德所传授的止观法门修行，这种修行方法在很大程度上属于上座部佛教系统，不过删掉了大部分佛教仪式。

在这些佛教组织中，最具代表性的就是佛教隐修中心（Buddhist Retreat Centre），它在 1979 年开始活动，1980 年正式成立，位于伊克索波（Ixopo）附近。在经历了多年的风风雨雨后，它成为南非佛教的一个重镇。佛教隐修中心有上座部佛教的背景，但它从建立之初就遵循了开放、

---

①　Clasquin, Michel, "Buddhism in South Africa." In *Westward Dharma: Buddhism beyond Asia*, edited by Charles S. Prebish and Martin Baumann, pp. 153 – 154. Berkeley and Los Angeles: University of California Press, 2002.

包容的精神。隐修中心的禅定修行与艺术表现、自然觉悟及人际沟通工作联系在一起。其他有上座部佛教背景的组织本质上也支持西方化的止观修行。[①]

20 世纪 70 年代，南非主要佛教组织的特点体现在具有上座部佛教背景、宗派特征不明显、重视止观修行三个方面。

1990 年，佛教隐修中心来了两名上座部法师——基提沙罗（Kittisaro）和萨尼莎拉（Thanissara）。她们每年会在该中心常驻至少半年。

四　亲近亚洲佛教传统的组织

20 世纪 80 年代末，南非佛教又出现了新的状况。受西方自由主义文化的影响，南非佛教界开始注重与亚洲的联系。寺院与亚洲佛教组织及道场逐渐建立、加强了联系。

1982 年，达摩中心（Dharma Centre）在西索莫塞特（Somerset West）建立，它的创始人之一——西拉·道尼（Heila Downey）是卡普勒的学生。不过，达摩中心却并未成为纽约罗彻斯特禅中心的分支机构。1987 年前后，达摩中心开始引入禅宗的一些仪式，不过其规模被限制在最低的程度。但是到 1989 年，达摩中心成为崇山行愿禅师的韩国国际性禅宗组织——观音派的下属组织。在一两年中，达摩中心的修行活动有了大的变化，信徒们磕头和念经的数量增加，时间延长，初步的寺规也制定出来。后来，达摩中心搬迁到了罗伯特森（Robertson）。[②]

在藏传佛教中，噶举派在南非的历史最悠久。1969 年，藏族友谊小组（Tibetan Friendship Group）成立。在随后的十年中，噶举派组织在南非的主要城市出现，它们最初与上座部佛教和禅宗组织保持着密切的联系，法师与信徒在上述组织中自由来往。1982 年，藏族友谊小组建立了一个禅定中心，位于涅乌贝瑟斯达（Nieu Bethesda）。从 20 世纪 80 年代中期起，藏传佛教尤其是噶举派的教法逐渐成为藏族友谊小组的首要修行内容。

---

① Clasquin, Michel, "Buddhism in South Africa. " In *Westward Dharma*: *Buddhism beyond A-sia*, edited by Charles S. Prebish and Martin Baumann, p. 155. Berkeley and Los Angeles: University of California Press, 2002.

② Ibid. , p. 156.

1988 年，南非藏传密宗的创始人之一——若布·内尔恩（Rob Nairn）前往苏格兰闭关四年，该禅定中心逐渐萧条。1992 年，内尔恩回来时，该禅定中心已经被出售。噶举派的发展主要在阿贡仁波切的指导下进行。南非噶举派组织与苏格兰的桑耶林联系密切，那里的僧人定期前来进行指导。①

1997 年，一座传统的缅甸修行中心在皮特马里兹伯格（Pietermaritzburg）建成，法师们主要为当地的缅甸移民服务。不过，住持达摩拉基塔（Dhammarakkhita）努力将卡瓦祖鲁—纳塔尔省的佛教团体联合起来，并取得了很大的进展。②

五　佛光山在南非

20 世纪 90 年代，在南非弘扬佛法取得令人瞩目成就的当属佛光山。到 90 年代末，佛光山在南非的组织有国际佛光会纽卡斯尔协会（BLIA，New Castle）、布隆方登协会（BLIA，Bloemfontein）、开普敦协会（BLIA，Cape Town）、德班协会（BLIA，Durban）、比勒陀利亚协会（BLIA，Pretoria）、约翰内斯堡协会（BLIA，Johannesburg）和约翰内斯堡（非汉语系）协会（BLIA，Johannesburg［NCS］）。

佛光山在南非建立的道场有佛光山南华寺、约翰内斯堡讲堂、德班禅净中心、纽卡斯尔禅净中心、布隆方登禅净中心和开普敦讲堂。

1991 年 1 月，星云法师派遣当时任台湾高雄普贤寺住持的依来法师来到南非了解情况，为佛光山在南非弘法做准备。1992 年 1 月，依来法师再次来到南非，与当地华侨座谈，并举办佛学讲座。

1992 年 6 月，依来法师等人又来到南非，当地华侨决定就近寻找房屋，邀请佛光山的法师前来住持。此时，布隆霍斯特市议长汉尼·辛尼拉尔（Hennie Seneral）等人代表市政府来到佛光山，赠给佛光山 6 公顷（后来增加到 12 公顷）土地用来建寺弘法。星云法师将这座即将建成的寺院取名为"南华寺"。南华寺距离南非行政首都比勒陀利亚 50 公里。

---

① Clasquin, Michel, "Buddhism in South Africa." In *Westward Dharma: Buddhism beyond Asia*, edited by Charles S. Prebish and Martin Baumann, p. 156. Berkeley and Los Angeles: University of California Press, 2002, pp. 156 – 157.

② Ibid. , p. 155.

1992 年 3 月，慧礼法师来到布隆霍斯特筹建建寺，为此，他克服重重困难，精进不懈。在工程进行中，慧礼法师还举办禅坐修持、佛学讲座、义工训练、青少年营等活动。慧礼法师还前往刚果等中非国家弘法。不久，依来法师也带领满穆法师等人来到南非。

1992 年 11 月，慧礼法师与依来法师组团到南部非洲各国巡回弘法，为期 10 天，路程达 6000 公里，共走过七个城市及莱索托王国，主持数十场念佛共修会、座谈会、家庭普照、工厂普照等弘法活动，受到华侨的热烈欢迎。

1993 年春节，佛光山在非洲的第一座道场——纽卡斯尔禅净中心正式成立，由依来法师担任住持。不久，布隆方登禅净中心及布隆方登佛光会筹备会相继成立。

1993 年 7 月，一对居士夫妇捐屋给佛光山，约翰内斯堡讲堂成立。9 月，国际佛光会中华总会秘书长慈容法师来到南非，为约翰内斯堡、比勒陀利亚、布隆方登、纽卡斯尔、德班五个佛光协会主持成立大会。此后，它们在南非各地展开多种慈善及社教活动，备受瞩目，广为称道。

1993 年 10 月，南华寺举行开工典礼。

1994 年，开普敦禅净中心成立。

1994 年 8 月，德班的一名居士捐出自己的房屋，德班禅净中心成立。

1996 年 4 月，南华寺第一期工程普贤殿及信徒会馆完成。到 1999 年，建好的建筑还有临时佛堂、文殊院、甘露园等。

佛光山在非洲的教育事业主要涉及僧伽教育。佛光山丛林学院之下有专修学部，专修学部之下有一个非洲佛学院。上述文殊院就是非洲佛学院，包括教学区和宿舍区，目前有非洲本土的学僧 80 人就学。它对佛教在非洲的传播和发展将产生重要的影响。①

佛光山以南非佛教组织和道场为基地，逐步将佛教传播到非洲其他国家。到 20 世纪末，佛光山已经在南非之外的多个非洲国家建立了组织。

莱索托和斯威士兰是南非境内的两个小国，佛光山成立了国际佛光会莱索托协会（BLIA, Lesotho）和国际佛光会斯威士兰协会（BLIA, Swaziland），在莱索托还建立了道场——莱索托妙觉佛堂。

---

① 佛光山宗务委员会编：《佛光山开山 31 周年年鉴》，台北：佛光文化事业有限公司 1999 年版，第 230、392、420、522 页。

　　佛光山在刚果的组织是国际佛光会刚果（非汉语系）协会（BLIA, Congo［NCS］）。该组织的发起人是五名刚果人，分别是戈凡巴（Govamba）、热内（Rene）、比库阿（Bikoua）、奥科格纳（Okogna）和基曼古（Kimangou）。1993 年 10 月国际佛光会在台北举行第二届世界会员大会时，他们作为刚果代表出席。会后，他们留在佛光山正式受持三皈五戒，研习大乘佛教。回国后，他们组建了国际佛光会刚果协会。

　　佛光山在坦桑尼亚建立了组织——国际佛光会坦桑尼亚（非汉语系）协会（BLIA, Tanzania［NCS］）。[①]

　　佛光山还在马里建立了阿弥陀佛关怀中心——佛教孤儿院（Amitofo Care Centre-Buddhist orphanage），它隶属南非的南华寺。

　　进入 21 世纪，佛教传播到了其他更多的非洲国家，包括博茨瓦纳、津巴布韦、肯尼亚、乌干达、喀麦隆、加纳、科特迪瓦、布基纳法索、摩洛哥等。

---

　　① 佛光山宗务委员会编：《佛光山开山 31 周年年鉴》，台北：佛光文化事业有限公司 1999 年版，第 420 页。

主要参考文献

一 中文资料

《般若波罗蜜多心经》，（唐）玄奘译，《大正藏》第 8 册，台北：新文丰
　　出版股份有限公司 1983 年版。

［古印度］护法等：《成唯识论》，（唐）玄奘译，《大正藏》第 31 册，台
　　北：新文丰出版股份有限公司 1983 年版。

《金刚般若波罗蜜经》，（姚秦）鸠摩罗什译，《大正藏》第 8 册，台北：
　　新文丰出版股份有限公司 1983 年版。

《那先比丘经》，失译，《大正藏》第 32 册，台北：新文丰出版股份有限
　　公司 1983 年版。

（东晋）沙门释法显：《法显传校注·浮海东还》，章巽校注，中华书局
　　2008 年版。

（北齐）魏收：《魏书·释老志》卷一百一十四，第八册，中华书局 1974
　　年版。

（唐）姚思廉：《梁书·诸夷·东夷》卷五十四，第三册，中华书局 1973
　　年版。

（宋）廓庵师远：《住鼎州梁山廓庵和尚十牛图颂并序》，《大藏新纂卍续
　　藏经》第 64 卷，台北：白马精舍印经会恭印。

（清）贡珠·云丹嘉措：《蒋扬钦哲旺波大师传》，张炜明译，宗教文化出
　　版社 2009 年版。

潮龙起：《美国华人史（1848—1949）》，山东画报出版社 2010 年版。

陈波：《爱默生》，台北：东大图书股份有限公司 1999 年版。

陈翰笙主编：《华工出国史料汇编》第七辑，中华书局 1984 年版。

陈君华：《深渊与巅峰——论尼采的永恒轮回说》，上海人民出版社 2004

年版。

陈庆英主编:《藏族历史宗教研究》第一辑,中国藏学出版社1996年版。

陈依范:《美国华人史》,世界知识出版社1987年版。

陈勇:《华人的旧金山》,北京大学出版社2009年版。

陈元音:《禅与美国文学》,台北:东大图书股份有限公司1997年版。

陈志良:《中国人最早移殖美洲说》,《说文月刊》社主编《说文月刊》第一卷(下),香港:明石文化国际出版有限公司2004年版。

邓建新:《转瞬即逝的莲花:杰克·凯鲁亚克与佛教》,中国社会科学出版社2013年版。

杜继文主编:《佛教史》,江苏人民出版社2006年版。

董小川:《现代欧美国家宗教多元化的历史与现实》,上海三联书店2008年版。

佛光山宗务委员会编:《佛光山开山31周年年鉴》,台北:佛光文化事业有限公司1999年版。

高鉴国:《加拿大文化与现代化》,辽海出版社1999年版。

黄陵渝:《法国的佛教研究》,《法音》1994年第4期。

黄维忠:《佛光西渐:藏传佛教大趋势》,青海人民出版社1997年版。

金重远:《20世纪的法兰西》,复旦大学出版社2004年版。

姜芃主编:《加拿大文明》,中国社会科学出版社2001年版。

乐峰主编:《俄国宗教史》,社会科学文献出版社2008年版。

李顺春:《美国"垮掉的一代"与东方佛禅文化》,四川大学出版社2011年版。

李四龙:《欧美佛教学术史——西方的佛教形象与学术源流》,北京大学出版社2009年版。

李岳勋:《禅的牧牛图》,载张曼涛主编《现代佛教学术丛刊》第12册,《禅宗典籍研究》,台北:大乘文化出版社1977年版。

连云山:《谁先到达美洲》,中国社会科学出版社1992年版。

莲华生:《西藏度亡经》,徐进夫译,宗教文化出版社2003年版。

梁茂信:《美国移民政策研究》,东北师范大学出版社1996年版。

梁启超:《梁启超全集·新大陆游记》第二册,北京出版社1999年版。

梁漱溟:《东西文化及其哲学》,商务印书馆2010年版。

廖祖桂主编:《中国藏学研究中心藏学论文选集(1986—1996)》,上、下册，中国藏学出版社 1996 年版。

刘伯骥：《美国华侨史》，台北："行政院侨务委员会" 1976 年版。

刘绪贻、杨生茂主编：《美国通史》（6 卷本），人民出版社 2008 年版。

刘毅：《悟化的生命哲学——日本禅宗》，辽宁大学出版社 1994 年版。

罗荣渠：《中国人发现美洲之谜——中国人与美洲历史联系论集》，重庆
　　出版社 1988 年版。

马南邨：《燕山夜话》，北京出版社 1979 年版。

聂云：《20 世纪 70 年代以来美国华裔宗教信仰探析》，硕士学位论文，东
　　北师范大学，2009 年。

钱乘旦、许洁明：《大国通史·英国通史》，上海社会科学院出版社 2007
　　年版。

圣严法师：《美国佛教的源流》，《法鼓全集》第二辑，台北：法鼓文化事
　　业股份有限公司 1999 年版。

圣严法师、[美] 丹·史蒂文森：《牛的印迹：禅修与开悟之路》，凤凰出
　　版传媒集团、译林出版社 2011 年版。

释东初：《中国佛教近代史》，上、下册，台北：东初出版社 1984 年版。

释果毅总编辑：《法鼓山年鉴·1989—2001（总论)》，台北：法鼓山佛教
　　基金会 2005 年版。

释太虚：《太虚大师全书》第三十一卷，宗教文化出版社、全国图书馆文
　　献缩微复制中心 2005 年版。

世界显密佛学会议筹备委员会编辑：《世界显密佛学会议实录》，高雄：
　　佛光出版社 1988 年版。

索甲仁波切：《西藏生死书》，郑振煌译，台北：张老师文化事业股份有
　　限公司 2007 年版。

汤用彤：《汤用彤全集》第七卷，河北人民出版社 2000 年版。

王恩铭：《美国反正统文化运动：嬉皮士文化研究》，北京大学出版社
　　2008 年版。

王森：《西藏佛教发展史略》，中国社会科学出版社 1997 年版。

文楚安：《"垮掉一代"及其他》，江西教育出版社 2010 年版。

吴琦幸：《淘金路上》，上海古籍出版社 2003 年版。

伍昆明：《早期传教士进藏活动史》，中国藏学出版社 1992 年版。

萧德荣、周定国主编：《21 世纪世界地名录》，第 3 册，现代出版社 2001

年版。

星云大师监修、慈怡法师主编：《世界佛教史年表》，高雄：佛光文化事业有限公司 2005 年版。

杨曾文主编：《当代佛教》，东方出版社 1993 年版。

杨曾文：《日本佛教史》，人民出版社 2008 年版。

于凌波：《美加华人社会佛教发展史》，台北：新文丰出版股份有限公司 1996 年版。

张国庆：《"垮掉的一代"与中国当代文学》，武汉大学出版社 2006 年版。

张曼涛主编：《现代佛教学术丛刊》第 84 册《欧美佛教之发展》，台北：大乘文化出版社 1978 年版。

章太炎：《法显发现西半球说》，《章太炎全集》第四册，上海人民出版社 1985 年版。

郑金德：《欧美的佛教》，台北：天华出版事业股份有限公司 1984 年版。

郑金德：《现代西藏佛教》，高雄：佛光出版社 1991 年版。

中国大百科全书出版社《不列颠百科全书》国际中文版编辑部编辑：《不列颠百科全书》，第 20 册，中国大百科全书出版社 2007 年版。

钟玲：《史耐德与中国文化》，首都师范大学出版社 2006 年版。

钟玲：《中国禅与美国文学》，首都师范大学出版社 2009 年版。

周裕锴：《中国禅宗与诗歌》，上海人民出版社 1992 年版。

朱谦之：《朱谦之文集》第七卷，福建教育出版社 2002 年版。

庄锡昌：《二十世纪的美国文化》，浙江人民出版社 1993 年版。

［波兰］亨利克·显克维支：《加利福尼亚的华人》，载张振辉编选《显克维支精选集》，山东文艺出版社 1997 年版。

［德］尼采：《反基督》，陈君华译，河北教育出版社 2003 年版。

［德］尼采：《尼采著作全集，第 12 卷，1885—1887 年遗稿》（《权力意志》），孙周兴译，商务印书馆 2010 年版。

［德］叔本华：《叔本华论说文集》，范进等译，商务印书馆 1999 年版。

［德］叔本华：《作为意志和表象的世界》，石冲白译，商务印书馆 1982 年版。

［俄］舍尔巴茨基：《大乘佛学》，立人译，中国社会科学出版社 1994 年版。

［法］戴密微：《吐蕃僧诤记》，耿昇译，甘肃人民出版社 1984 年版。

［法］古伯察：《鞑靼西藏旅行记》，耿昇译，中国藏学出版社 2006 年版。

［法］让—皮埃尔·里乌、让—弗朗索瓦·西里内利主编：《法国文化史》，第 4 卷，杨剑等译，华东师范大学出版社 2006 年版。

［法］谢和耐：《蒙元入侵前夜的中国日常生活》，刘东译，北京大学出版社 2008 年版。

［法］谢和耐：《中国社会史》，耿昇译，江苏人民出版社 1995 年版。

［法］谢和耐：《中国五—十世纪的寺院经济》，耿升译，甘肃人民出版社 1987 年版。

［法］谢和耐、戴密微等：《明清间耶稣会士入华与中西汇通》，耿昇译，东方出版社 2011 年版。

［法］雅克·巴科：《藏传佛教的发展》，耿昇译，西藏人民出版社 1990 年版。

［法］亚历山德莉娅·大卫 – 妮尔：《一个巴黎女子的拉萨历险记》，耿昇译，东方出版社 2002 年版。

［法］释一行：《太阳，我的心》，周和君译，线装书局 2013 年版。

［法］一行禅师：《步入解脱》，明洁、明尧等译，宗教文化出版社 2003 年版。

［法］一行禅师：《佛之心法》，明洁、明尧译，宗教文化出版社 2003 年版。

［法］一行禅师：《活得安详》，明洁、明尧译，海南出版社 2011 年版。

［法］一行禅师：《一行禅师佛学讲演录》，明洁、明尧译，中国国际广播出版社 1999 年版。

［法］一行禅师：《一行禅师释佛》，中国长安出版社 2005 年版。

［法］一行禅师：《一行禅师说慈悲喜舍》，郑维仪译，台北：立绪文化事业有限公司 2011 年版。

［法］一行禅师：《一行禅师文集》，宗教文化出版社 2003 年版。

［法］一行禅师：《正念的奇迹》，丘丽君译，中央编译出版社 2010 年版。

［荷］狄雍：《欧美佛学研究小史》，载霍韬晦译、蓝吉富主编《世界佛学名著译丛》第 71 册，台北：华宇出版社 1985 年版。

［荷］希勒格：《中国史乘中未详诸国考证》，冯承钧译，台北：台湾商务印书馆 1962 年版。

［美］爱默生：《爱默生集》，范圣宇主编，花城出版社 2008 年版。

［美］爱默生：《爱默生集：论文与讲演录》，［美］吉欧·波尔泰编，赵一凡等译，生活·读书·新知三联书店1993年版。

［美］爱默生：《爱默生散文选》，蒲隆译，凤凰出版传媒集团、译林出版社2008年版。

［美］爱默生：《爱默生文选》，［美］范道伦编选，张爱玲译，生活·读书·新知三联书店1986年版。

［美］戴维·斯泰格沃德：《六十年代与现代美国的终结》，周朗、新港译，商务印书馆2002年版。

［美］法界佛教大学佛经翻译委员会：《宣化上人事迹》，高雄：智慧之源出版社1993年版。

［美］法界佛教大学译经院：《万佛城日诵仪规》，塔尔马基：中美佛教总会万佛城译经院1985年版。

［美］E. 弗洛姆等：《禅与西方世界》，徐进夫等译，北方文艺出版社1988年版。

［美］恒实、恒朝：《佛教精进者的日记（一）》，［美］恒道译，塔尔马基：中美佛教总会法界大学1981年版。

［美］恒实、恒朝：《修行者的消息》，［美］恒道译，塔尔马基：中美佛教总会法界大学1980年版。

［美］惠特曼：《草叶集》，上、下册，李野光译，燕山出版社2003年版。

［美］惠特曼：《草叶集》，上、下册，赵萝蕤译，重庆出版社2008年版。

［美］惠特曼：《怪人日记》，张炽恒、高效云译，上海文化出版社2001年版。

［美］艾伦·金斯伯格：《金斯伯格诗选》，文楚安译，四川文艺出版社2000年版。

［美］艾伦·金斯伯格：《嚎叫》，文楚安译，四川文艺出版社2001年版。

［美］保罗·卡卢斯：《佛陀的福音》，陈晓嫚译，新世界出版社2010年版。

［美］卡普乐：《禅：西方的文明》，徐进夫译，台北：志文出版社1985年版。

［美］菲利普·开普鲁：《生命的智慧》，杜默译，台北：双月书屋公司1998年版。

［美］杰克·凯鲁亚克：《巴黎之悟》，艾黎译，上海译文出版社2010

年版。

[美] 杰克·凯鲁亚克:《达摩流浪者》,梁永安译,上海世纪出版股份有限公司译文出版社 2008 年版。

[美] 杰克·凯鲁亚克:《孤独旅者》,赵元译,重庆出版社 2007 年版。

[美] 杰克·凯鲁亚克:《孤独天使》,娅子译,重庆出版社 2008 年版。

[美] 杰克·凯鲁亚克:《垮掉的一代》,金绍禹译,上海译文出版社 2007 年版。

[美] 杰克·凯鲁亚克:《在路上》,王永年译,上海世纪出版股份有限公司译文出版社 2006 年版。

[美] 杰克·凯鲁亚克:《在路上》,文楚安译,漓江出版社 1998 年版。

[美] 杰克·康菲尔德:《初学者的冥想书》,唐唐译,天津人民出版社 2014 年版。

[美] 杰克·康菲尔德:《当代南传佛教大师》,新雨编译群译,新店:圆明出版社 1997 年版。

[美] 杰克·康菲尔德:《狂喜之后》,周和君译,云南人民出版社 2008 年版。

[美] 杰克·康菲尔德:《踏上心灵幽径》,易之新等译,深圳报业集团出版社 2009 年版。

[美] 杰克·康菲尔德:《原谅的禅修》,橡树林翻译小组译,台北:橡树林文化 2005 年版。

[美] 杰克·康菲尔德:《智慧的心》,周和君译,台北:张老师文化事业股份有限公司 2010 年版。

[美] 富兰克林·德·罗斯福:《罗斯福选集》,关在汉编译,商务印书馆 1982 年版。

[美] 麦美玲、迟进之:《金山路漫漫》,崔树芝译,新华出版社 1987 年版。

[美] 比尔·摩根编:《金斯伯格文选》,文楚安译,四川文艺出版社 2005 年版。

[美] 雪伦·萨尔兹堡:《不要绑架自己》,郭家琪译,台北:橡树林文化 2003 年版。

[美] 莎朗·莎字伯格:《冥想的力量》,董智颖等译,电子工业出版社 2013 年版。

［美］梭罗：《河上一周》，宇玲译，北方文艺出版社 2009 年版。

［美］梭罗：《缅因森林》，武亚杰译，北方文艺出版社 2009 年版。

［美］梭罗：《梭罗日记》，朱子仪译，北京出版集团十月文艺出版社 2005 年版。

［美］梭罗：《瓦尔登湖》，王光林译，长江文艺出版社 2005 年版。

［美］梭罗：《瓦尔登湖》，徐庆龄译，中国国际广播出版社 2008 年版。

［美］梭罗：《心灵漫步》，孙达译，北方文艺出版社 2009 年版。

［美］亚历山大·塞克斯顿：《十九世纪华工在美国筑路的功绩和牺牲》，彭家礼译，《世界历史译丛》1979 年第 4 期。

［日］阿部正雄：《禅与西方思想》，王雷泉、张汝伦译，上海译文出版社 1989 年版。

［日］铃木大拙：《禅风禅骨》，耿仁秋译，中国青年出版社 1989 年版。

［日］铃木大拙：《禅天禅地》，徐进夫译，台北：志文出版社 1981 年版。

［日］铃木大拙：《禅学入门》，谢思炜译，生活·读书·新知三联书店 1988 年版。

［日］铃木大拙：《禅学随笔》，孟祥森译，香港：国泰出版社 1988 年版。

［日］铃木大拙：《禅与生活》，刘大悲译，光明日报出版社 1988 年版。

［日］铃木大拙：《禅与艺术》，徐进夫译，北方文艺出版社 1988 年版。

［日］铃木大拙：《禅者的思索》，未也译，中国青年出版社 1989 年版。

［日］铃木大拙、［美］E. 弗洛姆、R. 德马蒂诺：《禅宗与精神分析》，洪修平译，辽宁教育出版社 1988 年版。

［日］铃木俊隆：《禅的真义》，蔡雅琴译，海南出版社 2009 年版。

［日］铃木俊隆：《禅者的初心》，梁永安译，海南出版社 2012 年版。

［日］秋月龙珉：《铃木大拙的生平与思想》，邱祖明译，台北：天华出版事业股份有限公司 1979 年版。

［日］秋月龙珉：《铃木大拙的言谈与思想》，台北：开朗出版社 1985 年版。

［日］鹰谷俊之等：《东西佛教名人传》，载蓝吉富主编《世界佛学名著译丛》第 85 册，台北：华宇出版社 1984 年版。

［日］则武英敏：《国外藏传佛教研究简介》，中央民族学院藏学研究所编：《藏学研究》，中央民族学院出版社 1993 年版。

［斯里兰卡］波尔波罗·罗睺罗：《原始佛经选要》，梁国雄译，香港：宣

隆内观禅修会有限公司 2007 年版。

［斯里兰卡］威廉·派利斯：《西洋佛教学者传》，载梅迺文译、蓝吉富主编《世界佛学名著译丛》第 84 册，台北：华宇出版社 1986 年版。

［泰］阿姜·查等：《阿姜查的内观禅修开示》，果儒译，台北：大千出版社 2008 年版。

［泰］阿姜·查：《无常》，保罗·布里特英文编译，赖隆彦译，深圳报业集团出版社 2008 年版。

［泰］阿姜·查等：《这个世界的真相》，果儒译，南方出版社 2010 年版。

［新加坡］陈国贲：《烟与火：蒙特利尔的华人》，王业龙、王毅译，北京大学出版社 1996 年版。

［意］利玛窦、金尼阁：《利玛窦中国札记》，何高济、王遵仲、李申译，中华书局 1983 年版。

［意］马可·波罗：《马可波罗行纪》，冯承钧译，世纪出版集团上海书店出版社 2006 年版。

［意］图齐：《梵天佛地》，魏正中、萨尔吉主编，上海古籍出版社 2009 年版。

［意］图齐：《中国西藏和蒙古的宗教》，耿昇译，《新编世界佛学名著译丛》第 131 册，中国书店 2010 年版。

［印度］雷蒙·潘尼卡：《对话经：诸宗教的相遇》，王志成译，四川人民出版社 2008 年版。

［英］布列斯：《禅与英国文学》，徐进夫译，台北：幼狮文化事业公司 1988 年版。

［英］查尔斯·埃利奥特：《印度教与佛教史纲》第一卷，李荣熙译，商务印书馆 1982 年版。

［英］托马斯·卡莱尔、［美］拉尔夫·沃尔多·爱默生：《卡莱尔、爱默生通信集》，李静滢、纪云霞、王福祥译，广西师范大学出版社 2008 年版。

［英］孔兹：《佛教的本质及其发展》，胡国坚译，台北：华宇出版社 1986 年版。

［英］维琪·麦肯基：《少年耶喜喇嘛》，叶文可译，台北：跃升文化事业有限公司 1993 年版。

［英］维琪·麦肯基：《西方的莲花》，叶文可译，台北：跃升文化事业有

限公司 2006 年版。

［英］维琪·麦肯基：《雪洞：丹津·葩默悟道历程》，叶文可译，台北：跃升文化事业有限公司 2001 年版。

［英］维琪·麦肯基：《转世：西方小活佛宇色仁波切神秘轮回之谜》，叶文可译，台北：跃升文化事业有限公司 2000 年版。

［英］麦克斯·缪勒：《宗教学导论》，陈观胜、李培荣译，上海人民出版社 2010 年版。

［英］渥德尔：《印度佛教史》，王世安译，商务印书馆 1987 年版。

［英］丹津·葩默：《心门》，王振威译，台北：跃升文化事业有限公司 2001 年版。

［英］吉尔·法瑞—霍尔斯：《女性宁静的变革》，周和君译，台北：法鼓文化事业股份有限公司 2005 年版。

二　外文资料

Abe, Masao, *Zen and Western Thought*. London and Basingstoke: The Macmillan Press Ltd. , 1985.

Aitken, Robert, *Miniatures of A Zen Master*. Berkeley. California: Counterpoint, 2008.

Almond, Philip C. , *The British Discovery of Buddhism*. Cambridge: Cambridge University Press, 1988.

Arnold, Edwin, *India Revisited*. London: Trubner & Co. , 1888.

——*Pearls of the Faith*, or, *Islam's Rosary*. New York: John B. Alden, 1883.

——*Seas and Lands*. New York: Longmans, Green & Co. , 1892.

——*The Light of Asia*, or, *The Great Renunciation* (*Mahabhinishkramana*). New Delhi: Asian Educational Services, 1999.

Arnold, Edwin. (trans.), *Indian Poetry*. London: Routledge, 1886.

Atkinson, Brooks, "Introduction" to *Walden and Other Writings of Henry David Thoreau*. New York: Random House.

Bacot, Jacques, *Grammaire du tibétain littéraire*, . Paris: Librairie dAmérique et dOrient, 1946 – 1948.

——*Introduction à l'histoire du Tibet*. Paris: Société Asiatique, 1962.

——*Le Tibet révolté*. Paris: Editions Raymond Charbaud, 1988.

Barth, Gunther, *Bitter Strength: A History of the Chinese in the United States 1850 – 1870*. Cambridge, Massachusetts: Harvard University Press, 1964.

Batchelor, Stephen, *The Awakening of the West: The Encounter of Buddhism and Western Culture*. Berkeley, California: Parallax Press, 1994.

Baumann, Martin, "Buddhism in Switzerland". From http://www. globalbuddhism. org/1/baumann001. html.

Beckh, Hermann, *Buddhismus*. Berlin and Leipzig: Walter de Gruyter & Co. , 1928.

Bell, Sandra, *Buddhism in Britain-Development and Adaptation*. Unpublished PhD thesis, University of Durham, 1991.

Berkwitz, Stephen C. (ed.), *Buddhism in World Culture: Comparative Perspectives*. Santa Barbara, California: ABC-CLIO, Inc. , 2006.

Bishop, Peter, *Dreams of Power: Tibetan Buddhism and the Western Imagination*. London: The Athlone Press, 1993.

Blavatsky, Helena Petrova, *Encyclopaedia of the Synthesis of Science, Philosophy and Religion*. Delhi: Bharatiya Kala Prakashan, 2006.

——*Isis Unveiled*. Los Angeles, California: Theosophy Company, 1931.

Bluck, Robert, *British Buddhism: Teachings, Practice and Development*. London and New York: Routledge, 2006.

Blyth, Reginald Horace, *Zen in English Literature and Oriental Classics*. Tokyo: Hokuseido Press, 1948.

Bode, Carl, *Editor's Introduction to Thoreau*. New York: The Viking Press, 1947.

Borup, Jørn, "Buddhism in Denmark". From http://www. globalbuddhism. org/9/borup08. htm.

Boucher, Sandy, *Turning the Wheel: American Women Creating the New Buddhism*. Updated and expanded edtion. Boston: Beacon Press, 1993.

Burnouf, Eugene, *Introduction à l'histoire du buddhisme indien*. Paris: Imprimerie Royale, 1844.

Cadge, Wendy, *Heartwood: The First Generation of Theravada Buddhism in America*. Chicago and London: The University of Chicago Press, 2005.

Cadge, Wendy, and Sidhorn Sangdhanoo, "Thai Buddhism in America: An Historical and Contemporary Overview. "*Contemporary Buddhism* 6, No. 1 (2005).

Carus, Paul, *The Gospel of Buddha according to Old Records.* Chicago: Open Court Publishing Co. ,1895.

Chadwick, David, *Crooked Cucumber: The Life and Zen Teaching of Shunryu Suzuki.* New York: Broadway Books,1999.

Charters, Ann, *Kerouac.* New York: St. Martin's Press,1994.

Cheah, Joseph. *Race and Religion in American Buddhism: White Supremacy and Immigrant Adaptation.* New York: Oxford University Press,2011.

Choedak, Ngawang, "Advent of the Sakyapa Lineage in Australia". From http://web. onetel. com/ ~ msamuel/ausnews. html.

Clarke, J. J. , *Oriental Enlightenment: The Encounter between Asian and Western Thought.* London and New York: Routledge,1997.

Clifford, Patricia Hart, *Sitting Still.* Mahwah, New Jersey: Paulist Press,1994.

Coleman, James William, *The New Buddhism: The Western Transformation of an Ancient Tradition.* New York: Oxford University Press, Inc. ,2001.

Conze, Edward, *A Short History of Buddhism.* London: George Allen & Unwin Ltd. ,1980.

——*Buddhism: Its Essences and Development.* New York: Philosophical Library, 1951.

——*Buddhist Meditation.* London: Routledge,2009.

——*Buddhist Scriptures.* Harmondsworth, Middlesex: Penguin Books Ltd. ,1959.

——*Buddhist Thought in India: Three Phases of Buddhist Philosophy.* London: Allen and Unwin,1962.

——*Buddhist Wisdom Books.* London: Allen and Unwin,1958.

——*The Prajnaparamita Literature.* The Hague: Mouton,1960.

Conze, Edward, I. B. Horner, D. Snellgrove and A. Waley. (trans. &eds.) *Buddhist Texts through the Ages.* New York: Philosophical Library,1954.

Cook, Bruce, *The Beat Generation.* New York: Charles Scribner's Sons,1971.

Croucher, Paul, *Buddhism in Australia: 1848 – 1988.* Kensington NSW Australia: New South Wales University Press,1989.

David-Neel, Alexandra, *Initiations lamaïques.* Paris: Adyar,1985.

——*La lampe de sagesse.* Monaco: Rocher,1986.

——*Le bouddhisme.* Monaco: Ed. du Rocher,1936.

——Mystiques et Magiciens du Thibet. Paris：Plon，1929.

Deméiville，Paul，Entretiens de Lin-tsi. Paris：Fayard，1972.

Desjardins，Arnaud，Le Message des Tibétains. Paris：Table Ronde，1966.

Droit，Roger-Pol，The Cult of Nothingness：The Philosophers and the Buddha.
Translated by David Streight and Pamela Vohnson，Chapel Hill and London：The
University of North Carolina Press，2003.

Eck，Diana L. ，A New Religious America：How A" Christian Country" Has Become
the World's Most Religiously Diverse Nation. New York：HarperCollins Publish-
ers，2001.

Emerson，Ralph Waldo，The Works of Ralph Waldo Emerson. London：George Bell
and Sons，1904.

Eppsteiner，Fred（ ed. ），The Path of Compassion：Writings on Socially Engaged
Buddhism. A Buddhist Peace Fellowship Book. Revised Second Edition.
Berkeley，California：Parallax Press，1988.

Farrer-Halls，Gill，The Feminine Face of Buddhism. Wheaton，Illinois：The Theo-
sophical Publishing House，2002.

Feldman，Gene and Max Gartenberg（ eds. ），The Beat Generation and the Angry
Young Men. New York：The Citadel Press，1958.

Fields，Rick，How the Swans Came to the Lake：A Narrative History of Buddhism
in America. Second revised and updated edition. Boston：Shambhala Publica-
tions，Inc. ，1986.

Formichi，Carlo，Apologie du Bouddhisme. Paris：Éditions Nilsson.

Foster，Barbara M. ，and Michael Foster，Forbidden Journey：The Life of Alexan-
dra David-Neel. New York：Harper & Row，Publishers，Inc. ，Toronto：Fitzhen-
ry & Whiteside，Limited，1987.

Friedman，Lenore，Meetings with Remarkable Women：Buddhist Teachers in Amer-
ica. Boston：Shambhala Publications，Inc. ，1987.

Geiger，Wilhelm，Pali Literature and Language. Calcutta：University of Calcutta，
1956.

Geshe Wangyal，The Door of Liberation. Boston：Wisdom Publications，1995.

Ginsberg，Allen，Deliberate Prose. New York：Harper Collins Publishers，2000.

——Howl and Other Poems. San Francisco，California：City Lights Books，1959.

——*Kaddish, and Other Poems, 1958 – 1960.* San Francisco: City Lights Books, 1961.

——*Planet News, 1961 – 1967.* San Francisco, California: City Lights Books, 1968.

——*Reality Sandwiches.* San Francisco, California: City Lights Books, 1963.

——*Snapshot Poetics.* San Francisco: Chronicle Books, 1993.

——*The Fall of America.* San Francisco, California: City Lights, 1972.

Goddard, Dwight, *The Good News of A Spiritual Realm.* New York: Chicago [etc.] Fleming H. Revell company, 1916.

Goldstein, Joseph, *One Dharma: The Emerging Western Buddhism.* San Francisco: Harper, 2002.

——*The Experience of Insight: A Simple and Direct Guide to Buddhist Meditation.* Boston, Massachusetts: Shambhala, 1987.

Goldstein, Joseph and Jack Kornfield, *Seeking the Heart of Wisdom: The Path of Insight Meditation.* Boston and New York: Shambhala and Random House, 1987.

Govinda, Anagerika, *Foundations of Tibetan Mysticism.* London: Rider, 1959.

Gregory, Peter N., and Susanne Mrozik (eds.), *Women Practicing Buddhism: American Experiences.* Somerville, Massachusetts: Wisdom Publications, Inc., 2008.

Guenther, Herbert V. and Chogyam Trungpa, *The Dawn of Tantra.* Boston: Shambhala, 1988.

Hamel, Hendrik, *Hamel's Journal.* Seoul, Korea: Royal Asiatic Society, Korea Branch, 1998.

Hetenyi, Ernest, "A Short History of Buddhism in Hungary". From http://himalaya. socanth. cam. ac. uk/collections/journals/bot/pdf/bot_10_01_03. pdf.

Hori, Victor Sogen, Richard P. Hayes, and James Mark Shields (eds.), *Teaching Buddhism in the West: From the Wheel to the Web.* London and New York: RoutledgeCurzon, 2002.

Huc, Régis Evariste, *L'Empire chinois.* Paris: Editions Kimé, 1992.

Humphreys, Christmas, *Both Sides of the Circle.* Abingdon, Oxon: Routledge, 2012.

——*Exploring Buddhism*. Oxon:Routledge,2012.

——*The Wisdom of Buddhism*. London:Curzon Press,1990.

——*Via Tokyo*. London and New York:Hutchinson,1948.

——*Zen Comes West:The Present and Future of Zen Buddhism in Western Socie-ty*. Second edition. 1977. Richmond,Surrey:Curzon Press Ltd. ,1994.

Hunter,Louise H. ,*Buddhism in Hawaii:Its Impact on a Yankee Community*. Honolulu:University of Hawaii Press,1971.

International Encyclopaedia of Buddhism. New Delhi:Anmol Publications Pvt. Ltd. ,1998.

Iwamoto,Akemi, "Zen Buddhism and Gender in America and Japan:Zenkei Blanche Hartman and Raicho Hiratsuka. "*WFB Review* XLII,nos. 2 and 3(A-pril-September 2005).

Johansson,Rune E. A. ,*The Psychology of Nirvana*. Anchor Books. New York: Doubleday & Company,Inc. ,1970.

Jong,J. W. de. ,*A Brief History of Buddhist Studies in Europe and America*. Second,Revised & Enlarged Edition. Delhi:Sri Saguru Publications,1987.

——*Mi la ras pa'i rnam thar*. 's-Gravenhage:Mouton,1959.

Kapleau,Philip,*Straight to the Heart of Zen*. Boston:Shambhala,2001.

——*The Three Pillars of Zen*. Boston:Beacon Press,1967.

——*Zen:Dawn in the West*. New York:Anchor Books,1989.

Kapleau,Philip(ed.),*The Wheel of Death*. London and New York:Routledge, 2008.

Karma-glin-pa,*The Tibetan Book of the Dead*. Traslated by W. Y. Evans-Wentz, Delhi:Pilgrims Book Pvt. Ltd. ,1999.

Kashima,Tetsuden,*Buddhism in America:The Social Organization of an Ethnic Religious Institution*. Westport,Connecticut:Greenwood Press,Inc. ,1977.

Kennett,Jiyu,*Roar of the Tigress*. California:Shasta Abbey Press,2000.

——*Zen Is Eternal Life*. California:Shasta Abbey Press,1999.

Keown,Damien(ed.),*Buddhist Studies from India to America:Essays in Honor of Charles S. Prebish*. London and New York:Routeledge,2006.

Kern,Hendrik,*Manual of Indian Buddhism*. Delhi:Motilal Banarsidass,1989.

Kerouac,Jack,*Book of Haikus*. New York:Penguin Poets,2003.

——*Desolation Angels.* New York：The Berkley Publishing Group，1995.

——*On the Road.* New York：The Viking Press，1957.

——*Satori in Paris.* Penguin Books Ltd. ，2012.

——*The Dharma Bums.* New York：The Viking Press，Inc. ，1958.

——*The Scripture of the Golden Eternity.* Sanfrancisco：City Lights Bookstore，1994.

——*Wake Up.* Penguin Publishing，2008.

Kloppenborg，Ria（ ed. ），*Selected Studies on Ritual in the Indian Religions.* Leiden：E. J. Brill，1983.

Knight，G. E. O. ，*Intimate Glimpses of Mysterious Tibet and Neighbouring Countries.* London：Golden Vista Press，1930.

Koeppen，Carl Friedrich，*Die Religion des Buddha.* Berlin：F. Schneider，1857 – 1859.

Konik，Adrian，*Buddhism and Transgression：The Appropriation of Buddhism in the Contemporary West.* Leiden：Koninklijke Brill NV，2009.

Kornfield，Jack，*A Path with Heart：A Guide through the Perils and Promises of Spiritual Life.* New York：Bantam Books，1993.

——*Living Dharma.* Boston：Shambhala，1996.

——*Teachings of the Buddha.* Boston：Shambhala，1996.

Koros，Alexander Csoma de. ，*Sanskrit Tibetan-English Vocabulary.* Delhi：Sri Satguru Pub. ，1980.

Lalou，Marcelle，*Catalogue de fonds tibétain de la Bibliothèque nationale.* Paris：Bibliothèque nationale，1931.

——*Manuel élémentaire de Tebetain classique.* Paris：Imprimerie Nationale，1950.

Lamotte，Etienne，*History of Indian Buddhism.* Loiuvain-la-Neuve：Université catholique de Louvain，Institut orientaliste，1988.

Layman，Emma McCloy，*Buddhism in America.* Chicago：Nelson-Hall Inc. ，1976.

Leland，Charles Godfrey，*Fu-sang or the Discovery of America by Chinese Buddhist Priests in the Fifth Century.* New York：J. W. Bouton，1875.

Lenoir，Frédéric. *La rencontre du bouddhisme et de l'Occident.* Paris：Fayard，1999.

——*Le bouddhisme en France.* Paris：Fayard，1999.

Lopez，Jr. Donald S. （ ed. ），*A Modern Buddhist Bible*：*Essential Readings From East and West.* Boston：Beacon Press，2002.

Lopez，Jr. Donald S. ，*Prisoners of Shangri-La*：*Tibetan Buddhism and the West.* Chicago and London：The University of Chicago Press，1998.

Lorentzen，Haavard，"Buddhism in Norway". From http：//www. buddhismto-day. com/english/world/country/026 – Norway. htm Lorenzo，Giuseppe de. *India e Buddhismo antico.* Bari：Gius. Laterza & Figli，1917.

Lyall，Graeme，"Ethnic Buddhists in Australia". From http：//www. quangduc. com/English/Dharma/EthnicBuddhist. html.

Lorie，Peter and Julie Foakes（eds. ），*The Buddhist Directory*：*United States of America and Canada.* Boston：Tuttle Publishing，1997.

Lyall，Graeme，"History of Buddhism in NSW and Current Developments".

From http：//www. buddhanet. net/filelib/genbud/ub3-lyl1. txt.

Machacek，David，and Bryan Wilson（ eds. ），*Global Citizens*：*The Soka Gakkai Buddhist Movement in the World.* New York：Oxford University Press Inc. ，2000.

Mackenzie，Vicki，*Cave in the Snow*：*A Western Woman's Quest for Enlightenment.* London：Bloomsbury Publishing Plc，1998.

Mann，Gurinder Singh，Paul David Numrich，and Raymond B. Williams，*Buddhists，Hindus，and Sikhs in America*：*A Short History.* New York：Oxford University Press，Inc. ，2008.

Mathe，Thierry，*Le Bouddhisme des Francais*：*Le bouddhisme tibeain et la Soka Gakkai en France，Contribution A une sociologie de la conversion.* L'Harmattan，2005.

Matthews，Bruce（ ed. ），*Buddhism in Canada.* Abingdon and New York：Routledge，2006.

McFarlane，Thomas J. （ ed. ），*Einstein and Buddha*：*The Parallel Sayings.*

Berkeley，California：Seastone，2002.

McNally，Dennis，*Desolate Angel*：*Jack Kerouac，the Beat Generation，and America.* New York：McGraw-Hill Book Company，1979.

Merton，Thomas，*Mystics and Zen Masters.* New York：Farrar，Straus and Giroux，

1967.

——*Thoughts in Solitude.* New York：The Noonday Press，1958.

Mertz，Henriette，*Pale Ink：Two Ancient Records of Chinese Exploration in America.* Second Revised Edition. Chicago：The Swallow Press Incorporated，1972.

Morgan，Bill（ed. ），*The Selected Letters of Allen Ginsberg and Gary Snyder.* Berkeley：Counterpoint，2009.

Morrison，Robert G. ，*Nietzsche and Buddhism：A Study in Nihilism and Ironic Affinities.* New York：Oxford University Press Inc. ，1997.

Morton，James，*In the Sea of Sterile Mountains：The Chinese in British Columbia.* Vancouver：J. J. Douglas Ltd. ，1974.

Mrs. Rhys Davids，*The Birth of Indian Psychology and Its Development in Buddhism.* London：Luzac &Co. ，1936.

Mrs. Rhys Davids（trans. ），*Anguttara-nikaya（The Book of the Gradual Sayings）*. London and New York：Oxford University Press，1932－1936.

Mrs. Rhys Davids（trans. ），*Samyutta-nikaya（The Book of the Kindred Sayings or Grouped Suttas）*. London and New York：Oxford University Press，1917－1927.

Murger，Henri，*Scènes de la vie de Boheme.* Paris：Jules Tallandier，1929.

Murphy，Patrick D. ，*Understanding Gary Snyder.* Columbia，South Carolina：University of South Carolina Press，1992.

Murphy，Sean，*One Bird，One Stone：108 American Zen Stories.* Renaissance Books. New York：St. Martin's Press，2002.

Nyanaponika Mahathera，*Pathways of Buddhist Thought.* London：Routledge，2008.

Nyanaponika Mahathera and Hellmuth Hecker，*Great Disciples of the Buddha.* Boston：Wisdom Publications，1997.

Nyanatiloka Mahathera，*Buddhist Dictionary.* Kandy：Buddhist Pub. Society，1980.

——*The Word of the Buddha.* Colombo：Word of the Buddha Pub. Committee，1952.

Obadia，Lionel，*Bouddhisme et Occident：La diffusion du bouddhisme tibétain en France.* L'Harmattan，1999.

Olcott, Henry Steel, *The Buddhist Catechism.* London: Theosophical Pub. House, 1915.

Oldenberg, Hermann, *Buddha: His Life, His Doctrine, His Order.* London Edinburgh: Williams and Norgate, 1928.

——*Buddha, sein Leben, seine Lehre, seine Gemeinde.* Stuttgart: Cotta, 1903.

——*Die Lehre der Upanishaden und die Anfänge des Busshismus.* Göttingen: Vandenhoeck & Ruprecht, 1915.

——*Le Bouddha, sa vie, sa doctrine, sa communaute.* Paris: Felix Alcan, 1921.

Oliver, Ian P. , *Buddhism in Britain.* London: Rider &Company, 1979.

Ostrowski, Ally, "Buddha Browsing: American Buddhism and the Internet. " *Contemporary Buddhism*7, no. 1 (2006) .

Paine, Jeffery (ed.), *Adventures with the Buddha.* A Buddhism Reader. New York andLondon: W. W. Norton & Company, 2005.

Pischel, Richard, *Comparative Grammar of the Prākrit Languages.* Varanasi: Motilal Banarsidass, 1957.

Prebish, Charles S. , and Kenneth K. Tanaka (eds.), *The Faces of Buddhism in America.* Berkeley: University of California Press, 1998.

Prebish, Charles S. , and Martin Baumann (eds.), *Westward Dharma: Buddhism beyondAsia.* Berkeley and Los Angeles: University of California Press, 2002.

Prothero, Stephen, *The White Buddhist: The Asian Odyssey of Henry Steel Olcott.* Delhi, India: Sri Satguru Publications, 1997.

Rapaport, Al, and Brian D. Hotchkiss (eds.), *Buddhism in America: The Official of* the *Landmark Conference on the Future of Buddhist Meditative Practices in the West.* Boston: Charles E. Tuttle Co. , Inc. , 1998.

Ratia, Alpo, "The Early History of Buddhism in Finland" . From http: // www. budcon. com/index. php? option = com_ content&view = article&id = 302% 3Athe-early-history-of-buddhism-in-finland-parts-i-a-ii-by-alpo-ratia - &catid = 47% 3Aarticles&Itemid = 117&lang = en.

Reichelt, Karl Ludvig, *Religion in Chinese Garment.* New York: Philosophical

Library, 1951.

——*Truth and Tradition in Chinese Buddhism*. Shanghai: Commercial Press, 1934.

Rev. Dao Chuan Shakya, "Sweden: A growing interest in Buddhism". From http: //www. buddhismtoday. com/english/world/country/020 – Sweden. htm.

Rhys Davids, T. W. , *Buddhist India*. New Delhi: Motilal Banarsidass, 2005.

——*History of Indian Buddhism*. New Delhi: Cosmo Publications, 2002.

Rhys Davids, T. W. (trans.), *Dialogues of the Buddha*. London: Oxford University Press, 1910 – 1923.

Rhys Davids, T. W. and J. Estlin Carpenter (eds.), *The Dighanikaya*. London: Pali Text Society, 1890 – 1911.

Rhys Davids, T. W. and Hermann Oldenberg (trans.), *The Sacred Books of The East*. Delhi: Motilal Banarsidass, 1969.

Robert Bluck, *British Buddhism: Teachings, practice and development*. Routledge, 2006.

Rocha, Cristina, *Zen in Brazil: The Quest for Cosmopolitan Modernity*. Honolulu: University of Hawai 'i Press, 2006.

Ronce, Philipe, *Guide des centre bouddhistes en France*. Editions Noesis, juin 1998.

Ruchpaul, Eva. , *Le Hatha Yoga*. Paris: Denoël, 1985.

Ruhe, Brian. *Freeing the Buddha: Diversity on a Sacred Path-Large Scale Concerns*. Delhi, India: Motilal Banarsidass Publishers Private Limited, 2005.

Ruysbroeck, Willem van. , *The Mission of Friar William of Rubruck*. Translated by Peter Jackson. London: Hakluyt Society, 1990.

Sangharakshita, *New Currents in Western Buddhism: The Inner Meaning of the Friends of the Western Buddhist Order*. Glasgow: Windhorse Publications, 1990.

Schlingloff, Dieter, *Die Religion des Buddhismus*. Berlin: Walter de Gruyter, 1962.

Schnetzler, Jean-Pierre, *Le Bouddhisme en France: Hier, aujourd' hui, demain*. Paris: Editions Dervy, 2004.

Seager, Richard Hughes, *Buddhism in America*. Revised and expanded edition. New York: Columbia University Press, 2012.

Seung Sahn, *Only Don't Know*. Cumberland, Rhode Island: Primary Point Press, 1982.

——*The Whole World Is A Single Flower*. Boston: Charles E. Tuttle Co. , Inc. , 1992.

Shaku, Soyen, *Zen for Ameican*. Translated by Daisetz Teitaro Suzuki. New York: Barnes & Noble, Inc. , 1993.

Sharp, George, "A Personal View". *Forest Sangha Newsletter*, (1999) 50: 7.

Shengyan: *Faith in Mind*. Taipei: Dharma Drum Corporation, 1999.

——*The Poetry of Enlightenment*. Elmhurst, New York: Dharma Drum Publications, 1987.

——*The Sword of Wisdom*. Elmhurst, New York and Berkeley: Dharma Drum Publications. North Atlantic Books, 2002.

Sidor, Ellen S. *A*, *Gathering of Spirit: Women Teaching in American Buddhism*. Cumberland, Rhode Island: Primary Point Press, Kwan Um Zen School, 1987.

Siebold, P. F. von. , *Nippon*. Wurzburg, Leipzig: Leo Woerl, 1897.

Smith, Buster G. , "Buddhism inAmerica: An Analysis of Social Receptivity. " *Contemporary Buddhism* 7, No. 2 (2006), 149 – 164.

Snyder, Gary, *Back on the Fire: Essays*. Berkeley: Counterpoint, 2007.

——*Danger on Peaks*. Washington D. C. : Shoemaker & Hoard, 2004.

——*Look Out*. New York: New Directions Publications, 2002.

——*Mountains and Rivers without End*. Washington D. C. : Counterpoint, 1996.

——*The Back Country*. New York: New Directions Publishing Corporation, 1971.

——*The Gary Snyder Reader: Prose, Poetry and Translations 1952 – 1998*. Washington D. C. : Counterpoint, 1999.

——*The Practice of the Wild*. Washington DC. : Shoemaker &Hoard, 2003.

——*The Real Work: Interviews and Talks 1964 – 1979*. New Work: New Direction Publishing Corporation, 1980.

——*Turtle Island.* New York: New Directions Publishing Corporation, 1974.

Sogyal Rinpoche, *The Tibetan Book of Living and Dying.* London: Rider, 2002.

Southey, Robert, *The Curse of Kehama.* New York: David Longworth, 1811.

Spuler, Michelle, *Developments in Australian Buddhism: Facets of the Diamond.* London and New York: RoutledgeCurzon, 2003.

Stein, Rolf Alfred, *La civilisation tibétaine.* Paris: Dunod, 1962.

——*Recherches sur l'épopée et le barde au Tibet.* Paris: Presses Universitaires de France, 1959.

Steiner, Stan. , *Fusang: The Chinese Who Built America.* New York: Harper & Row Publishers, Inc. , 1979.

Sutin, Lawrence, *All Is Change: The Two-thousand-year Journey of Buddhism to the West.* New York: Little Brown and Company, 2006.

Sutra of the Past Vows of Earth Store Bodhisattva. Translated by Buddhist Text Translation Society. Burlingame, California: Buddhist Text Translation Society, 2003.

Suzuki, Daisetz Teitaro, *An Introduction to Zen Buddhism.* New York: Grove Press, 1964.

——*Essays in Zen Buddhism.* London: Luzac and Co. , 1933.

Suzuki, Shunryu, *Branching Streams Flow in the Darkness.* Berkeley: University ofCalifornia Press, 1999.

Tarthang Tulku, *Enlightenment is a Choice.* Berkeley, California: Dharma Publications, 1998.

——*Reflections of Mind.* Emeryville, California: Dharma Publications, 1975.

——*Sacred Art of Tibet.* Berkeley, California: Dharma Publications, 1988.

The Buddhist Lodge, *What is Buddhism?* London: The Buddhist Lodge, 1929.

The Recitation Handbook in City of Ten Thousand Buddhas. (《万佛城日诵仪规》)

Talmage, California: Dharma Realm Buddhist Association Buddhist Text Translation Society City of Ten Thousand Buddhas (中美佛教总会万佛城译

经院），1985.

Thich Nhat Hanh, *Being Peace.* Berkeley, California: Parallax Press, 1987.

Thoreau, Henry David, *A Week on the Concord and Merrimack Rivers.* New York: Literary Classics of the United States, Inc. , 1985.

——*Cape Cod.* Princeton, New Jersey: Princeton University Press, 2004.

——*Walden*; *or*, *Life in the Woods.* New York: Literary Classics of the United States, Inc. , 1985.

Tonkinson, Carole (ed.), *Big Sky Mind*: *Buddhism and the Beat Generation.* New York: Berkley, 1995.

Trenckner, V. , Dines Andersen and Helmer Smith, *A Critical Pali Dictionary.* Copenhagen: Andr. Fred. Høst & Søn, 1924.

Trungpa, Chogyam, *Born in Tibet.* London: George Allen & Unwin, 1966.

——*Cutting through Spiritual Materialism.* Boston: Shambhala, 1987.

——*Meditation in Action.* Berkeley: Shambhala, 1970.

——*The Art of Calligraphy.* Boston: Shambhala, 1994.

——*The Collected Works of Chogyam Trungpa.* Boston and London: Shambhala, 2003.

——*The Essential Chogyam Trungpa.* London: Shambhala, 1999.

——*The Myth of Freedom and the Way of Meditation.* Boston: Shambhala, 1988.

——*Visual Dharma the Buddhist Art of Tibet.* Berkeley: Shambhala, 1975.

Tsomo, Karma Lekshe (ed.), *Buddhism Through American Women's Eyes.* Ithaca, New York: Snow Lion Publications, 1995.

Tucci, Giuseppe, *Minor Buddhist Texts.* Roma: Istituto italiano per il Medio ed Estremo Oriente, 1956 – 1958.

Tuck, Donald R. , *Buddhist Churches of America*: *Jodo Shinshu.* Lewiston, New York, andQueenston, Ontario: The Edwin Mellen Press, 1987.

Tweed, Thomas A. , *The American Encounter with Buddhism*: *1844 – 1912*, *Victorian Culture & The Limits of Dissent.* Chapel Hill & London: The University of North Carolina Press, 2000.

Visser, M. W. der. , *Ancient Buddhism in Japan.* Leiden: E. J. Brill, 1935.

Vogel, J. Ph. , *Buddhist Art in India*, *Ceylon and Java.* Oxford: The Clarendon Press, 1936.

Voices, Silent (ed.), *Buddhism: The Wisdom of Compassion and Awakening: Venerable Master Chin Kung.* Taipei: The Corporate Body of the Buddha Educational Foundation, 2001.

Walleser, Max, *The Life of Nāgārjuna from Tibetan and Chinese Sources.* London: Probsthain & Co. .

Watts, Alan. W. , "Beat Zen, Square Zen and Zen. " *Chicago Review* (1958 Summer) . From   http: //hum. uchicago. edu/orgs/review/60th/pdfs/15watts. pdf.

Wetering, Van de. , *The Empty Mirror.* London: Routledge & K. Paul, 1973.

Whitman, Walt, *Leaves of Grass* (*1855*) . New York: Literary Classics of the United States, Inc. , 1982.

Willemen, Charles, Bart Dessein and Collett Cox, *Sarvastivada Buddhist Scholasticism.* Leiden and New York: Brill, 1998.

Williams, Duncan Ryuken, and Christopher S. Queen (eds.), *American Buddhism: Methods and Findings in Recent Scholarship.* Richmond, Surrey: Curzon Press, 1999.

Woodward, F. L. , *Manual of A Mystic.* London: Pub. for the Pali Text Society by H. Milford, 1916.

Wu, John C. H. （吴经熊）, *The Golden Age of Zen.* （《禅学的黄金时代》） Taipei: United Publishing Center, 1975.

后　记

　　度过九年奋力挣扎的岁月，留下许多刻骨铭心的记忆，到了今天，《世界佛教通史》终于出版了！

　　在这里，我首先代表本课题组所有成员，也就是本部书所有作者，向关心、关怀、指导、帮助我们工作的领导、前辈、同事和朋友表示衷心感谢。

　　从2006年11月7日到2006年12月24日，在我筹备成立课题组，为争取立项做准备工作期间，世界宗教研究所党委书记曹中建先生最早表示全力支持，卓新平所长最早代表所领导宣布批准我申报《世界佛教通史》课题。前辈杜继文先生给了我最早的指导、鼓励和鞭策。王志远先生在成立课题组方面提出了原则性建议，并提议增加《世界佛教大事年表》。同事和好朋友尕藏加、何劲松、黄夏年、周齐、郑筱筠、华方田、纪华传、周广荣、杨健、周贵华、王颂等人从不同方面给我提出具体建议，提供诸多帮助。没有这些领导、前辈、同事和朋友最初的厚爱、最可贵的指教、最温暖的援手，成立课题组就是一句空话。时间已经过去9年了，每次我回忆那些难忘情景的时候，眼前总会出现他们当时脸上流露出的真诚和信任。

　　2007年11月，课题组筹备工作完成，正式进入研究工作阶段。我在分别征求课题组成员的意见之后，聘请中国社会科学院世界宗教研究所所长卓新平研究员、党委书记兼副所长曹中建先生、副所长金泽研究员、中国社会科学院荣誉学部委员杜继文研究员、中国社会科学院荣誉学部委员杨曾文研究员为课题组顾问。八年来，三位所领导和两位前辈关心、关怀课题的进展，从不同方面为课题的顺利进行创造条件。

　　2012年12月31日，在《世界佛教通史》课题结项时，中国社会科学院学部委员卓新平研究员、世界宗教研究所副所长金泽研究员、北京大学姚卫群教授、中国人民大学张风雷教授、北京师范大学徐文明教授应邀出席答辩会。他们在充分肯定本书学术价值和现实意义的同时，为进一步修改完善献计献策，提出了许多有价值的修改意见。

中国社会科学出版社赵剑英社长非常重视本书的编辑和出版工作，自始至终关注本书的运行情况，组织了责任心强、专业水平高的编辑和校对人员进行本书的编校工作，并为项目的落实四处奔走，出谋划策。黄燕生编审从本课题立项开始就不间断跟踪，在最后的审校稿件过程中，她让丈夫在医院照顾96岁高龄患病的母亲，而自己到出版社加班加点编辑加工书稿。其他编辑也是这样，如孙萍编辑经常为本书稿加班到夜晚才回家。

从本课题正式申请立项到最终完成，我们一直得到了中国社会科学院前任和现任领导的关心、关怀和支持，得到院科研局前任和现任领导的具体指导和帮助。科研局的韦莉莉研究员长期关心本课题的进展，为我们做了许多具体服务工作。

我们这个课题组是一个没有任何行政强制条件的课题组，是一个纯粹由深情厚谊凝结起来的课题组。在共同理想、共同追求的支撑下、促动下，我们终于完成了这项最初很少有人相信能完成的任务。回忆我们一起从事科研工作的八年岁月，回忆我们相互切磋、相互学习、相互鼓励、相互促进的学术活动经历，回忆我们在联合攻关、协同作战过程中品尝的酸甜苦辣，总会让人感到真诚的可贵，情义的无价。

在课题组成员中，有两位青年同事帮我做了较多的科研辅助性工作。杨健在2007年到2012年，夏德美在2013年到2015年分别帮助我整理、校对各卷稿件，查找要核对的资料，补充一些遗漏的内容，处理与课题申报、检查、汇报等有关的事宜。他们花费的时间很多，所做工作也不能体现在现行的年度工作考核表上。

八年来，本课题组成员几经调整，变动幅度比较大，既有中途因故退出者，也有临时受邀加入者。对于中途因故退出的原课题组成员，我在这里要特别为他们曾经做出的有益工作、可贵奉献表示衷心感谢。中国社会科学院学部委员史金波前辈、西北大学李利安教授等学者是在课题组遇到困难时应邀参加的，他们为了保证本课题按时结项，不惜放下手头的工作。

《世界佛教通史》是集体创造的成果，是集体智慧的结晶。作为本课题负责人，我对每一位课题组成员都充满了感谢、感激之情。由于自己学术水平所限，本部著作还存在着许多不足之处，所有已发现和以后发现的错误，都应该由我承担责任。

本课题是迄今为止我负责的规模最大的项目，我曾为她振奋过、激动过、高兴过，也曾为她沮丧过、痛苦过、无奈过。我的家人总是在我束手无策时，给我注入精神能量。我要感谢我的妻子李明瑞：三十多年来，她的操持家务，能够让我自认能力有限；她的鼎力相助，能够让我不敢言谢；她的体贴入微，能够让我心生惭愧。

魏道儒

2015 年 11 月